밀알서원 (Wheat Berry Books)은 CLC과 공동으로 운영하는 복음주의 출판사로서 신앙생활과 기독교문화를 위한 설교, 시, 수필, 간증, 선교·경건서적 등을 출판하고 있습니다

발간사

국가 변혁은 전문인 과학 운동에 달렸다

정 근 모 박사

제12, 15대 과학기술처 장관, 한국과학기술원(KAIST) 설립자

아인슈타인도 말년에 절대자의 존재를 인정했으며 소녕 앞에 무릎을 꿇은 위대한 과학자일수록 신실한 크리스천이 될 수가 있으니 나의 부족한 헌신이 하나의 밀알이 되어 우리가 21세기 역사적인 역할을 하는 민족으로 일어서는데 디딤돌이 될 수만 있다면 무엇을 더 바랄 수 있을까?

나는 이런 마음으로 2019년 2월에 미국 국가 조찬 기도회와 아프리카 케냐 한국과학기술원(KAIST) 기공식를 다녀왔다. 나는 김태연 교수와 3.1운동에 대한 대화를 하는 동안 김태연 교수의 생각이 무엇인지를 알게 되었다. 성촌미래학회 회원인 김 교수는 나의 전문인 선교가 아랍에미리트를 통한 이슬람 선교와 케냐를 통한 아프리카 선교임을 알았고, 나의 한류 에너지 선교가 북미의 핵심이 될 수 있는 남미의 페루와 동유럽의 루마니아 등으로 퍼져나가 '백 투 더 프리미어 코리아'(Back to the Premier Korea)를 이뤄서 대한민국이 2030년에는 미국과 함께 G-1국가가 되는 비전을 알아챈 듯하다.

G-1에 도전하는 중국의 경기가 둔화되고 G-2로 밀리지 않으려는 미국은 금리 인상을 하는 등 나라 안팎에 불확실성이 커지는데 우리는 이념에만 파묻혀서 정치를 감정적으로 처리한다면, 강대국 사이의 전쟁이나 지배 세력 교체기에 경제 위기가 먼저 초래되고 정치, 군사적인 위기를 초래할 수도 있다.

이는 모두 물질주의의 금수저가 세속주의의 흙수저를 지배하는 과정에서 비롯되는 것이다. 중세 교회 당시 십자군 운동을 통하여 사라센을 지배하고자 했던 라틴계인 로마가톨릭교회가 결국 여자와 가난한 자와 약한 자들을 핍박하고, 오히려 이슬람교가 이들을 포용하는 관용 정책을 펼쳤기에 이 지역들은 이슬람화되고 말았다. 유럽 라틴계의 후손들은 프로테스탄트 기독교로 발전하여 이번에는 아프리카를 식민지화하고 아랍권을 지배하지 못한 것을 설욕하고자 더욱 간교하게 아프리카를 지배하며 흑인을 바보로 취급하는 천민 식민주의로 지배를 했다. 이것은 제2의 십자군 운동이었다.

그리고 우리가 빌 브라이트(Bill Bright)의 CCC 운동을 김준곤 목사가 받아들여 그 명칭을 쓴다고 하는 것은 그러한 잔재가 남아 있기에 명칭부터 바꿔야 한다. 심지어 우리는 조지 W. 부시(George W. Bush) 대통령이 자신은 여호수아 군대 장관이라고 하면서 중동 전쟁을 전개한 것을 기억하고 있다. 그리고 오늘 아프가니스탄이 다시 탈레반 정권에 허무하게 넘어가고 말았다.

우리가 미국 제국주의의 앞잡이로 세계 선교를 하고 원자력 전문인 선교를 하는 것이 아니라, 하나님의 나라의 차원에서 세계 전문인 선교를 하려면 제3세계 선교를 통하여 먼저 하나님의 나라를 체험하고 그 열매를 가지고 중국 선교와 북한 선교로 나아가는 것이 우선 순위라고 본다. 그 방법으로 원자력 기술을 가지고 아랍에미리트에 원자력 발전소를 세우는 것이 있다. 한국의 핵융합 기술이 이제는 초전도 기술을 보유한 새로운 국면에 들어가고 2050년이 되면 상용화가 된다. 이는 K-Star 실험 10주년에서 밝히고 있다.

이제 아프리카의 케냐에 한국과학기술원(KAIST)를 설립한 이후에 하나님이 어둠에 빛으로 지경을 열어 가시는 것이다. 이제는 축복의 통로로 나누어 주는 선교가 중요하다. 우리는 하나님이 기회의 땅으로 열어 주신 아프리카와 남미와 동유럽을 복음화하는 것을 통하여 신약 시대 이후의 성령 시대인 오늘날, 예수의 생명의 성령의 법인 은혜의 법을 다시 중국과 북한에 증거해야 한다.

인도의 모디 총리가 한인 정상 회담에서 원전 7기 건설에 한국의 참여를 바란다고 언급한 것을 뼈에 새기고, 원전 사용 후 핵폐기물 처리가 포화 상태에 이르고 있는데도 공론화를 한다고 하며 허송세월을 코내고 있는 모습을 브면서 이념을 넘어서는 제3의 길로서의 관용, 화합의 정신으로 창조적 증용을 실천하도록 현 정부가 소매를 걷고 나서서 탈원전 이후의 비판적 상황화 원전을 실천해 주어서 원자력 르네상스를 누리면서 에너지 믹스 뉴딜로 나가는 것을 또한 기대해 본다.

축시

아름다운 나라 미국

김 소 엽 박사

대전대학교 석좌교수, 한국기독교문화예술총연합회 회장

1822년 5월 22일 제물포 앞 바다 임시 장막
아름다운 나라 미국(美國)과 조선 제국이
청나라와 일본의 눈치를 보며 조미 수호 통상 조약을 맺었다

단군 이래로 강대국과 조약을 맺고
이렇게도 기뻐한 것은
하늘이 맺어준 인연이라 생각했기 때문이리

제1조는 다른 제3국이 조선을 위해하면
미국이 돕는다는 거중 조정이었으니
가난뱅이 외톨이가 부자 형님과 의형제 맺은 격이었다

이로부터 70년이 지나서 6.25가 터지자
미국이 이 약속을 지켰고 대한민국을 살렸다
한미 동맹은 혈맹 관계로 더 돈독해졌고
플 브라이트 재단과 케네디 재단 유솜 등 많은 기관을 통해서
유학생들이 장학금을 받고 공부할 길이 열렸고
그들이 와서 대한민국은 과학 기술 발전을 거듭해서
그로부터 70년이 지난 지금

오늘의 경제 강국 대한민국을 이루게 되었으니
어떻게 미국에게 감사하지 않겠는가
불쌍히 여겨 씻기고 입히고 가르쳐
자립할 수 있도록 온갖 정성으로 길러 놓았더니
은혜도 모르고 이젠 잘 살게 되었으니 나가라고 한다면
하늘도 노할 일 아니겠는가!

나는 어려서부터 밥상머리 교육을 아버지로부터 배웠다
"은혜를 모르는 자는 짐승만도 못한 것이다"
"네가 살면서 은혜를 입은 사람에게는 평생 네가 밥을 대접하라"

수탈과 지배만을 당해왔던 불쌍한 민족이여
지금처럼 한류 열풍을 일으키며 기를 펴고 살아온 적이
역사상 언제 있었던가 생각해 보라
지금처럼 세계 어느 곳에 가든 삼성이나 현대, LG 등
자랑스런 우리나라 기업이
대한민국 위상을 높이고 우리 자긍심을 살려준 적이 있었는지
우리는 너무나도 쉽게 감사를 잊고 사는 것은 아닌지
우리는 과연 누구를 친구로 삼아야 할지
역사의 여울목에서 진지하게 생각해 봐야 할 때다
나의 이해타산을 버리고 진정 나라를 생각하며
역사의 미래를 내다보자

대한민국이여 깨어 일어나라
이 위대한 대한민국과 아름다운 금수강산을
우리 후손에게 물려줘야 할 사명이 우리에게는 있지 않은가
우리 혈맹이요, 신앙 공동체인 미국과
굳건히 손잡고 함께 나갈 때

대한민국은 영원하리
그들이 자유와 평화를 위해 이 땅에 뿌린 피가
결코 헛되지 아니하고 자유 대한민국
삼천리 강산에 무궁화 꽃으로 피어나리.

추천사 1

김 상 복 박사
횃불트리니티신학대학원대학교 명예 총장, 할렐루야교회 원로

　김태연 박사의 『원자력 전문인 신학 개론』은 북한의 핵무기로 위협을 받으면서도 남한에서 뚜렷한 합리적 이유를 모르는 가운데 갑자기 정치적 결정으로 원자로를 폐기하며 한국과 세계의 미래 에너지 공급을 위협하는 상황에서 누군가 한 번은 신학적으로 다루어야 할 이슈인데 김 박사가 원자력 문제를 포괄적으로 토론하며 아무도 반원전 견해에 대한 반론을 제기하지 않고 있는 때에 새로운 토론을 일으켜 주셔서 고맙게 생각한다.
　김 박사가 핵무기 문제와 원자력 문제를 분명히 구분함으로서 두 가지를 혼동하지 않고 원자력을 개발해 현재와 미래에 필요한 에너지 공급에 비교적 건강한 판단을 하고 있는 것 같아 보인다. 체르노빌의 핵 재난과 후크시마 원자로 재앙으로 인한 핵에 대한 해결책으로 한국의 원자로를 폐지하는 오류에 대한 합리적 대안을 제시함으로써 원자력 개발과 활용에 대한 신학적 견해를 피력하고 있다.
　또한, WCC의 핵무기에 대한 신학을 분석하고 그 문제점을 잘 지적하고 원자력에 대한 건강한 신학적 대안을 제시하려는 노력은 누군가 해야 할 수고였다고 생각한다. 김 박사가 전문인 선교 학자로서 너무도 많은 중요한 이슈를 한 권의 책에 담은 것은 메타버스(metaverse) 안에서 내재적 하나님과 우주적 하나님을 향한 원자력에 대한 신학적 이해를 시도한 것으로 그 다음 연구자들에게 우주항공신학과 같은 응용신학에 대한 관심을 일으킬 수 있으리라 믿고 박수를 보낸다.

이 책은 많은 주제에 대한 넓은 관심을 다루어 저자의 연구 폭이 다양해 원자력에 대한 신학적 논의 외에도 독자들에게 당면한 많은 이슈를 생각하게 만들어 준다.

추천사 2

최 이 우 박사
종교교회 담임, 한미 수교 140주년 한국기독교기념사업회 상임 대표

한미 수교 140주년을 기념하는 대회에 국제위원장으로 수고하는 김태연 박사의 저서 『원자력 전문인 신학 개론』의 출간을 축하드립니다. 김태연 박사는 1991-1995년 미국의 워싱턴한인침례교회에서 8대 담임 목사로 수고를 했습니다. 특별히 우리 종교교회에서 모이는 세계 직장 선교회의 정근모 박사님을 통해서 명지대학교에서 문화교류선교학과 주임교수로서 전문인 선교 사역의 활성화를 위해서 많은 사역을 감당하고 있음을 감사드립니다.

정근모 박사님의 『기적을 만든 나라의 과학자』 영문판과 김태연 박사의 『원자력 전문인 신학 개론』 등을 통하여 미국의 크리스천 리더들과 한국의 전문인 크리스천 리더들이 '위드 코로나'(with corona) 바이러스 시대에 지구촌의 기독교를 새롭게 변혁시키고 한미 원자력 조약과 한미 과학 조약 그리고 한미 우주 방위 조약까지 나아갈 것을 기대해 봅니다.

더구나, 핵 발전은 용어부터 원자력 발전으로 수정을 해야 하며 영적 전쟁의 시대에 평화를 유지하려는 기능을 수행하고 있다는 언급에 동의를 하는 바입니다.

저는 원자력 에너지가 성서적으로 구속적 의미가 있는 원자력 에너지를 핵무기를 넘어선 원자력 에너지에 대해서 긍정적으로 소개하는 자세가 본서의 핵심이라고 보았습니다. 이에 대해서 원자력과 신학을 융섭한 원자력 신학의 입장에서 미국의 원자력 위원회가 전 세계에서 유일하게 한국에게만 공인한 APR-1400의 원자로와 구약의 레위기의 번제를 과학적 유비로

원자력의 안전성과 구원의 영성을 비교한 내용을 관심 있게 보았습니다.

　원자력의 안전성은 4중 안전 장치로 4는 땅에서의 완전수이며 구원의 영성은 4중 복음으로 인간에게는 완전수임을 제시하고 있습니다. 결론적으로 핵연료의 안전성은 구원의 5중 안전성(예지, 예정, 부르시고, 의롭다 하시고 영화롭게 하심, 롬 8:30-31)에 기초한 김 박사의 전문인신학을 7-11 신학으로 설명하고 있습니다.

　한미 조약 체결 140주년을 기념하여 김태연 박사가 쓴 원자력 전문인 신학 개론이 불쏘시개가 되어서 한미 간의 전문인 직장 선교사들이 한미 기독교 관계를 심화시켜 나가며 "물이 바다 덮음같이" 하나님을 아는 지식이 온 세상에 충만해지기를 기도하는 마음으로 과학자들뿐 아니라 신학생과 목회자들 그리고 모든 그리스도인이 일독하여 세계 직장 선교에 성령의 열매가 맺어지기를 기원합니다.

추천사 3

이 영 훈 목사

여의도순복음교회 담임, 한미 수교 140주년 한국기독교기념사업회 대표 회장

김태연 목사님의 『원자력 전문인 신학 개론』은 개척자 정신을 가지고 쓰여진 책입니다. 소위 '전문인신학'이라는 독특한 분야를 열어 가고 있다는 점에서 이 책은 보편적인 목사님들의 저서들과는 매우 다릅니다. 더욱이 '원자력'이라는 과학적, 정책적 주제를 다루고 있다는 점은 이 책의 독특성을 더욱 눈에 띄게 합니다.

그리스도인이 세상의 빛과 소금이 되기 위해서는 세상에서 일어나는 일들에 대해서 적극적인 관심을 가지고 성찰하며 방향을 제시해야 할 것입니다. 이러한 점을 생각할 때 "생각은 글로벌하게 행동은 지역적으로"(Think Globally Act Locally)라는 말처럼 비판적 상황화에 입각한 세계적인(Glocal) 행동 중심의 원자력 문제에 대한 목회자의 성찰을 담은 이러한 책이 관련 전문 분야에 대한 관심을 불러일으키고 긍정적인 논의를 촉발하는 계기가 된다면 그 또한 귀한 일이라고 생각됩니다.

김태연 목사님이 이번에 시도를 한 것처럼 앞으로 목회자들 및 전문 연구자들이 과학 기술과 정책, 이에 대한 기독교 선교적 시각에 대해서 더욱 많은 대화를 하고 더욱 풍성한 열매를 거두는 날이 오기를 기대해 봅니다.

추천사 4

아트 린즐리 박사
IFW&E 부총재

아트 린즐리입니다.

1882년 한미 수교 140주년을 기념하는 일련의 행사에 함께 하게 되어 영광입니다. 저는 현재 제네바 리더십 공공 정책 연구소의 집행 위원회 소속으로 일하고 있습니다. 또한, 지금 대한민국이 지속적으로 번영하기 위해 정치적, 경제적, 종교적 자유를 계속 추구하여 빈곤에서 번영으로 이끌어 주기를 기도합니다.

자유를 위해서는 황금 삼각형과 같은 세 꼭지점이 필요합니다. 자유에는 미덕이 필요하고, 미덕에는 믿음이 필요하며, 믿음은 자유를 필요로 합니다. 덕이 없는 자유는 혼란과 폭력으로 이어집니다. 미덕은 필연적으로 믿음의 약속에 기초하며, 종교의 자유는 국가가 번영하기 위해 필수적입니다.

예수님께서는 "너희가 내 말에 거하면 참으로 내 제자가 되고 진리를 알지니 진리가 너희를 자유롭게 하리라"고 말씀하셨습니다. 우리는 우리를 둘러싸고 있는 거짓들을 떨쳐버리고 진리를 바로 알아야 합니다. 우리를 속박에서 자유로 이끄는 데 적나라한 진실과 거짓을 제거하는 것만큼 좋은 것은 없습니다.

예수님께서 우리에게 알려주신 새로운 삶의 가르침에는 사랑과 용서 그리고 화해로 이어집니다. 예수님께서는 우리에게 "내가 너희를 사랑하였듯이 서로를 사랑하라"고 말씀하셨습니다. 오직 예수님께서만 용서는 믿음에 필수적인 요소라고 말씀하시고 가르치십니다. 주기도문에서 알려주셨듯이, "우리에게 잘못한 사람을 용서하였듯이, 우리의 죄를 용서해주시고", 서로를 용서하지 않으면, 하나님 아버지께서는 우리를 용서하지 않으실 것입니다.

사도 바울은 우리가 세상에 화해의 메시지와 사역을 수행하는 하나님의 대사가 되어야 한다고 이야기합니다.

또한, 한국은 하나님의 대사로 여러 민족에게 선교사들을 파송하는데 사역을 감당하고 있습니다. 저는 한국, 제네바, 워싱턴 D.C. 그리고 여러 다른 나라들 간의 관계를 지속적으로 발전시키고 싶습니다.

함께 기도하기 원하는 것은, 하나님이 성령님을 통해 우리가 드리는 이 예배에 영과 진리로 함께 해주셔서, 하나님을 온전히 예배하고 하나님의 화해의 대사로서 우리에게 주어진 임무를 완수할 수 있기를 기도합니다. 또한, 마지막으로 한국과 미국의 관계가 친밀하게 계속 유지가 되길 기도합니다.

이번에 한미 수교 140주년 국제위원장인 김태연 박사가 쓰신 『원자력 전문인 신학 개론』을 축하드리며 저는 원자력 에너지를 가장 높이 신뢰하고 있으며 한미가 함께 원자력 동맹으로 강화되기를 기원합니다. 하나님이 한미 수교 대회 준비 위원 여러분들과 함께 하시기를 기도합니다.

Recommendation

Art Lindsley

Institute for Faith, Work & Economics, Vice-President

I'm Art Lindsley. It is an honor to join a series of events to commemorate the 140th anniversary of diplomatic relations between Korea and the United States in 1882. I am currently working as an executive committee member of the Geneva Leadership Public Policy Research Institute.

Also, I pray that the Republic of Korea will continue to pursue political, economic, and religious freedom to continue to prosper, leading from poverty to prosperity. For freedom, you need three vertices, such as a golden triangle. Freedom requires virtue, virtue requires faith, and faith requires freedom.

Freedom without virtue leads to confusion and violence. Virtue is inevitably based on the promise of faith, and freedom of religion is essential for the nation to prosper.

Jesus said, "If you continue in my word, you are truly my disciples, and you will know the truth and the truth will set you free."

We need to get to that truth by casting off lies that so often surround us. There's nothing like naked truth, stripped of lies and half-truths, to lead us from bondage to freedom.

The teachings of new life that Jesus brings necessarily lead to love, forgiveness, and reconciliation. Jesus calls us to "love one another as I have loved you." Only Jesus teaches that forgiveness is essential to faith. He says after the Lord's prayer that if you do not forgive others, then your Heavenly Father will not forgive your sins.

The Apostle Paul says that we are to be ambassadors, carrying out the message and ministry of reconciliation to the world. In addition, Korea is in charge of sending missionaries to various peoples as an ambassador of God.

I want to continue to foster a connection between South Korea, Geneva, Washington, D.C., and other nations.

We pray that God might send His Spirit into this worship service so that we can more fully worship Him in spirit and in truth and fulfill our task as ambassadors of reconciliation. I also pray that the relationship between South Korea and the United States will remain close. I will do whatever I can to help that to happen.

Lastly, I pray that the relationship between Korea and the United States will continue to be intimate.

Congratulations on the introduction of nuclear professional theology, written by Dr. Kim Tae-Yon, chairman of the International Committee on the 140th anniversary of diplomatic relations between Korea and the U.S., and I trust nuclear energy the most and hope that Korea and the U.S. will strengthen into a nuclear alliance together export to unreached energy people groups. I pray that God will be with the preparatory members of the Korea-U.S. diplomatic conference.

추천사 5

류응렬 박사
워싱턴중앙장로교회 담임, 고든콘웰신학대학원 객원교수

  사랑하고 존경하는 김태연 박사님과 오랜 세월 교제하면서 점점 깨닫는 것은 다양한 분야에 전문적인 지식을 겸비하고 있다는 사실이고 그 학식을 책으로 풀어내어 일반인들도 전문인 사역의 샘물을 마시게 해 주셨다는 점이다. 본서는 모든 사람의 관심 분야이지만 누구도 명쾌하게 다루기 힘든 영역인 원자력신학에 대한 주제를 일반 사람들도 쉽게 이해할 수 있도록 풀어냈다.

  저자의 모든 저서가 그러하듯 모든 논의가 전문성을 유지하는 동시에 성경적 기반에 놓여있다는 점이다. 이런 점에서 저자는 한 분야의 성실한 학자일 뿐 아니라 궁극적으로 하나님 나라의 구현이라는 선교적 사명을 충실하다. 저자의 책이 읽은 사람으로 하여금 공감을 넘어 기도가 터져 나오게 하는 것은 하나님의 마음을 담은 그의 선교적 열정 때문이리라.

  저자가 경외하며 존경하는 정근모 박사님은 필자가 현재 섬기는 교회에서 오래 전에 예수님을 인격적으로 만나고 진실한 신앙을 가지게 되었다. 미국에서도 그의 탁월한 연구로 인하여 불과 24세에 교수로 초빙 받아 '꼬마 교수'의 명칭을 얻기도 했고, 한국인 최초로 미국 한림원 회원으로 인정받았다.

  그러나 그의 마음은 언제나 조국 대한민국을 향해 타올랐고 마침내 그 결실은 오늘의 한국과학기술원(KAIST)를 세우는 것으로 실현되어 과학 문명의 거대한 발전에 이바지하고 에너지 강국으로 자리를 차지하는데 공헌

했다. 80세가 넘는 고령에도 불구하고 여전히 그의 눈은 세계를 향한 선교적 열정으로 타오르고 초일류 대한민국을 향한 거룩한 꿈으로 불타고 있다.

  자랑스런 한반도에 태어났지만 암울한 시대 상황 속에서 꿈을 상실해 가는 오늘의 젊은이들, 다양한 이념으로 찢어져 가는 나라, 특히 원자력 에너지에 대한 극한 대립으로 치닫는 요즘 세상에 이 책이 출판된 것을 자랑스럽게 기쁘게 생각한다. 이 책을 손에 든 사람마다 인식의 폭은 넓어지고, 세상을 바라보는 균형 잡힌 안목은 확장되고, 마침내 기대되는 하나님 나라에 대한 소망이 깊어지길 바란다.

추천사 6

고 명 진 박사

수원중앙침례교회 담임, 한미 수교 140주년 한국기독교기념사업회 공동 대표

한미 수교 140주년을 기념하는 대회에 국제위원장으로 수고하는 김태연 박사의 저서 『원자력 전문인 신학 개론』의 출간을 축하드립니다. 김태연 박사는 1991-1995년 미국의 워싱턴한인침례교회에서 8대 담임 목사로 수고를 했습니다.

특별히 도미(渡美) 전에는 극동 방송에서 근무하며 "1980년대 중국 공산당 선교에 대한 한국 교회의 방송 선교 연구" 논문을 발표하기도 했습니다. 조종남 박사님을 통해서 명지대학교에서 문화교류선교학과 주임교수로 발탁되어서 전문인 선교 사역의 활성화를 위해서 노력하고 있고 현재는 정근모 박사님의 민족 화합 기도회와 성촌미래학회의 회원으로 또 허문영 박사님의 평화한국 문화교류협력단 단장으로 많은 사역을 감당하고 있음을 감사드립니다.

2022년 한미 조약 체결 140주년을 기념하여 미국에 계신 정근모 박사님께서 한미 간의 원자력 동맹으로 '기적을 만든 나라의 과학자'로서의 사명을 완수하기 위해서 미국 국가 조찬 기도회를 중심으로 순회 대사로 아랍에미리트, 케냐 등 여러 나라와 기도하고 있습니다.

침례교단의 목사가 쓴 이 행동 중심의 글로벌 상황화신학 도서를 통하여 김장환 원로 목사님의 극동 방송 선교가 뉴 스페이스 시대에도 국가를 위한 그동안의 한미 간의 총체적인 우호, 협력 그리고 증진의 모든 노고의 열매로 기억되기를 바랍니다.

추천사 7

남수우 박사
한국과학기술원(KAIST) 신소재공학과 명예교수, 전 한국과학기술원(KAIST) 부총장

코로나 바이러스 시대에 과학과 신학을 기독교 세계관에 기초하여 이야기를 하는 것은 참으로 시의적절하지만 대전환의 시기를 맞이할 준비가 되지 않은 전통적인 사고를 하는 분들에게는 조금 불편한 진실일 수도 있겠다.

추천인이 이 책의 저자 김태연 교수를 만난 것은 2021년 1월 정근모 박사님이 창립하신 성촌미래학회의 준비 모임에서였다. 미국의 워싱턴한인침례교회에서 목회를 하셨다고 해서 신학을 공부하신 목사로만 알고 있었다. 그런데 몇 번 만나다 보니 학사 과정에서 중국어를, 박사 과정에서 창조과학신학을 공부하신 것을 알게 되어 지난 1981년 창립된 한국창조과학회 창립 회원인 본인이 부족한 것을 배울 수 있는 창조과학신학자로 인식하게 되었다.

또한, 김태연 목사님이 미국에서 박사 학위를 취득 후 활동을 하던 중 "젊음이 아까우니 조국으로 돌아가라"는 하나님의 말씀을 듣고 순종하여 미국 시민권을 반납하고 한국 국적을 회복한 목회자라는 말을 듣고 애국심에 불타는 성직자임을 알고 존경심을 갖게 되었다.

정근모 박사님이 약관(弱冠)에 미국에 유학하여 학위 후 하나님의 섭리로 핵융합 관련 연구에 종사하면서 발표한 "후진국 개발을 위한 과학자 양성 제안" 논문이 미국 국제개발처(USAID)에 의해 박정희 대통령에게 소개되어 한국과학기술원(KAIST)가 설립된 역사적 사실도 기술된 『기적을 만든 나라의 과학자』라는 정근모 박사님의 자서전 (2021년 1월 출간)을 김태

연 목사가 영어와 중국어를 비롯하여 몇 개 국어로 번역하여 과학자가 하지 못한 원자력 수출 홍보 준비를 마친 것을 축하하며 감사드린다.

오늘날 한국 사회에 이상하게 전파되고 있는 탈원전 정책으로 인해서 불평하고 정책 폐기를 주장하는 사람들은 많이 있지만 저자의 전문인신학 시리즈로 제시한 이번 책처럼 원자력 에너지를 개괄적이지만 설명을 하고 현장 중심의 원자력 에너지가 신학과 어떤 정통성과 상관성을 가지고 있는지를 일목요연하게 과학신학의 탐구를 영성신학의 입장에서 제시한 경우는 없었다.

김태연 교수는 이런 양면성을 모두 이해하고 더 나아가서 본인이 제3의 길의 연합으로서 '창조적 중용'을 제시하는 글로벌 상황화신학으로서의 '전문인신학'을 정립한 후에 20여 년 동안 피터 드러커(Peter Drucker)의 전문인의 개념에 기초하여 전문인 선교의 개념을 창발하고 전문인 선교사 양성을 위해서 헌신해 온 전문인신학의 응용신학으로서 10여 년에 걸쳐 정근모 박사님의 지도하에 명지대학교 국제대학원 교수 시절부터 원자력 에너지신학을 묵묵히 연구를 시작하여 이번에 『원자력 전문인 신학 개론』을 저술했다고 하는 것은 문화 신학자인 리처드 니버(Richard Niebuhr)의 그리스도와 문화의 4단계 분류에서 마지막 "문화의 변혁자"(Transformer of Culture)로서의 메타버스적인 신학을 시도한 놀라운 창발성이라고 생각한다(롬 12:1-2).

이 책을 읽는 대부분의 원자력 비전문가를 위해서 책의 서론에서 '핵무기신학'에 대한 언급을 먼저 하고 이에 대한 프로테스탄트의 정신으로 '원자력 전문인 신학'을 논한 것이 독자들을 배려한 친절이라고 생각된다. 또 페미니즘신학이 잘못된 것도 자연스럽게 다루게 된 것도 변화하는 시대에 복음을 전하고자 하는 신의 한수라고 본다.

김태연 교수의 작업은 『기적을 만든 나라의 과학자』의 저자이신 세계적인 과학자 정근모 박사님의 원자력 에너지 발전사와 정책을 전수받아서 연구하고 적극적으로 수용하면서 동시에 복음적인 선교신학의 중요한 관점을 지킨다고 하는 점에서 리처드 도킨스(Richard Dawkins)의 종교 다원주의와 존 캅(John Cobb)의 과정신학을 우상시하는 과학계의 안타까운 현실에 매우 의미 있는 작업이라고 이해된다.

탈원전의 시대에 한국 사회는 동서가 분리되고 남북으로 분리된 단절된 세상이지만 김태연 교수는 복음적인 통일 신학으로서 자유 민주주의 시장 경제를 중심으로 한 동서의 통일은 독일에서 배우고 비핵화를 전제로 한 원자력 에너지 과학을 중심으로 한 남북의 통일은 미국의 남북 전쟁에서 배우고자 하는 통찰력을 가지고 세운 전문인신학이 7-11 신학이라고 제안하고 있다.

김태연 교수는 이 책을 통하여 원자력이 밥이라고 하는 원자력 르네상스 시대가 원자력 스마트 도시 개발을 통하여 한반도에 다시 도래하고 한미 공조를 통하여 제2의 중동 원자력 특수를 내다보는 혜안을 선보임으로써 과학(Science)이야말로 선한 양심(Conscience)을 가지고 실천을 하면 전지전능하신 하나님(Omniscience of God)이 축복을 내려주는 무에서 유를 창조하는 삼위일체 하나님으로만 만족하는 영역임을 보여 주었으니 많은 과학자와 원자력 에너지 관계자가 꼭 읽어야 할 참고서로 평가된다.

오늘날 한국 교회의 성장의 주역이신 훌륭하신 목회자들과 신학생들도 마음의 문을 열고 같이 읽으시면 앞으로 '우주 공학 전문인신학'으로까지 전문인신학의 영역을 넓혀나가고자 하는 김태연 교수와 초일류 대한민국으로 가는 대전환의 시기에 중보 기도의 동반자가 될 수 있을 것이라 확신하며 이 책을 적극적으로 추천하는 바이다.

추천사 8

송종환 박사

경남대학교 석좌교수, 전 주파키스탄 대사

혼돈의 시대에 나온 이 책을 추천한다. 8월 15일 아프가니스탄의 수도 카불이 20년 만에 함락된 후 다음은 한국이라는 뜨거운 논쟁과 자조적인 한숨이 나오고 있는 시점에 김태연 교수의 신간 원고를 접하게 되었다. 추천자가 2013-2016년에 아프가니스탄 인접 국가인 파키스탄 주재 대사로 근무했기 때문에 신간 원고에서 문화교류선교학자인 김 박사가 아프가니스탄에 대하여 언급하고 있어서 흥미를 가지게 되었다.

이슬람 극단주의 테러 단체 '이슬람 레반트 이슬람 국가'(Islamic Sate of Iraq and the Levant, I.S)의 아프가니스탄 지부 격인 IS-K(Khorasan·호라산)가 8월 26일, 미군과 북대서양조약기구(NATO) 군의 철수 시한인 8월 31일을 닷새 앞두고 카불 국제 공항에서 자살 폭탄 테러를 감행하여 미군 13명을 포함해 최소 170명이 숨졌다. 2019년 도날드 트럼프(Donald Trump) 대통령이 "IS는 궤멸했다"고 한지 불과 2년 만에 일어난 테러이다. 조 바이든(Joe Biden) 대통령은 8월 16일 국익에 부합하지 않는 미군 주둔을 계속하는 실수를 되풀이하지 않을 것이며, 싸울 의지 없는 아프간을 위해 미군을 희생할 수 없다는 입장을 발표한 후 군사 보복을 단행했다.

IS, 탈레반과 2001년 9월 11일 미국 뉴욕 소재 세계 무역 센터 쌍둥이 빌딩과 워싱턴 국방부 건물을 네 차례 테러 공격을 한 알카에다는 모두 서방을 배격하고 이슬람 원리주의 국가 건설을 목표로 하고 있고 자신들의 행위를 성전(聖戰)이라고 하는 점에서 같다.

그러나 「동아일브」의 황성호 카이로 특파원에 의하던, 이들의 목표와 전략이 다르다고 한다. IS는 재집권한 탈레반(학생을 의미)이 미국과 협력한 것과 다름없다며 탈레반을 적대시한다. 미국이 떠나고 힘의 진공 상태가 된 아프가니스탄에서 IS 같은 극단주의 세력들이 기승을 부릴 것이라는 관측이 나오고 있다. 뉴욕타임즈(NYT)는 "아프간이 테러리스트들과 극단주의자들, 급진주의자들의 라스베이거스가 될 것"이라고 전망하고 있고, 마크 밀리(Mark A. Milley) 미국 합참 의장은 9월 4일 아프가니스탄이 내전으로 분열될 가능성이 있다고 밝혔다.

아프가니스탄에서 벌어지고 있는 일이 그 나라에서만 벌어지고 있는 일이 아니다. 1973년 1월 27일 파리에서 미·베트남 간에 평화 협정을 체결하고 미군이 철수한 후 1975년 4월 30일 사이공이 함락되고, 금년 2월 29일 미국과 아프가니스탄 무장 반군 조직 탈레반 간에 카타르 도하에서 '아프간의 평화 도래를 위한 협정'(평화 협정)이 서명된 후 8월 15일 카불이 함락된 것이 연상되어 한국과 미국에서 주한 미군 철수 논쟁이 이어지고 있다.

미국 당국은 한국과 아프간은 다르다고 애써 강조하고 있지만, 72년 전 1949년 9월 고문관 500여 명만 남기고 미군이 철수한 후 1950년 6월 25일 새벽 4시에 북한 공산군이 소련, 중공의 지원하에 기습 남침해 왔음에 비추어 주한 미군 철수 가능성에 대한 논쟁은 계속될 여지가 있다.

2022년 3월 9일 제20대 대통령 선거를 앞두고 전국대학생대표자협의회(약칭 '전대협')의 후신으로서 1993년 4월 전북대학교에서 창립된 후 1996년 8월 '연세대 폭력 시위 사태'로 1997년 대법원에서 북한을 찬양, 고무하고 국가 변란을 선전, 선동하는 것을 목적으로 결성된 조직으로 이적 단체 판결을 받은 한국대학총학생회연합(약칭 '한총련')이 공세적으로 움직이고 있다. 여기에 기대는 여당 후보들이 있는가 하면 어느 유력 후보는 한미 군사 훈련 취소를 주장하고 주한 미군 철수를 살짝 건드리면서 모병제 공약을 내기도 한다.

김 박사는 『원자력 전문인 신학 개론』을 소개하면서 바로 원자력 에너지를 소개하는 것이 아니라 하버드대학교의 G. 카우프만(G. Kaufman) 박사가 쓴 『핵 시대의 신학』(Theology for a Nuclear Age, 1985)을 비판하고 먼저 정상적인 용어가 핵이 아니라 원자력이라고 하는 것을 분명히 했다. 따라서, 소위 녹색 운동을 하는 자들에게 일방적으로 원자력만 옹호한다는 이야기를 듣지 않을 것이며 원자력 정책에서 끝나는 것이 아니라 이를 전문인신학의 입장에서 설명한 것이다.

여기서 추천자의 연구 분야인 북한 핵 문제에 대한 입장을 밝혀 보고 싶다. 국제원자력기구(IAEA)는 8월 27일 연례 이사회 보고서에서, 2018년 말부터 가동 징후가 없던 북한 영변 5메가와트 원자로가 올해 7월 초부터 재가동 징후가 있다고 지적했다. 원자로에서 꺼낸 폐연료봉을 재처리해 핵무기 원료인 플루토늄을 추출하는 방사 화학 실험실도 5개월간 가동해 왔음을 확인했다.

북한 외무성은 8월 29일 "최강의 억제력을 부단히 비축해 나갈 것"이라고 발표했다. 다음 날 한국 정부는, 미국과의 긴밀한 공조를 통해 북한 핵 미사일 활동을 지속 감시 중이며, 이를 바탕으로 한반도의 완전한 비핵화, 평화 정착과 남북 관계 발전을 위해 노력할 것이라고 밝혔다. 끊임없는 북한 핵 개발 현실을 도외시하고 앵무새처럼 김정은의 비핵화 의지를 믿으라고 하는 것은 국가 안보 위기 대책과는 거리가 한참 멀다.

한국이 북한의 핵 인질로 살지 않으려면 현실에 맞는 대책을 세워야 한다. 그 대책의 기본은, 미국 정치학자 한스 모겐소(Hans Morgenthau) 교수의 "다투는 두 나라 중 핵 위협을 받는 나라가 핵 반격 수단이 없으면, 1945년 8월 미국의 히로시마(廣島)·나가사키(長崎) 원폭 투하 후 일본처럼 완전히 파괴되거나 무조건 항복이라는 2가지 선택밖에 없다"는 경고에 둬야 한다.

한국은 북한이 핵 공격을 하려고 할 때, 핵 선제와 반격을 받아 자신들도 절멸(絶滅)될 수 있다는 위협을 느끼도록 '공포의 균형'을 갖춰야 한다. 이를 위해, 독자적 힘을 강화하는 자강책(自强策)을 추진하면서 동맹국인 미국의 힘을 빌려야 한다.

공포의 핵 균형을 갖추기 위해선 세 가지 방안을 고려할 수 있다.

첫째, 북한이 어느 시점까지 핵 폐기에 응하지 않으면 전술 핵을 재배치하겠다고 사전에 발표한다.

둘째, 나토 식 전술 핵무기 공유(독일·벨기에 등 5개 동맹국의 미군 기지에 전술 핵탄두를 배치해 핵탄두는 미국이 보유, 통제하고 유사시 나토 해당국 전투기로 투하) 체제를 갖춘다.

셋째, 미국의 양해 아래 한국의 조건부 핵무장을 협의한다. 미중 간 패권 경쟁이 계속되는 가운데 북한이 주한 미군 철수를 전제하는 '조선 반도 비핵화'를 주장하고 있으므로 협상을 재개해도 북한 핵 폐기는 가망이 없다. 따라서 북한 핵 폐기에 관하여 북한과 중국을 상대로 대화할 여지가 없다.

지금부터 한국은 미국이 전술 핵무기를 한국에 배치 또는 공유하거나 미국의 양허 아래 한국이 핵무장을 추진하는 안 중 하나라도 실현되도록 아래 논리로 미국을 설득해야 한다.

> 북한이 남북, 미북 대화에 나오도록 유도할 수 있다.
> 한국과 일본의 핵무장에 민감한 중국이 북핵 폐기에 적극적 역할을 하도록 압력을 가하게 된다.
> 핵무기를 가진 중국·인도 간, 인도·파키스탄 간처럼 북한의 대남 도발을 억지해 한반도 정세가 안정된다.
> 북한이 미국 본토와 주(駐)일 미군 기지를 위협하지 못하도록 견제하는 역할을 할 것이다.
> 미중 간 패권 경쟁 시대에 중국의 주한 미군 타격을 억제할 수 있다.
> 미국의 대북 군사 옵션보다 피해와 경비가 적고 북한의 핵 무력을 대응하는데 훨씬 효과적이다.

우리가 북한의 '조선 반도 비핵화'에 동조하는 한국 내 추종자들을 보면서 그들이 북한 핵이 실제로 자기 머리 위에 떨어지는 순간에도 북한을 믿으라고 하면서 주한 미군 철수 주장을 할지 궁금하다. 이번에 아프가니스탄에서 미군이 20년 만에 철수하는 것을 보면서 우리 국민은 북한 핵에 대응하기 위해 동맹 미국이 최소한 전술 핵을 재배치하도록 미국을 설득할 수 있는 대선 주자를 골라주기 바란다.

핵 발전은 용어부터 원자력 발전으로 수정을 해야 하며 영적 전쟁의 시대에 평화를 유지하려는 기능을 수행하고 있다는 언급에 동의하는 바이다. 선교 학자가 500여 페이지의 방대한 이론과 실제를 명지대학교 시절부터 정근모 박사와 더불어 10년을 대화하며 저술한 역작으로 여겨져 장로들과 평신도들도 일독하고 초일류 대한민국을 이루는 일에 헌신하기를 권하는 바이다. 6·25 남침 전쟁이 발발한 1950년에 10대였던 8명의 소년, 소녀가 80대가 되어 영어로 쓴 『6·25 전쟁 회고록: 1950~1953』 한글판 책자가 발간됐다. "역사로부터 배우지 못하는 사람들은 과거의 잘못을 반복하게 된다"는 윈스턴 처칠(Winston Churchill)의 경고와 "평화를 원하거든 전쟁을 준비하라"(Si vis pacem, para bellum)라는 라틴어 경구가 무겁게 들린다.

북한과 대화하려면 미국의 시어도어 루즈벨트(Theodore Roosevelt) 대통령이 "부드럽게 말하되, 커다란 몽둥이를 들고 있어야 한다"고 한 말을 경청하여야 한다. 그의 외교 전략은 평화롭게 교섭하되, 강한 군대를 보유하는 것이었다. 루즈벨트는 만일 그렇지 않으면 우리의 적은 우리를 우습게 보고 조롱할 것이라고 경고했다. 그의 말은 아프가니스탄 등 지역적 불안이 고조되고 북한이 핵 폐기 문제로 세계를 농락하는 상황에 인도-태평양 전략으로 중국의 팽창을 막으려는 동맹 미국을 멀리하면서 중국과 북한만 바라보는 현 한국 정부가 들어야 할 말이다.

추천사 9

O 선 희 박사
서울과학기술대학교 명예교수, 전국대학교수선교연합회 이사장

김태연 박사의 저서 『원자력 전문인 신학 개론』의 출간을 축하드립니다. 김태연 박사는 라이즈 업 코리아 운동 본부의 선교 동지입니다. 여의도순복음교회의 로고스 교수 선교회에 와서 특강을 하면서 정근모 박사의 원자력 에너지에 대한 관심을 여러 교수 앞에 피력했던 기억이 새롭습니다.

오늘의 대한민국은 한미 수호 조약을 반석으로 여기고 무엇보다도 군사 동맹을 굳건히 지키는 일을 지속해야 합니다.

70년 동안 지켰으면 100년인들 못 지키겠습니까?

여의도에서 열린 빌리 그래함 전도 집회가 대한민국을 기적을 만든 나라로 만든 것이 분명합니다. 몇 해 전에 워싱턴의 미국 국가 조찬 기도회에 정근모 박사를 모시고 참가하면서 한국과 미국은 마치 요셉과 베냐민처럼 같은 배에서 나온 자녀들처럼 복음에 기초한 나라가 되어서 이제는 세계를 경영해야 한다는 범세계적 책무감을 가지고 돌아왔습니다.

1882년 한미 조약은 미국 정부의 강력한 태평양 전략에서 비롯되었다면 2022년 한미 기독 동맹을 통하여 발상의 전환을 하여 북대서양조약기구(NATO)와 같이 북한까지 포용한 태평양조약기구(PATO)를 만들어서 한미 간에 원자력 동맹, 과학 동맹으로 삼겹줄로 묶어서 하나님의 마하나임 군대로 역사하기를 기대해 봅니다. 이 일은 우리 세대만이 아니라 4차 산업의 컴퓨터, 로봇, IoT, AI, 우주 공학 등 영역에서 두각을 나타내는 한국인 대학생, 청년들과 차세대 미국의 한인 2세 리더들을 통해서 시너지가 이루

어질 것이라고 봅니다.

　정근모 박사의 『기적을 만든 나라의 과학자』 영문판과 김태연 박사의 『원자력 전문인 신학 개론』 등을 통하여 미국의 크리스천 리더들과 한국의 전문인 크리스천 리더들이 위드 코로나(with corona) 바이러스 시대에 지구촌의 기독교를 새롭게 변혁시키고 한미 원자력 조약과 한미 과학 조약 그리고 한미 우주 방위 조약까지 나아갈 것을 과학을 사랑하는 한 사람으로서 기대해 봅니다.

　이제는 '나도 선교사' 시대이기에 저마다 스마트폰을 통하여 미디어 선교를 할 수 있습니다. 1000만 명 직장인의 십일조인 100만 명이 먼저 스마트 과학 선교사들이 되어서 100만 명의 플랫폼 비즈니스 선교사가 될 수 있습니다. 전국대학교수선교연합회의 회원들도 이 일을 할 수 있는 선교사들입니다. 기존의 서구 선교사들이 조선에 와서 하드웨어인 학교와 병원을 짓고 국민 한 사람, 한 사람이 국가의 주인이 되는 복음을 전한 것처럼 이제는 소프트웨어적으로 복음을 전해야 하는 시간이 왔습니다.

　한미 동맹과 기독교를 통해서 대한민국은 소련, 중공, 북한이란 공산 국가 동맹들의 침략을 막아낼 수 있었고, 7대 경제 강국으로서 자유 민주주의와 시장 경제 그리고 신앙의 자유가 보장된 나라를 만들 수 있게 되었습니다. 한국 기독교는 일제 말, 해방 후 공산 세력으로부터 친미 세력으로 간주되어 엄청난 박해를 받았습니다만 이제는 수동적으로 과거의 순교사에 매이기보다는 그리스도 안에서 '사랑의 원자탄'이 되어 하나님의 사랑에 매여 원수도 사랑하라고 하신 말씀을 유념하며 자손만대에까지 현장 중심의 행동을 하는 정근모 박사의 열망인 '전국민과학자주의'를 기초로 우리나라가 초일류 대한민국이 되어서 원자력 르네상스를 체험하며 열방을 향하여 축복의 통로가 되는 나라가 되어야 하겠습니다.

　전국대학교수선교연합회 이사장으로 사역을 하면서 보는 것은 아시아, 아프리카, 남미 등에는 아직도 수십 억의 사람들이 복음을 듣지 못하고 있으며, 어둠에서 울고 있다는 것입니다. 이제 미국과 손을 바로 잡고 기독교 정신에 입각하여 정직한 도덕 사회를 회복하는 일을 우선적으로 해야 합니다.

한미 조약 체결 140주년을 기념하여 김태연 박사가 쓴 『원자력 전문인 신학 개론』이 불쏘시개가 되어서 한미 간의 전문인 교수 선교사들이 캠퍼스와 교회에서부터 한미 기독교 관계를 심화시키며 "물이 바다 덮음같이" 하나님을 아는 지식이 온 세상에 충만해 지기를 기도하는 마음으로 우리 전국에 있는 기독 교수 지도자들에게 일독을 권합니다.

추천사 10

김 원 희 원장
한국전문인선교원 원장, 전 성결대학교 교수

　김태연 교수의 전문인 선교에 대한 열정은 놀라울 정도다. 최근에 『한국 교회와 중국 선교(2030 중국 글로벌 예측신학)』(2018, CLC 刊)에 이어 『한국 교회와 아프리카 선교』(2020, CLC 刊)을 쓰더니 이제는 『원자력 전문인 신학 개론』(2021, CLC 刊)을 출간한다고 한다. 아프리카 선교와 집필 중인 남미 페루 선교는 정근모 박사님이 하시는 국가적 원자력 전문인 선교의 일환으로 쓴 것으로 알고 있다.
　정근모 박사는 한국의 대표적인 과학자로 대한민국 건국 이후의 오늘날 대한민국이 세계 11위 국가가 되기까지 경제 발전의 숨은 주역으로 손꼽는 몇 분 안되는 분 가운데 한 분이다. 몇해 전에 이명박 전 대통령 당시에 아랍에미리트에 원자력 발전기 APR-1400을 수출하여 단군 이후에 가장 큰 재정의 이동을 한반도가 경험할 수 있는 길을 열었다. 현 정부에서는 탈원전 정책으로 인해서 제2, 제3의 원자력 수출 사업이 주춤하고 있지만 최근에는 남미의 페루의 대통령이 원자력 발전소를 세워 달라고 요구를 할 정도로 2021년 흰 소의 해에 원자력소의 힘찬 약진이 기대되고 있다.
　그 길에서 이미 동유럽의 루마니아와 아프리카 케냐에서도 원자력 발전소를 세워달라고 요구하고 있다. 이미 복음이 지나간 유럽의 공산권이나 이슬람권에서도 에너지를 요구하고 있다. 우리는 코로나 바이러스의 환난의 길에서도 예수님이 동행하시면 마음이 뜨거워지게 되고 엠마오로 가는 두 제자처럼 얼마든지 기적을 체험할 수 있다.

이 새 길이 바로 진정한 '백 투 더 코리안 루트'(Back to the Korean route)가 아니고 무엇일까?

그래서 바울은 그 선교 길을 그냥 걸어간다고 표현하지 않고 '달려갈 길'이라 표현하고 있다. 그 길은 성령이 인도하는 길이었고 고난이 기다려도 가야 하는 길이었다. 새로운 길, 영원한 하나님의 선교 길을 열기 위한 하나님의 선교 루트였던 것이다. 오늘 우리 선교사 모두는 이 길 위에 있고, 이 길 위에서 또 성령의 인도하심으로 천국 길, 선교 길을 가야 한다. 우리는 성령의 길을 개척하며 가고 있는 것이다.

우리는 또 바울과 같은 고백을 하기를 바란다.

> 오직 성령이 각 성에서 내게 증언하여 결박과 환난이 나를 기다린다 하시나 내가 달려갈 길과 주 예수께 받은 사명 곧 하나님의 은혜의 복음을 증언하는 일을 마치려 함에는 나의 생명조차 조금도 귀한 것으로 여기지 아니하노라 (행 20:23-24).

정근모 박사는 다섯 달란트를 받은 종이시지만 서번트 리더십(servant leadership)으로 두 달란트 받은 종이 다시 두 달란트를 더 남기기 위해 기도하고 시도하는 열정의 선교, 원자력 선교를 하는 것이다. 오늘도 우리 전문인 선교사들은 온갖 어려움 앞에서도 소망을 잃지 않고 복음을 전하는 선교 루트를 찾고 있는 것이다. 우리 한국전문인선교원은 비대면의 시대에 가장 효과적인 학술 사업을 통하여 성촌 정근모 박사와 동반자가 되어 원자력 선교를 하면서도 현대판 바울처럼 사도행전 결론의 모습을 보며 계속 지혜롭게 감당하고 있다.

최근에 정근모 박사님이 남미 페루에도 원자력 발전소를 세우실 의향이 있다는 이야기를 들었다. 남미의 페루에서 정근모 박사님의 국가적인 차원의 전문인 선교사로서의 삶과 비전을 펼치기를 원하는 김태연 교수의 전문인 선교의 여정에 나는 기도로 동참하고 있다.

이 책의 출판을 계기로 코로나 바이러스 시대에 더 많은 과학자와 목사님이 고급 원자력선교신학을 수립하는데 큰 바탕이 될 것으로 기대하며 원자력으로 하나님의 나라가 이루어지기 위해서는 다음과 같은 7가지로 프로세스를 제시하고자 한다.

첫째, 글로칼 차원의 큰 비전과 큰 구조가 필요하다(5G Vision & 5G Structure).
둘째, 국가의 힘의 지수는 수에 비례한다(Power Index, Man/Woman Power).
셋째, 성품 모델과 사역 모델이 필요하다(Character Model & Ministry Model is needed).
넷째, 전문인 선교에 속도를 내라(Professional Mission, Speed Up)
다섯째, 한민족에 대한 개별적 맞춤형 돌봄과 전체적 돌봄을 하라(Member Care Individually&Totally).
여섯째, 담대한 협력과 다양한 네트워크, 문화 교류적 접근이 필요하다(Approach by Bold Cooperation & Multi-Network by Interculture).
일곱째, 이 일을 성취하기 위해서는 선교의 4M인 자금(Money)과 사람(Man)과 방법(Method)과 경영(Management)이 필요하다.

단순히 원자력 전문인 선교에 대한 소개를 도서관에서 쓴 것이 아니라 특별히 정근모 박사님이 추구하시는 서번트 리더십에 기초하여 한류 전문인신학에 대한 현장 소개로 원자력 에너지 거룩한 마을 사업이 원자력 에너지 르네상스로 각국으로 현지의 선교사들과 교감하며 한국의 원자력 스마트 도시들과 우선 지역 개발로 연관이 되어 문화 교류를 한다면, 저들 모두가 전문인 선교사로 헌신을 할 것이라고 본다.

> 담대히 하나님 나라를 전파하며 주 예수 그리스도께 관한 것을 가르치되 금하는 사람이 없었더라(행 28:31).

원자력 전문인 신학 개론

글로벌 과학 신학을 향하여

Introduction to Professional Theology in Nuclear Energy Death
Toward Global Science Theology
Written by Taeyon Kim
All rights reserved.
Korean Edition Copyright ⓒ 2021 by Wheat Berry Books, Seoul, Korea.

원자력 전문인 신학 개론
글로벌 과학 신학을 향하여

2021년 12월 10일 초판 발행

지 은 이 | 김태연

편　　집 | 양희준
디 자 인 | 이지언, 박성준
펴 낸 곳 | 도서출판 밀알서원
등　　록 | 제21-44호(1988. 8. 12.)
주　　소 | 서울특별시 서초구 방배로 68
전　　화 | 02-586-8761~3(본사) 031-942-8761(영업부)
팩　　스 | 02-523-0131(본사) 031-942-8763(영업부)
이 메 일 | clckor@gmail.com
홈페이지 | www.clcbook.com
송금계좌 | 기업은행 073-085404-01-017 예금주: 밀알서원
일련번호 | 2021-133

ISBN 978-89-7135-123-9 (93230)

이 책의 저작권은 저자와 도서출판 밀알서원이 소유합니다. 신저작권법에 의하여 한국 내에서 보호받는 저작물이므로 무단 전재와 무단 복제를 금합니다.

원자력 전문인 신학 개론

글로벌 과학 신학을 향하여

김태연 지음

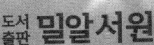

목차

발 간 사 ｜ 정근모 박사 제12, 15대 과학기술처 장관	1
축 시 ｜ 김소엽 박사 대전대학교 석좌교수	4
추천사 1 ｜ 김상복 박사 횃불트리니티신학대학원대학교 명예 총장	7
추천사 2 ｜ 최이우 박사 종교교회 담임	9
추천사 4 ｜ 이영훈 목사 여의도순복음교회 담임	11
추천사 4 ｜ 아트 린즐리 박사 IFW&E 부총재	12
추천사 5 ｜ 류응렬 박사 워싱턴중앙장로교회 담임	16
추천사 6 ｜ 고명진 박사 수원중앙침례교회 담임	18
추천사 7 ｜ 남수우 박사 한국과학기술원(KAIST) 신소재공학과 명예교수	19
추천사 8 ｜ 송종환 박사 경남대학교 석좌교수	22
추천사 9 ｜ 이선희 박사 서울과학기술대학교 명예교수	27
추천사 10 ｜ 김원희 원장 한국전문인선교원 원장	30
저자 서문	38
서론 핵 시대의 신학과 전문인 원자력 예측신학	58

제1부 '7' 전문인신학 이론   127

제1장 에너지 전문인 선교의 정체성	128
제2장 창세기와 에너지 창	148
제3장 원자력 핵무기 안보의 창	173
제4장 2030 대한민국 시나리오 예측 분석	194
제5장 초일류 한반도 비핵 통일 비전	204
제6장 에너지 발전을 통한 도시 개발 사역	216
제7장 미래 한국 선교 변혁 7R 운동	224

제2부 '11' 전문인 실천신학　　　　　　　　　　　　　235

제1장　요한계시록과 한반도 시나리오　　　　　　　　236
제2장　북한과 중국의 도시 개발　　　　　　　　　　　254
제3장　원자력 에너지 전문인 선교 전략　　　　　　　265
제4장　12분쟁 지역 지정학적 연구　　　　　　　　　　272
제5장　12분쟁 지역 자선교학 연구　　　　　　　　　　293
제6장　12분쟁 지역 구원론 연구　　　　　　　　　　　302
제7장　에너지 전문인 선교사　　　　　　　　　　　　323
제8장　에너지 선교 실천 20:20　　　　　　　　　　　342
제9장　전문인 선교 공동체와 도산 안창호　　　　　　355
제10장　에너지 전문인 선교사 모델　　　　　　　　　380
제11장　원자력 산업의 현재와 미래　　　　　　　　　395

결론 1　전문인 원자력 예측신학을 향하여　　　　　　443
결론 2　요한계시록이 현실이 된 세상에서의 전문인이 본
　　　　새하늘과 새땅으로 가는 길　　　　　　　　　512

에필로그　　　　　　　　　　　　　　　　　　　　　537
부록 1: 요나서에 나타난 7-11 신학　　　　　　　　　572
부록 2: 한미 공동 선언문(2020. 5. 23)　　　　　　　581
참고문헌　　　　　　　　　　　　　　　　　　　　　596

저자 서문

김 태 연 박사
한미 수교 140주년 한국기독교기념사업회 국제위원장

『원자력 전문인 신학 개론』을 출간하게 되었다. 명지대학교 시절부터 정근모 박사님의 지도를 받으며 이 책을 10년 동안 집필했다. 이 책은 이순신 사상, 도산 안창호 사상 등을 담은 복잡성을 띤 글로벌 상황화신학의 일환으로 내게 된 것이다. 단순한 복음을 인류의 미래 위험을 대비하기 위해 복잡한 과학 방면의 시리즈 책으로 내게 되었다. 단순한 복음을 제시하는 필자의 7-11 전문인신학에 기초하여 전체를 18장으로 구성하고 18가지의 전문인신학의 도표를 넣었고 부록에도 구체적으로 담았다.

1985년 3월 미국으로 처음 이민을 가고 며칠이 안 되었는데, 클린턴 대통령이 영변의 핵 시설을 파괴하기 2시간 전에 지미 카터 전 대통령의 강력한 반대로 공습 계획이 중단되고, 카터가 김일성을 만나러 특사로 평양에 간 일이 발생했다. 한국의 가족들은 이 사실을 전혀 모르고 있었고 어머니와 마지막 안부 전화를 했던 기억이 새롭다.

그 후 1995년 한국으로 귀국하여 지난 25년 동안 전문인 선교에 헌신하여 1200여 명의 평신도 직장인을 선교사로 양성하는 일을 한국전문인선교훈련원(GPTI), 한국전문인선교원(GPI)에서 원장으로 사역하며 특별히 명지대학교 국제대학원에서 문화교류선교학과에 조종남 박사로부터 초청을 받아 전문인 선교의 스펙트럼을 어디까지 펼쳐야 하는지를 늘 연구하게 되었다.

마치 에스라와 마찬가지로 이스라엘 백성들이 바벨론 포로에서 귀환하는 심정을 가지고 코리안 디아스포라가 흩어져 있는 지역마다 전문인 선교의 기치 아래 어둠에 앉아 있는 많은 영혼을 만날 수 있었다. 마치 바사 왕 고레스가 바벨론을 정복한 후에, 이스라엘 백성들에게 본국으로 돌아가 이스라엘 성전을 재건하도록 허용한 것을 기록한 에스라서의 기록을 읽으면서 하나님의 나라 차원에서 초역사적으로 한반도의 국가 디자인이라는 개념을 생각하며 살게 되었다. 이것이 초일류 대한민국이라는 정근모 박사의 헌신이었다.

오래전이지만 하나님이 필자를 할렐루야교회 김상복 목사를 찾아가라고 하셨고, 그곳에서 복음 통일 문제 전문가인 평화한국 대표인 허문영 박사를 만나게 되었고, 몇 허 전에 다시 만난 후 같이 미국의 워싱턴에 가서 워싱턴의 통일 문제 전문가들을 만날 수 있었다. 이제 아프가니스탄이 탈레반에 넘어가고 다시 한번 한반도에 안보가 중요해진 이 시점에서 한미 수교 140주년을 맞이하며 한미 수교 100주년 당시에 실천한 것들을 되돌아보며 무엇이 우선 순위가 되어야 할지를 고민하며 이 책을 출간하게 되었다.

주한규 교수는 이렇게 말한다.

> 한국수력원자력 직원으로서 아랍에미리트 바라카 원전 건설 현장에 3년간 파견됐다가 돌아와 지금은 국내 원전 현장에서 근무하는 제자가 쉬는 날이라고 찾아왔습니다. 아랍에미리트에 근무할 때 한국인 엔지니어로서 엄청난 자부심을 느꼈다고 합니다. 아랍인들이 거리에서는 아시아인들을 무시하는데 발전소에서는 깍듯이 존중한다고 합니다. 연봉도 몇천만 원씩 더 받고, 영어도 늘고 원전 건설 현장과 시운전 실전 경험도 쌓을 수 있어서 자기로서는 매우 좋은 경험이었다고 합니다. 이 제자는 가정 형편상 학부만 졸업하고 바로 취직하고 싶다고 제게 상담을 와서 한국수력원자력에 가라고 권유해 준 적이 있습니다. 제게 여러 과목 수강했는데 공부를 잘했습니다. 실력이 있는데다 인물도 준수해서 얼마 전 KBS 아랍에미리트 다큐멘터리에 나오기도 했습니다. 이런 제자가 찾아와주니 보람 있고 반갑지요. 최근에 한국수력원자력을 은퇴하고 아랍에미리트에 자문관으로 간 한국수력원자

력 고급 기술자가 "70여 개 국가 30여 개 언어를 쓰는 사람들이 모여서 바라카 원전 건설을 성공시킨 것은 기적이다"라고 소감을 전해 왔습니다. 바라카 1호기는 80퍼센트 즉 110만 킬로와트 출력 운전에 달성했고, 곧 100퍼센트 출력을 낼 것입니다. 이 성공적인 바라카 원전 건설을 우리나라가 했습니다. 우리나라 원전 기술력 무시하는 사람들은 자성해야 합니다.

다니엘이 예언한 70이레를 생각하며 예측해 보는 통계신학(theostatics)은 수신학(theomathics)에서 발전한 예측의 개념으로 한민족의 남북이 나뉜 상황을 재건(Rebuild)하는 통찰력을 내게 주셔서 6R, 즉 '구속사'(Redemption) 운동을 전개하고 있다. 한반도의 문제를 해결하는 열쇠는 우리가 하나님의 편에 서 있느냐는 엄숙한 질문이다.

그 안에는 세속화와 성속화, 사망의 법과 생명과 성령의 법, 정체성과 상관성, 알박기와 화룡점정, 교회 성장과 복음의 확산 운동, 혁신과 변혁, 동이족과 백두 혈통, 핵무기와 원자력 에너지, 요한복음 21장과 요한계시록 21장과 같은 수많은 주제어가 대조를 이루며 남북과 상관 관계를 가지고 적용될 수 있다.

2013년에 아시아 로잔 모임이 성황리에 마쳤다. 이는 2010년에 케이프타운에서 열렸던 제3차 국제 로잔대회에 참가하지 못한 중국의 로잔 관심자들에 대한 아시아적인 로잔운동의 비판적 상황화에 대한 열망이 나타나는 계기가 되었다.

또한, 2013년 WCC 대회가 끝이 났다. 로잔 언약에 기초한 한국적 신학의 정립과 아시아적 신학의 정립 그리고 글로벌 신학으로의 적용을 연구하고 있는 필자로서는 이제 때가 되었다고 여겨져서 하나님의 시대적인 섭리를 믿고 로잔 언약에 기초한 『한국 교회와 중국 선교』(CLC, 2018)를 출간하게 되었다. 책을 저술하는 과정에서 전문인신학에 기초한 전문인 선교 전략을 실천하는 것이 무엇이냐는 질문에 빠지게 되었다.

지금까지 목사와 평신도가 구별된 상태로 그 열매를 정확하게 알지 못하는 상태에서 계속 주님 오실 때까지 가는 것이 옳은지 아니면 이즈음에서 전혀 차원이 다른 국가 디자인을 하는 방식으로 하나님의 나라를 디자인하는 전략이 필요하다고 보았다.

2014년 세월호 사건이 이후, 새로 출간된 많은 책을 섭렵하며 내 가슴의 할례를 받게 하신 하나님의 편에 서서 북핵 위기, 삼성 반도체의 미래 이야기, 한반도 비핵화, 전시 작전 환수권, 자문화 방사주의, 원자력 에너지, CEE(Christian Energy Evangelism), 원자력에너지전군인선교협의회, 북한과 중국의 해비타트운동, 신(Syn) 디아스포라 에너지 평화 봉사단, 이순신과 거북선, 기독교 세계관, 에너지 전문인 선교사, 전략적 에너지 조정자, 미래 창조 경제, 유럽연합의 정체성, 전문인 해비타트 전략, 동북아 집단 안보체, 에너지 신도시, 자선교학, 자신학, 전문인 에너지 선교사 자원 운동, 한반도 초일류 디자인과 같은 주제어들이 무지개와 같이 통찰력으로 주어지게 되었다.

남북의 70년간의 대립으로 인해 핵에 대한 공포로 살아온 남한 국민의 노령화와 양극화로 인한 통일에 대한 기대와 의지가 점점 미약해지는 시점에서, 에너지 가격이 상승하고 있는 시점에서 남한의 전문인들은 백의종군과 전시작전환수권의 상관성을 통찰하며 이순신과 거북선의 전략을 가지고 새마을, 새마음, 새사람이 이끄는 초일류 대한민국이 되어야 한다.

다시 한번 "죽고자 하면 살고, 살고자 하면 죽는다"는 말과 같이 죽으시고 부활하신 예수 부활의 힘을 의지하는 것이다. 그것은 새사람이 될 때만 가능한 것이다. 그래서 경제적 양극화가 해소되고 정치적 안정이 이루어지는 나라가 되어야 한다. 동북아 지역 안보를 위한 조약 기구(Pacific Asia Treaty Organization, PATO)와 같은 안전 보장은 핵무기보다 먼저 원자력 에너지로 평화를 오게 하는 패러다임 전환을 통해 남북 통일의 의지를 보여 주는 것이다.

핵무기는 인류의 재앙이지만 원자력 발전소는 인류의 에너지 문제를 해결해 주는 것이다. 핵무기는 인간의 자유 의지의 남용에서 오는 도덕 폐기의 행동이고 원자력 발전소는 하나님의 주권을 알고 하나님을 아는 지식 안에서 인간의 자율 의지요 섬김 의지이다.

이 모든 분쟁 지역에는 진정한 우주의 하나님이 따듯한 에너지로 감싸주시는 화해와 상생을 이루는 전문인 해비타트 전략이 필요한 지역들이라고 볼 수 있다. 통일을 선물로 주실 하나님의 은혜를 생각하며 지금부터 진정한 의미의 성숙한 전문인 선교를 이러한 분쟁 지역에 평화의 선교사로 중보 기도로 시작하고 때를 따라 신(Syn) 디아스포라로 나가야 할 것이다.

대한민국의 통일은 남과 북이 기능적으로 단계별로 연합하여 인간적으로는 이순신 제국주의에 기초한 에너지 제국주의를 실현하는 것이다. 그리스도인들이 하나님 나라를 위해서 공의와 사랑을 충효로 실천하듯이 하나님의 십자가의 사랑의 에너지를 실현하는 전문인 선교사들에게는 한눈으로는 세월호 참사를 보고 또 한 눈으로는 아직도 남한에 한반도의 고령화, 에너지 위기, 양극화의 문제를 보아야 한다.

이 세상의 문제를 해결할 방법은 제국주의가 아닌 신국주의의 완성의 주인공인 예수의 부활의 능력 밖에는 없다. 전문인은 고령화를 극복한 항상 새로워지는 열정이 있는 새사람이 되어야 한다. 전문인은 운동력 있는 말씀으로 생산하는 날마다 새로워지는 성숙한 인격을 전하는 자가 되어야 한다.

2020년 미국 대선을 마치고 조 바이든이 당선이 되었으나 한국의 정치와 교회는 여전히 케케묵은 율법 교회와 탈원전과 북한 원전이란 뜨거운 세속 주전자에 빠졌다.

이런 상황에서 우리에게 임한 또다른 도전은 무엇인가?

우리에게 2030년까지 남은 초일류 대한민국으로 가는 길에 사명은 무엇인가?

필자가 원자력신학에 관한 책을 쓴다고 하니 과학자들이 무표정이어서 핵무기신학이란 파트를 서론에 다루기로 했던 기억이 새롭다. 그런데 사실은 과거, 현재, 미래를 아우르는 신학이 되기 위해서는 탄소 제로에 대한 기본 이해를 다루어야 선교 윤리학적으로 공공신학이라고 할 수 있다.

이 시대의 견고한 진은 코로나19와 지구 온난화로 인한 기후 재앙이다. 견고한 진과 같이 무너지지 않는 요새와 같지만, 이것은 잘못된 고집이며 진화론을 주장하고 용불용설을 좋아하는 인류가 저지른 과학 안의 쓴 뿌리의 누적이다. 결코, 마틴 루터가 말하는 <내 주는 강한 성>에 나오는 요새는 아니다.

빌 게이츠는 과학 기술 전문가, 비즈니스, 리더, 자선가이다. 1975년 하버드대학교를 중퇴하고 어린 시절 친구인 폴 앨런과 마이크로 소프트를 창업했다. 현재 아내 멀린다와 빌&멀린다 게이츠 재단의 공동 이사장으로 활동하고 있고 (최근에 이혼은 했다), 빌 게이츠는 지난 10년간 기후 변화의 원인과 영향을 연구해왔다.

물리학, 화학, 생물학, 공학, 정치학, 경제학, 재무학 분야의 전문가들과 함께 환경 재앙을 막기 위해 우리가 해야 할 일을 탐구했다. 종합적이고 현실적이고 실행 가능한 온실 가스 배출량 제로(net zero)를 달성하기 위한 노력을 하고 있다. 직면한 문제에 대한 빌 게이츠의 인식은 명확하다.

우리는 변할 수 있다. 이미 우리는 변화에 필요한 기술을 가지고 있다. 아직 갖추어야 할 기술도 많지만 우리는 혁신을 통해 기후 변화가 초래할 재앙을 피할 수 있다. 이것이 내가 기후 변화와 대응 기술을 공부하면서 느낀 점이다.

혁신과 새로운 아이디어를 상용화한 경험을 바탕으로 이미 탄소 배출을 줄일 때 적용되고 있는 기술을 소개하고, 이 기술을 보다 효율적으로 활용하는 방안을 모색한다. 획기적인 기술이 필요한 분야가 어디인지 제시하고 누가 그런 혁신을 이루고 있는지에 대한 정보와 정부와 기업 그리고 개인의 실천 방안을 제시한다.[1]

이것이 성촌이 말하는 사회적 청결이며 국가적 청결이고 글로벌 청결의 로드맵이다. 빌 게이츠는 한국이 탄소 제로를 하려면 원전이 필요하다는 인터뷰를 보내왔다.

매년 510억 톤의 온실 가스를 2050년까지 제로(0)로 줄어야 한다는데 그 내용을 요약하면 아래와 같다.

---

[1] 빌 게이츠(Bill Gates), 『기후 재앙을 피하는 법』 (*How to Avoid a Climate Disaster: The Solutions We Have and the Breakthroughs We need*), 김민주외 역 (김영사, 2021), 353-360 요약.

원전은 밤낮과 계절에 구애받지 않고 전력을 생산할 수 있고 대규모 전기 생산이 가능하면서도 유일하게 탄소를 발생시키지 않는 에너지원이다. 그 어떤 다른 청정 에너지원도 원자력과 비교할 수 없다.

우리가 더 많은 원자력 발전소를 사용하지 않는 이상 가까운 미래에 저렴한 비용으로 전력망을 탈탄소화할 수 있는 방법은 보이지 않는다. 매사추세츠공과대학교(MIT)는 2018년 1000가지 탄소 중립 시나리오를 분석했는데 그중 가장 싼 방법은 모두 원자력을 활용한 방법이었다.

자동차가 사람을 죽인다고 자동차를 없애자고 하지는 않는다. 지금 사용하는 원자력 발전소는 자동차보다 훨씬 적은 수의 사람을 죽인다. 테라와트시(TW.h)의 전력당 석탄은 24.6명, 석유는 18.4명의 사망 사고가 났다. 원전은 0.07명이 숨졌다. 직접 사고와 대기오염으로 인한 사망 등을 모두 포함한 수치이다.

누군가는 탄소를 안 줄이면 기후 재앙으로 코로나 사망자의 5배가 넘을 것이라며 코앞에 닥친 미래를 전망하고 제로(탄소 중립)를 달성하기 위한 방법을 설명한다. 지구 평균 기온이 2도가 오르면 척추 동물 서식 범위는 8퍼센트, 식물 서식 범위는 16퍼센트, 곤충 서식 범위는 18퍼센트 줄어든다. 남유럽의 밀, 옥수수 생산량은 반토막이 난다. 바다 온도 상승으로 산호초도 완전히 사라질 수 있다.

빌 게이츠는 『지구 재앙을 피하는 법』에서 이렇게 제시하고 있다.

> 시민으로서 전화를 걸고 편지를 쓰고 공개 회의에 참석을 하며 견문을 넓히기 위해서 지방 정부도 출입하고 공직에도 출마하라!
> 소비자로서 청정 전기를 신청하고 집안 배출량을 감축하고 테슬라의 전기차를 구매하라!
> 그리고 나처럼 인공 고기를 먹어라![2]

---

2 빌 게이츠, 『기후 재앙을 피하는 법』, 310-321 요약.

고용주 또는 직장인으로서 내부적인 탄소세를 도입하고 저탄소 솔루션 혁신을 우선시하며 얼리 어댑터(early adopter) CSO가 되어야 한다.

정책 개발 과정에 참여하고 정부 지원 연구와 연계하여 혁신가들이 죽음의 계곡에서 탈출할 수 있도록 실탄 공급을 하라!

이를 통해서 우리는 모두가 즐길 수 있는 기후를 유지해 수억 명의 가난한 사람들이 인생을 가꿀 수 있도록 돕고, 결과적으로 다음 세대를 위해 지구를 보존해야 한다.

이제 『전문인신학 서설』, 『전문인신학』에 이어서 『원자력 전문인 신학 개론』은 신목신학의 꽃인데, 여기에는 삼위일체 하나님의 뜻이 담긴 것이다(전문인신학의 핵심인 7-11 신학의 키워드 해설을 장마다 요약 게재한 것과 책의 말미에 부록으로 각장 연구 과제를 독자들은 보아 주시기를 바란다).

전문인신학의 특징은 다음과 같다.

첫째, 전문인신학은 한국적인 것이다. 정확히 말하면 글로컬신학이다.
둘째, 전문인신학은 신구약 융섭적인 성서적인 것이다.
셋째, 전문인신학은 글로벌 상황화신학의 미래 융섭적인 것이다.
넷째, 전문인신학은 자비량 선교 목회적인 것이다.
다섯째, 전문인신학은 복음의 이론과 직장 선교 현장 실천이라는 것이다.
여섯째, 전문인신학은 목회자와 평신도를 아우르는 제3의 길로의 삼위일체 신학이다.

삼위일치의 원리를 적용해 본 노력이 많이 있지만 허호익 고수는 하나님의 영성적 수직 관계와 환경 보존의 환경적 순환 관계 그리고 이웃과의 연대적 수평 관계를 아우르는 노력을 천지인 신학의 서설에서 말한 바가 있는데 이는 문자주의, 물량주의, 세속주의에 편승한 코로나 바이러스 시대의 신앙의 폐기들 앞에 신학적인 통전성고- 신앙의 역동성과 공공성을

회복하는 이론 신학으로 제시한 것이다.³

이제 필자는 단순히 캠퍼스 안에서 삼태극이다, 삼위일체다, 사회적 삼위일체다 하는 식의 이론 신학이 아니라 비판적 상황화(Critical Contextualization)에 기초한 비평적 선교화(Critical Missionization)의 입장에서 그리스도의 몸으로서의 교회의 사명인 유기체적 메타노이아 신학으로서 핵무기와 원자력 에너지라고 하는 현장이 있는 글로벌 상황화 응용신학을 말하는 것이다.

비평적 선교화는 역사적이고 산업 현장 중심의 국내외 직장 선교에서의 사역의 삼위일체로서 목사 선교와 평신도 선교 그리고 전문인 선교의 삼위일체적 성격을 지닌다.

조반석 선교사는 다음과 같이 요약한다.

첫째, 비평적 선교화는 하나님께 그 근원이 있다.

구약 이스라엘 백성에게 주어진 선교적 소명의 근원은 하나님 자신이며, 그들 가운데 거하시는 하나님을 철저하게 의지하고, 하나님과 지속적이고 바른 언약 관계를 가질 때에만, 선교적 소명을 이룰 수 있었다. 이러한 이스라엘 백성과 하나님의 관계는 신약에서 제자들과 예수의 관계로, 초대 교회와 성령의 관계로 이어진다.

둘째, 비평적 선교화는 그리스도 중심적이다.

율법이 구약 시대 이스라엘 백성의 삶의 중심이었으나, 예수의 지상 사역을 통해서, 예수께서 제자들의 거룩의 중심이 되었다. 따라서 예수 중심의 신앙 공동체로서의 교회는 철저히 예수의 증인이 됨으로써, 하나님의 거룩함을 나타내며, 하나님의 거룩함을 세상에 전파하도록 부름을 받았다.

셋째, 비평적 선교화는 성령의 능력과 인도하심으로 가능하게 된다.

사도행전의 성경적 사례들은, 성령의 능력과 인도하심을 통해서, 초대 교회가 선교적 공동체로 점차 변화되어감을 보여 준다.

---

3 허호익, 『천지인신학: 한국신학의 새로운 모색』 (동인, 2020), 7-9.

비평적 선교화는 하나님과 만남의 결과이며, 교회는 다음의 4가지 자원을 통해서 비평적 선교화를 위한 하나님과 만남을 가질 수 있다.

첫째, 성경이다.
예루살렘 회의에서 야보고의 역할에서 보듯이, 교회는 성경에서 하나님과의 만남을 통해서 비평적 선교화를 경험할 수 있다.

둘째, 문화이다.
고넬료의 회심과 예루살렘 회의에서와 같이, 교회는 문화적 상황 속에서의 하나님과 만남을 통해서 비평적 선교화를 경험할 수 있다.

셋째, 교회이다.
초대 교회가 교회 안에 거하시는 성령의 능력과 인도하심을 받은 것과 같이, 교회는 성령으로 교회 안에서 거하시는 하나님과 만남을 통해서 비평적 선교화를 경험할 수 있다.

넷째, 신학이다.
예루살렘 회의에서 신학적 논의가 초대 교회의 선교적 회심을 가져온 것과 같이, 신학적 교류와 사색을 통한 하나님과 만남은 비평적 선교화에 기여한다.

비평적 선교화의 4가지 근본적 요소는 다음과 같다.

첫째, 교회의 선교적 잠재력(missional potentiality)
둘째, 교회의 선교적 취약성(missional vulnerability)
셋째, 하나님의 선교적 신실함(missional faithfulness)
넷째, 하나님과 만남을 통한 교회의 선교적 변화[4]

---

4 제80회 한국실천신학회 정기 학술 대회, 호서대학교 디학교회, 2021. 5. 22, 제10발표 '비평적 선교화'(Critical Missionalization): 탈교회의 본질적 대응으로서의 교회의 선교적 회심(요약)
첫째로, 교회의 선교적인 공동체로서의 잠재력은 교회를 향한 하나님의 선교적 목적에

필자가 주장하는 전문인신학도 비평적 선교화와 상관성을 지니고 있다고 할 수 있다. 여기에 전문인신학적으로 원자력 전문인 신학에 과제가 없을 수 없기에 5대 과제를 설정해 보았다.

첫째, 제4차 산업혁명 시대에 목사와 평신도를 넘어선 자발적인 의지에 의해서 미래의 삶을 개척하는 지식 근로자로서 전문인의 실천적 원자력 에너지의 현장 직장 선교의 사고를 한다는 것이다.

둘째, 자연 파괴, 인격 파탄, 인류 문명의 위기의 주범인 현대인의 지배욕과 점유욕을 변혁시키는 성화인즉, 거듭난 자의 길이 무엇인지를 보이고자 하는 것이다. 즉, 자유 민주주의 시장 경제에 입각한 정직한 도덕 사회의 주역으로서의 거룩한 공동체의 일원인 것이다.

셋째, AI도 넘어서는 연구를 하는 과학 만능의 사회에서 과학(science)의 본질이 전지하신 하나님(omniscience)이심을 밝히는 GE의 식스 시그마의 원리에서 도출한 하나님의 형상대로 지음을 받은 양심적인 인간의 식스 R(구속사적인 사고)의 사고를 한다는 것이다.

넷째, 공의의 하나님과 사랑의 하나님이 다스리시는 선순환의 법칙 완전수 7의 법칙대로 '식스 R+1=7R'의 원리를 청정 에너지인 원자로의 7중 안전 장치와 상관성을 가지고 과학적 유비를 시도하는 것이다.

근거한다. 아브라함의 언약에서 명시되었듯이, 하나님의 백성으로서 교회는 선교적 공동체로 부름을 받았다는 점은 교회가 가지고 있는 선교적 잠재력을 보여 준다.
둘째로, 교회의 선교적 취약성은 스스로 선교적 소명을 이룰 수 없음을 의미한다. 이 점은 성경에서 하나님의 백성이 반복적으로 선교적 소명을 성취하지 못하는 모습을 통해서 발견된다.
셋째로, 하나님의 선교적 신실함은 계속해서 교회를 선교적 공동체로 세워가시는 하나님의 변함없는 신실하심을 의미한다. 앞의 성경적 사례들에서도 발견되듯이, 하나님의 백성이 선교적 소명을 성취하는데 실패하고, 선교의 근원이신 하나님을 떠나는 모습을 보이지만, 하나님은 그들을 포기하지 않으시고, 그들의 선교적 소명을 회복, 강화, 확대하셨다.
마지막으로, 위의 세 가지 요소들 때문에, 삼위일체 하나님과의 지속적인 만남을 통해서만, 교회는 비평적 선교화를 경험할 수 있다. 비평적 선교화는 역사적이고 산업 현장 중심의 직장 선교하에서의 삼위일체적 성격을 지닌다.

다섯째, 삼위일체의 신학으로서 초일류 대한민국을 향하여 일어나 빛을 발하고자 하는 전문인으로서 성화인, 청결인, 성결인으로서의 성촌인(거룩한 마을 주민)을 추구하는 것이다(사 62:12). 이는 세상에서는 작은 자이나 하늘에 서는 별과 같이 빛나는 큰 자, 즉 지혜자가 되는 것이다(단 12:3).

하나님, 예수님, 성령님의 삼위일체 하나님의 삼각형은 위계 질서를 갖춘 삼각형이다. 그러나 성육신의 사건을 통하여 예수의 삼각형은 역삼각형이다. 일태극(一太極)인 핵무기 철폐, 이태극(二太極)인 종족 학살 금지, 삼태극(三太極)인 환경 오염 중단이라는 피타고라스 원리의 세 변의 합으로 '$a^2+b^2=c^2$'의 삼각형의 문제를 해결할 수 있는 에너지 방정식은 삼위일체적 상생인 삼태극의 원리에 있다.

이는 서번트 리더십에 기반한 역삼각형의 원리로 해결이 난다. 이 경우에 'a'는 자기 비움이다. 'b'는 성육신의 원리이다. 그리고 'c'는 동일시의 원리이다. 정리하면, 삼위일체 하나님과 역삼각형을 조합하면 다윗의 별이 되는 것이다. 메시아로 오신 예수는 사랑의 하나님의 성육신이시며 예수를 따르는 사람은 작은 예수가 되어서 종말론적인 시대에 심판의 하나님 뜻을 이루게 될 때 하나님이 다스리는 나라가 완성되는 것이다. 이것이 전문인 신학의 요체이며 새 하늘과 새 땅을 염원하는 2030 미래 예측의 신학이다.

박호용 교수는 이렇게 말한다.

> 그때 나는 "새 하늘과 새 땅을 보았다"(계 21:1). 이것이 계시록의 모든 것이 지향하는 지점이다. 새 창조의 환상은 계시록 2-3장에 있는 일곱 교회에 주어진 약속의 전조이다. 여기서 독자들은 어린양의 이김에 의한 승리, 즉 만물을 새롭게 하심(계 21:5), 새 예루살렘이 땅으로 내려옴(계 21:2, 9-27) 그리고 에덴 낙원의 회복(계 22:1-5)의 실현을 보게 된다. 요한의 환상은 미래에 관심을 가지나 그것은 어린양의 승리를 통해 현재 속으로 뚫고 들어오는 미래이다. (중략) 요한은 어린양의 신부의 장식(계 19:8)과 새 예루살렘의 찬란함에 속하는 하나님의 백성의 역할을 마음에 그리고 있다. 그리스도에 대한 그들의 신실한 증언, 그들의 의로운 행동

들, 바벨론에 대한 그들의 저항 및 심지어 제사장 왕국(계 1:6; 5:10; 20:6; 22:5)으로서의 그들의 역할을 반영하는 문화적 행동조차 잠재적인 하나님의 백성의 사역이다. 하나님의 보좌의 중심에는 승리한 살해당한 어린양에 대한 요한의 환상이 있다(계 5:1-14). 요한이 또한 그의 독자들을 변화시키기를 의도한 것도 이러한 환상에 있다.[5]

최근에 현 정부가 북한에 원전을 지어주기로 한 일로 인해 전국이 소란스러웠다. 이건 소위 '어부바 정치'를 하는 것이지 사랑의 정치와 공의의 정치가 같이 가야 하는데 그렇지 못한 것이다. 그러나 하나님의 카이로스의 시간에 진정한 비핵화를 하게 되면 남한에서 송전선을 연결해서 전기를 공급해 줄 수 있다는 비판적 동일시(critical identification)의 원리만이 비판적 상황화 원전으로 북핵의 위협 앞에 남과 북은 진정한 화해와 상생을 가져오는 비판적 사고(critical thinking)이다.

비핵화의 주요 쟁점은 북한의 입장은 한반도 비핵화이고 협상의 성격은 핵 군축이며, 선결 과제는 북미 신뢰 구축이라고 못 박으며 비핵화의 방법은 단계적 합의와 동시적 이행이라고 하면서도 대상 범위는 영변 핵 단지에 불과한 것이지만 국제 사회의 입장은 북한의 비핵화이며 협상 성격도 북한 비핵화이고 선결 과제는 선 비핵화 조치이기에 비핵화 방법으로 포괄적 합의와 동시적 이행에 방점을 두고 대상 범위도 영변 이상의 의심스러운 여러 곳을 두고 있다.[6]

그러나 이번 5월 23일에 한미 정상 회담에서는 CVID(Complete, Verifiable, Irreversible Dismantlement)라는 용어 대신에 '한반도 비핵화'라는 용어를 사용하여 다시 북한을 회담 자리로 초대하는 것으로 보인다.

한반도의 비핵화와 전작권 문제에 대한 필자의 지영학적 결론은 다음과 같다.

---

5 박호용, 『요한복음에 비추어본 요한계시록』(쿰란출판사, 2020), 705-708.
6 정대진 교수, "한반도의 비핵화", 2021 통일 콜로키움(2회차), 2021. 5.

첫째, 완벽한 핵폐기물 기술이 개발되어 저장이 아니라 리사이클링으로 우라늄을 확보하게 되었다(김영환 전 의원, 전 과기처 장관).

둘째, 북한의 핵무기는 고철이 되고 남북한 간의 종족 학살 대결을 막기만 하면 된다. 남과 북은 서로 사랑의 원자탄을 쏘아야 한다.

셋째, 통일 창조 로드맵은 변화가 아닌 변혁의 시각으로 통찰력을 발휘해야 한다.

넷째, 전작권의 문제는 국력이 20배나 강한 미국이 사령관을 맡는 것이 합리적이다. 임진왜란 때 진린과 이순신 케이스를 참조하여 공동 사령관제를 위해서 미국 사령관에 한국 시민권을 부여하고 한국 사령관에 미국 시민권을 부여한다.

다섯째, 미국이 서번트 리더십(servant leadership)으로 나오고 한국이 사도 바울처럼 본드 서번트 리더십(bond servant leadership)으로 나오면 문제가 해결된다.

성숙한 차원에서 윈윈 관계로서 민족의 동질성을 가지고 하나가 되기 위해서는 내면에서부터 상호 인정하는 상생할 수 있는 동질성을 남한이 북한에 영적, 정치적, 경제적, 문화적으로 확신시켜 주어야 할 것이다. 김정일보다 노련하지 못한 김정은이지만 경력이 붙으면 통일 대박에 조연이 될 수도 있다고 본다.

물론 뒤에는 미국, 중국, 러시아, 일본, 남한으로 구성된 동북아 집단 안보 체제를 만들고 북한도 들어올 수 있도록 모든 환경을 준비하는 것이 전제가 되겠지만 실질적인 측면에서 남과 북이 후손에게 물려줄 수 있는 초일류 대한민국의 기회를 놓치지 않도록 한민족이라는 동질성을 가지고 연합하여 할 수 있는 남북 연합 차원에서의 구체적인 재건 사업안이 나와야 한다.

2030년까지 향후 10년 안에 북핵 위기 앞에서 미국이 취할 수 있는 극단적인 방법은 꼭 북한을 치는 것이 아니라 미국의 국익을 위해서 남한에 양보를 구하며 일부 제동을 걸며 도움을 요청한다면 이는 남한이 북한의 자구적 노력을 기억하며 지속해서 북한과 소통을 하고, 도덕성을 가지고 예수의 "자기 비하의 정신"(빌 2:5-9)으로 나가는 평화의 길이다.

2021년 코로나 정국에서 대북 관계의 지영학적인 비전은 다음과 같다.

첫째, 최악의 시나리오는 피하기 위해 중국과 대만 간의 전쟁(2026-30) 발발 이전에 남과 북이 로드맵에 승선해야 한반도는 일단 피할 수 있다.
둘째, 한반도의 통일 모델은 선 통일, 후 통합(독일, 통일 신라)과 선 통합, 후 통일(고려)을 융섭한 디아스포라를 포함한 '남한+북한+디아스포라'의 온 통일, 온 통합(자유 왕래, 문화 교류)으로 나가야 한다
셋째, 패권 제국주의(미국)와 신흥 제국주의(중국)사이에서 정직한 도덕 사회로 회복되어서 열방이 한국으로 몰려오는 하나님 영역 주권 국가로 변혁되어야 산다.
넷째, 미중 간의 갈등을 중재할 수 있는 프랑스, 독일, 캐나다, 호주 등과 미중 수준의 교류와 협력을 미리 확보해야 한다.

이를 위한 구체적인 대안은 다음과 같다.

첫째, 완전 폐기, 제재 해제다.
SK는 완전 폐기는 불가하고 제재 해지는 휴머니즘 차원에서만 가능하다. NK는 완전 폐기는 안하고 핵 보유국으로 가고 제재 해지하라.
둘째, 비핵지대화이다.
SK-DMZ를 비핵화 지대의 제 1차 평화 스마트 도시의 모델로 개발한다. NK-강원북도에서도 제2차 평화 스마트 도시 개발이 가능하다.
셋째, 평화 협상과 북미 수교다.
SK는 남한에서는 성육신적인 화해의 아이(Peace Child)의 평화 협상을 도울 필요가 있다. NK는 옛날의 원한을 잊어버리고 통일 한국의 미래를 보고 제2의 평양대부흥(1907)으로 나와야 하고 후속 조치를 취해야 한다(숭실대학교 복원 등).

넷째, 핵 시설 불능화 신고, 연락 대표부 교환이다.

SK는 핵 시설이 원자력 발전소 등으로 재개되고 남과 북이 핵무기를 상호 개발할 수 있는 길을 열 수 있다. NK는 우선 북미 간에 연락 대표부만이 아니라 동시에 EU 대표부를 개설한다. 이는 안전 장치를 한 것으로 볼 수 있다.

그리고 북핵 능력 증강 시 남북의 역할을 구조 조정을 해야 한다.
그 내용은 다음과 같다.

첫째, 핵전쟁 대비다. SK는 핵전쟁이 우주 전쟁이기에 달과 화성에 탐사선을 보낸 미국과 협력하여 우주 전쟁에서 귀국 측에 서서 소외를 당해서는 안 된다. NK는 핵전쟁이 전자 전쟁이고 우주 전쟁이기 때문에 가상의 적을 미국만이 아니라 중국도 염두에 두고 남한과 협력해야 한다

둘째, 독자 핵무장이다. SK는 미사일 제한 조치로 자비량으로 독자 핵무장을 하고 원자력 발전의 핵폐기물도 다시 핵무기 원료로 사용할 수 있게 된다. 이를 위해서 미국과 공조해서 국제 원자력 시장 건설에 나서야 한다. NK는 핵무기 제조 전문가들을 중동 특수로 원자력 발전 건설 인력으로 공급 수출하여 중동 달러를 벌어서 제2의 러시아 연해주 벌목 특수를 노려야 한다.

셋째, 남북 핵 군축이다. SK는 미국, 중국, 러시아, 인도, 파키스탄, 이스라엘과 윈윈 파트너(win-win partner)가 된다. NK는 '초록이 동색' 전략으로 일단 남한과 같이 핵무기 제조 공장과 원자력 에너지 생산 공장의 병합형으로 간다.

넷째, 비핵지대화이다. SK는 비핵화 지대에 탄소 제로 운동에 걸맞는 세계적인 평화 원자력 스마트 도시 개발을 통해서 세계의 12대 분쟁 지역에 성육신적인 모델(성화, 청결, 성결)을 제시한다.

NK는 이제 비핵화는 의미가 없이 되는 한시적인 조치가 될 것을 미리 알고 한계 효용 체감의 법칙에 걸리기 전에, 이르면 이를수록 비핵화 합의가 보상 액수 산정에 좋고 원자력 에너지에 우선하는 것이 좋다.

1. 사실상 핵 보유국 묵인 시 남북의 역할-대한(大韓) 굴기해야 한다

1) 핵 WMD 대응 체제 구축

SK는 미국의 WMD 체제에서 전작권 등 일부 종속되는 것이 좋다(자기 비하의 교리, 성육신의 교리, 동일시의 원리, 빌 2:5-9)

NK는 일단 중국의 체제에 순응하여 비핵화가 결렬이 되는 순간을 대비하여 일본과 미국으로 부터 제2의 한국전쟁이 나지 않도록 보호를 받아야 한다.

2) 핵 공유, 전술 핵 재배치

SK는 일단 미사일 개발이 되기 전에는 전술 핵을 재배치해달라고 요구해야 한다. 사드(THAAD, Terminal High Altitude Area Defense) 배치를 쌍수(雙數)로 해야 한다. 중국제와 러시아제도 구입하라.

NK는 ICBM이나 SLBM 등 보다는 소형화 무기나 원전 바지선 등을 통하여 군수 무기를 중동에 한시적으로 수출하는 일이 경제적으로 북한을 회복시키는 일일 수 있다.

3) 북핵 폐기 시 전술 핵 철수

SK는 북핵 폐기시 전술 핵을 철수하기 보다는 독도에 배치할 수 있도록 해서 일본이 독도를 핵무기 발사 인공 섬으로 확장하기 전에 막아야 한다. NK는 북핵 폐기를 하되 기존의 핵무기를 연변 등에 보관하고 있다면 만일의 경우를 대비한 유비무환(有備無患)으로 보아야 한다.

4) 비핵지대화

SK는 비핵지대화가 전 세계로 파급될 수 있도록 전 세계의 분쟁 지역과 UN 참전 21개 국가에 세종 학당을 설치해야 한다.

NK는 비핵화 지대가 전 세계로 파급될 수 있도록 전 세계의 분쟁 지역과 한국전쟁 당시에 북한을 도운 29개 국가에 세종 학당을 설치해야 한다.

무엇보다도 빌리그래함전도협회가 설립자의 정신을 재발견해서 북한 평양에 제2의 평양대회개운동을 할 수 있는 길을 자기의 일로 여기고 찾아야 한다는 것이다. 미국과 직거래 하기를 원하는 북한의 김정은이 공산주의를 포기하고 하나님과 평화를 이루고 회개하는 그 순간이 이 민족에게 평화가 오는 시발점이 될 것이다. 이는 정의의 하나님이 하실 일이고 순종하면 복을 받을 것이고 불순종하면 주의 날이 임할 것이기에 우리는 주기도를 드리는 것이다.

이순신 장군과 거북선처럼 성숙한 세계 시민으로서의 자세를 가지고 미국과 어깨 동무를 하면서 세계를 경영하는 후계 수업을 함께 하자고 대한민국에게 현대판 이가서를 쓰고 있다고 본다. 한국전쟁에서 남한을 구해준 이승만 대통령과 맥아더 장군의 사랑의 빚을 잊어서는 안 된다. 남한도 아직까지도 맹목적으로 미국에 기대는 것보다는 이제는 미국과 더불어 동북아 지역을 경영하는 성숙한 국제 정치를 펼쳐야 한다.

높은 사고육, 부동산 투기 열풍, 인기 위주의 외지형적인 삶, 신앙을 빙자한 사유화된 신앙, 비트코인에 목을 매는 영끌이 집단, 압구정동에 산다고 하면서 세금 폭등을 빙자하여 재산을 자랑하는 탁류 등 비정상의 정상화가 진행이 되는 인지 부조화의 나라인 대한민국호의 적폐로 나타난 세월호 사건 이후의 한반도의 국운은 이건희의 사후에 이제 이재용을 중심으로 한 삼성의 몰락이냐 생존이냐를 포함한 민족 재벌 자본주의에 대한 경제적 시험대인 것이다.

한반도 최악의 시나리오를 극복하는 국가 디자인이 필요한 시점이다. 하나님의 시간인 카이로스의 때를 분별하여 수삼 년 안에 준비를 철저히 하여 위기가 다가왔을 때 동북아시아를 경영할 수 있는 대의를 가진 도덕 정치를 하는 유럽연합(EU)의 정체성을 반면교사로 하여 하나님이 기뻐하시는 영적 영세 중립국이요, 글로벌 제사장의 나라요, 초일류 한반도 남북 연합국이 되라는 것이다.

요약하면, 한미가 2021년 5월 23일에 정상 회담(부록 참조)을 통하여 원자력 국제 수출 협력 합의한 소형 원전은 우리에게 더 이상 탈원전에 머물면 안 된다는 것을 우매한 청와대에 교훈으로 보여 주었다. 우리가 탈원전 하는 사이에 중국은 해상 원전 바지선을 상용화하고 있고 미국과 러시아 등은 기술 역전을 통하여 우리의 기술을 추월하고 있다.

그러나 지금이라도 이순신의 일사각오의 자세를 가지고 한국이 개발한 소형 원전 스마트 모형을 응용하여 다양한 소형 모듈 원자로(SMR: Small Module Reactor)을 통해서 세계 원자력 시장의 주도권을 공산주의 국가들에 빼앗겨서는 안 될 것이다. 그리고 역시 미국의 빌게이츠와 워렌 버펫이 원전 결의를 통하여 소형 원전 건설을 의기투합하고 에너지 산업의 게임체인저의 역할을 한다는 경천동지할 뉴스를 접하면서 다시 한번 탄소 없는 에너지원은 원자력뿐임을 실감한다.

그러나 아직도 정신 못 차리고 탈원전에 목을 매고 있는 2022년 대선 후보들을 보고 선조 시대의 일본의 침략 앞에 거짓 보고를 하는 사신들이나 인조 시대의 병자호란 당시의 국론 분열과 같이 국제 사회의 흐름을 주도하지도 못하고 순응하지도 못하는 그저 육체의 목숨만 살고 있는 은둔의 나라 조선의 사고 앞에 경악을 금하지 못할 뿐이다.

게임 체인저로서의 별의 순간을 언제든지 지배하는 미국 제국주의의 단면을 통해서도 교훈을 받아야 한다만 중국 제국주의에 소국화되는 것보다는 미국은 정직한 도덕 사회요 자유 민주주의 시장 경제이기에 협력은 하지만 미국 제국주의에 소국화되어서는 안 된다.

전문인에너지선교사자원운동(Professional Energy Volunteer Movement)은 자발적인 의지에 의해서 미래의 삶을 개척하는 에너지 근로자들이 하나님 중심의 세계관을 가지고 변혁이 되어서 일과 영성에서 복음의 확산을 이룰 수 있는 움직이는 몸으로서의 교회 공동체를 하나님의 나라가 도래할 때까지 전 세계 12대 분쟁 지역에 신자의 비세속성의 원리에 의거하여 "단 한번도 거짓말을 하지 말라"는 도산 안창호의 어록대로 전문인 선교의 거북선의 전략을 가져야 한다.

그리고 APR-1400을 보유한 K-Star 원자력 에너지 신도시 건설을 '전신자선교사주의'(Every Believer's Missionaryhood)에 입각한 자비량 전문인 선교사가 되어 실천해 나가며 빌 게이츠의 나트륨 원자로 건설에 동행하여 미국의 낙후된 원자로의 교체에도 역할을 하고 국제 시장에 진출하는 어게인 게임 체인저(Again Game Changer)의 역할만이라도 해야 역전승을 가져올 수 있다. 초일류 대한민국 새마을운동이며, 국제적인 해비타트운동 2.0이요, 하나님을 기쁘시게 하는 '새마음전문인선교운동'이다.

초일류 대한민국의 실현을 위해 에너지 전문인 선교사로 활동을 하시는 정근모 박사님을 비롯한 저를 향한 하나님의 나라 사랑은 제가 갚을 길이 없지만, 천국에서는 하나님이 손수건으로 눈물을 친히 닦아주실 것을 믿는다.

마지막으로 출판을 담당해 주신 기독교문서선교회(CLC) 대표 박영호 목사님과 수고한 직원들에게 감사를 드린다.

2021년 11월

서론

핵 시대의 신학과 전문인 원자력 예측신학

1. 들어가며

왜 과학자가 아닌데, 원자력 이야기를 하고 원자력신학 이야기를 하느냐는 식이지만 신학계에는 13개 이상의 학회가 있는데 이는 순수신학과 응용신학의 영역으로 볼 수 있기 때문이다. 그런데 기독교 윤리의 영역이라고 할 수 있는 공공신학에 관한 이야기를 윤리에 그치지 말고 실천 중심으로 논해야 할 때가 온 것으로 보인다. 그것이 바로 탈원전의 오류를 해결할 수 있는 한국 복음주의 신학의 새로운 시도 가운데 하나인 원자력 전문인 신학이다.

1) 탈원전, 우주 에너지의 시작?

탈원전으로 인해서 국민의 85퍼센트가 원전이 소중하다는 것을 깨달았고 원자력 에너지 중심의 에너지 믹스라는 르네상스를 지나서 화성에 탐사선을 발사하는 나라들이 우선적으로 우주 에너지 시대를 누리는 것이며 태양 에너지 시대가 열리는 것으로 보인다. 2030년이 되기 전에는 핵무기 전쟁도 우주 전쟁으로 가는 것이기에 의미가 없는 고철 전쟁으로 종결되고 마는 것이다.

2) 탄소 제로, 먼저 차이나 제로?

CZ나 China Zero나 다 같은 이니셜이다. CO_2 ZERO는 2050년에 오고 China Communist Zero는 지금 이루어지고 중국이 70년 만에 기독교 국가가 될 수 있다면 다 Zero의 시기가 온 것이다. 친중 인사들이 싫어하겠지만 필자는 중국인의 영혼을 사랑하고 그 날이 오기를 기다리고 있다.

3) 제4차 산업혁명 시대의 글로벌 기독교를 향한 요구

지금의 시대가 요구하고 있는 것은 무차별, 무조건, 무능력의 20세기 사고 방식을 버리고 제4차 산업혁명 시대는 전지하신 하나님을 과학 안에서 선한 양심을 가지고 보자는 것이다. 이는 과학을 통하여 축복의 통로가 된 것을 말한다.
이것이 진정한 의미의 오병이어의 기적이 아닐까?

4) 지구 파멸을 지적한 핵무기신학의 출현

핵무기신학은 지구 파멸을 지적하는 것이고 지구 온난화(Global warming)와 지구 화상화(burning)를 통한 지구 최후의 전쟁을 생각하게 만드는 것이다. 우리가 원자력신학을 논하기 앞서서 핵무기신학을 논하는 것은 핵무기의 율법(the law)이 원자력의 은혜(the grace)로 바뀌는 과정이기 때문이다.

5) 원자로의 4가지 구속적 유비

원자로는 레위기의 번제단과 같은 예배자의 정신을 가지고 과학적 유비로 해석을 하는 것이 옳다고 본다.

첫째, 핵연료 분열시 생성되는 방사능 물질의 방출 차단(심층 방어 다단계 차단벽 장치)
둘째, 핵분열 에너지를 제거하는 냉각수 순환 보장
셋째, 핵분열 과정의 가속화 방지(제어봉 작동)
넷째, 기사용 핵연료의 냉각 및 안전 보관 관리

이 경우에 원자로의 안전 장치에서 우리는 구속적 유비를 발견할 수 있다고 본다.

첫째, 방사능 물질의 방출 차단은 예수의 보혈로 모든 죄를 다 씻음(원죄, 자범죄, 고범죄)
둘째, 생수의 말씀 순환 7R의 원리(회개, 부흥, 개혁, 화해, 조정, 탕감, 굴기)로 보장
셋째, 제어봉은 성령과 같이 죄, 의, 심판을 깨닫게 해 준다.
넷째, 핵연료의 안전성은 구원의 5중 안전성(예지, 예정, 부르시고, 의롭다 하시고 영화롭게 하심)

빌 게이츠는 3년 내에 테라 원자로를 통해서 반값의 에너지 비용과 100퍼센트 안전성을 보장한다고 한다.

6) 공공신학으로서의 원자력신학

교회와 사회가 분리된 것이 아닌 기독교의 순수신학을 전문인 선교의 과학시스템신학으로 이해를 한 예가 원자력신학이라고 본다. 그러므로 수신하는 신학자와 제가 하는 과학자가 함께 융섭하여 치국하는 사회를 구현시키는 원자력신학으로 평천하의 길을 열어 주어야 한다.

7) 에너지 믹스와 포괄적 접근

중국의 황해 앞에 100기의 원자력 발전소를 운영하고 건설하그 원전 바지선도 상용화하고 있다고 하는데, 만일 제2의 체르노빌 사건과 같은 중국 공산당식 운영 투주의로 '위하이 원자력 사건(가칭)'이 터진다고 하면 한반도는 지금의 코로나 바이러스로 인한 세균 전쟁은 기본이고 중금속으로 인한 황사 현상 정도가 아닌 큰 재앙이 발생하게 된다.

정말 이판사판으로 양다리 걸치는 남한이 우왕좌왕하는 사이에 북한이 개입까지 한다면 한반도의 서해 바다가 썩는 것을 볼 수도 있기에 2021년 한국의 원자력 발전소의 국내에서의 향방과 해외의 수출은 너무나 소중한 것이다. 그러므로 미국과의 원자력 동맹은 너무나 소중하다.

8) 탄소 제로 시대의 공동체성을 향한 요구

탄소 시대의 주범은 중국이며 코로나 바이러스의 주범도 중국인 것이 자명한데도 정면으로 나서서 중국에 맞대응할 나라가 없다. 주범을 지적하는 것에 그치는 것이 아니라 쿼드(미국, 일본, 호주, 인도)와 같은 집단 안보체제의 성격을 지닌 나라들이 동맹국으로 이제라도 나서지 않으면 중국이 대만을 복속시키고 희토류를 담보로 아시아의 주인이 되고 결국 자유 민주주의 시장 경제가 아닌 사회주의 강성 과학 기술 대국 중국 중심의 AU(Asia Union)가 세워지게 될 것이다.

이 꺼져 가는 아시아의 등불을 살릴 수 있는 마지막 보루가 대한민국의 청정 에너지로서의 원자력 에너지 해외 수출 사업이다. 진정으로 탄소 제로 시대를 가기 원한다면 우리 공동체는 빌 게이츠의 조언대로 원자력 에너지를 유지해야 한다.[1]

---

[1] 빌 게이츠(Bill Gates), 『기후 재앙을 피하는 법』 (*How to Avoid a Climate Disaster: The Solutions We have and the Breakthroughs We need*), 김민주외 역 (김영사, 2021), 124.

9) 원자력 전문인 신학의 토대

정통주의 보수신학에서 원자력신학이나 핵폐기신학이나 GZP(Global Zero Peace)를 논하는 것을 굳이 WCC와 연계하여 교리적으로만 바라볼 필요는 없다고 본다. 현장 선교사로 복음을 증거하는 위기 관리 신학의 입장에서 원자력 과학 선교사를 봐주기를 바란다. 나무만 보지 말고 숲도 보아야 한다는 것이며 더 나아가서 나무 속에 흐르는 수맥을 보아야 한다는 것이다. 원자력 전문인 신학의 토대는 창세기와 요한복음과 골로새서에 나타난 우주적 하나님의 창조성이며 축복의 통로로 이 지구를 유지하고 계신다고 하는 지속성이다. 하나님이 다스리신다는 말씀을 믿으면 전기에 감전된 듯이 영이 일어나야 성결인이고, 성화인이고, 성촌인이다.

10) 원자력 전문인 신학의 관심

코로나19 이후의 교회는 무기력해 보이지만 바이러스와 같이 전염되어서 제도화된 교회와 함께 움직이는 가정 교회와 소그룹 직장 선교 교회의 비중이 중요시 되었다는 것이다. 그런데 중요한 것은 영성이다. 가정 교회에서 드리는 구역 예배보다는 초대형 교회에서 부흥사가 하는 안수 기도가 더 효험이 있다고 오랫동안 믿어왔기 때문이다. 멸균실에서 멸균 마스크를 쓰고 안수 기도를 하는 모습을 보면서 하나님은 세균을 뚫고 역사하실 수 있으나 주위의 불신자들을 위해서 마스크를 썼사오니 약할 때 강함을 주시기를 간절히 소망할 뿐이다.

11) 교회의 점진적 성화

긴 세월 영적 전쟁의 터널을 지나가게 되면 변절자가 생기고 도중 이탈자가 생기고 첫 사랑을 잊어버리고 수직적 십자가는 사라지고 수평적 막대기의 불평만 부각되는 세상이 되고 만다. 성령 세례를 받고 성화되지 않은 사람들이 교회의 주인으로 다 가득차 버리고, 마치 대면 예배를 드리는 자리에 앉아 의자를 채우고 있는 것이 신앙의 회복인 것으로 착각이 드는 것도 사실이다.

더욱이, 코로나19에 확진된 목사가 다 나았다며 아무런 경계심도 없이 성도에게 접근하고 교회 참석을 종용하는 것도 서로 조심스러운 세상이다. 이제는 평신도가 목사를 위해서 기도해 주어야 하는 세상이 되었다. 내 안에 내재하시고 우주에 충만하신 내 마음속의 별과 같이 빛나는 선한 양심을 주신 하나님이 우리에게 원하시는 바는 점진적 성화이다.

조금 있으면 교회 내의 커피숍에도 로봇이 커피를 배달하는 것을 실용적이라며 채택할 수도 있을 것이다. 그러나 교회 안에는 커피숍이 있을 필요도 없고 교회 바로 옆의 커피숍을 위해서 비워두는 묵연(默然)의 자세가 코로나19의 시대를 체험하면서 다시 생각해 볼 필요가 있을 것이다. 제4차 산업혁명 시대에 교회는 더욱 성속의 개념을 구별할 수 있는 거룩한 처소가 되어야 한다.

교회가 거룩한 마을이 되어야 옳지 않을까?

12) 지구 온난화를 지적한 원자력 전문인 신학

원자력 전문인 신학은 지구 온난화(Global Warming)만을 지적하는 것이 아니라 지구 화상화(Global Burning)는 물론이고 핵무기 철폐, 종족 학살 금지, 환경 오염 중단도 치료할 수 있는 내 맘에 흐르는 예수 피의 강물이 흐르는 원자르가 되어야 할 것이다. 그때 원자력신학은 신학으로서 공공성과 함께 직장 선교형 교회 신학으로서의 공동체성도 같이 가지는 시너지 효과를 누리게 될 것이다.

그래서 필자는 신학자로서 후기 세속 사회의 공공신학과 급진 정통주의에 관한 탐구의 입장에서 공공성과 공동체성의 실행 지향 연구의 입장에서 문화 변혁자로서의 입장에서 글로벌 비판적 상황화 신학인 『원자력 전문인 신학 개론』을 이야기할 수밖에 없는 것이다.[2] 보수의 입장에서는 과학 전문인신학이라고 할 수 있으나 자유의 입장에서는 점진적인 로잔(Lausanne)운동신학이라고도 할 수 있는 『원자력 전문인 신학 개론』이란 본서를 하나님의 나라 완성으로 가는 길목에서 출간하고자 하는 것이다.

이제 핵 이야기를 먼저 하고 원자력 이야기를 하는 것이 필요해 보인다. 녹색 혁명 운동을 하는 사람들은 핵 에너지이지 원자력 에너지라고 하는 것은 말장난이라고 말한다. 그러나 시대에 맞선 위대한 공공신학의 용기로 전문인 원자력 예측신학을 이야기하기 위해서는 박정희의 원전과 김일성의 핵폭탄을 동시에 이야기를 해야 한다. 그리고 기후 재앙을 피하는 탄소 제로를 논해야 한다. 이는 남한이 원자력을 택하고 아랍에미리트에 원전을 수출하는 나라가 된 반면에 북한은 한반도의 에너지의 90퍼센트를 생산했었는데 이제는 대한민국 전기의 5퍼센트도 못 만들고 핵폭탄 60기를 부동산처럼 안고 어둠 속에 있으면서 경제 각료들만 닦달을 하는 형국이기 때문이다.

그런데 문제가 발생한 것은 비핵화에 동의도 하지 않은 북한을 위해서 제작 중단된 신한울 3,4호 원자로(APR-1400)를 북한의 함경남도 금호 지구에 주자고 하는 문건이 공개되어 북한을 추앙해온 586 주사파의 얕은 지식과 깊은 오만의 정치의 현주소에 놀라움을 금치 못할 뿐이다.

1907년 평양대회개운동 이후 2017년, 100년의 '올드 한반도 체제'는 구한말 열강 침탈과 일제 강점, 6.25 한국전쟁과 분단 그리고 냉전이라는 고난의 산물이라고 할 수 있을 것이다. 하지만 현재 한반도를 둘러싼 동북아시아는 북극의 빙하가 무너져 내리는 것과 같이 거대한 변화에 직면해 있다. 국제 질서가 다시 중국 중심으로 재편되는 상황 속에서 올드 한반도 체제는 해체신학을 경험해야 하고 '뉴 한반도 체제'를 구축해야만 우리는 초일류 대한민국으로 나갈 수 있다.

신(新)한반도 체제는 "국민과 함께", "남북이 함께 만들어가는", "우리가 주도하는" 100년의 질서를 5만 불에 1억 명의 인구가 모여 사는 이익 공동

---

[2] 김승환,『공공성과 공동체성』(CLC, 2021), 225.

체의 약육강식의 시대를 의미하는 것이 아니라 우리나라로 온 세상의 사람들을 초대하는 정직한 도덕 사회의 자유 민주주의 시장 경제의 나라인 것이다. 남북한이 함께 만들어 가는 한반도 화해와 통일에 걸림돌이 되는 것 가운데 하나는 남북 간의 관계 속에 우리가 마음대로 용미, 용중할 수 없는 미국과 중국이라는 거대한 독수리와 용의 발톱이 드리워져 있다는 것이다.

'뉴 한반도 체제'를 현실화하기 위해서는 미국과 중국이라는 양대 강국의 본격적인 전쟁인 미중 전쟁(미중 무역 전쟁, 미중 세균 전쟁, 미중 화폐 전쟁)의 더러운 육적인 갈등의 패러독스를 영적인 하나님의 서로 사랑으로 극복하고 이웃 사랑을 실현하기 위해서는 한반도의 문제를 미국과 중국의 양해하에 남북한이 주도적으로 협력하는 가운데 평화의 한반도를 일구어야 한다는 것이다. 지성이면 감천이라고 했는데 이 일은 우리의 일이 아니라 하나님의 주권에 속하는 일이며 우리가 할 수 있는 일은 중보 기도며 회개뿐이다.

하나님이 우리의 제사를 받아주시도록 쌍순환으로 미국과 북한이 화해하고 중국과 한국이 화해하고 한반도와 일본이 화해하는 것뿐이다. 무엇보다 남북한의 확고한 신뢰를 바탕으로 남북 관계를 안정적으로 발전시키는 것이 최우선 과제라고 할 수 있다. 이 일을 위해서는 육체적으로 주도권을 쥐고 있다고 착각을 하는 김정은이 먼저 하나님 앞으로 회개해야 한다.

이 일을 위해서 한국이 먼저 원자력 에너지 사업으로 강성 대국이 되어야 5만 달러 시대를 열 수 있다. 북한의 눈치를 보고 2만 달러로 통일의 분기점을 맞춘다고 하는 것은 바보나 하는 짓이다. 따라서 북한의 핵무기 해결과 한국의 원자력 에너지 사업의 국제화는 동전의 양면성과 같이 중요하다.

하버드대학교의 카우프만 교수의 책을 미국에서 오래 전에 본 일이 있었다. 나와 상관이 없다고 생각을 했는데, 로잔 총무를 하면서 국제 회의에서 WCC의 옵서버(Observer)들이 핵무기 철폐에 관한 세션에 들어오고 특히 일본의 나가사키에서 온 교수들을 보면서 핵무기에 관한 관심을 두고 있었다. 그 후에 한국에서 원자력 전문인 선교에 대한 관심을 특별히 직장 선교와 연관해서 가지게 되면서 핵 시대의 신학과 원자력 예측신학의 SWOT 분석을 할 입장에 서게 되었다.

한국조직신학회 교수의 글을 보면서 전체를 이해하되 균형 잡힌 감각을 가지고 소개할 필요가 있다고 생각을 하게 되었다. 이에 증보판을 준비하면서 서론에서 핵 시대의 신학에 대한 평가를 하면서 그 후에 핵 시대의 선교신학에 해당하는 '원자력 예측신학'을 건설적 관용[3]의 정신으로 소개하고자 하니 독자들도 건설적 포용으로 받아주시기를 바라며 많은 지도와 편달이 있기를 바란다. 포스트모더니즘과 기독교생태신학의 새로운 만남이란 측면에서 카우프만을 넘어서는 학자가 장윤재 교수이다.

그는 독일 종교개혁 500주년을 기념하는 2017년에 한국 교회를 선교 역사상 가장 부패한 기독교라고 악평을 했다.

> 종교개혁은 일회적 사건이 아니다. 교회는 항상 개혁되어야 한다. 우리는 지금 또 하나의 종교개혁을 준비해야 한다. 그것은 이미 전쟁 중인데, 두 번째 종교개혁은 여성적이고 생태적인 종교개혁이 될 것이다. 여성과 땅 그리고 땅의 모든 생명에 대해 폭력적이고 차별적인 신학과 교리는 이제 '앙시앵레짐'(Ancien régime)으로 철저한 개혁의 대상이다. 그 낡은 신학적 패러다임을 극복하고 인간과 자연, 역사와 자연, 지구와 우주 그리고 생명과 물질의 교호성의 가치를 추구하는 신학적 개혁이 일어나야 한다.[4]

---

[3] 작년 6월 독일 하이델베르크대학교의 테오 순더마이어(Dr. Theo Sundermeier) 교수가 방한하여 한국기독교교회협의회가 주최한 에큐메니컬 선교 포럼에서 특강을 하면서 관용에 관한 새로운 의미를 부여한 바 있다. 그는 특강에서 '건설적인 관용'(konstruktive Toleranz)이라는 독특한 표현을 사용했다. 이는 타인의 다름을 있는 그대로 인정하자는 뜻이다. 우리 자신의 방식으로 타인을 판단하는 것이 아니라, 상대방의 방식을 인정하고 존중하는 것, 심지어는 자신이 볼 때 부정적으로 보이는 면까지도 긍정적으로 보려고 상대방에게 다가가는 것이 '건설적인 관용'이라고 설명했다. 극단적 근본주의는 이 세상을 전쟁의 소굴로 만들지만, 예수의 사랑을 기초로 하는 포용주의는 평화의 세상을 만들 수 있다고 역설했다.

[4] 장윤재, 『포스트휴먼신학』 (신앙과 지성사, 2017), 18-28.

2. 정(正)의 현대 남성신학

카우프만이 쓴 『핵 시대의 신학』(Theology for a Nuclear Age, 1985)은 근대 사회의 민주주의와 공산주의로의 이분법적 사유 구조로 생겨난 근본 문제들, 특히 지구 온난화의 가속화를 내다보며 생태계의 파괴와 하나님의 주권이 아닌 인간이 주권을 가지고 심판자 하나님 대신에 핵 위협 시대를 당하는 현대인을 위한 신학을 제시한 것이다.

그는 우리가 현재 직면하고 있는 핵 대학살의 가능성은 아무 구속적 의미가 없는 종말론적 사건이라 보았다.[5]

그가 주장하는 4가지 오해하는 신화는 아래와 같다.

첫째, 핵무기는 군사용이고 핵 발전은 평화용이라는 거짓 신화에서 벗어나야 한다. 카우프만은 이에 대해 핵 발전은 원자력 발전이며 영적 전쟁의 시대에 평화를 유지하려는 기능을 수행하고 있다고 말한다.

둘째, 핵 에너지가 온실 가스를 방출하지 않는 저탄소 청정 에너지이며 기후 변화의 대안이라는 신화이다. 카우프만은 이에 대해 원자력 에너지는 초기에 채굴과 가공 및 농축 과정에서 온실 가스를 배출하는 것은 사실이지만 화석 에너지보다는 청정 에너지이고 기후 변화의 대안이라고 말한다.

셋째, 핵 발전이 안전하다는 거짓 신화에서 벗어나야 한다. 카우프만은 이에 대해 TMI, 체르노빌, 후쿠시마 원전 사고를 반면교사로 삼아야 하며 중요한 것은 APR-1400은 다른 기종이며 7중 안전 장치를 가지고 있으며 미국의 원자력 위원회의 공증을 받은 것이라고 말한다.

넷째, 우리에게 끊임없이 전기가 필요하다는 신화에서 벗어나야 한다.[6] 카우프만은 이에 대해 우리가 전기를 다 쓰는 것이 아니라 탈원전의 오판에서 벗어나서 축복의 통로로 나눠주는 역할을 하는 다양한 축복의 통로의

---

5 장윤재, 『도스트휴먼신학』, 68.
6 장윤재, 『도스트휴먼신학』, 82-93.

역할을 해야 하며 아프리카 케냐와 동유럽 루마니아 등에 미국과 협업하여 원자력 수출을 해야 한다고 말한다.

러브록은 핵 발전에 대한 강력한 지지자인데 그는 지금 인류가 지구 온난화 정도가 아니라 지구 과열이라는 위급한 상태에 접어들었다고 보며 수소 경제로의 이행만이 궁극적인 대안이라고 하며 원자력 에너지를 지지하는데 이는 수소 연료는 이산화탄소를 전혀 배출하지 않는 청정 에너지이기 때문이라고 한다.[7]

그의 주장은 다음과 같다.

첫째, 핵 발전을 이용한 수소 연료 전지 생산이 가장 바람직한 대안이다.
둘째, 핵 발전을 긍정적으로 보는 것은 폐기물 처리가 쉽기 때문이다.
셋째, 고준위 폐기물을 집집마다 한 덩어리씩 보관하면 가정용 난방도 해결이 된다.
넷째, 진정한 오염원은 원자력이 아니라 인간의 죄의 문제이다.
다섯째, 우주의 본질적인 에너지 즉, 별을 빛나게 하는 근본적인 에너지는 원자력이다.
여섯째, 원자력을 하늘의 불로 생각을 한다.[8]

러브록의 긍정적인 사고를 통해서 원자력 에너지를 폐기하는 입장에 대한 반대의 이유를 알게 되었으며, 만일 원자력 에너지를 다루는 전문가들이 노아의 방주의 건설과 같이 구속사적인 입장에서 하나님의 음성을 들으면서 섬기는 리더십을 발휘하면서 품질 공정을 한다면 무조건 핵 발전을 반대하는 입장이 되지는 않을 것이다.

---

7 장윤재,『포스트휴먼신학』, 97.
8 장윤재,『포스트휴먼신학』, 97-100.

정범진은 이렇게 말한다.

> 환경에 대한 우리의 생각은 다분히 감정적이다. 개발의 반대 개념으로 보고 있다. 수력 발전소 건설도 지역의 기후 변화를 야기한다는 이유로 반대한다.
> 환경론자들이 하자는 대로 사는 것이 옳은 일일까?
> 20세기 후반 환경 운동을 해온 많은 사람이 기존 환경 운동이 옳지 않다는 것을 깨닫게 되었다.
> 대표격인 인물이 덴마크 오르후스대학교의 비외른 롬보르(Bjorn Lomborg)다. 그는 『회의적 환경주의』(*VerDens Sande Tilstand*)라는 저서를 통해 기존 환경론의 한계를 지적했다.
> 마이클 셸런버거(Michael Shellenberger)는 "원자력에 대한 두려움이 환경을 얼마나 다치게 하는가?"라는 동영상을 찍었고, 그린피스를 만든 페트릭 무어(Patrick Moore)도 탈원전은 실수라고 말한 적이 있었다. '가이아 이론'을 창시한 영국의 생태즈의 과학자 제임스 러브록(James Lovelock)은 2004년에 "지구 온난화를 막기 위해서는 원자력 발전을 대규모로 확충해야 한다"고 주장했었다.[9]

미국의 국가 조찬 기도회의 시더 모임 인도자 가운데 한 분이신 아트 린슬리(Art Lindsley) 박사의 『이렇게 변혁되어라』(*Be Transformed*)라는 저서에 나타난 결론인 5가지 신화와 영국의 원자력 태두인 마이클 H. 폭스(Michael H. Fox)박사의 『왜 원자력이 필요한가』(*Why We Need Nuclear Power*)의 결론인 5가지 신화를 상관성을 가지고 신학과 과학을 융섭해서 다음과 같이 문제를 제기해 보고자 한다.

첫째, 탈원전을 주장하는 세속 사회에 희년(Jubilee)이란 개념이 성경적인 것과 인위적인 것이 있다는 것을 발견했기 때문이다.

---

9 이정훈외,『탈핵비판 이룩한 이 VS 없애는 이』(글마당, 2017), 211.

둘째, 한국 원자력 에너지 50년 만에 정부는 <판도라>라는 영화를 보고 탈원전을 선포했다.
셋째, 지구상 석유와 천연가스는 50년 후면 고갈되기 때문에 2020년은 제2의 희년(2070년)을 준비하라는 신호로 본다.
넷째, 그렇다면 해법은 원자력 에너지가 아닐까?

이에 대한 해법으로 2030 에너지 수급 불균형 전문인적 해법으로 피터 드러커(Peter Drucker) 박사의 4중 전문성에 기초하여 아래와 같이 제시하고 자 한다.

첫째, 창조성(Creativity)을 가지고 제3세계의 에너지 소비 증가를 보아야 한다.
둘째, 효율성(Efficiency)을 가지고 제4차 산업 시대의 선진국의 에너지 소비 증가를 보아야 한다.
셋째, 효과성(Effectiveness)을 가지고 제1차 에너지의 전기화를 추구하면서 그 변환 과정에서 에너지 손실량 증가를 보아야 한다.
넷째, 융통성(Flexibility)을 가지고 인간 수명의 증가와 보건 환경 개선으로 인한 에너지 사용량을 인정해야 한다.

한국의 DMZ는 현재는 비무장 지대로 묶여 있는 가상 공간이 되어버렸지만, 이것이 하나님의 시간에 현실 공간으로 회복이 된다면 증강 현실 공간이 되어야 한다. 이때 아트 린즐리 박사가 관심을 가지는 DMZ(De-military Zone)의 5대 신화와 폭스 박사의 원자력 에너지의 5대 신화가 융섭이 되면 DMZ(Disciple Mission Zone)으로 하나님이 역사하실 것이다.
이 일이 이루어지기 전에 나는 아프리카 케냐 콘자 시(市)에서 한국과학기술원(KAIST)를 세우고 저들에게 청정 에너지인 소형 원자력 발전소를 통하여 에너지를 공급하는 성공 사례를 가지고 한국의 DMZ에 원자력 발전소와 스마트 도시를 세우는 일을 2030년까지 하고자 한다.

아트 린즐리의 신화를 AL로 표시하고 마이클 H. 폭스의 신화를 MF로 표시하고자 한다.
먼저 마이클 H. 폭스의 원자력의 신화를 비교하면 아래와 같다.

> MF-1대 신화: 원자력은 대단히 위험하고 우리는 다 이해할 수도 없다.
> 플라토늄이 누출이 되면 암에 걸리게 된다고 하는데 상관성이 있는 것이 아니고 많은 양이 약한 영향을 미치게 된다. 플라토늄은 지구상에서 가장 독성이 큰 물질이다.
> 그러나 핵무기를 제조하는 곳에서 일하는 분들의 폐암 비율은 일반보다는 더 낮다는 것은 무엇을 말하는가?
> MF-2대 신화: 원자력 발전에 의한 핵폐기물 처리에 대한 해법이 없다.
> 원자력 발전에 대한 핵폐기물 처리에 대한 해법은 없다고 하지만 완벽한 해법이 없다는 의미인 것이지 해법이 없는 것은 아니다. 플로토늄은 물에 용해되지 않는 것으로서 실제로 미국의 유카 산(山)의 아마고사 협곡의 지하에서 물을 퍼 올린다든지 직접적인 접촉이 없다면 큰 위해가 되지 않는 것이다. 그러므로 안전 수칙만 지킨다면 핵폐기물 처리장을 계속해서 지어도 된다고 본다.
> MF-3대 신화: 원자력 에너지는 불완전하고 원자력 사고로 수만 명이 죽었다.

체르노빌에서는 4,000명이 죽었고 후쿠시마에서는 20여 명이 죽었다고 본다. 미국에서는 한 명도 누출 사고로 로 죽은 자가 없다. 후쿠시마 안전 사고도 지진과 쓰나미가 융합되었기 때문에 둘벽의 안전 표준치를 넘어선 이유인 것이다. 비극은 분명히 비극이다. 그런데 전혀 상관이 없는 나라인 남한은 왜 탈원전을 하는지 정치적인 요인 외에는 이해가 되지 않는다.
화력 에너지로 건강에 문제가 되고 탄소 배출권에 문제가 되는 것은 왜 이야기를 하지 않는가?
APR 1400은 AI 인공지능의 참여로 더 완벽하게 될 것이다. 중국은 80퍼센트가 화력 발전소이고 원자력 기술은 한국의 절반에 불과하다고 한다. 사고가 나도 중국이지 한국이 아니다. 거기다가 우한 코로나19 바이러스가 창컬하여 1600여 명이 이미 사망하고 십수만의 확진자 판결이 나온 나라이다.
　미국의 3500개의 원자로는 단 한 명의 사고도 없는데 80퍼센트가 노후되어 한국의 APR 1400으로 교체하는 일만 남았다고 하니 탈원전을 주장하는 분들은 도덕성이 없는 일본 원숭이들이지 사람이 아니다. 위험성은 어느 에너지나 마찬가지이니 적정 기술로 완벽한 안전성을 유지하고자 하는 도덕성이 중요한 것이다.

　　　MF-4대 신화: 우라늄이 고갈이 될 것이고 반대 급부로 다른 에너지 개발로 탄소 배출량이 늘어난다면 원자력 에너지가 청정 에너지라는 명성도 그치게 될 것이다.

　현재 산불이 멈춘 오스트레일리아는 가장 많은 우라늄 자원들을 보유한 것으로 알려져 있다. 호주의 올림픽 댐의 경우는 다른 금속과 같이 채굴되기 때문에 우라늄을 채취하는데 탄소 배출 비용은 적은 편이다. 문제는 잠재적으로 원자력 발전을 더 가속화할 때이다.
　핵폐기물 재활용으로 25퍼센트의 생산량을 높이는 것을 말하는 것이다. 원자력 르네상스가 오기 전에 우라늄의 양이 고갈되는 일은 없을 것이다. 따라서 에너지 믹스의 자세로 원자력 에너지에 대한 비판에만 매진하는 것을 중단해야 한다.

　　　MF-5대 신화: 원자력 에너지가 너무나 비싸서 시장성이 없다는 이야기

　초기에 건설 비용은 많이 든다. 시간이 길어지면 경비가 더 들어 중단하기도 한다. 그러나 불량으로 건설할 수는 없다. 미국의 조지아와 사우스캐롤라이나는 이미 원자로 있는 지역에 새로 짓는 것이기에 더 공적 지원이 있다. 분활 상환을 하는 것이고 소형 원자로 건설하게 되면 적정 비용이 될 수 있다.

2001년에 있었던 엔론 기업의 사기도 한 몫을 한 것으로 본다. 이제 장기적으로 보면 큰 비용이지만 한 번 건설하면 40년도 60년까지 안전한 원자로 건설을 귀하게 보아야 한다. 탈원전이 아니라 이대로 미국과 한국이 손에 손을 잡고 가면 되는 것이다.

아트 린즐리(AL)와 마이클 H. 폭스(MF) 교수의 5대 신화 상관성을 원자력신학의 입장에서 비교하면 아래와 같다.

> **AL-1**: 희년은 죄의 용서를 의미한다.[10] 탈원전을 주장하는 자들조차도 용서하는 것이다. 전국민의 85퍼센트가 원전 재개의 필요성을 아는 계기가 됨
>
> **MF-1**: 방사성은 극도로 위험하며 우리는 그것을 이해할 수 없다.[11] 과학은 양심만 지키면 하나님을 닮아서 정확하다. 안전성 수칙만 지키면 100퍼센트 안전하다. 이제까지 미국이나 한국에서 원전 사망자가 1명도 없다.
>
> **AL-2**: 희년은 부(땅)의 재분배이다.[12] 희년은 땅을 다시 돌려주니 부의 재분배가 되고 빼앗긴 자에게 축복의 통로가 된다. 탈원전 이후의 국제적인 원전 사업을 준비하는 계기가 된다.
>
> **MF-2**: 원자력 에너지에 의한 핵폐기물 처리에 대한 해법이 없다.[13] 핵폐기물 처리 또는 재처리는 중장기적으로 철저하게 관리되어야 최고의 도덕성이 요구된다. 재처리된 물질을 핵두기화하려는 공산주의는 위험
>
> **AL-3**: 희년은 개인 재산의 상대성이란 본질을 보여 준다.[14] 온 땅이 하나님의 소유이다. 인간은 신국 시민으로서 천국 시민이 되기 전까지 사용권을 자유롭게 하는 것이다. 원자력 발전소도 토지권 위에 세워진 지상권이다.

10　Art Linsley, *Be Transformed, Institute for Faith* (Work & Economics, 2019), 56.
11　마이클 H 폭스(Michael H. Fox), 『왜 원자력이 필요한가』 (*Why We Need Nuclear Power*), 조규성 역 (글마당, 2020), 487.
12　Art Linsley, *Be Transformed, Institute for Faith*, 57.
13　마이클 H 폭스, 『왜 원자력이 필요한가』, 489.
14　Art Linsley, *Be Transformed, Institute for Faith*, 58.

MF-3 : 원자력 에너지는 불안정하며 수십만 명의 사망을 가져왔다.[15] 체르노빌의 수천 명과 후쿠시마의 40여 명은 죽었다. 그러나 APR1400은 4중 안전 장치를 가지고 있다.

AL-4 : 희년은 수입의 공평을 가져온다.[16] 희년이 되면 땅을 주인에게 돌려준다. 우라늄이 고갈되지 않도록 희년의 제도시에는 핵폐기물 재처리를 사용하여 25퍼센트 보안을 하며 에너지 믹스를 활용한다.

MF-4 : 우라늄이 곧 고갈 될 것이기 때문에 그리고 채굴시 이산화탄소를 발생하기 때문에 탄소 제로의 이점을 잃어버린다.[17] 우라늄이 고갈되기 전에 먼저 원자력 르네상스가 먼저 온다. 그 후에 에너지 믹스를 생각한다.

AL-5 : 희년은 우주적으로 적용되는 원리이다.[18] 희년을 맞이하는 너그러운 마음으로 우주적으로 본다. 50년 희년과 같이 원자력 발전소의 연한을 50년으로 정한다.

MF-5 : 원자력 에너지는 너무나 비싸기 때문에 시장성이 없다.[19] 캠퍼스 인공위성을 원자력 발전소로 적용하면 초기에 비용이 들지만, 추가 비용은 상대적으로 저렴하니 투자대비 시장성이 있다.

2020-2030까지의 한국의 에너지 수급 불균형에 대한 피터 드러커(Peter Drucker) 해법은 아래와 같다.

첫째, 창조성(Creativity)을 가지고 제3세계의 에너지 소비 증가를 보아야 한다.

---

15 마이클 H. 폭스, 『왜 원자력이 필요한가』, 492.
16 Art Linsley, *Be Transformed, Institute for Faith*, 58.
17 마이클 H. 폭스, 『왜 원자력이 필요한가』, 496.
18 Art Linsley, *Be Transformed, Institute for Faith*, 58
19 Art Linsley, *Be Transformed, Institute for Faith*, 497.

둘째, 효율성(Efficiency)을 가지고 제4차 산업시대의 선진국의 에너지 소비 증가를 보아야 한다.
셋째, 효과성(Effectiveness)을 가지고 제1차 에너지의 전기화를 추구하면서 그 변환 과정에서 에너지 손실량 증가를 보아야 한다.
넷째, 융통성(Flexibility)을 가지고 인간 수명의 증가와 보건 환경 개선으로 인한 에너지 사용량을 인정해야 한다.

이를 전문가의 입장에서 평가하면 아래와 같다.
성경의 희년 제도와 원자력 에너지의 환경성은 상관성이 있다.

첫째, 창조성: 탈원전이 아니라 재창조이다
둘째, 효율성: APR 1400 적정 기술 미국 공인
셋째, 효과성: 셰일 가스 등과 에너지 믹스
넷째, 융통성: 미국은 EU에서 탈퇴한 영국과 에너지 사업을 한다

나는 원자력 과학자로서 하나님의 카이로스의 시간에 인간의 모든 염려는 염려가 하게 하고 재앙이 극에 달하기 이전에 원자력 르네상스가 먼저 온다. 그 후에 예수의 재림이 있기를 소망하며 선지자적으로 원자력신학의 6R의 원리를 선포하고자 한다.

첫째, 방사성 피폭 공포 조성하는 행위를 회개(Repentance)해야 한다.
둘째, 일본 동해에서는 수산물이 청정하도록 수산물 사업을 부흥(Revival)시켜야 한다.
셋째, 중대 사고에 대한 과도한 생각을 개혁(Reformation)해야 한다.
넷째, 사용 후 핵폐기물 처리에 대한 종합적 사고로 상호 화해(Reconciliation)해야 한다.
다섯째, 초기 비용은 많이 들지만 점차 비용이 줄어드는 방식이기에 구조 조정(Restructure)을 해야 한다.

여섯째, 재생 에너지 비용이 내려간다니 에너지 믹스로 대안을 마련하는 빚의 탕감(Remission)을 해야 한다.

필자는 구속적 의미가 있는 원자력 에너지를 통한 종말론적인 사건으로 보기 때문에 원자력 에너지에 대해서 부정적으로 보지 않는다.

이에 대해서 원자력과 신학을 융섭한 원자력신학의 입장에서 APR-1400의 원자로와 구약의 레위기의 번제를 비교한 원자력의 안전성과 구원의 영성을 비교하면 다음과 같다.

원자력의 안전성은 4중 안전 장치로 땅에서의 완전수이다.

첫째, 핵연료 분열시 생성되는 방사능 물질의 방출 차단 심층 방어 다단계 차단벽 장치)
둘째, 핵분열 에너지를 제거하는 냉각수 순환 7단계 보장
셋째, 핵분열 과정의 가속화 방지(제어봉 작동)
넷째, 기사용 핵연료의 냉각 및 안전 보관 관리

구원의 영성은 4중 복음으로 인간에게는 완전수이다.

첫째, 방사능 물질의 방출 차단은 예수의 보혈로 모든 죄를 다 씻음(원죄, 자범죄, 고범죄)
둘째, 생수의 말씀 순환 7R의 원리(회개, 부흥, 개혁, 화해, 조정, 탕감, 굴기)
셋째, 제어봉은 성령과 같이 죄, 의, 심판을 깨닫게 해 준다.
넷째, 핵연료의 안전성은 구원의 5중 안전성(예지, 예정, 부르시고, 의롭다 하시고 영화롭게 하심, 롬 8:30-31)

42년 만에 한미 원자력 협정에서 23기에 대한 핵 폐기물 재처리가 한미 간에 허락되고 저 우라늄을 보존할 수 있게 되어서 향후 원자력 에너지 수출이 탄력을 받게 되었으며 실질적 국익이 최대한 반영이 되었다.

사용 후 핵연료 관리에 한국의 자율을 대폭 보장한다는 것인데, SWOT 분석을 하면 아래와 같다.

첫째, 장점은 미국 원전에서 나온 사용 후 핵연료 우리도 권한 행사가 가능해졌다는 것이다.
둘째, 단점은 포괄적 사전 동의를 확보하지 못했으며 주요 부분은 미국과 협력을 거쳐야 하고 일본에 비교하면 차별적이라는 것이다.
셋째, 핵 주권이 진일보하고 암(癌) 진단용 방사성 동위원소, 저농축 우라늄 생산길이 열렸다는 것이 앞으로의 기회이다.
넷째, 단점은 협정 유효 기간 20년으로 단축하고 1년 전 사전 통보로 협상 종료가 가능하다는 것이다.

그러나 현 정부의 탈(脫)원전 정책으로 인해 에너지를 역으로 수입하고 정상적인 원자력 발전소를 가동 중지시키면서 수조 원의 손실을 내게 하고 북한의 핵무기의 우산 아래 대한민국이 놓여지는 것을 계속 방치하고 있다면 고리를 비롯한 20여 개의 대한민국 원자력 발전소가 6개월이면 핵무기를 개발하는 거점이 된다는 것을 잊고 있는 것이 아닌지 재고해야 한다.

'핵 없는 세상을 위한 한국 그리스도인 연대'에서는 '핵 없는 생명, 세상을 위한 총회'에서 '굿바이 수명 다한 노후 원전'을 주장하고 있다.[20] 이 문제의 해결은 목사 선교도 아니고 평신도 선교도 아니다. 제3의 길로서의 연합인 전문인 선교가 그 정답이다. 그 전문인 선교의 역할 모델로서 원자력 에너지 선교의 가능성을 소개했다.

세계교회협의회(WCC)에서는 오늘날 핵 에너지를 판단하는데 있는 에너지 윤리 원칙을 세 가지로 지적하고 있는데 이를 평가하면 아래와 같다.

---

20 그 이후로 고리 원자력 발전소는 폐쇄가 되었다. 대한민국의 탈원전 정부에 의해서 교묘하게 북한의 김정은의 비핵화를 시간을 끌고 국제 사회의 제재를 무력화시키도록 돕는 것이 아니냐는 오해를 불러일으키고 있다.

첫째, 창조 세계의 지속 가능성을 촉진하기 위해서 미래 세대에 대한 책임의 원칙을 원전선을 통한 에너지 선교로 가능하다.
둘째, 인간의 생존과 성취를 가능하게 하는 정의의 원칙을 원전선을 통하여 GZP(핵무기 철폐, 종족 학살 금지, 환경 오염 중단) 운동으로 가능하다.
셋째, 삶에 직접적인 영향을 미치는 에너지 선택에 사람들이 참여하게 하는 원칙을 통하여 원전선에서 사역하는 전문인 선교사들을 통하여 '전신자선교사주의'가 실현 가능하다.

한마디로 이러한 세 가지 원칙을 모두 충족시키는 현대판 피타고라스의 원칙의 적용이 원전선이라고 평가하고자 한다.

전문인 선교 전략의 입장에서 문제 해결을 위한 협상의 원리에 기초하여 원전선을 통한 전문인 선교를 평가하도록 한다.

첫째, 무슨 일이 일어나야 하는지를 이해하라.
둘째, 다른 사람들의 경험으로부터 배워라.
셋째, 종합적인 전략이나 접근을 개발하라.
넷째, 문제를 해결하기 위한 계획을 개발하라.
다섯째, 계획을 실행하기 위한 지원을 확보하라.
여섯째, 계획을 실행하라.
일곱째, 결과를 활용하라.[21]

---

21 J. 마크 테리(J. Mark Terry) 외, 『선교 전략 총론』 (*Developing a Strategy for Missions*), 임주연 역 (CLC, 2015), 425-27. 이에 대한 전문인 선교 전략적 평가를 하면 아래와 같다. : 전통적인 선교 전략이 아니라 전문인 선교 전략이며 단순한 비즈니스 선교 전략이 아닌 에너지 선교 전략 가운데서도 원자력 에너지를 생산하는 배라는 개념이다. 이동식 미소 밥차라든지 최근의 문화 선교에서 사용되는 사역에서도 운전선이라는 개념이 가능하지만 무엇보다도 이순신 장군의 4대 대첩 가운데 특히 옥포대첩과 사도 바울의 3차 선교 사역지에서 얻은 경험을 사용한 것이기에 글로벌한 선교 전략으로 발전할 수 있다. 원전선을 건조하고 로고스호나 둘로스호와 같이 병원 선교선과 같은 개념으로 응용하여 사역을 할 수 있다. 여기에 원자력 병원선과 이동식 밥차와 같은 한류 음식과 문화 사역도 가능한 한강의 새빛 둥둥섬과 같은 기지를 피선교지의 거점을 만들어서 사역을 할 수도 있다. 실제로 사도 바울이 1-3차 선교 사역과 로마로의 여행에 이르기

카우프만은 인류의 가장 중요한 특징인 핵이 다음의 세 가지 이유로 반(反)신학이라는 것을 제시하고 있다.

첫째, 핵은 창조주 하나님을 대적한다는 것이다.

하나님은 노아 홍수 이래로 물로는 인류를 멸하지 않겠다고 약속하셨다. 그러나 오늘날 핵은 하나님이 할 수 없는 일, 곧 전 인류 및 하나밖에 없는 생명 공간을 파멸할 만한 힘인 전능한 능력을 갖게 된 것이다.

지구가 유일한 생명의 공간인 것은 7개 층으로 쌓여있는 오존층이 우주로 부터의 방사선 물질을 막아주기 때문인데, 하나님의 창조 질서가 원천적으로 금하고 있는 방사능 물질을 인간이 만들어 낸다고 하는 것은 하나님의 뜻이 아니다.

이에 대한 비판은 다음과 같다.

자기 신을 믿고 자기 신학을 쓰면 안 된다. 전능한 힘을 갖추었다고 하는 것은 과대 평가이며 인간은 동시에 약한 존재이기에 불확실성의 시대에 자신을 보호하기 위한 부동산으로 핵무기를 추구한 듯하다. 하나님은 전능하신(omnipotence) 하나님인 동시에 전지하신(omniscience) 하나님이시다.

하나님의 형상대로 지음을 받은 인간이 만들지 않았으면 피피조물인 AI 인공지능이 만들었다는 시각인지 묻고 싶다. 왜냐하면, 인간에 대한 하나님의 심판은 핵무기를 넘어선 영육간의 훨씬 더 고통스러운 지옥의 현실

까지 14개의 선교팀을 구성한 것과 마찬가지로 다양한 원전선을 활용한 에너지 전문인 선교팀을 구상할 수 있으며 기독교 역사의 사례에서 다양한 특징적인 섬들로부터 얻은 정보를 2030년 까지 남한의 서해 여러 섬을 개발하는 데 활용할 수 있다. 원전선이 필요한 것은 일본의 후쿠시마 원전의 사고와 함께 문제 의식을 가지고 비롯되었으며 향후 우리나라의 서해안 방면으로 중국이 2020년 까지 28기의 원자력 발전소가 건설 완료된다는 가정하에 일어날 안보적인 측면에서 볼 때 움직이는 원자력 발전소인 원전선은 이 시대의 거북선과 같은 역할을 반드시 할 것으로 보인다. 원전선을 통해서 전문인 선교를 하기 위해서는 먼저 옥포에 원전선 건립이 발주될 수 있도록 해야 할 것이다. 이를 국민에게 설득할 수 있는 가장 좋은 무기는 원자력 발전소의 잦은 고장을 침소봉대하는 '핵 없는 세상을 위한 한국 그리스도인 연대'와 같은 NGO 등 반대자의 입을 봉쇄할 수 있는 무기가 되기 때문이다. 그것은 다양한 유형의 원전선을 만들어서 위기 관리 안보적인 측면에 까지 능력을 보여 주는 종합 전략을 구축하는 것이 중요하다.

이기 때문이다.

둘째, 핵은 반(反)그리스도적이라는 것이다.

우리가 믿은바 예수 그리스도는 이 땅의 약자, 가난 한 자, 병든 자를 위해 오셨는데, 핵을 만들기 위해서 부자 나라들은 계속해서 가난한 나라들을 약탈할 수밖에 없고 약자, 어린이, 여성에게 쓰여져야 할 예산이 핵무기 개발에 집중이 되는 것이기 때문이다.

이에 대한 비판은 다음과 같다.

예수님이 말씀하시는 약자의 스펙트럼은 경제적, 물질적, 사회적, 국가적에서 영적인 의미로 까지 해석이 되어야 하기 때문에 핵의 부정적인 면과 약자를 상관성을 가지고 평가하는 것은 일방적인 것이다.

이에 대해 SWOT 분석을 해보자.

① S : 과학(Science)은 전지하신(Omniscience) 하나님이 주신 것이다.
② W : 핵을 만들기 위해서는 부자 나라들은 계속해서 가난한 나라들을 약탈할 수밖에 없고 약자, 어린이, 여성에게 쓰여져야 할 예산이 핵무기 개발에 집중이 되는 것이기 때문이다.
③ O : 그러므로 핵무기가 아닌 원자력 에너지를 만드는 것이며 무에서 유를 창조하는 것이고 과학(Science)은 가진 자와 없는 자를 구별하지 않는 하나님의 선물이다.
④ T : 그리고 오늘날에는 핵을 만들기 위해서 약자를 수탈하는 나라는 북한을 지적하는 것이 당연하다. 우리는 녹색 운동을 하는 자들처럼 핵무기와 핵 발전이라는 개념을 동일시하지 않고 원자력 발전이라는 용어를 차용하고 있다.

원자력 발전소의 개념을 가지고 본다면 한 번 초기 비용은 크지만 반영구적이고 국제적인 차관을 동원하여 만들기 때문에 선진국이 후진국에게 중간 진입 전략을 할 수 있도록 빛과 에너지와 사랑을 심는 길이 열리는 것이기 때문에 반(反)기독교적이지 않다고 본다.

셋째, 핵은 그 자체로 성령의 역사와 상반이 된다.

성경에는 성령이 탄식하는 자를 위로하시고 삶에 용기를 주시는 분이라고 나와 있다. 그러나 지구 공간을 14번이나 파괴할 만한 핵 버튼을 가지고 있는 오늘날의 세계에서는 인류의 미래를 어둡고 고통스럽게 만든다. 힘을 무력화시키는 핵은 그 유용성을 떠나 악마적 속성을 지닐 수밖에 없다.

이에 대한 비판은 다음과 같다. 성령은 죄에 대하여, 의에 대하여, 심판에 대하여 가르쳐 주신다. 위로만 하시는 것이 아니다. 마사지를 말하는 것이 아니라 메시지로 심판에 대해서 말씀하신다는 것을 유념해야 한다. 코로나19가 발생하기 직전의 최근의 MBC TV 뉴스에 의하면, 현재 시카코대학교의 종말의 시계는 지구 종말 100초 전을 가리키고 있다고 한다. 핵 때문에 성령의 위로가 임하지 않는 것이 아니라 인간이 행하는 그리스도 밖에서의 모든 종족 학살과 환경 오염 등으로 인해서 인간이 선한 양심(Conscience)을 버렸기 때문에 악한 양심을 가진 인류에게 징벌적 정의의 하나님이 심판을 하신다는 것이다.

따라서 필자의 견해로는 카우프만 교수가 성부, 성자, 성령의 이름을 팔아가며 핵 시대에 대한 우려를 나타낸 것은 다차원적인 다면체 사고로 판단을 해야 하는 지구 종말의 시대를 우리가 연속적인 릴레이의 한 세대로 살고 있다는 것을 지적하는 것이다.

필자의 생각을 정리하면 다음과 같다.

첫째, 전지하신 하나님을 알기 위해서 지정학, 지경학, 지문화학, 지영학, 자과학의 입장에서 핵 시대의 신학을 해야 하는 것은 당연하고 이를 복음과 연관하여 실천하는데까지 나가야 할 것이다. 이를 필자는 단순한 상황화신학이 아니라 일터에서 복음을 전하는 원자력선교신학이라고 명한다.

둘째, 핵이 하나님의 주권 침해의 일부라고 보는 시각은 동의하지만 전부는 아니다. 하나님의 통치의 신학의 입장어서 영역 주권을 이야기하게 되면 먼저 가정과 교회가 바로 서야 인류의 포멸을 위한 핵이 아니라 인류를 이롭게 하는 원자력 에너지로 변혁이 이루어질 수 있다.

셋째, 지금은 러시아와 중국 등 공산주의 세계에서 더 극성을 부리고 핵무기를 소형화하고 사업의 일환으로 중동의 IS 알카에다 등에 공급을 하고 이란과 손을 잡는 형국을 보게 되면 이는 하늘 나라의 영역에서 주권 침해를 당하신 하나님이 친히 개입을 해야 할 문제가 되는 것이다. 그런데 하나님은 관용과 화합으로 기다리시며 하나님의 사람들에게 마지막 그 과업을 맡기고 천국의 시상대에서 탕자의 아버지의 심정으로 돌아온 탕자는 물론이고 집안의 탕자까지도 모두 안으시려고 기다리고 계시는 것이다.

넷째, 그러므로 원자력 에너지 발전소를 아랍에미리트, 사우디아라비아 등에 세워서 소유의 창고나 축복의 창고에서 머무는 것이 아니라 하나님의 참 사랑은 십자가에서 독생자를 내어 주시고, 그럼에도 불구하고 축복의 통로(contrariwise chanel of blessings)라는 것을 실천하는 길이 핵 시대의 핵무기와 차별된 원자력 에너지 사업이라는 것이다. 핵폐기물 처리에 대한 우려에 대해서도 이렇게 고찰해 보았다.

9장에서는 프랑스에서 핵폐기물을 결코 쓰레기로 간주한 적이 없다는 마이클 맥마흔(Michael McMahon)의 말을 보면서 핵폐기물의 재발견을 생각해 보았다. 사도 바울이 말하는 이분법적인 사고에 의한 폐기물의 개념은 다음과 같다.

> 내가 그를 위하여 모든 것을 잃어버리고 배설물로 여김은 그리스도를 얻고 그 안에서 발견되려 함이니 내가 가진 의는 율법이 아니요 오직 그리스도를 믿음으로 말미암은 것이니(빌 3:7-8)

여기서의 배설물은 융복합적인 사고로 생각하는 핵폐기물은 차원이 다른 것이다. 여기서의 폐기물은 배설물을 말하는 것으로 율법주의에서 출애굽한 것을 말한다.

① 폐기물 1.0 = 율법주의
② 폐기물 2.0 = 율법주의 + 축복주의
③ 폐기물 3.0 = 율법주의 + 건강주의
④ 폐기물 4.0 = 은혜주의(축복과 건강은 선물)

핵폐기물의 재발견을 통해서 핵폐기물은 전략적 에너지임을 알게 되었다.

① 핵폐기물 1.0 = 폐기물
② 핵폐기물 2.0 = 배설물
③ 핵 폐기물 3.0 = 불순물
④ 핵폐기물 4.0 = 전략물

불순물을 제거하면서 재처리를 통하여 은혜 위의 은혜(double grace)를 체험하며 정금같이 나오는 것이다.

3. 반(反)현대 여성신학

카우프만의 저서는 여성 생태신학자인 셀리 맥페이그(Sallie McFague)에게 영향을 미쳤다. 그녀는 『하나님의 모델들: 생태 시대, 핵 시대의 신학』(Models of God: Theology for an Ecological Nuclear Age)에서 하나님에 대한 새로운 은유와 모델을 아래와 같이 제안했다.

카우프만을 따라 그녀 역시 '인간의 책임'을 고취시키지 않는 어떤 신학적 해석도 거부한다. 싫든 좋든 이제 생명과 죽음을 다스리는 힘을 가진 인간은 하나님과 공동의 창조자가 되었고, 따라서 과거에 하나님의 힘과 우리의 힘의 관계가 이원적이고 비대칭적인 것이었다면, 이제는 연합적이고 상호의존적인 것이 되어야 한다는 것이다.

또한, 카우프만을 따라 멕페이그는 전통적인 하나님 이해에 문제를 제기한다. 세계 밖에 존재하며 단독적으로 세상을 통치하는 힘으로서의 하나님은 핵 시대에 더 이상 적합하지 않다. 대신 우리에게는 세계와 연합하고 상호 의존하는 당신 '하나님'이 필요하고 그 하나님의 은유와 모델로서 멕페이그는 '어머니' 하나님, '연인' 하나님 그리고 '친구' 하나님을 제안한다. 이 세 가지 은유나 모델의 공통점은 연합적이고 상호 의존적인 사랑의 힘이다.[22]

멕페이그는 핵 문제를 우리 시대의 중요한 이슈로 보았으며 이제 인간은 생명과 죽음에 대해서 창조주 하나님과 공동 창조 유지자가 되었기에 연합적이고 상호의존적이라고 보았으며 창조만 하시고 방치하시는 하나님의 개념이 아니라 삼위일체 하나님의 기능적인 역할을 아버지 하나님, 아들 예수 그리고 성령 하나님 대신에 '어머니' 하나님, '연인' 하나님, '친구' 하나님의 개념으로 수직적인 지배로서의 힘에 대한 이해에 대해서 수평적인 상호성, 책임 공유, 호혜성을 주장하였다. 이는 하나님 아버지를 사랑의 여성 하나님으로 여긴다는 여성신학을 말하는 것이다. 여기서 동성애를 용인하게 되면 퀴어신학이 되는 것이다. 퀴어신학은 정통 보수신학의 입장에서 보면 이단이다.

정통 보수신학의 입장은 다음과 같다.

첫째, 퀴어신학이 동성애를 정당화하는 자유주의 신학인 것을 회개해야 한다.
둘째, 동성애가 창조 질서라는 퀴어신학의 주장은 성경의 가르침에 배치되는 것이기에 진정한 여성 부흥 신학이 아니다.
셋째, 퀴어신학은 동성애를 가증한 일로 정죄하는 성경의 가르침을 거부하는 것을 개혁해야 한다.

---

22 장윤재, "핵 없는 신학을 위한 신학을 향하여", 한국조직신학회 42회 학회별 주제 발표, 123.

넷째, 퀴어신학이 자연스럽다고 하는 동성애는 성적 변태요, 어긋남이고 부자연스러운 것이다. 하나님과 화해할 수 없고 남녀와도 화해할 수 없다.
다섯째, 퀴어신학의 주장인 동성애는 소수자의 행동이니 정당하다는 말은 구조 조정을 해야 한다.
여섯째, 퀴어신학이나 트랜스페미니즘신학은 하나님의 인격성과 초월성을 상실한 젠더 이데올로기의 고안물이며 성태론적 범신론이지 유일신론이 아니기에 헛수고를 하는 것이다.
일곱째, 퀴어신학은 동성애를 정당화하는 이단 사상으로 심판을 받을 것이다.[23] 특별히, 여섯째의 과정 우주론적 범재신론은 하나님의 인격성과 초월성을 상실한 것이다.

왜냐하면 아래의 이유 때문이다.

> 과정 우주론에서 하나님의 초월성은 만물의 상호 얽힘 속에서 갇힘, 과정 우주론에서 하나님의 인격적 상실, 생성하는 과정 속에 있는 신 존재 과정 우주론에서 하나님은 초월적 은총 상실, 구원은 자연의 상호 얽힘의 내재적 복원력에서 나옴, 과정 우주론에서 말씀의 성육신은 과정 우주론조 범재신론적 육화로 변형 과정 우주론은 남성과 여성의 성을 과정적 특성(남성이 여성으로, 여성이 남성으로 되어감)으로 봄으로써 성의 생물학적 정체성 부정 과정 우주론에서 만물의 상호 교차성은 진리와 윤리 다원주의 허용.[24]

놀랍게도 이 세계를 하나님의 몸으로서의 세계, 자연을 제시하며 하나님의 창조를 하나님의 자궁으로부터 나온 것이라는 자궁신학을 주장하며 창조는 제작 모델이 아닌 출산 모델로 말하며 하나님은 자신의 "몸을 풀어서" 우

---

23 김영한, 『퀴어신학의 도전과 정통개혁신학』(CLC, 2020), 10-11.
24 김영한, 『퀴어신학의 도전과 정통개혁신학』, 18.

주에서 생명이 자라게 하는 생명의 근원이 되며 온 우주는 하나님이 출산한 하나님의 분신이라는 주장이다.

또한, 하나님은 이 세계 속에서 성육신해 계신다고 말한다. 그녀는 지금 하늘의 신이 나사렛 예수 한 몸으로 성육신했다기보다는 온 세계로, 온 세상의 물질로, 온 우주로 성육신했다고 말하고 있는 것이다.

멕페이그에 있어서 이 세계는 한마디로 '하나님의 몸'이다.

> 신과 세계는 동일하지 않으나 그녀는 이 세계를 하나님의 '육화'로 보는 것이다. 지금 여기 이 땅위에서 굶주린 자들을 먹이고 병든 이들을 치유하며 온실 가스를 줄이는 것과 같은 행위가 바로 세계 안에서 하나님을 만나는 길이 되는 것이다. 이 세계 안에서 존재하는 자신의 삶 자체를 긍정하는 일이 이 세상 밖으로 도피하는 것이 아니라 곧 신앙이 된다.[25]

이는 범재신론(panentheism)적인 입장을 보여 주는 것이며 무천년설의 입장을 보여 주는 것이다.

한 번 더 언급하면, 퀴어신학이 이단 사상인 이유는 무엇인가?

퀴어신학은 성경이 동성애, 동성혼을 정당화한다고 왜곡한다. 퀴어신학은 결혼의 목적이란 자녀를 출산하는 것이 아니라 성화와 성숙을 위한 것이라고 본다지만 성경은 결혼의 목적에서 자녀의 출산과 번식을 복으로 여기고 장려한다. 퀴어신학은 '그리스도와 신자의 신비한 연합'처럼 동성 간 결혼을 할 수 있다고 주장하지만 동성애와 동성혼은 창조 질서의 위반이요, 성경이 금하는 것이다.

퀴어신학은 아가페 사랑은 동성애와 이성애에 차이를 두지 않는다고 하지만 이는 에로스 사랑과 아가페 사랑을 혼동한 것이다. 퀴어신학은 양자됨의 원리를 동성가족에 적용하지만 동성 가족이란 성경에서는 생소한 개념이고 성경에는 이성 가정, 영적 가족, 영적 입양이 있다.

---

[25] 장윤재, "핵 없는 신학을 위한 신학을 향하여", 225-29.

퀴어신학은 그리스도인은 양성이신 그리스도를 따라서 성 소수자의 다양한 성 정체성을 선택할 수 있다고 주장하지만, 그리스도의 양성(신성, 인성)은 동성애자들 가운데 성적으로 오해하는 양성애자(이성애와 동성애를 하는 자)와 다르다. 퀴어신학은 예수의 두 가지 말씀(막 3:33; 눅 14:26)을 인용해 예수는 전통적인 가족제도를 부인했다고 해석하지만 이는 예수 그리스도의 복음이 아니다.[26]

하나님을 아버지나 어머니로 여기는 신인 동형론의 입장에서 보아야 하며 더구나 종말론적인 입장으로 그리스도의 신부로서의 성도의 입장에서 본다고 하면 하나님과 아들 예수는 남성으로 보는 권위적인 입장을 7 대 3으로 수용하는 것이 바람직하다고 본다. 제3의 성이 아닌, 제3의 길로 신인동형론의 입장에서 연합적인 사고를 한다면 하나님 아버지와 하나님 어머니를 동일시한 '하나님 부모님'의 개념으로 이해를 할 수 있다고 본다.

퀴어신학은 11가지 조직신학의 입장에서 보면 하나님의 의가 아닌 자기의 의를 드러내는 자의적인 해석을 하는 이단 사상이다.

11가지 조직신학의 입장은 다음과 같다.

첫째, 퀴어신학의 신론은 하나님을 알지 못하는 분으로 말하는 하나님에 대한 불가지론을 표방한다.
둘째, 퀴어신학의 기독론은 역사적 예수를 동성애자나 여성적 요소를 지닌 남성으로 간주하는 외설적 기독론이다.
셋째, 퀴어신학의 속죄론은 기독교의 대속 진리를 왜곡한다.
넷째, 퀴어신학은 부활한 예수의 몸이 남성성과 여성성의 자리바꿈이 가능한 몸이라고 해석한다.
다섯째, 퀴어신학의 교회론은 교회가 죄인들의 공동체라는 것만 강조하여 동성애자의 회개를 부인한다.

---

[26] 김영한, 『퀴어신학의 도전과 정통개혁신학』, 22-23.

여섯째, 퀴어신학의 구원론은 동성애자들도 하나님이 받으신다고 왜곡한다.
일곱째, 퀴어신학의 종말론은 종말을 성관계가 조화롭고 정의롭게 되는 최종의 때라고 왜곡한다.
여덟째, 퀴어신학의 세례론은 세례를 동성애 공동체에 들어가는 의식으로 왜곡한다
아홉째, 퀴어신학의 성찬론은 성찬이 성 정체성(동성애)을 확인하는 의식이며, 성찬시 예수의 몸은 젠더 중립적인 몸이라고 젠더주의적으로 왜곡한다.
열째, 젠더신학의 묵상론은 묵상을 성관계의 오르가즘과 동일시한다.
열한째, 퀴어신학의 성 윤리는 기독교의 성화 지향적인 절제 윤리를 자유방임적인 성 윤리로 왜곡한다.[27]

더욱이, 아가서 8장을 하나님의 구속사의 입장에서 씨줄과 날줄로 보면 씨줄은 구속사의 단계별로 불의(Unjustification), 칭의(Justification), 성화(Sanctification), 애화(Lovification), 고화(Sufferification), 영화(Glorification)이고, 날줄은 하나님 아버지의 사랑에 대한 부부 생활 구원론으로 이해를 하게 될 때 멕페이그의 여성신학은 설 자리가 없게 된다. 여성신학은 종교 다원주의가 아닌 기독교 세계관 안에서 해야 한다.[28]

또한, 핵 전쟁이 일어나지 않을 수도 있다고 말하는 것은 이미 원자력 발전의 내부 피폭으로 방사능에 오염이 된 세대이기에 동의할 수가 없고 우리에게 우리 자신과 다른 피조물을 파괴할 수 있는 힘이 있다는 지식을 강조하는 것이라든지 우리 모두가 그 힘을 가지고 있는 주체라고 하는 것은 핵 보유국과 핵 미보유국 사이에서의 논란을 가져오는 것이기에 논리적으로 일반화의 오류를 넘어서는 것이다.[29]

---

27 김영한, 『퀴어신학의 도전과 정통개혁신학』, 24-25.
28 김태연, 『2030 미래 예측 품성 설교』 (2030미래예측선교목회연구원, 2017), 20-21.
29 김태연, 『2030 미래 예측 품성 설교』, 125.

이는 권위적인 하나님이 필요한 것이 아니라고 이야기하는 것이며 여성신학이나, 페미니스트신학과 동성애를 주장하는 인본주의적인 신학의 자세이다. 셀리 멕페이그가 부모로부터 어떤 대우를 받고 자랐는지 알 수 없지만, 하나님의 신적인 권위에 도전하는 자세는 미성숙한 자세라고 말할 수 있다. 십자가의 원리로 보아도 수직적 막대기와 수평적 막대기를 조화해서 해석하는 자세가 필요하다고 본다.

돌아온 탕자의 이야기에 나오지는 않지만 제3의 인물로 두 아들의 누이에 대한 이야기 책에서 돌아온 탕자와 집안의 탕자 모두의 삶을 다 알고 있는 누이의 조언이 나오고 있는데, 아버지의 재산을 요즘 문제가 되고 있는 핵무기라고 한다면 돌아온 탕자는 핵무기의 3분의 1을 다 폐기하고 돌아온 것이고 집안의 탕자는 핵무기의 3분의 1을 가지고 있는 핵무기 부동산 업자이며 아버지가 죽으면(비핵화신학) 나머지 3분의 1은 집안의 탕자의 것이 된다는 것이다.

더 기막힌 것은 그 때가 되면 둘째 동생은 다시 형에 의해서 집에서 쫓겨나갈 형국이라는 것이다. 따라서 중요한 것은 하나님과의 첫사랑의 회복이며 상처를 준 자와 상처를 받은 자의 동일시 회개이다. 탕자의 집 이야기에는 어머니나 누이가 소개가 안 되고 있는 것도 이상하다. 아마도 이 역할이 우리의 역할이기 때문일 것이다. 우리에게 어머니의 사랑과 같은 치유가 필요하다. 캠퍼스 인공위성 사회와 같은 복잡계에서 살아갈 수 있는 창조적 중용의 힘은 어머니의 사랑과 같은 무조건적인 희생의 사랑이다.

따라서 카우프만이나 멕페이그에게 있어서의 신학의 문제는 이론상으로 은유 신학으로 핵 시대를 끌어들인 것뿐이지 핵 없는 시대에 대한 실천적인 면에 대해서까지 언급한 것은 아니라는 것이다. 이에 핵 없는 세상을 위한 신학의 전제로서 필자는 여성신학자 사라 코클리(Sarah Coakley)를 높이 살 수밖에 없는 것이다. 이에 기초하여 원자력 전문인 예측신학을 설명하고자 한다.

4. 합(合)의 현대 전문인원자력신학

같은 여성신학자이지만 하버드대학교의 사라 코클리 교수의 이야기를 제시하면 전문인원자력신학에 도움이 될 것으로 보인다.

2019년 언더우드 심포지엄 강연에 참가하여 사라 코클리 박사의 "왜 기도인가?"라는 강연을 세 번 듣게 되었는데, 이 분의 강연을 통하여 전문인 선교신학이 전문인신학으로 나갈 수 있는 케노시스 해석학의 이론들을 듣게 되었으며 이를 전문인 해석학으로 제시하고자 한다. 사라 코클리의 조직신학은 언제나 과정 속에 있는 것이며, 시대적 상황과 맥락 속에서 자유롭게 재구성할 수 있는 열린 체계이다.[30]

코클리의 신학을 연구하고자 하는 것은 전문인신학이 민중과 차별화된 전문인이라는 용어를 사용하는 신학이기에 무조건적으로 페미니즘 신학자로 코클리를 오해하기보다는 존 스토트의 로잔신학과 연관하여 복음적인 영국성공회 신학자와의 상관성을 비판적 상황화하기 위함인 것이다.

하나님 중심의 세계관과 성육신의 원리인 예수, 성령을 비판적 상황화의 개념으로 설명하고자 하는 것이다. 코클리는 성령 중심의 삼위일체 하나님의 합력하여 선을 이룬다는 이론이다.[31] 필자는 이에 기초하여 전문인이 주체가 된 국가변혁론(Transformer of Nations)으로서의 국가적 삼위일체론까지 발전시킬 수 있는 통찰력을 얻게 되었다.

하나님의 본질을 하나님의 나라 차원에서 살펴보는 것은 국가적 변혁 모델로서의 전문인의 나라 즉, 초일류 대한민국을 의미하는 것이다. 하나님의 주권 영역으로서의 국가적 차원에서 영역 주권이 가능하기 때문이다.

코클리가 말하는 사회적 삼위일체론은 인격-타자-관계의 입장에서 제시하는 것인데[32], 이와 같이 국가적 삼위일체론을 해법으로 제시하는 것이 필요하다.

30　고형상, 『욕망, 기도, 비움: 사라 코클리의 생애와 신학』 (마다바름, 2019), 29.
31　고형상, 『욕망, 기도, 비움: 사라 코클리의 생애와 신학』, 34.
32　고형상, 『욕망, 기도, 비움: 사라 코클리의 생애와 신학』, 48.

인격은 성령 세례를 받은 하나님의 성품이어야 한다. 타자는 하나님의 뜻을 준행하는 전군인이어야 한다. 관계는 하나님 나라의 확장이어야 한다.

① 하나님 - 예수 - 성령 - 교회
② 왕 - 선지자 - 제사장 - 선교사
③ 여왕 - 여선지자 - 여제사장 - 여선교사

코클리 교수의 신학은 여성신학의 입장에서 현실적인 여성으로서의 케노시스화된 문맥을 보여 주고 있다. 칼빈의 제한적 속죄론(limited atonement)의 입장에서 보면 우선적으로 구원받아야 할 대상의 1순위가 차별을 받는 여성이라고 필자는 생각한다. 삼위일체 하나님이 합력하여 선을 이루시는 것 같이 우리도 선을 이루리라는 해석(롬 8:28)으로 볼 때, 케노시스와 함께 초월적인 삼위일체론의 모델을 하나님의 나라 차원에서 모델을 찾을 수 있고 국가적 변혁(Transformer of Nations)의 일환으로서의 라이즈 업 네이션스(Rise Up Nations)의 성서적 기초가 된다.

시편에서 증명되었듯이 모든 기도는 하나님 앞에서 인간의 욕망을 점검하고 조정하는 행위로서 의미를 지닌다. 이러한 의미에 집중하면서 코클리는 하나님의 나라가 이 땅에 오게 하심을 위해 아버지(아빠)께 드리는 기도에 관한 예수님 자신의 가르침(마 6:7 이하) 그리고 기도에 관한 바울의 시각(롬 8:18 이하) 사이의 관계를 상세히 설명한다.

이는 로마서 8장을 성화의 장으로 이해하는 바울 신학의 초점을 삼위일체 하나님의 기도론으로 재정립할 수 있는 가장 좋은 기회이다. 후자에 따르면 기도는 구원을 간절히 갈망하는 피조물 안에서 드러나는 그리스도의 양자(adoption)됨의 삶을 성령께서 우리 안에 활성화하는 것이다. 양자됨은 남자와 여자를 구별하는 양자와 양녀로 구별할 필요가 없는 그리고 남자와 여자의 양성을 넘어선 개념인 하나님의 형상을 닮은 제3의 인성으로 볼 수 있다.

욕망으로서 기도에 관한 이 주제는 마침내 (5세기 말) 아레오파키테스의 위(僞) 디오니소스의 저작에서 형이상학적 지위에 도달했다. 그는 욕망이란 엄밀히 말해 하나님으로부터 와서 인간의 관조에서 하나님에게로 돌아가는 것이라고 주장했다.³³ 이미 바울 안에 있는 로마서 8장의 기도 모형은 원형적 삼위일체적 형태를 암시한다. 왜냐하면, 기도자는 기도 안에서 성부와 성자와 성령 안에서의 대화에 참여하면서 그리스도의 삶에 점점 더 일치해 나가기 때문이다.

이는 하나님의 뜻을 알아가는 것이고 피조물이 개인의 처지를 탄원하는 간구하는 내용을 말하는 것을 넘어서는 성화된 기도의 수준을 말하는 것이다. 왜 이러한 접근이 삼위일체론에 관한 초기 공의회의 논쟁들에서 토론의 주요한 버팀대가 되지 못하였는가가 여전히 흥미로운 점으로 남아있기 때문에 삼위일체에 대한 이 기도에 근거한 통합적인 접근이 중요한 이슈가 되는 것이다. 기도, 욕망, 삼위일체 사이의 관계가 성경과 전통에서 생물학적 성(sex)과 사회문화적 성(gender)과 더불어 계속 그리스도 안에서의 변혁에 의한 국가적 성(professional)으로 나아가는 하나님의 다리 역할을 하는 것은 사라 코클리의 조직신학이다.

결혼에 관한 예수님의 까다로운 가르침(막 10:6-9) '성의 이원성'(gender binary)의 고정성을 근본적인 것으로 만들지 못하고 또한 성에 대한 바울의 더 급진적인 명확한 입장(갈 3:28)도 그렇게 하지 못한다. 바로 초기 기독교의 수도원적이고 금욕적인 전통들은 그리스도 안에서의 삶이 우리 안에서 역사하시는 성령의 자유로움에 전적으로 수반되는 것이라고 본다.

에로스를 중심으로 대화를 전개하는데 에로스를 아가페로 나가는 접촉점이고 인간의 아가페 수준은 불가하니 필레오의 사랑으로 목양을 하라는 예수의 베드로를 향한 가르침처럼 '서로 사랑'이라는 개념으로 볼 필요가 있다. 아가페 차원이 안되니 필레오로 대답한 것과 마찬가지로, 에로스 차

---

33 새문안교회, "왜 기도인가? 사라 코클리에게 그 답을 듣는다" (제12회 언더우드 국제 심포지엄, 2019), 15.

원은 필레오로 가는 플랫폼 차원으로 이해를 할 필요가 있다.

기도는 나를 향하신 하나님의 뜻을 아는 것이다. 관상 기도를 추천한다고 하나 필자는 침묵 기도와 관상 기도와 통성 기도로 주기도를 암송하며 기다리는 것이다.

생물학적인 남자와 여자의 성(sex)과 사회적, 문화적 성(gender) 다음 차원의 초월한 인간으로서의 성인 전문인(professional)의 개념이 필요하다. 남성은 자문화 우월주의자(ethnosuperiorism)이고 여성은 자문화 열등주의자(ethnoinferiorism)이며 전문인은 자문화 방사주의(ethnoradientism)로 표시가 될 수 있다. 그래야 하나님의 나라 차원의 초월도 전문인의 개념(고후 5:17), 즉 Woman(World 020/040 Marketplace As Natural Churchplace)과 Man(Marketplace As Natural Churchplace)의 개념으로서 설명이 되어야 삼위일체적 플랫폼 사고(platform thinking)를 하는 것이다.

한국의 가부장적인 리더십을 가진 한국 교회의 교조 주의자가 관상 기도를 논할 자격이 없으며 케노시스에 기초한 자기 부정을 여성에게 강요하면 안 되고 서번트 리더십을 행하는 전문인이라야 가능하다. 여성신학을 무조건 부정하지 말고 코클리 교수와 같이 하나님의 전능하심을 인정하며 인간은 섬기는 종으로서의 자세를 가르쳐야지 하나님 자신도 무능한 존재로 이야기하는 개념은 안되며 타는 목마름으로 우주를 통치하시는 열망하는 존재로 가르쳐야 한다.

사라 코클리 교수가 존경을 받는 것은 가부장적인 남성 중심의 사회에서 여성으로서 예수의 자기 비하의 교리를 이해하는 'double deep bottom'과 같은 자세로 자기 비하의 교리를 모성애로 가지고 있기 때문이다. 코클리 교수는 '취약성 안에 있는 힘'[34]을 받을 자격이 없는 자에게 베푸시는 하나님의 호의인 은혜의 개념을 바로 직시하고 있으며 그런 가운데서도 하나님의 전능성을 손실하지 않으려는 전통적인 신앙 자세를 갖춘 워싱턴 D.C의 미국 성공회 여자 사제라고 하는 것이다.

---

34 고형상, 『욕망, 기도, 비움: 사라 코클리의 생애와 신학』, 68.

자기 비움은 나는 죽고 그리스도만의 자세로 성령의 내주하심을 매순간 체험하는 것이다. 가부장적인 율법주의에서의 가학적이고 연약함[35]은 율법 준수론과 율법 불폐기론의 자세이다.

다시 말해서, 이는 상대적 차별을 받고 큰 악과 작은 악 사이에서 상대적으로 피해를 당하고 사는 죄악의 세속 도시에 사는 것이라는 걸 바로 직시하고 지적하는 여자 선지자라는 것이다.

내용을 정리하면 다음과 같다.

첫째, 무에서 유를 창조하신 하나님을 아는 것이다.
둘째, 무능=무한한 능력이다.
셋째, 부정적 하나님의 능력에 대한 내부자적 인식이 여성에게 더욱 중요하다.
넷째, 나는 죽고 그리스도만 사는 자세가 바울의 자기 비하의 교리다(갈 2:20). 코클리에게 있어서 그리스도 십자가의 희생은 구원 사건의 필수적인 요건이며 나아가 자기 비움의 윤리를 구성하는 근거인 것이다.[36] 이는 예지하시고 예정하시고 부르시고 의롭다고 하시는 하나님의 구원의 섭리인 것이다(롬 8:30-31).
다섯째, 나는 날마다 죽노라는 현재진행의 자세가 전문인의 자세이다(갈5:24).
여섯째, 'double deep bottom'의 이론이 죽으심과 부활의 능력(빌 3:10-11)이 전문인에게는 적용된다. 'S-S Curve'라고 알려진 복원력이 'double deep bottom'의 이론의 기초가 될 수 있다. 'sex, sports, screen'(가부장적 제도, 율법)에서 'salvation, sanctification, service'(은혜)로 나가는 것이다. 코클리는 케노시스를 가부장제와 억압적 체제에 맞서기 위한 저항적 수단으로 이해한다.[37]

---

35 고형상, 『욕망, 기도, 비움: 사라 코클리의 생애와 신학』, 64.
36 고형상, 『욕망, 기도, 비움: 사라 코클리의 생애와 신학』, 86.
37 고형상, 『욕망, 기도, 비움: 사라 코클리의 생애와 신학』, 115.

일곱째, MAN/WOMAN의 이론이 성서적 기초이다.
여덟째, 케노시스의 이론의 삼위일체 교리

① 자기 비하의 교리 - 종의 형체(여성)
② 성육신의 원리 - 인간과 같이 되셨다(MAN/WOMAN)
③ 동일시의 원리 - 같이 되셨고

아홉째, 케노시스 삼위일체론은 삼위일체 하나님의 뜻을 실천하는 예수를 본받는 기독교 세계관을 갖추는 것이다.

① 자기 비하의 교리 - 섬기는 종의 리더십
② 동일시의 원리 - 그리스도의 머리와 그리스도의 몸 - 지체론
③ 성육신의 원리 - 여자의 몸에서 잉태

열째, 그리스도의 몸이요 그리스도의 신부가 되는 것이다.

내가 MAN/WOMAN의 선교적 해석을 하는 것은 자연인으로서의 남자와 여자의 바이오스의 개념을 영생의 개념으로 이해하는 일에 코클리의 케노시스신학이 다리와 같은 역할을 해 주기 때문이다. 즉, 변혁된 하나님의 의지에 대한 통찰력이며 그리스도의 신부의 입장에서 본 'womanology'이다. 유한한 몸(bios)을 넘어서 죽음을 넘어서는 영생의 몸(zoe)으로서의 온전한 인간성으로 전문인(The Professional)을 소개하는 것이고 이것이 생리적, 사회적 문화적 성을 넘어선 선교적 측면에서의 성인 전문인과 합일할 수 있다는 것이다.

에로스는 세상 문화와 문명 속의 율법, 아가페는 하나님의 은혜, 필레오는 신자의 비세속성의 원리이다. 욕망(Desire)의 본질은 하나님에게 있다는 말은 선교적으로 비판적 상황화를 하게 되면 그처럼 되고 싶은 욕망(My desire to be like Him)이다. 왜냐하면 우리는 성화, 애화, 고화 과정을 거쳐서 이미 영생의 삶을 이 땅에서 동시적으로 살고(simultaneously) 있기 때문이다.

성령의 간절한 갈망을 관상 기도로 얻게 되는 식의 주장은 성령 충만, 성령 내주, 성령 역사, 성령 임재, 성령의 재충만, 성령의 세례 그리고 성령의 불세례의 다른 표현이기에 관상 기도를 통한다기 보다는 주기도를 통해서 하는 것이 더 성숙한 기도라고 본다.

종말론적 교회의 입장에서 필자가 볼 때, 코클리 교수는 독신 여성 사제로서 다시 오실 주님이신 인자, 즉 신랑 예수의 신부로서의 영성신학을 소개하는 가장 성숙한 신학의 모습을 우리에게 제시해 주고 있다고 확신한다. 사라는 희생적인 여성, 가부장적인 제도의 표상이다.[38] 이삭은 자유주의 영예로운 남성, 여성을 표상한다. 이삭은 전문인의 모델이며 'womanology'의 표상이다.

예수와 바울도 모두 독신 총각임을 유념할 필요가 있다.

가부장적인 율법하에서 한국의 여성은 고난을 당한 고난의 여종(suffering maid-servant)이었으나 영생에서는 종속의 개념을 초월한 오히려 남성 우위의 영광의 자유의 주인공이요, 참 주인인 전문인이 된다.

예수님이 육신의 몸을 입고 이 땅에 오심과 같이 우리가 성령의 몸을 입고 하늘 나라로 귀환하는 것이다. 이것이 귀환(Return)의 의미이다.

그리스도의 신부로서 성의 의미를 깨닫게 되면 부부간의 성관계를 할 때에도 예수를 생각하게 될 것이다. 그렇게 할 수 없다면 아예 성관계를 하지 않아야 한다는 것이 코클리 박사의 동정녀(찰스 램의 'cold virgin')의 자세이다. 나의 인간적인 독백을 중지시키는 것이 성령의 역사라고 하는 코클리 박사의 말씀은 남자와 여자 그리고 목사와 평신도를 구분 짓는 것이 아니라 성령께서 육신적인 삶을 가능하게 하신 전문인의 입장을 살펴보아야 한다는 것이다.

더구나 동성애로 타락하는 것이 하나님의 뜻이 아니고 여성신학이 아님을 사라 코클리 박사는 분명하게 지적하고 있다. 인본주의 신학이 아닌 신본주의 신학자이다. 기도의 관점에서 그리고 특히 로마서 8장과 그 수용의

---

[38] 고형상, 『욕망, 기도, 비움: 사라 코클리의 생애와 신학』, 84.

관점에서 삼위일체론의 성결적 그리고 역사적 근원을 탐구하면 삼위일체에 대한 이 기도에 근거한 통합적 시각이 왜 초기 공의회 논의에서 무시되었는지를 질문한다.

기도, 욕망, 성에 대한 새로운 탐구의 답은 다음과 같다.

첫째, 2세기에 몬타누스주의로 알려진 운동에서 성령을 강조했으나 점차 제도화된 로마 교회는 좋아하지 않았다. 특히 이 운동이 여성의 은사를 권위로 인정하며 지도급 자리들로 보냈기 때문이다.

둘째, 알렉산드리아로부터 생겨난 플라톤주의적 형태들인 관조적 기독교에서는 기도를 본질적으로 에로스적이라고 여기는 시각을 제시했다.[39] 그러나 여기에 수반되는 영적인 성숙과 금욕적 균형을 요구했다. 이 두가지 예는 왜 삼위일체에 대한 기도에 근거한 접근이 심지어 4세기에 공의회 논의에서조차 선호되지 않았는지를 설명한다.[40]

공의회의 논의는 삼위일체론을 성부, 성자, 성령의 관계성의 일차적 합리성으로 정리하면서 성령의 황홀경을 경시하는 경향이 있었다. 그리고 위격들의 동등성을 수사학적으로 강조하는 동안에도 삼위일체의 인격인 위격들의 관계들을 암묵적으로 위계질서화하는 경향이 있었다. 이러한 역설은 여전히 해결책이 필요하다.[41]

이에 필자는 관상 기도가 아닌 주기도를 통한 관상 기도를 말하고자 한다. 평가는 다음과 같다.

첫째, 다른 보혜사라고 하는 것은 동질 이형을 의미하는 것이다. 따라서 성부, 성자, 성령은 동급이다.

39　고형상, 『욕망, 기드, 비움: 사라 코클리의 생애와 신학』, 17.
40　고형상, 『욕망, 기드, 비움: 사라 코클리의 생애와 신학』, 17.
41　고형상, 『욕망, 기도, 비움: 사라 코클리의 생애와 신학』, 17.

둘째, 하나님의 자녀를 창조하신 것이지 남자 성도와 여자 성도로 분류하지 않았다.

셋째, 양자의 개념도 법인의 개념이지 자연인으로서의 양자와 양녀로 차별화하지 않았다.

넷째, 우리의 기도가 성령 안에서 통제받는 기도가 되려면 관상 기도보다는 먼저 주기도를 드리고 ACTS(Adoration, Confession, Thanks, Supplicant)의 기도를 드리면 된다.

다섯째, 코클리 박사가 주장하는 성령에 우선 순위를 두는 것은 위계 질서적, 정치적 교회의 개념으로는 무시가 될 수 있지만 가시적 건물 중심의 교회에 대한 불가시적 그리스도의 몸으로서의 교회의 개념을 강조하는 것이다. 마치 온라인 시대에도 여전히 오프라인이 주인공인 현실을 구조 조정을 해야 하는 것과 마찬가지다.

여섯째, 입신에 들어가는 것 등 황홀경, 자발적인 무지에 들어가는 신비한 체험은 비판적 상황화를 해 보아야 한다. 입신하는 그 순간에 경외감을 가지고 하나님의 뜻을 이루고자 하는 것이었는지 인간의 의를 나타내고자 했는지 신의 현현(顯現)과 비교하여 생각해 보면 된다. 천 편의 찬양시를 쓴 페니 크로스비(Fanny Crosby)는 맹인이었지만 깊은 신앙의 경지에 이른 것으로 보인다.

한글로 번역이 된 찬송가 가사의 의미가 영어 원문과 달라서 소개하고자 한다.

> 온전히 주께 맡긴 내영 사랑의 음성을 듣는 중에
> (perfect submission, perfect delight)
> 온전한 부흥 온전한 기쁨 휴거의 비전이 내게 전개되도다.
> (vision of rapture now burst on my sight)
> 천사들 왕래하는 것과 하늘의 영광보리로다.
> (Angels descending bring from above)
> 천사들이 자비의 메아리, 사랑의 속삭임을 하늘로부터 가지고 내려온다.
> (Echos of mercy, whispers of love)

성령과 혼합되는 것은 요한복음 17:28과 같이 삼위일체 하나님의 삼중 원의 연합에 내가 대연합으로 감싸는 것이거나 소연합으로 들어가는 것으로 볼 수 있다. 이는 정통 신학의 묵상론이 아니다.[42]

섹스하며 다른 남자나 영화배우를 생각하지 말고 예수를 생각하라!

에베소 교회의 마리아 숭배는 신랑 예수에 대한 첫사랑을 버린 것이다.

따라서 하나님의 자녀로서의 제3의 성의 개념인 MAN/WOMAN 개념에 대한 이해가 중요하다.

그러나 무비판적으로 남자끼리 동성애를 하고 부부로 혼인 신고를 하는 것은 남자가 그리스도의 신부로서의 예행 연습으로 보기에는 부끄러운 것이다. 또한, 여자끼리 가벼운 섹스 파트너로 발전하고 남자의 역할을 하는 강한 여자와 여자의 역할을 하는 약자의 역할을 하는 것은 하나님의 도덕적 성품을 닮은 것이 아니다. 그리스 로마 신화에서 나오는 제우스 신과 에로스 신의 수준이지 하나님의 부성애와 모성애를 느끼는 것이 아니다. 동성애가 잘못임을 입증하는 것이다.

제안은 다음과 같다.

> 남성끼리 아담과 스티브가 동성애로 항문섹스를 하면서 신랑 예수를 생각할 수 있는가?
>
> 여성끼리 동성다로 기구 섹스를 하면서 신랑 예수를 생각하는가?
>
> 이것이 둘 다 아니라면, 사라 코클리 여사제의 제안처럼 섹스를 하지 말아야 한다!

---

42 성인 비디오에서 오르가즘에 처한 여자가 허리를 새우등처럼 고부린다든지 절정의 순간에 절규하는 소리를 들으면 남자도 저절로 사정을 하게 되고 이내 허구하게 분사를 하는 것과 마찬가지로 남자도 여자도 주께 기도할 때 이처럼 열정적으로 온몸 다해 기도를 해야 하지 않겠는가. 마음과 뜻과 정성을 다해 성기로 자궁에 사정을 하듯이 해야 한다는 것이 자궁신학이다.

마귀에게 사로잡힌 미숙한 영끼리의 성교는 타락한 자녀를 낳게 하고 악의 열매의 계보를 이어가게 하는 것으로서 우리는 칼빈의 전적 타락(Total Deprivity)의 교리를 이해하게 된다.

코클리 교수가 말하는 죄의 정화는 회개이며 공동체로서의 동일시 회개를 가능하게 해야 하고 그리스도의 신부로서의 정화되어야 한다는 회개 운동을 일으키게 한다.

빛과 어둠이라는 용어가 나오는 데 이는 천국과 지옥의 용어로 이해가 되고 하나님의 나라를 체험하고 살아야 함을 우리에게 도전하고 있는 것이다. 이처럼 참여적 변혁으로 나가는 것은 남자와 여자라는 생물학적인 성으로는 불가능하고 사회적 문화적 성인 젠더를 바로 이해하고 국가적 성의 개념인 전문인으로 나가야 하나님의 뜻을 성취하는 하나의 거룩한 우주적인 사도적 교회로서의 전문인이 될 수 있다.

제도적 교회(건물 중심)에서 선교적 교회(국내 선교/해외 선교), 전문인 교회(MAN/WOMAN)로 나아가는 것이다.

이미 성취된 삼위일체론적 정통 교리의 시대로부터 나사와 글고리오스와 아우구스티누스의 삼위일체적 신학들을 체계적으로 집중해서 비교하며 오늘날의 함의를 찾아야 한다. 먼저 동방과 서방의 삼위일체론을 잘못 분류하는 최근의 사회적 삼위일체론적 유행에 반대하면서, 그 대신에 코클리는 나사와 아우구스티누스가 그들의 공통된 삼위일체론적 믿음이 욕망, 기도, 성(gender)관계에 대해 지니는 유비적 함의들 속에 서로 다른 방식들에 초점을 둔다.[43]

아우구스티누스는 계속적으로 불안하게 남성에 대한 여성의 종속에로 이끌려갔던 반면에 나사의 시각은 그의 여동생 마크리나의 금욕적 삶에 대해 과찬을 하며 아주 다르게 추진하였다.[44] 그렇지만 두 사람의 가르침 모두 그들의 마지막 저작들에서 새롭게 강력하게 드러나는 모형, 즉 기도

---

43 고형상, 『욕망, 기도, 비움: 사라 코클리의 생애와 신학』, 17.
44 고형상, 『욕망, 기도, 비움: 사라 코클리의 생애와 신학』, 17.

와 삼위일체에 관한 로마서 8장 모형에 의해 영향을 받는다.[45]

욕망(desire)은 성(gender)보다 참으로 더 근본적이다. 그러나 전문인(professional)은 그래서 성령 안에서의 기도는 우리가 중요한 현재적 함의들을 지닌 제3의 길로 나가도록 한다.

이에 대한 평가는 다음과 같다.

① 신적인 열망이 성(바이오-젠더-프로패셔널)을 이해하는 열쇠이다.
② 로마서 8:28의 합력하여 선을 이룬다는 것의 주체는 삼위일체의 하나님이고 그 다음이 사실을 깨달은 성도이다.
③ 통일교와 같은 피가름을 하는 섹스교는 잘못된 것이지만 그리스도의 신부로서 섹스를 할 때 예수를 생각하면 예수의 풍성을 닮은 하나님의 자녀를 낳게 될 것이다.
④ 바이오-칭의, 젠더-성화, 프로퍼셔날-영화로 상관성을 가지고 이해를 할 필요가 있다.
⑤ 삼위일체의 교리도 동방 교부는 셋에서 하나로 가는 개념(자문화 우월주의)이고 서방 교부는 하나에서 셋으로 가는 개념(자문화 방사주의)이다. 이 두 가지를 타원의 두 초점으로 이해하는 것이 모이는 교회와 흩어지는 교회의 개념으로서 합력하여 선을 이루는 개념이다. 그러나 열매는 어디가 더 많은지는 자명한 결과이다.
⑥ 비유적으로 삼위일체의 교리를 실천해야 한다.
⑦ 아담은 그 코에 생기를 불어넣어 만드셨으나 이브는 갈빗대로 만들었다. 그러므로 바이오(Bio)상으로는 차별은 의미가 없다.
⑧ 이 세상에서는 육신적으로는 부부지만 영성에서는 그리스도의 신부이다.
⑨ 육체의 순결만큼 영생의 죠에(zoe)가 더 귀하다.
⑩ 타락 이전에 남성이 성적인 조절의 능력이 있지 않았을 것이다. 남자는 조절력을 유지하고 여자는 삽입하지 않는 것이 대안이다. 노년은 독신으로 사

---

45 고형상, 『욕망, 기도, 비움: 사라 코클리의 생애와 신학』, 17.

는 것이 성령 세례 후의 성령의 통제를 받는 부부의 삶이다. 이것은 탕아 출신의 어거스틴의 고백록이다. 당신이 탕아가 아니라면, 성령의 세례 후에 둘 다 그리스도의 신부로서 참으로 삼위일체적 하나가 되는 것을 이 땅에서 누리는 것이다.

⑪ 기도는 휴거(rapture)를 체험하는 것이라고 필자는 생각한다. 그 순간만이라도 세상의 욕망을 잊고 구속한 주만 보이는 시간이기 때문이다. 그래서 더욱 안전하게 주기도를 통해서 창조의 아바 아버지에게 나가는 것이 바람직하다. '침묵 기도+관상 기도+주기도=주기도적 관상 기도'라는 '기도 mix' 개념보다는 주기도 찬양을 통하여 하나님의 임재를 체험하는 것이 옳다.

⑫ 하나님의 선교 이해도 하나님을 위한 선교로 해석하는 것도 좋지만 더 나아가서 하나님의 행동으로 나가야 한다. 자기 비하의 교리에 의해서 하나님이 무능한 하나님이 아니라 전능하신 하나님이라는 개념으로 나가야 여성 착취의 가부장적인 문화가 무너지고 글로벌 시각으로서의 부성애와 모성애를 모두 지닌 하나님의 대사가 되는 것이다. 코클리는 전통적인 남성 중심의 신성의 케노시스를 거부한다.[46] 전문인의 입장에서 본 신성의 케노시스는 무능한 자기 비하가 아닌 무한한 능력이며 십자가의 죽음은 끝이 아니며 부활로 나가는 과정이다. 즉, 빌립보서 3:10-11에 나타난 십자가의 죽으심과 부활에 동참하는 예수 그리스도의 신학의 핵심이다. 하나님의 뜻을 알고 준행하는 것이 지혜이고 힘이다.

⑬ 가면을 쓴 영지주의적인 개인주의적 율법 불폐기론자의 영성에서 벗어나서 사회적 영성으로 나가는 것이다. 깊게 국가를 위해서 기도한다면 문화적, 사회적 영성을 디딤돌로 하여 국가적 영성으로까지 나가야 한다. 이 일을 전문인 선교사가 해야 하는 사명이 라이즈 업 네이션스(Rise Up Nations)의 사명이다.

⑭ 이것을 기도의 변혁(Transformer of Prayer)이라고 하며 남자와 여자는 그리스도 안에서 영광된 자유를 누리는 하나의 지체이다.

---

[46] 고형상, 『욕망, 기도, 비움: 사라 코클리의 생애와 신학』, 122-23.

⑮ 총체적 사고로 케노시스의 교리와 비판적 상황화에 의해서 이제는 성부 하나님에 대한 교리가 가부장적인 개념에서 온화하고 부드러운 이미지를 주게 된다. 이것을 영적인 통찰력의 차원에서는 창조적 하나님에게로 나가기 위해 율법을 버리는 창조적 파괴라고 본다.
⑯ 하나님을 어머니라고 부를 수 있다는 해석은 역동적 등가(dynamic equivalence)에 의한 해석이라고 본다.

중세 교회와 대립각을 세우고 있던 종교개혁자들 역시 교회 밖에는 구원이 없다고 주장을 했다. 필자는 교회 밖에도 구원이 있다고 이야기를 했다가 학점의 불이익을 당한 적이 있었다. 지하 교회와 흩어지는 교회로서의 선교형 교회를 이야기한 것인데 재래식 교수에게는 이해가 되지 않던 시절이었다.

마틴 루터는 다음과 같이 말했다.

> 교회는 성령이 세상 가운데 두신 아주 특별한 공동체입니다. 이 공동체는 그리스도인을 태어나게 하고 하나님의 말씀을 전하는 어머니이기 때문입니다.[47]

어버이이신 아버지, 어머니에 대한 개념을 궁섭적으로 하나님의 도덕적 형상을 이해하게 된다. 먼저 요한계시록에 나타난 7대 교회들을 한국 교회와 비교하기로 한다.

한국 교회는 에베소 교회와 같은 교회인데 '성공주의'에서 돌이키라고 회개(repentance)를 촉구하고 있다. 예수의 어머니 마리아를 숭배하는 제4차 공의회가 의결된 곳이 에베소이다. 그곳이 아데미 여신상을 섬기는 종교적 도시임은 우리도 알고 있기에 신사 참배의 한국 교회에 회개를 요구하는 것이다.

---

47 김진혁, 『질문하는 신학』(복있는사람, 2019), 579.

우리의 신앙이 일본의 군대 귀신을 섬기는 것은 아니지 않은가?

한국 교회는 서머나 교회와 같은 교회인데 '일본 제국주의'의 압제와 '미국 제국주의'의 하수인이 되어서 부흥을 체험했는데 진정한 부흥(revival)은 1907년 평양대회개운동을 바탕으로 남북 모두가 회개하는 동일시 회개를 전제로 한 것이 되어야 한다는 것이다. 진정한 부흥의 날을 위해서 사역자를 양성하고 횃불을 들고 빛을 발하게 하자.

한국 교회는 버가모 교회와 같이 '물질주의'에서 벗어나는 개혁(reformation)을 이제라도 실천해야 한다. 개혁을 외치는 창조적 소수자는 고난받는 교회와 함께 어려움을 겪고 있으며 초대형 교회는 제2의 로마가톨릭교회와 같이 되어서 100년이 지나도 건물이 남기를 건축사의 기념비적인 교회가 되기를 원한다. 따라서 충현교회나 서초동 사랑의교회가 그리스도의 몸으로서의 움직이는 교회로 개혁을 넘어선 변혁을 실천하는 국제적인 지도자가 되어야 한다.

한국 교회는 버가모 교회와 같이 '바리새주의'는 위선임을 밝히는 진정한 의미에서의 교리적 화해(reconciliation)를 실천해야 한다. 하나님과의 화해가 우선이다. 일찍이 로잔운동의 아버지인 조종남 박사를 명예 교수로 모시고 최초의 여성 선교사인 전재옥 교수와 함께 종교 다원주의에 맞서 기독교 변증학의 하나로 동남아시아와 아프리카 등 제3세계의 여러 나라에서 온 신학생을 인내하며 양성한 것은 코리안 디아스포라를 통한 선교 한국을 실천하고자 한 것이었다.

한국 교회는 사데 교회와 같이 '권력 지상주의'가 아니기에 구조 조정(restructure)을 해야 한다. 신동아 그룹의 총수로서의 자리에서 내려와서 할렐루야교회의 창립 주역이 되고 김상복 목사의 예수 복음 목회하에 '구원(salvation)-성화(sanctification)-봉사(service)'의 3박자 구원의 기치 아래 사랑의 리더십을 실천하는 최순영 장로와 이형자 권사는 서번트 리더십의 부부 모델로서 브리스길라, 아굴라와 흡사한 특징이 있다. 교회에서도 침술원을 만들어 놓고 봉사하시는 모습도 조선 중종 시대의 대장금을 닮았다고 본다.

한국 교회를 살리는 길은 '세속주의'가 아니라 빌라델비아 교회와 같은 서로 사랑이며 사랑의 빚의 탕감(remission)이다. 횃불트리니티대학원대학교에서 실시한 '코리안 디아스포라 포럼'에 몇 차례 참여하면서 중앙아시아와 중국을 비롯한 적성국에서 온 고려인과 조선족들이 집회 마지막 날 울면서 하나님의 역사하심을 간구하며 통곡 기도를 드리던 장면을 잊을 수 없다. 이런 하나님의 마음을 알고 기획하고 실천하는 일을 이형자 권사가 하고 있다.

　한국 교회는 라오디게아 교회에 경고하신 대로 '예수님이 다스리는 나라'로 변혁이 되어 글기(rise up)해야 한다.

　횃불을 들고 일어나는 기드온의 300 정병과 같이 이 정병들이 모여서 교육을 받고 훈련을 받아서 영적인 음식을 공급하는 일을 하는 하나님의 시간에 북한을 복음화하고 중국에 복음을 역수출하는 중국 공정을 실천할 수 있는 하나님의 군대 마하나임을 키우는 일을 하니 이 시대의 대장금이 아니고 무엇이겠는가?[48]

　이제 우리는 혼란, 위기, 기회의 시기이며 깊이 없는 영성이 한국 교회를 무너뜨리려고 하지만 아직은 희망이 있는 한국 교회를 재디자인해 보기로 하자. 지구 화상(Global Burning) 시대에 한국 교회가 다시 살 수 있을지를 하나님은 6R 운동을 통하여 실천하라고 하시면서 필자에게 10가지 질문을 던지셨다.

　당신은 여전히 한국 교회를 복음주의적인 교회라고 생각하는가?

　한국 교회의 복음은 미국제 값싼 복음으로 변질이 된 것으로 진단을 하고 있다만 사실은 복음을 제대로 알지 못해서 온 사상누각(沙上樓閣)의 결과이다. 복음은 죽으시고 부활하신 주님을 전하는 것이다.

　한국 교회가 당하는 핍박은 정말로 기독교만 당하는 핍박일까?

48　김태연, 『2030 미래 예측 품성설교: 요한계시록 & 다니엘』 (2030 미래여측품성설교연구원, 2017), 31.

베트남이 공산화되면서 당하는 핍박을 보면 대한민국에 향후 그런 핍박이 올 것으로 여겨져 한반도가 공산화되는 것을 이제라도 막아야 한다.
한국 사회는 정말로 초일류 대한민국을 열망하는가?
한국 사회가 열망하는 초일류라는 개념은 경제적인 것을 우선시하지만 진정한 초일류라고 하는 것은 품격을 의미하는 것이다. 모든 것을 다 가졌어도 품성이 부족한 분들과 같이 만나는 것 자체가 창피한 일이다. 반석누각(磐石樓閣)이 되어야 한다.
중국과 한국에 민폐를 끼친 일본을 하나님은 어떻게 하시는 것인가?
일본은 군신을 섬기는 나라이고 마귀가 지배하는 나라의 한 예이다. 백제가 멸망 당하고 일본으로 귀화한 자들이 지도층이 되어서 해양에서 다시 대륙으로 올라오려 하고 있다. 일본이 해양 문화와 대륙 문화를 융섭해야 G-2 국가로 복귀하기 때문이다. 우리나라는 대륙 문화에 해양 문화를 삼배수로 미국과 일본 그리고 EU를 융섭을 할 수 있다면 G-1 국가가 될 수 있다.
북한 주민들은 정말로 복음을 알고자 하는 것일까?
불가능한 일이지만 김정은이 하나님의 섭리로 회심을 하면 출구가 보인다. 북한 주민이 알고자 하는 복음은 축복과 건강의 복음이 될 확률이 높고 통일교의 피가름의 복음이 될 공산도 있다. 고난받는 교회로서의 움직이는 생활 전도자로서의 신의 품성을 갖추도록 해야 하는데 남한도 하나님의 품성이 여리고성이 무너지듯이 무너지는 상황에서 쉽지 않을 것이다.
우리나라의 이념 갈등이 이렇게까지 극심한데 민족 화합을 위한 방도는 무엇인가?
우리나라의 이념 갈등은 다 이권을 차지하려는 갑과 을의 갈등이지 그 안에 이념이나 화합이나 하는 개념이 사라진 천민 자본주의의 모습이다. SNS를 통하여 실시간으로 한국의 소식이 전파되기에 아시아의 난민들이 모두가 남한으로 와서 로봇, IoT, 클라우딩 펀드, 블록체인 등 3Dirty 직종을 차지하고 대한민국은 3Diamond 직종에 종사한다고 한다만 킹덤 비즈니스의 원리를 따라 축복의 통로가 되는 영원하신 기업의 개념을 붙잡아야 한다. 여호와의 지팡이로 홍해를 가르듯이 통로를 내야 한다. 모세의 지팡이를 바라보듯이 예수의 부활의 십자가를 바라보아야 한다.

소중국된 소한민국의 자기 비하적 세계관을 버리고 동북아시아의 균형자가 될 수 있을까?

대한민국은 강소국으로 조선 세종 당시에는 동북아시아에서 가장 문화화된 문명국이었다. 자기 비하가 자기 멸시가 아닌 예수 그리스도의 품성을 닮는 자기 비하와 동일시의 원리와 성육신의 자세로 하는 것이라면 동아시아의 중국과 일본을 제외한 여러 나라가 한강의 기적을 창출한 대한민국을 지도자로 세울 공산이 점점 더 커지고 있다. 영원하신 킹덤 비즈니스를 세우는 것이다.

코리아 바이러스 공화국인 대한민국은 동북아시아 평화의 촉진자가 될 수 있는가?

영적 전쟁의 개념에서 볼 때 영이 잘된다고 하면 대한민국은 하나님의 나라 측면에서 선한 소식을 증거하는 한류의 왕국이 될 수 있다. 여기서 촉진자도 아무나 하는 것이 아니라 성령이 기름을 부어주셔야 하는데 이는 이율배반적인 율법주의의 자세가 아니라 신자의 비세속성의 원리에 의거하여 성화된 자에게 하나님의 나라를 위한 헌신의 기회가 주어진다. 촉진자가 된다고 하는 것은 자기는 없고 플랫폼과 같은 기능으로 윤활유의 역할을 하는 것이기 때문에 시너지 효과를 가져올 것이다.

한국 기업이 중국을 거쳐서 베트남에서도 통하는 이유는 무엇일까?

한국 기업의 근면성과 선진성이 중국에서도 통했다고 하면 동남아시아의 여러 나라에서도 통할 수 있을 것이 분명하다. 문제는 통한 다음에 무엇을 나눠줄 수 있는지 컨텐츠가 충분히 준비되어야 한다.

베트남에 많은 '리틀 따이안'을 출생시켰는데 이들에 대한 서로 사랑을 실천하는 것을 통해서 코리안은 회개하는 심령으로 예수 복음과 바울 선교를 비즈니스를 통한 전문인 선교를 통해 전해야 한다. 필자는 이를 MAN(Marketplace As Natural Churchplace)이라고 한다. 사업장이 생활 가운데 전도자가 될 수 있는 자연스러운 교회가 되어야 한다는 것이다.

동북아시아의 대전환 시대에 우리 차세대에 하나님의 어떤 선물이 있을까?

하나님은 각 나라와 백성과 언어 가운데서 하나님을 높이는 전문인들에게 축복을 내리고 계신다. 일반적으로 기독교 국가들로 알려져 있지만 사실은 이스라엘과 대한민국을 축으로 하는 영적인 이스라엘의 나라들이 기둥이다. 대한민국의 차세대가 한류를 통해서 문화 선교 사역을 펼치게 될 때 성령으로 기름을 부어 주시고 부의 대이동을 통하여 가난한 나라, 소외된 나라들에 하나님의 사랑을 나누어줄 수 있는 역할을 감당하게 하실 것이다. 23전 23승의 이순신 장군과 같이 차세대에서도 그루터기와 같이 일당백을 할 수 있는 '남은 자'를 파트너로 찾고 계신다.

우리가 다니던 첫 번째 교회를 우리는 어머니 교회라고 한다. 그립지만 돌아갈 수 없는 교회가 되었기에 그 교회가 오늘 우리에게 무슨 의미인지를 밝히고자 한다. 조운파 선생은 '어머니'라는 노래를 작사했다.

오늘은 육신의 어머니가 아닌 영적인 의미의 참 어머니에 관한 이야기를 하고자 한다. 건물 중심의 백화점식 한국 교회가 하지 못한 MAN 사역은 미국의 Mall과 마찬가지로 유기체적으로 연결되는 다 캠퍼스 인공위성 MAN 교회(multi-campus satellite MAN)의 역할을 마켓 플레이스에서 하게 될 것이다. 은혜의 교회이며 생명의 성령의 교회이다. 축복의 통로로서의 교회로 나가야 한다.

필자가 '파파 서번트 리더십'에 이어서 '마마 메이드 서번트 리더십'을 쓴 것은 창세기 1:27의 말씀처럼 하나님이 자기 형상 곧 하나님의 형상대로 사람을 창조하시되 남자(man)와 여자(woman)로 창조하시고'에 대한 전문인 선교적 해석을 할 수 있기 때문이다.

하나님의 성품대로 지음을 받았다면 신랑 되신 예수 앞에 모두가 메이드 서번트라는 사실을 알아야 한다. 다시 말해서 온전한 사람은 남자인 동시에 여자의 품성을 모두 기능적으로 배워서 성화가 되어야 그리스도의 신부가 된다는 것이다. 하나님의 품성은 곧 예수 품성이다. 그래서 하나님의 성품이 중요한 것이다. 2021년 2월 현재 한국의 교회는 유교와 샤머니즘이 도배가 되어서 예수 품성을 실천하지 못하고 있다.

주자학에서 말하는 이이의 이기이원론(理氣二元論)이나 이황의 이기일원론(理氣一元論) 모두 초일류 대한민국으로 나가기 위해서 '이기성화론(理氣聖化論)'으로 먼저 화합(和合)되어야 한다. 제3의 길로의 연합을 추구하는 자발적인 의지에 의해 스스로가 미래의 삶을 개척하는 지식 근로자인 전문인(Professional)의 입장에서 이기융합론(理氣融合論)이 되어야 한다. 이(理)는 이론이고 기(氣)는 실천인데 김상복 목사님의 말씀처럼 3S(구원, 성화, 봉사)로 성화가 되어야 한다. 결국, 이기화합론(理氣和合論)으로 귀결이 된다. 그때 하나님의 나라를 위한 성화된 삶을 살게 되는 것이다. "영이 잘됨같이 범사가 잘되고 강건하다"고 하는 요한삼서 1:2의 말씀은 영, 혼, 육의 삼위일체적 완전주의를 추구하는 삶을 살라고 말한다. 이렇게 하려면 애화(lovification), 고화(sufferification) 영화(glorification)의 수순을 밟아야 한다.

사명을 받은 자는 고진감래로 고통을 통과해야 비로소 하나님의 시간에 요셉처럼 다니엘처럼 에스더처럼 범세계적 의무(global responsibility)와 범세계적 책무(global accountability)를 다하는 영화에 이르게 되는 것이다. 가상 현실에 착각을 하지 말고 성령 세례를 받은 전문인답게 증강 현실을 이루어야 한다. 기독교 교리 가운데 완벽주의(perfectionism)은 성화를 말하는 것이다. 그러나 필자는 애화와 고화를 거친 영화를 의미하는 하나님의 완벽주의에 이르는 것이라고 말한다.

남자와 여자를 가르는 것이나 목사와 평신도를 가르는 것은 자문화 우월주의(ethnosuperiorism)와 자문화 열등주의(ethnoinferiorism)인데 세상의 문화(culture)에 교류하는 말을 삽입하여 문화 교류(interculture)가 된다면 이는 자문화 방사주의(ethnoradientism)로 나가야 축복의 통로가 된다. 문선명의 통일교에서는 소위 말하는 가정 교회라는 개념으로 하나님이 이 땅에 세우신 가정과 교회를 아우르는 피가름의 개념을 무비판적 상황화로 사용했다. 이를 악용한 타락한 목사들이 성도들에게 미 투를 행하여 자신의 하녀로 삼는 중세 교회의 추기경들이 하던 범죄가 오늘날 도시 교회 내에 퍼지고 있다.

그러나 솔로몬 일터 교회 공동체의 사역 방안을 보면 희망을 발견할 수 있다. 일터 교회는 선교 공동체이며, 소명 공동체이며, 일터 공동체이며, 재생 공동체이며, 희망의 공동체이며, 바닥 공동체이기에 실천 지침은 4가지로 제시할 수 있다.

첫째, 동일한 사역에는 아낌없이 동참하라.
이를 위해서 부르심에 응하도록 일단 정화 상태로 놔두고 공동체로 모이면 선한 목표를 정하라. 그리고 참여하게 되면 행동의 표준화에 맞추게 하고 당신 옆의 믿음의 동료와 협력하라.

둘째, 작은 일부터 시작하는 결단이 필요하다.
얕보기 쉬운 작은 일을 주시하고 어부의 천직인 그물 깁는 것을 보고 일터 사역자로서 자기와 싸움을 하라. 믿음의 여정에서 공동체에서 갈채를 끌어내라. 패자이면서 진정한 승자를 자처하라. 부활의 십자가이다.

셋째, 노동으로서 당신의 존엄성을 보이라.
그리스도인의 정체성 구원을 보이라. 그리고 그리스도인에게 정체성을 확인하라. 일로서 존엄성을 보이는 위대한 일을 하라. 그리하여, 일터 교회 그리스도인의 자존감을 확보하라.

넷째, 같은 주제에 다른 형식을 갖추라.
믿음이라는 같은 주제로 모여서 다른 형식으로 표출하는 방식을 깨닫되 속죄의 동일 이슈를 부 이슈로 동일시하라.[49]

십자가의 보혈과 부활을 믿는 진정한 의미의 성육신적 교회의 모형은 무엇인가?
제4차 산업혁명이란 변화의 시대에 "나는 어디에 서 있는가?"라는 질문을 하게 된다. 피터 드러커(Peter Ferdinand Drucker)가 말한 대로 이제는 IT 시

---

[49] 김동연, "일터 교회 사역 유형별 영성 성숙도 연구: 일터 신학의 관점에서", 웨스트민스터신학대학원대학교 박사 학위 논문, 2020, 159.

대에서 정보 시대가 될 것이라고 예견한 그대로 I(Information) 시대가 되었다. 정보를 지닌 1인 사회적 기업 시대인 것이다. 기도 가운데 자신이 행한 것만이 소중한 세상이 되었다. 다시 말해 정보, 즉 데이터 시대가 되었다는 것이다. 정보를 가진 자가 정보가 없는 자를 지배하는 시대이고 누가 빨리 정보를 가지고 있느냐에 따라서 지배를 하게 되는 세상이 된 것이다. 한걸음 더 나가서 딥 데이터(Deep Data) 시대라고 하는 말을 사용하고 있는데 자꾸 밑으로만 깊게 이해하는 것이 인간화 중심의 세상이다. 생명 없는 사물이 우리와 대화를 하고 있다며 앞으로는 더욱 하나님을 찾지 않는 세대가 되었으며 AI는 새로운 전기라는 앤드류 응(Andrew Ng)교수의 말을 인용하였다.[50]

먼저 AI가 신이라고 한다면 AIG(아이고)가 되는 것이다. 아마존 매출의 35퍼센트가 AI를 통해서 이루어지고 스마트 팩토리가 형성이 되어서 모든 기업이 테크(Tech) 회사로 변한다는 것이다.[51] 인공 신경망에 의한 하지만 빅 데이터 리더십의 세상이라는 것이다. AI 인공지능의 속도를 2배나 빨리 하는 알고리즘을 한국과학기술원(KAIST)이 개발을 했다고 한다.

로버트 루트번스타인(Robert Root Bernstein) 교수에 의하면, 과학적 사고는 논리라고 생각하는 그 이상의 상상력이며 논리와 상상을 결합한 특이한(idiosyncratic) 것이라고 말할 수 있다. 과학(science)을 하는 사회가 전지하신(omniscience) 하나님을 버릴 이유가 없다. 왜냐하면, 하나님은 온(omni) 과학의 하나님이시기 때문이다. 더구나, 여기서의 생명은 바이오(육생)를 말하는 것이지 죠에(영생)를 말하는 것은 아니다. 하나님 중심의 세상은 위로

---

[50] 이상화, "2019 CES 참관 후기 및 우리의 대응 방향", CBMC 화요조찬도임, 2019. 2. 12, 153. 강의 요약: ① AI 시대 본격 시작, 전 산업의 기반 기술로 자리 잡음, 빠른 적용 방안 모색, ② Display의 놀라운 혁신 지속됨(LG와 삼성이 혁신 주도), ③ 다양한 로봇 출력 및 지능의 발전, ④ 데이터의 시대도래(IoT, 5G, 빅 데이터, AI의 융합이 가속화 초래), ⑤ 한국의 ICT기업의 혁신이 돋보였으며 세계적 변화흐름에 동승, ⑥ CES 시사점 = a. 고객 데이터의 축적 및 활용을 통해 최적의 제품/서비스 제공 방안, b. AI 및 AI 관련 서비스 로봇 등을 사업에 적극 활용하는 방안, c. 각자 사업에 직면할 문제 보다는 미래의 기회에 대한 상상력 발휘, d. 우리의 의식주감등 자체의 변화는 없을 것임(최적화 필요) e. 사람들의 편리하고 즐거운 삶을 위한 컨텐츠(Contents)가 더 중요한 문제 ⑦ 신앙적 시사점(사람들의 관심과 영적 고갈 - 지혜로운 대처와 영적 고갈)
[51] 이상화, "2019 CES 참관 후기 및 우리의 대응 방향" 153.

깊어져야 하는 숙제를 두고 있다.

　필자는 이를 극상 변혁(Zenith Transformation)이라고 말한다. 하나님을 향한 방향으로 변혁을 시도하는 것이 예수님을 만난 새 피조물의 자세이다. 데이터를 가공하여 정보가 되고 정보가 지식이 되고 마지막에는 지혜로 바뀔 때 그것이 진정한 스마트 지혜인 것이다. 이 경우에 스마트(smart)에 대한 정의도 'Sanctification, Media, Available, Repentance, Toward God'의 의미로 해석을 할 수 있다. 스마트 팩토리가 스마트 스토리가 되어서 그 안에 예수 그리스도의 구속사의 흐름(the stream of redemption)을 이야기해야 하나님이 진정한 의미에서 일하시는 하나님(God Only Do)이 되시는 것이다.

　그 때, 우리는 하나님을 안다(God Only Know)고 할 수 있다. 16퍼센트의 직업이 없어지고 27퍼센트의 직업이 새로 생기는 상황에서 미래 전 세계의 4만 개의 일자리 가운데 1만 5천 개 정도가 한국에 들어와 있으니 현재의 3차 산업의 일자리와 4차 산업의 일자리를 연결하는 서비스 산업이 하부 구조 가운데서 4차 산업혁명 시대에 본격적으로 LG나 삼성과 같은 브랜드를 가지고 중국과 일본의 틈새에서 씨름의 뒤집기와 같은 하이테크(high tech) 기술을 가지고 한류를 통한 일자리가 지속될 것이라고 본다.

　문제는 콘텐츠에서 승부가 나리라고 본다. 이는 창조 과학을 믿고 기독교 세계관을 발휘하는 가운데 이루어지는 교회의 역할이 소중함을 일깨워 준다.

　사업처와 일터에서 전도가 이루어지는 교회에 대한 시각을 정리하면 다음과 같다.

　첫째, 외부자적 시각의 교회는 건물 교회이다. 5만 개의 교단이고 교파이고 모이는 회당 중심의 혼합체이다.

　둘째, 내부자 시각의 교회는 그리스도의 몸으로서의 교회이다. 신약의 교회이다. 피로 값주고 사신 삼위일체 하나님의 교회이다.

　셋째, 공시적 시각의 교회는 'BAM' 교회다. 'Business As Mission'의 원래 의미는 이윤이 나는만큼 선교를 하는 것인데 이러한 개념을 넘어선 기독교 세계관을 포함한 교회의 개념이 더욱 필요하다.

넷째, 통시적 시각의 교회는 'MAN' 교회다. 이 교회는 하나님의 문화를 물이 바다 덮음같이 온 세상에 전파할 수 있는 문화 교류를 실천할 수 있는 교회이다.

필자는 로봇이 아닌 피조물인 인간을 돕는 피피조물로서의 로봇이라고 하는 개념보다는 하나님이 기뻐하시는 태초 전부터의 교회는 MAN(Marketplace As Natural Churchplace)이라고 생각한다. 이제 비로소 SNS 시대에 O2O교회로서 MAN을 이루어야 한다. 현실(reality) 교회와 장터(marketplace)교회와 일터(workplace) 교회를 모두 아우르는 증강 현실(agumentation)의 교회이다.

코로나19가 3년 안에 종식이 되거나 또 다른 슈퍼 바이러스 시대로 가는 상황에서 한국 교회의 재건을 위해서 우리가 해야 할 영역은 선교적 공간인 직장을 활용하여 선교적 기업가 정신과 일터 교회 개척 사역을 하는 중간 진입 전략을 해야 하는 것이 전문인신학의 역할이다. "생각은 글로벌하게 행동은 지역적으로"(Think Globally Act Locally)라고 하는 자크 엘룰(Jacques Ellul)의 말과 같이 선교적 교회 운동이 다년간 키워드였다고 하면 이제는 전문인자원운동이 키워드가 되어야 한다. 전문인자원운동은 성육신적이고 비판적 상황화에 기초하며 직장 가운데 전도자의 운동이기 때문이다.

일터 교회 개척 운동은 2016년에 에즈버리신학대학원에서 제이 문 교수에 의해서 공식화되었으며 제이 문 교수는 ECP(Enterpreneurial Church Planting:일터 교회)라는 신조어를 만들었으며 미국 복음주의 신학회에서 ECP는 "일터에서 공식적으로 교회에 나오지 않는 사람들(unreached people)을 만나고 그리스도를 따르기 원하는 사람들을 위한 공동체를 형성하고자 하는 교회 개척 방법"이라고 공식적으로 발표했다.[52]

더구나 6가지 유형의 선교적 기업가 일터 교회를 제시하고 있다.

---

[52] 주상락, "포스트코로나 시대의 전도와 선교:총체적 공간 선교, 전도", 제78회 한국실천신학회 정기 학술 대회, 2020년 11월 21일, 114.

첫째, 전도자유형
둘째, 예술가 유형
셋째, 건축가 유형
넷째, 사회과학자 유형

필자는 이를 4가지 유형의 전문인 일터 교회를 제시하고자 한다.

첫째, 전도자 유형
둘째, 디자이너 유형
셋째, 건축가 유형
넷째, 과학자 유형을 성육신적이고 종말론적이고 창의적 선교사인 사도적인 특징으로 제시한 것이다.

그리고 그리스도의 몸으로서 성도는 소명을 받고 사명을 감당하며 왕의 대사가 되어야 한다. "그를 하나님보다 조금 못하게 하시고 영화와 존귀로 관을 씌우셨나이다"(시 8:5)라는 의미는 빌립보서 2:5-9에 나타난 자기 비하의 교리와 동일시의 원리 성육신의 원리를 모두 포함하는 것으로서 "조금 못하게"라는 개념을 열등주의나 로봇주의로 해석을 하는 것보다는 서번트 리더십으로 보는 것이 옳다.

참고로 로봇이 2017년에는 배송 업무를 담당했으나 2020년부터는 상업용 로봇으로 보편화되며 자율 주행 등 서비스업에 종사하게 될 것이다.[53] 전기 자동차가 로봇과 무인 기술로 달리는 응접실로서 문화 공간이 되는 것은 시간 문제이다. 창조 명령과 문화 명령을 수행하는 MAN은 문화 교류 리더로서 지상대명령을 수행하는 WOMAN이 되는 것이다. 영적인 교회는 전문인 교회이고 로잔운동에서 말하는 선교형 교회이다.

그렇다면 WOMAN교회는 어떤 교회인가?

---

53 주상락, "포스트코로나 시대의 전도와 선교:총체적 공간 선교, 전도", 114.

필자의 생각으로는 O2O(online to offline) 교회는 O2O(online to offline) 교육을 가르쳐 지키게까지 하는 교회이다. WOMAN(World O2O MAN)이다.

2000년 이전은 아날로그 시대였고 2000년은 디지털 시대였으나 2010년은 연결의 시대였고 2020년은 데이터 시대이다. 교회도 그렇게 O2O를 통하여 같이 변혁이 되어야 한다.

따라서 MAN운동과 WOMAN운동[54]으로 나가야 일어나 빛을 발하는 (사 60:1) 메시아의 교회[55]가 될 수 있다. 유대교 복음주의 메시아운동이라는 의미를 필자는 이렇게 이해하고 있다. 그러므로 남자가 곧 여자이고 여자가 그리스도의 신부인 우리의 어머니 교회이다.

구약의 아브라함이 100세에 아들을 얻었다는 것을 가지고 우리는 '이신득의'(Justification by faith)를 말하고 있다. 이제는 신약의 입장에서 '이신득의'를 '이신애득의'(Justification by faith by love)로 발전하고 있다. 이에 대해서 중국의 공산당인 정광훈 주교는 이애득의(Justification by love)를 주장하고 있다. 믿음, 소망, 사랑 그중에 제일은 사랑이라는 말씀에 기초한 것이라고 중국의 삼자신학은 말한다.

과연 그런 것인가?

이제는 그리스도의 신부로서 100세에 아들을 낳는 일을 할 필요도 없고 아브라함의 믿음이 현재의 예수 그리스도의 십자가의 믿음과 비교할 때 참조만 되는 율법이지 예수의 은혜가 아니다. 한마디로, 그리스도의 신부된 우리는 100세에 아들을 낳을 필요가 없다. 비록 대한민국의 인구 증가율이 마이너스일지라도 은퇴한 노인들이 아들을 낳을 자는 없다고 본다. 천상의 믿음은 이 세상에서의 죄(Sin)와 죄들(Sins)을 넘어선 것이 된다.

---

54 MAN(Marketplace As Natural Churchplace) 운동과 WOMAN(World O2O MAN)운동을 통하여 하나님의 나라의 우주적 교회가 물이 바다 덮음같이 초일류 대한민국을 통하여 실현될 수 있다.

55 메시아 운동의 교회는 'M(Man) E(Evangelism) S(Salvation) S(Sanctification) I(Incarnational) A(Available toward) H(Heavenly Church)'로 서번트 리더십으로 섬기는 순례자의 교회이자 어머니 교회이다.

그리스도의 몸으로서 교회의 영성은 성령 세례로 비롯되는 것이고 우리는 그리스도의 신부로서 완전히 새로운 피조물이 된다. 성령 안에서의 남자와 여자의 개념이 변혁된 것이다. 그러므로 전도서의 기자의 말처럼 이 세상은 풀과 같이 지나가는 것이다.

이에 하나님의 영광을 위하여 성령 안에서라면 우리는 남녀의 의미를 선교적으로 적용을 할 수 있다.

① MAN = Marketplace As Natural Church place
② WOMAN = World 020/040 Marketplace As Natural Church place

즉, 남자는 시장의 사도로서의 교회이고 여자는 세계적인 시장의 사도로서의 교회의 행위이다. 성령 안에서 남편과 아내의 서로 사랑으로 섬김의 도가 이 세상에서 중요한 것이지 주종 관계와 같은 율법의 도로 서로를 할퀴는 것이 아니다. 그러므로 가정과 교회는 십자가의 사랑 앞에 우리는 용서와 화해로 첫사랑을 회복해야 한다.

사별하여 혼자 사는 경우도 그리스도의 신부로 재림의 때를 기다리며 사는 것이다. 독신자도 마찬가지고 매일매일의 식사는 성경 말씀 읽기와 주의 만찬을 행하는 기도, 찬송, 말씀, 생활 전도이다. 그러므로 날마다 말씀을 보고 식사할 때마다 성령으로 성화되게 하시어 우리를 위하여 주 예수께서 말씀하신 대로 구원의 신비인 MAN/WOMAN이 이루어지도록 노력을 해야 한다.

더구나, 정성을 다해 드리는 예배에서 성공함으로써 우리는 온 세상에 움직이는 그리스도의 몸으로서의 교회가 되어서 구원의 은총을 나누는 축복의 통로가 될 것이며 하늘의 은총을 나누는 예수의 보혈의 증인이 되어야 한다. 즉, 부활의 능력을 전하는 생활 전도자가 되는 것이다.

필자는 전문인은 자발적인 의지에 의해서 스스로가 미래의 삶을 개척하는 지식 근로자라는 피터 드러커의 말을 인용하며 전문인인 새로운 생명을 얻은 자(고후 5:17)의 모델이라고 본다. 전문인은 목사와 평신도로 양분된 계급의 중간자가 아니라 창조적 중용으로 하나님의 나라를 위한 일꾼이다.

전문인은 다음의 4가지 특징을 가지고 있다.

첫째, 전문인은 육생(bios)과 영생(zoe)을 동시에 누리는 그리스도의 신부이다.
둘째, 전문인은 MAN/WOMAN으로 변혁된 자아이기에 하늘의 은혜와 땅의 평화를 촉진하는 그리스도의 대사이다.
셋째, 2030 초일류 대한민국을 이룰 창조적 중용을 관용과 화합으로 행하는 자이다.
넷째, 초일류 대한민국의 구성은 남한과 북한 그리고 코리안 디아스포라로 구성된 창조적 중용의 거룩한 중립국이다.

2020년 한국의 시기는 구한말 1894년 갑오경장에서 1904년 갑신정변에 이르는 10년의 잃어버린 시기와 같이 혼란이 재현되고 있다. 서세동점의 시대에 나라를 잃어버린 대한 제국을 그리워하고 돌아가려고 하면 안 되고 동세서점의 유혹에 빠져서 중국과 북한의 미끼 나라가 되면 나라는 러시아까지 포함한 양아치의 발에 짓밟히고 없어지게 된다.

아니면 1895년 청일 전쟁으로 폐허가 된 평양에서 1907년 평양대회개운동이 일어난 것과 같은 제2의 평양대회개운동을 기다리고 있거나 한국전쟁으로 북한의 90퍼센트가 초토화되고 남한이 반파한 후에 한강의 기적으로 1970년대 여의도 빌리그래함 전도 집회와 같은 제2의 부흥을 염원하는 시기이다. 이번 부흥에서는 축복의 창고로의 부흥이 아니라 한국전쟁에 참여한 나라들에게 영육 간에 넉넉한 보은을 하는 축복의 통로로 나가는 부흥이 되어야 이 민족이 제사장의 나라로 치유하는 공동체가 될 수 있다고 본다.

대한민국은 사대부의 나라인 대한 제국이 아니라 국민의 나라이고 2030년에는 초일류 대한민국으로 글로벌 시대의 참 주인(전문인)의 나라가 되어야 하기 때문이다. 개화파와 위정척사파로 갈라져 있듯 친중파와 친미파로 나누어져 있다. 그리스도의 몸으로서의, 그리스도의 신부로서 전문인의 역할이 대두되는 기회이다. 민중 사관과 사회주의 사관에 기초한 중,

하류층들이 신분 상승을 꾀하는 시기이기도 하다.

서세동점의 미국 제국주의의 힘이 아직도 동세서점을 꿈꾸는 시진핑의 중국보다 3배나 힘이 세고 인구 비례로 보면 10배나 힘이 센 것으로 서울대 하영선 교수는 분석하고 있다. 그런데 온정적 민족주의에 경시되어서 나라를 중국에 다시 기댄다면 청일 전쟁 당시 미국에 진 것과 같이 이제는 미중 무역 전쟁에서 중국이 지는 편을 들다가 망하게 될 것이다.

마지막으로, 제3차 대전을 조정하려고 하는 러시아에게 기웃거리다가 미러 전쟁에서 고종처럼 아관파천을 하려다가 미국의 보복을 받을 수가 있다. 이미 한국인의 DNA 샘플은 미국과 전 세계에 넘치고 있기 때문이라고 한다. 세상에서 웃음거리가 되는 민족이 된 것은 사상적 지축이 뒤틀리는 제4차 산업의 혁명 시대에 과학(Science)을 이길 수 있는 전지하신(Omniscience) 하나님의 존재를 모르기 때문이다.

2020년 코로나 바이러스로 인해 망가진 글로벌 정부의 국정 운영으로 갈등의 정글이 된 한국이란 율법 사회에서 신분이 다시 한번 와해되고 그리스도의 은혜 아래서 전문인이 대두가 되는 시기가 되어야 소망이 있다. 과거의 대한 제국이 아니라 미래 지향적인 하나님의 나라 차원에서의 가정과 교회가 바로 세워지는 초일류 대한민국이 남한과 북한 그리고 코리안 디아스포라로 네트워킹이 될 때 진정한 초일류 대한민국이 될 수 있다.

새들백교회의 이야기와 마찬가지로 전문인은 왕이요, 선지자요, 제사장으로서 융섭된 기능을 가지고 하나님의 나라를 구현하는 말안장에 올라타는 자유 민주주의 시장 경제의 주체로서의 사명을 다해야 한다. 이것이 광야에서 외치는 선지자의 메시지가 되어야 한다.

성령 세례를 받고 하나님의 나라 의미와 그리스도의 신부의 의미를 아는 전문인이라면 중국의 공산당 사회주의의 6퍼센트 성장이 대단한 것으로 여기고 사대주의를 하는 나라가 되도록 방치하면 안 되고 인구 비례로 볼 때 중국의 국력은 3분의 1밖에 되지 않는 소(小)중국일 뿐이고 대한민국이 중(中)대국인 것이다. 그리고 상업 자본주의의 꽃인 창조적 자본주의의 시대에서 한걸음 더 나가서 선교적 자본주의 또는 문화 교류 자본주의로까지 나가야 세계속의 한국 한국속의 세계를 실현하는 글로컬 센터의 만인 제사장의 나라요, '전 신자 선교사'의 나라가 될 수 있다.

1979년 미국의 TMI(Three Mile Island) 원전 사고와 1986년 발생한 체르노빌 원전 사고와 2011년 3월 11일 발생한 후쿠시마 원전 사고와 2013년 원전 마피아에 의한 원전 부품 비리, 위·변조 사태 그리고 지금까지 콘크리트 부실 시공과 월성 1호기의 중단에 이르기까지 "원전은 안전한가?"[56]라는 의구심과 검증이 지속되고 있으며 창조의 끝이 종말인 것과 같이 업그레이드된 원자력 발전소가 나오기까지 계속 핵의 안전성에 대한 책임을 가져야 한다.

먼저 체르노빌 원전 사고에 대한 성촌 정근모 박사의 글을 살펴보기로 하자.

> 1985년 서울 PBNC(Pacific Basin Nuclear Conference)가 끝난 지 얼마 되지 않아 국제 원자력계는 큰 사고를 접했다. 소련의 우크라이나 지역에서 운전 중이던 체르노빌 원자력 발전소에서 사고가 터진 것이다.
> 1986년 4월 26일 우크라이나 키예프 북쪽에 위치한 체르노빌 제4호 원전이 폭발하면서 다량의 방사능이 누출되는 참사가 일어났다. 체르노빌 원전은 소련이 개발한 RBMK-1000형이라고 하는 흑연 감속 비등형 원전으로 100만 킬로와트의 출력을 내는 원전이다.
> 사고는 수차례에 걸친 수증기·수소의 화학 폭발로 일어났으며 2명의 작업자가 그 자리에서 숨지고 직원, 소방관들 이 심각한 방사선 상해를 입어 28명이 사망하고 그 지역에 사는 주민 9만 명이 이주하게 된 대형 사고였다. 방사능 구름이 서유럽 너머까지 이동하였다. 이 대형 사고로 인해 전 세계는 원전의 안전문제에 심각한 고민을 하게 되었다. 인근 독일의 탈원전 정책이 채택된 것도 이 체르노빌 사고 때문이라고 볼 수 있다.
> 우리가 간과하지 말아야 할 것은 체르노빌 원자력 발전소는 흑연 감속로이고 비등 경수로라는 것이다. 원자탄 제조에 필요한 핵분열 물질에 최적인 흑연 감속

---

56 이정윤, 『원자력 묵시록』(산경이뉴스신문사, 2020), 6-8 요약.

로는 이제는 원자력 발전소에 쓰이지 않는다. RBMK형 원자로는 소련(후에 러시아)에서 전부 폐쇄되었고 비등형 원자로를 더 이상 건설하지 않는다. 우리나라가 처음부터 비등형 원자로를 택하지 않고 가압형 원자로를 선택한 것은 올바른 판단이었다. 원자력을 평화적으로 이용하겠다는 취지에 맞는 선택이었다.[57]

원전 설계자들은 절대로 방사능이 원전 밖으로 나가지 않도록 겹겹이 다중 방어(in depth) 시스템을 만들어 놓는다. 이 다중 방어 시스템의 단 하나라도 유지되면 어떠한 사고에도 방사능이 외부 유출은 일어나지 않는다는 것이 원자력 안전 공학의 원리이다. 우리가 로마서 8:30-31에 나오는 구원의 5중 안전성과 연관하여 살펴볼 수 있다.

성촌은 민족 화합 기도회에서 차례대로 원전 사고에 대한 분석을 해 주신 적이 있다. 우크라이나의 체르노빌 원전 사고에 대한 이야기를 하면 필자도 할 말이 있다. 필자가 운영하는 선교팀이 체르노빌에서 20킬로미터 떨어진 카작스탄의 우스꼬메나골스키에서 의료 활동을 한 적이 있었다. 그때 물리 치료를 하는 분들이 같이 가게 되었는데, 가기 전에 우리가 들은 정보는 피부암 환자들이 많다는 것이었다.

막상 가서 보니 우스찌는 체르노빌로부터 불어오는 편서풍으로 인해서 원자력 낙진이 날리고 그로 인해 피부암 환자가 많다는 것이다. 새벽 1시 반까지 엄마와 딸이 서로 긁어주다가 피멍이 든 채로 잠을 청한다는 것이다. 다른 곳으로 이주를 못하는 이유는 그 지역에 살아야 연금을 2배로 받기에 기본적인 생계를 유지할 수 있다는 말을 들은 적이 있다. 그때만 해도 체르노빌이 카작스탄에 있는 줄 알 정도로 필자는 무지하여 성촌으로부터 교정을 받은 적이 있다. 노벨 문학상 작품도 체르노빌 이야기이고 너무나 충격적인 이야기인 것은 맞지만 그 원인은 핵무기 개발 시설을 원자력 발전 시설로 변경하면서 압력을 이기지 못한 파이프가 터지는 사고에서 비롯된 것이라고 한다.

---

57 정근모, 『기적을 만든 나라의 과학자』(코리아닷컴, 2020), 226-27.

체르노빌로부터 대한민국으로 편서풍이 불어오는 것은 아닌데 자라 보고 놀란 가슴 솥뚜껑 보고 놀란다고 탈원전으로 일방적으로 결정한 것은 한국 정치의 오류이다. 솥뚜껑에다 삼겹살을 구워먹지도 못하고 원자력 르네상스를 경험해 보지도 못하고 우리가 공산주의 국가가 아닌데도 주변의 공산주의 강대국의 왕서방 리모콘에 휘둘리는 모습이 안타까울 뿐이다.

우리는 고도의 복잡한 기술을 "대충 철저히" 엽전 사고로 다 하면 된다는 제3세계 나라들이 겪어야 하는 혹독한 시련들이 도처에 암초로 자리 잡고 있는 세기말 증후군을 앓고 있다. 민족의 한을 이길 수 있는 힘은 과학 기술뿐이다. 이제는 시를 써도 컴퓨터 안에서 시를 쓰고 그림을 그려도 그래픽 디자인 안에서 그림을 그리고 팀으로 그리는 것이 옳은 판단으로 본다.

그러나 한국의 APR-1400은 TMI나 체르노빌이나 후쿠시마와는 차원이 다른 원자력 발전소이다. 더구나 빌 게이츠가 말하는 다음 세대 원전인 테라 파워가 5년 후에 선을 보이면 4분의 1의 가격으로 지을 수 있고 AI가 작동하기에 원전의 효율성과 안전성이 100퍼센트 보장이 된다고 한다.

그러므로 일터가 곧 교회라는 WOMAN의 개념을 바로 인식하고 실천을 하는 불확실성의 시대임에도 불구하고 APR 1400의 미국 원자력 위원회의 공인하에서의 중동과 유럽에 수출을 가속화하기 원하는 수력 원자력 발전소와 원자력 발전소의 직원은 모범적인 한국 직장 선교회와 세계 직장 선교회의 두 기둥이 될 것이다.

국내외로 원자력 발전소의 수출이 이루어지게 될 때, 구름 기둥과 불기둥으로 직장 선교의 요람이 될 것이고 각자가 회심한 움직이는 교회로서의 사명을 감당할 수가 있는 것이니 코로나19 시대에 이보다 더 한 코리아 빅토리 교회의 모델이 어디 있겠는가?

한마디로 전쟁의 화약고와 같은 지정학적 위치에 있는 나라들을 관리할 수 있는 미국, 중국 등 나라들에 의해서 창의적 접근 전략이 가능하다고 본다. 악의 축이라고 불리우는 북한 영변의 핵 시설을 원자력 에너지 핵폐기물 처리장으로 전환하는 것이나 신프의 '한반도에너지개발기구'(KEDO)

의 경수로 에너지야말로 창의적 접근 지역이요 창의적 접근 전략의 융섭을 통한 최후의 선교지라고 볼 수 있다.

미국 대선에서 조 바이든이 당선된 이후, 여전히 남북 문제가 변화가 없는 가운데 월성 원전을 세운 산업통상자원부가 북한에는 원전 건설 지원을 추진한 것으로 발표되었다. 감사원 감사 직전에 삭제된 산업부 삭제 파일 444건 안에 북한 원전 건설 보고서 10여 건이 나왔는데 '한반도 에너지 개발 기구 업무 경험 전문가 목록'으로서 핵무기 철폐를 조건으로 경수로 2기를 제공할 것이라는 것으로 통일을 앞두고 작성한 것으로 볼 수 있는데 이는 작성 시기가 1차 남북 정상 회담 직후이고 2차 남북 정상 회담 직전이라는 것이다.

EU 집행 위원회에서는 루마니아에서의 80억 불 규모의 원전 확대 사업을 승인했다고 한다. 루마니아의 체르나보다 3, 4호기 신규 건설 및 1호기 보수를 위한 미국, 프랑스, 캐나다와의 협력 계획을 EU가 승인을 한 것인데, 체코, 폴란드, 불가리아, 루마니아 등 동구권 국가들이 원전 건설을 적극적으로 추진하고 EU가 승인을 한 것이다.

여기서 우리는 "생각은 글로벌하게 행동은 지역적으로"(Think Globally Act Locally)라는 말을 융섭한 이념을 초월한 세계내화(Glocalization)의 개념을 다시 정립해야 한다.

사랑의 원자탄이란 개념으로 북한을 복음화하려는 자세를 가지고 아래와 같은 제안을 하고자 한다.

만일 북한이 현재의 핵무기를 유지하고 미래의 핵무기를 보류하는 조건으로 미국의 조 바이든 정부와 협상이 가능하다면 남측 강원도 고성에서 개발한 원자력 에너지를 북측 강원도 고성으로 송전선을 통해서 보내는 방식이 통일 '에너지의 통로'가 될 수 있다고 보며, 원전 바지선을 통하여 남한과 북한의 어느 곳에도 보낼 수가 있을 것으로 보인다.

이러한 원전선은 세계의 여러 분쟁 지역들 가운데 먼저 중동의 화약고인 홍해나 러시아의 발틱해에도 전력을 실어다 줄 수가 있을 것이다. 원자력 에너지를 기본으로 한 에너지 믹스의 시대를 계속 열어나갈 수 있게 되는 것이다.

　이런 일이 2030년에 이루어진다면, 핵 사회에서의 탈핵화와 비핵화의 논쟁의 종지부를 찍게 될 것이다. 탈핵화는 원자력 발전소에서 저준위 우라늄은 사용이 가능한 비판적 탈핵화의 입장에서 정리가 될 것이고 비핵화는 이미 생산된 핵무기는 허용을 하되 미래의 핵은 담보로 하는 대신에 비핵화 시대의 21세기 출애굽 시간이 될 수 있는 DMZ에 스마트 원자력 도시 개발을 해야 한다.

　남과 북이 하나가 되어서 원전 바지선을 활용한 통일의 길에 앞장을 서게 된 후에는 한미 원자력 동맹의 일환으로 미국과 함께 제2의 중동 특수로 사우디아라비아로 한국의 원자력 발전 사업이 나가는 길에 일단은 조건부로 현장의 건설 노동자로 북한의 러시아에서 돌아온 벌목공들과 핵무기 개발 전문가들이 외화 벌이로 나갈 수가 있다고 본다. 그 전제 조건으로 이러한 사랑을 베푸시는 하나님의 사랑을 김정은이 발견하고 하나님에게로 돌아오는 것이다.

　지구 온난화로 인해서 화석 에너지의 문제가 대두된 세상이다 오일(oil) 달러로 세계에서 가장 잘사는 나라들인 아랍에미리트와 사우디아라비아가 원자력을 보고 경탄을 금하지 못한다. 그런 원자력 에너지를 APR 1400 기술을 가지고 있는 한국이 세계 1위의 원자력 기술을 가지고 원자력 르네상스를 누리지 못한 채 급락하는 데는 중국이 도사리고 있다. 안전하고 값싼 에너지원을 확보하지 못한 중국의 G-2 국가의 위상은 G-2가 아니다.

5. 결언

1) 어떻게 남한은 탈원전이 되었는가?

체르노빌 사건은 원자로의 문제이다. 원자로 폭발 이후에 독일은 편서풍의 영향으로 불어온 낙진으로 인해서 피부병 환자 수가 증가하였기에 탈원전 정책을 쓰게 되었다. 녹색 혁명도 여기서 나온 NGO 운동이다. 그러나 한반도는 체르노빌의 편서풍의 영향을 받는 곳이 아니다. 프랑스는 독일 국경지역에 원자력 발전소를 세우고 세계 1위의 원자력 대국을 꿈꾸고 있었다.

일본의 후쿠시마 원전 사고는 자연 재해로 인한 원전의 안전성 문제이지 원전 자체를 폐기할만한 문제는 아니라고 보는 것은 한국의 원전과 기종이 다르다는 것이다. 그런데 문제는 핵폐기물 원전 오염수 방출 결정 등 뒤처리의 문제이다. 방사능 우려에도 일본은 원전 오염수를 방류하기로 결정을 했는데, 2023년부터 약 30년 간에 걸쳐서 방류하게 되는데 부지 내 총 저장량이 137만 톤이며 현재 저장 용량은 125만 844톤으로 91퍼센트 포화 상태라고 하는데 문제는 오염수 발생량이 냉각수와 빗물 지하수 유입으로 하루 140톤씩이 발생하여 방류를 안 하면 2022년 말에는 포화 상태에 이를 것으로 예측했다.

해양 방출 오염수는 처리수라고 하면서 안전하다고 하지만 장기적 부작용 등은 아직 예단하기가 어렵고 한국 동해까지 4-5년이 걸리고 충분히 희석이 되는 것으로 보지만 해양수산부는 방사성 물질 감시를 강화해야 한다고 보고 있으니 주변국들과 함께 일본 정부의 만행을 감시, 추적, 정화 정보를 공유하면서 일단 대처를 해야 한다.

탈원전이 된 배경에는 중국의 한반도 에너지 문제를 틀어쥐려고 하는 정치적인 노림수가 있다.

현 정부 체제에서는 우리나라에서 일어나지도 않을 체르노빌 원전 파괴나 후쿠시마 원전 고장 등으로 인한 오염수 방출 문제로 전 세계가 들끓고 6개월 안에 제주도 전역이 오염이 된다고 하는 등 공포에 사로잡혀 우리의 월성

고리 원전과 비교도 하지 않은 채로 가상 현실로 탈원전을 한 데 기인한다.

북한의 핵구기는 20개 이상이며 SLBM을 신포에서 발사하려고 준비 중이나 미국은 5000개인 현실에서 남한은 핵 억제력을 유지하며 충분한 에너지를 확보하여 한반도가 세상의 중심이라는 자문화 중심주의 사고가 필요하며 한류를 통해서 열방으로 에너지를 나누어주는 초일류 대한민국이 되어야 한다. 아산 정책 연구원은 북한과 전면전이 벌어지게 되면 한반도에 핵무기 78발을 쏠 수 있다고 보며 2027년까지 최대 242기의 핵무기를 보유할 수 있다고 예측을 했다.

중국이 아니라 해양 문화를 열 수 있는 극동의 용머리인 한반도의 원산(고성)과 부산이 중심이다. 중국이 한국을 소중국화 하는 일로 국내외가 뜨거운데, 중국촌을 만들어 주게 되면 처음에는 돈을 벌겠지만 저들이 봉기가 전문인데 봉기를 하게 되면 나라는 내란에 휩싸이게 된다. 중국에 무릎을 꿇는 속국 근성의 자문화 열등주의에서 벗어나야 하며 미국으로부터는 북한과 중국의 ICBM으로부터의 군사적 방어 준비도 없이 벗어나려고 하며 동시에 자식은 미국으로 유학을 보내는 강남 좌파 근성도 경계해야 한다.

2) 무엇이 원자력의 역사를 이어지게 하는가?

한국의 원자력 발전 기술로 아랍에미리트에 제1호기 제2호기 제3호기가 작동이 되고 있고 이후에 전북 군산의 원전 바지선에도 아랍에미리트와 미국이 투자를 약속한 상황이다.

BANDI-60은 안전한 해상 원자력 개발 시스템이다. 비용이 많이 드는 탈원전과 상관없는 이동식 해상 플랜트 사업이다. 핵폐기물은 경상북도 경주에서 갖서 하면 된다. 이 전기로 새만금의 사업을 하게 된다면 그 재정적인 규모상 단군 이래로 가장 큰 사업과 단군 이래로 가장 큰 황금알을 낳는 원자력 사업으로 천지개벽이 이루어지게 될 것이다.

중국의 앞 바다에서 미국과 원자력 동맹국인 아랍에미리트를 앞세워 이 일이 진행이 되기에 한반도의 긴장 완충제의 역할을 해야 할 것이다. 군산의 현대 조선 도크에서 원전 바지선이 가동하면 군산이 동남아시아 무역의 교두보가 되고 고성이 유라시아 무역의 교두보가 될 수 있다.

3) 누가 2020년 다음의 역사를 쓸 것인가?

전쟁은 인간의 본능이기에 전쟁을 억제할 수 있는 신포의 한반도에너지개발기구(KEDO) 경험을 가지고 아랍에미리트에 원자력 수출을 한 것이 신의 한수이다.

이제 그 신(神)이 군산을 동력화하여 강원도 고성에서 원전 바지선이 가동이 된다면 남북의 통일에도 크게 기여할 것으로 보인다. 초일류 대한민국의 린치핀이 군산, 고성에서의 원전 바지선 사업이다. 북고성, 원산, 신포로 이어지는 북한의 전력 사업의 해결책이기도 하다.

2022년 대통령 선거에도 정세균 대통령 후보가 소형 원자로만은 예외로 인정한다는 식으로 문재인 대통령을 거스리지 않으면서도 볼 일을 보는 방식으로 나타난다면 여권의 대선의 당락에 크게 판세를 좌우할 것으로 보인다. 지난 총선을 분석하면 2022년 대선도 100만 표 이내의 에너지 싸움이며 소외된 전라북도와 강원도의 표심이 승패를 가를 나침반이다. 2021년 4월 보궐 선거에서 서울과 부산에서 성범죄에 대한 심판으로 야권이 압승을 거둔 것을 계기로 해서 최근에 윤석열 전 검찰총장이 손오공처럼 나타나서 철장을 휘두르면서 움직이고 있는데, 이 또한 야권의 대선의 변수이기도 하다.

한강의 기적을 만든 나라의 정치가가 나서기를 바라는 입장에서 본다면 부동산 문제나 토지 매입 문제 등 이권 단체인 정치권의 지도자들은 이제 국운의 기를 꺾고 북한을 이롭게 하는 이적 행위를 중단하고 그만 원위치로 돌아와서 정직한 도덕 사회를 이루는 정치를 해야 한다. 70년 동안 전쟁이 없기에 얻은 소유의 창고와 같은 많은 재물을 UN 참전국에 보답하고 축복의 통로가 되는 핵무기 폐기, 종족 학살 금지, 환경 오염 중단을 실천하는 차세대 국제적인 인물이 대통령으로 당선되기를 바란다.

제1부

'7' 전문인신학 이론

제1장 에너지 전문인 선교의 정체성

제2장 창세기와 에너지의 창

제3장 원자력 핵무기 안보의 창

제4장 2030 시나리오 예측 분석

제5장 초일류 한반도 비핵 통일 비전

제6장 에너지 발전을 통한 도시 개발 사역

제7장 미래 한국 선교 변혁 7R 운동

제1장

에너지 전문인 선교의 정체성

1. 들어가며

 초일류 대한민국으로 가는 길은 성숙한 그리스도인들이 성경 공부를 통하여 복음의 확산을 이루는 것이다. 세월호 참사로 비즈니스 선교를 하는 전략으로는 벽에 부딪힌 시점에서 미래 창조적인 국가 디자인을 하는 에너지 전문인 선교를 제안할 때, 100만 선교사 운동에 큰 위로와 소망이 될 것이다. 이 일은 마치 풍력 발전소와 마찬가지로 성령이 기상 예측관과 같이 한반도에 바람을 일으켜야 하는 것이다.
 이미 북한의 장산곶에 있는 풍력 발전소에는 새로운 바람이 불고 있다. 성령 세례에 의한, 하나님의 백성에 의한 선교를 해야 한다. 이는 죽으시고 부활하신 예수 부활의 힘을 의지하는 것이다. 그것은 새사람이 될 때만 가능한 것이다. 필자는 이를 전문인이라고 하고 좀 더 축소해서 에너지 전문인이라고 명하고자 한다. 영화 <혹성탈출: 반격의 서막>을 보면 진정한 의미에서의 에너지가 무엇인지를 우리에게 보여 준다.
 멀지 않은 미래, 과학자들의 실험실에서 만들어진 '시미언 플루'라는 바이러스가 인류 대부분을 멸종시켜버린다. 그 가운데서 면역이 생겨 살아남은 소수의 사람들과 유인원들이 미국 샌프란시스코 베이 지역에서 각각 생존 공동체를 꾸린다. 유인원들은 실험실에서 인간들의 치매 예방약을 투여받다가 인간 이상의 지능을 갖게 돼 집단 탈출한 무리들이다. 인간의 말까지 하게 된 이들의 절대 지도자는 무서운 카리스마를 가진 시저다.
 유인원들은 시저의 걸출한 리더십 아래 이상적인 에덴동산을 건설하고 서로 힘을 모아 사냥하고 가족을 돌보면서 잘 살아갔다. 이들이 자신들을 학대했던 인간들이 준 상처를 잊어가고 있던 어느 날 사고가 터진다. 수력 발전소를 재가동하려고 숲으로 온 소수의 인간들과 유인원들이 우연히 마주치면서 다시금 서로의 존재를 알게 된 것이다.
 유인원들은 인간 군명의 힘을 알고 있고, 인간들도 전기나 물, 냉난방도 필요 없는 유인원들의 강인한 생존력을 두려워했다.

> 거기는 인간들의 집이다. 여기는 유인원들의 집이다. 다시는 돌아오지 마라.

 인간들의 침입이 있은 직후 시저는 엄청난 유인원 대군을 몰고 인간들의 근거지 앞에 가서 무섭게 일갈한다. 그러나 인간들은 수력 발전소의 전기가 없이는 살 수 없는 절박한 사정 때문에 쉽게 물러설 수 없다. 할 수 없이 인간들의 지도자 중에 하나인 말콤이 목숨을 걸고 시저에게로 찾아가서 어렵게 시저의 신뢰를 얻어 수력 발전소 재가동의 허락을 받는다.
 그러나 평화는 오래가지 못한다. 말콤의 친구인 또다른 인간 지도자는 주 방위군의 무기고를 점거하여 유인원들과의 전쟁을 대비하고, 이를 파악한 시저의 부하 코바는 자신의 지도자인 시저를 저격하여 치명상을 입힌다. 시저는 큰 충격을 받는다. 배신을 밥먹듯이 하는 인간과는 달리 유인원들은 서로 절대 배신하지 않는 우월한 존재라고 믿었기 때문이다. 조지 오웰(George Orwell)의 『동물농장』(*Animal Farm*)처럼 폭군인 인간 농장 주인을 쫓아내면 천국이 줄 알았는데, 쿠데타의 주역인 동물들은 서로에게 더 무서운 폭군이 되었다.
 시저와 말콤은 서로 좋은 친구임을 확인하면서도, 어쩔 수 없이 인간과 유인원이 전쟁으로 갈 수밖에 없는 사실을 인정하며 헤어진다. 인간과 유인원 모두 각자의 가족을 지키기 위해 서로 죽이지 않으면 안되는 아이러니에 봉착한 것이다. "내가 상대를 먼저 공격하지 않으면 내가 공격당한다"는 논리는 모든 전

쟁의 발단이 되었다. 제2차 세계대전을 일으킨 독일과 일본도 그랬다.[1]

이 영화의 스토리를 읽으면서 유명한 수학자인 파스칼(Pascal)이 생각이 난다. 『팡세』(Pensées)를 읽으면서 학창시절에 깊은 묵상을 했던 시절이 있었다. 전문인 선교를 하면서 꿈, 생각, 믿음, 말이라는 4차원의 영성의 입장에서 전문인 선교를 바라 볼 때, 평신도 직장인, 자비량, 전문인, 에너지 선교사 순서로 하나님이 이루시는 한반도를 둘러싼 디자인을 생각하며 소박한 행복을 추구하는 남북한의 백성들을 생각하게 되었다. 천손 민족으로 사명을 감당하겠다는 생각에 하나님만을 바라보며 하늘이 주시는 복을 받고 싶다는 마음이 다시 한번 뭉클하게 떠오른다. 전문인 선교에 헌신한 많은 분이 지상의 행복의 산상 수훈의 팔복인 것을 안다.

국제 로잔운동의 총재인 마이클 오(Michael Young Suk Oh)는 파스칼의 행복에 관해서 이렇게 인용했다.

> 모든 사람은 행복을 추구한다. 예외가 없다. 방법은 다양하지만 모두가 그 목표를 향해 나아간다. 전쟁에 나가는 사람들과 전쟁을 회피하는 사람들의 동기가 서로 다를 수 있지만 그들 안에 있는 욕구는 동일하다. 인간의 의지는 이 목표가 아니면 단 한 발도 떼지 않는다. 이것이 인간의 모든 행위의 목적, 심지어 목을 매어 죽는 사람들의 행위의 목적이다.[2]

행동하는 믿음으로서 하나님의 사랑만이 평화를 촉진하게 되고 한반도에 진정한 하나님이 주시는 초일류 대한민국 나아가서 초일류 한반도의 아리랑 평화가 임하게 될 것이라는 마음이 들었다. 하나님과 함께 걷는 천국을 향한 디아스포라 순례자의 평화의 길을 에너지 전문인 선교사의 길로 마치 기상 통보관과 같이 '통계신학'(theostatics)이라는 성령의 인도하심에 따라 죄, 의, 심판을 통찰력을 통해서 분별해 내고 복음의 씨앗을 심는

---

[1] 한홍, "흑성 탈출과 해방의 의미", 「국민일보」, 2014. 8. 18.
[2] 마이클 오(Michael Young Suk Oh), 『I'm nothing 나는 아무것도 아닙니다』 (규장, 2014), 15.

글로벌 상황화신학의 입장에서 시도하며 예측하고자 한다.

필립 얀시(Philip Yancey)는 이렇게 조언한다.

> 교회가 닥친 가장 큰 도전은 교회의 존재 이유를 잃어버릴 때다. 나는 세계를 다니면서 복음이 살아 숨쉬고 진정으로 삶을 변화시키는 능력 있는 교회를 봐왔다. 그들은 일종의 '신혼 여행기'를 보내고 있었다. 하지만 이들 교회는 그 다음 단계에서 삼성이나 코카콜라 같은 영속적 기관이 되고 말았다. 이들 기관은 사역을 위해 전문인을 고용하고 대형 건물을 세우며 똑같은 일을 반복한다. 하나님의 영은 한 곳에 담겨있는 것을 좋아하지 않는다. 하나님의 영은 예수님께서 갈쓸하신 것처럼 어느 방향으로 향할지 모르는 바람처럼 움직인다. 리더들은 바람에 귀를 기울여 듣고 분석하는 '기상 예보관'과 같아야 한다. 리더는 하나님이 어느 방향으로 움직이는가, 그 바람에 어떻게 대응해야 하는가에 민감해야 하며, 그의 목적과 부르심에 귀를 기울여야 한다.

2. 에너지 전문인 선교 정체성

기상 통보관과 같이 전문인 선교를 선교 변혁의 대안으로 제시하기 위해서는 논리적으로 설득을 해야 하기에 목사 선교라는 전통적 선교와 대조가 되는 평신도의 자비량 선교를 '선교 1.0'이라고 하면 피터 드러커(Peter Ferdinand Drucker)의 전문인의 정의에 기초한 '전신자선교사주의'에 입각한 전문인 선교는 선교 변혁을 가져온 '선교 2.0'이다. 그리고 각개 전투식의 전문인 선교 차원을 넘어선 사회적, 국가적 차원에서의 전문인 선교 혁명인 원자력 전문인 에너지 선교는 '선교 3.0'이라고 소개하고자 한다.

성경은 구약의 예표와 신약의 완성으로 이어지는 점진적 계시(progressive revelation)의 완성이다. 선교는 하나님의 구속사의 흐름(the stream of redemption)에서 하나님의 구속적 실체(redemptive reality)를 완수하기 위해서 사역하는 것이다. 구체적으로 각 나라와 민족과 허다한 방언 가운데서 구속적 유비(redemptive analogy)를 발견하고 이를 선교의 통로로 삼아서 '지상대명령'(the Great Commission, 마 28:19-20)을 실천하고자 하는 것이다.

전문인 선교는 소명(vocation)에 기초하여 선교 명령에 나타난 '전신자선교사주의'를 실천하고자 하는 선교 자원 운동이다. 이는 구원 역사에 나타난 하나님 중심의 세계관(God-centered worldview)을 발견하고 한 눈으로 현실을 직시하고 다른 눈으로 미래를 예견하는 심정으로 타문화권에서 생활 가운데 전도자로 사는 글로칼(Glocal) 선교적 관점이다. 이제는 전문인 시대가 되었다. 전문성을 중시하는 것을 넘어 전문화의 길을 가야할 때가 되었다.

우리는 코리안 디아스포라 전문인 이민 선교사 양성을 목표로 하고 있다. 피터 드러커는 "전문인이란 자발적인 의지에 의해서 스스로가 자신의 삶을 개척하는 지식 근로자"라고 말한다. 이들 가운데 기독교 세계관을 가지고 선교 사역을 하는 타문화권의 직장 선교사를 전문인 선교사라고 한다. 이제는 선교의 전문화 그리고 다양화를 위해서 전문인 선교가 구체적으로 요구되는 시대를 살고 있다. 캠퍼스 선교, 리서치 선교, 훈련 선교, 전방 개척 선교를 위한 자비량 사역과 전문인 선교 사역의 내실화를 요구한다.

2006년 세계선교대회(5월 28일-6월 30일) 가운데 자비량 전문인 선교 대회를 지구촌교회(이동원 목사)와 전국 선교전략회의(NCOEW IV)를 분당의 할렐루야교회(김상복 목사)에서 개최했다. 정의로운 일들은 사람들의 관심을 모으지 못하고 주최하는 자들도 관심을 모을 수 있는 방법을 모르는 대신에 이단과 이단의 친구들은 문화 상품을 활용하여 적극적으로 이 세대와 오는 세대를 공략하고 있는 실정이다.

세계선교대회 평가는 다음과 같다. 향후 자비량 전문인 선교 단체들의 개설과 선교 동원 방향 설정에 크게 공헌하였다. 그러나 여전히 선교형 목회자들의 더 많은 참여와 전문인 선교에 대한 이해가 결여된 것이 아쉬운 점이 많이 있었다.

2006 세계선교대회, 선교전략회의는 본부가 주최한 대회와 전략 회의, 자비량 전문인 선교 대회 등에서 개최한 전략 회의를 기초로 아래와 같은 서울 선언문을 작성했다.

그 내용의 5대 핵심 분야만 요약하고자 한다.

첫째, 이론 연구 분야다.

한국 선교가 올바른 실천 방향으로 나아가고 국제적인 리더십에 참여하기 위해 선교신학과 이론 분야를 발전시켜야 한다. 이를 위해 향후 한국 선교가 집중하고자 하는 전방 개척 선교의 신학과 이론 분야를 다져야 하고 현장성이 반영된 선교 이론의 개발이 이루어져야 한다. 동시에 수입형 선교 이론이 아니라 한국적 선교 이론을 정립해 나가야 하는데 이를 위해 선교지 지역 연구를 강화하고 선교 지역 연구 네트워크를 개발하며 선교 연구 개발(R&D)의 확충에 노력할 필요가 있다.

둘째, 전략 분야다.

선교 전략 수립이 하나님의 뜻에 맞는 것이 되기 위해서 우선 성경과 역사 속에 나타난 성공적인 전략을 배워야 한다. 동시에 선교지의 상황을 잘 파악하여 다양하고도 전문화된 전략들을 개발해야 한다. 그 전략의 목표는 현지 교회의 재생산을 위한 제자 양육이다. 이는 성령의 역사와 팀 사역 및 연합 사역을 통해서 이루어질 수 있다고 믿으며, 선교 현장과 한국 교회 가운데서 최고의 전략인 연합적인 중보기도운동이 일어나야 한다.

셋째, 동원 분야다.

모든 사역자는 선교 동원가가 되어야 하고 모든 신자는 선교사적인 삶을 살아야 한다. 이를 위해 청년뿐만 아니라 모든 계층에 대한 선교 동원이 이루어져야 하며, 특히 미래의 선교사 자원인 차세대를 이해하고 동원하려는 노력을 해야 한다. 또한, 국제적 선교 연합을 위해 국제적 감각이 있는 한국 선교사들이 동원되어야 한다. 선교 동원의 장으로서 단기 선교는 계속 활성화되어야 하지만 현장 중심으로 장기 선교사와의 협력하에 보완될 필요가 있다.

넷째, 훈련 분야다.

선교사의 질적 성숙과 전문성 향상을 위해 잘 훈련된 선교사를 길러내는 것이 중요하다. 선교사 훈련의 질적 수준을 높이기 위해 훈련 대상과 사역에 따른 다양한 훈련 방식을 채택하고 현장 중심의 커리큘럼을 개발해야 한다. 또한, 훈련 단체들의 협력이 절실히 필요함을 공감하고 이를 위해 선교 훈련 단체 및 훈련자 간의 상설 위원회를 설치 운영한다.

다섯째, 행정 케어 분야다.

선교 행정에 있어서는 고비용 저효율의 문제가 해결되어야 하며, 또한 선교 현지 행정 시스템이 발전되어야 하는데, 이를 위해 본국 중심보다는 현장 중심으로 행정 체계가 이전되어 가야하고 현장에서의 팀 형성을 통해서 선교사의 돌봄과 관리가 이루어져야 한다. 선교 행정의 향상을 위해 선교 행정 전문가가 양성될 필요가 있고, 선교 행정의 책무성이 강화되어야 한다. 그리고 선교사 자녀(MK)를 포함한 선교사 토탈 케어 시스템을 더욱 발전시키기로 한다.

한국 교회가 선교 1등 국가가 되리라고 하는 가능성에 대해서 김상복 목사는 스코틀랜드의 부흥과 견주어서 다섯 가지를 지적했다.

첫째, 영적으로 왕성한 교회가 있다. 12.5퍼센트의 성장률을 자랑했었다.
둘째, 한국 교회는 경제 대국 10대 국가로서 한강의 기적을 경험하고 있다.
셋째, 한국 교회는 20대 이상 대학을 졸업한 자가 30퍼센트로 세계 최고이다.
넷째, 한국이 통일되면 8000만 명의 인구를 가진 한류 대국이 된다.
다섯째, 성도들은 종말론적인 신앙을 가지고 살고 있다.

이러한 비전을 실천하기 위해서는 세 가지를 실천해야 한다.

첫째, 거룩한 나라가 되어야 하는데 이는 신자의 비세속성의 원리를 지켜야 한다.

둘째, 의로운 나라가 되어야 하는데 이는 하나님 중심의 세계관을 가져야 한다.

셋째, 하나님의 나라가 되게 해야 하는데 이는 '전신자선교사주의'에 의해서 가능하다.

예수님의 십자가의 사랑이 힘이 없는 듯 보인다. 우리는 인간의 노력이 중요한 것이 아니라 순종하고 인내하고 하나님이 어떻게 역사하시는 것을 보는 눈을 길러야 한다. 영국성공회 교인인 피터 드러커 박사가 말한 대로 세계관을 변혁시킬 수 있는 능력이 지도자에게 있는지 다시 한번 느끼게 된다.

태국 파타야에서 2004년 9월 29일에서 10월 5일까지 열린 로잔대회 준비 모임에 참석을 하고 돌아왔다. 74년, 89년에 이어 거의 15년 만의 대회인데 앞으로 한국 사회에 일정한 영향을 미치게 될 것이다. 그리고 2010년 남아프리카공화국 케이프타운에서 열린 3차 로잔대회에 한국 총무로 참석하고 돌아왔다.

특별히 필자의 바람은 전문인 선교를 주창하는 세계전문인선교협의회(T.I.E.)가 세계복음주의연맹(WEA), 로잔과 함께 협력을 지난해 밴쿠버에서 열린 WEA대회에서 체결한 상태여서 앞으로의 중국 가정 교회에 선한 영향을 미치는 역할이 증대가 되는 것을 하나님의 세계관으로 보는 것이다.

3. 그룹별 선교 전략

다음으로 2014-2020년 한국 교회에 우선적으로 영향을 미칠 수 있는 세계화 그룹과 디아스포라 그룹, 화해 그룹 그리고 전문인 선교 그룹에 대한 일반적이고 차별적인 선교 전략을 소개하고자 한다. 이러한 세계의 상황 변화가 한국내화(Krecalization)를 거친 서구의 신학이 세계내화(Glocalization)를 향한 신학으로 전환이 되는 전략의 근간이 되는 것이다.

1) 세계화(Globalization)

IT 혁명에 의한 세계화의 추세에 따라서 전 세계의 모든 나라가 엄청난 영향을 입고 있다. 이러한 영향은 자국의 지리적인 입장에 의거하여 자동으로 상황화를 동반하고 있다. 그리하여 지역화의 입장을 가미한 세계화를 랄프 D. 윈터(Ralph D. Winter) 박사님은 세계내화라고 하는 말을 한다. 그러나 궁극적으로 세계내화의 갈 길은 종족 세계내화(Glocaltribulization)라고 본다.

수직적인 위계 질서에 의한 유교 중심의 사회에 수평적 네트워크에 의한 전문인 사회로의 전환이 급물살을 타고 있는 상황이다. 그러나 아직도 많은 사람은 세계화(Globalization)와 지역화(Localization)의 이분법으로 분쟁을 하고 갈등을 하고 있다.

또한, 미국 예일대학교 석좌교수인 폴 마이클 케네디(Paul Michael Kennedy) 박사는 그의 강연을 통하여 "세계 각국의 기업인 양성 프로그램인 MBA 과정에 위험 관리와 글로벌 대응 전략을 반드시 포함해야 한다"고 말했다. 테러 시대와 해체주의 시대에 오늘날의 세계는 중동 지역의 정세 불안과 대량 살상 무기, 인터넷 해킹, 미국 영향력 약화, 지역 분쟁 재발 가능성 그리고 환경 파괴, 자원 고갈이라는 어려움에 직면하고 있다. 선교사의 위기 관리 능력과 마찬가지로 세상은 360도 전방위 선교사, 전천후 선교사, 성육신 선교사를 요구하고 있다.

세계화를 우리의 것으로 소화시킨 개념은 제3의 길로서 화해의 도표로 만들어 보면 랄프 D. 윈터 박사가 말하신 세계내화(Glocalization)가 가능하고 미전도 종족에게까지 나아가서 복음을 증거하는 입장에서 보면 종족 세계내화(Glocaltribulization)라는 개념이 나오게 된다.

2) 디아스포라(Diaspora)

디아스포라는 원래 팔레스틴 바깥 지역에 살면서 그 이방인들 가운데서 유대인의 종교적인 규범과 관습을 지키는 유대인들을 가리키는 말이다.

구약에서 이들은 B.C. 579년 이후 바벨론 포로의 결과로 상당수 많은 이가 근동 지역들 곧 바벨론, 엘람, 파르티아, 메디아, 아르메니아 등에 퍼져서 살게 되었다.

이들 지역은 로마의 영토가 아니어서 실제로는 헬레니즘의 영향을 받지 않았으며 유대교적인 강한 전통과 교리를 지켜올 수가 있었다. 디아스포라 유대인들은 회당(Synagogue)을 만들어서 이곳에서 저들의 전통적인 유대교적인 교리의 학습과 문화적인 교류와 훈련을 이어갈 수가 있었던 것이다.

디아스포라의 삶에 있어서 특징은 아래와 같다.

첫째, 이들은 어디에서 흩어져 살더라도 유대 민족으로 살았다는 것이다.
둘째, 흩어져 살면서도 어느 정도 자치권을 형성하여 자기들끼리의 통치 구조를 유지하면서 살았다.
셋째, 회당을 중심으로 자체 내의 고도의 내적인 조직력을 가지고 있었다.
넷째, 유대인 공동체는 경제적으로 하급 사회 위치에 있었다.

초대 교회 당시에 소아시아로 민들레의 홀씨와 마찬가지로 흩어진 성도들에 의해서 복음은 저들의 피의 발자취에 의해서 기하 급수적으로 퍼져 나가게 되었다. 그러나 우리가 문제는 다양한 가운데 무질서라고 하는 것이다. 전 세계의 개신교 교단만 5만 개가 있는 실정에서 네트워킹이 되지 않는 현실이 지금도 지속이 되고 있다. 자율이 필요하다.

무함마드(Muhammad)의 천도에서 비롯된 이슬람의 디아스포라가 세계 종교 역사에 미친 영향은 지대한 것이다. 그 이전에 7세기에 북아프리카에서 기독교가 흥왕하지 못하고 이슬람에게 포로가 된 것은 우리가 너무 경직된 사고를 가지고 라틴어를 사용하여 미사를 드리고 현지의 지도자를 키우지 않았기 때문에 서양 제국주의에 반감을 가지고 있던 아프리카인들이 다정하게 다가오는 이슬람과 친밀한 자신들의 언어로 번역이 된 코란에 매료가 된 것이다.

한마디로 고객 관리를 잘못했기 때문에 얻은 자업자득이었다. 이번 대회에서 가장 돋보인 주제는 역시 디아스포라에 대한 관심이었다. 디아스포라에 대한 유례와 성경적 기초 그리고 필자에게는 한(韓)민족의 중국의 조선족을 통한 '동족 어깨 동무 전문인 선교'에 대한 많은 통찰력(insight)를 받은 것이 큰 수확이었다.

아브라함이 갈 바를 알지 못하고 본토 친척 아비 집을 떠나 하나님이 지시하시는 약속의 땅을 향해 나아가듯이 우리는 한민족으로서 전 세계 165개국에 615만 명이나 흩어져 살고 있는 디아스포라들을 네트워킹하는 일을 해야 한다. 그리고 잘못 이해가 되고 있는 중국인들을 통한 '백 투 더 예루살렘'(Back to the Jerusalem) 운동에 대해서도 중국의 삼자 교회의 마음을 건드리지 않는 올바른 지침을 한국 교회와 세계 교회에 주어야 한다. 그래서 본인은 한민족을 통한 '백 투 더 예루살렘'의 루트를 발견하고 이 일이 비즈니스를 통한 전문인 선교를 통하여 선교의 채널이 될 것을 확신한다.

흩어진 것으로 말한다면 유대인이 전 세계 160개국에 600만 명과 한국인이 175개국에 715만 명으로 세계에서 가장 많이 흩어져 있는데 이들을 파악하고 동력화하여 세계 선교에 동참하도록 하는 일이 시급하다고 본다. 일본에 귀화한 사람, 미군과 결혼한 사람과 그 가족들의 숫자까지를 다 포함하게 되면 700만으로 본다.

3) 화해(Reconciliation)

인생은 하나님의 선물이다. 선물로 사는 사람들이 감사하는 마음으로 선물을 나누고 선물을 잘 사용하면 되는 것이다. 그런데 이러한 인생에서 불화가 있다면 선물을 주신 하나님의 마음을 섭섭하게 하는 것이다. 은혜는 받을 자격이 없는 자에게 베푸시는 하나님의 호의라고 한다. 우리는 다 죄인이었고 예수 그리스도를 통하여 구원을 받았기 때문에 우리는 이러한 첫 사랑의 감격을 가지고 산다면 불화의 늪에서 벗어날 수가 있는 것이다. 모든 사람과 화해할 수는 없으나 화해하는 손짓은 할 수가 있다.

예수님은 평화의 왕이시고 평화를 주시는 분이시다. 예수님은 죽으심으로써 화해의 순교자가 된 것이다. 고 김선일 선교사가 죽음으로서 자신의 길이 순교자의 길을 갈 수밖에 없음을 알고 나서는 마지막 그의 얼굴은 참 평화로운 모습이었다. 화해는 정의가 살아있을 때 가능하다.

북한에는 정의가 살아있다고 보기 어렵다. 수많은 실향민이 난민이라는 이름하에 중국에 20만 명 이상이 떠돌고 있다. 이들이 존재하고 북한의 지하 감옥에 정치범들이 크리스천이라는 이름하에 하늘도 볼 수 없는 현실이 존재한다면 이러한 문제를 먼저 해결하고서 남북 화해를 이야기해도 늦지 않을 것이다. 화해는 쌓아놓는 것이 아니라 실천하는 것이다.

한국 교회가 앞으로 성장하기 위해서는 선교형 교회(missional church)로 전환을 해야 한다. 이를 위해서는 먼저 목회자들이 선교 세계관을 가져야 한다. 야곱과 에서의 화해와 같은 것이다. 이는 화해의 예표일 뿐, 진정한 의미의 화해는 아니다. 서로가 살기 위해서 일단 대화를 시작하고 협상을 하고 있는 것처럼 보인다.

그러나 그 안에도 성령의 역사를 통하여 속사람의 대화를 나누기 원하는 시간이 올 것이라고 보는 것은 너무나 나약한 것일까?

그러나 우리는 늘 원칙 중심으로 돌아가면 이 문제는 해결된다. 예수님은 십자가에서 화해의 진정한 의미를 보여 주셨다. 자기 자신이 완전히 십자가에 죽고 나면 그리스도만이 우리의 대주재(大主宰)가 되는 감격을 날마다 가질 수 있고, 우리 주변의 불화에서 벗어나게 되고, 우리는 화해의 메신저가 될 것이다. 조심스럽게 지미 카터 대통령을 평가하자면, 지미 카터 대통령과 같이 인권을 위해 단순하게 예수님이 말씀하신 대로 평화의 사도가 된 사람은 없다. 우리는 평화의 사도가 되도록 노력해야 한다.

지금은 조그만 구름 밖에 보이지 않으나 곧 먹구름이 되고 큰 장대비와 같이 하나님의 화해의 비가 내리게 될 것을 기대하고 실천해야 한다. 우리도 자신의 삶을 변혁시킴으로서 화해를 가져올 수 있다.

화해의 차원에 대해서는 특별히 남북 문제에 대한 것과 아프리카의 인권 문제 등 우리가 하나님의 선한 청지기로서 우주를 경영하는 것들을 큰 틀로 이해를 하면서 남북 문제에 대한 해결 방안에 대해서 제시가 된 것으로 보인다. 디아스포라 선교의 차원에서 볼 것 같으면 우리가 그동안 선교지에서 한인 목회를 하는 선교사를 무시하는 경향이 있었던 것을 반성해야 하며, 목회자와 선교사들의 기를 꺾는 것을 삼가야 할 것이다. 오히려 저들이 적절한 역할을 하도록 요청해야 할 것이다.

4) 전문인 선교(Professional Mission)

크리스천 평신도와 여성들이 어떻게 사역에 동참할 수가 있는가?
이런 것은 이미 시대에 뒤떨어진 이야기라고 본다. 이제는 세상이 이분법으로 나뉘인 세상이 아니고 화해의 길을 모색해야 하는 마지막 환란 시기에 접한 시점이기 때문이다. 그런데 이러한 목사가 아닌 그룹들이 사역을 한다고 하면 정당하게 수입을 받는 것이 아니기 때문에 자연히 사도행전 18:3-4의 사도 바울의 제3차 선교 여행 당시 자비량 선교(tentmaking mission)를 이야기 할 수밖에 없다. 이번 모임에 참석한 분들의 면모를 보니 모두가 다양한 계층과 다양한 직업을 가진 평신도가 대부분이었다.
목사는 한국에서 오신 두 분뿐이었다. 서양인들은 아직도 자비량 선교는 순수한 평신도가 한다는 개념을 가지고 있는 것으로 보인다. 그리고 자신의 직업을 가지고 마치 부직으로 하고 있는 것과 같은 인상을 주었다. 그러나 이제는 전문인 선교의 차원에서 우리는 총체적 선교의 일환으로서 전문인이라는 커다란 울타리하에 목회자와 평신도를 모두 아우르는 개념으로 이해하고 설득을 시킬 필요가 있다.
이러한 사상의 근원을 필자는 1517년 마틴 루터가 직업의 소명론과 함께 주창한 만인제사장설(All Believer's Priesthood)을 실천하기로 결의했다고 하는데서 얻었다.
우리는 이미 '전신자선교사주의'(Every Believer's Missionaryhood)를 이야기 하고 있는데 서양은 아직도 만인제사장설(All Believer's Priesthood)을 이야기 하고 있다. 이 세상의 직업은 목사 아니면 선교사이기 때문이다.

그리고 자비량 선교의 개념으로 사역이 시작되고 전통적 목사, 선교사와 차별이 되어도 오늘날의 전방위 선교가 어찌 자비량이라는 물질적인 개념으로만 국한이 되겠는가?

앞으로 한국 사회에도 무신론적인 요소와 샤머니즘적인 요소가 더욱 기승을 부리게 될 것이고, 한반도는 정신적 진공 상태를 맞이하게 될 것이고, 한국의 선교는 북한 선교에 집중하는 일을 하게 될 것이다. 나는 다양한 전문인 선교 해석학에 기초한 8대 권역, 9대 직업군을 네트워킹한 총체적인 영역에 닿는 교재와 프로그램이 나오고 국제적인 언어(영어, 중국어)로 전문인 선교가 소개되어야 한다는 것을 다시 한번 인식하고 왔다. 전문인 선교는 한국이 이론화한 것으로 평가가 된다.

특별히 우리는 자신학(self-theologizing) 차원에서 신학을 정립하는 작업을 이미 끝을 낸 것에 비교하면 서구와 아프리카 그리고 인도 등지에서 오신 전문인 선교 학자들은 여전히 서구 세계관 중심으로 자문화 우월주의(ethnocentrism)의 입장에서 본 자비량 선교(tentmaking mission)에 집중되어 있는 듯했다.

이에 대한 나의 평가는 다음과 같다.

첫째, 이념 논쟁을 초월하는 세계화(Globalization)에 대한 충분한 이해가 필요하다.

둘째, 한국 교회는 교회 성장이라는 하드웨어적인 기능보다는 소프트웨어적인 기능이 교회 변혁의 차원에서 동반되어야 한다.

셋째, 한국 사회는 GDP 11위 국가이나 세계화 48위 국가이기 때문에 전환의 공백으로 인하여 한국 교회는 한국이라는 지역만을 강조하는 유교 중심적인 사회에서 수평적 네트워크의 사회로 전환이 되지 못했다는 것이다. 그 결과 많은 선교사를 파송하고도 국제 사회에서 좋은 인식을 형성하지 못하고 있다.

넷째, 코리안 디아스포라(Korean diaspora) 사역을 통하여 한국 교회는 자문화 우월주의(ethnocentrism)를 벗어나서 관통(breakthrough)의 개념으로 나아가야 한다는 것을 깨달았다. 다시 말해서, 랄프 D. 윈터 박사가 말한 글로벌을 소화시킨 글로칼(glocal) 차원에서 비판적 상황화(critical contextualization)하는 작업이 우선적으로 필요하다.

다섯째, 대학생과 젊은 세대를 위한 전문인 선교 훈련이 바로 실행이 되어야 한다는 것을 느끼게 되었다. 더 나아가서 청소년들을 위한 선교 훈련도 필요하다고 인식이 되었다. 세계 각지에 한민족이 사는 곳마다 한민족 문화 선교 센터를 건립하여 사도 바울이 회당에서 복음을 증거했던 것과 마찬가지로 한민족의 얼을 심어주는 일을 해야 한다. 한국외국어대학교는 고려인 문화 원형 보존 디지털 사업을 실시하여 중앙아시아에 살면서 모국어를 잃어버린 세대에게 디아스포라 차원에서의 디아코니아(diaconia) 사역을 실시해야 한다.

여섯째, 직업의 전문성에 사역의 방법들을 네트워킹하고 몇 개의 팀으로 연합하여 결과를 도출해 내는 방법을 시도할 필요가 더욱 요청되는 것을 느낀다.

일곱째, 남한은 지구상에 거의 유일한 분단 국가라는 사실이 우리의 기독교 위상을 깎아버리는 것을 느끼게 된다. 오늘 우리는 동서남북의 비극이 있는 한반도가 치유되기를 소망하고 있다.

이러한 치유가 이루어지기 위해서는 속사람이 변해야 한다. 다시 말해 세계관이 달라져야 한다. 전문인 세계관으로 변화되어야 한다.

이번에 전문인 선교 그룹(텐트 메이킹 이슈 그룹)에서도 다루어졌지만, 구체적으로 하나님은 이 세상의 직업은 사역 면에서 목사 아니면 선교사라는 마음으로 살라고 우리에게 '전신자선교사주의'(every believer's missionaryhood)의 기치를 들고 개혁자로 나아가라고 부탁을 하신다. 그리고 생활 가운데 어느 나라에 가서 살든지 복음이 생각날 만한 일을 하라고 하신다. 필자는 2020년 한국 선교의 모습을 생각하면서 앞으로 어떻게 한국의 선교 기업이 준비를 해서 중국이 세계 선교의 강대국으로 우뚝 설 수 있도록 한국 선교가 멘토의 역할을 할 수 있는지에 대해서 제시하고자 한다.

이를 위해서 먼저 한국의 제대로 된 시대 정신이 있는지 여부와 한국 경제를 뒤흔드는 차이나 쇼크에 대해서 먼저 살펴본 후에 10년 후의 한국의 선교 기업이 살아남기 위해서는 어떻게 전문인 선교에 참여할 수 있는지에 대해서 살펴보고자 한다.

그 후에 한국의 선교의 위기가 온다면 어디서 잘못되었고 그 원인이 무엇인지를 지적하고 한국의 선교 단체와 선교 교회 그리고 선교 공동체와 선교 기업과 생활 가운데 선교사로 살고자 하는 무수한 기업인과 직장인들이 전문인으로서 어떻게 구비되어야 하는 지에 대해서 제시하고자 한다.

좀 더 세분화하여 하프 타임 이후의 2020년까지의 중국의 모습을 조망하면서 조선족과 중국 한족 교회를 통하여 동남 아시아와 중동으로 복음을 전하러 떠나가는 가운데 '선교사'(life-style missionary)로서의 중국 전문인 선교사를 생각해 본다. 초일류 선교를 하기 위해서는 이러한 원리들을 전 세계의 12대 분쟁 지역에서 실천을 해야 한다.

세월호 사건 이후에 개신교의 비즈니스 선교에 대한 사회적 인지도가 떨어진 단계에서 전혀 질적으로 새로운 융섭적인 전문인 선교 전략을 논하기 위해서 한반도의 비핵화와 용미 용중의 허와 실, EU의 한반도 초일류 대한민국의 참여, 스마트 에너지 도시 등을 몇 장에 걸쳐서 다루고자 한다. 위기에 처한 삼성이 스마트폰 사업을 넘어서는 제안도 있다. 오늘날 이스라엘도 선제 공격 운운하며 국지전을 치루고 휴전을 반복하고 있다.

그러나 우주전 이하에서 우리가 싸울 수 있는 전쟁의 최고 수위는 에너지 전쟁이다. 핵이 전 세계 에너지 수급에서 차지하는 비중은 미미하다. 가동 중인 원자로의 평균 수명이 약 20년이고 신설 발전소 시장에서 핵이 차지하는 비중도 약 2퍼센트밖에 되지 않기 때문에 앞으로도 200여개까지 원자력 발전소가 ㅈ구상에 세워진다고 하지만 상황은 크게 달라질 것 같지 않다.

핵폐기물과 핵 확산은 해결해야 할 과제이다. 핵무기 폐기, 환경 오염 철폐 그리고 종족 학살 금지는 하나님의 나라 차원에서 한 세트로 해결해야 할 지구상의 과제이다.

『르몽드 세계사 1』에서 원자력에 대해서 이렇게 요약하고 있다.

> 플라토늄과 고준위 우라늄을 비롯한 핵물질은 민간에서 사용되기도 하지만 군 사용 폭탄에도 쓰인다. 따라서 민간 핵과 군사 핵을 구별하는 것은 기술적으로 의미가 없고, 핵 확산 통제를 피하기 위한 구실에 지나지 않을 때가 많다. (중략) 핵 확산 금지 조약은 핵무기를 보유한 회원국(중,미,프,영,러)에 전반적이고 완전한 핵무기 철폐 조약을 협상하도록 촉구하고 있다. 그러나 해당 국가들은 새로운 무기 개발에 여념이 없다. 미국과 러시아는 기존의 핵탄두 수를 늘렸지만 폐기된 무기는 사실상 대부분 노후된 상태였다. 그러므로 플루토늄과 고준위 우라늄 생산금지 조약에 관한 협상이 재개되어야만 단정한 의미의 핵무기 철폐가 진행될 것이다.[3]

북핵 문제는 1989년 미국 정찰 위성이 북한 영변에 플루토늄 재처리 시설이 있다는 사실을 탐지하면서 일어났다. 이에 북한은 1993년 핵 확산 금지 조약(NTP)를 탈퇴했다. 미국의 군사 공격이 임박했고 한반도에 전쟁이 일어난다는 이야기를 미국에서 듣고 조국을 위해서 기도를 한 기억이 새롭다.

유시민은 이렇게 적고 있다.

> 1994년 여름 김일성 주석의 사망으로 김영삼 대통령과 남북 정상 회담이 무산되고 대결 분위기가 조성되고 김정일이 승계하며 일촉즉발의 위기가 도래했었는데 이 위기는 미국 대통령을 지낸 원자력 전문가인 지미 카터의 중재 덕분에 모면하게 되었다. 미국과 북한은 1994년 10월 제네바에서 '핵무기 개발에 관한 특별 계약'을 맺었다. 이것이 세칭 '제네바 협의'다. 두 나라는 북한 원자로 운행 중단, 플루토늄을 생산할 수 있는 흑연 감속로의 경수로 전환, 핵 확산 방지 협약 잔류, 국제 원자력 기구의 감시 수용, 사용 후 핵연료 폐기, 북미 관계 정

---

3 르몽드 디플로마티크(Le monde diplomatique), 『르몽드 세계사 1』(*L'Atlas du Monde diplomatique*), 권지현 역 (휴머니스트, 2008), 20–21.

상화, 북에 대한 미국의 핵무기 사용 금지, 난방과 전략 개방에 쓸 중유 제공에 합의했다.[4]

남한의 핵과 에너지와 연관하여 일어난 대표적인 사례가 2003년에 일어난 부안 사태였다.

> 산업자원부와 한국수력원자력(한수원)은 사용 후 핵연료가 포함된 저장 시설인지 아니면 중저준위 방사선 폐기물만 저장하는 시설인지 정보를 정확히 제공하지 않았다. 게다가 부안 군수는 부안 군민과 인접 시 군 주민들의 의견을 제대로 수렴하지 않고 유치 신청을 했다. … 환경 운동 단체가 중심이 된 부안 핵폐기물 저장 반대 운동은 전국적으로 퍼졌고 시위대와 경찰의 심각한 충돌을 야기했다. 결국 정부가 잘못을 인정하고 재공모 절차를 거쳐 주민 투표 찬성률이 가장 높았던 경주시에 방폐장을 설치하는 것으로 매듭을 잡았다.[5]

남북 간의 70년간의 대립으로 인해 핵에 대한 공포로 살아온 남한의 노령화와 양극화로 인한 통일에 대한 기대와 의지가 점점 미약해지는 시점에서 에너지 가격이 상승하고 있는 시점에서 석유와 석탄의 화석 에너지의 고갈은 이미 세계적으로 예정되어진 수순인데, 노령화는 에너지가 마이너스로 간다는 말이고 화석 에너지가 고갈이 된다는 것도 마이너스로 간다는 것인데, 원자력 발전소가 위험하고 한번 사태가 나면 해결 방법이 없는 것임을 일본의 후쿠시마 원전 사태를 통해서 보았기에 태양열, 지열, 풍력 등 신재생 에너지에 대한 관심을 가지게 되는 것은 사실이나 우리의 기종은 일본과는 다르다.

조석(한국수력원자력 사장)은 이렇게 전망하고 있다.

---

4   유시민, 『나의 한국 현대사』 (돌베개, 2014), 394-95.
5   유시민, 『나의 한국 현대사』, 274

석탄은 온실 가스 배출로 지구 온난화 문제를 유발하기 때문에 사용량을 늘리기 어렵다. 가스 역시 만만치 않은 현실인데, 세일 가스의 발굴로 전 세계가 가스 시대를 기대하고 있지만 우리가 원하는 수준의 낮은 가격으로 수입해 오는 것은 어렵고 전문가들은 가까운 미래에도 경제성을 갖추기 어렵다고 예측하고 있다. 다행히 준(準)국산 에너지원이라 할 수 있는 원자력 발전소가 국내에 23기 운영되고 있어 '에너지 안보'라는 측면에서 든든한 버팀목이 되고 있는 것이다.[6]

새마을, 새마음, 새사람이 이끄는 초일류 대한민국이 되어야 한다. 미래창조과학부는 박근혜 정부의 핵심 국정 비전인 '창조 경제'를 21세기 새마을운동으로 적극 추진해야 한다고 주장하지만, 새마음운동으로 나가야 한다는 것이 이번 세월호 사건으로 극명하게 드러난 것이다.

초고령화, 복지 확대, 도덕 타락으로 침몰해버린 한국형 세월호에서 복원력을 가지고 살아나는 에너지는 어디서 오는 것일까?

다시 한번 죽고자 하면 살고 살고자 하면 죽는다는 말과 같이 죽으시고 부활하신 예수 부활의 힘을 의지하는 것이다. 그것은 새사람이 될 때만 가능한 것이다. 그래서 경제적 양극화가 해소되고 정치적 안정이 이루어지는 나라가 되어야 한다. 박근혜 대통령은 광복 69주년을 맞이하여 동북아 원자력 에너지 협의회를 발족할 것을 제안했다.

동북아시아 지역 안보를 위한 조약 기구와 같은 안전 보장은 핵무기보다 먼저 원자력 에너지로 평화를 오게 하는 패러다임 전환을 통해 남북 통일의 의지를 보여 주는 것이다. 핵무기는 인류의 재앙이지만 원자력 발전소는 인류의 에너지 문제를 해결해 주는 것이다. 핵무기는 인간의 자유 의지의 남용에서 오는 도덕 폐기의 행동이고 원자력 발전소는 하나님의 주권을 알고 하나님을 아는 지식 안에서 인간의 자율 의지요, 섬김 의지이다.

---

6 조석, "여름 잘 지내셨습니까", 「국민일보」, 2014. 8. 28.

'7' 전문인신학 이론 1: 회개(Repentance)

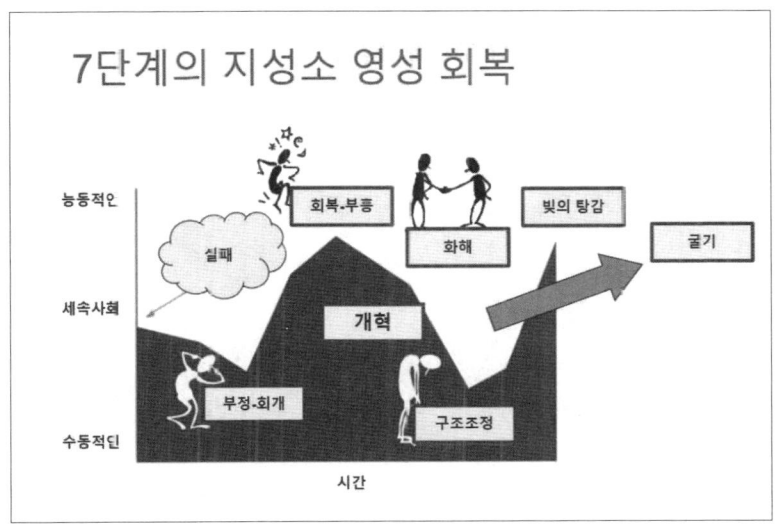

제2장

창세기와 에너지 창

1. 들어가며

　창조적인 꿈은 하나님의 뜻이다. 창세기 1장에 나타난 하나님의 신학은 창조의 신학이며 변화의 신학이고 변혁의 신학이다. 극적인 반전과 재반전을 통하여 구속사를 이어가시는 창세기의 드라마를 보면서 전지하신 하나님(omniscience)을 모르는 과학자들(scientists)로 인하여 혼돈이 계속되는 포스트모더니즘의 시대를 살고 있음을 한탄한다. 창세기 3장의 죄의 기원의 모습을 재현하고 있는 것이다.

　그렇다. 세계 최초의 핵융합 플라즈마 이온 온도 1억도 달성과 세계 최초 5G 상용화의 주인공인 대한민국이 축복의 통로로 쓰임을 받기 위해서는 작품성과 실력이 바탕이 된 상태에서 명성을 얻는 데 네트워크의 역할이 크다는 것이다. 교육 기술의 패권을 가를 필자의 6.0 교육은 글로벌 네트워크를 통해서 이루어진다. 나의 힘만으로는 안 되고 인재 협력과 교류 강화에 전력을 다하여 삼위일체 하나님이 합력하여 선을 이루심같이 우리도 합력하여 선을 이룰 때 가능하다.

　죄의 결과로 여성은 임신하는 고통을 가지게 되었으나 자녀의 출산으로 희망을 가지게 되는 'womb theology'로 인간 창조라는 창세기의 하나님의 뜻을 이어가는 것이다. 그러니 출산이 얼마나 소중한 것인가. 더구나 남자는 식량을 얻기 위한 고난을 얻어서 비즈니스(business)를 하는데 여기서 하나님은 자범죄나 고범죄를 의미한다기보다는 그 죄, 즉 원죄를 이기면 희망이 있다는 용기를 남자에게 불어 넣어 주시는 것이다.

현실은 남자의 갈빗대로 만들어진 여자는 결국 속성상 한 몸이라는 것이 결국에는 둘 다 그리스도의 신부라는 근거이다 그리고 원천적으로는 흙에서 만들어졌다는 것이다. 이러한 사실을 인정하게 되면 전문인 해석학도 인정을 하게 된다.

죄인에서 의인으로 바뀌게 되면 개인뿐만 아니라 사회와 국가도 생활 가운데 구원을 할 수 있다는 개념을 생각하지 않을 수 없다.

죄인에서 의인으로 바뀌게 되면 개인뿐만 아니라 사회와 국가도 생활 가운데 구원을 할 수 있다는 개념을 생각하지 않을 수 없다.

다시 오실 예수님을 우리는 인자(the Son of Man)라고 한다. 그렇다고 하면 그리스도의 신부의 개념을 설명하면서 우리는 여인자(the Son of Woman)이라는 신조어도 설명할 수 있어야 한다. 이 세상에서의 육신(bios)으로서의 남자와 여자의 개념을 넘어선 그리스도의 신부로서의 생활 전도자인 새 피조물(고후 5:17)인 자발적인 의지에 의해서 스스로가 미래의 삶을 개척하는 지식 근로자인 전문인(professional) 이라는 개념을 증강 현실에서 생각하게 되는 것이다. 즉, 인자는 우리에게 일터 교회가 바로 하나님이 태초 이전에 구상하신 자연적인 교회라는 개념을 알려주신 것같이 여인자된 우리도 여인자(the Son of Woman)로서 동질성의 원리에 의해서 성령 세례를 받으면 가상 현실이 아닌 증강 현실로 바로 접속이 된다는 것이 영생(zoe)의 개념이며 전문인의 사명은 화목케 하는 하나님의 대사라는 것이다.

이것을 으프라인 아날로그의 상황에서 창세기 3:15-17과 요한복음 3: 16을 이해한 것이라고 한다면, 가상 현실은 BAM(Business As Mission)으로서 마태복음 28:19-20에 의거하여 O2O(online to offline)의 현실이다. 그리고 증강 현실은 제4차 산업혁명 시대에 새 피조물이 된 MAN/WOMAN을 사도행전 1:8에 의거하여 BAM의 O4O(online for offline)로 해석하여 옛 사람의 죄의 열매가 아닌 새사람의 성령의 열매를 거두는 것이다. 가상 현실과 증강 현실이 우리 삶 속에 밀려들고 있는 가운데 마이크로소프트와 인텔이 융합 현실 MR이란 현실과 가상을 결합한 제3의 현실이 온다는 화두를 던졌는데, 토론토대학교의 폴 R. 밀그램(Paul R. Milgrom) 교수가 현실-가상 스펙트럼(Reality-Vertuality Continuum)이 존재한다고 보는 것으로서 가상과 현실 사이에 제3의 현실이 있다는 것이다.[1] 따라서 이 증강 현실은 신학적으로 목사와 평신도로 아우르는 전문인의 개념이 있다는 경영 현실과 같이 이는 전문인신학에서 BAM을 MAN/WOMAN 교회론으로 용섭하는 창조적 파괴이며 재창조이다.

오프라인의 교회가 교회 성장이라는 개념의 아날로그로만 추구해왔다면 온라인의 교회가 교회 성숙이라는 개념으로 기술의 혁명을 시도한 것이고 O20/O40 교회는 융섭적으로 하나님의 나라 측면에서의 교회를 변혁시키는 스마트 트랜스폼 교회이며 스마트 교회이다. 전문인신학의 입장에서 보면, 스마트란 하나님을 향해서 회개하는 즉, SMART의 의미는 성화(Sanctification), 소통(Media), 가능한(Availabl)e, 회개(Repentace), '하나님을 향한'(Toward God)이다. 디지털 트랜스폼의 방식으로 성화되는 그리스도의 몸으로서의 움직이는 선교형 교회인 전문인 교회를 세우는 스마트 교회라고 볼 수 있다.

필자는 이를 극상 변혁(Zenith Transformation)이라고 말한다.

교회론과 선교론을 융합하는 사고를 하는 전문인 선교의 입장에서 이를 교회에도 적용하여 케이스 스터디를 하고자 한다.

피터 드러커는 미래를 예측하지 말고 창조를 하라고 말하는데, 나는 미래를 창조해야 한다는 드러커의 금언의 핵심은 계획을 세울 때 대안을 미리미리 마련해 두어야 한다는 것임을 깨달았다. 또한, 의견을 수렴하고 계획을 실행하는 기간 동안 계획을 빈번히 점검해야만 한다는 의미이기도 하다.[2] 필자는 미래 예측을 전공하는 입장에서 창세기, 요한계시록을 상관성을 가지고 해석을 하다가 미래의 교회에 대한 해석을 우주적 교회로 바로 하는 작업이 이 시대 가운데 인류에게 필요하다는 판단을 하게 되었다.

---

1 최은수, 『제4차 산업혁명 그 이후, 미래의 지배자들』 (비즈니스북스, 2018), 160.
2 윌리엄 A. 코헨(William A. Cohen), 『피터 드러커 미공개 강의 노트』 (*A class with Drucker*), 김명철 역 (문학수첩, 2008), 207.

미국 대통령 도널드 트럼프는 "나는 거래 자체를 위해서 거래한다"라고 말한다. 거래란 제품이나 서비스 혹은 기술을 사고 파는 것, 투자를 주고 받는 것, 또한 다양한 이슈를 둘러싼 흥정과 타협을 의미한다. 초경쟁 글로벌 시대이자 불확실성과 저성장의 시대인 지금은 수많은 이슈를 둘러싼 이해 관계의 상충과 자기 떡을 찾으려는 치열한 경쟁으로 인해서 온갖 갈등과 분쟁이 발생한다. 크게 보면 세상을 움직이는 전향적인 힘과 반향적인 힘이 충돌할 수밖에 없으며 중요한 고비에서는 주도면밀한 협상을 거쳐야만 한다. 파트너십도 어려운 고비를 넘겨야만 확고해진다.[3]

최근에는 전기 자동차가 대세인 시대로 나가고 있는 것으로 보인다. 현대 자동차에서도 2차 전지 인력 충전에 나섰다고 하고 순수 전기 자동차 시대의 주드권을 잡는다고 한다. 환경 오염을 철폐하기 위해서 주범으로 몰린 화석 에너지의 양을 줄일 수밖에 없는 현실이다. 그러나 전기의 주도권은 에너지를 창조하신 하나님이시다(창 1:1; 60:1).

선교를 음과 양의 원리를 살며 보면 음의 원리는 여자(Woman)이며 문화 명령이라고 하면 양의 원리를 남자(Man)이며 지상대명령이라고 볼 수 있다. 양의 원리인 남자는 MAN(Marketplace As Natutral Churchplace)이며 음의 원리는 WOMAN(World 020/040 Marketplace As Natutral Churchplace)이다. 비즈니스를 통해서 이윤이 나는만큼 선교를 하는 BAM(Business As Mission)의 원리를 음양 교회를 통해서 발견할 수 있다.

양자 역학과 성경의 상관성을 연구하던 수학자가 남녀의 피가름이나 잘못된 통일교와 같은 이단의 교리로 발전시킨 것은 성경을 바로 해석하지 않은 죄로 인한 것이다. 오늘날 세속주의의 팽배로 인하여 교회의 문화가 세상에 절름거리며 뒤쫓아 가는 형국이 된 시점에서 창세기 1장의 음양신학은 하나님의 주권적인 통치의 섭리하에서 세상을 변혁시키며 하나님을 경배하는 것에 우선을 두고자 하는 복음주의의 입장에서는 시사하는 바가 크다.

---

[3] 이대희, 『CEOLOGY』 (연필의 힘, 2019), 24.

전기차는 상징적으로 말하면 움직이는 교회(mobile church)의 모형이다. 교회가 그리스도의 몸으로서 움직이는 그릭스도의 몸의 유기체가 되어서 흩어지는 교회로서의 기능을 다하는 것이 전도이다. 사도행전 2장과 같이 모여서 영적인 힘을 배양하고 6R의 원리(회개, 부흥, 개혁, 화해, 구조 조정, 빚의 탕감)에 의해서 재충전하고 다시 흩어져서 복음을 증거하는 것을 전문인 전도라고 볼 때 전기 자동차에는 교회의 원형을 재발견할 수 있다.

예를 들면 농업용 전동 운반차(HIMSSEN1)는 배터리와 서스팬션, 브레이크, 모터, 덤프, 충전, 변속 레버, 후시경, LED 라이트 전조등, 윈도우 브러시, 충전 단자, 후륜 구동부, 디지털 계기판을 갖춘 움직이는 교회의 기능을 구비한 것으로 여기에 조작이 가능한 피조물과 피조물을 돕는 피 피조물인 로봇을 고용하면 농업 과학 선교사로서 동반자 피조물이 되어 문화 명령을 준행하는 것이다. 창세기의 문화 명령을 수행하는 것이다.

그리고 당신과 함께 달려가는 카인드 캠핑카는 디지털 유목민 시대에 걸맞게 칭기스칸의 유목민의 이동과 마찬가지로 일상 생활과 캠핑 여행의 완변학 조화를 이루는 보다 현실적인 한국 지형에 맞는 한국형 캠핑카로 소개가 되고 있다. 사도 바울이 자비량 선교를 할 당시에 천막을 깁는 일을 하며 자비량 선교를 하였는 데 그 천막이 바퀴가 달린 천막이 되어 이제 캠핑카로 소개가 되고 있는 것이다.

차 안을 구조 변경하여 생활 공간과 수납 공간과 주방 시설을 갖추고 있으니 피터 드러커가 말한대로, IT 시대의 선교는 기술(Technology)을 인간이 해결을 하고 있으니 정보(Information[self image])만 바로 구비하게 되면 하나님을 위한 선교를 실천할 수가 있다고 본다. 이것이 전문인 선교의 한 사례이고 전문인 교회의 모형이다. 아프리카나 동남아시아 그리고 라틴 아메리카 등 오지 선교에 있어서 최전선의 사역자가 탄생을 한 것이다. 향후 수소 전기차로까지 발전할 것으로 보인다.

2019년 4월 현재 한반도는 초경쟁 글로벌 시대의 각축장이자 불확실성과 저성장으로 인해서 중산층이 하층민으로 전락하면서 소시민이 고통을 당하고 있고 지금은 비핵화 이슈를 둘러싼 미국, 중국, 북한, 러시아, 한국,

일본의 이해 관계의 상충과 자기 그릇의 떡을 찾으려는 치열한 경쟁으로 인해서 온갖 갈등과 분쟁이 발생하고 있으나 예수는 떡으로만 살 것이 아니라 하나님의 말씀으로 살 것이라는 말씀과 같이 국가의 경영은 영적인 경영이 필요하다.

크게 보면 세상을 움직이는 전향적인 힘과 반향적인 힘이 충돌할 수밖에 없으며 주도면밀한 협상을 거쳐야만 한다. 서울과 중국과 중앙아시아를 거쳐서 예루살렘과 유다와 사마리아에까지 퍼져나가는 발상의 전환을 할 수 있도록 먼저 그리스도인들이 참 주인이 되어서 '본 어게인'(Born again)이 되는 새 피조물로서의 경험을 해야 이 민족이 전문인답게 산다.

아프리카 케냐에 선교를 이야기하는 차원에서 아프리카인들도 양자 역학을 알아야 하고 창조주 하나님을 바로 알아야 오늘의 분쟁과 갈등에서 벗어날 수가 있다.

18세기 미국 남부의 한 백인 소년이 왜 흑인은 노예 문제로 살아야 하냐고 물었는데, "흑인이 노예인 것은 우주의 섭리야, 입닥치고 공부나 해"라는 말을 들었다고 한다. 실제로 "입 닥치고 계산이나 해"라고 말하는 것은 미국의 물리학 교과서에서 이야기하는 양자 역학의 주요한 해석 중 하나다.[4]

과연 우주는 하나일까?

창세기 1장에서는 세 개의 우주가 등장하고 있으며 빛은 위의 윗빛(하나님의 영광)과 윗빛(창 1:3) 그리고 아랫빛(창 1:16)로 구별할 수가 있으며 율법을 통해서 윗 빛을 받지만 은혜를 통해서 하나님의 영광을 받는 것을 알기에(행 7:38)[5] 이사야 60:1에서 말하는 "일어나 빛을 발하라"고 하는 것은 하나님의 영광의 빛을 발하라는 의미이다. 창세기 1장을 보는 눈이 바뀌어야 한다. 이제 우리는 원자의 세계의 모든 것을 설명하는 양자 역학을 공부하고 양자 역학을 알면 창세기 1장의 해석이 가능하다는 것을 알고 있다. 보이는 세계만이 있는 것이 아니라 보이지 않는 세계가 있으니 창조성, 효율

---

4 김상욱, 『김상욱의 양자 공부』(사이언스북스, 2018) 211.
5 문성태, 『하나님의 우주론』(BRDI, 2010), 142.

성, 효과성 그리고 융통성을 가지고 창세기 1장을 보아야 한다. 지구 창조 시간에 대한 해석은 다양하다.

첫째 날부터 여섯 째 날까지는 자연 과학의 화석이나 지층 등의 과학적 증거들로 볼 때 상당한 기간이 소요될 것으로 간주된다. 따라서 일곱 번째 날은 "상당량의 기간"으로 안식일을 고려한 24시간의 날로 합리적인 해석을 하면 될 것이다.

마지막 안식일만 24시간으로 인정을 한다면 근본주의자인 이슬람의 금요일 안식일과 아날로그형의 유대교 토요일 안식일 시간과 디지털형이라고 하는 기독교인의 부활 후 첫날의 안식일 시간을 일소에 극복할 수 있는 매일매일이 주일(Every day is Lord's Day)이고 안식일이라는 결론에 도달할 수가 있다.

더구나, 시간과 공간의 구애가 없으신 무한하신 하나님이시니 45억 년도 하나님에게는 'zero' 시간이고 138억년도 'zero' 시간이다.

지구의 역사에 대해서 역사적 진화설을 주장하는 로마가톨릭교회와 기독교가 다른 연대기 시간을 제시하는 것도 극복이 가능하고 창조과학회에서도 지구 창조 6000년 설(說)을 맞추기 위해서 방사성 동위 원소의 분열 시기에 대한 오류 발생 여부 등으로 합리화하는 궁색한 변명도 전지하신 하나님의 과학으로 정리가 된다.

상황에 맞는 해석, 성경 전체의 조화를 해치지 않는 해석은 무에서 유로 천지를 창조하신 하나님의 뜻에 부합될 것이라고 여겨진다. 물 분자 하나도 저절로 만들어질 확률은 zero라는 것이며 불교가 말하는 지구가 저절로 생겨났다는 것은 어불성설이고 더구나, 우주 창조의 방법이 빅뱅(Big Bang)의 방식으로 창조된 것으로 발견되었다. 최초의 우주가 만들어진 방식은 순간 폭발 방식이라는 것까지 증명이 되었으며 창세기 1장에서의 그 폭발 당시의 모습을 설명할 수 있는 것으로 우주가 창조되는 순간의 모습을 보여 주고 있다.[6]

---

6 이충연, "창세기 1장과 과학적 이론의 관련성에 대한 연구", 대한신학대학원대학교,

하나님은 과학(science)을 창조하신 전지하신(omniscience) 하나님이시다. 하나님의 형상대로 인간을 창조하셨다고 창세기 1:28에는 사람을 만든 후 복을 먼저 주고, 생육하고 번성해서 수행해야 할 사명을 구체적으로 제시 하였으며 창세기 2:15에는 첫 사람 아담을 에덴동산으로 데려와서 "동산을 가꾸고 우지할 것"을 명령했다. 여기서 순서대로 보면 사람이 모든 자원을 공짜로 누려서 생육하고 번성한 후 동산을 가꾸고 유지해야 한다. 동산을 가꾸고 유지한다는 것은 생명 유지에 필연적으로 발생하는 엔트로피(emtropy) 증대 현상을 능가하거나 엔트로피 수준과 버금갈 역엔트로피(anti-entropy) 작용을 하라는 명령이다. 땅을 정복하고 파괴하라는 당부가 아님을 유의해야 한다.[7] 하나님은 데오트로피(theo-entropy)이시다.

이러한 창세기 1장의 해석과 창조설에 대한 모호성을 동조하는 세속적 기독교가 추구하는 성공과 축복의 신학에서 돌이켜 십자가의 신학을 실천하는 실천신학으로 패러다임의 전환이 포스트모던 시대에 오히려 더 강력히 요구가 되는 시대임을 알 수 있다. '자발적인 의지에 의해서 스스로가 미래의 삶을 개척하는 모든 근로자'인 전문인들에 의해서 성육신적인 전문인선교신학(incarnational professional mission theology)으로 전환을 해야 할 것이다. 이 일을 해결하기 위해서 우리는 이원론이라고 하는 구시대의 행태론적 근본주의(morphological fundamentalism)에서 반드시 벗어나야 한다.

2019년 이후의 아프리카 전문인선교신학은 보수주의와 자유주의로 대변되는 20세기까지의 신학에서 벗어나서 선교신학으로서 기독교 변증법적인 신학으로서 제3의 길로서의 회개의 신학이며 용서의 신학이며 화해의 신학이 되어야 하기 때문이다.

필자의 전문인 창조 원리는 성경에 기초한 것이다. 전문인 선교 7단계 성경 연구에 기초하여 숲을 보고 빅뱅의 원리를 구속사의 원리에 의해서 선교 나무를

2017, 99-103 요약.
7 최성규외, 『삶의 발판 우주는 하모니』 (성산효대학원대학교, 2019), 12.

발견하는 것이다. 나무도 보고 숲도 볼 때 우리는 사물을 관조할 수가 있다. 외부자적 시각, 내부자적 시각, 공시적 시각, 통시적 시각으로 창조를 이해하면 과학과도 부합이 되는데 이는 C-14 이론과도 상관성과 안전성을 가지고 창조론으로 연결이 된다.[8]

빅뱅의 이론가들이 말하는 8가지 요소들이 성경의 외형적인 형태의 설명과 대응이 되고 있다. 루트번스타인 교수에 의하면, 과학적 사고는 논리라고 생각하는 그 이상의 상상력이며 논리와 상상을 결합한 특이한(idiosyncratic) 것이라고 말할 수 있다.

핵심 중심으로 비교하면 아래와 같다.

첫째, 성경(Omniscience of God's Scripture)

① 하나님이 천지를 창조
② 땅이
③ 혼돈하고

---

[8] www.nwcreation.net, C-14에 대한 분석 원문 참조.
Carbon-14 in Fossils, Coal, and Diamonds. Carbon-14 is a radioactive form of carbon that scientists use to date organic material such as recent fossils (bones, trees, and coal) and human artifacts. NEXT – First, let me explain what Carbon-14 dating is about. Carbon is an element (type of atom) that usually has a mass of 12 amu. However, if atmospheric nitrogen is struck by particles of solar radiation, they can be converted into an unstable (radioactive) form of carbon with a mass of 14 amu. First, let me explain what Carbon-14 dating is about. Carbon is an element (type of atom) that usually has a mass of 12 amu. However, if atmospheric nitrogen is struck by particles of solar radiation, they can be converted into an unstable (radioactive) form of carbon with a mass of 14 amu.
NEXT – Because of this process both forms of carbon exist in the atmosphere as carbon dioxide, which is taken up by plants and used in photosynthesis to make glucose, and it ultimately becomes part of all other macromolecules in the plant (starch, lipids, nucleic acids, proteins), and when eaten by animals the C-14 becomes part of their makeup as well. So all organisms on Earth will have the exact same amount of C-12 and C-14 as is present in the atmosphere at the time.

④ 공허하며
⑤ 흑암이
⑥ 깊음위에 있고
⑦ 하나님의 신은 수면 위를 운행하신다 8) 빛이 있으라 빛이 있었다.

둘째, 과학(Science)

① 빅뱅(대폭발)
② 원시 물질
③ 원시 물질은 플라즈마 상태라 그 모습은 혼돈했고
④ 원시 물질의 모습은 텅 비어 있는 것처럼 공허해 보였고(이온과 이온 사이 입자와 입자 사이가 텅 비어있는 듯이 보였고)
⑤ 흑암(원시 물질의 이온화 초고온 초고압 상태로 되어 있어 이 원시 물질들이 빛을 흡수하고 가리고 해서 빛이 밖으로 빠져 나오지 못하므로 아주 깜깜한 상태가 되어있고)
⑥ 플라즈마 상태는 마치 깊음이 끝도 없는 듯이 보이는 바다처럼 깊게 보였고
⑦ 시간이 지나면서 수소와 헬륨이 만들어지고 엄청난 양의 물이 생성되어 원초 물질들과 뒤섞여 있었고
⑧ 이 상황은 시간이 더욱 진행되면서 38만 년 정도 지나면서 플라즈마 상태의 원시 물질들은 물질간에 상호 엉겨 붙어 융합이 발생하면서 뭉쳐지고 덩어리지면서 천체들을 형성해갔다. 이로써 원래 있었던 플라즈마 상태에서 빛이 드러나게 되었다.[9]

빅뱅을 일으키기 위해서는 어마어마한 에너지가 필요한데 그 일을 할 수 있는 분은 전능하신 하나님이시고 창세기 1:1-2 사이에 엄청난 간격이 있었다는 해석보다는 빅뱅의 현실로 설명하는 것이 설득력이 더 있다고 본다. 왜냐하면, 하나님은 전지하신(omniscience) 하나님이시고 과학(science) 창

---

9   이충연, "창세기 1장과 과학적 이론의 관련성에 대한 연구", 121.

조는 피조물이기 때문이다. 오늘날 빅뱅 이론은 부정할 수 없는 과학적 해석학(Scientific Hermeneutics)이 되고 있다고 본다. 더 나아가서 창조의 8가지 요소를 구속사의 흐름과도 연결할 수가 있느냐는 것이다.

연결을 하고자 하는데 자의적 해석(eisgesis)이 아닌 본문의 석의(exegesis)에 기초한 과학적인 해석(Scientific Hermeneutics)이 필요한데 이는 빅뱅 이론으로 설명이 가능하다고 본다.

첫째, 하나님이 천지를 창조(회개)
둘째, 땅이(부흥)
셋째, 혼돈하고(개혁)
넷째, 공허하며(화해)
다섯째, 흑암이(구조 조정)
여섯째, 깊음 위에 있고(빛의 탕감)
일곱째, 하나님의 신은 수면 위를 운행하신다(굴기)
여덟째, 빛이 있으라 빛이 있었다(상급).

말씀에 기초하여 창조가 이루어졌다고 히브리서에서 분명히 말하고 있기에 빅뱅을 말씀에 기초하여 해석을 해야 한다.

> 믿음으로 모든 세계가 하나님의 말씀으로 지어진 줄을 우리가 아나니 보이는 것은 나타난 것으로 말미암아 된 것이 아니니라(히 11:3).

빅뱅의 이론가들이 말하는 8가지 요소를 한국 교회사에서 구속사의 흐름(회개, 부흥, 개혁, 화해, 구조 조정, 빛의 탕감, 굴기, 보상)과 연결할 수 있느냐는 것이다.

이를 과학적 해석학(Scientific Hermeneutics)이라고 본다.

빅뱅을 통해서 대폭발로 나타난 원초물질이 온우주로 흩어져서 우주의 모습을 만들어 간다(1905년 감리교 하디 선교사의 원산 회개 운동을 통하여 회개

[repentance]의 물결이 서북 지방으로 번져간다).

　대폭발에 의해서 만들어진 원시 물질이 우주로 전개되어 나가고 있는 상황이다. 원시 물질은 플라즈마 상태라 그 모습은 질서도 없는 물질이라 혼돈했고(부흥의 물결이 제자 훈련에 의한 것이 아니라 부흥회를 통한 것이었기에 다양한 가운데 무질서를 초래하게 되어 개혁[reformation]이 필요하게 되었다. 이 때 미국에서 귀국하신 도산 안창호 선생은 울고 불고 하는 것이 부흥이 아니라 1인 1기를 주장했으나 허사였다) 원시 물질의 모습은 엄청나게 넓은 우주 공간에 떠 있는 상태이니 텅 비어 있는 것처럼 보였고 공허해 보였고(이온과 이온사이 입자와 입자 사이가 텅 비어있는 듯이 보였고) 장로교, 감리교, 성결교, 동아기독대(침례교의 전신)등 여러 교단 교파가 신사 참배 문제로 내분이 일어나서 우상 숭배 논란이 일어났는데 이는 화해(reconciliation)가 필요한 상황이었다.

　신사 참배를 한 교단과 신사 참배를 하지 않은 교단이 서로 정죄하며 율법주의에 빠졌는 데 이는 신앙의 구조 조정(restructure)이 필요한 시점이었다. 교회는 그리스도의 몸이지 교단이 아니고 신사 참배를 한 것이 지도자가 거듭나지 못했었기 때문에 더 큰 악과 더 작은 악 사이에서 선택을 한 것이니 무지함을 구조 조정을 해야 하고 더 이상 분리의 영이 작용하는 것은 성도가 할 일이 아니다. 일본 제국주의를 탓해야지 식민주의하에서 신음하는 백성들이 서로 찢어지게 하는 것이 제국주의의 야수같은 할큄인 것이다.

　플라즈마 상태는 마치 깊음이 끝도 없는 듯이 보이는 바다처럼 깊게 보였고 그 양상은 깊이를 알 수 없을 정도로 퍼져 있었고 마치 스프처럼 되어있는 상태이다(바다 속의 히브리적 사고의 지옥인 이 땅에서의 스올[sheol]이나 헬라적 사고의 지중해 바다밑 심연인 하데스[hades]와 같이 지옥의 모습을 생각하게 되면 영벌에 떨어질 수밖에 없는 영혼을 영생[zoe]으로 구령한 하나님의 사랑의 빚을 갚는 탕감[remission]을 해야 한다).

　시간이 지나면서 수소와 헬륨이 만들어지고 엄청난 양의 물이 생성되어 원초 물질들과 뒤섞여 수면 위에 떠 있었고(영화 타이타닉에서 배가 좌초되었을 때 구명 보트를 젊은이에게 양도하며 자신은 물속으로 빠져 들어간 어느 영국의 부흥사의 모습과 대조되어 그 구명 보트를 탄 청년은 살아나서 시카고 무디교회에 와서 부흥사가 자신의 목숨은 살렸다며 부흥사 없이 평신도가 간증을 하는 부활의 능력을 체험한 교회는 나는 죽고 그리스도 만[갈 2:20]이라는 굴기의 신앙[rise up]이 진정한 기독교 정신임을 체험한 것이다).

우주는 마치 두부가 엉기듯 덩어리져지면서 38만 년 만에 흑암 상태로부터 하나님의 명령대로 빛이 빠져나와 플라즈마 상태의 원시 물질들은 물질 간에 상호 엉겨 붙어 융합이 발생하면서 뭉쳐지고 덩어리지면서 천체들을 형성해갔다. 이로써 원래 있었던 플라즈마 상태에서 빛이 드러나게 되었다. 이때의 빛은 우주의 빛이다(이로서 최초의 원인자이신 하나님의 영광의 빛을 구속사의 입장에서 알게 되었으니 우리는 "일어나라 빛을 발하라 이는 네 빛이 이르렀고 여호와의 영광이 네 위에 임하였음이니라"[사60:1]는 이사야 선지자의 말씀대로 이제는 빅뱅 이론을 인정함으로써 모순이 없는 창조 과학의 입장에서 창세 전부터 가졌던 하나님의 아버지의 영광의 빛을 열방에 비추어야 한다).

이는 예수님이 마지막 모범 기도문인 요한복음 17:5에 나오는 "아버지여, 창세 전에 내가 아버지와 함께 가졌던 영화로써 지금도 아버지와 함께 나를 영화롭게 하옵소서"의 기도처럼 창세 전부터 가지신 아버지의 영화 ,즉 영광(쉐키나: glory)의 빛이다. 그 빛은 우리 모두를 그리스도의 몸으로 하나가 되게 하는 공동체(솨칸: abide with)의 빛이다. 한국전쟁에서 도와준 21개국에 대한 예수 품성 21가지를 가지고 경제적, 과학적 보상(reward)을 포함하는 과학 전문인 선교의 길이다.

따라서 창조의 이론과 빅뱅 이론과 구속사의 흐름이 모두가 삼위일체로 상관성을 가지고 있다는 전문인 해석학(Professional Hermeneutics)을 필자는 주장하는 바이다. 하나님에 대한 인식[10]으로 창세기를 해석해야지 인간의

---

10 은혜(Grace: God Redeemed Available Christ Evangelism)
　　① 회개는 하나님이 은혜를 베푸시는 창조 행위입니다.
　　② 부흥은 하나님이 은혜를 베푸시는 창조 행위입니다.
　　③ 개혁은 하나님이 은혜를 베푸시는 창조 행위입니다.
　　④ 화해는 하나님이 은혜를 베푸시는 창조 행위입니다.
　　⑤ 구조 조정은 하나님이 은혜를 베푸시는 창조 행위입니다.
　　⑥ 빚의 탕감은 하나님이 은혜를 베푸시는 창조 행위입니다.

지성으로 해석하려고 하는 것은 코람데오의 자세가 아니다. 하나님의 안식은 몇 가지로 요약을 할 수 있다.

안식일은 첫 번째 안식일이고 주일은 새로운 안식일이다.

첫째, 안식은 하나님이 계획하신 창조를 완전히 끝내심을 보여 주는 것이다(회개-완전히 끝냄).
둘째, 우리가 안식하는 것은 하나님이 우리의 주인이라는 고백입니다.
(부흥-주님이 계셔야)
셋째, 하나님이 안식일을 선포한 것은 사람들의 유익을 위한 것입니다
(개혁-사람들의 유익)
넷째, 안식일은 하나님이 이스라엘 백성과 언약 관계라는 것을 보여 주는 것입니다(화해-언약의 통로)
다섯째, 땅 위에서 누리는 안식은 언젠가 그리스도 안에서 누릴 영원한 안식을 바라보게 합니다(구조 조정-이미, 아직)
여섯째, 안식일은 6일 동안 성실하게 땀 흘려 일하는 것을 전제합니다
(빚의 탕감-의미)[11]

안식일이 율법의 대표 주일이 은혜의 대표이듯이 필자의 판단으로는 선악과는 과학과이며 선악과는 율법과이다. 선악과를 따먹었다고 하는 것은 성적인 경험이나 분별력이나 발전된 지식이라는 것보다는 신적 지혜와 네트워킹한 것으로 본다.[12]

이는 성령의 열매들과 대조가 되는 것이다. 그러므로 성령을 받아야 과학자(scientist)는 하나님의 전지한 과학자(omniscientist)가 될 수 있다.

---

⑦ 하나님의 구속 사역은 그리스도의 부활을 가능케 하기에 이는 하나님의 은혜입니다.
11 류웅렬, 『창세기』(성서유니온, 2014), 79-80.
12 류웅렬, 『창세기』, 82-83.

에너지 전문인 선교사를 인증된 인재 코디네이터에게 추천을 받아야 한다. 이들은 비즈니스를 위한 선교를 하는 BAM(Business As Mission)을 넘어선 차원에서 영적인 1인 기업으로 예수 복음, 바울선교를 실천할 수 있는 SMART 선교사를 발굴해야 한다. SMART란 성화(Sanctification), 소통(Media), 가능한(Availabl)e, 회개(Repentace), 하나님을 향한(Toward God) 선교사를 말한다.

그리고 MAN/WOMAN(Marketplace As Natural Churchplace/World 020/040 Marketplace As Natural Churchplace)운동을 통하여 적폐가 된 기독교의 부패를 벗어나 복음의 확산운동을 하는 목사와 평신도를 구별하지 않는 제3의 길로서의 연합을 하기 원하는 전문인 그리스도인들을 모아서 중보 기도를 하게 하는 것이 중요하다.

우리는 이미 자원하는 종(bond slave)의 의미를 가지고 하나님의 주권하에 움직이는 세계 질서에서 부름 받은 사역자로서 성령의 열매를 맺어 주님께 드릴 하나님의 에너지를 통한 문화 교류 전문인 선교사이기 때문이다. 세속주의에 물든 한국 사회의 일과 영성이 섬김 의지로 변혁이 되어야만 하는 시점에 와있다. 팀 켈러(Timothy Keller)의 『일과 영성』(Every good endeavor : connecting your work to God's work)이라는 글에서 필자가 융섭적으로 느낀 것은 '일+영성=선교 에너지'라고 느꼈다. '심리학+영성=사이온톨로지(Scientology)'는 자유 의지(free will) 차원에서의 이단의 혼합 영성적 시도라고 한다면 '일+영성=선교 에너지'라는 것은 그리스도 안에 들어온 자의 섬김 의지(serving will)이다. 정치, 경제, 사회, 문화, 과학, 예술, 스포츠, 철학 등 모든 영역의 종사자들의 동기 부여가 성취 동기의 정점에 머물러 있다. 헌신 동기로 전환이 되었을 때 어떤 결과가 오는 것인지를 제시하고자 하는 것이 본론의 목표이다.

2. 전문인 에너지 정책의 창

창세기 1-10장에 대한 연구를 하면서 필자는 다음과 같은 영역에 대한 관심을 가지게 되었다. 창세기는 천지 만물은 창조주가 창조했다고 말한다. 요한복음 1:1의 태초와 창세기 1:1의 태초의 차이점, 가장 먼저 빛을 만든 이유, 첫째 날의 빛과 넷째 날의 빛의 차이에 대한 답을 하기 위해서 창세기의 원 역사를 과학적으로 살피는 데에서 비롯하여 에너지 연구에 관심을 가지게 되었다.

해와 달과 별을 창조하신 이가 지혜인데 지혜는 예수를 가리킨다(잠 8:22-30). 창조론의 입장에서 있는 필자로서는 빛의 창조에 대해서 창세기 1:1-2(땅이 혼돈하고 공허하며 흑암이 깊음 위에 있고) 사이에 갭이 있었다는 이론에 대해서 반대한다. 과학자가 전문인 선교사가 되는 것은 빛이 되신 성령 체험에 의해서만 가능하다. 비과학자는 물론이다.

임번삼은 이렇게 주장한다.

> 첫날의 빛은 빛 자체이지만 제 4일의 빛은 발광체였다. 이들은 모두 만들어진 빛이며 낮과 밤을 나누는 공통기능이 있다. 그런데 한 가지 의문은 어떻게 일월성신이 두 물층 사이에 존재할 수 있는가 하는 것이다. 이에 대해 헨리 모리스는 제4일의 하늘은 일월성신이 떠있는 지금과 같은 하늘의 궁창(창 1:15)인 반면 제2일의 하늘은 하늘의 궁창(창 1:20), 즉 창조 제2일기 말하는 하늘 속에 일월성신이 있었다는 뜻이 아니라는 것이다.
>
> 그러나 어거스틴은 천지 창조 이전에는 시공은 물론 천사도 없었으며, 우주는 시간과 동시에 창조되었고 하나님은 창조 작업을 제6일에 마치시고 제7일에 안식하셨다고 했다. 창조주 스스로도 6일 동안에 하늘과 땅을 모두 창조했다고 선포하셨다. 시편 기자는 광대한 우주를 바라보면서, "하늘이 하나님의 영광을 선포하고 궁창이 그의 손으로 하신 일을 나타내는도다"(시 19:1)라고 찬양했다. 큰 광명체(해)와 작은 광명체(달)은 우리에게 영적으로 교훈을 준다. 유일하게 빛을 발하는 태양은 예수를, 어둔 밤하늘에 높이 떠서 태양 빛을 받아 어둔 지

구를 비추는 달은 성도를 암시한다.[13]

물질과 에너지는 생성되거나 소멸하지 않는다. 이것이 열역학 제1법칙이다. 더구나, 에너지에 대한 영적인 이해를 위해서 에너지 하나님에 대한 연구로 우주적 하나님에 대한 신 존재 증명이 플러스 에너지로 우리에게 하나님의 주권에 대한 확신을 주게 될 것이다. 그리고 인간은 하나님의 주권하에서 성령의 도우심을 받아서 생명의 성령의 법 안에서 쓰임을 받아 성령의 열매를 맺게 되는 것이고 선교의 열매도 마찬가지이다.

아인슈타인의 '$E=mc^2$'에 대한 글을 보면서 물리학과 신학을 융섭하여 이해하면 목사와 평신도 나누어진 기독교에 전문인이라는 개념으로서의 제3의 길로서의 연합을 찾아낼 수가 있을 것으로 보였다.

> 빛은 우주 안에서 가장 빠른 속도로 움직입니다. 빛보다 더 빠른 것은 없습니다. 그래서 빛은 우주에서 가장 차원이 높습니다. 빛의 속도 C는 우주의 차원을 결정하는 중요한 기준입니다. 그렇기 때문에 만약에 태양보다 더 빠른 빛이 있다면, 그것은 우리 우주보다 더 차원 높은 다른 우주가 분명히 있다는 것을 말하는 것입니다.[14]

새로운 전문인 선교의 전략으로서 에너지를 통한 전문인 선교를 제안하고자 한다. 우리가 화석 에너지의 고갈이나 원자력 에너지의 위험성 등 과학을 모르기 때문에 에너지에 관한 관심을 가지지 못하는 것이 안타깝다. '$E=mc^2$'에 대한 이해도 점진적으로 볼 수 있다.

---

[13] 임번삼, 『창세기 1-11장 창세기의 원역사 과학으로 말하다』(크리스천서적, 2014), 38-40.
[14] 문성태, 『하나님의 우주론』(BRDI, 2010), 33.

첫째, 고등학생과 대학생이 보는 에너지

일을 하는 능력이 에너지이다. 일=힘×거리 힘이란 질량을 가속화하는 어떤 것이다(힘=질량×가속도', 즉, 'F=ma').

둘째, 2학년생이 배우는 에너지

에너지는 질량으로 전환될 수 있으며, 그 반대 또한 가능하다('E=mc² 즉 '에너지=질량×빛의 속도').

셋째, 3학년생이 배우는 에너지

에너지와 질량은 실제로 같은 것이다. 만일 에너지가 존재한다면, 이는 질량을 가질 뿐 아니라 실제로 그 자체가 질량이다. 에너지와 질량은 단순히 동일한 것이 아니라, 등가(Equivalence)다.

넷째, 4학년과 졸업생이 배우는 에너지

시간과 에너지의 연결을 발견한 에미 뇌터의 말처럼 에너지는 보전(Perseverance)된다는 것을 증명할 수 있다. 이는 시간 불변성이 있기 때문이다.[15]

이는 과학적, 철학적인 사고이고 신 존재 증명에서 하나님의 견인(Perseverance)과 하나님의 섭리(Providence)와도 연관이 될 수 있다. 결국, 영적 에너지는 하나님의 빛, 열, 방향이다. 전문인에게 비친 하나님의 영광은 절대계(태초, 우주)의 빛으로서 요한복음 1장에 나타나며, 영계의 빛은 창세기 1장의 첫째 날에, 사울이 예수를 만난 선교의 빛은 사도행전 9:3에 그리고 우리가 보는 태양의 빛은 창세기 1장의 넷째 날에 온다. 이사야 선지자가 발견한 생명과 성령의 법으로 나아 가야 할 내면의 빛이 일어나서 빛을 비추는 사명(사 60:1)을 감당하는 문화 교류 전문인 선교사가 되라는 것이다.

우리 전문인은 어떻게 인생의 5대 'Big Question'(인생의 의미, 하나님의 존재성, 악과 고통의 문제, 종교 다원주의, 예수의 죽음과 부활)을 풀 수 있는 영적 에너지를 이해할 수 있을까?

---

15 리처드 A. 뮬러(Richard A. Muller),『대통령을 위한 에너지 강의』(*Energy for Future Presidents*), 장종훈 역 (살림, 2014), 375-79.

죽으시고 부활하신 예수를 발견한 청년 천사가 말한 "He is alive"를 의미하는 이반젤리즘(ev+angel+-ism=evangelism)이 영적 에너지이다. 전문인이 배우는 에너지, 즉 전도(evangelism)는 선교(missions)인데 문화 명령과 지상대명령을 지키는 하나님 나라의 완성을 향한 방향을 가진 십자가의 피의 에너지다.

'Evangelism=Mission × Cultural Mandate x the Great Commission'으로 이해가 되는 에너지 응섭이 이루어져야 한다. 이에 대해 전문인 선교사는 창조 신앙과 생태 영성에 관한 관심을 가져야 할 것이며 존 웨슬리의 새로운 창조로서의 생태 신학의 가능성에 대해서 조명해 볼 필요가 있다. 웨슬리는 자연 철학과 신학의 영역이 단순히 존재의 유비를 이루고 있는 것이 아니라, 분명히 믿음의 유비를 통해 만날 수 있는 구속적 유비와 구속적 실체로의 궁극적 구조로 완성됨을 이해해야 한다고 본다.

웨슬리는 이렇게 말한다.

> 나는 영이 공기, 흙, 물, 혹은 불이라거나 혹은 이것들이 결합하여 나온 하나의 합성이라는 주장에 굴복할 수 없습니다. 그 단순한 이유는 이 모든 것이 분리되었든 혹은 어떤 가능한 방식으로 합성되었든지 간에 수동적인 비운동성 존재들이라고 합니다. 이것 중 그 어느 것에도 스스로 움직이는 최소한의 힘도 없습니다. 그것들은 스스로 움직일 수 없습니다. … 그러나 나의 영은 그분으로부터 내적 운동 원리를 받았고, 그것을 가지고 마음대로 몸의 모든 부분을 다스립니다.[16]

새로운 피조물인 하나님의 백성인 전문인은 성령 세례에 의한 사랑의 에너지가 최초의 원인자이신 하나님으로부터 온 것이다. 자연 세계 가운데서 우리 인간에게 부여된 모든 것, 즉, 영혼, 언어, 재물 등을 통해 웨슬리는 창조주와 피조물을 잘 연결하는 것을 통해서 자연 세계의 청지기로

---

16 한국교회환경연구소외, 『창조신앙 생태영성(기독교 역사를 통해 본)』 (대한기독서회, 2010), 338.

서 심판을 준비하는 삶을 살 것을 촉구한다.[17]

에너지에 대해서 몰라서가 아니라 잘못된 것을 너무 많이 알고 있는 것이 문제라고 하는 리처드 뮬러 교수는 전문인 에너지 선교사가 알아야 할 것에 관해서 소개하고 있다.

> 후쿠시마 원전 사고와 멕시코만의 석유 유출은 생각보다 큰 사고가 아니었으며 그 때문에 에너지 정책의 근간이 크게 바뀔 필요는 없다. 지구 온난화 현상(이것은 실제로 존재하고 부분적으로 인류의 탓이긴 하다)은 수익성이 있고 비용이 덜 드는 방법을 찾아 내건 중국과 다른 개발 도상국의 온실 가스 배출량을 통제할 수 있다. 최근에 세일층에 저장된 엄청난 천연 가스 매장량을 개발하여 사용할 수 있다는 사실이 발견되었다. 세일 가스는 수십년간 미국의 에너지 정책에 아주 중요한 영향을 끼칠 것이다.
>
> 공개적으로 발표된 이산화탄소의 증가에 대한 대처법 중 실질적으로 그 효과를 볼 수 있는 가능성을 가지고 있는 대처법은 거의 없다고 본다. 선진국이 본보기가 되어 대처법을 실용화하고 성공한다고 해도 개발 도상국에서 비용을 감당하지 못한다면 '본보기'가 될 수 없다. 그나마 쓸만한 대처법은 미국이 노하우를 적극적으로 공개하여 개발 도상국들이 석탄에서 세일 가스로 변환할 수 있게 도와주는 것뿐이다. 우리나라는 에너지 안보와 기후 변화라고 하는 두 가지 이슈를 모두 풀어야 하는 나라인 동시에 동일시워 원리에 의해서 이러한 문제들을 가지고 있는 나라들에 축복의 통로가 되어야 한다는 숙제가 있다.[18]

리처드 뮬러(Richard Müller)는 1970년대에는 핵물리학자였으나 원자력과 에너지에 관심을 가지고 10년 전부터 에너지 연구에 매달렸고 현재는 지구 온난화도 연구하게 되었고 버클리 지구를 설립하여 지구 온난화 연구에 전념하고 있다.

---

17 한국교회환경연구소외, 『창조신앙 생태영성(기독교 역사를 통해 본)』, 338.
18 리처드 A. 뮬러, 『대통령을 위한 에너지 강의』, 14-17 요약.

그는 말했다.

중국은 물론이고 개발도상국이 화석연료를 계속 소비하고 있다. 이산화탄소 배출량이 줄어들지 않는다면 30-60년 안에 지구 온난화로 지구 환경은 더욱 악화될 것이다.

지구 온난화와 중국을 관련하여 중국에서 지금 필요로 하는 선교사는 에너지 선교사라고 말할 수 있다. 중국이 자국민에게 심각한 건강 문제를 일으켰던 석탄에서 단지 절반의 온실 가스만을 배출하며 지역에 수은 및 유황 오염을 일으키지 않는 천연가스의 전환을 하려고 하는 시진핑의 에너지 정책에 맞게 중국 선교도 에너지 선교사를 통한 선교가 공동체로 기술 전문인 선교사로 접근할 수 있는 선교 전략이라고 본다. 또한, 세일 가스로 전환하는 것을 통하여 이산화 가스 배출량을 감소시킬 수 있을 것이다.

그렇다면, 우리 기술 전문가들은 어느 영역에서 기술 선교사로 헌신할 수 있을까?

리처드 뮬러가 제시한 영역을 소개하고자 한다.

우리의 에너지 미래에 중요한 부분이 될 기술은 에너지 생산성(효율성과 절약), 향상된 주행 거리를 가지는 하이브리드 및 다른 자동차들, 세일 가스(석탄 대체, 자동차 및 합성 연료를 위한), 합성 연료(가스를 액체로, 석탄을 액체로), 세일 오일, 지능성 전력망 등이다. 엄청난 잠재력을 가지는 기술은 태양광 발전(PVs), 풍력(그리고 이를 전송할 향상된 전력망), 원자력(구세대 및 신세대), 배터리(광전지와 풍력을 지원함), 바이오 연료(특히 억새 등의 풀), 연료 전지(특히 매탄 기반), 플라이 휠 등이다. 우리의 문제를 해결할 가능성이 가장 낮은 기술은 수소 경제, 전기 전용자동차 및 플러그인 하이브리드 자동차, 옥수수 에탄올, 태양열, 지열, 파력 및 조력, 매탄 하이드레이드, 해조 바이오 연료 등이다.

기술력이 높은 남한이 에너지 선교를 통한 전문인 사역을 하기 위해서는 먼저, 대한민국의 공공 기관이 상업화되는 현상을 극복하고 에너지 산업에서 자본주의의 에너지 소비 논리를 배격해야 경제성이 높은 신재생 에너지까지 발전할 수 있다. 한국의 최근의 세월호 사건도 그리고 행정부의 부패도 세계 시민이 되고자 하는 한국인에게 극복해야 할 도덕의 산으로 보여 주고 있는 것이다.
　마이클 샌델은 이렇게 지적한다.

> 국민은 고객이 아니다. 그리고 민주주의는 단순히 국민에게 원하는 제도를 제공하기 위한 제도가 아니다. 올바르게 시행된 정치는, 국민들이 자신의 욕구를 되돌아보고 그것이 올바른지 판단한 후 그 욕구를 수정하도록 이끈다. 고객과 달리 국민은 때로 공동선을 위해 자신의 욕구를 희생시키기도 한다. 그것이 바로 정치와 상업의 차이점이며 애국심과 브랜드 충성도의 차이이다.[19]

　에너지에 대한 도덕성은 국내에서도 문제이지만 북핵의 문제를 해결하는 과정에서도, 북한과의 관계에서도 새로운 소통을 이룰 수 있는 기회가 있다. 아시안 게임을 넘어선 차원에서 남북 교류는 에너지 산업 교류가 미래 창조적 발상이다. 북한에도 옹진 반도 장산곶에 풍력 발전소가 세워져서 미국에서 온 전문가가 활동을 하고 있다. 이 분야에 대해서 남과 북은 기술적으로 협력을 할 수 있다고 본다. 한반도 평화 프로세스가 우선적으로 남한의 문제 해결을 위한 것으로 비춰진다면 박근혜 정부에서도 여전히 시작도 못할 것이다. 초일류 대한민국을 위한다는 도덕성을 남한 국민과 북한 인민이 가지고 있어야 비로소 신뢰 프로세스로 시작이 될 수 있다. 그리고 선교적 자본주의의 논리를 실천해야 한다.

---

19 마이클 샌델(Michael Sandel), 『왜 도덕인가?』(Public philosophy), 안진환외 역 (한국경제신문사, 2010), 42.

『르몽드 세계사』에서는 이렇게 분석하고 있다.

> 재생 에너지, 열 병합 발전(하나의 연료로부터 전력과 열을 동시에 생산), 에너지 효율 개선, 생산 시설의 재배치, 주거 및 교통의 변화 등 다양한 방식을 적절히 활용하면 최종 에너지 소비량을 4분의 1로 줄일 수도 있다. 하지만 기술적 차원을 떠나서 이러한 방안은, 사회적 선택에 더 이상 자본주의의 수익성 잣대를 들이대지 않는다는 전제에서만 가능하다.[20]

여기서 에너지 선교를 통한 전문인 선교를 가진 자와 없는 자, 배운 자와 못 배운 자, 건강한 자와 병든 자로 나뉘인 국내외의 분쟁 지역에서 실천하기 위해서는 선교적 자본주의(missiological capitalism)가 필요하다는 힌트를 얻게 되는데, 이는 애국심만으로는 시민 정신을 가진 자본주의가 불가능하기 때문에 창조적 자본주의의 근본을 하나님의 세계관 입장에서 제공하는 것으로서 사회적 기업을 넘어선 영적 기업을 실천하는 하나님 중심주의에 입각한 문화 명령으로 지구촌 곳곳에 하나님의 사랑을 베풀고 가는 정신이라고 볼 수 있다. 선교적 자본주의는 이 땅에서의 애국주의가 아니라 하나님의 나라 차원에서의 하나님 자본주의이다.

피터 드러커는 이렇게 말한다.

> 애국심이란 조국을 위해서 목숨마저도 기꺼이 바치겠다는 마음가짐이다. 금세기 초반 마르크시스트들은 노동자 계급은 더 이상 애국자가 될 수 없다고 예언했다. 노동자 계급의 충성심은 그들의 국가가 아니라 노동자 계급에 대한 것이라고 주장하였다. 이 예언은 들어맞지 않았다. 사람들은 특히 노동자들은 여전히 그들의 국가를 위해 목숨을 바칠 의향을 갖고 있으며, 가장 인기 없는 전쟁에서마저도 그렇다.[21]

---

20 르몽드 디플로마티크(Le monde diplomatique), 『르몽드 세계사 2』 (L'Atlas du Monde diplomatique), 이주영외 역 (휴머니스트, 2010), 101.
21 피터 드러커(Peter Drucker), 『자본주의 이후의 사회』 (Post-capitalist society), 이재규 역

우리는 자본주의가 하나님을 아는 지식 사회로 단일 민족 국가가 하나님이 다스리는 세계적인 유기체로 변혁하는 하나님의 시각에서, 산업혁명, 생산 혁명, 경영 혁명을 뒤이은 에너지 혁명의 차원에서 원자력 에너지의 빛과 그림자를 살펴볼 필요가 있다.

필자가 방문한 카작스탄의 우스꼬메나골스키라는 지역은 체르노빌 사태가 일어난 현장과 28킬로미터 떨어진 지역이었는데, 방사능 피폭 후유증으로 주민들이 피부암으로 고통을 당하는 것을 목격한 적이 있다. 에너지에 대한 평가를 해보면, 재생 에너지는 한계가 있고 원자력 또한 기적적인 해결책은 되지 못하고 그 위험성은 1979년 미국의 스리마일섬 사고와 1986년 체르노빌 사건 그리고 최근의 일본의 후쿠시마 원전 사건으로 그 위험성은 이미 분명히 확인이 되었다.

원자력 설비의 이상 가동시 노동자와 인근 주민의 방사능 피폭 우려가 있고, 사고로 방사능 물질이 대량 유출될 수도 있고 민간 원자력 산업의 존재가 핵무기 확산을 부추길 위험도 있다. 그러나 안전 수칙만 철저히 지킨다면 정상 가동 시에도 위험을 줄일 수 있으며 핵폐기물 처리도 제4세대 증식로에서 재순환 과정을 통해 플루토늄을 만들어낸 경우 지구의 연료 자원을 대폭 증대시킬 수가 있다.[22]

(한국경제신문사, 1993), 254.
[22] 피터 드러커, 『자본주의 이후의 사회』, 108.

'7' 전문인신학 이론 2: 부흥(Revival)

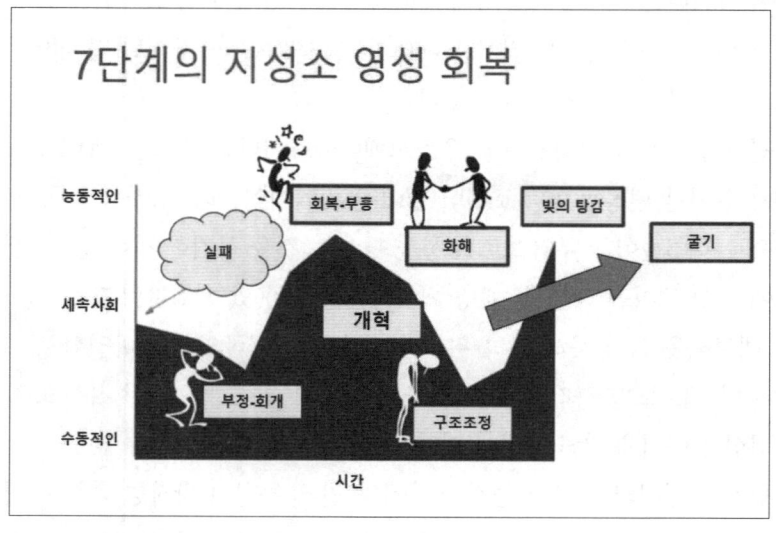

제3장

원자력 핵무기 안보의 창

1. 들어가며

왜 에너지 선교가 중요한 전략인지를 설명하기 위해서 핵무기의 위협에 대한 동북아시아의 긴장을 간단히 이야기하지 않을 수가 없다. 공간의 힘에 대한 에너지를 가진 자만이 분쟁을 해결하고 동북아시아의 리더가 될 수 있다.

하름데 블레이(Harm de Blij)는 한반도를 이렇게 진단한다.

> 여러 민족 집단, 하위 국가 통일체, 심지어 국가 간에도 빈발하는 폭력적 분쟁에 후말린 지역들에 비하면, 이민 인구 초과라는 문제는 사실 경미해 보일 수 있다 … 한반도는 끝없이 격변을 경험했고, 가장 최근의 국면으로 남한에서는 전례 없는 번영이 이루어졌지만, 북한의 탐욕스러운 정부는 수백만 명의 지역인을 기아와 죽음 속에 혹은 봉쇄된 중국 국경을 넘으려는 필사적인 시도를 거듭하도록 방치하고 있다.[1]

---

1 하름 데 클레이(Harm de Blij), 공간의 힘 (*The Power of Place: Geography, Destiny, and Globalization's Rough Land*), 황근하 역 (천지인, 2010), 381.

대한민국이 사고의 전환을 하여 당장 남북이 나뉜 상태에서 모면만 하려는 자세가 아니라 남북 통일을 이루고 더 나아가서 지구상의 분쟁 지역의 문제를 해결하는 해결사가 된다는 자세를 가진다면 전 세계의 여러 나라가 쓰레기통에서 장미꽃을 피운 강소국인 남한을 지지하리라고 본다. 이를 위해서 남한은 발상의 전환을 해야 한다. 성취 동기로 북한에 접근하게 되면 안되고 헌신 동기로 접근을 해야 한다.
존 페퍼는 이렇게 조언한다.

> 즉 한국 사람들은 북한의 모든 것이 쓸모가 없으며 우리가 당신네 사회 전부를 남한과 같은 모습으로 재건하여 주겠다는 태도로 북한에 접근해서는 안됩니다. 양국 관계는 쌍방향으로 의사 소통이 되어야 합니다. 통일 이후의 모습을 그리며 그들의 경험을 정확히 인지하는 태도도 필요합니다. 통일 이후 오염되지 않은 북한의 자연 등은 통일 한국의 큰 자원이 될 수 있습니다. 북한이 긍정적인 자세로 협력을 맺는다면 그 안에는 엄청난 잠재력이 숨어있습니다.[2]

남한의 성취 동기의 자세로 보는 용미, 용중을 대한민국이 할 수 있는 가장 좋은 전략적 구도에서의 살 길이라고 하지만 이것도 남한의 입장에서 말하는 것이고 세계를 지배하는 미국과 중국의 이해 관계가 가장 첨예한 대결을 벌리고 있는 시점에서 그것은 달러화와 석유 대금 지불의 연동이 다른 대체 에너지(원자력 에너지, 태양 에너지 등)에도 동일하게 적용이 될 때는 문제가 없다.
그러나 만일 석유 에너지에 한정되고 다른 에너지의 결제에서부터는 달러화가 아닌 유로화의 시도가 주춤해지면서 위엔화가 동등하게 다루어지게 된다고 하면 닉슨 대통령 이후에 태환 지폐의 기능을 상실한 달러화의 가치가 하락하게 되고 그로 인해서 결손을 막기 위해서 달러를 무한정 발행하는 식으로 미국이 해가 지지 않는 나라로 존재하려고 한다면 주변의 G-10 국가들

---

[2] 임마누엘 페스트라이쉬(Emanuel Pastreich), 『세계의 석학들, 한국의 미래를 말하다』 (다산북스, 2012), 112–13.

의 배신과 반동으로 그것은 마치 바벨론의 멸망과 같은 현대판 바벨론인 미국의 멸망을 불러올 수가 있다는 예측도 있다. 그 사이에 에너지의 95퍼센트를 수입하는 남한의 경우에는 종속이 되는 문제가 발생이 될 수 있다.

한민족은 자문화 우월주의 국가들과 대면하고 있는 자문화 열등주의 국가이다. 그래서 열등감을 이기기 위해서 체면이 미국이나 중국 이상 중시되는 목이 곧은 백성이다. 한국전쟁 당시에 4만 5천명의 미군이 죽는 대신에 남한을 건져내고 오늘날의 경제 대국으로 만들어 주었지만 현재 대한민국은 미국과의 무역 퇴조와 중국과의 무역 증대로 인해서 전쟁과 돈이라는 두 마리 용과 사자의 종합 선물 세트를 다 먹기 위해 망설이고 있다.

우리는 여기서 전문인 선교사로서 전쟁과 돈은 모두 세속주의의 영향권에 우리가 들어가서 빠져 나오기 어렵기 때문에 직면하게 되는 국가적인 어려움이라고 볼 수 있다. 목숨을 바쳐 구조해 준 미국이란 나라를 배신하는 이유가 돈 때문이라는 것이다. 한민족은 이순신 장군의 백의종군의 정신을 지켜야 한다. 예수가 "가이사의 것은 가이사에게 하나님의 것은 하나님에게 바치라"고 하신 말씀을 기억할 필요가 있다.

2017년에 한국은 남북 통일의 터닝 포인트의 계기를 만들게 된다고 하는 시나리오를 진행하고 있는 미국은 북한의 핵무기를 겨냥하는 것이 최종 목표가 아닌 중국과의 전쟁을 염두에 두고 있는 것이다. 그리고 그 와중에 전쟁은 한반도에서 벌어질 수 있는 것이고 이를 위해서 미국은 남한의 태도가 괭팽하게 미국과 중국의 양다리를 걸치는 것을 알기에 이미 평택항 근처로 옮기는 작업을 진행하고 있으며 우시시에는 제2의 인천 상륙작전과 같이 핵 항공 모함을 가지고 전자 폭탄을 위시해서 전혀 차원이 다른 미국의 군사력으로 북한 전역을 동결 내지는 공격하게 될 것이고 중국을 압박하게 될 것이다. 있을 수 없는 일이지만, 우리의 주권을 주변 강대국의 이권으로 빼앗기는 것이다.

선제 공격을 당한 북한은 남한을 공격하게 될 것이다. 남한이 그 속마음을 전적으로 미국에 두지 않기 때문에 미국은 인계 철선과 같이 생명을 담보로 하는 전쟁보다는 핵전쟁을 마지노선으로 보고 있는 것이다. 반면에 중국은 미국 편을 드는 남한에 흥정을 하면서 원산만 이남의 통일을 약속하면서 중국은 장쩌민, 후진타오 주석 당시만 해도 중국 편을 드는 것을 종용했으나 제5세대 시진핑 주석 이후에는 태도를 바꾸어 결국은 이에 응하지 않는 남한을 응징하는 차원에서 중국인이 거주하지 않는 전 지역을 타겟으로 공격을 할 것으로 예측하기도 한다.

미국은 현대판 '카스라 테프트 밀약'과 마찬가지로 지역 안보를 핑계 삼아 일본과 동반자가 되어서 다시 한번 중국을 자극하면서 전쟁에 끌어들이고 있는 형편이지만 중국은 이미 미국과 일본의 속내를 알기 때문에 한 번은 일본에 당해도 두 번은 당하지 않는다는 의연한 결의를 시진핑 주석이 하고 있다.

어둠의 아들들이 빛의 아들들보다 더 지혜롭다고 하신 예수님의 말씀대로 2020년 완전히 G-1국가로 등극하기까지 서두르지도 않고 넘어가지도 않고 승리의 고지를 향해서 나가게 될 것이다. 여기서의 변수는 중국에 배반당한 것처럼 보이는 북한이 러시아와 혈맹을 이야기하며 경거망동하는 것이고 이미 미국의 경제봉쇄에 당해서 G-2 국가에서 하루 아침에 나라가 사분오열된 경험을 가지고 있는 북극곰의 절치부심이다.

또 국가 부채가 500퍼센트까지 이르고 있는 일본의 군국주의 방식의 대륙 침략의 야욕이다. 전쟁을 하면 부채를 갚을 필요가 없는 나라 1순위가 일본이다. 그러나 여기서 우리가 기본적으로 알고 행동을 해야 하는 것은 미국의 힘의 지수이다. '미국:중국:일본:남한:북한=20:6:5.8:1:0.01'(하영선 교수)이다.

북한은 일부 증가를 했다고 보며, 더구나 우리가 기억할 필요가 있는 것은 미국의 군사력이 무려 중국의 10배나 된다고 하는 사실이다. 그리고 미국은 북한을 침공할 의사가 없는 것으로 보인다. 일단 미국의 경제가 어려운 변곡점을 통과하고 있기 때문에 지구상의 우방국으로부터 협조를 강하게 구하고 있는 입장으로 보인다.

미국의 동아시아 선회 정책(Rebalance to Asia)도 두 대륙에서 동시에 전쟁을 수행하는 것이 현실적으로 어려운 국면이기 때문에 동북아에서 군사력보다는 경제적, 외교적 힘을 강화하여 어느 정도 적정 기술선에서 R&D만 되는 수준에서 중국의 부상을 막겠다는 것으로 보인다. 미국의 오바마 정부는 아시아, 태평양 지역에 공적 개발 원조(Official Development Assistance)를 7퍼센트 증액할 것을 결정함으로써 역내 개발 국가들과의 관계를 돈독히 할 것이다.³ 미국이 한국에 바라는 것은 환태평양 파트너십을 강화하는 입장에서 일본의 아베의 우경화로 관계가 소원하도 중국보다는 일본과 관계를 유지하기를 원하는 입장이다.

우리 정부가 일본과 관계가 나아질 것이 아니라면 우리가 스스로 일본보다 영향력이 있는 EU와의 파트너십을 긴밀하게 하는 것을 제안하고자 한다. 왜냐하면, 북한의 핵 도전과 각종 영토 분쟁 그리고 중국의 영향력 확대는 이미 분열과 통일을 체험한 EU 특히 독일의 경험 치수가 중요하다. 에너지 문제는 프랑스와 협조가 특히 필요하다.

EU도 지칠 줄 모르는 미국 제국주의라며 미국의 욕망을 이렇게 비난하고 있다.

> 미국은 하나로 합친 국가와 대륙의 일체감을 토대로 확장된 자연스러운 결과물이다. … 그러나 미국 헌법은 자연권을 누리는 사람들이 이룬 정치 집단에서 인디언들을 노골적으로 배제했다. … 미국은 자국민을 한번도 세계의 다른 곳으로 이주시켜온 적이 없었다. 남북 전쟁에서 북군이 승리한 이래, 미국은 법률적 정치적, 심지어 이데올로기 측면에서 조차 단일한 국가로 분리된다는 것은 상상도 할 수 없는 나라가 되어버렸다. 대신 미국의 범지구적 힘은 오직 위성 국가나 가신 국가 체제 속에서만 국경 밖으로 표출될 수 있었다.⁴

향후 5년 동안의 글로벌 경제 상황을 분석해보면 유럽연합은 연평균 약 1퍼센트의 성장에 미치지 못할 것이며 글로벌 경제의 주요 시장이라는 지위를 잃을 것이라는 전망이 나오고 있으며 네덜란드와 독일은 선방하고

---

3 온대원, '동아시아 녀 EU-미국간 안보 협력의 발전 방향", 한국외국어대학교 EU연구소, EU연구 37호, 2014, 106
4 르몽드 디플로마티크(Le monde diplomatique), 『크몽드 인문학』 (휴먼큐브, 2014), 16-17.

핵심 변수는 프랑스가 경제 회복에 어떠한 결단을 내리고 산업 구조 조정을 하느냐라는 예측이 나오고 있다.⁵ 이것이 필자가 주장하는 EU가 한반도 개발에 참여하면 좋다는 근거이기도 하다.

또한, 앞으로 5년 동안의 유로존은 북유럽 국가들의 결정에 달려있다고 보고 북유럽 국가들이 기꺼이 그리스나 스페인 등 남유럽 국가들의 부채로 인한 파산을 지원하는 지의 여부에 달려있다고 하는 예측이 나오고 있다.⁶ 이들이 한국전쟁에 참여한 국가들이라면 한국의 스마트 통일 재건 사업에 참여할 권리가 충분히 있다고 본다.

데니얼 엘트먼(Daniel Altman)은 이렇게 예측한다.

> 유럽연합은 회원국들이 여전히 재정 금융 위기에 처해있다. 이 문제가 빠르게 해결되리라고 기대하지 않는다. 남유럽 국가들이 유로존의 발목을 잡는 일은 3-5년 정도 지속될 수 있다. 유럽연합 내에서 시장은 여전히 매우 불균형한 상태이다. 따라서 적절한 통화 정책을 세우는 것도 불가능하고 유럽 경제가 회복하기는 특히 더 어렵다.⁷

미국에서 공부한 중국통 학자들은 중국이 진주 목걸이 전략(중국이 에너지 자원 보호와 안보 목적으로 파키스탄, 미얀마, 방글라데시 등 인도양 주변 국가에 대규모 항만을 건설하려는 전략, 전략적 거점 지역을 연결하면 마치 진주목걸이처럼 보여서 붙여진 이름이다)으로 인해 태평양에서 미국의 지위를 약화시키게 될 것으로 보이나, 이는 다 중국을 위한 것이지 주변국을 돌보는 것이 아니며, 인구노령화와 부동산 거품 붕괴, 미국의 국채를 위엔화로 태환할 수 없는 약점과 내부의 소수 민족 등과의 대결에서 정치적 경직성에 발목을 잡히는 반면, 미국은 지구촌의 다극 구조에 충격을 받고 있는 것은 사실이지만, 이로 인해 미국의 헤게모니의 종말을 맞이하는 것이 아니라 인구학적 활

---

5 머니투데이 특별취재팀, 『앞으로 5년 결정적 미래』(비즈니스북스, 2014), 141.
6 머니투데이 특별취재팀, 『앞으로 5년 결정적 미래』, 269.
7 머니투데이 특별취재팀, 『앞으로 5년 결정적 미래』, 309.

력과 강력한 군대, 영어라는 언어 헤게모니, 엘리트 대학, 통신강의 장악 덕분에 다시 일어설 것이라고 주장한다.[8]

또한, 중국은 이산화탄소 배출 등 환경 오염의 문제에 직면하고 있다는 것은 선진국으로 진입하는 것이 시간이 많이 걸린다는 이야기이고 그 사이에 선진국은 초일류 선진국으로 나간다는 사실이다. 이에 한국은 단군 이래로 찾아온 위기를 하나님의 은혜를 입어 기사회생하는 기회로 삼고 축복의 통로의 자세로 일어나 빛을 발하는 선민의 역할을 하는 일로 선용하여 미국과 중국의 사랑을 받으며 그들의 허리에 올라타서 동북아시아 지역 균형자로서의 기회를 활용해야 한다.

2. 미국, 중국, EU 등의 활용 전략

제국주의의 반대말은 민족주의이다. 약소국은 민족주의를 부르짖고 강대국은 제국주의를 표방한다. 중국도 최근에 중화 민족주의를 넘어서는 중화 제국주의를 표방하고 있다. 그런데 제국주의자들의 특징은 자문화 우월주의이고 자문화 중심주의이다. 그런데 미국은 자문화 방사주의로 나가는 개척자의 정신이 있다. 비록, 유럽에서는 미국을 이기고 싶은 마음이 있어서 비판을 하겠지만, 우리 남한의 입장에서는 카이로 선언에 한국독립 조항이 포함이 된 것을 명심해야 한다.

우리가 잘 아는 대로 카이로 선언은 제2차 세계대전 종전 방안을 협의해 채택한 선언으로 일본의 무조건 항복 후 한국을 자유 독립시킨다는 조항이 포함되어 있다. 그 때나 지금이나 한반도를 재점령하고자 하는 야욕을 가지고 있는 중국의 장제스가 시진핑으로 둔갑만 한 것이지 한반도의 주변국은 한반도의 독립을 달갑게 생각하고 있지 않은 것은 자명한 것이

---

[8] 르몽드 디플로마티크(Le monde diplomatique), 『르몽드 세계사 1』 (*L'Atlas du Monde diplomatique*), 권지현 역 (휴머니스트, 2008), 104-105.

다. 장제스는 중국의 소수 민족의 독립도 반대했다.
김유진은 이렇게 말한다.

> 중화주의는 민족주의가 아니다. 중국 역사의 전통 위에 서 있으며, 기존의 사회주의 이념을 대체하는 새로운 이념 체계이다. 거기에 최근의 급속한 경제성장, 21세기 미국을 능가할 경제대국이 되리라는 전망까지 얹어져서 중국 젊은 이들이 열광하는 사상으로 발전하고 있다. 이들은 인터넷에도 능해 온라인상에서 민족주의와 애국주의를 여론화시키고 있다. 인터넷 민족주의라는 말이 나올 정도이다.[9]

중국도 도덕적으로 성숙한 나라가 되지 못하기 때문에 언제든지 제국주의로 세계를 평정할 야망을 버리지 않을 것이다. 미국의 군사력의 쇠퇴를 예견하는 최신의 정보가 나오면서 더욱 중국이 미국을 앞지른다고 하는 한국형 예상들이 우세한 실정이다. 지금 미국은 국방 예산 축소로 주한 미군의 한국 군무원들에게도 무급 휴가를 검토하고 있을 정도이다. 미국이 재정적 위기라고 해서 미국의 덕에 남한 정부가 유지가 된 것이라면 미국의 편을 서야 하는 것은 자명한 이치이다.

그렇다면, 미국의 달러가 약세인 것은 무엇 때문일까?

첫째, 9.11테러 후 미국의 군사비 지출이 증대했다(이라크전만 3조 달러).
둘째, 중국의 대미 흑자 무역의 증대가 금융 핵무기가 되어서 우려를 낳고 있다.
셋째, 에너지 및 원자재 가격의 불안정으로 미국 경제가 취약해지고 달러로 결제시 가격 상승했다.
넷째, 서브프라임 모기지 사태 이후에 달러에 대한 불신을 증폭시켰다.[10]

---

9 김유진,『삼성과 중국』(동양문고, 2005), 100.
10 르몽드 디플로마티크(Le monde diplomatique),『르몽드 세계사 2』(L'Atlas du Monde diplomatique), 이주영외 역 (휴머니스트, 2010), 38.

전병서 박사는 이렇게 예견한다.

> 핵무기 시대를 맞이하면서 군사력에서도 변화가 생겼다. 무기의 살상력과 후유증 때문에 핵무기 10기를 가진 나라가 단 1기를 보유한 나라를 함부로 할 수 없는 시대가 도래했다. 핵 잠수함이 등장하면서 바다 밑에서도 움직이는 핵폭탄이 돌아다니고 있어 해군력에서도 마찬가지 현상이 나타나고 있다. 과거 500년간 5차례 군사 패권을 보면 전쟁기, 패권 확보기, 성숙기, 쇠퇴기의 단계를 걸어갔다. 평균적인 군사 패권의 수명은 106년이었고 최단기가 36년, 최장기가 122년이었다. 미국의 군사 패권을 제1차 세계대전을 기점으로 110-122년의 군사 패권 주기를 적용한다면 미국의 군사 패권의 수명은 2024-2036년 상이다.[11]

그러나 지정학적으로 한반도에서 멀리 떨어져 있는 미국은 비교적 사심이 없이 축복의 통로가 되어서 기적으로 존재할 수 없는 은둔의 나라의 반쪽 남한이 존재하게 된 연타석 한강의 기적을 일구어 준 나라이고 한국전쟁에서 4만 5천 명 이상의 피를 흘린 나라가 미국이기에 세계사적인 관점을 가지고 본다면 연방 재정을 둘러싼 정치적인 위기를 극복하면서 경제 회복세가 강해질 수 있는데, 세제 개혁과 이민 정책 등을 통해서 민간 자본들이 넘쳐나고 소비재에 대한 지연된 수요가 활성화하고[12] 세일 가스 사업 등으로 호전이 되는 미국에 우선권을 둘 수밖에 없는 것이다.

그리고 남한은 중국이 성숙한 선진국이 되는 일을 할 수 있는 선진국의 모델을 제시하면서 토지 문제, 부패, 노동자 처우 문제 등을 같이 풀어가는 해법을 공유하며 따듯하게 도우면 되는 것이다. 더구나, 우리가 직시해야 할 것은 중국이 한반도 통일을 강력하게 반대하고 있는 나라라는 것이다.

---

11 전병서, 『한국의 신국부론 중국에 있다』 (참돌, 2014), 84-85.
12 머니투데이 특별취재팀, 『앞으로 5년 결정적 미래』, 309.

김현욱은 서울-워싱턴 포럼에서 이렇게 말했다.

> 한반도 통일에 대한 중국의 생각은 통일 한국을 지지하는 미국과 근본적으로 다르다. 통일로 인한 불안정 유발 가능성, 특히 친미 성향 통일 국가의 출현 우려 등으로 한반도 통일을 결코 원하지 않고 있다.

중국은 자국내의 소수 민족의 독립을 막기 위해서 남한을 북한, 대만이나 홍콩, 마카오와 같은 자국의 영향권하에 두고 있는 작은 분쟁 지역으로 힘을 분산시켜 놓는 정책을 하고 있지만 우리는 한족이 아니라 천손 민족이요 동이족의 후손임을 잊지 말아야 한다.

정일화는 이렇게 말한다.

> 맥아더는 전쟁에는 승리 외에는 다른 대안이 있을 수 없다는 논리를 갖고 전쟁에서 승리하여 대한민국을 통일시켜야 한다는 철학을 갖고 전쟁을 지휘했다. 한국전쟁을 승리하여 남북 통일을 이룩해야 한다는 그의 철학 때문에 결국 분단상태의 유지를 최선으로 믿는 워싱턴 권력자들과 정치 싸움을 벌이다가 해임되고 말았다. 그러나 대한민국의 입장에서는 한반도 분단과 통일에 관한 미국인들의 견해는 미국의 이익을 어떻게 볼 것인가에 따라 다르기 때문에 응당 다를 수 있다는 것을 인정해야 하며 이런 논쟁을 벌인다고 해서 우리가 대한민국을 위기에서 구하는데 결정적인 역할을 한 애치슨 국무장관의 역할을 무시하거나 알지 못하는 일로 덮어버려서는 안 된다.[13]

맥아더 장군은 우리에게는 이순신 장군과 같은 감동을 주고 있다. 이순신이 조선의 왕이 되지 못했듯이 그도 미국의 대통령이 되지 못했다. 초일류 대한민국의 목표는 정신적으로 영적으로 제국주의를 넘어선 개념이기 때문에 작은 전투에서는 져도 큰 전쟁에서는 이기기 위해서는 미국과 중

---

13 정일화, 『휴전회담과 이승만』(선한 약속, 2014), 90-91.

국 심지어 일본까지도 품을 수 있는 초일류 대한민국으로 가는 차원에서 박근혜 대통령은 정신적으로 강력한 한반도 그랜드 디자인을 초지일관 진행해야 한다. 루즈벨트 대통령의 위기 관리 리더십이 국가 개조를 하고자 하는 우리 대통령에게 필요한 시점이다.

계속해서 정일화는 이렇게 말한다.

> 어떤 시련이라도 하나님과 관련되지 않은 것이 없다. 거기에는 반드시 하나님의 뜻이 있는 겻이기 때문에 그것을 원망하거나 불운이라고 한탄해서는 안되며 시련에 대한 두려움을 갖지 말고 극복해 나가면 정한 목표에 도달할 수 있는 것이라고 믿었다. 이런 그의 믿음은 소아마비 사건을 통해 단단히 굳어지고 있었다. 루즈벨트는 대공항이 거의 잘 극복되었을 때쯤 유럽에 전쟁이 일어나고 드디어 일본이 미국을 침략하여 단번에 하와이 해군 기지를 잿더미로 만들었지만 두려워하거나 원망하지 않았으며 늘 결과는 좋을 것이라는 낙관적 견해를 갖고 이런 거마어마한 사건을 매우 평온하게 맞았다.[14]

국가안보전략연구소(소장 유성옥), 한국국제정치학회(회장 남궁영) 주최로 2014년 8월 28일 프레스 센터에서 열린 '한반도 통일을 위한 국제 협력 방안' 국제 학술 회의에서 보여 준 미국, 중국, 일본, 러시아, 남한의 통일에 대한 견해는 주변 4강을 넘어선 창조적 사고로만이 통일이 가능하며 제3의 세력인 유럽연합이 촉매제로 참여하는 것이 대안임을 보여 준다.

> 한반도 분단 상황이 미, 중, 일, 러 등 한반도 주변국들의 국익에 반하며 한반도의 평화적 통일을 지지한다. 토마스 핑가 스탠포드대학교 교수는 미국인들은 한국 통일을 지윌하고 바라고 있다. 단순한 동맹국인 미국이 잘 돼기를 바라서가 아니라 한반도 분단으로 미국의 이익이 위협받고 동북아 지역에서 미국이 전략적 목표를 달성하는데 방해가 되기 때문이다. 북한이 남한이 흡수되는

---

14   정일화, 『휴전회담과 이승만』, 506.

평화 통일은 미국의 관점에서 본다면 분명히 바람직스러운 일이지만 현실성이 매우 낮다. 중국이 북한을 설득해 중국식 개혁을 하도록 하고 외부 세계에 문호를 개방하도록 지원하는 것이 가능한 방법이다. 왕쥔성 중국 사회과학원 교수는 중국 정부가 한반도 통일을 지지한다는 사실을 거듭 말해왔지만 미국과 남북한 모두 이를 의심하고 있다. 주변국들은 분단 현상 유지가 중국의 이익에 가장 부합된다고 생각하고 있지만 이는 오해이다. 한반도가 통일되면 중국의 이익은 배가되는 것이다. 중국은 다른 어느 강대국보다 한반도 통일을 지지한다. 중국은 미국이 주도하는 한반도 통일은 받아들일 수 없다.

중국이 가장 바라지 않는 것은 미국이 통일 한국을 중국 봉쇄 기지로 활용하는 것이다. 성급한 통일이나 흡수 통일은 지속적인 평화와 안정이란 목적을 달성할 수 없을 것이며 잘못될 경우 한국은 사회적인 불안정이나 대혼란이 장기간 지속될 것이며 중국 동북 지역의 안정도 교란될 것이다. 중무장한 미군의 한국 주둔은 중구에 큰 골칫거리다. 미군이 남한에만 주둔한다 해도 중국은 수용할 정도로 순진하지 않다.

니시노준야 일본 게이오대학교 교수는 "한반도 통일이 어떤 과정을 거쳐 이루어지든 간에 일본은 한국 주도의 통일을 지지한다. 통일 한반도와 좋은 관계를 맺지 않으면 일본의 장래에도 부정적 영향을 줄 수밖에 없기 때문에 통일 한국과 어떻게 좋은 관계를 맺느냐가 일본의 국익이 걸린 핵심 문제"라고 말했고, 러시아 세계경제국제관계연구소(IMEMO) 알렉산드로 페도롭스키 아시아, 태평양 지역 연구실장은 "한반도 통일은 동북아시아의 안보 상황을 개선하고 상호 신뢰를 제고할 수 있는 기회이며 통일 한국은 러시아의 가장 중요한 경제 파트너 중의 하나가 될 것"이라고 말했다. 그리고 박세일 전 한반도선진화재단 이사장은 "합의 통일 가능성이나 북한의 개혁, 개방 가능성은 낮다. 북한 동포의 묵시적 합의가 있는 흡수 통일이 되어야 한다"고 말했으며, 마상윤 가톨릭대학교 교수는 "북한 붕괴에 대비해야 하지만 급변 사태를 의도적으로 조장하는 것은 바람직하지 않다"고 말했다. 또한, 박병광 국가안보전략연구소 연구원은 "북한의 위협이 사라지면 현재 주한 미군의 상태는 변화가 있을 수밖에 없다. 통일 이후 주한 미군이 남한 지역에만 머문다면 중국도 통일을 지지할 수 있겠느냐"고 말했다.

이에 대한 필자의 분석은 아래와 같다.

첫째, 한반도 주변 강대국들은 자국의 이익을 위해서만 한반도를 보고 있다.
둘째, 미국은 이제는 더 이상 미국의 국익을 위해서 가만히 있을 수 없는 느낌이 든다.
셋째, 중국은 미국이 통일 이후에 중국을 겨냥하는 미사일 기지화되는 것을 염려하고 있다.
넷째, 일본과 러시아는 정도의 차이는 있으나 용미, 용중하며 이익만 추구하는 자세를 견지하고 있다.
다섯째, 한국은 한반도 주변의 열강의 입장을 고려하며 능동적으로 추진하지 못하는 '정체'(status quo)의 상태에서 하나님의 시간에 도래하는 통일에 대한 준비가 여전히 미흡하다.
여섯째, 통일 한국이 강소국으로 힘을 갖추고 영세 중립국으로 보장 받는 것은 스위스와 같은 영세 중립국이 있고 통일 독일과 같이 통일 경험이 있는 유럽연합의 협조가 미국의 NATO의 지지하에 필요하다.
일곱째, 러시아가 막판에 어떤 행동을 취할 것인지는 중요한 결정 변수가 될 수도 있다.

현재의 남한은 자국의 이익을 구하는 주변 강대국과 같은 차원에서 경쟁하면 인구의 고령화, 복지에 대한 교착, 마피아 적폐의 노출 등으로 자국의 힘이 쇠락하는 순간에는 어떤 모습으로든지 임진왜란과 병자호란 이후의 조선의 역량이 쇠락하여 대한 제국의 멸망과 같은 길로 간 것을 답습하게 되니 그 해결책으로는 국내에서는 상승하는 에너지를 창조하는 국민들의 품성 쇄신이 이루어지는 것과 동시에 유럽연합이 'win-win partnership'으로 한반도에 영향력을 끼쳐야 한다. 우리는 이순신 장군이 책임, 존경, 공정 그리고 정직의 4가지를 윤리적 도덕적 가치로 실천한 것을 기억할 필요가 있다. 좀 더 구체적으로 정리하면 아래와 같다.

제장명의 이순신 리더십의 특징[15]에 대해 필자는 이렇게 평가한다.

첫째, 충효 사상의 발현이다(하나님 중심의 성경관으로 이해한다).
둘째, 적을 막는 제일의 목표는 백성 보호에 있다('전신자선교사주의'로 이해한다).
셋째, 탁월한 전략가적 사고로 전쟁을 승리로 이끌었다(위대한 리더다).
넷째, 원칙과 융통성을 조화하였다(조화와 행동하는 선교이다).
다섯째, 청렴과 도덕성의 표상이 되었다(투명성이다).

판옥선은 나무못으로 군선을 건조하자는 신숙주의 과학적 제안에 따라 만들어졌다. 조선의 승리 요인은 다음과 같다.

첫째, 판옥선, 노잡이-전투원 공간분리된 본격적 군선
둘째, 물먹으면 팽창, 선체 내구도 높이는 나무못 이용
셋째, 쌍돛대, 평평한 배 바닥 갖춰 한반도 해역에 최적화
넷째, 도망가는 척 하다가 90도 회전해 화포 발사
다섯째, 화포 발사 반동으로 부서진 대형 왜선 이타케부네(안택선)
여섯째, 조선 승자총통 사거리 1킬로미터 vs 일본 조총 100m

그 가운데서 거북선의 지혜는 우리에게 위기를 돌파하는 가장 큰 지혜이다. 거북선은 구약 성막 시대에 피 값으로 우리의 죄를 덮어주신 예수의 모형인 성막의 지성소와 같이 이 민족의 모든 고통과 위기를 덮어주실 덮개가 있는 것이다. 거북선과 이순신 장군의 백의종군의 자세 이 두 가지가 2017년 초일류 대한민국으로 가는 한민족을 침략하는 일본을 포함한 주변의 강대국에서 구원할 구속적 유비의 지혜이다.

---

[15] 제장명, 『이순신 파워인맥』(행복한 나무, 2008), 267.

임원빈은 이렇게 분석한다.

> 거북선은 판옥선을 모델로 하여 위에 덮개를 씌운 것이다. 해전에서의 거북선의 역할은 가장 앞장 서서 적의 지휘선이나 주력함을 공격 목표로 삼아 돌진하면서 각종 총통을 쏘아 격파함으로써 개전 초기에 적의 지휘부를 무력화시키는 데 있었다. 거북선의 덮개는 적선과 충돌하여 서로 접하게 될 때 등선육박전술을 특기로 하는 일본 병사가 뛰어 오르는 것을 방지하기 위해 고안된 것이다. 이순신이 거북선을 만들어 돛을 달고 화포를 설치하여 사격 훈련 등을 실시하고 전투 세력으로 합류시킨 날은 임진년(1592년) 4월 12일이었으니 정확히 임진왜란 발발 하루 전이었다.[16]

여기서 덮개가 있었기에 포수들은 보호를 받는 상태에서 화포를 쏠 수 있었고 덮개가 있었기에 일본 군사들이 갑판에 뛰어내리지 못했으며 판옥선은 단단한 재질이었기에 일본선을 충수 전략으로 파괴할 수가 있었다. 이런 것이 그 당시에는 일본을 앞서가는 사이버 전쟁이라고 볼 수 있다.

이순신 장군의 백의종군의 자세를 사도행전에 나타난 바울과 비교하면 아래와 같다.

첫째, 주를 힘입어 담대히 말해야 한다(3절).
이순신은 선조의 치기어린 명령 앞에서도 원칙을 지키며 죽으면 죽으리라는 자세를 취했다.
둘째, 자기 이야기가 아니라 하나님의 은혜의 복음을 증거해야 한다(9절).
적군의 수급의 숫자를 불리는 일보다는 오히려 숫자를 줄여 보고함으로써 자신을 향한 모함에서 벗어나게 되었다.
셋째, 전도 대상자의 영을 분별해야 한다(9절).

---

16 임원빈, 『이순신 승리의 리더십』(한국경제신문, 2008), 63.

일본은 불교에 심취했고 소서행장은 가톨릭이었으나 이순신은 한민족의 모세였다.

넷째, 축사 사역을 할 때 선포하는 자세로 해야 한다(10절).

마귀인 일본군을 물리칠 때 대장선이 앞장서서 일자전을 펼친 것이 다윗놔 골리앗의 전투 같은 것이었다.

다섯째, 하나님을 높이고 자기 자신을 죽어야 한다(15절).

백의종군의 충은 민족 앞에서 그리고 상제 앞에서의 충이었다.

여섯째, 핍박을 당할 때 두려워하지 말아야 한다(19-20절)

명나라의 유혹과 일본군의 가족살해 위협과 선조의 자격지심이란 삼각 파도의 위험을 모두 담대함으로 이겨냈다.

일곱째, 선교 지역별로 위임하여 지도자를 양성하라(23절).

한산도를 중심으로 적군의 상황이 변화함에 따라서 병영을 옮겨가면서 지휘한 삼도 해군 총사령관이었다.

여덟째, 교회를 모아 선교현장의 체험이 담긴 메시지를 선포하라(27절).

죽으려고 하는 전투인데 적군의 배의 숫자는 중요하지 않고 13척으로 100척을 부수었다는 것이 명량의 명장이다.

아홉째, 선교사는 원주민과 함께 오래 있어야 신임을 얻게 된다(28절)

마지막 노량 해전에서 적의 수급을 챙기려 나온 진진 명나라 해군 제독을 구하고 자신은 죽는 모습을 보여 준다.

열째, 자신의 계획한 일을 완수해야 한다(24-26절).

자신의 책임을 완수한 후에 갑옷을 벗고 흰 옷만을 입고 마지막 전투에 임하다 장렬히 전사한 것이다.[17]

이제는 거북선이 아니라 원전선을 가지고 에너지를 보급하며 평화를 심는 구원선으로 나가야 하는 시대가 되었다.

---

17 김태연, 『전문인 선교 전략』 (보이스사, 2010), 40-42.

미국과 중국 중심의 한반도 평화 프로세스가 실제로 진행되어 온 시점이기에 필자가 분석하는 2017년까지의 한반도의 군사력 억제는 남한에게는 종교개혁의 본산이요, 미국으로 청교도들을 이민을 보낸 청교도 신앙의 본산이요, 프로테스탄트의 자본 정신이 살아있는 그리고 한국과는 어느 정도 거리가 떨어져 있어져 있지만 러시아와 같지 않은, 제3의 길로서 평화를 촉진할 수 있는 유럽연합체인 EU의 도움이 절실하다는 것이다.

첫째, 북한은 전 세계에서 가장 군사화된 병영 국가이기 때문이다.
둘째, 북한 붕괴시 영변 핵 시설을 미일 연합군이 접수하려면 최소 2개 연대 이상이 필요하다고 본다.
셋째, 점령 지역의 질서 유지와 관리시에 최소 수 만명에 해당되는 기존 북한 지배층을 어떻게 다루느냐 하는 문제가 대두된다.
넷째, 토지 반환 청구와 실제적인 경작자와의 문제, 민주주의와 시장 경제로의 전환에 복잡한 문제가 돌출될 것이다.
다섯째, 남북간의 서로 다른 문화와 종교로 인한 정신적 유체 비행이 상당기간 지속될 것이다.

온대원 박사는 이에 대한 문제 해결을 1910년 이후에 한반도에서 도덕적으로 실패한 일본보다는 유럽연합(EU)이 해결할 수 있다고 본다.
그 이유는 다음과 같다.

첫째, 영국, 프랑스 등은 EU의 핵 보유국으로서 유엔과 국제원자력기구(IAEA:International Atomic Energy Agency)로부터 핵무기 및 핵물질 처리에 대한 법적인 자격과 권한을 가지고 있다.
둘째, 독일, 스웨덴, 노르웨이 등이 화학 무기와 생물학 무기의 이송과 처리와 경험에 대한 노하우를 가지고 있다.
셋째, EU는 2003년 이후 20여 차례에 걸쳐서 평화 유지 활동, 법질서 회복 작전, 난민 관리, 전범 처리, 국가 재건 등 다양한 형태의 노하우를 가지고 있다.

넷째, 대량 탈북 및 소요 사태가 발생 시에 미중, 한중 간 다루기 힘든 일을 일본보다는 상대적으로 공정하고 중립적인 중재자로 갈등을 예방하고 완화하는 역할을 할 수 있다.

다섯째, 철도, 해상 운송, 에너지, 자원, 농업, 무역 등의 분야에서 노하우를 제공하고 동시에 투자를 할 수 있다.[18]

따라서 NATO의 대부인 미국이 EU의 한반도 개입을 반대하지 않을 것을 확신한다. 미국도 향후 중국과의 관계에서 피치 못할 사정이 생기면 일방적으로 남한을 지지하지 못한다는 변수도 있으니, 미국만을 기대하지 말고 힘이 있는 남한이 적극적으로 EU와의 전략적 제휴 강화는 필요하다고 본다. 한국전쟁에 참가한 국가들이 한반도 평화 프로세스에 자국의 이권을 가지고 참여하게 하는 한국전 참전국 탄피 목걸이 전략으로 중국의 진주목걸이 전략을 이길 수 있다고 본다.

교황 프란체스코의 한국 방문을 계기로 유럽연합이 남한의 입장을 지지해 준다면 성공적인 북한 체제의 전환과 흡수 통합에 상당히 유리한 조건을 제공할 것이다. 프랑스에는 북한의 핵문제를 전담시키고 독일에는 북한의 화학 무기 등을 전담시키면 프랑스, 독일을 남한의 화해 중재자로 사용할 수가 있다. 이 일이 이루어지도록 GZP(Global Zero Peace) 대사로 사역하는 것이 핵무기 철폐, 종족 학살 금지, 환경 오염 철폐를 향한 에너지 전문인 선교사의 역할이 될 것이다.

군사력보다 중요한 것은 영적인 힘이다. 하나님의 에너지이다. 하나님의 깃발이 어느 진영에 있느냐는 것이며 그 보다 더 중요한 것은 무리는 하나님의 진영에 들어와 살고 있느냐는 것이다. 우리가 하나님의 진영에 들어와 살고 있기만 한다면 강소국인 우리가 굳이 미국이나 중국 양자 사

---

18 온대원, "동아시아 내 EU-미국간 안보 협력의 발전 방향", 한국외국어대학교 EU연구소, EU연구 37호, 2014. 118-20.

이에서 조공국을 정해야 하는 굴종을 할 필요가 없는 것이다. NATO의 프랑스와 독일은 서로가 자제하면서 NATO가 제 기능을 발휘하고 있기에 경쟁과 대립, 분쟁과 갈등의 현실적 국제 관계를 평화와 공동 번영의 국제 질서로 개편하는 것이다.

'동북아시아안보조약기구'(PATO)가 힘 있는 외교력을 펼치기 위한 원천적 에너지는 국제적 시각에서 인정되는 도덕성을 본성으로 하는 국가의 정체성이라고 할 수 있는데[19], 이것이 형성이 된다면 일본과 중국도 프랑스와 독일을 본받아서 남한의 말을 경청하고 배려를 해야 한다. 남한은 영국과 같은 역할을 하게 될 것이고 북한은 스코틀랜드의 사태를 교훈삼아야 한다.

스코트랜드의 프로테스탄트 신앙과 영국성공회 신앙이 독립 논쟁의 단초가 된 것이다. 불발이 되었으나, 갈등은 경제보다 종교이기에 모두 종교개혁 영향을 받았지만 영국성공회는 예배 전례를 강조하고 스코틀랜드 교회는 자유로운 형태의 예배를 받아들여 대영 제국이 된 후에도 갈등이 지속되었고 1638년 일어난 주교 전쟁은 영국성공회 주교 제도를 스코틀랜드에 강요하다 발생하였으며 국민당 장로교 뿌리가 새로운 스코틀랜드를 꿈을 키운 것이다. 현재 스코틀랜드의 개신교의 숫자는 50년 전에 비하여 절반으로 줄어든 상황이다.

이를 남북에 대입하면 아래와 같다.

북한은 김일성 신앙(김일성교)이 영국성공회와 마찬가지라면 남한의 종교 다원주의와의 관계가 역설적으로 북한을 무너뜨리는 것이 될 수 있다. 남한의 프로테스탄트 신앙과 북한의 김일성교가 남북 분단의 단초가 된 것이다. 한반도의 갈등은 경제보다 종교이기에 모두 공산당과 자유 국가의 영향을 받았지만 북한의 김일성교는 우상 숭배를 하고 남한의 교회는 자유로운 형태 예배 받아들여 향후 통일된 초일류 대한민국이 된 후에도 영적 갈등이 지속될 수 있다.

---

19 정근모, 『헌신』(코리아비전포럼, 2007), 190.

남북 간의 종교 전쟁이 일어날 수 있고 남북 간의 내전은 남한의 물량 중심의 초대형 교회들이 중심이 된 개신교를 북한에 강요하다 일어날 수 있으며 진정한 통일이 2030년에 이루어지려고 하면 북한에도 건강한 정당 정치의 꿈을 지금부터라도 키워야 한다. 한순간에 북한 주민도 진리를 알게 되는 날이 오면, 김일성교를 믿는 신도의 숫자가 급감하게 될 것이다.

　그리고 남한은 구원파 사건을 경험했지만, 이단은 물론이고 다양한 가운데 있는 무질서한 268개 개신교 교단을 정비하지 않으면 동북아시아의 지정학적인 위치에서 기독교의 존재 가치가 추락하여 유럽의 교회를 답습하는 결과를 가져올 것이다. 2014년 현재 에너지 사업을 통한 북한 선교와 중국 선교를 비롯한 일본과 러시아 등 전방위 선교가 중요한 이유이다.

　남북한 당국자들은 20년 후의 초일류 중립국으로서의 한반도를 기대하며 협상에 임해야 할 것이다. 독일과 프랑스의 장점은 서로 용호상박하는 전쟁을 많이 한 나라이지만 품위를 지키는 역사성을 지닌 나라라는 것이다. 독일과 프랑스의 단점은 결국 해가 지지 않는 나라인 영국이 해가 지지 않는 나라가 되는 계기가 되었다. 프랑스, 독일의 기회는 유럽연합이 유지되는데, 구름 기둥과 불 기둥의 역할을 하고 있다는 것이다. 독일과 프랑스의 위협은 미국과 중국의 주도권하에서 여전히 인내하며 기다려야 한다는 것이다.

'7' 전문인신학 이론 3: 개혁(Reformation)

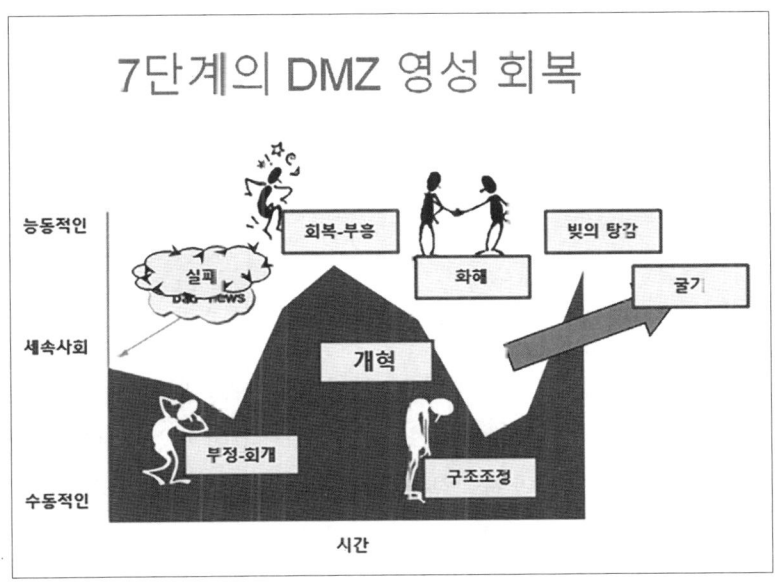

제4장

2030 대한민국 시나리오 예측 분석

　사람들은 모두 행복을 추구한다. 북한의 김정은도 행복을 추구할 것이다. 그러나 행복은 하나님에게서 오는 것이지 인간이 만들어가는 인위적인 것은 한계가 있다. 한반도의 행복은 예수의 산상 수훈에 나타난 팔복이요, 지복이요, 상제의 복인 상복이기를 바란다.

　전문가들의 예측은 감히 부정적이다. 만일 일본과 중국이 남한의 균형자로서의 주도권을 배려하기 위해서는 남한이 문화 제국주의로서 인정을 받아야 할 것이고 일단은 영세 중립국으로 가는 것도 고려한다는 말을 전해야 할 듯하다.

　그런데 문제는 일본 배를 개조한 세월호가 이순신의 명량 앞바다에서 침몰한 사건에서 보듯이 총체적으로 구조적 적폐를 가지고 있는 나라이기에 환골탈태가 이루어지지 않는 상태의 한국은 노령화, 복지 국가 그리고 물질 만능으로 정신적으로 한국호가 겉으로는 순종하나 성실하지 않은 품성으로 좌초하고 있는 것이기 때문에 2017년 정도에는 국운이 다하는 듯하다는 정도전 식의 견해도 있으나 현실적으로는 당장에 성숙한 나라로서 존경을 받기에는 너무 어렵다고 하는 것이다. 성취 동기로 살아온 민족이 헌신 동기로 전환이 되어야만 생존할 수 있다. 이는 삼성가의 몰락 내지는 축소를 예견하는 미래 학자들의 견해와도 일치하는 것이다.

최윤식은 이렇게 2030 한국을 예측한다.

> 기술 개발과 관련한 두 가지 질문이 있다.
> 하나는 기술을 어떻게 더 발전시키느냐?
> 다른 하나는 미래 사회의 문제 욕구, 결핍을 해결하기 위해 어떤 기술이 필요한가? 전자의 질문을 더 많이 던지는 기업은 기술 혁신 기업이다. 삼성전자가 이런 기업에 속한다. 기술 혁신에 관심이 있는 엔지니어들은 제품이 시장에서 얼마나 많이 팔리는지보다 최고의 기술이 적용되었는지에 더 관심을 둔다. 자신들이 만드는 제품과 서비스에는 무조건 최고의 기술이 적용되어야 한다고 믿으며 그런 제품과 서비스를 만들었다는 데에 자긍심을 느낀다. 그런데 역사는 1등 기술이 시장에서의 1등을 보장해 주지 않음을 보여 준다. 반면 후자의 질문을 더 많이 던지는 기업은 비즈니스 혁신 기업이다. 애플이 그런 기업이다. 한마디로 미래 인간의 문제, 욕구, 결핍을 해결해 지금보다 더 나은 미래를 열어 가는 기술이다. 이것을 간파하는 자가 최종 승리자가 된다.[1]

삼성이 스마트폰의 일류의 상품을 내놓는 것보다는 구매자들의 욕구를 한 번에 충족시키는 새로운 상품으로 승부를 해야 한다. 구매자들은 소유보다는 단지 접촉을 소유로 이해하는 시대로 접어들었기 때문이다.

최윤식은 이렇게 2030 한국의 대안을 제시한다.

> 온라인과 오프라인에서 다양한 매체들이 구매 욕구를 자극하는 시대를 살아가는 사람들에게 가장 현명한 소비 방법은 소유보다는 접속일지 모른다. 지금도 물건을 소유하기보다는 임대료를 내고 여러 제품을 접속해 사용하는 것이 미덕이 되어가고 있다. 생존을 위해서는 에너지가 필수적이다. 미래는 에너지도 정보에 접속하고 제품과 서비스에 접속해 사용하듯 비슷한 구매 형태를 취할 가능성이 있다.[2]

---

1 최윤식, 『2030 대담한 미래 2』 (지식노마드, 2014), 206-208.
2 최윤식, 『2030 대담한 미래 2』, 438-39.

소유의 창고(the storage of belongings)가 목표인 성취 동기의 이건희 삼성은 단계별로 망하지 않도록 축복의 통로(the channel of blessings)로 나아가는 헌신 동기로의 패러다임의 전환을 요구하는 시간이 몇 년 남아 있지 않은 것인데, 현재의 이건희의 건강상 이유로 리더십 절벽에 봉착해 있다. 이재용 리더십은 영적으로 혼미한 불교의 리더십이 아니라, 하나님 앞에서 혁신을 넘어선 영적인 기업으로서의 변혁을 할 수 있느냐는 것이다. 삼성이 망했다, 흥했다를 반복한다는 전제는 대한민국이 망한다는 수준이므로 반드시 초일류 전략으로 역전승을 해야 한다.

여기에 최윤식은 두 가지 단계로 해결책을 제시하고 있다.

첫 번째 단계는 5대 관문을 통과하는 방법으로 존 번연(John Bunyan)의 『천로역정』(The Pilgrim's Progress)과 같이 비즈니스가 단순한 먹거리가 아닌 하늘 기업이라는 킹덤 비즈니스를 실천하는 영적 전쟁임을 인식하는 것에서 해법을 찾을 수 있다. 비즈니스(Business)라는 단어에 죄(sin)라는 단어가 나오는 것처럼 죄악이 관영한 세상에서 사업을 하려고 하면 인간의 자유의지에 의해서는 시간문제이지 직원들의 노조 문제나 산업 재해 등으로 결국 실패하게 된다.

그러나 하나님 종의 의지로 헌신하게 되면 하나님이 요셉 비즈니스를 일으키셔서 애굽의 국무 총리와 같이 한국판 7년 흉년의 때에 삼성을 건져 주실 수 있다. 하나님의 목표는 삼성 공화국을 통하여 하나님의 백성을 출애굽하여 초일류 대한민국의 전문인으로 사용하시기를 원하신다. SK, LG, 현대, 기아 등도 포함된다. 하나님의 기업이 되고 하나님의 영원하신 기업의 일원이 되는 것이다.

그는 첫 번째 단계는 5대 관문을 통과해야 한다고 말한다.

① 치열한 경제 전쟁에서 살아남아라
경제 전쟁을 보는 눈이 없이는 결코 제국간의 충돌과 패권의 향방을 예측할 수 없다.

② 신산업 거품 경쟁과 특허 전쟁에서 유리한 고지를 선점하라

2016년 거품 붕괴 후 살아남은 신기술과 기업이 본격적으로 부를 창출하며 산업으로 자리매김을 하는 패턴을 알아야 한다.

③ 경제 파괴 전쟁을 선도하라

누가 더 빨리 더 창조적으로 결합, 융합해 새로운 상품으로 재탄생시키느냐가 생존과 승리를 가늠할 것이다. 파괴가 늦으면 누군가에게 빼앗길 것이다.

④ 공간 전쟁에서 판을 주도하라

손, 자동차, 집과 사무실, 몸, 길에 대한 새로운 틀을 잡고 새로운 규칙과 새로운 작동 방법을 만들어야 한다.

⑤ 미래 사람의 문제 욕구 결핍의 변화를 간파하라

현재는 미래형 기술만 있지 그 기술을 가지고 어떤 제품과 서비스를 팔아야 할지는 모호한 단계이다.[3]

두 번째 단계는 미래 산업에서의 승리하기 위한 3가지 능력이다.

① 인문학 능력이 중요하게 될 것이다.
② 경제에 관한 정보능력이다.
③ 신기술 능력이 미래의 성패를 가를 것이다.[4]

이 세 가지는 하나님의 음성을 들으면 해결이 된다. 성경을 통해 하나님의 음성을 듣고 비전을 보고 창조성, 효율성, 효과성, 융통성을 발휘하기 위해서 하나님 중심의 리더십으로 죽고자 하면 살고 초일류 상품을 개발한다는 자세가 있다면 삼성의 다음 먹거리가 스마트폰이 아니라 다운사이징의 수모를 겪더라도 애플, 샤오미, 노키아 등 주변의 모든 경쟁 대상자를 뚫고 삼성은 국가적, 사회적 의무를 수행하는 융섭된 스마트 에너지 도

---

3   최윤식, 『2030 대담한 미래 2』, 188-214.
4   최윤식, 『2030 대담한 미래 2』, 215-17.

시 건설 등 스마트폰 사업의 파괴를 통한 '일어나 빛을 발하는 초일류 신상품'과 조화를 이룰 수 있다. 그리고 전 세계의 12대 분쟁 지역과 재난지역에 스마트 전문인 봉사단으로 참여하는 것이다. 이것이 틈새 전략이다. 이러한 전환이 대한민국에 넘침(Spill Over) 효과를 가져온다면 대한민국은 잠자는 거인의 자리에서 다시 일어나게 된다.

우리나라의 경제의 50퍼센트가 삼성의 영향을 입는 것이라면 삼성이 무너지면 우리나라가 무너지는 것이니, 복원력을 갖추어야 하는데, 그 시간이 카이로스의 시간이 되니, 한민족은 이 때 덴마크의 국부인 그룬투비(Grundtvig)의 국민성을 바꾸어 위대한 국가를 건설하자는 말과 이승만 대통령의 "뭉치면 살고 흩어지면 죽는다"는 교훈을 융섭하여 이순신과 같은 살신성인의 자세를 가지고 거북선과 같은 미래 창조 안보 시스템에 모두가 주체가 되는 하나님이 생각날 만한 수준의 영성을 갖추어야 한다. 남한인의 품성 개조가 혁신의 단계에서 머물지 말고 변혁의 단계로 전환이 되어야 할 시급한 시기이다.

삼성을 예지하시고, 삼성을 예정하시고, 삼성을 부르시고, 삼성을 의롭다 하시고, 삼성을 영화롭게 하실 주님을 바라보아야 한다. 삼성을 비롯한 한국의 재벌 기업이 누가 보더라도 아직은 의롭다 하시고 영화롭다고 하시지 못하는 단계에 있지만, 창조적 기업 변혁자(Creative Transformer of Business)로서 세속적 기업 윤리를 관통(breakthrough)하는 기업이 되어야 삼성은 초일류 기업으로 선도할 수 있다.

데니얼 앨트만(Daniel Altman)은 이렇게 혁신과 기업가 정신을 요청한다.

> 한국은 경제 구조를 바꿀 기회를 잡아야 한다. 일본은 한때 기회가 있었지만 낡은 방식을 고수했다. 그 결과 현재 일본 젊은이들은 좌절감에 빠져있고 일본 경제는 성장하지 못하고 있다. 물론 한국은 아직 수출 주도적인 성장을 할 수 있는 시간이 10-15년 정도 남았다. 그러나 성공하는 기업과 산업은 정부 정책에서 나오는 것이 아니라 혁신과 기업가 정신이라는 경제 풍토에서 나온다.

한국이 일본과 같은 운명을 피하려면 새로운 길을 선택해야 한다.[5]

    한국의 개신교가 프로테스탄트의 정신이 살아있다면, 서구 자본주의에 물든 제국주의식의 기업들을 살리는 혁신을 넘어선 완전히 탈바꿈한 변혁적 창조의 역할을 청지기적 기업가 정신으로 해야 한다. 그것은 크리스천 기업을 넘어선, 사회적 기업을 넘어선, 그 후의 본격적인 영적 기업 시대를 선포하는 것이다. 이는 서구 자본주의 다음의 빌 게이츠의 창조적 자본주의 개념을 한국 자본주의로 재벌이 중소 기업을 보호 육성하며 공존하는 배려의 마음 즉, 기업인의 품성 개조가 일어나지 않으면 경제전으로 제2의 임진왜란(조선-일본), 병자호란(조선-청나라) 이후의 내리막길을 걷는 조선의 형국과 같을 것이다. 변혁적 창조라는 통찰력이 필요한 시점이다.

    성경에 나타난 이스라엘과 앗수르, 바벨론 제국과의 관계사를 참조할 필요가 있다. 우리가 발전하는 사이에 우리보다 더 큰 강대국들은 더욱 발전하기 때문이다. 성취 동기로는 이길 수 없다면 헌신 동기로 전환하여 품성 교육을 통한 인격의 시너지 효과밖에는 대안이 없다. 순교자의 자세로 거북선 같은 창조적인 신상품을 개발하여 고학력, 도시 거주, 중산층, 젊은이 세대에게 ICT와 소셜 미디어를 활용한 개인과 개인이 온라인에서 접속하는 'peer to peer' 방식의 비즈니스 모델[6]일 수도 있는데, 문화 사회적으로 한국 사회가 학연, 지연, 혈연 등을 중시하는 관계 중심의 한류 사회이기 때문에 이것이 해법 가운데 하나이다.

    여기에 이순신 장군과 같은 순교자의 영성이 요구되는 것이고, 우리는 비즈니스에서 십자가의 영성에 기초한 거북선의 사역을 적용해야 한다고 말하고 싶다.

    이러한 영성을 구체적으로 비즈니스 영성으로 삼성에 전혼하면 아래와 같다.

---

5   머니투데이 특별취재팀, 『앞으로 5년 결정적 미래』, 308.
6   머니투데이 특별취재팀, 『앞으로 5년 결정적 미래』, 191.

첫째, 신앙관은 '전사원선교사주의'이다.
삼성에 근무하는 것이 비즈니스 선교사의 자세로 하는가?
둘째, 직업관은 자원주의에 기초한 비즈니스 전문인 선교사이다.
삼성 직원은 자원하는 마음으로 하는가?
셋째, 재물관은 축복의 통로로서의 비즈니스 전문인 선교사이다.
삼성의 직원은 고객에게 축복의 통로의 자세인가?
넷째, 윤리관은 신자의 비세속성의 원리이다.
삼성은 세속적인 방법으로 시장을 지배한 것인가?
다섯째, 선교관은 전문인 선교이다.
삼성은 비즈니스 전문인 선교를 실시하는가?
여섯째, 가치관은 생활 가운데 전도자다.
삼성의 직원은 생활 가운데 전도자인가?
일곱째, 세계관은 하나님 중심의 세계관이다.
삼성의 세계관은 하늘의 빛나는 별(단 12:3)과 같이 남을 수 있는가?[7]

삼성의 CEO는 대한민국 경제 대통령의 존경을 받아야 한다. 국회 의원에 대해서도 그렇지만, 상당수의 대한민국의 국민이 이건희에 대해서도 경제 대통령에 동의하는 자가 없을 것이다. 의미 있는 축복의 통로가 아닌 소유의 창고라는 이미지가 강하다. 비록 삼성을 다운사이징 하더라도, 전 세계의 12대 분쟁 지역과 재난 지역 등 세계의 위기 앞에 적극적으로 나서서 경제 동물이라는 오명을 쓰고 물러간 일본의 소니나 도요타와 같은 길을 걸어서는 안된다.

미국에 잘하는 일본이 아니라 가난한 자에게 잘하는 삼성이 해법이다. 핀란드의 노키아의 직원들과 같이 노키아가 실패했을지라도 직원들이 새로 분사하여 창업을 해서 핀란드의 경제를 다시 일구듯이 만일의 사태에서 삼성의 직원들이 분사하여 한국 경제를 재건하는 중소 기업을 창업하여

---

[7] 김태연, 『비즈니스 전문인 선교학』 (수하프로패셔날, 2008), 115-16

재벌 중심이 아닌 중소 기업 중심의 한국 기업으로 전환의 계기가 되는데, 결국은 초일류 대한민국으로 가는 원리를 제공하여 승리하게 될 것이다.

만일 프랑스, 독일 프로젝트가 아니라고 생각한다면 BRICS 국가(브라질, 러시아, 인도, 중국, 남아프리카공화국) 가운데 하나인 인도가 우리의 친구가 될 수 있다. 미국이 중국과의 충돌을 막기 위해서 NATO를 동원하고 그것이 안 되면 인도나 싱가포르를 동원할 것으로 보인다.

하름 데 블레이(Harm de Blij)는 이렇게 말한다.

> 이제는 태평양 시대가 도래하면서, 미국과 중국이 가장 큰 대양에 면한 주요국가가 되었다. 태평양을 건너 이루어지는 교역은 그 양으로 보나 가치로 보나 대서양의 교역량을 이미 넘어섰다. 그리고 태평양 연안에서는 중국인 세계에서 가장 게걸스러운 소비 시장으로 떠오르며 석유와 곡물 등 자원을 놓고 미국과 경쟁하고 있다. 방대한 제조업 기반을 갖추고, 미국을 비롯한 전 세계에 대해 다단히 유리한 무역 균형을 이루고 있는 중국은, 앞으로 동남아시아 지역을 지배할 뿐 아니라 태평양 서부의 안정 세력인 미국의 존재와 부딪치게 될 것이다. 그러나 중국과 마찬가지로 인도는 핵 강국이며, 대양을 바라보는 군사 강국으로서 지역의 맹주로 떠오르고 있다. 그리고 나아가 세계 질서를 재편하는 데 주된 역할을 할 것이다.[8]

중국이 미국에 도전하여 실패할 경우에는 인도가 어부지리로 G-2가 될 수 있다는 것이다. 이 사실을 중국도 알고 있을 것이다. 인도야말로 용미, 용중하면서 확실한 2인자의 자리를 확보할 수 있는 나라가 될 수도 있다. 따라서 우리나라도 외교를 다각화하여 NATO에 속한 독일, 프랑스, 영국 등에도 힘을 쏟고 만일의 경우를 대비하여 인도와 파키스탄에도 관심을 가지고 문화 교류를 해야 한다. 더구나 2014년 현재, 부채 문제와 고령화 그리고

---

8 하름 데 블레이(Harm de Blij), 『분노의 지리학』(*Why geography matters : three challenges facing America : climate cha*), 유나영 역 (천지인, 2007), 196.

부패로 이미 성장이 둔화된 한국이 중장기적으로 살길은 아시아의 우수한 인재들의 유학과 이민을 장려하고 영주권을 내주어서 적극적으로 분권화, 다원화된 사회를 만들어간다면,[9] 양극화의 늪에 빠져있던 북한과도 극적으로 매직 파트너(magic partner)가 되어 자유 민주주의로 통일이 될 수 있다.

창조적 기업 국가의 이미지를 살리며 발전하는 한국은 2023년부터 다음 세대의 소비 사이클 속에서 회복하는 미국과 2020년에 다시 경제가 성장하는 중국 사이에서 용미 용중하며 사랑을 받으며 일본과 러시아를 견제하며 2030년까지 남은 시간에 초일류 대한민국의 비전을 실현하는 마지막 가능성을 발휘해야 한다.

인도의 시성 타고르가 '동방의 등불'이란 시에서 이미 한국 민족에게 "깨어나라, 일어나라, 빛을 발하라"고 인도로 대한민국을 초대를 하고 있다.

> 일찍이 아시아의 황금 시기에
> 빛나던 등불의 나라였던 코리아
> 그 등불 다시 한번 켜지는 날에
> 너는 동방의 밝은 빛이 되리라
> 마음에 두려움이 없고
> 머리는 높이 쳐들린 곳
> 지식은 자유롭고
> 좁다란 담벽으로 세계가 조각조각 갈라지지 않은 곳
> 진실의 깊은 곳에서 말씀이 솟아나는 곳
> 끊임없는 노력이 완성을 향하여 팔을 벌리는 곳
> 지성의 맑은 흐름이
> 굳어진 습관의 모래벌판에 길 잃지 않는 곳
> 무한이 펴져 나가는 생각과 행동으로

---

9 머니투데이 특별취재팀, 『앞으로 5년 결정적 미래』, 82-83.

우리들의 마음이 인도되는 곳

그러한 자유의 천국으로

내 마음의 조국 코리아여 깨어나소서.[10]

'7' 전문인신학 이론 4: 화해(Reconciliation)

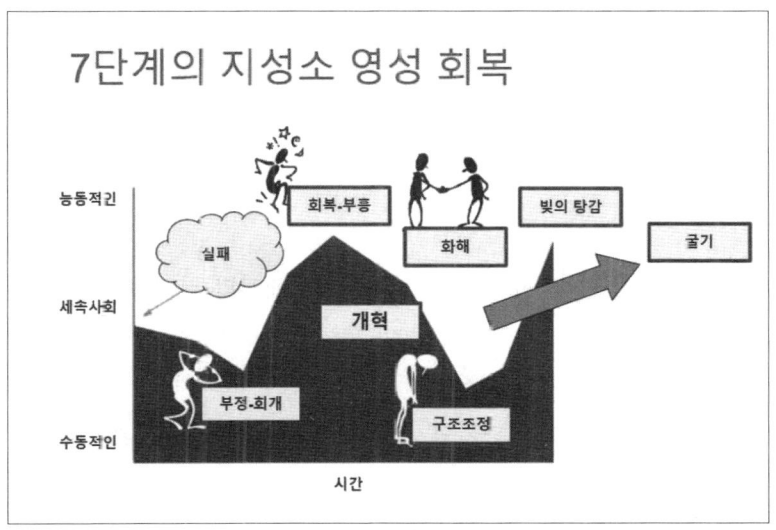

10　유석근, 『또 하나의 선민 알이랑 민족』 (예루살렘, 2005), 438.

제5장

초일류 한반도 비핵 통일 비전

1. 들어가며

한국이 인도를 등에 업고 차선책인 한반도에서의 비대칭적인 '프랑스, 독일 전략'을 추구하고자 할 때 2007-2008년 이후의 서브프라임 재정 위기로 인하여 미국은 가장 이상적인 국가 모델로서의 자리를 상실하고 있고 화폐 전쟁의 기능적인 위기의 계기에 직면하고 있기에, 초일류 한반도 비전에 적극적으로 개입할 수밖에 없는 것은 한반도에 중점을 둔 현재 오바마의 정책이 향후 10-15년 이후에도 국방 예산의 감소로 인해서 더 이상 중국이 미국을 제치고 1위가 되는 것을 막을 수 없고 각종 다자주의 각종 제도에 광범위한 분야에서의 전략적인 연대가 필요하기에 한국이 유럽연합의 강력한 양 대국인 프랑스, 독일을 중심으로 한 한반도 안보 협력 체계를 전개하고자 할 때 협력을 할 것이다.

왜냐하면, 미국은 그동안 북대서양조약기구(NATO)에 미국의 역내 동맹국들과의 협력을 강조하는 NATO의 글로벌 파트너십 제도에 한국, 일본, 호주, 뉴질랜드를 포함했기 때문이다.[1]

---

1 온대원, "동아시아 내 EU-미국간 안보 협력의 발전 방향", 한국외국어대학교 EU연구소, EU연구 37호, 2014. 109.

또한, NATO의 사구총장은 모든 민주주의 국가(일본, 뉴질랜드, 한국, 오스트레일리아 등)로 NATO를 확대하고 새로운 업무(민간 재건, 해상 무역 감시, 사이버 방위, 에너지 안보)를 추가하는 가능성도 배제하지 않고 있다.[2] 이에 한국이 미국의 등에 올라타서 '프랑스, 독일 프로젝트'를 제시하면 영국이 세익스피어, 존 번연 등 세계적인 문학가들을 배출한 것처럼 한국도 지금이라도 남북 문학을 세계 문화 시민이 감동할 수 있는 분노할 수밖에 없는 지정학적인 갈등으로 인한 고통을 승화시킨 분단 문학을 넘어서는 화해의 문학으로 승화시켜야 한다. 또한, 일본과 중국에 프랑스, 독일의 품위를 요구하는 일에도 프랑스, 독일의 정신적인 문화적인 에너지 사업적인 지지를 받아서 같이 공동체로 나서게 해야 한다.

미국이 다극 체제르 달러를 위협하는 나라들 때문에 경계하겠지만 미국, 일본, 중국, 독일, 프랑스, 남한이 초지역 연합이 되어진다면, 한반도의 긴장 완화에 크게 기여할 것으로 보인다. 우선적으로는 일본, 중국, 독일의 인내와 관용의 정신으로 한반도에 대한 세계사적인 창을 가지고 일시적 단합을 하도록 성사시킨 후, 남한을 중심으로 초기 준비 위원으로 모이는 것이 중요할 것이다. 미국의 지휘봉을 빌려서 EU라는 사자의 등에 올라타야 남한은 살게 되는 것이다. 어거스틴(Augustinus)의 『신국론』(De civitate Dei)에서와 같이 이 세상에는 바벨론의 나라와 예루살렘의 나라가 있는데, 현대판 예루살렘의 나라에 속한 나라가 현대판 바벨론의 나라에 굴종할 수가 없다는 것이 한반도 문제의 해법이다.

하나님이 다스리는 나라가 어찌 바벨론이나 애굽에 굴종을 할 수가 있겠는가?

그것이 양 대국에 필요충분조건을 다 갖춘 나라가 되는 것이다. 그것은 영적인 이스라엘이 되는 것이다. 육적인 이스라엘은 달걀 껍데기에 불과한 것이고 우리가 그 알맹이다.

---

2   르몽드 디플로마티크(Le monde diplomatique), 『르몽드 세계사 2』 (*L'Atlas du Monde diplomatique*), 이주영외 역 (휴머니스트, 2010), 43.

미국 부르킹스 연구소의 캐서린 문(Katharine Moon)은 이렇게 질문하고 있다.

> 중국 부상 관련을 따져 보아야 할 점은 '세계지도자로서의 역량을 갖추었나?
> 중국의 정치 군사적 부상이 한국과 동아시아의 지정학적 안정성을 위협하는가?
> 한국은 미국과 중국이라는 두 강대국 사이에서 반드시 한 나라를 선택해야 하는가?
> 중국은 정말 순수하게 대한민국과의 우호와 협력에 관심이 있는걸까, 아니면 한반도에 대한 지배력을 확장하려는 것일까?
> 한중과의 일련의 밀월 관계는 미국을 불편하게 만드는 것인가?

현실은 경제 불평등이 심각한 데다 인종 종교로 나뉜 불안정한 제국이며 대한민국이 미국과 중국 중 하나를 선택해야 할 필요가 없고 강대국 보호 불가피론을 탈피해야 한다.

남한의 진정한 위기는 북한과 소통이 전혀 되지 않는 상태에 있지만, 한국의 많은 분은 미국이 붕괴하고 중국이 G-1 국가가 된다고 하는데 동조하는 듯하다. 하지만, 미국은 군사력이 중국에 최소한 4배 이상이다. 한 가지만 예를 들면 미국의 사드(THAD) 고도 미사일 방어와 '한국형 미사일 방어'(KAMD)가 완벽하게 상호 운용성을 갖추기를 원하면서 독립적이고 강력한 체계를 갖추기를 원한다고 미국의 로버트 워크 국방부 장관이 경기도 오산 주한 미군 공군 기지에 와서 말했다.

이는 굉장히 시사하는 면이 많이 있는데 사드가 위력을 발휘하면 북한의 핵무기 도발을 당연히 억제하고 북한을 부추기는 중국까지도 확실히 억제하겠다는 것이다. 미국은 일시에 판세를 뒤집을 수 있는 중국 이상의 결정적인 무기를 가지고 있다고 본다. 한반도를 둘러싼 강대국 간의 물밑에서의 살바 싸움이 대단하다. 미국의 미래 시나리오는 하나님의 손에 달린 것이고 미국이 하나님의 편에 서 있기만 한다면 미국은 G-1의 위치를 지킬 것으로 본다.

왜냐하면, 전 세계를 통치하는 경찰국가로서의 전 세계적 의무(Global Responsibility)를 준행하는 나라가 G-1 국가로서의 자격이 있기 때문이다. 미국과 중국 사이의 알박기로 미움을 받지 않고 화룡점정으로 사랑을 받으려면 남한이 중국보다 앞선 사상과 이론과 관점을 가지면 된다.

미국과 같이 사고하기 위해서 중국 공산당의 사상, 이론, 관점을 분석하면 아래와 같다.

첫째, 마오쩌둥 사상: 사회주의 혁명 및 건설, 혁명 군대 건설, 정치 사상공작 및 문화 공작당 건설

둘째, 덩샤오핑 이론: 중국 특색의 사회주의 건설, 일국양제, 사회주의 초급 단계론, 3단계 발전 전략(배불리 먹는 단계, 여유 있는 생활, 전 국민이 물질 및 문화 생활 향유), 4대 원칙 고수 천명(사회주의 노선, 프롤레타리아 계급 독재, 공산당 일당 체제, 마르크스 레닌주의 및 마오쩌둥 사상)

셋째, 3개 대표론: 장쩌민은 중국 공산당이 선진 생산력, 선진 문화 발전, 광대한 인민의 근본 이익을 대표하며 급변하는 세계 조류에 대응하기 위해서는 공산당도 서양의 학문과 교양을 포함하여 다양하게 배우고 익혀야 한다.

넷째, 과학적 발전관: 후진타오는 조화로운 발전, 당의 집정 능력 강화, 당원의 선진 교육 유지, 사회주의 농촌 건설, 학습형 당 조직 건설[3]

여기에 닿서는 남한의 전문인주의 세계관으로 우리의 카드를 내밀면 승산이 있다고 본다. 필자가 주장하는 전문인주의(Professioncalism)은 자발적인 의지에 의해서 스스로가 미래를 개척하는 초일류 대한민국의 비전으로서 중화 제국주의 건설 너머서의 하나님의 나라를 실현하는 축복의 통로가 되는 종말론적 구원 국가의 하나님 중심의 세계관이다.

---

[3] 오영호, 『미래 중국과 통하라』 (메디치미디어, 2013), 244.

유럽과 중동의 오스트리아, 스위스, 이스라엘 등이 작지만 강소국인 것처럼 이제 아시아에도 강소국이 있어야 할 때가 도래한 것이다.

최윤식은 이렇게 전망한다.

> 단일 국가로만 평가하자면 미국은 2030년 이후에도 G-1일 가능성이 크다. 어쩌면 미국이 '팍스 아시아나'(Pax Asiana)를 주도하는 전략을 사용하여 단극 체제에 편입되는 전략을 구사할 가능성도 크다. 그렇게 되면 '팍스 태평양 아시아'(Pax Pacific Asina)나가 될 것이다. 미국, 아시아의 강력한 경쟁자가 될 유럽연합은 강대국의 면모를 갖출 것은 분명하지만, 세계적인 헤게모니를 갖기에는 몇 가지 해결해야 할 문제가 있다. 먼저 지금의 금융 위기를 극복하는데 앞으로도 최소 5~7년의 시간이 필요하다. 그만큼 경쟁에서 뒤쳐 진다는 말이다. 금융 위기를 극복한 다음에도, 급격한 초고령화 현상 때문에 실질 노동력의 저하가 뚜렷해질 것이다. 이는 미국, 아시아를 추월할만한 경제 성장을 성취하는데 큰 한계로 작용할 것이다.[4]

하나님의 나라가 도래하도록 이 땅에서 하나님이 통치하심을 느끼게 해주는 역할을 미국이 지속한다면 50퍼센트 이상의 승산은 늘 미국에 있다고 본다. 향후, 지적 재산권, 탄소세 등 다양한 신(Syn) 케인즈식의 금융 경제 전략을 가지고 세계 경제를 지배할 것이다. 그러나 경제적 역량과 정치적 일체감을 갖추지 못한 중국은 아직은 G-1 국가가 되기에는 시간이 필요하다. 신장 위구르 자치 지역을 포함한 자체 내에서의 소수 민족의 갈등(북한 포함)등 다양한 문제들이 사회주의 정치로 풀기에는 전체적으로 선진국이라고 하기에는 너무나 정글만리 같은 나라이다.

공산주의를 경험하지 않는 사회민주주의 나라라고 하지만 미래의 국제 정세가 중국의 뜻대로 된다는 것도 불확실한 것이다. EU 연합이라고 하는 또 다른 경쟁자가 막다른 골목에서는 미국을 돕는 방향으로 선회할 수가

---

4 최윤식, 『2030 대담한 미래 1』 (지식노마드, 2013), 408.

있다. 이 와중에 남한이 중국과 EU에 기울게 되면, 독도를 일본이 가지고 가려는 지정학적 분쟁 시 미국이 일본 편을 드는 악수가 생길 수도 있다.

미국은 군사 강국이자 세계 제1의 채무국인데, 군비 지출은 2001년 이래 꾸준히 증가하여 전 세계 군비 지출의 50퍼센트(2008년 7,110억 달러)를 차지하고 미국 동맹국의 지출까지 합치면 81퍼센트이며 현재 미군은 28만 명이 해외에 주둔하고 있고 전체적으로 40만 명이 해외에 나가 있다. 에너지 총수요가 급증하고 자원이 고갈되며 가격이 상승세를 타는 가운데 미국의 대외에너지 의존도가 증가(1970년 23퍼센트, 오늘날 60퍼센트)하고 있다는 사실이다.[5]

한마디로, 미국은 경제적 역량이 흔들리고 있으나 성숙한 청교도 정신으로 정치적 안정감을 가지기만 하면 군사적 일체감은 중국의 20배가 되니 G-1 국가로서의 역할을 계속하게 될 것이다. 그러나 이러한 틈새에 남한이 평화 촉진자 태평양 아시아나(Peace Facilitator Pacific Koreana)의 역할을 할 수 있는 조정자도 초고령화 문제, 복지 확대 문제, 적폐된 도덕성 극복 등을 해결하고 일시적이라도 순회 지도자로 올라서게 된다면, 영적으로 초일류 대한민국의 영적인 안정감이 이 두 나라를 앞서게 된다면 이야기는 달라지는 것이다.

미국과 중국이 한국을 신(New) 이스라엘을 넘어선 신(Syn) 이스라엘처럼 소중하게 여기는 날도 2017년의 고비를 넘기면 2020년에는 가능하다는 이야기이다. 적중 사례에서 제시하겠지만 이 일을 위해서 20:20 비전이 소중하다.

2. 초일류 대한민국의 국가 재건 전략

성서의 이야기나 한반도의 역사는 다 전쟁사이다. 한반도의 지정학은 분노하는 지정학이다. 한국은 대륙과 섬 사이에 끼인 건널목이란 운명에

---

[5] 르몽드 디플로마티크, 『르몽드 세계사 2』, 70-71.

진저리를 쳐왔다. 그러나 발상의 전환을 하면 하나님의 다리의 역할을 할 수 있다는 것이다. 섬나라인 남한에서 더 섬나라인 일본으로 이민을 가장 많이 간다고 한다. 필자가 남한에 동북아시아에서 일시적으로라도 조정자의 역할이 한번은 오리라고 보는 것은 이미 코리안 디아스포라가 주변 4강에(미국에 210만 명, 일본에 90만 명, 중국에 260만 명 그리고 러시아에 20만 명) 정보원을 투입시켜놓았기 때문이다. 남한이 동북아시아의 알박기와 같은 역할을 비자발적으로 한 것이고 그 열매를 하나님이 카인의 열매든 아벨의 열매든 성령의 열매든 악의 열매든 거두실 수 있다고 보는 것이다.

김병익은 남한의 백성에게 이렇게 도전한다.

> 한반도가 무력한 건널목 자리에서 벗어나 지정학적 요충으로 동아시아의 허브가 될 가능성도 생각해 본다. 한국의 경제 문화적 위상과 산업 기술은 중국과 일본의 중간 수준이지만, 전반적인 현대화에는 못 미치는 중국이나, 지도력을 못 갖춘 일본의 패쇄적인 사회 문화 분위기보다 역동적이고 개방적인 한국의 위치는 이 3국 관계에서 주도적 역할을 맡을 잠재력을 적잖이 가지고 있다. 중국을 개입시키고 일본에 연장선을 뻗어 1000년 전의 실크 로드를 재현하는 한국 주도의 새로운 철도 로드도 그래서 연구해볼 만한 어젠다이고 한·중·일 문예 공화국의 허브역(驛)도 추진해 볼 만한 아이템이며 신 대동아 공영권도 고려해 볼 만한 주제다.[6]

그런데 남한의 소시민 자세가 창세기에 나오는 요셉과 같이 자신을 불우하게 만든 형들을 정죄하는 것이 아니라 오히려 하나님의 예정하심으로 미리 그 땅에 와 있다는 마음을 가진 코리안 디아스포라의 희생 정신을 배워야 한다는 것이 전제되어야 한다. 그래야 전문인이 되는 것이다.

독립운동을 하러 고국을 등진 저들은 축복의 통로가 되었으나 조국에 남아있는 남한의 시민들은 소유의 창고와 같이 세속주의, 물질주의에 사

---

[6] 김병익, "한반도의 지정학: 건널목에서 알박이로", 「한겨레」, 2014. 8. 22.

로잡혀서 물질적인 부를 축적했으나 동북아시아에서는 현실을 주도하거나 자부심을 느끼고 조정자라고 이야기하기에는 성숙한 세계 시민으로서 인정을 받지 못하는 실정이다. 알박기가 소유의 창고와 같은 개념이라면 동북아의 허브는 축복의 통로라는 개념으로 다가온다.

하나님이 사용하시는 초일류 대한민국의 문화 시민이 되기 위해서는 인성 교육이 바로 되어야 하는데 이에 대해서 정근모 박사는 12가지를 제시하고 있다.

① 지식 기반 사회의 진정한 교육을 해야 한다.
② 경제는 과학이라는 개념을 바로 가져야 한다.
③ 한류, 문화 사업의 세계화의 기수이다.
④ 생명과 환경을 중시하는 건강한 사회를 추구해야 한다.
⑤ 천재 지변과 재해에 대한 예측과 대비가 되어야 한다.
⑥ 첨단 과학 기술로 에너지와 농업에 우선권을 두어야 한다.
⑦ 균형 잡힌 국토 개발과 지역 발전을 추구해야 한다.
⑧ 도덕 정치를 향한 새로운 정치 환경이 조성되어야 한다.
⑨ 대동 화합을 위한 내외적 갈등 요소 청산을 이루어야 한다.
⑩ 21세기형 안보 시스템의 구축을 이루어야 한다.
⑪ 평화와 번영 최우선의 힘 있는 외교를 해야 한다
⑫ 겸우와 상식이 통하는 도덕적 국가가 되어야 한다.[7]

미국의 도덕성과 정의감이 중국보다 앞서는 상황에서 중국은 절대로 미국의 상대가 되지 못한다. 역설적으로 정의로운 전쟁을 수행한다는 명목으로 조지 W. 부시 주니어(George W. Bush Jr.) 대통령이 자신을 9. 11 테러 이후에 알 카에다를 응징하며 자신을 여호수아 장군이라고 불렀던 기억이 새롭다. 전쟁에서 미국이 승리하게 되면 미국은 중국이 보유한 미국 국채

---

[7] 정근모, 『하나님이 쓰시는 초일류 대한민국』 (라이즈업코리아운동협의회, 2013), 3.

와 미국 달러가 다 휴지 조각이 되는 것을 알고 있고 중국은 전쟁의 조짐이 보이게 되면 먼저 국채를 팔아넘기게 될 것은 뻔한 이치이다.

6.25 전쟁에서 살아남은 한국은 애굽의 고센 땅과 같은 지역이다. 이승만 독트린과 같이, 하나님이 출애굽과 같이 공산주의 침투에서 보전하셨다면 지금도 강력한 대통령 리더십에 의해 어떤 재앙이 올지라도 무너지지 않는 하나님이 보호해 주시는 재앙에서 면제된 면세 지역이 될 것이다.

미국의 이슬람 국가 IS 격퇴 시나리오를 보면, 북한에 유고가 발생 시 미국이 수행할 작전 능력을 통찰할 수 있다.

첫째, 체계적인 공습
이라크 군과 공조, IS 목표 파괴, IS 도피처 근절, 시리아 내 공습도 주저하지 않음
둘째, 지상 병력 지원 강화
쿠르드 이라크 군에 훈련과 정보 장비 제공, 미군 475명 추가 파병, 전투 임무는 금지, 온건 시리아 반군 훈련과 사우디 군사 기지 제공 등 지원
셋째, 실질적인 테러 방지 능력 강화
IS 관련 정보 수집 보강, IS로의 외부 자금 및 조직원 외부 유입 차단, 미국 본토 보안 강화
넷째, 우방과 함께 인도적 구호 노력 강화
이라크, 시리아 내 소수 민족과 난민에 대한 지속적인 지원

IS군에 한국인도 참여를 주장하는 사우디아라비아 출신자 하마드의 CNN과의 인터뷰가 나온 상황에서 이를 한반도 전쟁 시 시나리오로 재구성하면 아래와 같다.

첫째, 체계적인 공습
일본 자위대와 공조, 평양 반란군 목표 파괴, 김정은 도피처 근절, 북중/북러 접경 지역 공습도 주저하지 않음

둘째, 지상 병력 지원 강화

국군에 전자 폭탄 훈련과 정보 장비 제공, UN 연합군 추가 파병, 신도시 건설 기반 조성 사업에 참여, 미국와 일본의 협조로 온건 김정남 반군 지원과 항공모함 군사 기지 제공 등 지원

셋째, 실질적인 테러 방지 능력 강화

핵무기 관련 정보 수집 보강, 반군으로의 핵무기 외부 판매망 및 러시아 KGB 외부 유입 차단, 미일 본토 보안 강화

넷째, EU 등 포함한 한반도 주변 국가들과 함께 UN을 통한 인도적 구호 노력 강화

중국, 몽골, 남한 내 북한 새터민에 대한 지속적인 지원

우리가 적그리스도 국가로서 러시아를 눈여겨보아야 할 것은 양동 작전으로 중동의 시리아를 부추겨서 이스라엘을 공격하게 하는 일을 뒤에서 사주하는 일을 하고 있으며 시리아를 공격하려는 연합 전선에 프랑스, 영국이 반대하는 것은 눈여겨보아야 할 것이다.

동시에 북한의 공산주의 종주국으로서 배후에서 조종하는 나라가 러시아이기 때문에 우크라이나 반군 사태를 통해서 서방 세계와 벌이는 푸틴의 기만술을 볼 때 우리가 왜 EU를 한반도 저건에 투입해야 하는지를 가늠할 수 있어야 한다. EU의 영향력으로 러시아를 자제시킬 수 있기 때문이다. 남한의 피해를 가정한 최악의 시나리오에도 문제를 해결할 능력이 한민족에게 있으므로 중요한 것은 엄청난 압력에서 은근과 끈기로 비바람, 눈과 같은 시련들을 어떻게 이겨나갈 수 있느냐는 것이다.

그것은 한민족의 홍익인간(弘益人間, 널리 사람을 이롭게 한다), 재세이화(在世理化, 세상을 구원하고 화해시킨다), 성통공완(性通功完, 거룩함이 통해서 널리완전케 된다)에 기초한 진정한 도덕 재무장이다. 도덕성을 지닌 초일류 영세 중립국의 위치를 인정받아야 한다. 그리하여 전 세계의 갑부가 은퇴를 남한에 와서 함으로써 남한은 제2의 스위스와 같은 경제적인 부의 이동을 경험할 수 있게 될 것이다. 이를 위해서는 남한이 초일류 대한민국의 비전

을 지니고 하나님이 기뻐하시는 일을 해야 하는데, 그 근본부터가 달라지는 품성 교육이 중요한 시기이다.

예수를 확실히 믿는 자들은 미국을 편들어야 하고 세상의 종교인들은 중국을 편드는 결정을 해야 하는 시기가 오고 있다고 한다. 그러나 가능하면 미국과 중국이 독특한(unique) 가치가 있는 남한 편을 드는 가치 있는 남한을 만들어야 한다.

미국은 의정부 부대찌개를 다 끓여 먹어서 남한에 먹을 것이 없다거나 중국은 영변의 약산 진달래 술을 다 마셔서 마실 술이 없다는 말을 하지 않도록 에너지를 통한 국가 가치를 높이는 일을 해야 할 시기이다. 장산곶의 풍력 에너지로 남한의 신라면을 끓여 먹는다는 이야기가 나와야 한다. 에너지 사업은 이제 마지막 사업의 가능성이 있다.

세상에 경영학이 아닌 것이 없듯이 이제는 세상에 에너지학이 아닌 것이 없다. 하나님의 경영에 하나님의 사랑의 에너지이다. 우리가 통일 한국, 성서 한국, 선교 한국을 실천하는 영적인 이스라엘과 같은 하나님의 대사 신분으로 주변의 강대국들의 허리에 올라탄 기수와 같이 달리고 또 달리는 강인한 군사요, 에너지 넘치는 열정의 에너지 선교사가 되어야 한다. 세월호 사건과 한반도 화해 평화로 가는 유일한 길이란 메시지를 던진 프란체스코 로마 교황의 한국 방문 메시지에서 보듯이 한반도는 핵무기 철폐, 종족 학살 금지, 환경 오염 철폐의 세 가지 함수 관계를 해소해야 할 영적 전쟁터이고 육적 전쟁터이다.

또한, 기독교 안에서의 질적 전쟁터이다. 예전과는 질적으로 교묘한 사건들이 영육 간에 강하게 침투하고 있는 이 전환기의 시점에서 예수 복음, 바울 선교를 실천하는 초일류 대한민국의 선교 모델을 제시해야 한다는 것이다. 그것을 필자는 에너지 전문인 선교로 제시하고자 한다.

'7' 전문인신학 이론 5: 구조 조정(Restructure)

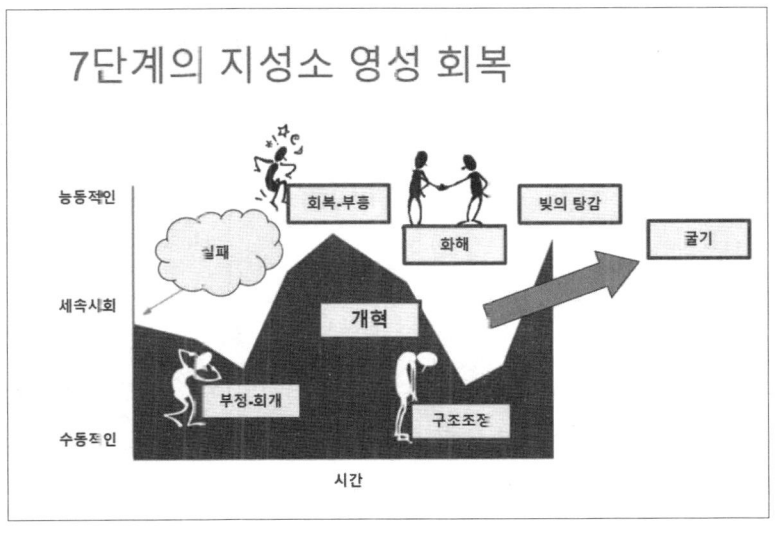

제6장

에너지 발전을 통한 도시 개발 사역

　아랍에미리트의 두바이에 이어서 한국의 인천의 송도 신도시에 이어서 출판 문화 도시인 파주 신도시가 스마트 도시로 조성이 된다고 한다. 현재 중국은 능동적으로 제국주의적인 방식에 의해서는 선교를 할 수 없는 지역으로 판명이 났다.
　삼자 교회를 무시할 수도 없고 너무 가깝게 할 수도 없고 결국 용해시키려는 중국 공산당 앞에서 추수기 지역과 같이 가시적인 교회를 개척하고 핍박받는 교회로서 머무는 것보다는 총체적 선교 차원에서 병든 자와 아픈 자들을 구원하는 총체적 사역을 통하여 국경을 넘어서 사역을 하는 일에 적극적으로 헌신을 해야 할 것이다. 이 일은 고아원 사역, 양로원 사역, 장애우 사역과 마찬가지로 중국 정부의 후원을 받을 수 있을 것이다.
　예루살렘이 최초의 창의적 접근 지역이었으나 창의적 사고나 비판적 사고가 결여된 율법 준수론에 메여있는 유대교의 본산이었고 이슬람교는 더 근본적인 율법주의의 모습으로 역기독교 반동 운동을 한 것으로 볼 수 있다. 창의적 접근 지역을 여는 판단의 기준이 그 나라나 그 도시가 에너지(열정)가 있느냐는 것이다.
　예를 들면 태양신 라(Ra)를 섬기는 이집트는 아프리카와 중동 선교를 위해서 수도 카이로는 관문 도시(Gateway City)와 같은 역할을 할 수 있는 도시이다. 생명의 신과 죽음의 신에 대한 이름을 아는 신(known god)를 섬기는 자들이며 예수가 헤롯의 칼날을 피해서 어린 시적 피난을 갔던 발자취가 있는 나라이기에 에너지의 근원이신 예수의 족적이 남아있기에 에너지의 측면에서 반드시 고려되어야 할 나라이다.

현재 이집트는 안정과 명성을 추구하나 관광업은 지하-드(聖戰, 성전)의 테러 및 금융 위기에 시달리고, 수에즈 운하는 세계 경제 위기와 소말리아 연안의 해적들로 몸살을 앓고 있고 석유와 가스 가격의 폭락, 국외 이민자의 송금, 외국인 투자의 감소로 경제적, 정치적으로 선진국으로 갈 확신이 없기에 중동의 인접 환경의 안정을 위해서 미국과의 전략적 동맹에 의존하는 입장이다.[1] 2014년 이스라엘과 팔레스타인해방기구(PLO)의 전쟁도 이집트의 중재로 무기한 중단된 것이다.

요르단의 암만과 페트라를 보면서 우리는 사도 바울이 다메섹에서 예수를 만난 빛의 사건 즉, 영적으로 에너지의 사건(빛, 열, 영향력) 이후에 먼저 간 페트라 지역은 수로를 통한 에너지를 고려해 볼 때 반드시 다루어야 할 중요한 나라이다. 시내 산에서 떨기나무 불꽃에서 하나님을 만났던 모세가 페트라 지역에서는 반석을 지팡이로 치자 굴이 솟아난 지역이다. 창의적 접근 전략이 가능한 지역이라는 사실을 사막을 운행하는 낙타와 그의 등에 있는 물을 통해서 에너지의 의미를 상징적으로 이해할 수가 있다.

더구나 중국의 상해는 에너지의 도시이다. 어디를 가든지 공원에서는 맨손 체조를 하면서 마치 사자가 먹이를 잡기 전에 준비 운동을 하듯이 계속해서 움직이고 있으며 역동적인 에너지를 느끼게 하고 있다.

바벨탑 사건 이후에 동방으로 이주한 욕단의 후예인 한민족(동이족)의 중국 지배 역사를 참조하면, 오늘날의 중국은 천단 앞에서 수많은 종교를 용해해서 지금도 현재진행형으로 종교를 중국내화(Chincalization)하는 가히 폭발적인 용광로인 것이다. 종교 혼합주의요, 종교 다원주의의 변색 가면을 쓰고 있지만, 종교적인 초일류 에너지를 가지고 있다고 볼 수 있다.

---

1 르몽드 디플로마티크(Le monde diplomatique), 『르몽드 세계사 2』 (*L'Atlas du Monde diplomatique*), 이주영의 역 (휴머니스트, 2010), 88-89.

한마디로 전쟁의 화약고와 같은 지정학적 위치에 있는 나라들을 관리할 수 있는 미국, 중국 등 나라들에 의해서 창의적 접근 전략이 가능하다고 본다. 악의 축이라고 불리는 북한의 영변이 에너지야말로 창의적 접근 지역이요, 창의적 접근 전략의 융섭을 통한 최후의 선교지라고 볼 수 있다.

이제까지의 개인 사역을 하는 개념을 넘어 중장기적으로 한 사회를 변혁시키는 과학과 기술을 고리로 한 그리스도인 공동체로서의 CEE(Christian Energy Evangelism)는 최상의 방법으로써 에너지 계통에서 은퇴한 그리스도인들을 에너지 선교사로 구비시켜서 원자력 에너지, 청정 석탄 에너지, 태양 에너지 및 풍력 산업을 통한 전문가로 중국에 진출시키는 것이다. 처음에 아날로그 수준의 중국의 연변과학기술대학교 교수를 보내는 일에 관여한 한국전문인선교훈련원과 같은 역할을 이제는 한동대학교가 중국의 칭화대학교에 에너지시스템공학부 교수로 진출하는 것이다.

에너지 문제를 해결하면서 자연스럽게 IT와 함께 중국의 신형도시화의 단계별로 2014-2020년까지 대도시, 성급 도시, 지급 도시, 농촌에까지 스마트 도시가 이루어지게 되는 단계별로 E0, E1, E2, E3로 복음이 증거되는 공동체를 이루어가게 될 것이다.

IT 시대 다음에는 I시대가 온다고 하는 피터 드러커의 비전이 실현되는 것을 보게 된다. I는 정보이지만 결국은 '스스로 있는 자'(I AM WHO I AM)이라는 하나님의 사랑으로 귀결이 될 것이다. 이는 엔트로피(Entropy)를 넘어선 '신트로피'(Syntropy)를 '신떼오트로피'(Syntheotropy)로 바꿀 수 있는 과학 신학에 관한 연구가 한국 기독교에 도래 할 수 있는 에너지를 보는 창을 제공할 것이다.

앨리스터 E. 맥그래스(Alister E. McGrath)는 과학신학을 이렇게 말한다.

> 구약성경의 의의 개념에 대한 간략한 분석을 통해 세계의 질서 개념은 이스라엘이 세계 안에서 자신의 위치와 하나님과의 관계를 이해하는 데에 중요한 개념임을 알 수 있다. 이스라엘의 정체성은 자연 세계 및 하나님과의 관계에 의해 형성된다. 두 경우 모두 질서개념이 중요한 역할을 한다. 하나님과 이스라

엘 사이의 언약은 이스라엘 안에서 모든 관계의 질서를 세운다. 이런 질서는 이스라엘 백성이 그 땅과의 관계, 백성, 상호 간의 관계, 하나님과의 관계를 함축한다고 보아야 한다. 질서는 먼저 창조를 통해 그리고 이어서 언약의 수여를 통해 세워졌다. 자료(datum)와 선물(donum)이라는 하나님의 이중적 행위는 이스라엘의 행동과 사고를 지배하는 틀을 세운다.[2]

여기서 자료(하나님의 은혜)는 새 언약, 선물(하나님의 사랑)은 십자가를 통한 영적 에너지로 치환을 해볼 수 있다. 하나님이 다스리는 세계 질서는 아브라함의 언약을 통하여 이스라엘 백성에게 주어진 것인데 이제는 새 언약을 통하여 생명과 성령의 법으로 다스리는 나라가 되어야 한다. 하나님의 공의는 예수의 십자가의 사건으로 완성이 되었고 율법은 완성이 되고 예수에 의해서 폐기가 되었으며 우리는 부활하신 그리스도 예수 안에서 생명과 성령의 법 안에서 살고 있다.

그런데 이스라엘은 여전히 유대교를 고집하며 예수를 믿지 않기에 하나님은 껍데기를 버리신 것이고 이제 영적인 이스라엘의 기능을 할 수 있는 나라를 찾는데 미국을 뒤이어서 한국이 그 역할을 할 수 있느냐는 것이다. 한국은 영적인 이스라엘이 되어서 마치 달걀 껍데기를 까고 병아리가 되어서 비로소 공간을 지배하며 날을 수 있는 것과 같이 원자핵과 같은 노른자의 역할을 한국의 그리스도인들이 해야 할 것이다.

로마서 12:1 이하에서 "너희는 이 세대를 본받지 말고 변화를 받으라"(not to conform but to transform)고 하는 것은 바로 이 말이다. 여기서 본받지 말라고 하는 것은 더 큰 악과 더 작은 악 사이에서 선택하며 살게 만드는 율법하에서의 사회를 말하는 것이다. 이 세대(유대교, 종교 다원주의, 종교 혼합주의, 로마가톨릭교회, WCC 등)와 타협을 하지 말라는 것이다. 여기서 변화를 받으라는 것은 피터 드러커의 변화의 4단계 가운데서 변혁을 지칭하

---

2 앨리스터 E. 맥그래스(Alister E. McGrath), 『과학신학탐구』(The order of things), 황의무 역 (CLC. 2010), 284.

는 것이다. 이를 도식으로 표시하면 아래와 같다.

① 변화(Change) - 혁신(Innovation) - 변혁(Transformation) - 혁명(Revolution)
② 익명의 그리스도인(변화) - 명목적 그리스도인(혁신) - 실천적 그리스도인(변혁) - 순교자(혁명)
③ 화석 에너지 그리스도인 - 탄소 그리스도인 - 원자력 그리스도인 - 대체 에너지 그리스도인

이것이 진정한 의미에서의 에너지 선교 혁명으로 이어지는 것이 옳다. 이 일을 위해서 영적인 이스라엘 된 우리에게 주신 하나님의 새 언약 은혜의 선물은 하나님의 창조부터 종말까지 다스리게 하신 에너지이다. 에너지를 그냥 하나님이 인간에게 베풀어주신 만나와 같은 자연 계시로 보는 것이 아니라 하나님의 십자가 사랑이라는 특별 계시를 포함해서 보게 될 때 자신학(self-theology)인 전문인신학(Professional theology)에서 실천신학의 모델이 될 수 있는 예수 십자가의 사랑의 에너지 신학이 비로소 총체적(Wholistic) 신학, 총체적(Wholistic) 선교로서 시작할 수가 있을 것이다.

십자가 사랑의 에너지신학에서 다루어야 할 신학이 에너지 전문인 선교사가 되는 선교 전략인데, 여기서 다루어야 할 과목은 아래와 같다.

① 하나님 중심의 세계관: 기독교 세계관을 하나님의 경영 차원에서 종합적으로 볼 수 있는 신국적 세계관이다.
② 예수님 같은 사역: 천국의 집을 예비하시는 순례자적인 예수 사역이다
③ 종으로서의 리더십: 섬기는 종으로서의 발을 씻기시는 헌신의 사역이다.
④ 글로벌 그린 에너지: 전문인 선교와 복음 전파를 포괄하는 의미의 에너지 선교이다.
⑤ 전신자선교사주의: 만인 제사장에 묶여있는 이신득의의 신학을 변혁하는 변혁 신앙으로서의 '전신자선교사주의'이다. 선교가 없는 믿음은 죽은 믿음이다.

⑥ 그런데도 축복의 통로: 소유의 창고와 같은 성취 동기가 아닌 헌신 동기로서의 축복의 통로를 소개하고 하박국처럼 자신의 소유가 없음에도 불구하고 축복의 통로가 되는 것이다.
⑦ 성육신적인 선교: 성육신적인 선교, 동일시의 원리, 자기 비하의 교리를 생명과 성령의 법안에서 행동하는 믿음으로 실천한 바울의 자비량 선교, 전문인 선교 그리고 융섭형 전문인 선교의 기초는 예수 선교이다.
⑧ 5중 전문성(직업, 사역, 언어, 지역, 성령의 기름 부으심): 성령 세례에 의한 하나님이 내 안에서 역사하시는 사역이 올바른 성령의 사역이며 전문성이 내 안에서 융섭적으로 드러나게 된다.
⑨ 비판적 상황화: 지정학적인 갈등과 분쟁을 12지파와 12사도에 교훈을 얻어서 비둘기처럼 순결하고 뱀처럼 지혜로운 정체성을 먼저 지키고 상관성을 유지하는 상황화된 자신학의 전략이 필요하다.
⑩ 문화 교류 리더십: 하늘의 문화를 버리시고 이 땅의 문화에 오신 최초의 타문화권 선교사이신 예수 그리스도의 리더십의 이론과 실제를 사도 바울처럼 실천해야 한다.

이를 위해서 에너지 최고위 지도자 과정을 시작하여 많은 후원 그룹을 형성하고 그 가운데서 선교사로 헌신한 자를 훈련시키는 일을 통해 우선은 한국개발연구원, 대외경제정책연구원, 통일연구원, 산업연구원, 국토연구원, 에너지연구원, 철도연구원, 한국주택개발공사, 한국석유개발공사, 한국전력 등 에너지 분야에 종사했던 은퇴하는 많은 전문인에게 직장 선교와 세계 선교를 선교 융합하는 차원의 전문인 선교에 동참하는 길을 열어주는 것이 너무나 소중하다고 본다.[3] 그리고 적폐된 기독교의 부패를 벗어나 복음의 확산 운동을 하는 목사와 평신도를 구별하지 않는 제3의 길로서의 연합을 하기 원하는 전문인 그리스도인들을 모아서 중보 기도를 하게 하는 것이 중요하다.

---

3   민경태, 『서울 평양 메가 시티』(미래의 창, 2014), 244.

이분법으로 구별이 된 남한은 다양한 가운데 조화를 이룰 수 있는 새로운 정치 체제를 구축해야 북한의 유사시에도 자유 민주정체를 유지할 수 있다. 남한과 북한이 다 같이 터널을 통과해 나온다고 하는 동병상련의 동일시 원리로 소통하는 것이 소중하다. 예를 들면 북한의 북서부, 북동부, 중등부, 메가 시티 광역 경제권을 개발하는데, 한국전쟁에 참가한 UN 참전국들에게 우선권을 주어서 북한의 처지에서는 억울함을 씻을 수 있는 위기를 만들고 북한에 미얀마의 아웅 산 사건의 범죄를 씻을 수 있도록 미얀마의 개발 사례를 벤치 마킹을 하여 결국은 저지른 죗값을 씻게 하고 화해하는 기념비적인 사역이 이루어져야 한다. 그럴 때 진정한 의미에서의 민족 화합이 이루어지는 모퉁잇돌 사역이 될 것이다.

만일 한국에서의 해비타트운동과 연계하여 중국에 짓는 집을 태양열을 활용한 집을 짓고 크리스천 문화 공동체를 형성할 수 있다면 중국의 스마트 도시를 짓는 과정에서도 참조가 될 수 있을 것이다. 2020년까지 중국에 다가올 원자력 에너지의 폭발적 증가와 함께 한국형 원자력 발전기의 모델인 K-Star의 아랍에미리트의 수출과 함께 한국의 발전된 원자력 에너지 기술자의 신형 핵융합 기술로 소형화와 이동성이 보장된다면 중국에서의 활약도 기대해 볼 수 있지 않을까?

이 과정 중에 하나님이 현대판 애굽의 바로에 10가지 재앙과 같이 역사하시면서 북한에 물이 피로 변하는 재앙을 이해하지 못하기에 마지막에는 유월절 사건으로 장자를 치는 사건 이후에 출애굽 사건을 통해서 이스라엘 군대 200만 명을 구원하고 애굽의 600대의 병거와 군사들을 홍해에 수장하는 일을 생각하게 하사, 저들의 두 손을 들게 하시며, 용미, 용중의 절묘한 전략을 통하여 군사 강국인 미국의 선택하에 인간들의 예상을 뒤엎는다.

결국, 초일류 대한민국으로 남북 통일의 길이 열린다면, 핵무기 보유는 당연한 것이고, 보너스로 우리가 염려하는 핵폐기물 처리장이 영변이 될 수 있을 것이다.

한국의 선교 단체도 유관한 전문인들을 중심으로 원자력 에너지 전문인 선교사 3.0시대를 완수할 수 있도록 '원자력에너지전문인선교협의회'

를 구성하여 에너지 선교를 통한 전문인 선교를 스마트 에너지 도시를 통해서 완수해야 할 것이다. 남북이 통일되면 연합 팀으로 핵폐기물 처리가 가능한 북한의 여러 지역이 스마트 KATRA 도시로 변모가 되고 유라시아 에너지 선교의 통로가 될 것이다.

'7' 전문인신학 이론 6: 빚 탕감(Remission)

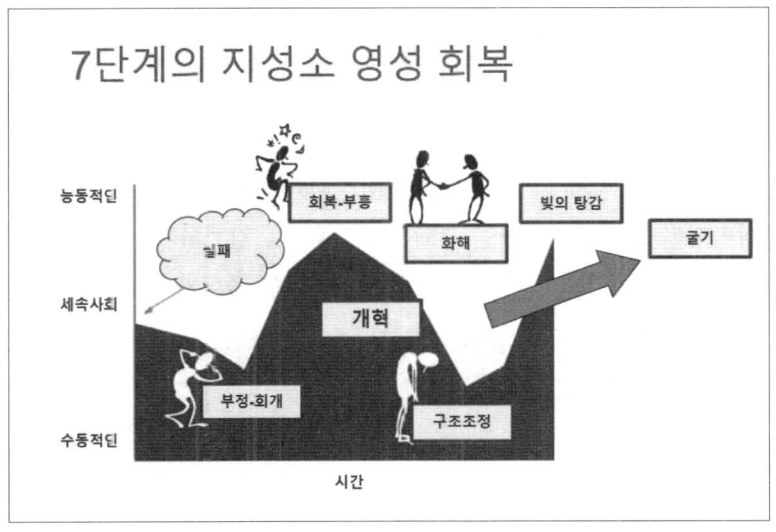

제7장

미래 한국 선교 변혁 7R 운동

여기서 R은 Redemption(구속)이다. 교회 성장을 목표로 하는 교회가 비즈니스화되고 목사가 너무 많은 물질을 소유하고 있음으로 인해서 일어나는 세속적이고 인본주의적인 교회들로 인하여, 건전하게 사역하는 정통 교회에 속한 복음의 확산을 위해 싸우는 대다수 목회자와 선교사의 인격에 품질 검사를 요구하고 있다.

최윤식은 이렇게 말한다.

> 새로운 시대에 맞는, 새로운 시대적 소명이 필요하다. 그런데 한국 교회는 변화 자체를 거부하고 있다. 성경이 아닌 예전의 방식으로 돌아가려고 한다. 종교개혁의 정신이 아니라 2-30년 전 교회의 관습과 성장 방식을 고집하며 가르치고 있다. 지금 대한민국의 상황은 급변하고 있다. 한반도의 미래가 달라지고 있다. 인류에게 닥친 미래의 이슈가 달라지고 있다. 시대의 패러다임이 변하고 있다. 하나님이 원하시는 가치있는 시대적 소명을 다시 찾아야 한다. 그래야만 침몰을 멈추고 위기에서 탈출할 수 있다.[1]

한국의 미래 방향이 바뀌면 교인들의 미래가 바뀔 수밖에 없는데, 현재 한국은 금융 위기 이후 2020년까지 거대한 국제 정세의 변화와 동북아시

---

[1] 최윤식, 『2020 2040 한국 교회 미래지도』 (생명의 말씀사, 2014), 83.

아의 급변으로 인해서 교인들의 생각과 삶의 모습이 바뀌는 실정이다.

최윤식은 이렇게 예측한다.

> 그런데 앞으로의 세계 변화는 지금 목회자들이 가지고 있는 정보의 수준을 훨씬 넘어선다. 다가올 위기들은 앞서 경험해 본 위기의 수준을 훨씬 넘어선다. 그러므로 교인들을 올바른 길로 인도하기 위해서는 더욱더 많은 기도와 함께 변화에 대한 구체적인 관심이 필요하다. 인류는 앞으로 10-20년 동안 역사상 유례없는 불확실성의 시대를 지날 것이다. 불확실성에 어떻게 대응하느냐에 따라 기업이나 국가의 운명이 바뀔 것이다. 교회의 미래도 마찬가지다.[2]

한국 교회는 근본부터 품질 공정을 해야 한다. 그러나 현재의 변화 추구나 혁신 추구 정도를 가지고는 해결이 되지 않는다. 완전히 나는 죽고 그리스도만으로 변혁이 되어야만 가능하다. 삼성이 망한다면 한국이 망하는 것인데, 한국 교회가 망한다면 한국 사회도 망하게 된다는 것이다. 그러나 안타까운 것은 현재의 리더십으로 해결이 안 된다는 것이다.

우리는 일본의 쓰나미 원전 사고에서 보듯이 일본도 최악의 시나리오에 대한 준비가 되어있지 않음을 알고 있다. 우리가 세월호 사건에 관한 해결을 하지 못하는 것도 같은 맥락으로 이해를 해야 한다. 그리고 이단이라고 하지만 구원파가 우병언 사장 사후에 재산권 분쟁을 시작하고 있으며 사분오열이 되는 모습을 보면서 한국의 교회들도 위기 발생이 일어나게 될 때 구원파와 크게 다르지 않을 수 있다고 하는데 망연자실할 수밖에 없다. 이것은 '인지 바이러스' 때문이다. 인지 바이러스를 끊어버리는 것이 위기 변혁기에 중요하다.

한국의 개신교가 고난과 순교자적인 삶을 통해 성장해왔기 때문에 아무리 세속주의적인 기독교에 대한 경고 사이렌이 울려도 조금만 노력하면 이겨낼 수 있다고 하는 혁신 수준의 신앙적 '인지 바이러스'(편견)로 인해

---

[2] 최윤식, 『2020 2040 한국 교회 미래지도』, 104-108 요약.

서 결국은 망할 수밖에 없는 위기에 봉착할 수 있다고 유럽 교회의 몰락을 경험한 신학자들과 목사들은 예측하고 있다.

일본 재건 이니셔티브(initiative)는 후쿠시마 원전 사태를 이렇게 보고하고 있다.

> 그 시나리오는 이랬다. 제1원전 5호기의 주 변압기가 고장나 원자로가 자동으로 정지된다. 모든 비상용 디젤 발전기가 고장나 모든 전원이 끊기는 사태에 빠졌다. 그러나 시나리오에서는 방사성 물질이 밖으로 누출되지 않았으며 비상용 디젤 발전기가 복구되어 원자로를 냉각시키는 데도 성공했다. 준비된 몇 대의 버스에 탈 수 있는 인원만큼 타고 피난했으며(버스에 타지 못한 주민들에게는 뭐라고 설명했을까?), 사고는 훈련 시간 중에 성공리에 해결되었다는 것이다. 이렇게 해서 잘못된 생각을 하는 주민들이 생겨났다. '원전 사고라는 것은 이 정도의 것'이라는 오해가 생긴 것이다. 마음 속에서 리스크에 관한 정보를 배제하고 자신의 경험에서 편리한 대로 해석해 버리는 매커니즘, 이것을 인지 바이어스라고 말한다. 진지하게 방재 훈련에 참가했기 때문에 바이어스라는 안경을 끼게 되어 둔감해진 것이다.³

2020 도쿄 올림픽을 적당히 마친 욱일기의 일본이다. 후쿠시마 원전수를 방류하기로 결정한 일본이 가지고 있는 일본이 가지고 있는 일본 최악의 시나리오는 9가지이다.

① 센카쿠 충돌: 센카쿠를 둘러싼 공방이 초래한 의외의 결과
② 국채 폭락: 일본이 안고 있는 끓는 냄비 속의 개구리 위험
③ 수도 직하 지진: 아마존 형 사회의 붕괴
④ 사이버 테러: 공격 목표는 도시 인프라

---

3 일본재건이니셔티브, 『일본 최악의 시나리오』(日本最惡のシナリオ9つの死角), 조진구 역 (나남, 2014), 204.

⑤ 팬데믹: 의사가 사라진 날
⑥ 에너지 위기: 호르무즈 해협 봉쇄로 시작된 보이지 않는 위기의 연쇄
⑦ 북한의 붕괴: 흔들리는 비핵 3원칙, 결단을 강요받는 일본
⑧ 핵 테러: 3.11의 교훈이란 무엇인가?
⑨ 인구 감소: 2050년, 젊은이들이 테러리스트가 되는 날4

일본의 최악의 시나리오가 남한에도 직격탄이 되기 때문에 일본이 어떻게 최악의 시나리오를 최소한이라도 수습을 할 수 있는지의 지혜를 전문인 선교사들은 인지하고 있어야 한다. 그 가운데 6번 에너지 위기와 7번 북한의 붕괴에 대해서는 한국의 최악의 시나리오와 동질성을 가지고 있다.

후쿠시마 제1원전 사고 후 원자력 발전소가 가동을 중지한 가운데 화력 발전을 위해서는 LNG가 필요하다. 호르무즈 해협 봉쇄로 시작된 보이지 않는 위기의 연쇄가 일어날 때 일본은 미국과 함께 의지의 연합(coalition of the willing)을 구성해 대(對)이란 군사 행동을 시작함으로서 문제를 해결하기 시작할 것이다.5 남한도 잦은 원자력 발전소의 고장이 일어나기에 같은 관심을 가지고 에너지 확보에 대한 사태 수습을 배울 필요가 있다.

최근 남북의 통일 문제를 미국에 제기했다고 하는 일본은 북한의 붕괴시 비핵 3원칙이 무너지고 핵무장을 하게 되는 과정에서 미국, 러시아, 영국, 프랑스 중 핵무기 보유 국가인 NPT 국가들은 서독과 일본이 핵무장을 하는 것을 경계했는데, 한국이 수립한 극비 계획 부흥으로 인해 통일 한국이 중립화와 핵무기로 무장하는 것을 선포하자 중국을 견제하기 위해서 러시아가 먼저 한반도의 통일 국가를 승인하자 일본도 결단을 강요받을 것이라는 최악의 시나리오를 작성하고 있다.6

통일 한국이 주변의 강대국의 눈치를 보는 것이 아니라 이 문제를 돌파해 나갈 때 문제의 해결이 주어질 수가 있을 것이다.

---

4 일본재건이니셔티브, 『일본 최악의 시나리오』, 9-11.
5 일본재건이니셔티브, 『일본 최악의 시나리오』, 155.
6 일본재건이니셔티브, 『일본 최악의 시나리오』, 189.

그러므로 우리가 인지의 바이어스에서 벗어날 수 있는 길은 두 가지이다.

첫째, 최악의 문제를 해결하기 위해서는 대외 팀 간의 의지의 연합이 중요하다.
둘째, 팀 안에서는 민족의 단결과 자립을 설파하고 돌파해야 한다.

한국의 선교사가 2만 5천 명이 넘어도 이슬람권이나 중국 등에서는 지속적으로 추방을 당하고 있고 전문인 선교도 아프가니스탄의 탈레반 사건 이후에는 교육 선교나 의료 선교는 더 이상 추구할 수 없는 지경에 이르렀기에 전혀 차원이 다른 미래 창조적 전문인 선교의 모델들을 지속적으로 개발해야 한다.

이것이 언택트(Untact)의 시대에 미디어를 통한 온택트(Ontact) 전문인 선교이다. 우주 공학 산업 선교가 여기에 큰 역할을 할 것으로 기대된다. 특별히 로켓포의 우주 페어링 3단계 기술과 구원의 3단계를 비교해서 생각하게 되고 정지 궤도 위성을 통하여 미디어 선교를 활성화할 수 있다. 지구 안의 문제를 차원을 달리하여 우주적 하나님에 대한 과학적 접근으로 해결하는 글로벌 신학을 연구해야 한다.

2021년 한반도의 다가올 위기를 대비하기 위해서는 북한의 미래를 분석하는 것보다도 북한을 담을 수 있는 남한의 상태를 분석하는 것이 시급한 일이다. 광복절 69주년을 맞이한 한국교회평신도지도자협회가 성명서에서 발표한 조항들은 한국 교회가 직면한 문제들을 해결하는 길을 보여 주고 있다.

이를 정리하면 아래와 같다.

첫째, 수모를 면케 하소서. 우리 민족이 일제 36년의 수모를 겪었는데 이를 극복하는 것은 회개(Repentance)를 통해서 가능하다.

둘째, 체면을 찾게 하소서. 한국전쟁으로 남북이 나누어진 상황에서 국제적으로 코리아 디스카운트를 이기는 길은 남북 통일뿐이다. 이를 얻는 길은 영적인 부흥(Revival)을 통해서 가능하다.

셋째, 모독을 당하지 않게 하소서. 세월호 사건 이후에 신뢰 된 개신교가 모독을 당하지 않는 길은 자신의 공로나 업적이 아니라 하나님의 은혜로의 개혁(Reformation)에 의해서 가능하다.

넷째, 체제가 유지되게 하소서. 이석기 사건 등 체제를 전복하는 시도가 감지되는 때마다 품성 교육에 의한 구조 조정(Restructure)을 통하여 민족의 도덕성이 바로 서야 한다.

다섯째, 화합하게 하소서. 개신교 안에 연합체들이 WCC, WEA와 한국기독교총연합회, 한국교회연합 등으로 분열되어진 것을 애통하며 양보를 통해서만 화합(Reconciliation)이 된다.

여섯째, 질서를 찾게 하소서. 그리스도인의 사업을 통해서 무질서해진 권위는 탕감(Remission)을 통해서만 회복이 된다.

이러한 남한의 정체성의 문제에 대한 해결은 성경으로 돌아갈(Rebible) 때만이 하나님의 성품으로 돌아가게 되고, 생명의 성령의 법에 지배받는 삶을 살 때 한민족이 바로 서는 것이 가능하다는 것이다. 여기에 한국 교회가 살 수 있는 길은 '식스 시그마'(six sigma)에 기초한 '식스 R' 운동을 통하여 그리스도의 몸으로서의 교인의 품성 교육이 바로 되어야 한다.

식스 시그마에 기초한 식스 R은 회개(repentance), 부흥(revival), 개혁(reformation), 화해(reconciliation), 구조 조정(restructure) 그리고 재선교(remission)로 날마다 새로워짐으로써 민족을 위기에서 구원하게 될 한민족의 정기를 바로 세우는 운동이다. 에너지 선교사로서의 회개(repentance)는 달란트로 인한 교만함이 아니라 예수의 자기 비하 정신을 실천해야 한다는 것이다. 부흥(revival)은 창의적 접근 지역이 공산권, 이슬람권, 불교권, 샤머니즘권을 넘어선 에너지 신도시 공동체를 통한 한국형 스마트 신도시를 북한과 중국에 펼쳐나가며 12분쟁 지역까지 확대해 나가는 것이다.

개혁(reformation)은 지속적인 개혁을 통하여, 변혁으로서의 선교를 실천하는 것이다. 사회적 관심을 넘어 사회적 의무를 실천하는 사회적 복음, 즉 전문인 복음으로 세계를 향해서 나가야 한다. 화해(reconciliation)는 지구상의 유일한 분단 국가인 한반도를 중심으로 한 남북 문제를 요셉의 정신으로 EU나 인도 등 제3의 세력이 역사적 경험을 가지고 참여하여 고착된 미중 관계를 넘어서서 실천해야 한다. 구조 조정(restructure)은 에너지 전문인 선교를 통해서 목사 선교사, 평신도 선교사라는 이분법이 아닌 전천후 선교사로 직장 신우회를 업그레이드하고 선교형 교회와 한국세계선교협의회 등과 에너지 선교사가 팀 사역을 하는 모델을 한국 교회가 적극적으로 펼쳐나가야 한다.

재선교(remission)는 위기 관리 능력이 있는 에너지 전문인 선교사들이 자신의 위기만 관리하는 것이 아니라 어둠에 갇힌 자들의 위기를 해결을 요청하는 12분쟁 지역을 중심으로 핵무기 철폐, 종족 학살 금지, 환경 오염 철폐 등에 동반자가 되어 실시해 나가야 한다. 그리고 한국 교회가 성숙한 교회가 되기 위해서는 교리적으로 구원론만을 강조하다보니 하나 밖에 없는 아들을 십자가에 죽게 하신 하나님의 십자가 사랑에 기초한 품성에 대한 품질 공정이 엉거주춤하고, 세속화의 물결 가운데 자신의 정체성을 찾지 못하고 균형을 잃어버리게 된 것이 또한 문제임을 인식해야 한다.

한국은 냉전 시대 최후의 갈등 지역이다. 2011년 북한 지도자 김정일 사망 이후 그의 아들 김정은이 공식적으로 국가 수반의 자리에 올랐다. 핵 문제에 관심을 둔 국제 사회가 북한 사회의 권력의 핵심인 군부를 이해하려고 하고 있지만 북한의 문제는 여전하다.

그러나 남북 통일을 선물로 주시면 무엇으로 하나님의 은혜를 갚을 수 있을까?

예수와 바울을 본받아서 지구촌의 화해 일치 평화가 이루어지는 전문인 선교가 되기 위해서는 『뜻으로 본 한국사』에서 함석헌 선생이 이야기한 것처럼 수난의 여왕으로서의 한민족이 분노와 갈등에서 벗어나서 전혀 질적으로 새로운 하나님의 사랑을 실현하는 용서하는 전문인 선교사가 되어야 한다. 십자가의 사랑에 기초한 삶이 결국은 성령의 열매로 드러나게 되는 것이고 그것이 오늘날 전문인 선교의 현장인 것이다.

선민이라는 자문화 중심주의(Ethnocentrism)의 사고를 하는 단군의 후손인 동이족 한민족이 소외된 자, 병든 자, 실직자, 다문화 가족 등 많은 지구촌 전역에서 상처를 입은 '길 잃은 목자와 양떼'에게 이 한반도의 광야길에서 구름 기둥으로, 불 기둥으로 인도하시는 것을 증거하는 하나님의 말씀을 전하는 에너지 전문인 선교사가 되어야 한다.

우리는 신자의 비세속성의 원리에 기초하여 하늘 시민권자로서의 자세를 가지고 있으며 자신의 직업을 통한 초일류 대한민국의 전문인 선교로 나가는 것이 옳다. "일곱 번씩 일흔 번이라도 용서하라"고 하신 예수의 말씀처럼 정말 일본을 한번이라도 용서하지 못하는 우리는 한국인으로서 크리스천 평화 촉진자(Christian Peacefacilitator Koreana)로서의 남김없는 축복의 통로(contrarywise channel of blessings)로서 성육신적인 선교의 삶을 살아야 한다.

이것이 로마서 12:1의 "이 세대를 본받지 말고 변화를 실천하는" 죽으시고 부활하심을 본받는(빌 3:10)의 변혁(transformation)의 삶이다. 애벌레가 나방이 되는 것이다. 자문화 관통주의(Ethnobreakthroughism)이다. 그렇게 할 때 고요한 아침의 나라가 전 세계에 축복을 나누어주는 자문화 방사주의(Ethnoradienism)의 하나님의 에너지의 나라가 될 것이다.

이스라엘 백성에게 홍해를 건너게 하신 그 장면에서 풍력 에너지요 파력 에너지도 함께 우리에게 세상의 사탄 세력에 물로 된 벽이 형성되어 안전하게 건너게 하심 같이 영적인 이스라엘인 우리에게 함께 하실 것이다. 그리고 밤서 불 기둥과 구름 기둥이 머물며 하늘의 천사들이 지켜주심을 통하여 젖과 꿀이 흐르는 가나안 복지로 우리를 안내해 주심 같이(신 30:1-5) 결국은 우리는 연약하지만 예수의 보혈로 한민족에게 함께 하실 것이다. 축복의 민족이 되는 것이다. 여기서 말하는 에너지 선교사는 창조적 영성이 에너지라고 하는 사이언톨로지(Scientology)라는 미국의 과학적 사교의 심리적인 주장과는 차원이 다른 선교적인 하나님의 말씀의 역동성 측면의 기능적인 입장에서 말하는 것이다.

일본의 최악의 시나리오를 보면서 현재 한국이 가지고 있는 한국 최악의 시나리오는 9가지로 예측할 수 있다.

① 남북 충돌: 통일을 둘러싼 공방이 초래한 의외의 결과
② 주식 폭락: 한국이 안고 있는 끓는 냄비 속의 개구리 위험
③ 백두산 직하 지진: 동고서저 사회의 붕괴
④ 사이버 테러: 공격 목표는 쌍둥이 무역 빌딩
⑤ 의료 관광: 중국의 갑부들이 몰려온다.
⑥ 에너지 위기: 독도 봉쇄로 시작된 보이지 않는 위기의 연쇄
⑦ 북한의 붕괴: 재해 대책 실천 융통성이 결여된 한국
⑧ 핵 테러: 3.11의 교훈이란 한국의 원자력과는 무엇인가?
⑨ 인구 감소: 2050년, 한국의 외국인 근로자 자녀들이 테러리스트가 되는 날

이는 충분히 영적으로 예측할 수 있다고 본다. 하나님이 일본의 하나님도 되시지만, 한반도의 하나님도 되시기 때문이다. 다가올 북한의 종말을 대비하라는 북한 선교 미래학의 입장에서 보면 북한은 애물단지가 아니라 보물단지이다. 초일류 대한민국을 디자인하는데 창조 경제는 북한의 인력과 자원을 남한의 자본과 기술로 비빔밥을 하는 미래 융합 경제이다.

따라서 남북 경협이 미래 한반도의 성장 동력이다. 개성 근로 공단이 국제 공단으로 바뀌는 계기를 만들기를 원하는 지 평양 당국과 같이 논의해야 한다. 북한을 홀대한다는 인상을 주기보다는 임기 내에 일본도 북한도 끌어안고 가야 하는 박근혜 정부의 입장이다. 이제 임기 6개월을 남겨둔 문재인 정부는 창조성과 융통성은 발휘했으나 효율성과 효과성에서는 미지수다. 우리가 북한을 요리하지 못할 때, 북한은 일본과 국교 정상화를 논하고 있고 남한의 경제는 고도 성장기를 지나 침체기로 접어들고 있기 때문이다.

인구 1억의 2모작이 가능한 남북 간의 진정한 협력은 어떻게 이루어질 수 있을까?

이는 남북의 최고 책임자 집단이 역경의 리더가 되는 길이다.

다니엘 아이젠버그(Daniel Isenberg)는 창업가가 경험하는 역경의 세 가지 요소를 제시하고 있다.

첫째, 역발상적인 아이디어로부터 비밀한 아이디어를 창조하고 획득하는 과정에 포함된 내재적 어려움을 극복해야 한다.
둘째, 불안전한 환경 때문에 대부분들의 창업가들이 직면하는 외재적 곤경을 극복해야 한다.
셋째, 심각한 사회적 문제들이 잔뜩 쌓인 곳에서 발생하는 우발적인 어려움이 바로 역경의 세 가지 요소이다.[7]

그런데 그 해결책은 나는 아무것도 아니며 하나님에게 있다는 창업가의 자세에 있다. 'HIS'라는 단어에는 겸손성(Humility), 도덕성(Integrity) 그리고 검약성(Simplicity)라는 의미가 내포되어 있는데 이것이 빌리 그래함과 존 스토트가 시작한 로잔운동의 핵심 정신이다.

'한국 로잔의 아버지'이며 '한국의 웨슬리'인 조종남 박사는 이렇게 교훈한다.

> 그러기에 케이프타운 선언은 교회는 겸손, 온전함 그리고 단순성을 회복하여야 한다고 강조하였다. 그렇다. 그리스도인과 교회는 하나님의 사람으로 구별되어 사랑 안에서 살아야 한다. 교회는 권력이라는 우상을 거부하고 겸손함으로(in humility) 살아야 하며, 성공이라는 우상을 거부하고 정직한 가운데(in integrity) 걸어가며, 탐욕이라는 우상을 거부하고 검소한(in simplicity) 가운데 살아가야 한다.[8]

---

7 다니엘 아이젠버그(Daniel Isenberg)외, 『하버드 창업가 바이블』(*WORTHLESS, IMPOSSIBLE, AND STUPID*), 유정식 역 (다산북스, 2014), 167.
8 조종남, 『로잔운동의 역사와 신학』(선교횃불, 2013), 119.

존경받는 영적 기업인 교회와 같이 사회와 기업을 그리고 국가를 남한이 먼저 경영하면 한반도 시나리오는 궁극적으로 하나님의 뜻이 이루어지게 될 것이다.

'7' 전문인신학 이론-7 굴기(Rise Up)

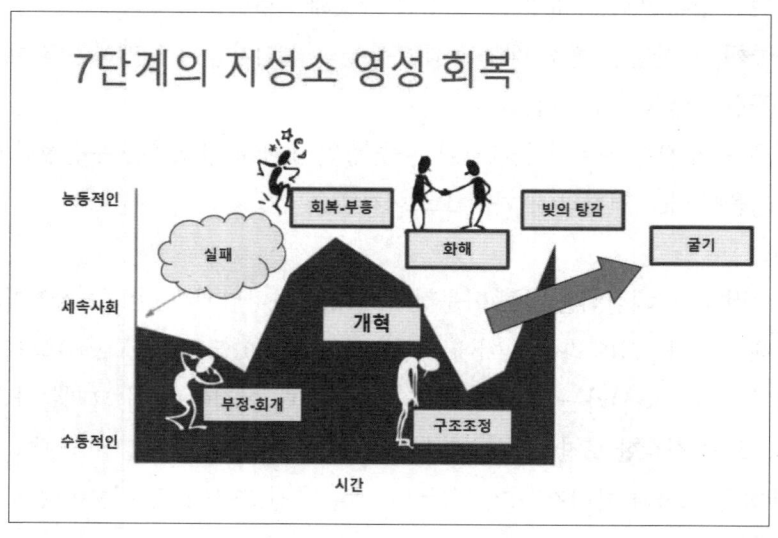

제2부

'11' 전문인 실천신학

제1장 요한계시록과 한반도 시나리오

제2장 북한과 중국 도시 개발

제3장 원자력 에너지 전문인 선교 전략

제4장 12분쟁 지역 지정학적 연구

제5장 12분쟁 지역 자선교학 연구

제6장 12분쟁 지역 구원론 연구

제7장 에너지 전문인 선교사

제8장 에너지 선교 실천 20:20

제9장 전문인 선교 공동체와 도산 안창호

제10장 에너지 전문인 선교사 모델

제11장 원자력 산업의 현재와 미래:
　　　　원자력 스마트 도시 개발 가능한가?

제1장

요한계시록과 한반도 시나리오

한반도에서 일어나는 사건에 대한 통찰력은 향후 한반도 시나리오를 예측할 수 있게 한다.

1948년 남한, 북한 정권이 수립된 지 70년이 지난 2018-2021년에 하나님은 한반도에 어떤 영적 기적을 허락하실까?

이에 대한 언급은 필자의 신학이 핵무기신학과 용어상으로도 차별화된 원자력신학이라는 것을 입증하는 또 하나의 주제이기도 하다.

최윤식은 통찰법을 이렇게 제시한다.

> 사회 구조 분석 기술을 사용해 우리 눈 앞에 펼쳐지는 수많은 현상 가운데서 가장 중요하고 미래 변화를 이끄는 핵심적인 원동력이 무엇인지를 필터링한다. 이를 통해 한국과 세계의 기업(국가) 경영 환경에 영향을 끼칠 이머징 이슈를 발견한다. 그리고 심층 원동력과 현재 나타난 메가 트랜드를 다양한 방향으로 프로젝션 해서 미래에 나타날 현상과 징후를 미리 파악한다. 이 과정에서 미래 예측 기술을 사용해 다양한 의견을 수렴하고 통합한다. 마지막으로 미래에 관한 모든 자료, 원동력, 이미지를 종합해 10년 후 한국과 세계의 기업 경영 환경의 변화를 예측하고 대응 전략을 마련한다. 다가올 미래 모습을 잠시라도 경험하면서 미래 충격에 대비할 기회를 얻는 것이다.[1]

---

1 최윤식,『미래학자의 통찰법』(김영사, 2014), 9-10.

세월호 사건 이후 한국의 정치가 표류하는 모습을 보면서 이것은 종교적 지진의 시작일 뿐이기에 향후 2040년까지는 9가지 시나리오에 대해서 어떻게 종말론적인 예측을 하는 통계신학(theostatics)으로 북한을 보아야 할지가 북한 선교 미래학자들의 지구상 가장 난해한 숙제이다.

　필자는 통계 이전에 성서에 우선성을 두며 한반도의 현상에 나타난 종말론적인 사건들을 한반도의 종말론과 새 하늘과 새 땅이란 스토리텔링으로 먼저 예측한 다음에 그 두려움 앞에 주께로 돌아오는 사건을 통해 세속화를 이기는 전신갑주를 입은 창조적 소수자가 영적 전쟁의 면역 주사를 맞은 성도들에게 마지막 주님의 재림을 알리는 하나님의 나팔 소리 앞에 전문인 선교사로, 지역 공동체 개발자로 나가게 하신다는 마음으로 예측을 하고 스토리로 요약하고자 한다.

　종말론적인 28가지 주제어에 대한 해석[2]에서 한반도 시나리오를 풀 문제로 받아서 북한 미래 선교를 이해하는 차원에서 패러다임을 사회적, 국가적 관심으로 변형하여 통찰력을 가지고 예측하며 향후 2040년까지 한반도에서 상황화하는 남북한의 현 상태를 성속사적인 입장에서 진단하고자 한다.

　말세란 무엇인가?

　성경적인 종말의 윤곽을 제대로 파악하는 것은 대단히 중요하다. 한반도에도 성경적인 분쟁 해결을 통해서 전화위복이 되는 하나님의 복(상제)인 상복을 누리는 날이 속히 오기를 기도한다.

　우리의 육체적 죽음은 하나님 앞에서는 죽는 날짜까지 정확하게 예정되어 있다. 죽음을 회피하지 말고 정정당당하게 맞이하는 일이다. 남북의 지도자였던 김일성, 김정일, 노무현, 김대중의 때 죽음은 육체적 죽음이며 한 번 죽은 후에는 하나님 앞에서 이 땅에서 지도자로서 행한대로 심판이 있게 된다. 이들에 대한 예외 조항이 있을 수 있다는 주장은 하나님의 주권의 영역이기 때문에 우리가 이들의 죽음 이후의 행보에 대해서는 일단 언급하지 않기로 한다. 대신 우리는 의연한 죽음을 맞이할 수 있도록 증인

2　정기화, 『다가올 종말을 대비하라』 (생명의 말씀사, 2007), 8-13.

(생활 순교자)의 삶을 날마다 살아야 한다.

　영혼 불멸은 하나님의 나라 완성으로서의 천국에서의 영생이라는 개념인데, 김일성교는 영생 불사론을 주장하며 수령 불사론을 믿고 있으나 하나님이 말씀하시는 영생과는 차원이 다른 듯하다. 노아 홍수를 예견한 969세를 산 므두셀라에 비교하면 인생 70, 80은 단명한 삶이다. 영원히 산다고 하는데는 단어적인 공통점이 있으나 무엇을 하면서 살 수 있는지에 대해서는 애벌레와 나방의 차이처럼 차원이 다른 이야기다. 쓸데없이 정력을 낭비하며 사는 삶이 아니라 페티 김의 "영원한 이별이 아니라 우리 다시 만나자"라고 해야 할 것이다. 남북 이산 가족의 만남이 바로 초일류 대한민국으로 영생하는 첫걸음이다.

　중간기 상태는 인간이 개인적인 종말을 통해서 죽음을 통과하는 것이다. 대통령도 재임기인 중간기에 잘 처신해야 평가를 받는 것처럼 김정은, 박근혜의 시기는 둘 다 왕권 세습과 같은 세습 정권인데, 이들 이후에 누가 통일을 준비하는 대통령이 될 수 있는지는 하나님이 준비시키고 있다고 본다. 그러나 여기서 중간기는 일단 죽는 시기를 말한다. 김일성도, 김정일도 한순간에 갔다. 거룩한 천국인의 삶이 있느냐 타락한 세속인의 삶을 살았느냐에 따라서 부자와 거지 나사로의 믿음처럼 그 곳에 가서는 회개할 기회가 전무하다.

　"바로 지금 구원받으라."

　천당이냐 아니면 지옥이냐, 영원한 생명이냐 아니면 영원한 멸망이냐, 하나님은 우리 민족에게 한반도에서도 예행 연습처럼 양자택일의 어린양의 혼인 잔치 같은 경험을 요구하고 계신다. 세속주의에서 구원을 받아야 남한과 북한의 형제들이 산다. 세속주의의 플러스로 보이는 남한과 세속주의의 마이너스로 보이는 북한 하나님이 보시기에는 둘 다 죄인이다. 진정한 회개를 통해서 성령 세례를 받은 자가 구원을 받는 것이라고 하면 남북한 혼란시기에 온전히 보전이 되는 자는 일부일 것이다.

　십자가 구속의 진리는 하나님과 화해 그리고 인간 간의 화해의 십자가이다. 그리스도의 십자가는 하나님의 공의와 사랑이 100퍼센트 충족된 율법 완성 후 율법 폐기, 은혜 복음 그리고 생명의 성령의 법으로 나간 하나님의 완벽성을 보여 주신 십자가 사랑의 사건이었다. 'Jesus + Nothing= Everything'의 등식과 마찬가지로 복음에 무엇을 섞거나 무엇을 빼는 것 자체가 다 이단이다.

　남한과 북한의 영성(spirituality)을 보고 하나님은 이스라엘을 중간 결산을 하셨듯이 결산하실 것이다. 십자가를 끝까지 붙잡는 민족이 되어야만 살 수 있다. 북한은 김일성교로 이단의 모습을 분명히 하고 있고 남한은 구원과 유병언 사건으로 십자가 구속의 진리대로 살지 못하는 모습을 보여 주고 있다. 이런 남북을 하나님이 굳이 살리시려는 드라마와 같은 역사를 만들어 내도록 한민족은 정체성을 찾아야 한다.

　완전 무장한 그리스도인은 그리스도의 품성을 갖춘 성화되어진 하나님의 사람이요 죄, 의, 심판에 대해서 분별하는 성령의 사람이다. 단일 사전에 영적으로 완전 무장을 했다면 마귀와 그 대적들은 한 길로 쳐들어 왔다가 일곱 길로 도망할 것이다. 정직성을 가진 세계의 경찰 국가인 미국은 완전 무장을 한 국가이다. 완전 무장한 핵무기 특수 부대가 북한의 도처에 있고 남한의 평택에도 특수 미군 부대가 만약의 사태를 대비하고 있을 것이다. 미국의 군사력을 20배 이상 우위로 평가한다.

　70이레의 예언은 70년 바벨론 포로 생활은 이스라엘 백성이 과거에 하나님께 범죄한 대가로 주어진 하나님의 준엄한 심판이요 무서운 징벌이었다. 1945년 이후의 70년 동안의 2014년까지의 한국은 수도 서울이 무너지는 교훈을 깨닫지 못하고 감사를 잃어버린 민족이 되었다면 물질주의의 맘몬 신과 쾌락주의의 아데미 여신을 섬기는 세속주의로 인한 징벌로 보아야 한다.

　마지막에는 고난을 이기사 그 환난에서도 건져내실 것이다. 우리에게 필요한 것은 이러한 주변 강국들의 압력을 이길 역량과 영적인 힘이 있느냐는 것이다. 한반도의 통일을 바라보는 2020년이나 2030년 그리고 2040년까지의 향후 40년을 중장기적으로 보아야 한다. 고려 왕건이 통일 신라 경순왕 세력을 수습하는데 40년이 걸렸다고 한다.

　적그리스도의 출현은 오늘날에 이미 세상에 적그리스도가 존재하는 것이고, 불행하게도 멸망할 자들은 적그리스도의 기만(위장) 전술에 속아서 그 회대의 독재자를 추종하게 될 것이다. 김일성의 손자인 김정남이 그 역할을 할 수도 있을 것이다. 고구려 시대 연개소문의 아들인 남생이와 남건의 행적을 보면 오늘의 북한의 얼굴이 보인다. 북한 군부의 주도권에 영향력을 상실하지 않도록 중국이 계산상 2017년이 되는 시점에 북한에 변고가 생긴다면 그 구실로 김정남을 투입하여 국제적으로 중국의 편을 들게 할 수 있을 것이다.

거짓 선지자의 활약은 하나님이 지시해 주지 않으시면 분간하기 어렵다. 거짓 선지자들은 다재다능한 선전 전술로 하나님의 이름을 팔고 예수의 보혈 피를 팔아서 미디어를 통해서 문화 교류를 앞세우고 종교 혼합주의와 종교 다원주의로 변질된 복음을 용납하도록 유도하게 될 것이다. 하나님이 정하신 기준을 변개할 수 없다. 하나님의 기준을 낮추는 지도자들은 영 분별의 능력을 가지고 보면 보인다(계 14:9-11).

남북 통일을 앞둔 거짓 선지자와 거짓 대선 후보 그리고 북한을 오가는 특사들이 마치 하나님의 대사인 것처럼 사탄의 앞잡이가 되어서 남과 북의 국민들을 SNS를 통해서 현혹시키게 될 것이며 사이버 전투를 시도하게 될 것이다. 해외에 서버를 둔 사이버 테러가 3년간 1784건이 적발되었고 세월호 사건이후에 기승을 부리고 있으며 박근혜 대통령을 비방하는 횟수가 두 배로 뛰었다.

2021년 현재 대한민국은 코로나19로 위기 상황에서 지속적으로 저속한 정치 문제와 성범죄자 발찌를 끊고 탈출하는 이야기나 이동식 구루마를 끌고 가는 60세 할머니를 재미로 구타하는 청소년 탈선 문제 등 돌발 뉴스만을 접하고 있다. 그리고 부동산 폭등과 기울어진 이념 등으로 인해 동서가 갈린 상황에서 2022년 대선을 앞두고 창조적 중용을 위한 갈등의 시간을 겪고 있다. 또한, 원시 종교인 이슬람교를 신봉하는 짐승 이슬람교도들이 4천만 명의 아프가니스탄을 문화적으로 문맹인 10만 명의 탈레반이 수탈 통치하며 여성의 인권을 짓밟으며 날뛰는 세상으로 가고 있다.

전후무후한 대환난이 일어난다. 창의적이고 유연하고 열린 사고를 하지 못하게 되는 어느 계절에 위에서 떨어지는 그물과 같이 다가오는 미증유의 대환난은 어쩌면 연약한 인간이 견디기에는 극복하기 어려운 장애물일지 모른다. 세월호 사건을 통하여 영적으로 침체해진 개신교의 모습을 보면서 천국에서의 상급은 행위가 아닌 하나님의 은혜로 주시는 것임을 왜곡한 죄로 인한 것이라는 생각이 든다. 남한의 역사는 세월호 전과 세월호 후로 나뉜다는 말을 필자는 "너희가 10일 동안 환난을 받으리라. 네가 죽도록 충성하라. 그리하면 내가 생명의 면류관을 네게 주리라"(계 2:10)는 말씀으로 극복한다.

세계적으로는 중동 전쟁이 지속되면서 유가 폭등과 함께 시베리아의 LNG(액화 천연 가스)를 선점하기 위해서 마치 북한을 지배하는 전초전(前哨戰)으로 미국, 중국, 일본, 러시아가 주도권을 쥐기 위한 매점매석을 포함한 경제 공항이 이루어지게 될 것이다. 그 가운데 남북을 잇는 철도가 일본 해저 터널로 연결되어 LNG를 옮기게 될 것이고 후쿠시마 원전 사고 이상의 사건 사고 소식이 한반도에 지속할 것이다. 그 와중에 휴화산인 백두산이 폭발하게 되고 한라산이 일부 폭발하게 될 것이다.

음녀 바빌론의 멸망이 우리에게 의미하는 것은 무엇일까?

그리스도인들은 적그리스도 제국의 수도인 큰 음녀 바벨론이 멸망하기 전에 어서 빨리 그 곳을 빠져나오라고 명령을 받는다(계 18:4). 이 시대의 바벨론과 같은 미국이 에돔 족속 같은 일본을 앞세워서 동북아시아에서 대권을 최소한 유지하려고 하다가 센카쿠 열도를 중국에 주고 독도를 일본에 준 미국을 일본이 배신하고 중일 전쟁을 일으키려고 하는 비밀이 새어나가게 되자 미국의 위신이 추락하는 사태가 이루어지게 되며, 일본의 도쿄는 대지진이 나서 수직 강하 침몰하게 되고 그 여파가 강릉 일대 속초까지 동해안 일대에 쓰나미로 덮쳐서 남한의 원자력 발전소에도 큰 타격이 일어나게 될 것이다.

아마겟돈 전쟁은 한반도 이북 끝에서도 전초전으로 일어날 수 있겠는가?

아마겟돈 전쟁은 장차 대환난 말기에 천상에서 재림하시는 영광스러운 예수 그리스도와 지상의 오만불손한 적그리스도 사이에 벌어질 승부이다. 은혜의 부르심을 받고 택함을 받은 진실한 자들만이 적그리스도 편에 서지 않게 될 것이다(계 17:14). 현대판 임진왜란과 병자호란과 마찬가지로 한반도는 미국, 일본 연합군의 경제 봉쇄 앞에 남과 북이 어려움을 당할 것이다.

중국과 러시아 연합군의 에너지 봉쇄로 인해서 경제가 디플레이션을 너머서 스테그플레이션으로 빠지게 되고 마지막에 해결사로 참가한 미국이 백두 혈통인 북한의 평양을 공격하여 300만 명에 대한 피의 학살이 순식간에 전자 폭탄에 의해 북한의 모든 전기와 기계가 차단된 가운데 순식간에 전혀 새로운 무기로 미국이 기선을 제압하고 북한 임시 정부에 대한 공산주의 종주국인 러시아의 공격으로 승부가 쉽게 날 수가 있다. 남한도 부동산이 집중된 평택 이상의 수도권 일대가 북한의 특수 부대와 DMZ의 방사포로 인해서 일차적으로 피해를 입게 될 것이다.

이스라엘의 회심에 대해서 영적인 이스라엘 된 한민족은 어떻게 대추수기를 맞이할 수 있을까?

이스라엘의 장래 회심에 관련하여 그 표본으로 제시할 인물은 베냐민 지파 출신의 사도 바울이다. 다메섹 도상에서 예수를 만난 그는 사울에서 바울이 되었다. 영적인 이스라엘인 한민족에게도 사도 바울과 같은 리더들의 회심이 이어져야 한다. 십자가의 길, 화해의 방법 밖에는 없다. 황장엽 선생과 같이 뜻이 있는 민족주의자들의 후손들이 압제와 감시에서 벗어나서 북한 일부 지역에서 봉기가 확산이 되고 김일성 우상 숭배에서 벗어나고 상징으로 동상을 철거하는 상징적 행위들이 잇따라 일어나게 될 것이다.

"항상 깨어있으라"

말세의 모든 성도는 재림에 대비하여 영적으로 계속 깨어있어야 한다. 재림을 대망하는 자들은 성령의 임재 사역을 전적으로 힘입어 자신의 영혼의 등불이 늘 환하게 불타오르며 어두운 한 구석을 밝히는 예수 등불 사역을 해야 한다. 한반도의 분쟁의 시기에 한반도에 종교적인 지배를 하려는 이슬람 세력들이 한국에 외국인 근로자로 이민 와서 영주권자가 되고 여기서 자란 2세들을 이슬람 전사로 훈련시켜 재투입하고 강남의 LG 무역 센터를 폭파하려는 시도가 일어나고 스마트폰 경쟁에서 애플사와 경쟁하다가 밀린 부동산 재벌 삼성이 새로 지은 사옥도 어려움에 처하게 될 것이다.

예수 그리스도의 재림이 오고 있다. 오직 깨어있는 성도만이 기쁨으로 재림의 주님을 만날 수 있을 것이다. 주님은 주님의 시간에 오시지 우리가 타는 목마름으로 기다린다고 먼저 오시고 우리가 나태하다고 늦게 오시지 않는다. 지금이 한민족의 때이다. 해방 후 70년 만에 한민족에 서광이 비취는 것이다.

국제 관계에서 계속 한국을 주시하던 한국전쟁 참전 28개국 가운데 영국, 독일, 프랑스, 호주 등이 한반도가 미국과 중국 중심의 분단 고착화를 막기 위해서 북한 재개발 사업에 자본과 기술을 투자하며 참여하기로 결정을 한다. 한반도의 통합 대통령은 만일의 사태를 대비하여 제3중립국의 입장에 있는 싱가포르와 인도를 스마트 에너지 도시 개발 사업에 참여시킨다.

구원받은 성도만 첫째 부활(신자의 부활)에 참여하게 된다. 구원받은 그리스도인들은 부활을 통해서 휴거를 통해서 천국에 들어가게 될 것이다. 부활은 필수 신앙이다. 부활이 없는 신앙은 죽은 것이다. 동방의 예루살렘이었던 평양도 하나님의 시간에 부활할 것을 믿는다. 북한의 지하 교회 성도들에게 중국의 가정 교회 성도들이 북한에 투자 사업과 관광 사업들을 통하여 꾸준히 복음을 전파하여 마지막 시대, 마지막 주자로 이슬람 선교의 선봉대도 순교자적인 영성을 가지고 나가는 특공대를 개성과 해주, 신의주 등에서 준비하게 된다.

성도의 휴거에 대한 분석을 한반도에서 미리 해본다는 것만으로도 한민족의 특권이다. 구약의 성도인 에녹과 엘리야는 죽음을 맛보지 않고 바로 휴거된 케이스이다. 언제나 하나님과 동행하는 신앙의 삶이 중요하다. 어머니 강반석 권사의 믿음을 버린 김일성의 일가들의 백두 혈통을 주장하는 잔당들이 미수거된 핵무기 반출을 통한 무기 장사에서 싸움이 벌어져서 평양 특구와 자강도의 군인들이 마지막 전투를 벌이는 동안 양강도, 자강도 그리고 강원도의 난민들이 남한으로 200만 명이 피난해 내려오고 신의주의 주민들은 이미 중국으로 150만, 몽골로 100만 명이 피난하는 엑소더스(exodus, 탈출)가 이루어지게 된다.

몽골의 난민촌은 미국의 투자로 준비가 되었다. 이 땅에서의 휴거일 뿐이지만 이는 개인적인 종말을 통하여 죽은 2천만에 이르는 수많은 시신 앞에 천국의 휴거를 보여 주는 엄청난 사건이 될 것이다.

어린양의 혼인 잔치라는 유대교의 관습을 우리 한민족의 전통적 결혼식과 비교하여 그 경외감을 느껴보기로 하자. 어린양의 혼인 예식은 예수 그리스도와 그의 몸된 교회와의 가장 친밀하고도 완벽한 연합을 나타내는 것이다. 신부인 성도는 세마포로 단장을 하고 신랑 예수를 맞이해야 한다. 고통이 난무하는 한반도에도 이러한 무지개가 떠오르는 희망의 결혼식이 있을 것이다. 그 고난의 와중에 초일류 통일 한국은 우라늄과 희토류를 포함한 자원의 확보와 EU의 강대국인 독일의 전폭적인 지지를 받으며 출범하게 된다.

해가 지지 않는 나라였던 영국은 중국을 맡아서 한반도를 보호하고 십자군 전쟁 당시에 해악을 행했고 제2차 세계대전에서 앙숙이었던 프랑스와 독일은 사자와 곰과 이리와 같은 미국, 러시아, 중국의 지정학적 독점을 깨고 초일류 통일 한국에 이슬람권의 에너지 사업에 동반 진출하는 컨소시움에 참여케 하여 힘을 불어넣어 주게 된다. 흩어진 715만 명의 코리안 디아스포라가 전 세계에서 한류 열풍을 타고 성공하고 또 성숙하여 열강에 영향력을 행사하는 십자가의 사랑의 에너지를 발하는 효과는 초일류 대한민국의 도덕적 가치를 높게 드리우게 한다.

그리스도인의 상급은 이미 준비되어 있고 시상대 앞에서 두렵고 떨림으로 받는 것이다. 상급은 공로나 업적에서 비롯된 보상이나 대가의 차원이 아닌 하나님의 긍휼과 은혜로부터 나온 특별한 선물이다. 한반도에 하나님이 상급을 주시는 것을 영적으로 눈치챈 EU의 프랑스가 중국의 천거로 중심이 되어서 북한 원자력 도시 개발 사업에 앞장을 서고 독일이 미국의 등에 떠밀려 북한의 생화학 무기 등을 철폐시키며 감시하여 한반도 일대가 오염되는 것을 막고 다시 비정상의 정상화가 되도록 하는 역할을 하게 된다. 중국이라는 '용의 등'에는 재중 교포가 타고 있고 미국이라는 '사자의 등'에는 재미 교포가 타고 있다.

천년 왕국에 대해서 융섭적으로 생각하는 기회를 한반도에서 체험할 수 있다. 주께서 재림하신 이후에 비로소 세상에 대한 실질적인 통치 곧 천년 왕국이 시작된다. 지복천년(至福千年), 즉 의와 평화와 번영의 시기이다. 다양한 천년 왕국설이 있으나 필자는 융섭적인 개념으로 이 땅에서의 천년 왕국의 맛보기로 초일류 통일 한국을 추천하고자 한다.

한국의 DMZ가 생태 영성을 지닌 세계적인 공원으로 조성이 되고 개성 공단보다 10배가 큰 국제 무역 공단이 한국전쟁 참전 28개국이 주축이 되어 투자되어 공동 수익금은 1차적으로 55퍼센트는 한반도에 재투자하고 45퍼센트만 가지고 가는 조건으로 축복의 통로가 되는 한민족의 영보의 가치관을 전 세계에 보여 주게 된다. 통일 한국은 자신은 식량 자급율 28퍼센트에 머물고 통일 비용으로 인해 어려움을 겪고 있지만, 공동 수익금을 제3세계의 빵의 문제를 해결하는데 기부하게 되고 더 나아가서 창조 영성을 지닌 해비타트운동을 통하여 가난과 빵의 문제를 해결해 주므로 7년 가뭄을 해결한 요셉 프로젝트를 전 세계에 펼치게 된다.

사탄의 최후 반격, 곡과 마곡의 전쟁이 양방향으로 동시에 이루어질 수 있다. 러시아가 그 악의 축의 역할을 할 것이다. 천년 왕국 말기 인간들의 반역은 천년 왕국 동안 그들이 보여 준 복종이 마음속에서 우러나온 사랑의 복종이 아니라 그동안 철권 통치로 인해 마지못해서 보여 주었던 거짓된 복종이었음을 드러낸 것이다.

김정은 임시 정부의 잔당들은 러시아의 지원을 받아서 다시 한번 통일 한국과 일전을 벌이게 되고 시베리아의 노보리스크에서 유대인의 맛사다 항전을 방불케 하는 최후 자결로 조선 공산당의 최후를 맞이하게 된다. 김정은은 후일을 기약하며 백두산 유격 대장으로 천지 쪽으로 몸을 숨기게 된다. 유대인들은 율법에 매여서 메시아 예수를 죽인 민족으로 하나님의 진노를 당한 것이고 북한은 기독교를 넘어선 성경 외의 계시로 김일성교를 만들고 문선명은 이를 흉내내어 통일교를 만들어서 하나님의 나라의 성숙한 가치를 잃어버리는 소유의 창고와 같이 살다가 소유의 종말을 당한 결과를 가져오게 된 것이었다.

어떠한 사람이 되어야 하는가?
말세의 생존 비결을 전파하는 것이 전도이다.

> 경건치 않은 것과 이 세상 정욕을 다 버리고 근신함과 의로움과 경건함으로 이 세상에 살고(딛 2:12).

원래의 동이 민족답게 늘 미소를 머금고 손이 따듯한 민족의 정체성을 찾아서 남을 속이고 미혹하고 타락시키고 마침내는 영과 혼을 다 죽이는 사탄의 올무에 빠진 세상에서 아시아의 등불과 같은 나라가 되어야 한다. 예수 등불과 같이 우리가 노력하는 것이 아니라 내 안에 예수가 있어서 스스로가 에너지를 발하여 복음을 증거하는 문화 명령과 지상대명령(The Great Commission)의 사명을 감당하는 복음 전도자가 되는 것이다. 남과 북의 연합 문화 교류팀들이 북한 전 지역을 새마을운동 3.0 버전으로 송도나 파주와 같은 스마트 신도시로 개발해 나가는 것이다.

백보좌 심판대는 시상대이고 심판대이다. 최종 심판 날 전 인류는 심판장 예수 그리스도 앞에 소환되어 자신의 언행 심사에 대한 공정한 심판을 받을 것이다.

그러므로 그리스도인은 말씀을 기억해야 할 것이다.

> 이로써 사랑이 우리에게 온전히 이룬 것은 우리로 심판날에 담대함을 가지게 하려함이니(요일 4:17).

한반도에 신경을 집중하는 사이에 중동 전쟁이 일어나게 되고 양대 전쟁을 동시에 다 수행하는 작전을 구사하지 못하는 북대서양조약 기구(NATO)에 동북아조약 기구(PATO)군이 참여하여 전쟁을 좋아하는 일본이 지진 복구로 힘을 잃었지만 그래도 세계 제3위 군사 강국답게 제3차 세계대전이 일어나는 시리아와 이스라엘의 전쟁을 국제 사법 재판소에서 판결하는 자리에 서게 된다.

통일 한국은 탈세속주의와 평화의 촉진 자의 사명에 훈련된 100만 명의 인터넷 선교사 그리고 100만 명의 전문인 선교사들이 전 세계의 12대 분쟁 지역에 나가서 핵무기 철폐, 종족 학살 금지, 환경 오염 철폐를 큰 그림으로 하여 미전도 종족에게는 우물 파주기, 신종 에이즈 박멸 등을 크리스천 공동체 개발을 통하여 실시하는 일이 지속이 된다. 이 분쟁 지역의 유대교의 후손들과 기독교의 후손들과 이슬람교의 후손들이 천손 민족인 한민족의 축복 통로가 되어서 요셉과 같이 사랑을 받는 하나님의 대사 나라가 된 것을 축복하게 된다.

악인의 최후 상태(지옥)는 어떠한가?

영혼 멸절설인가?

육체적 죽음은 재림(신자) 혹은 심판의 부활 때까지(불신자) 사람의 영혼이 육체에서 일시적으로 분리되는 것이다. 그러나 둘째 사망, 곧 유황 불못(지옥) 행은 타락한 인간이 생명의 근원이신 하나님을 영원히 떠나 완전히 격리되는 것을 말한다(갈 5:4). 김정은이 한반도 대통령을 극비에 만나 북한에 숨겨진 보물을 환수해 가는 조건으로 강대국에 빼앗기지 않은 지하 갱도 속의 핵무기 시설을 양도하겠다고 제안을 하게 된다. 통일 한국은 김정은이 머무는 지역을 미얀마를 돕듯이 돕지만, 김정은의 자존심을 상하지 않게 하려고 영국과 스코틀랜드와 같은 동이족으로 돌아가자고 권한다.

통일 한국은 미국이나 중국에 통보 없이 핵무장 국가임을 선포하고 핵폐기물 처리장은 영변으로 정한다고 발표한다. 한국전쟁 참전국을 포함한 40개국이 모인 축하 행사 발표장에 김소월의 시('영변의 약산 진달래꽃')이라는 노래가 울려 퍼지게 된다.

의인의 최후 상태(천국)는 영생이다. 하나님과 함께 경영하는 것이다. 천국은 하나님의 사랑과 평화가 깃든 영원한 안식처, 행복의 따뜻한 에너지 스마트 신도시, 의인들의 거주지다. 이제 통일 한국은 핵무장, 핵 폐기를 한 번에 갖춘 초일류 군사 강국에 들어가게 되었지만, 미국과 러시아에 비하면 성능이 떨어지는 것이니까 살상을 하기 위한 것이 아니라 세계평화를 위한 촉진 자로서 겸손하게 섬기는 종의 자세를 가지고 지미 카터와 고르바초프가 중심이 되어 만든 GZP(Global Zero Peace) 운동의 상임 의장국이 된다. 일본은 부 의장국으로 언제든지 반도로 진출하는 제2의 임진왜란을 꿈꾸지 못하도록 체크를 한다.

천국의 수도(새 예루살렘 도시)를 서울과 평양에서 체험하자. 새 예루살렘 도시는 빛과 영광의 거룩한 도시, 새 하늘과 새 땅, 곧 천국의 수도이다. 새 천년, 새 선민, 새 비전의 실천을 하는 에너지 전문인 선교사에 의한 한반도 메가 시티, 서울-평양 프로젝트의 완성으로 인해서 통일 한국은 서울-평양을 타원의 두 점과 같이 1시간이면 연결이 되는 KTX로 연결하여 서울-세종시의 경험을 살려서 문화 명령과 지상대명령을 준행하는 동방의 예루살렘(평양) 수도로서 손색이 없도록 선포하고 미국의 CNN과 중국의 신화통신에서 국가의 이름을 비로소 초일류 대한민국이라고 선포하기를 제안한다.

이에 감사의 표시로 초일류 대한민국에서는 쿠르드족에게도 이스라엘의 건국과 같은 선물을 주자고 한반도 선언을 발표하여 전 세계 분쟁 지역 갈등 해소의 교과서로 삼게 되었다.

영생 복락은 축복의 통로로 사는 구속적 실체의 삶이다. 새 하늘과 새 땅의 중심, 천국의 수도 새 예루살렘이 감히 형용할 수 없는 장엄하고도 화려한 광경 그 자체이다. 우리가 지상 생활에서 얻은 성령의 열매를 가득 들고 이 한반도 땅끝에서 주님을 만나게 될 것이다. 한국전쟁 당시에 세계에서 가장 가난한 나라 뒤에서 2등이었던 나라 남한이 하나님의 시간에 동방의 등불인 초일류 대한민국이 되었다.

이 나라를 이끈 힘은 정직성이었다. 일찍이 도산 안창호 선생이 꿈에서라도 거짓말을 하지 말라고 한 그 한마디의 품성이 하나님의 형상이었고 그리스도의 품성인 것을 알고 구원받은 한민족이 날마다 거룩하고 의로운 삶을 살아가면서 하나님의 손을 의미하여 열방을 섬기는 홍익인간(弘益人間), 재세이화(在世理化), 성통공완(性通功完)의 삼위일체 하나님이 부르신 천손 민족 한민족의 삶을 살기 시작하는 것이다.

종말론적인 한반도 미래의 사건을 최윤식의 『보이지 않는 미래를 꿰뚫어 보는 생각하는 기술』과 『2030 대담한 미래 1, 2』와 일본 최악의 시나리오에 기초하여 스토리텔링으로 아래와 같이 세속사적인 입장에서 전개해 보기로 한다.

남북 충돌은 매일 일어나고 의외의 사건으로 결정적인 위기가 올 수도 있다고 본다. 극소수가 경제적 이득을 독차지하고 중산층의 궤멸로 냉소적 시각이 만연한 대국이지만 정직성은 살아있는 나라인 미국의 국채 위기와 함께 동반하여 언제든지 널뛰기 증시가 파급적으로 이루어지게 될 것이고 부동산 시장이 살아날 수 있을지 암담하다. 남한이 제 기능을 하지 못하는 야당으로 인해서 잃어버린 10년의 연속으로서 정치가 표류하고, 북한은 세월호 사건 이후에 자체적으로는 국가 재건을 위해 노력하지만, 방향을 잃고 표류하는 유체 비행을 계속하고 있다.

어느 때에 휴화산 지역인 민족의 영산 백두산이 지진이 발생하여 북한 서부 지역 전체가 사정권 안에 드는 위기가 오게 된다. 특별히 영변을 포함한 핵 시설에 결정적인 어려움이 생기지 않도록 기도할 뿐이다. 이때 남한에서는 강남의 쌍둥이 무역 빌딩에서 9.11 테러를 방불케 할 테러가 한국에 사는 외국인 근로자와 알카에다가 쌍둥이로 연계하여 테러를 감행하려다가 배용준 가문에게 전도하여 무슬림으로 만들려고 하는 꿈을 가진 모 대학교 중동학과 출신의 여전사가 사이버 애정 관계에 빠진 <겨울연가>의 배용준의 팬인데, 그녀가 갑자기 자수하여 미수로 그치는 사건이 발생한다.

핵 테러의 문제는 사건이 발생할 때 수습할 주체가 누구인지 분명하지 않고 예행 연습을 할 수 없다는 것이다. 그러한 중에도 꾸준히 중국 관광객들이 밀려들어와서 한국의 정치적 판단을 흐리게 하고 한반도에 대한 중국의 기대감으로 인해서 미국과의 관계가 균열이 될 수도 있는 사건이 홍대 앞이든 중국인 밀접 지역에서 주한 미군 살인 사건으로 발생할 수 있다. 한국이 중국과 미국 사이에서 외줄 타는 곡예사가 되는 시점에 의외로 미국의 지지를 받은 일본이 독도를 30분 안에 점령하는 기습 해전이 벌어지고 만다.

그리고 일본은 미국의 의견을 수렴하여 센카쿠 열도를 중국에 주는 맞교환을 하고 만다. 일본은 북한을 무마시키기 위해서 박정희 정권 당시에 남한에만 주었던 한일 합방 보상금을 북한에 주기로 결정하고 이 자금을 가지고 평양의 김정은과 중국에 줄을 대고 있는 군부 실세가 대립하는 가운데 북한의 붕괴가 시작된다.

국가보안법의 문제와 평양 특구의 300만의 시민들은 중국과 러시아의 협상으로 시베리아에 새로운 임시 정부를 수립하고 지하로 연결된 철도와 항구를 통하여 연일 이주하고 있다. 마치 통일 신라 직전에 일본으로 피난을 가는 백제의 모습과 같다.

동유럽에서 거점을 확대해 나가는 러시아는 양동 작전을 펼치다가 EU가 눈치를 보는 사이 시리아를 통한 이스라엘 공격의 인권을 택하며 공산주의를 배반한 북한이라는 죄목으로 북한 임시 정부를 공격하는 일이 일어나게 된다. 결국 남한의 정부가 개입하여 국제 사회에 강한 목소리를 내어 미국과 중국은 일단 자제하고 한국전쟁에 참가했던 28개국이 한반도 초일류 영세 중립국 사업에 모두 이권 개입할 수 있도록 발표를 한다. 이 일에 중국의 진출을 막으려는 러시아가 개입하여 한반도 초일류 국가를 먼저 승인한다. 러시아와 적대 관계에 있는 일본이 잇따라 승인한다.

초일류 한반도 정부가 수립이 되는 날, 일본의 또 다른 제2의 후쿠시마 원자력 발전소 사태가 발생하고 한국의 동해안에 있는 원자력 발전소에도 해일이 넘치는 사건이 발생하지만 유능한 에너지 전문가들의 개입으로 위기를 넘기게 된다. 이 일이 이루어지는 데는 하나님의 시간에 하나님의 역사하심이 있을 때만이 가능하게 될 것이다. 인간의 힘으로는 불가능한 시나리오가 대한민국의 초일류 중립국 대한민국 실현의 현실이다. 스위스나 오스트리아 같은 영세 중립국은 힘이 없는 껍데기이기 때문이다.

그러므로 전문인 선교의 전략이 개인적, 교단적인 전략이 아니라 국가적인 창조적 전략으로 변혁이 되어야 하는 국가 디자인과 연결이 되는 선교 전략 디자인의 시점에 와 있다고 본다. 여기에서 연결 고리는 창의적 접근 지역에 대한 것이다.

여전히 창의적 접근 지역 선교 개념이 이것이다.

지난해 부산에서 열렸던 제10차 WCC 대회에서 동북아시아의 정의와 평화를 위한 순례를 향후 WCC의 모토로 택하면서 디아스포라 순례(Diaspora Pilgrimage) 운동을 벌인다고 총무인 울라프 F. 트베이트(Olav F. Tveit)가 말했다.

WEA대회가 무산된 시점에서 WEA나 로잔이 만일 한국에서 열릴 수 있었다고 한다면 실패했던 RCC의 중세의 십자군 운동과 같은 이미지를 벗어난 또 하나의 행사 중심의 동북아시아의 중심축으로서 진정 성육신적인 한국이 되지 않았을까?

그러나 창의적 선교 개념은 이것이다.

후속 작업으로 역사적으로, 남북이 나뉜 유일한 분쟁 지역에서 지난 69년 동안의 갈등과 분열에서 이룬 한강의 기적이 이제 화해, 일치, 평화의 제2의 한강의 기적으로 다시 한번 한반도에서 먼저 기적을 이루고, 지구상의 분쟁 지역마다 일반적인 사역을 하는 외교부와 좀더 구체적인 KOICA의 NGO 사역의 우산하에 구체적인 예수의 피가 흐르는 십자가의 사랑을 증거하는 초일류 대한민국의 신 디아스포라 에너지 평화 선교단(New Diaspora Energy Mission Band) 운동으로 나가게 될 것이다.

화해, 상생, 통일 프로세스 구상은 무엇일까?

> 새로운 한반도 정책 구상인 화해, 상생, 통일 프로세스 구상(광건 정책)을 이론적으로 뒷받침하기 위해서는 당면한 최대 현안인 북핵을 포함한 한반도 문제의 접근법(경제-안보, 안보-안보 교환론)과 중국의 부상에 따라 부각되고 있는 한반도 문제의 주도권(남북 관계, 동북아시아 국제 관계 우선론)에 대한 분석이 이루어져야 한다.[3]

한반도의 위기가 기회가 되기 위해서는 세계를 보는 창을 열고 들어가서 12분쟁 지역의 문제를 해결하는 가운데서 하나님의 지혜로 한반도의 분쟁도 해결이 될 수가 있다.

---

3 조성렬, 『뉴한반도 비전』 (백산서당, 2013), 301.

롤프 마파엘(Rolf Mafael) 주한 독일 대사는 이렇게 말한다.

> 평화 혁명이 촉발제라면 독일 통일은 동독 시민의 시위 즉 실천에 의해서 이루어졌다고 할 수 있다. 자유와 민주화를 요구하며 "우리가 국민이다"라고 외치기 시작한 평화 혁명은 이후에 "우리가 한 국민이다"라고 구호가 바뀌며 통일로 이어졌다. 통일을 이류기 위해서는 대외 정책 즉 이웃 국가들의 수용도 중요하다고 생각한다. 박근혜 대통령의 드레스덴 제안은 독일의 경험이 반영된 것으로 볼 수 있다. 개인적으로 드레스덴 제안을 북한에서 긍정적으로 검토해서 한반도 신뢰 프로세스가 추진될 수 있었으면 좋겠다.

독일 통일이 20년간 준비가 있었다는 것과 우리가 한 국민이라는 동질성 회복이 중요하다는 것이다. "우리가 한 초일류 대한민국 국민이다"라고 외치는 미래지향적인 고백이 중요하다.

전문인 선교사의 국가적 모델인 정근모 박사는 예수를 본받아 하나님 중심의 세계관을 가지고 있다. 그가 늘 사용하는 말은 헌신(獻身)이다. 이씨 조선은 사대부의 나라인데 대한민국은 가난한 백성의 나라라는 것이다. 하나님의 뜻은 그리스도 안에서 그리스도의 마음을 품고 우리가 하나님의 뜻을 준행하기를 원하는 것이다. 거북선이 나가는 진로는 하나님 문화 중심의 세계관을 가지는 것이다.

'11' 전문인 실천신학 1: 하나님 중심 세계관

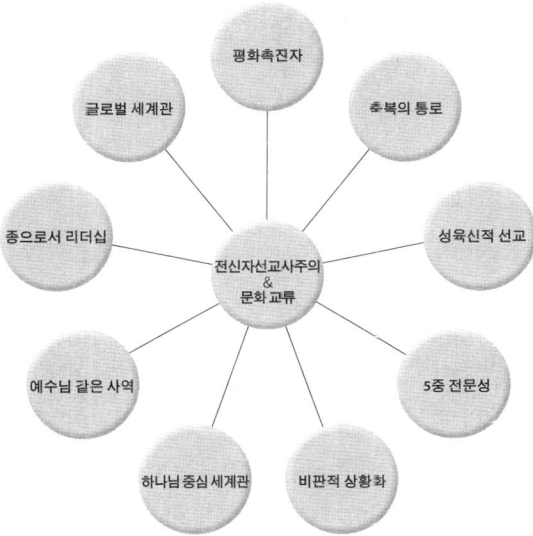

제2장

북한과 중국의 도시 개발

앞에서 살펴보았듯이 뜻밖에 러시아가 마지막 순간에 개입하여 파괴한 북한 지역에 대한 도시 재개발 사역이 북한 스마트 도시 선교의 계기가 될 수 있다. 러시아가 북한을 공격하든, 설득하든 개입하는 이유는 한반도 통일 시 경제 효과가 중국에 뒤지고 미국에도 뒤지기 때문에 이를 뒤집기 위해서 결정적인 순간에 개입한다고 보아야 하기 때문이다.

대외경제정책연구원에서 밝힌 자료를 분석하면 아래와 같다.

첫째, 통일시 중국, 러시아, 미국, 일본 순서로 경제적 이익을 보게 된다.
둘째, 중국의 GDP는 50조 원이 될 것이며 564만 명의 신규 창출 효과가 있을 것이다.
셋째, 남북한 대중국 무역 의존도가 각각 30퍼센트, 90퍼센트인 상황에서 크게 증가하고 일본은 크게 위축된다.
넷째, 흡수 통일 시 북미 간 상품 교역이 1조원 규모로 늘어날 것이나 점진적 통일은 더디게 진행될 것이다.
다섯째, 동북 3성(요녕성, 길림성, 흑룡강성)은 GDP가 168조로 확대될 것으로 보인다.

여기서 주목할 것은 북한의 재개발에 중국과 EU가 주도권을 쥐고 참여하는 것이 옳다는 것이다. 이 경우, 소외된 미국의 능력이 EU에 대한 영향력으로 변재하고 러시아가 EU에 영향력을 최소한 유지하게 되기에 결국은 한국전쟁의 당사자인 미국과 러시아가 만족하게 된다는 시나리오이다.

현대판 선덕 여왕 같은 박근혜 대통령의 '드레스덴 선언'도 화해, 상생, 통일 프로세스 구상의 진일보된 제안으로서 남북 주민 간의 인도적인 개선, 공동 번영, 동질성의 회복으로 북한의 자원과 인력 그리고 남한의 자본과 기술을 가지고 유기체적인 융섭을 이루자는 것이 골자이다.

세부적으로 들어가면 다음과 같다.

첫째, 한반도 신뢰 프로세스
둘째, 동북아시아 평화 협력 구상
셋째, 유라시아 이니셔티브

여기서 조정해야 할 것은 북한 개발의 입장에서 볼 때, 한국 정부의 유라시아 이니셔티브의 각도를 좁혀서 중-EU 이니셔티브로 나가야 효과가 있다는 것이다. 다시 말해서, 2030년 대변혁에도 불구하고 미국과 러시아의 EU에 대한 영향력을 현상 유지할 수 있기 때문이다.

이러한 주장을 하는데는 북한의 자원 매장량이 6,000조 원이고 희토류까지 포함하면 8,000천 조이고 물가 상승을 고려하면 그 이상까지 천문학적인 숫자로 간다고 하는 분석도 있는 실정이다. 그러나 이것은 2014년 현재 현실적으로 북한의 것이지 남한의 것은 아니다. 통일 비용을 3,000조 원이라고 해도 5,000조 원이 남는다고 한다.

이런 생각을 하면 남한이 흡수 통일을 한다는 발상 자체가 상상일 뿐이다. 북한은 한순간에 붕괴되리라고 예견하는 것은 억측이다. 북한은 상당히 오래가게 될 것으로 예측된다. 지금과 같은 대화가 단절된 상황에서 최악의 남북 상태에서 연일 쏟아지는 북핵의 위협 앞에 남과 북의 진정한 화해와 상생만이 살 길이다.

그런데 이는 성숙한 차원에서 'win-win partnership'으로서 민족의 동질성을 가지고 하나가 되기 위해서는 섬기는 자세로 남한이 북한의 주민들을 설득하여 유엔(UN) 주도의 선거 감시단하에 주민 투표에 의해서 남한 우위의 결정이 나는 작업을 계속해야 한다. 내면에서부터 상호 인정하는 상생할 수 있는 동질성을 남한이 북한에 경제적으로 확신시켜줘야 할 것이다.

이 일이 순조롭지 않게 되면 중국은 제2의 티베트와 같이 된다고 엄포를 놓고 동북 4성 운운하는 말을 흘릴 것이다. 엄연한 동북아시아를 둘러싼 육적 전쟁이요, 경제 전쟁이요, 영적 전쟁이다. 물론 뒤에는 미국, 중국, 러시아, 일본, 남한으로 구성된 동북아시아 집단 안보 체제를 만들고 현재까지의 북한의 옹고집으로 봉남대미 정책을 유지하는 북한이 최악의 경우 북한이 주식회사와 같이 되어서 미국, 중국, 러시아, 일본, 남한이 주주가 되어서 주도권을 한반도 주변 열강에 강탈당하게 된다면 초일류 통일 한국으로 가는 하늘이 주신 기회는 다시 없을 것이다.

북한도 들어올 수 있도록 모든 환경을 준비하는 것이 전제로 되겠지만 실질적인 측면에서 남과 북이 후손에게 물려줄 수 있는 초일류 대한민국의 기회를 놓치지 않도록 한민족이라는 동질성을 가지고 연합하여 할 수 있는 남북 연합 차원에서의 구체적인 사업안이 나와야 한다. 그래서 더욱 동북아시아 글로벌 도시로서 서울과 평양의 역할이 소중하다.

만일 중국의 초대형 신도시들이 인천의 송도와 같은 최첨단 도시를 만드는 새마을운동을 하고 이를 남한이 도우면서 동시에 북한의 대도시들을 파주 신도시와 같이 스마트 도시로 만드는, 6자 회담에 참여한 국가들이 우선적으로 투자하여 집을 지어주는 북한 해비타트운동을 한다면 북한은 마음을 열 수 있을 것이다.

김계동은 북한의 생존 방식을 이렇게 정리한다.

> 김정일은 체제 생존에 더해 체제 발전까지 고려하는 듯 보였다. 남한과의 정상회담, 서방 국가들과의 수교, 신의주 개방을 추진했다. 국내적으로 2002년 7월 1일 경제 관리 개선 조치를 시행해 시장 개혁을 시도했다. 구체적으로 이 조치

는 계획의 분권화, 시장 가격 현실화, 기업 경영 자율권 확대, 독립 재산권 강화, 화폐 임금제를 내용으로 하고 있었다. 대외 개방 정책과 더불어 내부 경제 개혁까지 추진한 것이다. 이와 같이 우연한 대외 정책을 모색하던 북한은 얼마 지나지 않아 또다시 강경으로 선회해 제2차 핵 위기를 조성하며 벼랑 끝 외교를 시작했다. 이후 현재까지 10년 넘게 북한은 핵 카드를 활용한 강경 외교를 지속하고 있다. 더구나 김정일이 사망하고 김정은으로 권력 이양이 이뤄지면서 북한은 뚜렷하게 새로운 대외 정책을 추진하지 않고 있다. 우리의 대북정책이 북한을 흡수 통일 하는 것이 아니라면 북한의 개혁, 개방 정책에 협력해 점진적인 체제 변화를 유도하는 것이 바람직하다. 그래야 핵 문제도 해결될 수 있을 것이다.

여기서 중요한 것은 북한도 자구적 노력을 하고 있고 북한 경제 생존의 길에 대한 전략이 있을 것인데, 남한 일변도의 전략을 내어놓는 것은 북한 민중을 설득하기에 역부족일 수 있다. 따라서 다윗의 아둘람 굴에 있었던 어두운 시절과 같이 남과 북이 향후 20년 뒤를 내다보고 공존하기 위해서는 함께 터널을 통과하고자 하는 의지가 필요하다.

썬다싱(인도의 성자로 불린다)이 히말라야 산을 넘을 때 앞서가던 자는 얼어 죽었는데, 서로 번갈아 가며 연약한 자들이 업어주고 어깨 동무를 하고 간 썬다싱과 그의 친구는 살아남은 것처럼 누가 20년 뒤 주적(주요 모순)인지를 분명히 파악을 하고 주적이 아닌 차적(차요 모순)끼리는 서로 촉수를 가지고 접촉하는 것이 좋다는 것을 인식하는 것이 중요하다.

남북 통일의 선두 주주로서의 혁명 투사적인 야성이 있어야 한다. 다윗 왕국과 같은 프라임 코리아를 세운다. 사회의 소외된 계층들을 돌보는 전문인들이 대통하는 심령으로 민족 앞에 무릎을 꿇고 나아야 길이 보인다. 플라톤의 우상의 동굴과 같이 북한은 김일성주의의 동굴에 갇혀 있고 남한은 물질 만능의 동굴에 갇혀 있으니 하나님의 음성을 듣고 그 터널을 빠져 나와서 만나야 한다.

김석철 박사는 이렇게 프로젝트를 제안한다.

> 두만강과 굴포 사이에 베네치아만한 한 늪지대가 있는데, 훈춘부터 이곳까지 수로가 뚫려 있다. 중국, 일본, 러시아와 남북한이 공동으로 투자를 추진 중인 시베리아 가스관도 통과할 수 있는 지점이다. 그 일대에는 인구 10만의 도시가 50개가 있다. 여기에 인구 300만 명의 에너지 도시를 세우는 것이다. 에너지에 이어 대학과 병원 리조트를 만들면 중심도시가 된다. 그곳은 10만 년 전부터 사람이 살던 곳이다. 이곳을 문화, 교육 도시로 발전시켜야 한다. 이건 대한민국 대통령이 중국과 러시아를 설득하면 되는 것이다. 일본은 중앙아시아로 가는 길이 열리고, 동북 3성은 러시아로 가는 길이 열리는 것이다. 우리는 이것을 절호의 기회로 삼아야 한다. 중국을 염두에 두면 위화도가 중심이지만 일본과 러시아까지 고려하면 바로 두만강 하구가 동북아시아의 중심이다.[1]

우리는 현재 경제 침체의 돌파구를 열어야 하는 시점에 와 있다. 유라시아, 대륙과 대양을 함께 보자는 제안이 나오고 있다. 광대한 영토와 풍부한 에너지원, 탈냉전 후 미국이 주인으로 등장한 지역이나 지금은 중국, 러시아, 이란이 경제 움직임이 포착되고 있는데, 한국이 대륙을 여는데 박차를 가하되 미국과 일본 등 해양 세력과도 협력하여 아시아 태평양 지역에 존재감을 키워나가는 일이 시급하다.[2]

세월호 사건 이후에 국론이 분열된 남한은 미래 창조 과학을 동북아시아의 유라시아에서 펼치는 것이 우선적으로 중요한데, 이는 인구 노령화와 복지 정책 그리고 적폐를 일소에 해결하는 길은 IT와 K-Star형 원자로가 융섭이 된 해외 신도시 건설 수주이기 때문이다. 이건 원자력 스마트 도시 개발이다. 임진왜란은 도자기 전쟁이었지만 이제는 에너지 전쟁으로 동북아시아의 한반도에서 진검 승부를 거두게 되는 시기가 오고 있다. 이를 위

---

1 이광재, 『대한민국 어디로 가야하는가』 (휴머니스트, 2014), 440-41.
2 김성한, "유라시아, 대륙과 해양을 함께 보자", 「조선일보」, 2014. 8. 25.

해서 한반도 에너지망의 구축은 가장 우선적으로 고려해야 할 사업이다. 민경태는 이렇게 분석하고 있다.

> 미래에는 정보의 인터넷망뿐만 아니라 에너지 공급 체계의 글로벌 네트워크 구축을 전망하고 있다. 이렇게 되면 도시 및 지역별로 스마트 그리드를 통해 효율적인 에너지 활용과 저장, 잉여 전력의 타지역 전송 등이 가능해진다. 남북한 경제 협력 과정에서 한반도가 유라시아 대륙과 연결되면 동북아시아에서도 국경을 초월한 에너지 연계망을 구축할 수 있는 것이다. 이것은 지역 단위의 스마트 그리드 개념에서 한 걸음 더 나아간 것으로 국가 간 에너지 공급 체계를 뜻한다. 북한의 에너지 망을 연결할 경우 다른 인프라망의 건설과 병행하여 건설 비용을 절감하고 복합적 네트워크를 구축할 수 있다.[3]

에너지 관문 도시로서의 두만강은 만주 철도와 중국 횡단 철도, 시베리아 철도가 만나는 곳이다. 남북의 철도가 이어지기만 하면 되는 것이다. '광역 두만강 개발 계획'(Greater Tumer Inititative: GTI)이 이미 진행이 되고 있었는데 2009년 이후에 북의 비협조로 진행이 되지 않고 있다. 중국이 북한을 더욱 설득해야 하는 대목이다.

> 이 프로젝트는 두만강 하류를 중심으로 한 동북아시아 지역의 개발과 투자 유치를 도모하기 위한 사업으로, 1992년 남북한과 중국, 러시아, 몽골 등 5개국이 참여하고 유엔 개발 계획의 지원을 받은 다자간 협의체인 두만강 개발 계획으로 출범하였다. 이후 아시아 지역의 외환 위기 등 경기 침체 여파로 큰 성과를 거두지 못하고 있다가 2005년에 사업 대상 지역을 확대하고 공동 기금을 설립하는 등 추진 체계를 강화해 GTI로 확대 전환된 것이다. 대상 지역은 중국의 동북 3성 및 내몽골, 몽골의 동부 지역, 북한의 나진, 선봉 및 두만강 유역, 러시아의 연해주, 한국의 동해안 지역 등을 포함하는 대규모 개발 계획이다. GTI

---

[3] 민경태, 『서울 평양 메가 시티』(미래의 창, 2014), 99-100.

14차 총회에서는 2016년까지 독립적 국제 기구로 전환하기로 합의하였으며 교통, 무역 투자, 관광, 에너지, 환경 분야 경제 협력 증진을 위해 개발 지향적 조직으로 전환하고 일본과 북한의 참여를 적극 추진하기로 했다.[4]

이 지역들은 이미 민족의 지도자인 도산 안창호 선생이 거의 10년에 걸쳐서 이상촌을 구상하던 지역도 포함되는 것으로 알고 있다. 성촌 정근모 박사가 아랍에미리트의 아브다비에 K-Star형 원자로를 수출한 것처럼 한중 FTA의 양국 간 투자 균형을 요구하며 중국 측의 협조하에 하루 빨리 성공 사례를 만들어야 한다.

춘원 이광수는 이미 이렇게 말했다.

> 도산은 진강이나 남경이나 또 화북이나 중국인의 문화와 산업이 상당히 발달된 도시의 근방에 기지를 택하여서 중국인 도시의 모든 시설과 편리를 이용하면서, 한편으로 한족 자신의 독특한 문화와 산업 기관도 세워서 중국인에게 대해서는 호조호익(互助互益)의 친선한 관계를 수립하자 하는 것이었다. … 도산이 이상향 기지로 주목한 곳은 남경, 진강 이외에 북쪽에는 호로도, 금주 경내요, 만주에는 경박호 연안, 동경성 부근 등지였다. 도산이 여러 지역을 몸소 답사하여서 그 산천 풍토를 보았다. 지미, 풍경, 음료수까지 상세히 조사하였다. 그러나 중국의 정치적 사정에 의하여서 도산의 계획은 마침내 수포로 돌아가고 말았다. 만주사변으로 만주와 장성 부근은 문제도 안 되고, 일본군의 상해 상륙으로 진강 기타 장강 연안도 안전 지대가 안 되고 말았다.[5]

마치 실크 로드의 시발점이 경주에서 시안을 거쳐서 유럽으로까지 비단과 은이 전래가 된 것처럼, 이번에는 자원 매장량의 세계 최대 국가인 중앙아시아 국가를 세계로 연결하는 일을 남한의 에너지 전문인 선교사들이

4　민경태, 『서울 평양 메가 시티』, 156-7.
5　이광수, 『도산 안창호』 (흥사단, 2013), 230-31.

할 수가 있는 시대가 도래한 것이다. 일본 역시 두만강을 뚫으면 모스크바까지 바로 갈 수가 있기 때문에 두만강 프로젝트는 남한, 중국, 러시아, 일본 모두가 찬동하게 되며 북한은 못 이기는 척하고 마지막에 참여하면 되는 것이다. 철의 실크 로드로 연결되는 에너지 관문 도시 프로젝트를 글로벌급 스마트 도시로 건설하되 정보화 설비를 중점 건설하고 빅 데이터, 클라우드 컴퓨팅, 인터넷 기술 등을 운용하며 제조업 전반에 스마트 기술을 적용하는 일에 산학 협동으로 국내 건설 업체와 우선적으로, 한국과학기술원(KAIST)과 한동대학교, KOICA 그리고 해비타트운동 본부 등과 같이 할 수 있다고 본다.

여기서 중장기적으로 할 수 있는 3가지 정도로 남과 북이 하나가 될 수 있는 민간 차원의 에너지 사업(우라늄, 희토류 포함)을 살펴보고자 한다.

첫째, 남북 정전 상태에서 벗어나서 해방 70주년이 되는 2015년에 평화협정이 체결된다면, 북한의 원자력 핵무기의 실력과 남한의 원자력 에너지의 기술이 장기적으로 볼 때 융섭적으로 연결이 된다는 믿음 가운데 세계의 창을 열고 북한이 원자력 에너지 측면에서 할 수 있는 일이 중국의 원자력 에너지 공사를 비롯하여 많이 있음을 인지시켜주어야 한다는 것이다.

둘째, 시베리아의 가스 유전 사업을 포함하여 미국, 러시아, 중국, 북한, 일본, 남한이 모두 참여하여 상호 이득을 나누는 구체적인 컨소시움이 결성이 되고 실제로 실익이 북한에도 돌아가는 경험을 하도록 6자 회담에 참여한 국가들이 투자하여 동북아 개발 은행을 만드는 것도 중국과 일본의 반대를 물리치고 남한과 북한이 주도할 수 있어야 한다.

셋째, 남한과 북한은 지구상에 유일의 분단 국가이지만 지구상에는 여전히 많은 분쟁 지역이 있다. 분쟁 지역은 환경 오염, 핵무기, 인종 학살 등과도 연관이 있는 지역들이다. 이러한 지역에 남북 연합군을 형성하여 주한 미군보다 더 성숙한 차원의 지역 군대를 파송하여 문제를 해결하는 역할을 하는 것이다.

이 모든 제안은 남한에 유리한 프로젝트로 비추게 되면 북한이 현재와 같이 강경한 태도를 견지하면 추진할 수 없는 것이고 2017년, 2020년, 2030년까지 중장기적으로 인내하며 준비를 해놓고 기다려야 한다고 본다. DMZ 안에 제2의 개성 공단과 같은 것을 조성한다고 하면 DMZ 안에 EU가 참여하는 SMART 비즈니스 빌리지 형성을 할 수 있다. 하나님의 섭리가 있다면 통일 한반도에 한국전쟁 UN 참전국이 참여하여 북한 개발에 헌신을 하고 경제적인 이권을 함께 나눌 수만 있다면 북한에도 결국은 이득이 되고 국제 사회에 당당히 진출할 수 있는 전환이 될 것이다.

한반도에서 가장 효율적이고 유기적인 남북한 경제 협력 구조를 만들기 위한 방안으로서 서울과 평양을 연결하는 경의선 축과 인근 서해안 거점 도시들을 서로 연계하는 서울-평양 네트워크 경제권으로 평양이라는 뜻이 평화의 도시, 즉 예루살렘인 것처럼 평양은 서울과 함께 이름 값을 하는 '메가 시티'(Mega City)이 될 수 있을 것이다.[6] 서울과 평양 간 도시 클러스터 개발에는 아무래도 1991년 홍콩을 중국에 이양한 영국이 중재자로 나서야 설득력이 있을 것이다.

북한은 고려가 통일 시에 왕건이 통일 신라의 유민들에게 베푼 정책들을 유념하면 결코 남한은 북한의 인민을 헤치지 않을 것을 알게 될 것이므로 현재의 독재자라는 오명을 쓴 소유의 창고에만 머물지 말고 초일류 한반도 시대를 여는 미래의 민족사 앞에 정직의 영을 가지고 나와야 할 것이며 북한이 영국과 스코틀랜드의 과거의 역사와 현재의 지정학적인 관계를 폭넓게 이해하게 될 때 남한과 동질성을 가진 한민족으로서 궁극적으로 국제 무역의 자리로 나설 수가 있게 될 것이다. 남한이 49퍼센트 이권을 가지고 북한이 51퍼센트 이권을 가져도 모두가 행복해질 수 있다.

---

6 민경태, 『서울 평양 메가 시티』, 129-141.

이성형은 지정학에서 우리가 연구해야 할 요소들을 이렇게 말하고 있다.

> 이제 장소 내지 공간의 변동에 대한 지정학적, 지경학적 관점이 국제정치학과 국제경제학 그리고 사회학과 지리학에도 도입될 여지가 생긴 것이다. 거대한 인구의 이동, 디아스포라, 자유 무역 협정, 지역주의, 금융 개방과 통합, 국경의 약화, 테러 전쟁, 정체성의 변화, 남남 협력 등과 같은 주체가 우리 시대 사회과학의 새로운 연구 목록이 된 것이다. 지정학적 사고는 이런 문제를 이해하고 이론적으로 사고하는 데에 큰 도움을 줄 것이다.[7]

앞에서 언급한 두만강 프로젝트를 시작으로 해서 철의 실크 로드가 경주에서 발원하여 두만강을 거쳐서 자문화 방사주의로 뻗어나가게 되는 것이다. 축복의 통로가 되어서 전 세계의 에너지 분쟁 지역의 문제를 해결하는 측면에서 신(New)라는 말이 아닌 신(Syn)이라는 총체적인 융섭적인 개념이 필요한 시점이다.

우리나라는 이미 해상 실크 로드와 같은 개념으로 송도에도 국제 신도시를 세웠다. 또한, 북한을 개발하는 개념으로 파주에도 세우게 될 것이다. 이러한 도시들이 향후에 초일류 융합 도시들의 모델이 될 것이 자명한 것이다.

---

[7] 콜린 플린트(Colin Flint), 『지정학이란 무엇인가』 (Introduction to geopolitics), 한국지정학연구회 역 (길, 2009), 7.

'11' 전문인 실천신학 2: 예수님 같은 사역

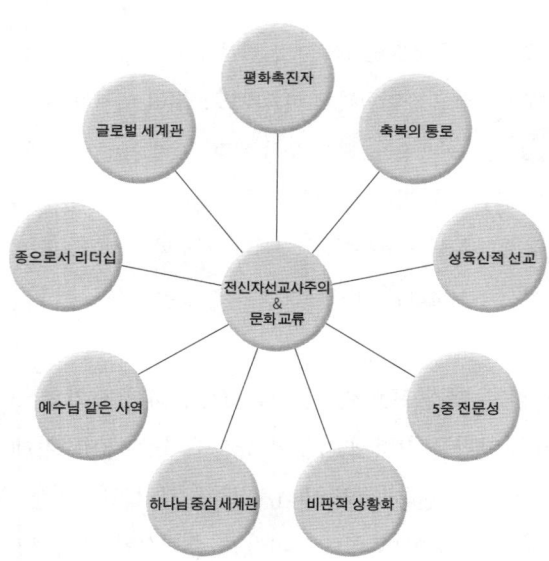

 전문인 선교사의 국가적 모델인 정근모 박사는 예수를 본받아 서번트 리더십을 가지고 모범을 보이고자 했다. 천재의 두뇌에 예수의 영성이 가미된 것이다. 100퍼센트 인간이시며 100퍼센트 하나님이신, 200퍼센트 성육신 선교사가 되는 것이 전문인 선교사의 길이다.
 100퍼센트 목사이고 평신도인 직장 전문인 선교사의 가능성을 열어준 사례이다. 굳이 목사 안수를 받지 않아도 목사, 장로, 감독은 모두가 삼위일체 사역의 일환이기에 보완 관계에 있는 것이다. 신학을 하지 않았는데 명예 목사가 되라고 하는 교단장들이 많이 있는데 거절하게 하신 것도 감사할 뿐이다. 우리는 최초의 타문화권 선교사로 오신 예수님 같은 사역을 해야 한다. 전 세계 5만 개의 교단이 있다고 하는데 예수님이 어느 교단의 목사는 아니다.

제3장

원자력 에너지 전문인 선교 전략

    필자가 제안하는 신(Syn) 디아스포라 에너지 평화 봉사단은 1994년 한반도에 북한의 핵무기로 인해 긴장감이 고조 되었을 때, 지미 카터 전 미국 대통령이 미국에서 한국에 있는 가족들에게 워싱턴에서 굿바이 인사를 했던 기억에서 비롯된 것이다. 당시에 북한은 국제원자력기구(IAEA)에서 파견한 조사관들을 축출했고 지미 카터 대통령이 북한으로 날아가서 일이 수습이 되었던 기억이 새롭다.

    그 후에 지미 카터 전 대통령은 카터 센터를 세우고 세계의 평화와 빈곤과 질병 퇴치를 위해 전문성을 갖춘 하버드대학교, 조지메이슨대학교와 함께 중재에 대한 전문 지식을 자문받게 되었다.[1] 남한에서도 카터 센터와 MOU를 체결하고 산학협동 클러스터의 R&D의 지원하에 이 운동이 뿌리를 내리고 나갈 수 있다고 본다. 이순신 장군의 거북선의 돌파의 정신을 가진 사랑의 원전선의 기능을 하는 전문인 선교사들을 이 분쟁 지역들에 사랑의 분신으로서 보내는 것이다.

---

1   이순, 『해비타트 이야기』 (토기장이, 2011), 68.

하버드대학교 경영대학원에서 제시한 분쟁 지역 중재를 위해서 5대 질문은 아래와 같다.

첫째, 누가 중재에 있어서 준비를 해야 하는가?
둘째, 중재자의 직위와 책임 소관의 영역은 무엇인가?
셋째, 중재자는 상대방 협상 대표와 얼마 동안 관계를 유지하고 있었는가?
넷째, 상대방 협상 대표의 결정 구조는 어떠한가?
다섯째, 조직 내에서 다른 협상 당사자들의 견해는 어떠한가?
여섯째, 일반적으로 존경을 받고 경청을 하고 있는가?[2]

향후 에너지 평화 봉사단은 미국의 아틀란타에 있는 지미 카터 센터의 원칙에 기초하여 분쟁 지역 중재를 해야 할 것이다.

① 국제 사회와 분쟁의 와중에 있는 모든 지역에 군사적 활동은 최후의 수단임을 상기시키고, 이 기본적인 전제에 그들이 동의하도록 한다.
② 다른 단체에서 현재 진행 중인 협상에는 관여하지 않는다. 그러나 비공식적인 대면이 유일한 대안일 경우에는 독립적인 중재자로 나선다.
③ 분쟁의 역사와 원인들을 전체적으로 연구한다. 신뢰와 신임을 얻기 위한 기초로서 사전에 문제 국가의 핵심 지도자들과 시민들에 대해 개인적인 친분을 맺어두고 이것을 활용한다.
④ 다른 중재자들 특히 분쟁 지역에 대해 잘 알고 또 그곳에서 존경받는 유명 인사들의 도움을 구한다(예를 들어 현재 아프리카에서 그 대륙 출신의 유명한 지도자들과 공조 체제를 이루고 있다).
⑤ 서로 대면할 수 없거나 대면하고 싶어 하지 않는 적대적인 당사자들 사이를

---

[2] Lauren Keller Johnson&Richard Luecke, 『*The Essentials of Negotiation*』 (Harvard Business School Press, Boston, Mass, 2005), 107.

오가며 중재할 준비를 한다.
⑥ 문제를 유발한 사람들에게 유익한 영향을 끼칠 만한 모든 세력을 찾아낸다. 또한, 완강히 저항하는 당사자들에게 압력을 넣는 수단으로써 뉴스 매체를 활용한다.
⑦ 분쟁의 핵심 인물들이 다른 상대나 기관들로부터 고립되었거나 비난을 받을 경우, 그 분쟁의 당사자들과 기꺼이 대화한다.
⑧ 민감한 국제적 사안에 대한 협상에 참여하기 전에 먼저 백악관의 허락을 받는다.
⑨ 인권이 보호되어야 한다는 것과 국제법이 존중되어야 한다는 것 그리고 당사자들이 상호 신뢰를 지킬 준비가 되어있어야 한다는 것을 주장한다.
⑩ 양자의 세부적인 설명과 요구사항들을 기꺼이 경청한다. 심지어 그 내용이 불합리하거나 비현실적인 경우에도 기꺼이 귀를 기울인다.
⑪ 양자는 똑같이 양보하거나 이익에 따라 피차간에 양보가 이루어지도록 한다. 양측이 도두 승리를 얻어냈다는 느낌을 가질 수 있어야 한다.
⑫ 신속한 협상에는 도움이 되지 못하더라도 진실을 말해야 한다. 중재자가 오로지 정직으로 일관할 때 비로소 양측의 신뢰와 확신을 얻어낼 수 있다.
⑬ 최종 결과에 대해 여러모로 대비해야 한다.
⑭ 실패에 따른 곤경을 기꺼이 감안해야 한다.
⑮ 결코 좌절하지 않는다. 심지어 상황이 절망적으로 보일 때라도 좌절하지 않는다.³

미국의 아틀란타에 있는 카터 센터와 연결하여 12개 이상의 분쟁 지역에 평화를 심는 전문인 선교사로 나갈 수 있는 분쟁 조정 선교사 양성이 한국 선교 단체에도 필요하다. 기존의 동아대학교뿐만 아니라, 한동대학교나 한국과학기술원(KAIST)에 이런 학과가 설치되어야 한다. 미국 제국주의의 문명화로 인한 십자군의 위력으로 인한 실추된 이미지를 백의민족인 남한이

---

3 이순, 『하비타트 이야기』, 69-71.

자원하여 십자가의 용사로 실천함으로써 진정한 의미의 성육신적인 선교를 나타내는 것이다.

미국은 패권 전쟁을 일으키면서 시대와 주도권을 행사할 무대에 따라 새로운 정당성을 내세웠다. 현재 이라크와 아프가니스탄의 전쟁을 볼 때, 무력으로 점령하는 일시적인 점령군의 이미지에서 넘어서는 현지인들의 마음을 얻는 것이 너무나 소중한데 이 일이 쉽지 않다는 것이다.[4]

그런데 이 일은 아무런 대가도 없는 강소국인 남한의 지난 1990년대부터 시작된 전문인 선교의 경험을 바탕으로 우리 것으로 소화시킨 글로벌화할 수 있는 에너지 선교를 통한 전문인 선교 전략을 가지고 예수 사랑의 실천으로만 가능하다.

그러므로 동북아시아에서의 에너지 관문 도시 성공 사례가 먼저 나와야 한다. 끝없는 전쟁 지역에 전략적으로 6자 회담에 참여하여 동북아시아 지역에서 돈을 번 나라들과 함께 12사도가 되어서 현대판 애굽의 재앙과 같은 분쟁 12지역을 창의적 접근 지역과 창의적 선교 지역이라는 개념을 융섭해 가지고 나아가는 것이다.[5]

이 지역에서의 전략은 대테러 작전, 사이버 안보, 해적 퇴치 활동, 핵 비확산, 평화 유지 활동, 해비타트운동, 글로벌 빌리지 운동, 구속적 유비, 문화 변혁, 영적 전쟁 도해, 하나님의 나라 등으로 나가게 될 것이다. 이러한 분쟁 지역에서 에너지 선교사로 헌신하고자 하는 전문인들은 제사장과 같이 화해자의 역할을 해야 하는 것이다.

마치 1517년 마틴 루터가 종교개혁을 하면서 만인제사장설(All Believer's Priesthood)를 주장하여 종교개혁을 이루며 권리는 찾았지만, 예수 당시에 안나스나 가야바와 같은 대제사장이 백성들의 원성을 받은 것은 그들이 제사장의 의무를 잃어버리고 금전에 관심을 가지고 사위와 아들 간에 세습을 했기 때문이다.

---

4 르몽드 디플로마티크(Le monde diplomatique), 『르몽드 세계사 3』(*L'Atlas du Monde diplomatique*), 김계영 역 (휴머니스트, 2014), 146.
5 르몽드 디플로마티크, 『르몽드 세계사 3』, 146-87 요약.

실제로 선교 현장에서 접속하는 선교사가 진짜다. 전문인 선교사의 두 어깨에 전문인 선교의 새 사명이 있다. 2014년 현재, 전 세계의 5만 개의 교단이 있고 한국에만 285개 이상의 교단이 있는 시점에서 구약의 제사장의 판결 흉배에 부착된 12개의 보석과 같이 고난의 신비와 보혈의 능력을 지닌 전문인 선교사가 제사장적인 선교 사역을 해야 할 것이다.

흉배는 율법으로 둑을 수 없으며 오직 예수의 은혜로만 거룩하게 될 것이다. 에베소서에 나오는 전신갑주에서 의의 흉배로 공의의 하나님의 사랑이 십자가에서 완성되었음을 보여 주고 있다. 이것을 필자는 전문인 선교사를 위한 '전신자선교사주의'(Every Believer's Missionaryhood)라고 하는 것이다.

민족 화합은 하나님과 인간의 화해(reconciliation)가 먼저이고 그다음이 민족 간의 화합(national reconciliation)이다. 이런 측면에서 화해의 대제사장의 역할이 예수 사역의 핵심이다. 제사장이 지성소의 증거궤 위의 속죄소(시은좌)에 나가듯이 하나님 앞에서 인간의 죄를 대신 짊어지는 제사장의 역할을 하는 것이 왕이요, 선지자요 제사장의 융합 기능을 하는 선교사의 사명인 것이다. 구약의 제사장의 12보석(출 28:17-20)과 우선 창의적 에너지 사역 지역의 12지역을 연결하여 이해하기로 한다.[6]

제사장의 우림과 둠밈에 여호와의 빛이 비추게 되면 판결 흉배 안에 역사하듯이 전문인 선교사의 가슴 안에 성령의 빛이 비추사 저들의 전문인으로서의 소명, 즉 직업의 전문성, 사역의 전문성, 언어의 전문성, 지역의 전문성이 성령의 인치심으로 일어나 생명의 성령의 법으로 빛을 발하게 될 것이다. 오직 성령만이 죄에 대해서 의에 대해서 심판에 대해서 우리에게 바로 가르쳐 주시기 때문이다(요 14:8).

이것이 사도 바울이 말하는 "달려갈 길을 다 달리고 관제와 같이 부음이 되었다"는 거룩한 산 제물로서의 선교사의 삶이요, 진정한 의미에서의 하나님의 에너지 혁명이요, 에너지 전문인 선교사의 헌신의 길이다. 우리가

---

[6] 성서원 편집부, 『QA 성경』 (성서원, 2009), 123-125.

남북 간의 분쟁을 해결해 나가는 과정에서 먼저 우리는 아래와 같은 12분쟁 지역에서의 사역에 충성을 함으로써 하나님이 북한 문제를 선물로 해결해 주실 것을 믿고 나가야 한다.

정근모 박사는 토니 P. 홀(Tony P. Hall) 미국 하원 의원을 신실한 크리스천 가운데 한 분으로 소개하고 있다.

> 미국 내 대표적인 기독 정치인으로 인도적인 정책 수립에 많은 영향을 끼치고 있는 토니 P. 홀, 임기 2년의 하원 의원에 11번째 당선된 그의 의정 활동은 특별하다. 빈민 구제와 난민 구조에 초점을 맞추어 의정 활동을 벌이고 있는 그의 활동은 기근이나 천재 지변이 일어나 고통 중에 있는 나라를 세계 어디든 찾아간다. 북한을 다섯 번 방문하고 심각한 기아 상태에 빠져 잇는 북한 어린이들의 실상을 세계에 타전했다. 북한 방문 4주일 전, 맏아들 마튜를 백혈병으로 잃었으나 그의 부인 낸시가 "내 아들도 하나님의 아들이지만 북한의 굶주리고 있는 어린 아이들도 하나님의 자녀입니다. 배고파 죽어가는 북한 어린이들을 살려야 해요. 당장 북한으로 가세요. 그리고 저들을 어떻게 도울 것인지 대책을 세워주세요"라는 말을 듣고 북한을 예정대로 방문했다. 분쟁 순회 대사의 모습이 느껴진다.
> "나는 성경을 믿고 성경대로 살고자 합니다. 가장 큰 죄는 어려움에 빠져 있는 이웃을 외면하는 것입니다. 이웃을 도와주고 이웃을 사랑해야 합니다. 사랑은 정치도 아니고 경제이론도 아닙니다. 단순하게 사랑해야 합니다. 사랑은 하나님의 명령입니다. 그 명령에 순종해야 합니다."[7]

---

7 정근모, "소명 앞에 무릎 꿇은 신실한 크리스천들", 「국민일보」, 2013, 160-65 요약.

'11' 전문인 실천신학 3: 종으로서의 리더십

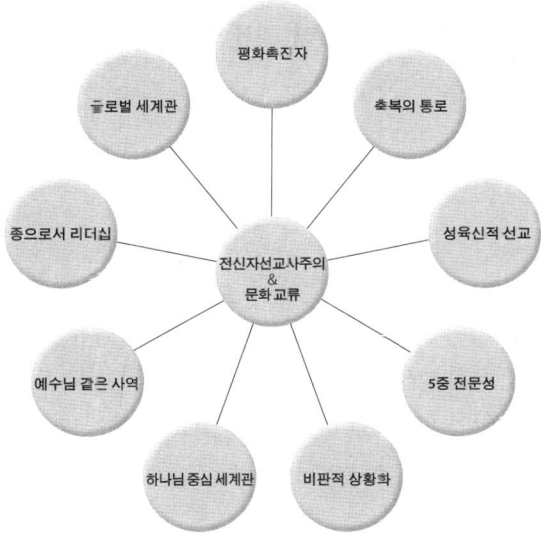

전문인 선교사의 국가적 모델인 정근모 박사는 예수를 본받아 파파 서번트 리더십을 손수 실행하고자 하셨다. 위계 질서를 따지는 피타고라스의 삼각형과 서번트 리더십의 역삼각형이 조화를 이루면 다윗의 별이 된다. 균형을 잡는 가운데 공통 분모가 중요한 것이다.

이는 수레 바퀴를 돌리는 린치핀(linchpin)과 같은 것이고 정확히 말하면 자원하는 종(bord-slave)이 되는 배꼽이다. 배꼽 인사를 하는 것을 잊지 말자.

제4장

12분쟁 지역 지정학적 연구

선교 정책의 전략적인 역할과 과제가 모든 교단과 선교 단체 그리고 초교파적으로 채택이 되기 위한 에너지 전문인 선교 전략을 소개하고자 한다. 박영환은 정책과 역할의 역할과 과제를 이렇게 정의한다.

> 선교 정책과 전략은 선교 현장이 다양해지고 급변하면서 나타나는 상황과 조건 속에서 선교 사역의 극대화를 위한 선교 방향, 선교 범위, 선교 방법, 선교 수단 그리고 선교 도구 등을 말한다. 무엇보다 요구되는 것이 선교신학이다. 선교신학을 먼저 결정하고 그 신학 노선에 맞는 정책 대안으로 방향과 범위를 결정할 수 있는 원칙이 정해지면, "각 정책의 대안에 나타날 특수한 지엽적인 조건과 상황을 어떻게 직접 요리해 갈 것인가?"를 조율해 놓는 것이 정책과 전략이다. 또한, 선교사가 직접 행동으로 보여 주는 현지 사역의 모형을 말한다. 그러므로 선교 정책은 선교 신학의 배경을 가지고 실제로 보여줄 수 있는 선교 사역들의 특정적 선교 전략으로 구성되어있다.[1]

그러므로 필자는 전문인신학에 기초하여 선교 정책으로는 '전신자선교사주의'에 입각한 에너지 전문인 선교사가 선교 전략으로는 구속적 유비를 각 분쟁 지역마다 도출할 수 있는 리서치를 하되 선교 행동으로는 그

---

[1] 박영환, 『한국 교회 교단별 선교 정책과 전략』 (바울, 2005), 31.

축복의 통로로서는 에너지 전문인 선교를 글로벌(Global)하게 디자인하고자 한다. 분쟁 해결의 능력이 통일 한국가 분쟁 해결에 동반자적 역할을 할 것으로 본다.

12분쟁 지역 지정학적 연구를 지리학적으로 하기 전에, 먼저 십자군 선교의 분석을 통하여 에너지 선교를 통한 전문인 선교가 제국주의적인 선교가 아니라 성육신적인 선교와 비판적 상황화에 기초한 하나님의 뜻을 준행하는 하나님 나라의 완성이다. 지역 신(神)이 지배하는 12분쟁 지역의 문제점은 돈, 권력, 섹스로 요약이 될 수 있으며 복음을 왜곡하는 축복과 건강의 선교로 복음을 타락시키기 때문이다.

십자군 전쟁은 세속주의에 물든 기독교의 말로를 보여 주는 것이다. 십자군 전쟁은 가톨릭의 이슬람교와 유대인 박해라는 사실이 오늘날 12분쟁 지역 전체에 그대로 악의 축과 같이 적용되는 것이 참으로 놀라운 비극적인 현실이다.

홍익희는 십자군 전쟁을 이렇게 요약한다.

> 1077년 예루살렘이 중앙아시아에서 쳐들어온 이슬람 셀주크투르크의 손에 떨어졌다. 가톨릭교도들의 예루살렘 성지 순례가 방해를 받기 시작했다. 이에 당황한 비잔틴 제국은 서로마 제국의 우르바노 2세 교황에게 원군을 요청했다. 1095년 교황은 이 문제로 프랑스 클레르몽에서 회의를 소집했다. 이렇게 해서 이루어진 것이 1차 십자군 원정이다.
> 사실 십자군 원정은 성지 탈환이라는 명목으로 출발했으나 그보다는 서로마 교황으로서 동로마를 다시 병합할 기회라는 정치적 야망으로 시작되었다. 게다가 이를 통해 유럽에서 교황의 우월적 지위를 차지할 절호의 기회로 삼았다. 우르바노 2세는 클레르몽 종교 회의에서 기독교 세계 전체를 향해 예루살렘 성지 회복을 위한 그의 원대한 계획을 발표했다.
> 교황은 누구나 십자군에 참가하면 모든 죄가 사해진다고 선포했다. 중세 기독교 사회에서 죄의 사함을 받는다는 것은 천극행의 보장을 받는다는 의미였다. 또한, 무슬림들에 성지를 회복하고 이를 기독교 기사들이 지배하라는 교시도 내렸다. 기사들의 입장에서는 땅과 전리품을 차지하고 부와 영어가 보장된 것

이다. 교황은 기독교를 보호하기 위해 이단자들을 죽이는 것은 십계명에 위배되지 않는다고 선포했다. 이는 무슬림뿐만 아니라 유대교를 포함한 비기독교인들이 무참히 학살되어도 종교적으로 문제가 되지 않는 계기가 되었다.

십자군 전쟁이 시작되자 예수의 피에 대해 복수할 것이라는 십자군의 위협이 알려졌다. 유대인들은 돈을 주고서야 간신히 목숨을 부지할 수 있었다. 하지만 그 뒤에도 계속 다른 패거리들이 몰려왔다. 이 무리들은 예수를 십자가에 못박히게 한 유대인에게 복수한다는 명분하에 광적인 기독교 신앙을 추종하는 농부 도시민뿐만 아니라 강도와 폭도들도 있었다. 이것이 그 때부터 자행된 반유대주의의 종교적 원인이다.

십자군들이 모이자 집단 의식에 휩쓸려 기독교 근본주의자들이 되었다. 기독교 이외의 이단은 다 쳐부수어야 할 대상이 된 것이다. 유대인 학살은 1096년 프랑스 루앙에서 시작해 십자군을 따라 라인란트의 도시들로 퍼져나갔다. 특히 다른 도시에서 온 십자군들이 유대인을 공격하기 시작했다. 주교들이 처음에는 폭동을 중지시켰으나 십자군의 폭동이 격해지자 나중에는 방관하거나 피신해 버렸다. 이로써 십자군이 출발하기 전에 유럽 전역에서 수천 명의 유대인이 약탈당하고 학살되었다. 특히 대부업에 종사하던 유대인들이 채무자들에 의해 집단으로 학살당했다.

1096년 가을 1차로 구성된 십자군을 필두로 약 2백 년 동안에 걸쳐 여덟 차례나 십자군 원정이 감행되었다. 원정길 도중에 있는 유대인 마을은 곳곳에서 십자군에 의해 유린되었다. 1차 십자군으로 말미암아 죽임을 당한 유대인의 수는 라인강 주변에 살던 독일계 유대인들을 중심으로 대략 1만 2천 명에 달했다.[2]

    십자군 1차 원정길에 예루살렘은 피로 물들었으며 유대인을 상대로 약탈과 살인이 자행되었다. 이슬람교의 반격이 있었으며 영원한 저주를 받은 민족 유대인은 제후들의 실탄 공급원이 되었고 유대인들 가슴에 노란 마크를 달게 되었다. 전쟁이 계속되면서 유대인 박해와 추방이 관례화되었

---

2 홍익희, 『세 종교 이야기』 (행성B잎새, 2014), 400-402.

으며 흑사병이 창궐하자 유대인 탓으로 돌리고 금전 거래 독식을 하던 유대인들은 동유럽으로 대거 피신했다. 유대인 추방은 영주에게는 일거양득이 되었고 독일 각지에서 연일 추방이 되었으며 1492년 스페인에서는 유대인 추방령의 비극이 발생했으며 돈과 금은 가지고 나가지 못하게 했다. 스페인에서만 17만 명이 일시에 추방을 당했다. 종교 재판을 피하기 위해서 약 5만 명이 추가로 스페인을 떠났다.[3]

프랑스와 독일이 중심이 되었다는 것과 독일이 유대인을 핍박한 것 그리고 스페인에서의 추방은 12대 분쟁 지역에서의 평화를 촉진하는 역할이 EU를 통해서는 불가능하며 영적인 이스라엘인 한민족의 기독교 세계관으로의 변혁에 기초한 사랑의 에너지 선교만이 근본주의와 세속주의를 이길 수 있는 성령의 힘이라는 평가를 할 수 있다.

중세 기독교의 세속주의에 물든 십자군 선교의 실패를 이렇게 평가하고자 한다.

> 교황 우르반 2세는 9개월 동안 유럽의 여러 도시를 순회하며 강연하며 십자군 전쟁에 참여하도록 독려하였고 십자군 전쟁에 참여하여 죽은 자는 면죄부(천국에 들어가는 로또)를 주는 것을 포함한 특혜를 선포했다. 다양한 동기로 노예와 기사들을 전쟁에 참여하도록 모병을 유도했고 그 배후에는 능동적인 협조자로 이슬람의 과학과 상권을 장악하려는 상업가들과 수동적으로 협조하는 황제와 동정론을 펼치는 교황이 있었다. 4차 십자군 전쟁의 탐욕과 3차 십자군 전쟁의 분열로 맛을 잃은 소금이 된 십자군 왈패들은 1291년까지 총 8차로 실속 없는 전쟁을 치렀다. 1291년에 무슬림이 아크레를 함락시켰고 드로아, 시돈, 하이파, 베이루트도 함락이 되었다. 특히 1212년에 소년 십자군까지 출병하였는데 이들은 두 물에 빠져 죽거나 아프리카에 노예로 팔려갔다. 무슬림들은 기독교인들을 개로 보고 여전히 유대인은 신뢰하는 겟 균형을 유지하고 있다. 이들은 모두 율법주의자이기 때문이다. (중략)

---

3 홍익희, 『세 종교 이야기』, 402-420.

오늘날의 전통적인 선교 방법이 현장과 맞지 않을 때는 십자군과 같은 모습으로 비춰질 수도 있겠다. 우리는 사회적 기업을 바로하기 위해서는 우리의 믿음의 선배들이 십자군이라는 이름으로 실패한 전쟁을 통하여 십자가의 용사로서 미래를 준비해야 하기 때문에 오늘날 이슬람이 벌이는 성전은 다 십자군이 한 것을 그대로 답습하는 것이고 오늘날도 9.11 사태를 저질렀음에도 불구하고 모든 아랍인(여자, 임신부 포함)은 십자군 전쟁의 기억을 치욕으로 생각한다.

손희영은 이렇게 조언한다.

> 예수 그리스도의 부활 이후부터 기독교는 유대교와 심각한 갈등을 겪었고, 로마 제국 때는 수많은 순교자를 배출했습니다. 7세기부터는 이슬람교와 적대적인 관계가 되었고, 급기야 11세기 말에서 13세기 사이에는 십자군 전쟁과 같은 아름답지 못한 역사를 남겼습니다. 십자군 정신은 부끄러운 신교와 구교의 종교 전쟁을 초래했고, 제국주의적 식민지 개척을 도왔습니다. (중략) 지금도 이슬람 지역이나 힌두교 지역에서 드러나는 십자군 정신은 예수 그리스도의 십자가를 가장 사악한 방법으로 곡해한 사탄의 거짓입니다.[4]

따라서 우리는 악의 회복이라는 관점에서 제국주의를 상징하는 십자군(crusade)과는 대치가 되는 개념에서 보아야 하며 로마의 처형 틀인 십자가(cross)를 실제로 예수와 함께 십자가에 못 박히심(crucifixion)로 해석하고 나가야 할 것이다.

신광은 목사는 이렇게 말한다.

> 악의 회복이라는 관점으로 성서를 읽을 때, 예수 그리스도의 십자가 사건은 새로운 의미를 얻는다. 전통적으로 예수 그리스도의 십자가 사건은 인간이 지은 죗값을 대신 지불하신다는 대속설의 관점으로 이해되었다. 그러나 십자가 사건은 단일

---

[4] 손희영, 『세속화와 복음』(복있는 사람, 2010), 103.

한 관점으로 해석하기 보다는 너무나 심오하고 광대한 의미를 가진 사건이다. 최근 주목받고 있는 프랑스의 지성, 르네 즈라르(Rene Girard)는 예수 그리스도의 십자가 사건을 폭력에 대한 하나님의 승리라는 관점에서 보아야 한다고 제안했다.[5]

이러한 해석은 돈, 권력, 섹스를 극복하는 영적 전쟁의 기초가 십자가에서의 율법 폐기, 은혜, 복음임을 깨닫게 해 주는 것이다. 이것은 가부장적인 아들을 제물로 받으시는 봉건주의자이신 하나님이라는 오해를 넘어서는 것이어야 한다. 특별히, 일본인에게 복음을 증거하기 위해서는 윤리적인 측면에서 일본인의 수치 문화를 잘 이해할 필요가 있다.

구체적으로 말하자면 그는 수치의 언어로 십자가를 설명하면서도 사회가 규정한 수치스러운 행위와 조롱의 관행에 반대한다. 크라우스는 수치 문화에서 가르칠 수 있는 속죄 이론을 우리가 앞서 살펴본 신약성경이 전하는 십자가 중심 주제에 충실하게 정립했다. 곧, 인류는 구원을 받아야 하며, 응답해야 하며, 하나님의 사랑은 성부와 성자의 대립에 나오지 않으며 그리스도의 공로는(어느 특정 집단만이 아닌) 모든 사람이 누린다는 것이다.[6]

영적 전쟁의 입장에서 볼때, 오늘날의 일본의 위안부 문제는 일본인이 행한 육적인 간음을 말하는 것이고 일본인이 마귀의 종으로서 수많은 신도이즘의 우상을 숭배하는 것은 영적인 간음을 의미하는 것이다. 이 두 가지에 다 걸리기 때문에 군국주의나 제국주의의 마귀의 덫에 걸려있는 일본은 한 개개인의 인격 회복과 결부되어 있는 문제이기에 일본인이 회심하는 것은 개인적인 결단에 의한 회심(individually decided conversion)이 되어야 한다.

---

5 신광은, 『천하무적 아르뱅주의』 (포이에마, 2014), 458.
6 마크 베이커(Mark D. Baker)외, 『십자가와 구원의 문화적 이해』 (*Recovering the Scandal of the Cross: Atonement in New Testament & Contemporary Contexts*), 최요한 역 (죠이선교회, 2014), 260.

이 문제를 해결하는 길은 일본인이 거라사의 광인과 같은 수치라는 마귀의 문화에서 벗어나서 십자가에서 물과 피와 배설물을 다 쏟으시며 온갖 수치를 당하신 예수를 동일시하는 마음이다(갈 2:20; 5:24).

신사 참배를 거절한 일제 치하의 조선의 학교를 폐교하는 일본의 교회가 성장 대신 여전히 고난을 겪는 이유는 무엇일까?

마이클 오(Michael Oh)는 이렇게 인용한다.

> 전능하시고 창조자이신 신에 대해 직접 언급하든지 아니면 그런 뜻을 내포하거나 암시하는 간접적인 표현을 하든지 간에 한국의 그리스도인들이 성경의 하나님이 일본의 태양신보다 더 크거나 강력하다고 암시하는 것들을 노래하거나 전파한다면 교회를 폐쇄하거나 목회자들을 감옥에 가두거나 찬송 책을 갈기갈기 찢어버렸다. 일본이 전 세계 모든 미전도 종족 집단들 가운데 두 번째로 큰 집단인 이유와 관련해 지대한 영향을 끼쳤다고 믿어 의심하지 않는다.[7]

태양신 라를 섬기는 이집트와 무엇이 다른 것인지 모르겠다. 일본의 민족적 편협주의는 또 다른 모습의 세속주의로서 그 배후에는 에덴동산에서 범죄하고 수치를 가리기 위해서 무화과 나무 잎으로 치마를 한 이브에게 가죽옷을 입히신 아버지의 마음을 알아야 한다. 또한, 박넝쿨이 시듦을 보고 불평한 요나와 같은 민족적 편협주의(ethnocentrism)와의 전쟁임을 알게 하는 것이다. 이것을 이길 힘은 "일어나 빛을 발하라"(사 60:1)는 말씀대로 한민족이 복음 전파를 위해서 그리스도의 몸으로서의 선교형 교회가 되어서 자문화 방사주의(ethnoradientism)로 나가는 것이다.

이복수 교수는 교회론의 세속화 흐름과 교회의 선교적 본질 고찰이라는 논문에서 라우쉔부쉬(Rauschenbush)는 기독교 선교를 위한 교회의 윤리적 표준을 다음과 같이 강조한다고 인용하고 있다.

---

[7] 마이클 오(Michael Young Suk Oh), 『I'm nothing 나는 아무것도 아닙니다』 (규장, 2014), 142-43.

복음 전도가 효과 있게 되기 위해서는 효과 있게 사람들을 사로잡는 동기로 작용해야 하고, 그것이 그들의 실재적인 삶에 뛰어난 도덕적 표준을 일으켜야 하는데, 그러면 그것이 그들로 하여금 죄에 대하여 자각하도록 공격할 것이다. …교회의 복음 전도 능력은 그것의 도덕적 명성과 영적 권위에 의존한다. 모든 전도자는 우주적 교회의 축적된 도덕적 자산을 의지한다. 라우쉔부쉬는 기독교 선교를 위한 교회의 도덕적 표준을 강조한 결과 해외 선교 역시 본국에 있는 성도들의 윤리적인 표준에 의존한다고 설명한다. 그는 이런 경향 위에서 계속하여 "우리의 정착되지 못한 사회 문제는 교회가 가는 곳마다 따라다닌다. 우리가 본국에서 허용하는 사회적 잘못들은 해외에서 우리의 복음을 반대하게 하고 그리고 본국에서 우리의 선교적 열심을 약화시킨다"고 말한다.[8]

그 지역에 적합한 선교 전략이 존재할 것으로 믿고 이를 찾기 위해서 노력을 해야 하는데, 특별히 글로벌 선교 디자인을 지정학적으로 나눠서 가장 기초가 될 수 있는 자신학으로서의 현지 신학화 가능성을 이야기하기 위해서는 우리의 선교 과실을 잘 다듬어 선교 한국학을 정립해 가면서 현지 지도자들에게도 'mission planting'을 기대하면서 현지인에게 적합한 선교학 개발의 장을 열어야 한다.[9]

구속적 우비를 다룰 수밖에 없으며 한국인의 은사와 기질이 잘 반영되는 사역을 에너지 전문인 선교의 예를 들면서 이와 유관한 전문인 선교의 기둥들을 발견해 나갈 필요가 있다.

역경이 있는 지역에서 영적인 기업을 창업한다는 것은 너무나 소중하다. 역경은 단순히 역경이 아니라 창업가 정신을 움직이게 하는 요소이기 때문이다.

---

8   Rauschenbusch, The New Evangelism; R.T.Handy, ed., 『The Social Gospel in America』 (New York: Oxford University Press, 1966), 326; W.S.Hudson, ed., 『Walter Rauschenbusch: Selected Writings』 (New York: Paulist Press, 1984), 139; W.S.Hudson, Walter Rauschenbusch and the New Evangelism, 『Religion in Life』 (Vol.30, 1961), 318, 424.
9   나성균, 『남은 과업선교 지역연구』 (대신선교대학원, 2014), 서론.

다니엘 아젠버그는 이렇게 도전한다.

> 역경은 그 자체로 전쟁, 질병, 물 부족, 공해, 지구 온난화, 기근, 교육 접근성 문제 등 사회의 주요 문제들을 해결하도록 추동하는 기회의 가장 큰 원천이라고 말할 수 있다. 역경은 창업가들로 하여금 언제나 중대한 사업적 돌파구를 찾아내도록 만든 비옥한 땅이다. 직관에 반하는 해결책을 발견할 줄 아는 창업가들에게 극복하기 여운 문제와 역경은 수많은 가치를 창조하고 획득하기 위한 호된 시련의 장이 된다.[10]

여기에 적절한 장소, 적절한 시간, 적절한 전문인이 성취해야 할 하나님 나라 시련의 도장을 소개하기로 한다.

세 그룹으로 나누어진 보석과 같은 12지역 사역지를 자신학에 기초한 선교 전략으로 소개하고자 한다.

1. 홍보석(제1지역)

혼돈의 서남아시아 지역으로서 아랍 혁명은 이란에서 사하라, 쿠르디스탄에서 팔레스타인, 레바논에서 수단에 이르기까지 산적한 공개 분쟁 또는 동결 분쟁으로 고통받는 지역에서 진행되고 있다. 이란의 새로운 전쟁은 세계의 안정뿐만 아니라 2010년 말 이래 모로코에서 이라크까지 시위대가 주장하는 민주화의 미래도 위협하고 있다. 에스더 왕후와 다니엘 총리가 있는 지역이다.

---

10 다니엘 아이젠버그(Daniel Isenberg)외, 『하버드 창업가 바이블』(WORTHLESS, IMPOSSIBLE, AND STUPID), 유정식 역 (다산북스, 2014). 212.

2. 황옥(제2지역)

아프가니스탄의 함정에서 파키스탄 지역으로서 미국은 아프가니스탄과 파키스탄을 하나의 연속체로 보고 전략적 차원을 강조하기 위해 2008년부터 아프팍(Afpak)이라는 표현을 사용해 왔다. 이제 더 이상 그 표현을 사용하지 않지만, 이 개념의 타당성은 2011년 내내 위험스럽게 입증되었다. 북대서양조약기구(NATO) 연합군의 철수가 확실시되고 있지만 아프가니스탄의 불확실성은 파키스탄의 취약성과 맞물려 있다. 최초의 자비량 선교사 크리스티 윌슨 Jr.(Christy Wilson Jr.)가 사역했고 남한의 샘물교회 선교사들이 순교한 창의적 접근 지역이다.

드디어 2021년 8월 31일에 아프가니스탄은 탈레반에게 다시 넘어가고 미국은 20년 동안의 전쟁에서 2700여 명의 미군이 사망하고 100여 명의 미국인을 남겨놓은 채 전체적으로 16만 명의 아군 지원군의 사상자를 내고 완전히 철군하였다.

이 지역에 대해서 윤영환 선교사는 이렇게 소개한다.

> 이 지역은 페르시아 권역으로서 이란, 아프가니스탄, 타지키스탄, 쿠르디스탄 등으로 분류되고 있으며 중국, 중앙아시아 이슬람 권역과 서쪽의 아랍 권역 사이에 위치한다. 페르시아 권역에서의 영적인 변화와 파장은 곧바로 중동 아랍권에 좀 더 강력한 파장을 일으킬 것이다. 최근 파르시아 권역은 정치 경제적 측면뿐만 아니라 이러한 현상을 통하여 사회 현상과 선교적인 측면까지 새로운 변화를 경험하고 있다. 이슬람은 종교가 아니라 모든 것을 포괄하는 시스템이다. 즉 사회적, 정치적, 종교적, 교육적, 법적, 군사적 율법 병영 체계이다. 이슬람권의 관점에서 기독교의 선교는 전쟁 선포와 같다. 이슬람 권역의 밖에 있다는 것은 알라에 대한 반역이다. 태어나면서부터 죽을 때까지 무슬림의 삶을 지배한다. 그래서 이슬람을 단순히 종교로만 볼 때는 이슬람을 제대로 보는 것이 아니다.

그러므로 구속사의 안경을 통하여 보는 세계관에 대한 올바른 이해가 전문인 선교사에게 필요한 영적 전쟁 지역이다. 다시 제2의 현대 자비량 선교의 아버지인 크리스티 윌슨 주니어 선교사가 나와야 하는 이슬람 지역 신(territorial spirits)과 싸우는 영적 전쟁의 선교가 시작되어야 한다.

3. 녹주옥(제3지역)

아프리카 뿔 지역의 정치 판도 재편성 지역으로서 아프리카는 기근, 전쟁, 무정부 상태, 치안 불안을 연상시킨다. 그러나 취약하지만, 재편성을 예고하는 안정화 양상이 나타나고 있다. 무바라크 이후의 이집트, 에디오피아 그리고 둘로 갈라졌지만, 해체를 피하려는 수단 사이에 '거대한 게임'이 벌어지고 있다. 이 지역이야말로 스마트 에너지 도시 건설 등 전략적으로 화해를 통한 에너지 전문인 선교의 모델을 창출할 수 있는 종족 학살 금지를 해야 하는 가장 우선적이고 시급한 지역이다.

박래수 선교사는 이 지역의 선교 전략을 이렇게 소개한다.

① 그들의 세계관과 종족의 정체성에 깊숙이 깔려있는 이슬람의 압박을 이해해야 한다.

② 서구 아프리카 빈곤의 악순환으로 야기되는 쇠퇴 현상(짧은 평균 수명, 영양 실조, 사망률의 급상승, 높은 실업률 등)을 직시해야 한다.

③ 전쟁으로 인한 황폐화(특히 시에라리온과 라이베리아는 심각)와 에볼라의 발생을 실낙원과 같이 바라보아야 한다.

④ 체계적인 교육 시스템의 부재에 따라 그에 맞는 상황화 된 성육신적인 복음 전도의 방법이 필요하다.

⑤ 서구 기독교는 아프리카에 복음을 전파하면서 많은 상처를 주었기에 한국은 축복의 통로가 되어야 한다.

4. 석류석(제4지역)

두 전략 사이의 팔레스틴 민족 운동 지역으로서 이스라엘의 팔레스타인 정착지 개발 정책과 팔레스타인해방기구(PLO)의 협상은 전면 중지되었다. 두 세력의 상이한 목표로 인해 평화 협상은 여전히 빈사 상태에 머물러 있다. 단일 국가에 대한 가능성은 오래전부터 무시되어 왔지만, 사람들의 의식을 전환하는데 유익하다는 것은 여전히 사실이다. 전 세계에서 가장 1순위의 분쟁 지역으로 골드만 삭스는 분석하고 있다.

평화 중재자인 지미 카터는 이렇게 분석한다.

> 이스라엘 사람 중의 일부는 아랍 지역의 권리를 압수하고 식민지화할 수 있다고 믿는다. 그리고 황폐하고 희망이 없는 팔레스틴 지역을 핍박하는 상태로 유지하고자 노력을 하고 있다. 팔레스틴 사람 중의 일부는 순교자로서 폭탄 자살을 하고 천국에 가며 이스라엘 백성을 죽인 것을 승리로 여긴다. 그러나 평화로 가는 로드맵이 있다.
> ① 이스라엘의 안보는 보장이 되어야 한다.
> ② 이스라엘 안에서의 내적인 토론은 이스라엘의 영구한 법적인 테두리를 정의하기 해서 해결이 되어야 한다.
> ③ 중동 국가들의 주권과 국제적인 변경 지역의 조약은 보석같이 존중되어야 한다.[11]

5. 남보석(제5지역)

사하라에 정착한 알카에다 지역으로서 2007년 살라피스트 선교 전투 그룹이 오사마 빈라덴에게 충성을 약속하며 이슬람 마그레브 알카에다를 창

11　Jimmy Carter, 『Palestine Peace Not Apartheid』 (Simon & Schuster Paperbacks, 2007), 206-208 요약.

설했다. 알제리 카빌라에서 발생한 이 조직은 집요한 성전(지하드)으로 알제리 치안군을 괴롭히고 있다. 사헬 지대의 외국인 인질 문제가 대대적으로 보도되었지만, 알카에다는 지도자들 간 경쟁으로 약화 되어 말리나 니제르의 민주화를 위태롭게 할 능력은 없어 보인다. 최근에 에볼라 바이러스를 포함한 질병이 발생할 가능성이 늘 있는 의료 선교 지역이기도 하다.

김종일 선교사는 이렇게 진단한다.

① 이슬람의 신학과 교리를 철저하게 분석해야 한다.
② 거짓되고 사악한 영들의 방해를 영적 싸움으로 이해해야 한다.
③ 이슬람의 움마 사상(우리와 알라를 더 중시)의 공동체가 문제이다.
④ 역사 속에 나타난 기독교인들과의 충돌을 통해 생겨난 상처와 악한 감정들을 화해시켜야 한다.
⑤ 현지 기독교인들의 무기력하고 소극적인 삶에 영적 에너지를 제공해야 한다.
⑥ 보냄을 받아 현지에서 살아가는 사역자들의 부정적인 삶을 변혁시켜야 한다.
⑦ 파송한 교회와 교인들의 무관심과 무지를 일깨워야 한다.

가장 어려운 지역의 선교야말로 품성과 영성을 갖춘 진검 승부임을 알 수 있다. 선교 바로 하기 운동은 선교사의 자질 문제이다.

6. 홍마노(제6지역)

인도 마오쩌둥주의의 재출현 지역으로서 1960년대 말 중국에서 출현했던 마오주의 운동은 내부 분열과 극심한 탄압으로 약해졌다가 10년 전부터 최고 치안 위협 요소로 간주될 정도로 새로운 발전 단계를 맞고 있다. 중국의 G-2 국가의 부상을 본 인도가 간디주의 운동을 할 수 있도록 동방의 등불의 나라 전문인 선교사가 도와야 할 것이다.

김태연은 이렇게 분석한다.

① 인도인에게는 만유재신론이지 창조주 하나님에 대한 개념이 없다는 것이다.
② 불교도에게 사랑도 욕구의 한 형태이다. 십자가의 사랑이 아니다.
③ 구월도 고통으로부터 자력 구원이지 하나님의 구원이 아니다.
④ 힌두교에도 인격적, 비인격적 그리고 인간 이하의 세계와 주고받는 커뮤니케이션이 있다.
⑤ 이런 구원은 육체적 감각의 세계로부터 본질에서 무한의 영의 세계로의 하나의 도피인 것이다.
⑥ 현재 전통적인 힌두교는 인도에 있어서 경제 성장에 힘입어 비신화화의 길을 걷고 있다.

힌두교, 불교의 세계관은 순환 사관이며 우주 밖의 궁극적인 실제인 브라만이 편재해 있으며 초월계와 인간계 그리고 인간계로 구성되는 악순환과 선순환의 혼재이다.[12]

7. 호박(제7지역)

마약 밀매와 폭력으로 몰락하는 멕시코로서 2006년 12월 펠리페 칼데론 멕시코 대통령은 취임하면서 마약 밀매 근절 의지를 밝혔다. 하지만 무기 밀매와 빈곤은 해결하지 못한 채 세계에서 가장 많은 인명을 빼앗은 시민 분쟁 중 하나를 더 악화시키고 말았다. 마약을 포함한 새로운 유형의 전쟁이 멕시코를 휩쓸고 있다.

한도수 선교사는 이렇게 선교 전략을 제시한다.

① 천주교가 선교의 대상이라고 인식하는 것은 천주교를 비판하는 차원보다는 예수만을 전하는 차원이다.

---

12 김태연, 『전문인 선교 행전』 (보이스사, 2008), 156-60.

② 천주교에 헌신한 자들보다 명목상 신자(명목상 천주교인, 현지 종교와 혼합된 천주교인, 헌신된 천주교인)를 대상으로 삼는 것이다.
③ 천주교가 예수를 믿는 것과 더불어 행위(마리아 숭배 등)로 구원을 받는다고 주장하는 자들에게 예수를 믿는 것만이 구원의 길임을 전해야 한다.

8. 백마노(제8지역)

아프리카와 유럽의 대화를 중단한 중국으로써 신식민주주의인가?
유럽의 미디어와 아프리카의 몇몇 야당은 중국의 아프리카 개입을 비난한다.
앞으로 중국은 자국의 이익과 아프리카의 발전을 연결할 독창적인 정책을 시행할 수 있을까?
중국은 에너지가 없이는 G-1 국가가 결코 될 수 없기에 에너지 제국주의의 목적으로 아프리카와 밀월 관계를 유지하게 될 것이다.

9. 자수정(제9지역)

반복되는 남중국해 갈등 지역으로서 2002년 남중국해 연안 국가들은 동남아시아 국가 연합 정상 회담에서 '남중국해 당사국 행동 선언'에 합의했다. 하지만 10년이 지난 지금도 긴장은 여전하다. 이 지역은 점차 경계의 장, 다시 말해 전통적인 해양 강국 미국과 공해상의 해군력을 갖춘 대륙 강국 중국 사이의 대결의 장으로 변모되고 있다. 중국은 쉽게 미국의 함정에 걸려들지 않을 것이다.

10. 녹보석(제10지역)

동중국해 영토 분쟁의 해법이 필요한 지역으로서 1969년 이래 긴장 상태를 유지해 온 센카쿠 열도 영토 분쟁은 2010년 9월 일본이 중국 어선을 나포한 사건을 계기로 중국이 희토류의 대일 수출 금지라는 보복 조치를 하면서 새로운 국면으로 접어들었다.

2012년 타이완과 일본의 물리적 충돌까지 벌어진 센카쿠 열도의 영토 분쟁은 진정 해결 가능성이 없는가?

G-2 국가로 부상하려는 중국은 이 분쟁에 휘갈리지 않을 것이고 일본은 지속적인 군국주의의 부활과 함께 미국을 등에 업고 제2의 청일 전쟁과 같은 해전을 벌이고 싶어 한다. 일본이 희생양이 될 수 있다.

중국 지역에 대해서 한수아 선교사는 이렇게 접근한다.

① 성공신학과 번영신학의 신화에서 깨어나게 해야 한다.
② 윤리적 기반이 약한(구원파적인 믿음) 중국인의 도덕성을 고정시켜야 한다.
③ 한국 교회의 교파 및 개교회주의의 문제점을 가지고 선고할 수가 없다.

이는 다 한국 교회가 성장 위주로 나간 결과에 대한 책임이므로 삼성 스마트폰이 중국의 스마트폰에 역전을 당하듯이 한국 교회는 복음을 전하고 버림을 당하는 국면을 맞이하기보다는 이제부터라도 복음 확산의 입장으로 전환해야 할 것이다.

11. 호마노(제11지역)

러시아의 캅카스 귀환 지역으로서 석유가 풍부하고 분쟁도 잦은 캅카스에서 미국은 철수 절차를 밟았지만, 러시아는 입지를 강화했다. 러시아의 지지 아래 압하지아와 남오세티아가 독립을 선언하자 남오세티아의 독립을 재앙처럼 받아들인 조지아가 곧장 러시아와 전면전을 벌였다. 이로 인해 이 지역에 분쟁이 커졌다. 유럽은 러시아의 눈치를 보고 미국은 움직이지 않았다.

12. 벽옥(제12지역)

발칸 분쟁 지역으로서 10년 전에는 낙관론이 우세했었다. 10년에 걸친 유혈 전쟁을 끝낸 발칸 반도는 필연적으로 유럽연합에 통합되는 새로운 역사적 단계에 접어들었다. 이런 관점에서 보면, 보스니아 헤르체코비나와 코소보의 동결된 분쟁은 유럽화 과정의 영향으로 틀림없이 녹았어야 한다. 그러나 상황은 전혀 그렇지 않다. 코소보는 그 작은 영토마저도 분할이 법적으로 인정이 될 것 같다.

11-12지역에 대해서 정호상 선교사는 한국 선교사를 이렇게 평가한다.

> ① 한국 교회의 장점보다 약점이 부각되고 있다.
> ② 한국 선교사는 극심한 개인주의(이기주의) 국민으로 비치고 있다.
> ③ 한국 선교사는 지독한 독선주의(옹고집) 국민으로 얼굴을 돌리게 된다.
> ④ 한국 선교사는 물량 공세로 접근하고 있다.
> ⑤ 한국 선교사는 가부장적 리더십이 문제이다.
> ⑥ 러시아 교회는 버려진 교회의 이미지를 버려야 한다.

우선적으로 할 수 있는 일은 이러한 지역에 희망의 빛을 선사하는 일을 해비타트운동에서 선교 단체와 연관하여 기업이나 은행의 후원을 받으며 시작하는 일이다.

신성혜는 이렇게 말한다.

> 태양광 랜턴을 빛이 부족한 국가에 보낸다. 단순한 선물 보내기 캠패인이라고 느낄지도 모르겠다. 하지만 라이팅 췰드런(Lighting Children) 캠패인은 다르다.

선물할 태양광 랜턴을 내가 직접 만들고, 그렇게 만들어진 태양광 런턴은 빛이 부족한 국가의 어둠의 손에 쥐어진다. 이 과정에서 후원자는 에너지 절약과 동시에 지구 환경 보호에 동참하게 되며 태양광 랜턴을 받은 아이는 불빛 아래에서 책을 보며 미래를 꿈꾼다.

집을 지어도 기본적으로 전등이 필요한 것인데, 라이팅 프로페셔널(lighting Professional) 해비타트 캠패인을 하면 1000만 명의 시민에게 세계 시민의 자세를 가르쳐줄 수가 있을 것이다. 1517년 마틴 루터의 만인제사장주의(All Believer's Priesthood)와 소명론(Calling)에서 시작된 '만인사역자주의'(All Believer's Ministryhood)가 '전신자선교사주의'(Every Believer's Missionaryhood)로 완성되어 '라이트 프로페셔날'이란 작은 실천을 통하여 분쟁 지역에 '전신자에너지선교사주의'(Every Believer's Energy Missionaryhood)로 실천하는 것이다.

분쟁 지역에 화해자로 역할을 하기 위해서는 먼저 한민족의 정체성이 축복의 통로로서의 하나님 중심의 세계관으로 바뀌어야 한다. 이 12지역에 대한 종족 연구는 필수적으로 중요하며 그 종족의 배후에 있는 세계관을 철저히 분석하여야 한다. 지역들을 그룹화하여 상호 연관성도 연구하면 흥미가 있을 것이다. 이 일을 통해서 접근 가능한 지역은 단기 조사팀을 파견할 수도 있다.

또한, 이 지역에서 오지 마을을 정기적으로 방문하여 진료하고 의료 담당자들과 협력 체계를 구축하여 현지의료기술 및 시설의 부족으로 치료가 어려운 환자를 한국과 미국 등에 후송하여 치료를 지원하고 라이즈 업 코리아 운동 본부의 20년 동안의 사랑의 장기 기증 사역의 경험의 노하우를 의미 있는 교회들의 협찬으로 업그레이드하여 기증자와 기부자가 무상으로 상호 나누는 것을 포함한 인도적인 의료 사업을 확장하는 보건 의료 사업과 분쟁 지역을 중심으로 재난이 발생한 지역에 72시간 내에 활동가 파견, 현장 조사, 긴급 구호 물자 및 상시 자금 지원을 통해 구호 활동을 수행하며 재난이 발생하지 않는 시기에는 지역 사회 스스로 재난에 대처할 수 있도록 지원하는 재난 구조 사업과 같은 인도적 지원 사업을 하는 것이다.

향후 이 12지역에는 한류 문화 교류 센터를 세우고 한류 문화를 통해서 구속적 유비를 통한 문화 선교를 할 수 있는 역할을 하게 되며 이 지역들이 좀 더 세계 시민으로 성숙한 단계에 올라가게 되면 미국의 카터 인권 센터와 같은 인권 센터를 세우게 될 것이다. 이 일은 초일류 대한민국의 인권 센터와 같이 MOU를 체결하고 동시에 진행이 될 것이다. 이것이 도산 안창호의 이상촌이요 성촌 정근모의 에너지촌인 것이다.

이 일이 성서적 도전 가치가 있는 것은, 구약의 전쟁사에 나타난 자연까지도 내 편으로 만든 태양과 달이 멈춘 기브온 전쟁이 에너지 선교사에게 성경적 본문으로 제시가 될 것이기 때문이다. B.C. 1400년경 기브온 족이 이스라엘에게 항복을 하자 예루살렘을 중심으로 한 남부 가나안 동맹군이 기브온 족을 응징하려고 할 때 이스라엘 백성은 이를 맞아 전쟁했다. 이때 큰 우박이 내리고 태양과 달이 멈추는 이적이 일어났다(여호수아 10:1-27).

이에 대해 노병천은 이렇게 해석하고 있다.

> 이 절호의 찬스에 여호수아가 하나님께 고하되 이스라엘 목전에서 가로되 "태양아, 너는 기드온 위에 머물라 달아 너도 아얄론 골짜기에 그리 할지어다"(수 10:12)라고 했는데, 하나님이 여호수아의 기도를 들으시고 태양을 멈추시고 달을 그치셨는데, 다섯 왕이 완전히 진멸하기까지 그리하셨다.
> 태양과 달의 상대적인 위치가 본문을 해석하는데 중요한 의미가 있다. 기브온은 동쪽이고 아얄론은 서쪽인데 이는 태양은 동쪽에서 떠오르고 있고 달은 서쪽으로 지는 것을 시사한다. 보름달일 때 달은 해가 동쪽에서 떠오른 직후에 서쪽으로 진다. 여호수아서에 나오는 태양과 달의 위치로 보아 여호수아가 전투를 했을 때는 보름달일 때의 일출 무렵이었을 것이다. 고대의 태양과 달의 움직임은 매달 행운 또는 악운을 나타내는 징조가 되었다.
> 태양이 머문다는 의미를 태양이 빛을 발하기를 멈춘다는 의미로 해석하여, 열기 때문에 싸우기 힘든 이스라엘을 위해 하나님이 태양의 열기를 잠시 멈추어주신 것으로 주장하기도 한다. 수리아 지방에서 흔한 일로 태양이 진후에 그 광선의 굴곡으로 여전히 밝은 것을 말하기도 한다. 싸움은 아무래도 밝을 때 해야 잘하

기 때문이다. 야살의 책, 즉 히브리 시로 기록되었다는 것을 보아 하나님이 하루를 싸워야 할 분량을 반나절에 마쳤다는 시적인 표현이라고 주장하기도 한다.

미국 인디애나 주에서 발행하는 「이브닝 월드」(Evening World)에서 발표한 '태양이 멈춘 이야기'는 익히 알려진 이야기이다. 잃어버린 하루를 찾기 위해 10만 년 전까지 컴퓨터를 작동하여 계산하니 23시간 20분이 여호수아 시대에 잃어버렸다는 것이 나왔고, 그 후 열왕기하 20:8-11에 나오는 히스기아 왕의 생명 연장과 관련하여 해 그림자가 10도 물러선 그림에서 40분을 찾았다고 한다.[13]

우리가 여기서 주목하여 볼 것은 여호수아가 명령한 곳이 이 골짜기의 기브온 산당이었다는 것이다. 이 동쪽의 넓은 충적층의 골짜기 양측에 기브온과 게셀의 강력한 성읍이 있었다.[14] 여기서 우리가 볼 수 있는 것은 에너지 선교는 총체적 선교로 도시 빈민 선교와 함께 가야 한다는 것이다. 성육신적인 선교로 낮은 곳을 향하여 섬기되 비판적 상황화로서 지혜롭게 싸우지 않고도 이길 수 있는 하나님의 전략이 머무는 에너지를 중시하여 마지막 시대, 마지막 주자로서 우리 한민족이 영적인 전쟁에서 우리가 하나님의 기적을 체험할 수 있는 곳은 그리스도의 몸된 지체로서의 우리 자신이 하나님의 뜻을 준행하는 바로 여기이다.

땅끝은 가장 가까운 데에 있고 하나님 중심의 세계관을 가지고 성령의 인도하심을 항상 구하면서 질문을 해야 한다. 산당이 오늘날 교회라면 하나님이 만나주시는 접촉점이 되어야 할 것이다. 인간의 기준이 아닌 하나님의 기준에 합당한 교회가 되어야 하는데, 이는 종교 다원주의나 종교 혼합주의 그리고 민속 종교와는 불연속성을 요구하시는 것이다.

안점식은 종교 다원주의자들에 대한 아래와 같은 질문을 제시한다.

---

13 노병천, 『성경적 승리학』 (양서각, 2006), 125-28.
14 김흔중, 『성서의 역사와 지리』 (엘맨, 2013), 172.

첫째, 인간적인 노력과 방법으로 죽음을 극복하고 영원히 살 수 있다고 주장하는가?
둘째, 인간이 궁극적 존재라고 주장하면서 절대자와의 신비적 합일을 추구하는가?
셋째, 인간이 도덕적 행위에 의해서 구원받거나, 혹은 수행적 행위에 의해서 완성된다고 주장하는가?
넷째, 인간은 이성과 과학으로 모든 사실을 밝힐 수 있으며 또 언젠가 그렇게 될 것이라고 주장하는가?
다섯째, 인간의 힘과 노력에 의해서 지상에 유토피아가 건설될 것으로 생각하고 이를 추구하고 있는가?

이에 대해서 "그렇다"고 주장하는 자는 다 인본주의에 입각한 종교라는 것이다.[15] 12지역에 대한 프로젝트를 진행할 때, 교회 개척 배가 운동의 원리를 '파라처치'(parachurch)에 적용한다는 개념으로 볼 때 전략을 발견할 수 있다.

데이비드 게리슨(David Garrison)은 교회 개척 배가 운동의 죄악들을 7가지로 지적한다.

첫째, 모호한 비전: 당신이 볼 수 없는 것은 성취할 수 없다
둘째, 성경의 변개: 그런 일은 일어날 수 없다. 보기만 하십시오.
셋째, 순차주의: 조금씩 점차로
넷째, 맛 잃은 소금: 소금이 그 맛을 잃을 때
다섯째, 치명적인 죄악: 사탄의 사랑
여섯째, 외부인의 탈취: 여기선 누가 책임자인가?
일곱째, 하나님을 탓함: 거룩한 변명도 여전히 변명이다.[16]

---

15 안점식, 『세계관과 영적전쟁』 (죠이선교회, 2002), 346.
16 데이비드 게리슨(David Garrison), 『하나님의 교회개척 배가운동』 (*Church Planting Movements How god is Redeeming a Lost World*), 이명준 역 (요단, 2005), 280.

5번에 관한 설명을 하면, 특별히 치명적인 죄악인 사탄의 사랑은 돈과 봉사 그리고 연합에서 드러난다. 돈은 목회자와 교회 건물을 위한 돈이 되어서는 안 된다. 봉사도 봉사를 위한 봉사가 되면 팀의 분열이 일어난다. 연합도 실행의 선행 조건으로 율법에 매이게 되면 통합이 되고 만다. 우리가 영적으로 정복해야 할 12지역은 모두 인본주의하에 놓여서 눈에 보이는 대로 행하는 구약의 사사 시대와 같은 지역일 수 있다. 우리는 복음으로 전신갑주를 입은 영적인 야전 사령관이고 신본주의이다.

바벨론이 아닌 새 예루살렘의 시민이다. 우리 모두가 움직이는 현대판 여호수아 군대 장관이 되어서 이 지역을 영적으로 점령하되 하나님의 나라가 이루어지도록 해야 한다. 이는 힘으로도 능(能)으로도 안 되고 오직 여호와의 신으로 된다는 마음을 가지고 그들에게 영혼의 구원과 함께 자급자족할 수 있는 하나님의 선물을 주어야 한다. 필자는 이를 에너지라고 본다. 하나님의 십자가에서 아들을 죽이신 사랑의 에너지다.

'11' 전문인 실천신학 4: 글로벌 코리아 빅토리 세계관

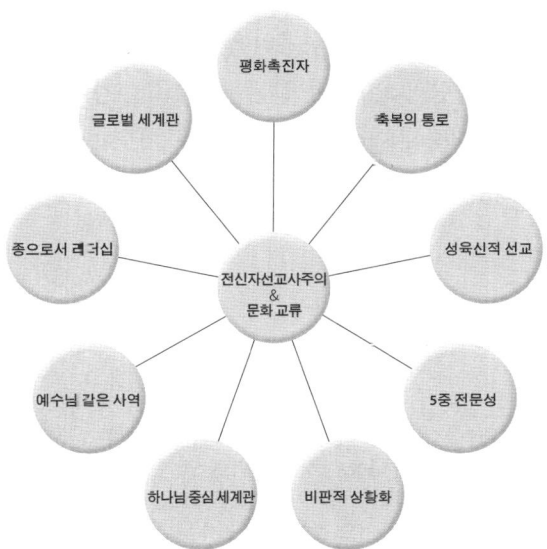

제5장

12분쟁 지역 자선교학 연구

  이슬람 지역과 같은 분쟁 지역에서 선교 활동을 할 수 있는 길은 최첨단의 과학적 기술을 보유하여 자국에 도움을 줄 수 있는 전문가, 전문인이 아니면 점차적으로 어려울 것이다. 따라서, 원자력 에너지 전문가나 우주 항공 전문가들에게는 여전히 기회가 주어지게 될 것이다. 비둘기처럼 순결하고 뱀처럼 지혜로워야 하는 이유이다.

  손자병법에 보면 14가지를 속이는 솔연(率然)이라는 뱀의 기술이 나온다. 이를 성령 안에서 에베소서 6장의 전신갑주로 재해석하게 되면 분쟁 지역의 귀신의 세력을 대항하는 전술이 될 수 있다.

  이를 2020 도쿄 올림픽 8강에서 일본을 이기고 4강에서 터키를 이긴 한국 여자 배구 경기 전술에 담아서 성도의 중보 기도에 의지하여 말씀의 검을 배구식으로 표현하면 다음과 같다.[1]

---

[1] 노병천 박사의 VVIP를 위한 손자병법을 알면 10년 뒤의 대한민국을 꿰뚫어 알 수 있다. 아프가니스탄에서의 미국의 다음 중장기 전략도 알 수 있다. 싸구려 무기 팔아먹으려고 달려드는 중공제 무기로 중앙 아시아의 '스탄'으로 끝나는 나라들이 결국은 다시 미제 재구입해서 쓰게 하려고 무기도 많이 놓고 철수했다. 이걸 노병천 박사는 성이 노 씨라서 노이즈 마케팅이라고 한다. 배구 경기에서 창조성, 효율성, 효과성, 융통성을 지닌 노박사님 같은 군사 전문가 6명만 있으면 한국 여자 배구는 세계 1위 간다.

① 스파이크 할 때 공격 안하는 척하고 공격한다.
② 공격을 한번 찔러보고 두번째 강공으로 간다.
③ 상대방 수비수와 근접할 때 당황하는 척하라.
④ 적이 멀어져도 머릿속에 들어가 있다고 느끼게 하라.
⑤ 적을 목마르게 하기 위해서 안마시던 물도 한 잔 마시는 척만 하라.
⑥ 강서브로 상대 진영의 혼란을 가중시켜서 잔멸하거나 부숴버려라.
⑦ 고참 선수는 잠시 물러가고 그날 컨디션이 좋은 준비된 자를 확실히 밀어주라.
⑧ 상대방이 무차별 강쇼를 하면 쇼킹하게 블로킹을 빼라.
⑨ 상대방이 다혈증이면 자꾸 집중 공격하여 좌절시켜 화나게 하라.
⑩ 약한 척하여 상대방이 교만하게 유도하고 헌방에 보내라.
⑪ 상대방을 지치도록 하고 그 허를 직방으로 찔러라.
⑫ 적기 뭉쳐있으면 서브를 가운데 보내 당황하게 하여 분리시켜라.
⑬ 준비가 되지 않은 1세트 초반에 화들짝 놀라게 하라. 후방 1번 자리로 공격한다.
⑭ 예기치 못한 상황에 해결사로 나서서 MVP를 차지하라.

향후 12지역에 관한 조별 연구와 리서치를 통해서 우선 순위를 따라 에너지 전문인 선교지를 정하게 될 것이다. 예수의 12사도와 같이 전략적 에너지 조정자로서의 지역 전문가 선교사로 육성이 되어야 한다.

첫째, 이 지역의 종족을 연구해야 할 것이다.
이 모든 지역은 대부분 민족주의에 입각하여 원시 공동체로 오랜 세월을 살아왔거나 임의적인 외부의 압력으로 강제적으로 나누어진 분단의 아픔을 가진 지역들이다. 또한, 에너지 문제 등으로 착취를 당하는 당사국들은 에너지와 무관한 저차원적인 삶을 강요당하는 지역일 수 있다. 따라서 압박과 설움을 딛고 일어난 민족이 아직도 단일 민족으로 남아 이들에게 나아가는 것은 효과적인 선교의 전략이 될 수 있다.

성서고고학을 과학자의 관점에서 공부해야 할 것이며, 성경과 5대 제국(앗수르, 바벨론, 페르시아, 헬라, 로마)에 대한 폭넓은 이해[2]로 세계 역사와 성경 역사를 종말론적 구원론의 입장에서 오늘날의 5대 제국(미, 일, 중, 러, EU) 사이에 낀 민족들의 아픔을 해결하는 문화 교류 전문가로서의 하나님의 대사가 되어야 성경이 미래학과 지정학과 연결이 되는 것이다.

둘째, 이 지역의 구속적 유비를 연구해야 할 것이다.

모든 민족은 그 신화나 전설이나 전통이나 행동이나 가치관에서 민속 고유의 세계관을 형성하고 있는데, 그 가운데서 예수가 생각날 만한 이야기들을 발견하고 채집하고 스토리텔링으로 복음을 전하는 데에 다리와 같은 역할을 하는 것이 중요하다. 이것을 우리는 구속적 유비(redemptive analogy)라고 말한다. 이것을 발견하여 구속적 실체가 되도록 하는 것이다.

이들은 대부분 복음에 대해서 닫혀 있거나 복음이 왜곡된 지역이기 때문에 기독교 세계관(Christian Worldview)에 입각하여 그리스도 안에서 그리스도의 마음을 품고 하나님의 뜻을 준행하는 삶으로서의 기독교 세계관을 심어주어야 한다. 구속적 유비를 구속적 실체로 완수하기 위해서는 신, 구약의 성경을 그리스도를 중심으로 한 하나님의 언약과 구속을 근간으로 한 예수 중심으로 보는 구속사적인 입장에서의 연구가 필수적이다.[3]

셋째, 이 지역의 영적 전쟁의 실체를 파악하고 복음을 제시해야 할 것이다.

대부분 지역이 위기 관리 차원에서 샤머니즘이나 오컬트 등 이단의 영매에 매여있을 수가 있다. 그러나 예수는 겟세마네 동산에서 죽음 앞에서의 기도를 드릴 때, 하늘의 열두 군단을 아버지께 요청할 수 있었으나 아버지의 인류 구원의 대의 앞에 자신을 내어드리는 결단을 통하여 마귀의 율법을 만족하게 하고 율법을 완성하고 마침내 성령의 법 안에서 우리를 자유롭게 하심으로 율법을 폐기한 것이다.

---

2 조병호, 『성경과 5대제국』 (통독원, 2011), 8-11.
3 허순길, 『구속사적 구약설교』 (SFC, 2006), 167-79. 교회를 위한 아론의 축도 메시지를 통하여 전문인이 선교지에서 선교사로서 축도를 어떻게 할 수 있는지에 대한 연구를 하게 한다.

예수의 죽음은 대속적, 구속적, 만족적, 화목적 죽음이었다. 이 지역에 복음을 증거하고 영적 견쟁에서 돈, 권력, 섹스를 지배하는 마귀의 존재를 드러냄으로써 악의 열매를 맺지 않고 선한 성령의 열매를 맺는 사랑을 실천하는 삶을 살며 나누며 가르쳐 주어야 한다. 그래서 이들도 영적 전쟁의 군사가 되어서 더 깊은 곳에서 신음하고 있는 어두운 곳을 그리스도의 빛의 횃불을 든 에너지 선교사로 나가게 할 수 있게 된다.

이 모든 분쟁 지역에는 진정한 우주의 하나님이 따듯한 에너지로 감싸주시는 화해와 상생을 이루는 전문인 스마트 도시 선교 전략이 필요한 지역들이라고 볼 수 있다. 통일을 선물로 주실 하나님의 은혜를 생각하며 지금부터 진정한 의미의 성숙한 전문인 선교를 이러한 분쟁 지역에 평화의 선교사로, 중보 기도로 시작하고 때를 따라 신 디아스포라로 나가야 할 것이다.

대한민국의 통일은 남과 북이 기능적으로 단계별로 연합하여 인간적으로는 이순신 제국주의에 기초한 에너지 제국즈의를 실현하는 것이다. 그리스도인들이 하나님 나라를 위해서 공의와 사랑을 충효로 실천하듯이 하나님의 십자가의 사랑의 에너지를 실현하는 전문인 선교사들에게는 한 눈으로는 세월호 참사를 보고 다른 눈으로는 아직도 남한에 한반도의 고령화, 에너지 위기, 양극화의 문제를 보아야 한다.

이 세상의 문제를 해결할 방법은 제국주의가 아닌 신국주의 완성의 주인공인 예수의 부활 능력밖에는 없다. 전문인은 고령화를 극복한 항상 새로워지는 열정이 있는 새사람이 되어야 한다. 전문인은 운동력 있는 말씀으로 날마다 새로워지는 성숙한 인격을 전하는 자가 되어야 한다.

전문인은 이스라엘 백성에게 주셨던 하늘의 만나를 이 세상에 오셔서 오병이어로 나누어 주시는 예수의 사랑을 증거하는 합력하여 선을 이루는 화해자가 되어야 한다. 북핵 위기 앞에서 미국이 취할 수 있는 극단적인 방법은 꼭 북한을 치는 것이 아니라 남한에 제재를 가함으로써 남한이 성숙한 세계 시민으로서 자세를 가지고 미국과 어깨동무하면서 세계를 경영하는 후계 수업을 시키는 것이다.

맹목적으로 미국에 기대는 것보다 이제는 미국과 더불어 동북아시아 지역을 경영하는 성숙한 국제 정치를 펼쳐야 한다. 높은 사교육, 부동산 투기 열풍, 인기 위주의 외지형적인 삶, 신앙을 빙자한 사유화된 신앙 등 비정상의 정상화가 진행되는 한국호의 적폐로 나타난 세월호 사건 이후의 한반도의 국운은 이러한 시험대에 있다.

당장 살아남고 나만을 위한 남한이 아니라 하나님의 시간인 카이로스의 때를 분별하여 수삼 년 안에 준비를 철저히 하여 위기가 다가왔을 때 동북아시아를 경영할 수 있는 대의를 가진 도덕 정치를 하는 영적 영세 중립국이요, 제사장의 나라가 되라는 것이다.

어떻게 한국형 선교사로서 자신학을 준비할 수 있을까?

첫째, 제국주의를 본받지 말고 복음의 일꾼이 되어야 한다.
둘째, 민족 우월주의를 추구하지 말고 하나님의 사랑을 실천해야 한다
셋째, 독재자의 길을 따라가지 말고 축복의 통로가 되는 순교자의 길을 가야 한다.
넷째, 성경을 중심으로 한 복음의 확산 운동을 일으켜야 한다.

R. A. 토레이(R. A. Torrey)는 한국인이 초일류 대한민국을 위해서 준비해야 할 주체임을 아래와 같이 밝히고 있다.

> 내가 보기에 한국은 자신의 참모습에 대한 기억을 잃어버린, 흡사 기억 상실증 환자와 같은 인상을 준다. 만일 진정 우리가 하나님을 믿는다면, 하나님이 한국 백성에게 공동의 선에 기여할 수 있도록 어떤 특별한 역할을 부여하셨다는 사실을 모를 리 없다. 그러니 한국으로서의 가장 긴급한 과제는 스스로를 재발견하고 본연의 모습을 회복하는 일이다. 교회의 우선적 과제가 그리스도를 한국에 소개하는데 있다는 것은 두말할 나위가 없다. 그러나 한국에 대한 하나님의 목적이 무엇인지 그리고 세계 무대에서 한국이 담당할 역할이 무엇인지 깨닫지 못하는 한, 다시 말해서 스스로를 자각하지 못 하는 한, 그런 한국에 그리

스도를 소개한다는 것은 무익한 일이다.[4]

 구한말까지 한국은 은둔의 나라로 세계에 알려져 있었으나 2014년 한국은 극동의 한반도는 대륙의 모퉁이 국가가 아닌 해양의 머릿돌 국가로서 예수께서 머릿돌로 정하신 하나님의 나라의 그 모퉁이 돌인 예수의 나라로서의 사명과 정체성을 가진 거북선을 탄 바울과 이순신의 융합형 나라가 된 것이다.
 한반도 연합의 정체성은 새로운 정치 체제에 대한 논의에서 다시 시작되어야 하며 의원 내각제와 분권제가 이상적으로 보인다.
 이를 위해서는 남북 정부 간 모두 다 넘어야 할 산이 있다.

 첫째, 기능적 통합에서 정치적 통합으로 가야 한다.
 둘째, 초극가주의와 그 한계성을 인정해야 한다.
 셋째, 주류에 대한 반발을 남북간 주류, 비주류 간에 상호 해결해야 한다.
 넷째, 초일류 연합에 대한 인식 전환이 필요하다.[5]

 현재 남북은 기능적 나눔이 불연속적으로 이어지고 있는 단계이다. 무지, 빈곤, 기아 및 질병 퇴치 등이 일어날 때 기본적으로 협력하는 수준이다. 사적이고 자발적으로 존재하지만, 구체적인 연합준비위원회가 발족이 된다면 의도적이고 정치적인 선택이 가능하게 될 것이다. 예를 들면 미국 애플사의 팀 쿡이 어느 누구도 상상하지 못하는 신제품을 출시한다면 삼성은 붕괴의 위기에 직면하게 되고 두 회사의 대타협이 이루어질 수도 있다. 남한의 힘이 감소하는 순간 북한이 내민 손을 잡을 수도 있다는 가정이 가능하다.

---

4 유석근, 『알이랑 고개를 넘어 예루살렘으로』 (예루살렘, 2009), 10.
5 이무성외, 『유럽연합의 정체성 III』 (높이깊이, 2012), 13-21 요약.

조선 8도의 독특한 지역성의 개념을 가진 한민족이 이상적이고 자민족의 이익을 고려하고 상호 간의 관계에서 이익을 최대화하기 위해서는 마지막 순간에 정부 간 지자체 기구로 발족할 개연성이 충분히 있다고 본다. 주도적인 역할을 할 수밖에 없는 주류와 종속적 역할을 할 수밖에 없는 비주류 간에 공식적, 비공식적, 비형식적 지켜야 할 규범의 복잡성을 능동적으로 해결해 나가는 중재 변수의 역할이 소중하다.

단일 정부라는 아날로그형으로만 생각하지 말고 디지털형으로 융합적인 기능을 감당할 수 있는 양 체제 단일 국가 형태에서 분권 의원 내각제로 다양한 가운데 조화를 이루는 유기체적인 기능을 가진 초일류 한반도 연합으로 나가야 한다. 지방자치제의 발전을 밑거름으로 하는 지역 정치가 자리를 바로 잡아야 한다.

이런 특성화된 남과 북의 도시들이 MOU를 체결하며 보충성의 원칙, 파트너십의 원칙, 대응성의 원칙, 프로그램의 원칙 등이 수행될 수 있는 제도, 행정 그리고 법적인 틀이 세부적으로 완벽하게 갖춰져야 한다.[6] 이를 위해서 남과 북은 재인식의 전환이 필요하다. 주변 강국의 이해 관계, 힘의 역학, 선호도를 공히 SWOT을 분석하여 역할 분담을 통한 외교 역량을 동구 유럽, 서구 유럽으로 팀 다이내믹스로 분담하고, 아니면 역으로 세계 평화를 선도하는 강소국, 즉 연성 국가(soft power)로서의 초일류 한반도연합은 중립국으로 공인이 되는 나라로까지 나가야 한다.

실제로 한국전쟁이 발발했을 때, 28개국이 참전을 한 것은 이런 의미의 도덕적 지지가 있었기에 가능하고 이제는 우리가 감사를 돌려주는 전략으로 28개국을 지렛대로 활용해야 하는데 EU가 탈국가주의적 형태로서의 모델로서의 가능성을 우리에게 보여 주고 있다는 것이다.

남과 북은 공동의 역사적, 지적 유산에 기초한 정치 문화적으로 공유하는 느슨한 연합에서 시작하여 정치, 문화적 통일체가 되어야 한다.[7] 미국

---

6 이무성외, 『유럽연합의 정체성 III』, 20.
7 이종서, 『EU DISCOVERY』 (높이깊이, 2012), 12.

연합, 유럽연합, 러시아 연합 등 참고로 할 많은 사례가 있다. 남북 한반도 연합은 제3의 길로서의 연합이 되어야 한다. 국내적으로는 최소한 삼국 이전의 고조선의 후손이라는 정체성이다.

그리고 국제적으로는 결국 주변국의 인정을 받으며 당면한 경제적, 국제적 과제에 대한 숙제를 같이 풀어 가는 파트너로 회복되어야 한다. 한국 전쟁에 대한 재평가와 함께 한반도 공동체에서 한반도 연합으로 나가는 과정을 거쳐야 할 것이다. 이러한 변화가 경제 황금 시간으로 2017년 이후에 1차적인 기회가 올 것이고 결국 2020년 이후에는 구체적으로 남북이 다시 일어서는 시기로 전망하고 있다.

우리는 영국과 스코틀랜드(아일랜드, 웨일즈 포함)와 같은 좋은 사례만 보면 된다. 다양한 합의 방식과 유연한 통합 방식에 의해서 정치적 타협과 일괄 타협이 이루어지고 비타협인 영역에 대해서는 포용 선택적 거부권을 행사할 수 있을 것이다. 예를 들면 김일성 숭배, 이승만 복원 운동 등과 같은 것은 비타협이거나 일괄 타협의 영역이다. 이 문제는 영적인 차원에서 우상 숭배로 판결이 나면 해결할 수 있다.

한마디로, 능력의 차이가 나는 남북의 문제는 상호 배려를 통해서 중장기적으로 해결해 나갈 수 있다. 통일 신라를 존수한 고려가 온전한 통일의 이미지를 풍긴 것이 40년이 지나서였다면 우리 기독교인이 먼저 솔선수범하여 정치, 경제, 사회, 문화, 과학, 철학, 서비스 등 전 영역에 에너지와 IT가 융섭이 된 혁신 도시를 만들어나가야 한다. 시급히 품성 개조를 통한 전문인 선교 사역의 성공 사례를 전 영역에서 많이 축적해 나가야 할 것이다.

이런 비전을 실현하는 길로 한번 에너지 영역에서부터 구체적인 향후 중장기 전략이 성공을 거둘 때 파급(spill over) 효과가 각 교단, 초교회, 직장 선교회, 연합 선교 단체 등에서 일어날 것이므로 에너지 선교 전략을 살펴보기로 하자.

'11' 전문인 실천신학 5: 평화 촉진자

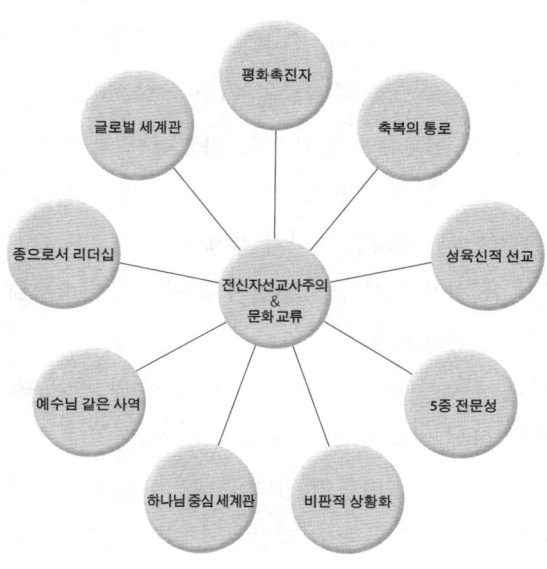

전문인 선교사의 국가적 모델인 정근모 박사는 예수를 본받아 좌와 우로 나뉜 조국에서 평화의 촉진자가 되고자 했다. 한 번도 탈원전으로 나라를 망치는 자들을 가룟 유다같은 놈이라고 욕을 하지 않았다.

2만 5천 명의 한전 직원이 면직을 당하고 중국으로 취업을 떠난 상황이다. 중국이 세계 1위의 원전국이 되고자 한다지만 그 가슴에 평화가 없는 'Ps' 돼지들은 안될 말이다. 그보다 더한 아나니아와 삽비라 같은 부부도 자기를 밟고 지나가라고 선동하는 세상이다.

평화는 하나님과의 평화를 경험한 자만이 촉진할 수 있다. 힘을 가진 자가 힘이 없는 자에게 베풀 수 있는 것이 평화이다. 평화의 아이와 같이 서로 노예로 인질로 맞교환을 하는 것이 전쟁에서의 평화이다.

'Ps'는 'small pig'이지 'professional'이 아니다.

제6장

12분쟁 지역 구원론 연구

1. 들어가며

우리 시대에 던지는 가장 뜨거운 질문은 경제와 도덕이라는 것이다. 마이클 샌델(Michael Sandel)은 이렇게 말한다.

> 경제가 화두인 시대, 경제적 풍요가 최고의 선이 되어버린 상황에서 여타의 가치들은 쉽게 무시되곤 한다. 그래서 사람들은 자연스레 가장 기초적인 가치, 도덕의 목마름을 호소한다. 경제 중심의 사회가 낳은 폐해는 심각하다. 도덕적 해이와 거짓말, 각종 로비와 공직자의 부패, 경제인의 각종 특혜와 비윤리적인 이권 개입, 일반 시민의 도덕 불감증 등 경제 논리에 가려 어느 정도의 비도덕은 묵인할 수 있다는 근거가 빈약한 관용이 사회 저변에 광범위하게 퍼져있다.[1]

이 세상에 탐욕이 살아있고 그 한계를 모르게 되면 어떤 일들이 일어나게 될 것인가?

세상의 경제는 소비에 의존하고 있다. 그런데 세월호 사건과 같은 초대형 사건이 터져서 소비심리가 위축되면 소비를 줄이게 될 것이고 직업의 기회

---

[1] 마이클 샌델(Michael Sandel), 『왜 도덕인가?』(Public philosophy) 안진환외 역 (한국경제신문사, 2010), 25.

도 줄 것이며 상대적으로 긴축을 하면서 기업은 돈을 쌓아두고 재투자를 하지 않고 사태를 보게 될 것이다. 이것이 장기적으로 진행이 되면 경기 후퇴로 들어가고 인플레이션을 동반한 디플레이션인 스태그플레이션으로 들어가게 된다. 일본이 좋은 예이고 한국도 그럴 가능성이 있다.

그런데 여기서 중요한 것은 건전한 소비자의 심리 자극이다. 이것은 탐욕과는 다른 것이다. 탐욕에 지배되면 소유의 종말을 인식하지 않고 끝없이 부를 쌓고자 하고 마지막에 어리석은 부자와 같이 지옥에 가고 유체 비행을 하며 떨어지게 되는 것이다. 어두운 바다의 심연에 있는 스올을 경험한 요나 선지자와 같이 300여 명의 승객이 스올을 경험하며 죽어간 이번 사태에 대해서 "단순히 구원을 받지 못한 자들이기 때문에 어차피 죽어야 할 텐데 구조를 할 필요가 없고 산 자나 살아야 한다고 쉽게 체념을 하는 종교라고 한다"면 이는 심각한 품성의 문제이다.

종교가 사람을 걱정하는 것이 아니라 사람이 종교를 걱정하게 될 때, 그 사회는 참 소망을 갈구하게 되는 것이다. 지난 19세기와 20세기 그리고 우리가 사는 21세기에 일어나는 모든 지구상의 전쟁과 기근과 참사들은 다 탐욕으로 인해서 일어나는 것이다. 이 기간에 경제는 계속해서 성장했고 한국전쟁 당시 세계에서 가장 가난한 나라 가운데 하나였던 남한이 세계 경제의 10위권을 넘나들게 되었다. 이것은 기적이다. 그 가운데 적체된 탐욕의 부패가 이제는 체질화되어서 마지막 판단의 기준인 진정한 가치인 사랑을 버리는 일을 하는 것이다. 이것은 모두에게 중독이 되어서 도무지 빠져나올 수가 없다.

이것이 세속화의 병폐라고 말하면서 그 대책은 부재한 것일까?

성령으로 변화되지 않은 마음속에 젤롯 당원이었던 가룟 유다와 같은 마음을 가지고 예수를 나의 틀에 가두고 내가 필요한 시기에 기적을 행하셔서 마지막에 역전승하는 기적을 이루실 것을 기대하고 그 기대가 이루어지지 않았을 때, 스스로 목숨을 끊는 자가 되는 것이 축복과 건강의 신학이 주는 병폐이다.

율법에 매여있지만, 부활도 믿지 않고 천국도 없다는 자유주의적인 사두개인이었던 대제사장 안나스의 '소유의 창고'(the storage of belonging)와 같은 품성은 오늘날 세속주의에 물든 자유주의 신앙인들과 비교해 볼 수도 있다. 성전에서 제물을 파는 자들의 판을 뒤집는 예수의 행태가 그들에게는 가상의 적이 사정권 안에 출몰한 것이었다. 예수를 죽여야만 계속해서 가문의 번영을 가져오는 종교와 사업이 연속되는 권리를 누릴 수 있기 때문이다.

그러나 우리가 더 경계해야 하는 것은 겉으로는 믿음이 있는 것으로 여기지만 거꾸로 타는 보일러와 마찬가지로 그 믿음이 자신을 위해서 타는 역기능적인 신앙을 가진 베드로와 같다면 문제는 더욱 심각하다. 그리고 그 신앙이 한 사람에게 독점이 된다는 개념으로 바뀌어서 여전히 하나님에게 돌려야 할 영광을 돌리지 못하게 하는 '축복의 창고'(the storage of blessings)로 이 세상의 권력을 쥐고 있다면 우리는 이 세상을 변혁시킬 수가 없다.

크로노스의 세월이 아니라 카이로스의 하나님의 시간으로 본다면, 변혁되지 않은 인간의 마음속에 있는 역기능적이고 다중인격적인, 가룟 유다, 안나스, 베드로와 같은 품성을 없애야 예수처럼 축복의 통로(the contraywise channel of blessings)가 되어서 하나님의 나라의 시민권자로 축복의 통로(the channel of blessings)로 살 수가 있다.

상대적 빈곤 때문에 도덕(morality)을 알면서도 비도덕(immorality)이 되고 마침내 무도덕(amorality)이 되는 것이다. 이 땅에서 모든 부를 다 경험하고 천국에서도 모든 부를 경험하고자 하는 성공과 축복의 신학에서 더 나아가게 되면 도덕을 잃게 되는 것이다. 왜냐하면, 그리스도 안에 있는 우리는 법적 도덕만이 아닌 경제적, 정치적, 문화적, 윤리적 도덕 모든 면에서 천국 헌장을 지킬 수 있는 생명과 성령의 법안으로까지 성화되어야 하기 때문이다.

구원론과 영적 전쟁은 분쟁 지역의 전문인 선교와 직결 된 것이기에, 여기서는 구원파의 유병언 교주와 유대교의 안나스 대제사장 그리고 가톨릭의 초대 교황 베드로에 대한 품성 분석을 비즈니스 전문인 선교의 차원에서 살펴보고자 한다.

2014년 4월 16일 전남 진도 앞에서 세월호가 침몰하면서 세상에 다시 관심을 끌게 된 구원파의 실체가 유병언 교주의 시신이 발견됨으로써 다시 한번 이단의 정체에 대한 관심을 끌게 하는 계절이다. 세월호의 실소유주로 알려진 유병언 사장은 무려 50여 개사의 계열 회사를 가진 3000억 원대의 재산을 가진 자로 알려져 다시 한번 기업과 교회의 유착 비리 문제로 한국 사회가 우울증을 앓고 있다. 그의 죽음으로 인해서 우리 시대의 가짜 예언자들에 대해 경계를 해야 한다는 말이 다시 한번 나오고 있다.

이에 대한 나의 진단은 다음과 같다.

첫째, 사람과 돈이 모이면 그 자체가 힘이 되고 교주가 힘의 화신이 됐다.
둘째, 교주는 관념적인 하나님보다 더 위대한 메시아였다.
셋째, 특별한 영적 능력이 있어서 잘못 건드리면 저주를 받는다는 것이다.
넷째, 잘못이 있어도 하나님이 심판하는 것이지 인간이 비판하면 안 된다.[2]

전문인이 깨어있어야 한다. 목사와 평신도라는 이분법에 메여있는 사고를 하는 것이 아니고 제3의 길로서의 연합을 할 수 있는 목회자이며 평신도인, 평신도이며 목회자인 전문인의 역할이 필요한 시기가 온 것이다.

필자는 한국 교회의 비정상의 정상화를 위해서는 우리의 초점이 예수에게로 돌아가야 하고 그 핵심은 십자가에서의 죽음의 의미를 바로 알고 실천하는 것이기에 메시아 예수에 대한 관점에서 성경을 중심축으로 하여 유대교 지도자들과 구원파와 가톨릭의 교황 베드로를 품성적인 측면에서 상호 비교함으로 진정한 크리스천의 삶이 무엇인지 밝혀야 한다고 본다.

---

2 엄상익, "우리 시대의 가짜 예언자들", 「국민일보」, 2014. 7. 29.

2. 대제사장 안나스와 유병언의 품성 비교

많은 사람이 유병언을 가룟 유다라고 말하지 않는다. 구원파에서는 유병언을 배반한 자를 가룟 유다로 보고 있을 것이기 때문이다. 그런데 메시아 예수에 관한 연구를 하면서 안나스의 인품에 대한 자료를 보면 그의 행습과 유병언의 행습에 공통점이 있음을 발견하게 된다.

에더스하임(Edersheim)은 이렇게 말했다.

> 동시대의 유대 역사에 등장하는 인물들 가운데 안나스만큼 잘 알려진 자도 드물다. 그처럼 운이 좋고 출세 가도를 달린 자도 없었고, 또한 그처럼 많은 사람의 증오를 받은 사람도 없었다고 생각한다. … 그는 직무와 관련되는 모든 권위를 행사했으며 막강한 영향력을 미쳤다. 왜냐하면, 자신과 가장 가까운 자들을 그 자리에 앉힐 수 있었기 때문이다. … 그리스도께서 그 성전에서의 매매 행위를 책망하신 사실을 굳이 언급하지 않더라도, 우리는 예수님과 같은 메시아께서 모든 면에서 안나스와 대조적이었으리라고 짐작할 수 있다. 교활하고 냉정한 그의 성격을 고려하건대, 가야바처럼 성급하거나 허세를 부리지는 않았을지라도 그 즉시 자기 사위처럼 예수님을 죽이기로 결심하고 있었다.[3]

대제사장 안나스의 종교적, 정치적 사업 수단은 이렇다.

첫째, 안나스는 6, 7년 동안 대제사장의 자리에 앉아있었으나 그의 아들들과 사위 그리고 가야바 그리고 그 손자 한 명이 그 직무에 참여했다.

둘째, 그는 실제적인 업무에 관여하면서도 그 직위에서 요구되는 책임이나 제한으로부터 자유로웠다.

---

3 알프레드 에더스하임(Alfred Edersheim), 『메시아 4』(*The life and times of Jesus the Messiah*), 황영철외 역 (생명의 말씀사, 2012), 343-44.

셋째, 그가 로마인들에게 영향을 미칠 수 있게 한 요인은 자신이 표방했던 종교적 입장들(사두개인, 자유주의)과 로마인에 관한 호의와 그의 엄청난 재력이었다.

넷째, 집정관 관저에 있는 친구들에게 필요할 때에는 엄청난 돈을 뿌리는 쓸모있는 사람이었다.

다섯째, 안나스 가족이 성전 매점을 통해 악질적인 방법으로 막대한 소득을 취했다.

여섯째, 성전 매매를 책망하신 예수에 대해, 체포 후, 재판 전에 안나스에게 먼저 예수를 로마 병정들이 인계하고 돌아간 것은 무엇을 말하는가?

안나스에게서 추론할 수 있는 유병언의 종교적, 정치적 초상화는 이렇다.

첫째, 권신찬 목사의 사위로서 자신의 자녀들을 모두 세모와 연관된 계열사의 CEO를 맡게 했다.

둘째, 감옥에 한 번 다녀온 후에는 이번 청해진 사건에서도 실제적인 비자금에 연관하여 자유롭게 물권을 행사했다.

셋째, 율법 폐기, 도덕 폐기의 교리에 기초하여 하나님의 일을 사업하여 돈을 버는 것이고 그 재력으로 모든 정관계 마피아를 하수인으로 거느릴 수가 있었다.

넷째, 지상에 공개된 여러 유병언 키즈(kids)의 모습들이 우리를 슬프게 하는 것도 이것 때문이다.

다섯째, 청해진 그룹을 통한 유병언 회장의 사진을 매입하는 방식으로 자금 동원 능력을 보면 그가 현대판 안나스임을 입증하고도 남는다.

여섯째, 정동섭 교수와 같이 전 구원파의 신도들을 핍박하는 것은 무엇을 말하는가?

비즈니스 선교의 모델에 대한 캔 엘드래드(Ken Eldred)의 말을 들어보자.[4]

① 비즈니스 선교는 전적인 자립형 선교의 모델이다.
② 비즈니스 선교는 어디에서나 필요한 전문 기술과 자원을 제공한다.
③ 비즈니스 선교는 일자리를 창출한다.
④ 비즈니스 선교는 지역 경제를 일으켜 세우고 그 나라를 축복한다.
⑤ 비즈니스 선교는 복음에 문을 닫은 나라들에 대한 열쇠이다.
⑥ 비즈니스 선교는 복음을 말로 드러낸다.
⑦ 비즈니스 선교는 복음을 행동으로 드러낸다.
⑧ 비즈니스 선교는 현지 교회를 자립할 수 있게 한다.
⑨ 비즈니스 선교는 전통적 선교의 유익한 동역자가 될 수 있다.
⑩ 비즈니스 선교는 교회에 잠재된 고급 인력과 자원을 동원한다.

　비즈니스 선교의 십계명으로 볼 수 있는데, 십계명 가운데 하나라도 어기면 다 어기는 것과 같이 구원파는 비즈니스 선교의 4, 5, 7, 8계명에 대해서 깊이 생각해 볼 필요가 분명히 있다. 필자는 전문인 선교사를 양성하는 훈련자의 관점에서 최근에 교육과 의료를 통한 전문인 선교가 막히게 되자 비즈니스를 통한 선교가 활성화된 시기에 이와 같은 악재가 발생하여 불신자들이 볼 때 BAM(Business As Mission)에 대한 오해가 있기에 이를 해명하고자 한다.
　BAM은 사업을 하여 이윤이 나는만큼 선교 사역을 하는 것을 말하는 것이지 유병언과 같이 사업이 최종 목표가 되어서 마각을 드러내는 것이 결코 아니다. 그리고 이슬람권, 공산권 등과 같은 창의적 접근 지역에서의 선교를 우선 순위로 하는 것이지 국내의 요지에서 돈을 목적으로 하는 것은 아니다.

4　캔 엘드러드(Ken Eldred), 『비즈니스 미션: 창의적 접근 지역을 여는 마지막 대안』(*God is at Work*), 안정임 역 (예수전도단, 2005), 52-54.

3. 구원파의 교리

우리는 여기서 구원파 신학이 무엇인지를 알 필요가 있다.

구원파 리더인 권신찬 목사는 한국의 경상북도에서 1935년 1월 13일에 태어났다. 그는 대구에 있는 장로교 신학교에서 신학 수업을 했고 1951년 목사 안수를 받았다. 그는 케이스 글라스(Case Glass)라는 독일 선교사에게 침례를 받은 후 장로 교단으로부터 목사 자격을 박탈당했다.

권신찬 목사는 이렇게 증언한다.

> 율법으로 인해 내가 해결할 수 없는 내 삶의 무거운 짐 아래서 끊임없이 고난받고 있었다. 그러던 1961년 10월 어느 날 유럽 선교사의 설교에서 질문을 들었다.
> "당신은 거듭난 그리스도인입니까?"
> 이 질문에 나는 깊이 충격을 받았다."[5]

이는 행태론적 근본주의(morphological fundamentalism)로서의 율법준수론자적인 신앙이 있었다고 평가할 수 있다.

권신찬 목사의 사위인 유병언 사장은 이렇게 말한다.

> 나는 모태 신앙으로 태어났지만 내 죄의 문제를 용서해 주시는 하나님의 사랑을 맛본 것은 1962년 4월 7일 오후 8시 30분에 딕 요크(Dick York) 선교사의 마태복음 22장의 말씀을 들으면서이다.[6]

1974년 유병언 사장은 서울의 삼각지에 있는 아파트 단지의 지하 강당에서 교회를 시작했다. 그리고 그는 고등학교만 나왔으나 성경에 대한 실

---

5 권신찬, 『양심의 자유』(일류사, 1977), 33.
6 유병언, 『내 영혼을 묶는 사슬』(우정출판사, 1981), 261.

력을 인정받으면서 골래 목사로서, 사업가로서 세모 무역의 사장 노릇도 했다. 한때 극동 방송의 부사장을 하다가 구원파임이 발각되어 쫓겨나기도 했다. 5공 당시인 1987년에는 전경환의 비호를 받으면서 세모 한강 유람선을 운영하고 있었다. SBS 프로그램 <기분 좋은 밤>에서 젊은 남녀가 만나는 마지막 장면이 세모의 한강 유람선에서 진행 중이었다.

권신찬 목사와 그의 사위인 유병언 사장은 1984년 LA에서 그들의 공작의 초점을 미국에 맞추기 시작했다. 권신찬 목사는 매주 텔레비전 설교와 비디오 테이프 메시지로 그의 이단 사역을 계속했다. 이때만 하더라도 비디오를 통한 복음 전도를 생각지도 못한 한국인들에게는 엄청난 복음으로 비쳤다. 유병언 사장은 전 침례신학대학교 심리학 교수이며 구원파의 통역자로 있다가 탈출한 정동섭 교수의 이단 폭로 후에 그의 공적인 설교는 정지되었다.

여기서 중요한 것은 유병언 사장을 율법의 아들이라고 했지 은혜의 아들은 아니라는 것이다. 그는 율법의 저주 아래에(under the law) 있는 것이지 그리스도의 은혜 아래에(under the grace) 있는 것이 아니라는 것이다. TV에 나타난 그의 모습을 볼 때 엄격한, 고집이 센 이미지를 주고 있지 선한 목자의 이미지는 결코 아니다.

이처럼 변혁(transformation)되지 않은 품성으로 인해, 결국 오대양 사건 이후에 유병언 사장은 신자들의 돈을 갈취한 죄목으로 감옥에서 4년을 보냈다. 1984년에 소위 구원파(salvific sect)라고 불리던 그들의 이름을 복음침례교회(the Evangelical Baptist of Korea)로 이름을 바꾸었다. 구원파는 기존 교단을 공격하며 특히 한국기독교침례회에 큰 해가 되고 있다. 그리고 수침에 의한 침례로 많은 불신자를 오해하게 하고 있다. 그 교회가 신도 20만 명으로 성장하였다고 주장한다.

그리고 전국에 부동산 매입을 통하여 유기농과 건강 식품을 판매하는 영농 조합 공동체들을 형성하고 시판을 하고 있다. 미국에서는 도덕성을 강조하는 율법 종교인 몰몬교가 경전 형성상 침례교 목사에게서 나온 것으로 오해가 되는 것과 마찬가지로 분파가 이단시되면 좋은 이미지는 아니다.

한국의 정통 침례교단인 한국기독교침례회와 현재 이단시되는 한국 남침례교침례회(베뢰아 김기동 목사)와 기독교복음침례회(유병언 사장)가 세인들에게는 기독교 장로교와 예수교 장로교의 구별과 같은 차원에서 비칠 것은 자명한 것으로 여겨진다.

1) 구원파의 교리에는 두 가지 중요한 오해가 있다

구원에 관한 것과 최후의 심판에 관한 것이다. 대부분의 이단이 중점을 두는 것이고 종말론적 구원론은 매우 중요한 교리다. 이 두 가지가 병합되면 더욱 그렇다.

(1) 구원론

먼저, 구원론은 그리스도인의 삶에 가장 중요한 교리다. 그러나 이 종파의 구원 이념은 권신찬 목사와 유병언 사장이라는 두 지도자의 구원 경험에 기초하고 있다. 불운하게도 두 명 모두 그들의 죄가 예수님의 대속적인 죽음(vicarious atonement)에 의해 용서받았음을 깨달을 때까지 그들의 양심에 심각한 죄의 감정을 가졌었다. 이들이 말하는 구원은 자신들을 따르는 사람들에게 율법으로부터 그리고 종교로부터 전달되는 것을 의미한다. 소위 말하는 기계적 구원(micanical salvation)이다. 우리가 성경의 축자영감설을 말하는 것과 마찬가지이다.

따라서 그 구원받음은 그들이 구원의 확신을 얻은 시간과 날짜를 말할 수 있음이라고 저들만의 특별한 구원받은 선민임을 주장한다. 그 구원받음은 그들의 구원을 그들에게 확신시킨 특정한 성경 구절을 인용할 수 있음이 분명하다. 이는 사문화 우월주의를 가진 '은둔의 백만장자'인 유병언 사장이란 교주에 의해서 신도들은 현혹되어서 안성의 금수원이란 수양관에 다녀오면 종적인 관계로 인한 마음의 일시적인 부흥을 통한 평화를 체험하는 자문화 열등주의에 빠지게 하는 통로일 뿐이다. 돈에 대해서 초월한 것처럼 말하는 그는 하나님이 수천억 원의 '소유의 창고'(storage of belongings)를 자랑하라고 하신 것이 아니라 '축복의 통로'(channel of blessings)로 쓰임을 받으라고 하신 것이다.

마지막으로 그들은 어떤 사람이 구원받았다면 자신의 죄에 대해 회개하거나 하나님의 용서를 바라는 것은 필요 없다고 주장한다. 회개하고 한번 구원받으면 어떠한 죄를 짓더라도 회개하지 않아도 영원히 구원받는다고 주장하는 것이다. 소위 말하면, 율법 폐기 이후에 도덕 폐기에까지 나간 것이다. 한번 구원을 받았다는 것은 존재론적(ontological)이기 때문에 그 다음에는 관계론적으로 다시 회개할 필요가 없다고 주장하고 있고 이를 기계적 구원론이라고 주장하고 있다. 이처럼 이분법에서 벗어나지 못하는 율법적인 사고가 은혜 아래 있지 못하다는 증거이다.

우리가 죄의 그늘에 살아도 죄의 권능 아래 사는 것이 아니라 하나님의 권능 아래 살기 때문이다. 이러한 견해는 전 세계의 복음주의 교단의 견해와 전적으로 다르다. 율법 폐기, 은혜의 복음을 생명 성령의 법으로 나가야 성령의 열매를 맺어야 한다.

그리고 구원론만을 강조하다 보니 조직신학의 다른 교리와의 균형을 잃어버리게 된 것이 또한 문제이다. 조직신학에서 속죄론(atonement)은 네 가지 의미를 융섭적으로 가지고 있다. 네 가지는 다음과 같다.

첫째, 대속적 속죄(vicarious atonement)
둘째, 구속적 속죄(redemptive atonement)
셋째, 만족적 속죄(satistifed atonement)
넷째, 화목적 속죄(reconciled atonement)

이 견해는 하나님을 찾기 위한 실제적인 능력은 그들 안에 그들이 소유하고 있는 것이 도덕적인 것이 아니라 자연적인 것이라고 주장한다. 이것은 신자의 비세속성의 원리를 망각한 무도덕성(amorality)이며 비도덕성(immorality)을 말하는 것이다. 이것은 보편적인 세상 사람의 죄 많음이 사람들의 일치하는 사회적 책임(social responsibility)이 아니라는 것을 설명한다. 그것은 타락한 사람은 하나님의 법을 지킬 수 없는 그의 무능력을 자백할 수 있다고 말할 수 있다. 그들은 육신의 구원과 영의 구원을 잘못 해석하고 있다. 이 두 가지는 구별되는 것이 아니라 총체적인 구원인 것을 간과하고 있다.

이번에 세월호에서 선장과 15명의 선원은 모두 이러한 잘못된 교리로 인하여 자신들은 구조선에 빠져나왔으나 배 안에 있는 많은 생명은 어차피 구원받지 못한 자이기에 무관심, 무자비, 몰인정하게 버렸다는 추측이 나온 것이다. "술 취하지 말라. 성령의 충만을 받으라"는 성령에 대한 자의적 해석을 하는 유병언 교주나 술취한 채로 운전을 하는 청해진 배의 이준석 선장은 둘 다 실천론적으로는 무신론자임에 틀림이 없어 보인다.

안타깝지만, 이번 비리의 사슬로 인하여, 인간화 중심의 자유 의지에 의한 구원과 하나님의 주권에 의한 복음화 중심 구원의 차별성에 대해서는 문제 의식을 심어준 것이 선교적인 입장에서는 참고할 만하다. 이것이 지나쳐서 세속주의(secularism)로 나가게 된 것이 신앙의 사유화(personification)요, 자기 신앙(self-theology)으로 타락하게 된 것이다.

구원은 하나님의 주권이 우선이다. 그리고 하나님의 은혜로, 하나님의 성경으로, 하나님의 구원으로 그리스도를 통해서 구원받은 우리는 복음 전도가 우선이다. 그런데 구원파는 성령 세례에 의한 성화된 구원에 이르지 못한 자들이었다.

구원파에서 탈퇴한 정동섭 교수의 논문에 의하면, 그들은 빌리 그래함이 구원받지 못했다고 주장한다. 왜냐하면 권신찬이 경험했던 구원의 특별한 지식을 갖고 있지 않기 때문이라는 것이다.[7] 이는 현대판 영지주의적인 지식에 기초한 신앙에 머물고 있을 뿐이지, 성령의 세례를 받은 자로서 하나님의 지혜에까지 이르지 못한 것임을 볼 수 있다. 율법 안에서 자기의 의(self-righteousness)와 체면을 중시하는 유병언 사장의 태도에서 성화된 목회자의 모습을 발견하기가 어렵다고 본다.

---

[7] 정동섭, "미국남침례교단과 구원파의 비교 연구", 한국침례신학대학교, 1984, 94.

더구나, 삼각지교회에서 구원받아야만 참으로 거듭난 것이라고 강변한다. 필자는 삼각지로 향하는 버스에 앉아 주일 학교 성경 교재를 열심히 풀고 있는 삼각지교회 주일 학교 어린이들을 주목하고 유심히 본 기억이 있다. 그들의 구원에 관한 이념에 의하면 사람은 단지 기계적으로 주어지는 하나님의 은총을 받는 수동적인 수혈자이다.

그리고 영적 산아 제한론은 일단 의사나 간호사 등 엘리트 중심의 영혼이 먼저 구원을 받아야 한다며 낙태 등으로 죄의식이 있는 자들에게 접근하여 신도로 만든 사례 등은 하나님의 영적인 사업을 죄 가운데 행한 것과 같은 것이다. 필자가 늘 비즈니스 선교에서 강조하는 비즈니스(Business)라는 말 가운데는 죄(sin)라는 단어가 있는 것처럼 유병언이 범죄를 지은 것에 대해서는 '오대양 사건'이 물증이다.

정동섭 고수는 '오대양 사건'과 연관하여 이렇게 증언하고 있다.

> 구원파에서는 한강 유람선, 세모 스쿠알렌, 14척의 연안 여객선, 세모 페인트, 세모 컴퓨터 표터 모니터 등을 운영하면서 직원들의 월급을 제대로 주지 않고 임금을 착취해 무역 실적을 올리고 있다. 오대양 교주 박순자는 구원파 교인으로 유병언이 길러낸 사람이며 박순자, 송재화가 유병언에게 사업 자금을 대주었다.[8]

'기쁜 소식'의 박옥수 계열에서는 이번 세월호 사건이 나자 자신들은 유병언과는 관계가 없다며 그 이유를 자신들은 사업을 하지 않는다고 말하는데, 이것이 거짓 증언임을 입증하는 A씨는 기자 회견장에서 이단이든 정통 교단이든 자칫하면 다 맘몬 신앙에 걸리게 된다고 말했다. 이제는 개신교에서도 비즈니스 선교라는 길이 무색하게 되었다. 차원을 달리하는 전문인 선교로 패러다임을 전환해야 하는 것이다.

---

[8] 정동섭, 『이단 구원파와 정통 기독교는 어떻게 다른가?』 (침례신학대학출판부, 1993), 318-19.

도그 랜닉(Doug Lennick)은 이렇게 말한다.

> 매우 비윤리적인 사람임에도 불구하고 높은 성과를 거두는 영향력 있는 간부들을 우리는 알고 있다. 그러나 그들이 도덕 능력을 향상한다면 훨씬 더 나은 성과를 거두게 될 것이다. 도덕 능력이 없으면 기업은 장기적으로 성공을 이어갈 수 없다. 일례로 엔론의 경우를 들 수 있다. 악명 높은 사건이 발생하기 1년 전 「포춘」지는 엔론을 세계에서 가장 존경받는 기업 가운데 하나로 꼽았었다. 그리고 한때 회계 업계의 표준으로 통했던 아서 앤더슨도 지금은 파멸하고 없다.[9]

세모가 바로 그런 기업 가운데 하나이다. 그 당시에 임금 착취를 당했다고 간증하던 정동섭 교수를 최근에 다시 만나 보았다. 필자가 발견한 정답은 유병언의 구원파에 있었던 정동섭 교수의 삶이 엉거주춤이었다는 것이다. 율법 폐기 그리고 은혜 복음 안으로 깊숙이 들어와야지 신앙은 엉거주춤하는 것이 아니다. 우리 한국인의 삶 자체가 엉거주춤 이며 대충 철저히 하며 모호성을 신비주의로 알고 받아드린다는 것이다.

구원파들은 성화의 과정 없는 영화의 칭의를 강조한다. 성령을 받았다고 하면서 실제적으로는 무능한 모습을 보이는 순복음적인 신앙을 비판하는 듯, 성령을 받는 것에 대한 부정적인 시각을 가지고 '성령의 쉿소리'라는 표현을 하고 있다. 하나님 중심의 세계관이 아닌 자유 의지에 기초한 세속주의적 세계관임을 알 수 있다. 점진적인 성화(progressive sanctification)에 의한 성결을 강조한 웨슬리의 신학을 들여다볼 필요가 있다. 그들의 구원론은 하나님과의 개인적 교제보다 지적인 문제와 영적인 이해가 더욱 중요하다. 죄가 자유 의지를 주신 하나님에 의해서 아담과 이브에게 주어진 것이 아니고 사람의 어찌할 수 없는 욕망에 의해서라는 그들의 가르침이 비판을 받는 것은 당연하다.[10]

---

9 도그 랜닉(Doug Lennick), 『이제는 도덕이다』 (*Moral*), 정준희 역 (북스넛, 2010), 43.
10 Millard J. Erickson, 『*Christian Theology*』 (Grand Rapids: Baker Book House, 1985), 596.

다시 말해서 원죄, 자범죄 그리고 고범죄에 대한 구분도 없이 죄를 논하는 것도 잘못된 기초에서 신학을 하는 것임을 보여 주고 있다. 그 결과로 세월호와 같은 큰 참사를 가져온 것이었다. 마지막에는 사진 작가라는 비즈니스를 통해 선교를 악용한 교주의 말로를 보여 주는 위선자적인 케이스라고 볼 수 있다.

(2) 종말론

또한, 최후의 날에 대한 교리에서 구원파는 예수 그리스도가 다시 오시는 때에 오직 자신들의 교회에 속한 사람들만 들림을 받을 것이고 전천년주의자들은 7년 대환란에 앞장서게 될 것으로 주장한다. 최근의 신천지나 여호와의 증인 등과 같은 궤적을 하고 있다고 볼 수 있다. 유병언 사장이 하나님의 자리를 대신해서 아해라는 이름으로 행사하며 하나님의 사업을 한다는 명목으로 추종자들을 착취한 것이 오늘의 대한민국의 병리 문제이다. 또한, 그들은 예언자들이 말한 성경 예언의 성취에 역점을 둔다. 그들은 1980년대에 예수의 재림이 이루어졌다고 주장한다.

그렇다면, 유병언 사장이 재림 예수라는 것이 아닌가!

이스라엘의 독립, 1967년 6일 전쟁 때에 예루살렘이 이스라엘로 복귀된 것, 세계 정부 출현 가능성, 적그리스도 출현의 징조 등은 거짓된 최후의 날 교리를 지지하기 위해 확실한 주석 작업 없이 구원파에서는 다시 인용되었다. 이는 종말론적 구원론을 북한의 핵 위협 상황에서 이용함으로써 기계적인 복종을 강요하는 것이요, 저항하는 자를 감시조가 악랄하게 감시를 하는 실정이다.

전 성결대학교 총장인 성기호 교수는 이단 신학의 예를 들며 이렇게 이단 신학을 평가하였다.

> 대표적인 이단으로는 예수가 자기의 몸에 강림하였다고 주장했던 유명화, 부흥사 이용도, 자신이 육신을 입은 예수라고 자칭한 황국주, 자신이 말세 환란기에 나타날 '감람나무(계 11:4)요 ' 동방의 의인 '(사 41:2)이라고 한 박태선, 자신이 재림 예수라고 활동하는 문선명, 1951년 11월 25일이 예수의 재림날이라고 주장했던 이재명, 1948년 3월 5일부터 계산하여 1335일이 되는 날' 예수의 재림날이라고

주장했던 한에녹, 1992년 10월 28일 예수의 공중 재림과 휴거가 있을 것이라고 주장하여 사회에 물의를 일으켰던 다미선교회 대표 이장림이 있다. … 한국 교회가 내적 확신과 외적 생활이 이원화되었기에 현실의 삶을 부인하고 천국의 소망을 강조하는 신앙의 이원론적인 사고가 잉태할 수 있으므로 한국 교회는 신앙의 순수성을 회복해야 하고 초기 선교사들의 청교도적이고 보수적인 신학을 바탕으로 한 1890년대의 초대 교회의 순교의 정신으로 돌아가야 한다고 말했다.[11]

따라서 한국 교회의 신학이 바로 정립이 되기 위해서는 오늘의 교회 성장을 가져온 것이 하나님의 집에 선한 청지기로서 하나님의 경영을 한 것 때문인지, 아니면, 집단 이기주의, 저급한 성공주의 그리고 천민 자본주의인지 구분할 수 있어야 한다. 엘렝틱스에 기초한 성령의 죄, 의, 심판에 대한 국가적, 개인적인 양면에 걸쳐서 대한민국 온 백성이 동일시 회개(identification repentance)에 기초하여 사회적 의무를 실천할 수 있도록 해야 한다.

이는 일관성 있는 복음주의 신학의 토대 위에 세계화의 안목을 가진 유연성 있는 자세로서 통일 한국의 미래를 내다보며 비판적인 상황화신학을 정립해야 균형이 잡힌 복음을 실천하는 신학을 정립할 수 있게 될 것이다.

초일류 대한민국으로 가는 길에 대한민국은 반드시 다시 일어날 것이며 필자는 이러한 구원파와 같은 이단들을 통해서도 북한의 김일성교를 통해서도 마지막 시대, 마지막 주자로 한민족도 사용하시기 원하시는 한반도를 사랑하시는 우리 주님이 주시는 교훈이 분명히 있다고 본다.

한국은 1950년 한국전쟁 이후 지금까지 전쟁이 휴전 상황이고 전쟁 당사자인 북한과 미국은 아직도 핵무기로 대치하고 있는 긴장감이 여전하다. 그럼에도 불구하고 한국은 물질 만능과 도덕 붕괴로 상식으로 볼 때도 이것은 아닌데 하는 일이 교회 안에서도 자행되는 비신앙의 신앙화가 이루어진 것이 오래되었다. 곪은 것이 터지고 수술이 되는 과정 가운데 모든 것이 백일하에 드러나고 있다.

---

11   성기호, "세대주의 신학이 한국 교회에 미치는 영향은", 「목회와 신학」, 1995. 2, 73-78 요약.

그렇다면, 기독교 신자는 한반도의 육방체에 둘러싸인 강대국(미국, 일본, 중국, 러시아, 북한, 남한)의 압력 아래서 어떻게 살 수 있는가?

구약의 북이스라엘과 남유다가 당한 역사적 교훈의 끈을 놓치지 말고 통일 한국, 성서 한국, 선교 한국으로 100만 선교사, 100만 IT 선교사를 통한 평화의 촉진자로서의 한국(Christian Peace Facilitator Koreana)을 통해서만 하나님을 기쁘시게 할 수 있을 것이다. 유병언 교주의 품성도 베드로와 같은 점이 많이 있다. 남에게 지지 않으려는 성품과 이단이라는 나무는 보고 숲을 보지 않는 길을 택하면서 겟세마네 동산과 같은 금수원을 형성하며 연결할 필요가 없는 에덴동산을 이상향으로 꿈꾸는 옥중 자서전을 썼지만, 그 닳은 건강식품 옆에서 맛을 잃은 소금이 되었다는 것이다.

정리하면 다음과 같다.

첫째, 유병언에게도 시험이 왔다.
둘째, 유병언은 율법주의, 자유주의의 신앙을 가지고 자신의 종교를 만들었다.
셋째, 유병언은 구원파의 존경받는 지도자가 되었다.
넷째, 유병언은 엉거주춤한 자세로 죽었다.

우리가 깨어있지 못할 때, 신자인 우리에게도 시험이 우리의 양심의 외곽을 자극하여 골절이 일어나게 할 수 있다. 그러나 성령의 능력 안에 있는 신자는 시험에 들지 않기에 자기 몫의 십자가를 넉넉히 지고 갈 수 있고 주님은 우리가 극복할 수 있는 시련만을 허락하신다는 것이다.

우리가 깨어있지 못하고 양심도 죽어버리면, 마귀의 역사로 인해서 자기 몫의 십자가를 감당하지 못하고 자포자기하게 될 것이다. 그러므로 시련이 왔을 때 자기 자신을 돌보는 것이 중요하다. 어그러진 뼈를 바로 잡는 접골원과 같이 우리 자신을 돌아보고 교정하여 바로 서는 작업(갈 6:1)이 우리 크리스천들에게 요구되는 것이다. 우리에게 필요한 것은 변화도 아니고 혁신도 아니고 위를 바라보는 변혁이다.

4. 결론

2014년 8월에 로마가톨릭교회의 프란체스코 교황이 한국을 방문했다. 그의 리더십을 통하여 로마가톨릭교회는 100만 명 정도의 신도가 늘어 650만 명에 이를 것으로 예견을 하고 있다. 참조로 개신교는 이단을 포함한 수치에서 860만 명이라고 하지만 수평 이동이기에 2015년에는 역전이 될 가능성도 있다고 한다.

우리는 목이 곧은 백성에서 깨어진 백성으로 추락한 이 시점에서 어떻게 대한민국호를 재건(restructure)할 수 있을까?

물질적으로 번성한 그리스도인들은 사회의 부정의(social injustice)를 외면해서는 안 된다는 것이다. 하나님은 공의의 하나님이시며 그 이후에 사랑의 하나님이시다. 하나님을 자기 하나님으로 우상화하지 말고 하나님 앞에 첫사랑을 회복하고 경외감을 가지고 섬겨야 한다.

정리하면 다음과 같다.

첫째, 세월호에 나타난 사회 부정, 즉 탐욕으로 인해서 과적으로 인해서 배는 복원력을 상실하게 된 것이다. 배의 무게 중심이 아래에 있어야 한민족은 살 수가 있다. 이는 우리에게 겸손성(humility)을 교훈하는 것이다.

둘째, 교회는 목회자의 세습과 타락으로 사회의 지탄받고 있는데 이 시점에 일어난 구원파란 이단 종파의 사건을 도덕성(integrity)을 통해 해결할 수 있다.

셋째, 교회가 변혁이 되지 않는다면 하나님은 일벌백계로 심판을 하실 것이다.

비즈니스 선교(BAM, Business As Mission)는 해외에서 사업을 하여 이윤이 나는만큼 선교 사역을 하는 것을 말하는 것이지, 구원파 교주인 유병언과 같이 사업이 최종 목표가 되어서 국내에서 돈을 버는 소위 '번영신학'(prosperity teaching)에 물들어 축복과 건강의 신앙을 하는 것이 결코 아니다. 그리고 이슬람권, 공산권 등과 같은 창의적 접근 지역에서의 선교를 우선 순위로 하는 것이지 국내의 요지에서 돈을 목적으로 하는 세속화된 종교 행위를 빙자한 것은 아니다.

요약하면, 자발적인 의지로 스스로가 미래의 삶을 개척하는 지식 근로자인 전문인이 창의적 접근 지역의 선교를 위해서 전문인으로서 성경에 기초한 비즈니스를 통한 선교 교육의 훈련을 받아야 한다.

그리고 수익을 창출하여 고아원이나 양로원을 필두로 해서 축복의 통로가 되어서 모든 것을 주신 예수의 품성(빌 2:5-9)과 마찬가지로 하나님의 나라를 위해서 독특한 사업 아이템을 개발하여 사업과 동시에 하나님의 영원하신 사업을 이루어 계속 푸른 갈릴리처럼 주님 오실 때까지 세대와 세대를 이어서 땅 끝까지 인간화를 통한 복음화가 이어지게 하는 하나님의 대사가 되는 것이다.

상대적 빈곤 때문에 도덕(morality)을 알면서도 비도덕(immorality)이 되고 마침내 무도덕(amorality)이 되어서는 안 된다. 이 땅에서 모든 부를 다 경험하고 천국에서도 모든 부를 경험하고자 하는 성공과 축복의 신학에서 더 나아가게 되면 도덕을 잃게 되는 것이라는 교훈을 우리는 유병언 사건을 통하여 배우게 되었다. 왜냐하면, 하나님 중심의 세계관은 법적 도덕만이 아닌 경제적, 정치적, 문화적, 윤리적 도덕 모든 면에서 하나님의 형상을 닮은 천국 헌장을 지킬 수 있는 생명과 성령의 법 안으로까지 실천해야 하기 때문이다.

하나님이 우리에게 상급을 주시는 것은 우리의 공로나 노력 때문이 아니고 하나님이 은혜로 베풀어주시는 것이다. 믿음 안에서의 행위를 로마서가 제시하고 있고 특별히 믿음 안에서의 행위를 야고보서가 보여 주고 있는 것이지, 마틴 루터가 말한 것처럼 야고보서가 지푸라기 서신이 아니다. 그때는 중세 교회의 타락을 관통하는 극약 처방이었다. 아버지의 마음으로 집안의 탕자와 돌아온 탕자가 모두 돌아가는 것이 살길이다. 감사를 잊은 민족이 살 수가 없는 것이며 상급을 받을 수 없을 것이다.

그러므로 1960년대의 가난하지만 깨끗했던 한국 교회의 종소리를 기억하고, 죄짐 맡은 우리 구주 앞에 감사하는 것이 우선적으로 소중하다. 지금은 오직 믿음, 오직 은혜, 오직 영광, 오직 성경 전체를 응설하는 성경

전체가 말하는 하나님 앞에서의 생명과 성령의 법 안에서 성령이 이끄는 성화로서의 삶을 사는 것이 중요하다.

한국 교회가 열방에 하듯이 유대인에게 먼저 복음을 전해야 한다는 것처럼, 미래 예측 선교지로서 12개 분쟁 지역을 대상으로 하지만 "성령이 너희에게 임하시면 너희가 권능을 받고 예루살렘과 유다와 사마리아와 땅 끝까지 이르러 복음을 전파하라"(행 1:8)는 예수의 말씀처럼 미래 예측적인 측면에서 예루살렘의 의미를 잘 파악해야 한다.

북한의 평양도 그 의미가 예루살렘이지만 진정한 의미의 천국의 수도인 새 예루살렘을 목포로 하여 디아스포라로 나아가는 선교사들이 과거, 현재, 미래 예루살렘의 의미를 통찰하여 지정학에 매이지 않으면서도 결국은 하나님이 택하신 모든 백성 모두를 구원하는 사역을 해야 한다.

글레이저(Glazer)와 로젠버그(Rosenberg)는 이렇게 조언한다.

> 한국 교회는 유대 민족에게 큰 영향을 미칠 수 있습니다. 유대인과 한국인 모두 디아스포라가 있기 때문에 전 세계 곳곳에서 쉽게 만날 수 있습니다. 유대인에게 복음을 전하는 일, 유대인을 위해 기도하는 일을 한국 교회에 부탁드립니다. … 한국 교회에 두 가지를 말하고 싶습니다. 하나는 열방에 복음을 전하듯이 유대인에게도 복음을 전해야 한다는 것입니다. 다른 하나는 상황이 긴박하다는 것입니다. 중동 지역의 유대인과 무스림들에게 하루 빨리 복음을 전해야 합니다.

미래예측신학의 입장에서 보면, 유대적 기독교에 매이지 말고 율법 폐기, 은혜 복음, 생명의 성령의 법인 예수 십자가의 피의 복음을 예루살렘 디아스포라에게 증거해야 한다.

'11' 전문인 실천신학 6: 전신자선교사주의

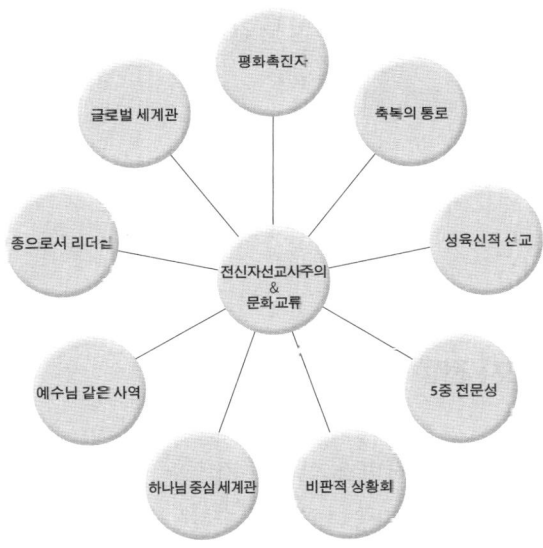

전문인 선교사의 국가적 모델인 정근모 박사는 예수를 본받아 모든 국민이 과학자가 되기를 바란다. 왜냐하면 전지하신 하나님(omniscience of God)을 만났기 때문이다. 개별적 자유 의지로 결심한 신자는 선교사로 살아야 한다는 것이 '전신자선교사주의'이다. '선교사=왕+선지자+제사장'이며 전지하신 하나님, 과학자(science), 선한 양심(conscience)은 삼위일체이다. 예수전도단(YWAM)은 '전신자선교사주의'를 2020년부터는 'Every Missionary'라고 부르고 있다.

제7장

에너지 전문인 선교사

1. 품성과 에너지 전문인 선교

전문인 선교는 바울의 자비량 선교에 기초를 두고 있다. 사도행전 13장에 보면 사울과 바나바를 파송하면서 안수하는 장면이 나온다. 바울이 안디옥 교회에서 선교사로 파송이 되자 이방인 선교를 구브로에서 비시디아 안디옥에서 시작함으로서 제1차 전도 여행을 시작하고 있다.

사도행전 14장에서 바울과 바나바가 이고니온에서 전도를 하고 바울과 바나바가 루스드라에서 전도를 한 후에 사도행전 15장에 이르러서 제2차 선교 사역을 하게 되었을 때 바울은 요한 마가와 동행할 수 없다고 하며 바나바와 심하게 다툰 장면이 사도행전 15장에 기록이 되어있다.

> 며칠 후에 바울이 바나바더러 말하되 우리가 주의 말씀을 전한 각 성으로 다시 가서 형제들이 어떠한가 방문하자 하고 바나바는 마가라하는 요한도 데리고 가고자 하나 바울은 밤빌리아에서 자기들을 떠나 함께 일하러 가지 아니한 자를 데리고 가는 것이 옳지 않다 하여 서로 심히 다투어 피차 갈라서니 바나바는 마가를 데리고 배 타고 구브로로 가고 바울은 실라를 택한 후에 형제들에게 주의 은혜에 부탁함을 받고 떠나 수리아와 길리기아로 다니며 교회들을 견고하게 하니라 (행 15:36-41).

바울과 바나바는 하나님의 뜻에 대한 열정적인 확신을 했고 둘 다 자기의 방법이 옳다고 생각했기 때문이다. 그는 그 무엇도 복음을 전하고 교회를 세우는 전도자의 사명에 방해가 되는 것은 용납할 수 없었다. 그는 마가의 동행이 자칫 자신들의 전도 사역을 위험에 빠트릴 수 있다고 생각했다. 반면 바나바는 그가 위로의 아들이라는 이름을 가진 자답게 마가를 회복시키는 일이 매우 중요하다고 판단했다.

이런 의미에서 바울과 바나바는 둘 다 옳다. 그렇지만 또 다른 관점에서 보면 둘 다 틀렸다. 비록 그들이 성숙한 신앙을 지닌 탁월한 전도자요 교회 지도자라고 할지라도 초대 교회에서 그들이 지닌 영향력을 고려할 때 상대방에 대하여 화를 내고 인간적인 혈기를 부린 것은 아무래도 신자들과 교회에 대하여 덕이 되지 못한 것이었다. 바울은 과업 중심의 리더십을 가지고 있고 바나바는 인간관계 중심의 리더십을 가지고 있다. 품성적으로 보게 되면 바울에게서 보여 준 장점과 단점, 기회 그리고 위기를 이처럼 살펴보는 것이 품성과 선교의 관계를 이해하는데 중요한 역할을 한다고 본다.

오늘날 선교 현장에서 사역을 그만두는 사례에 관한 연구를 한 '멤버 케어'(Member Care)에 대한 자료를 보면 일본에서는 50퍼센트가 인간 관계의 불화에서 야기되었다고 한다. 특별히 선교가 되지 않는 지역에서는 선교를 포기하는 원인의 1순위가 불화라고 한다. 따라서 선교사로 나가는 자들에게도 품성(character)과 조직성(integrity)에 대한 교육이 선행된다고 볼 수 있다.

1) 전문인 선교사와 품성 사례

(1) 사례 1 - 오영금 선교사 이야기 ①

아프리카의 잔지바르에서 사역하는 오영금 선교사는 바울선교회 소속으로 기술 선교사로 잔지바르에서 사역하고 있다. 그런데 본부에서 협력자로 파송한 선교사가 오 선교사 부부를 핍박하였다. 그는 오 선교사를 약을 올리고 괴롭혔는데, 사기꾼으로 몰아서 현지에서 7년을 어려움을 겪게 되었다. 그러나 하나님은 힘에 겹도록 대접하고 또 그에게 헌금을 주라고 하셨다고 한다.

오 선교사는 이것이야말로 원수의 머리에 숯불을 놓는 것으로 생각했는데 하나님은 그것이 성령의 숯불이라고 하셨다. 갈등을 극복하게 하신 것이다. 전주 안디옥교회의 이동휘 목사님이 현지에 오셔서 이 모든 상황을 다 들으신 후에 사과를 하고 그를 다른 지역으로 보내라고 하면 조처하겠다고 하셨다. 이제는 사랑을 베풀고도 당하는 훈련을 하나님이 시키시는 것이다. 마치 십자가의 칠언과 같은 예수님의 품성을 생각나게 하는 것이다.

"기뻐하는 자들로 함께 기뻐하고 우는 자들로 함께 울라"(롬 12:15)는 품성 훈련을 시키시는 것이다.

(2) 사례 2 - 오영금 선교사 이야기 ②

하루는 자신의 선교 센터에서 기술을 배우려고 머물던 현지인이 강도로 돌변하여 밤에 집으로 들어오게 되었다. 모든 것을 다 빼앗기고 마지막 순간에 자녀들만이라도 좋은 영적인 친구를 만나서 살게 해달라고 하나님께 기도하게 되었다. 그런데 강도가 목숨은 살려주고 나가버렸다. 그다음 날 버젓이 센터에 나와서 기술을 배운다고 나타난 것이다. 저녁마다 오 선교사의 가정을 저주하는데 오 선교사는 찬양하며 가난과 속임수의 마귀를 대적하였다. 하나님의 품성은 우리가 다 이해할 수 있는 것이 아니다. 차비를 주고 3개월 치 월급을 주었는데 오히려 대적하는 것이다.

기도하며 성경을 볼 때는 정상인으로 행동하더니 어떻게 이렇게 마귀의 종이 되어 대적하는가?

마귀를 대적하자 그가 잠잠해지더니 마귀가 나가게 되었나 보다. 그 동네의 목사들이 오 선교사 부부가 옳다고 도덕적 지지를 하는 바람에 그 사람은 얼굴이 붉어지고 모든 것이 자작극임이 드러나게 되었다고 한다. 정말 숯불을 머리에 올렸더니 얼굴이 붉어지는 일이 벌어지게 된 것이다. 예수님은 당신의 제자 가운데 하나가 당신을 팔 것을 아시면서도 "당신이 할 일 하시오"라고 허용하셨다.

우리가 선교와 품성의 처지에서 볼 때 23년을 선교하며 기꺼이 생명까지 내어주신 그분의 십자가 사랑의 넓이와 높이와 깊이와 길이를 알게 하신 것이다. 우리가 겪고 있는 고난, 재산 파탄 그 모든 것도 우리를 사랑하시는 하나님의 열정을 배우는 통로인 것이다. 회칠한 무덤 같은 옛사람에서 새사람으로 변혁하라는 것이 선교사를 향하신 하나님의 품성 교육의 의미이다.

(3) 사례 3 - 크리스티 윌슨 주니어의 아프가니스탄의 순교한 제자 이야기[1]

1964년, 우리가 오메가라고 부른 한 젊은이가 14살에 카불에 있는 누르 시각 장애인 연구소에 등록했다. 그가 시각 장애인이 된 것은 아프가니스탄에서 행해진 종교적 관습에서 비롯되었다. 여성들이 심하게 베일에 싸여있었기 때문에, 커플은 결혼식이 거행된 후에야 서로를 볼 수 있었다.

그러면 거울이 그들 앞에 놓여지고 신부의 베일이 벗겨져서 그들은 처음으로 얼굴을 마주 보게 될 것이다. 많은 이가 이 아슬아슬한 기회를 대면하고 싶어하지 않았다. 그래서 그들은 어머니와 아버지가 형제, 자매 사이였기 때문에 집에서 서로 본 이후로 크리스첸 사촌들과 결혼했다.

그러나 이것은 종종 정신적, 육체적 장애를 초래했다. 오메가의 부모님은 사촌지간이었다. 그래서 그와 그의 여동생은 유아성 녹내장을 앓았다. 그는 태어났을 때는 볼 수 있었지만, 다섯 살의 어린 소년이 되었을 때는 장님이 되었다. 이런 핸디캡에도 불구하고, 그는 내가 만난 사람 중 가장 똑똑한 사람일 것이다. 14살에 그는 이미 코란을 아랍어로 다 외우고 있었다. 아랍어가 오메가의 모국어가 아니었기 때문에 코이네 헬라어로 완성된 신약성경을 영어 사용자가 암기하는 것과 같을 것이다. 그는 시각 장애인 연구소의 초등 6학년을 3년 만에 마쳤다.

오메가는 점자로 수업을 듣는 동안 영어도 마스터했다. 그는 트랜지스터 라디오를 통해 영어 방송에서 들은 것을 듣고 반복하면서 이 일을 했다.

---

[1] 크리스티 윌슨 박사님은 여러 학교에 다니면서 학위를 받았다. 프린스턴신학교의 Div 와 에딘버러대학교에서 철학 박사 학위를 받았다. 그는 1946년 제1차 IVCF-FMF 선교 대회를 지휘하는 'Inter Versity'의 직원으로 일했다. 그는 22년 동안 아프가니스탄에서 정부 학교에서 영어 교사로 일하기 시작했으며 국제 아프간 선교 사무 국장을 역임했다. 그는 고든콘웰신학대학교의 선교학 교수가 되었다. 그는 또한 로잔 세계 복음화위원회 텐트 메이커 태스크 포스의 공동 의장을 역임했다.

작은 귀마개의 도움으로, 그는 다른 나라들로부터 아프가니스탄으로 들어오는 프로그램들에 채널을 맞추곤 했다. 그런 다음 그는 "대체 속죄라니 무슨 뜻입니까"와 같이 자신이 들은 것에 대해 질문을 하기 시작했습니다.

그는 에티오피아의 아디스 아바바에서 나오는 <복음서의 소리>와 같은 기독교 라디오 방송에서 그런 신학적인 개념을 들었다. 마지막으로, 그는 베티와 이 프로그램들을 통해 예수 그리스도를 자신의 개인적인 구원자로 맞이했다는 것을 간증했습니다. 아내인 베티는 그에게 이슬람의 배교법이 배교자는 모두 죽음을 명령했기 때문에, 그가 이 일로 살해될 수 있다는 것을 깨달았는지 물었다.

그가 대답했다.

> 그리스도는 이미 십자가에서 나를 위해 돌아가셨으니, 그 대가를 헤아려 주었고, 그리스도를 위해 기꺼이 죽을 것이다.

오메가는 그 후 아프가니스탄 기독교인들의 정신적 지도자가 되었다. 카불의 시각 장애인 협회에서 학생들은 그를 협회장으로 선출했다. 그러나 다음 해 그가 기독교인이 되었다는 사실이 알려진 후, 그는 협회장 선거에서 패배했다. 베티는 그가 진 것에 대해 얼마나 유감스러운지 그에게 위로의 말을 했다.

그는 세례자 요한이 예수에 대해 한 말을 인용하여 대답하였다.

> 그는 흥해야 하겠고, 나는 쇠해야 한다(요 3:30).

그의 인생 목표는 자신을 위해 두각을 나타내는 것이 아니라 주님의 겸손한 종이 되는 것이었습니다. 오메가의 아버지가 말하기를 자신의 아들은 시각 쟁애인 연구소에 들어가기 전에 차가운 숯 덩어리 같았다고 말했다. 하지만 그곳에서 성령을 경험을 한 후, 그는 빨갛고 밝게 타는 숯 덩어리처럼 되었다.

한 번은 그가 나를 찾아와서 요한복음 영어 점자본을 빌려달라고 부탁한 적이 있다. 그는 그것을 펴서 손가락으로 읽었다. 그리고 그는 그것을 돌려주며 자신의 질문에 대답이 되었다고 말했다. 나는 그에게 질문이 무엇이었는지 물었다. 그는 요한복음 14:34에 예수께서 "내가 너희에게 주는 새로운 계명은 너희는 서로 사랑하라"고 말씀하셨다고 한다. 그는 레위기 19:18에 기록된 바와 같이, "네 이웃을 네 몸처럼 사랑하라"는 계명이 이미 천 년 전에 모세에게 내려진 터라, 주님께서 왜 그것을 새 계명이라고 부르셨는지 궁금해했다.

하지만 이제 그는 이해했다. 나는 그에게 제발 나에게 말해달라고 부탁했다. 그는 그리스도의 성육신이 있을 때까지 세상은 실제로 사랑이 의인화되는 것을 본 적이 없다고 설명했다. 그는 이어 성경은 하나님이 사랑임을 밝히고 있으며, 인간의 육체에 오신 하나님으로서 예수는 사랑의 성육신이라고 밝혔다. 이것이 계명을 새롭게 만든 것이다.

예수님은 말씀하셨다.

> 내가 너희를 사랑한 것처럼 너희도 서로 사랑하라 (요 13:34).

예수님은 100퍼센트 하나님인 동시에 100퍼센트 인간으로 오신 200퍼센트 선교사인 것이다(말콤 펙휘, 콜롬비아신학교 선교학 교수). 완벽한 삶 속에서 예수님은 우리에게 따를 새로운 모델을 주셨을 뿐만 아니라 성령으로 우리를 영접하시어 우리를 통해 사랑의 열매를 맺어 주신다.

오메가는 시각 장애인으로서는 처음으로 정상적인 학생들과 함께 아프가니스탄의 일반 공립 학교에 다녔다. 그곳에서 그는 작은 녹음기를 가지고 있었는데, 그 녹음기는 그의 선생님들이 말하는 모든 것을 받아 적었고, 그래서 그는 수업을 반복해서 복습하고 철저히 배울 수 있었다. 따라서 그는 자신의 학년 수준에서 수백 명의 학생 중 1위가 되었다.

이 학교의 교육 제도는 낙제자에게는 3개월의 방학이 끝나고 두 번째 시험 기회가 주어졌다. 오메가는 방학 동안 다음 해 과정들을 공부했고, 실패한 사람들과 함께 시험을 통과했다. 이렇게 해서 그는 고등학교를 마쳤고, 매년 2개의 학년을 마쳤다.

매년 크리스마스마다 아프가니스탄의 카불에서 우리가 살던 교회 정원에서 불빛 아래 야외 대회를 열곤 했다. 여기에는 처음으로 살아 있는 당나귀, 소, 양, 잡종 크리스마스가 포함되었으며, 오메가는 공공 주소 시스템을 통해 그들의 다리(Dari) 언어로 내레이션을 했다. 그는 또한 칼빈 신학 연구소에서 공부하기 위해 나를 찾아왔었다. 그는 이 종교개혁가의 사상을 이해하고 싶었다.

그는 법적으로 시각 장애인이었고 학원에서 공부하고 있던 아프가니스탄 소녀와 사랑에 빠졌다. 구애 끝에 그들은 결혼하기로 결정했다. 우리가 아는 한, 이번 결혼식은 아프가니스탄 무슬림 개종자 두 명 사이의 첫 기독교 결혼식이었다. 그는 또한 신앙 때문에 박해를 받을지도 모르는 기독교인들을 변호하기 위해 이슬람 율법을 공부하고 싶다고 나에게 말했다. 그는 카불대학교에 입학하여 법학 학위를 취득하였다.

독일 시각 장애인을 위한 크리스토펠선교회는 아프가니스탄에 있는 연구소에 독일어로 된 광범위한 점자 서적을 기증했다. 오메가가 이것들을 읽고 싶어했기 때문에, 그는 다른 수업들과 함께 카불에 있는 괴테 학원에 가서 독일어를 배웠다. 그곳에서 1등 학생으로서, 그는 장학금을 받고 독일로 가서 고급 독일어를 공부하게 되었다. 학교의 대표자들은 그가 시각 장애인이라는 사실을 알고는 앞을 볼 수 없는 사람을 위한 별도의 기숙사가 없어 장학금을 차석한 학생에게 줘야 한다고 말했다.

그는 그들에게 자신이 무엇을 해야 할지 물었다. 그들은 그가 혼자 여행하고 자신을 돌봐야 한다고 대답했다. 그는 그렇게 할 수 있다고 말했다. 그래서 그들은 마침내 그를 받아들였다. 괴테 학원의 상위권 학생들과 함께 그곳에서 공부하는 동안, 그는 이 고급 과목에서도 1등을 했다.

그는 또한 사우디아라비아로 여행을 가서 코란에서 열린 메모리 콘테스트에 참가했다. 그는 그 대회에서 1등을 했다. 사우디의 무슬림 판사들은 비아랍어 연사가 승리한 것에 대해 너무 분개하여 체면을 잃지 않을 방법을 찾아야 했다. 그들은 마침내 두 개의 금메달을 하나는 최고의 아랍인에게, 다른 하나는 최고의 비아랍인에게 수여하기로 결정했다.

오메가는 핀란드 선교사 아가씨와 함께 신약성경을 이란 페르시아어에서 따온 자신의 다리(Dari) 방언으로 번역하기도 했다. 이것은 라호르에 있는 파키스탄 성경 협회에 의해 출판되었다. 영국 케임브리지대학교 출판부가 1989년 세 번째 판을 발행했으며, 전 세계에 배포되고 있는 번역본이다. 오메가 같은 시각장애 학생들이 기독교인이 되었기 때문에, 1973년 3월 아프가니스탄의 이슬람 정부는 두 개의 시각 장애 연구소를 폐쇄하는 서면 명령을 보냈다.

하나는 100명 이상의 학생과 함께 카불에 있었고, 다른 하나는 40명 이상의 다른 학생들과 함께 서쪽으로 700마일 떨어진 헤라트에 있었다. 베티와 나는 22년 동안 그곳에서 근무한 후 3일 만에 국외로 나가라는 명령을 받았다. 시각 장애인 학교의 모든 외국인 교사들은 가족과 함께 1주일 이내에 아프가니스탄을 떠나야 했다.

이 헌신적인 스승들이 떠나자 하나님은 이사야 42:16 말씀으로 그들에게 약속을 주셨다.

> 나는 그들이 알지 못하는 길로 맹인들을 인도할 것이며, 나는 그들을 인도할 것이다. 나는 어둠을 그들 앞에서 빛으로 만들고 험한 곳을 평탄하게 만들 것이다. 이것이 내가 할 일이요, 그들을 버리지 않을 것이다

이슬람 정부는 앞서 카불에 있는 기독교 교회 건물을 건축 허가를 받은 후 파괴했다. 아이젠하워 대통령이 1959년 자히르 샤 국왕에게 그가 아프가니스탄을 방문했을 때 이 건물을 건설하기로 합의해 달라고 요청했었다. 그 후 1978년 그의 정부는 공산당의 쿠데타로 붕괴되었고 1979년 크리스마스 직후 러시아의 침략이 뒤따랐다. 수백만 명의 아프간인이 난민 신분으로 조국을 탈출해야 했다. 그들 중 한 명이 나에게 말했다.

우리 정부가 교회를 파괴한 이후로 하나님은 우리나라를 심판하고 계신다.

공산주의 치하에서 카불의 시각 장애 연구소가 다시 문을 열었고 오메가가 책임자가 되었다. 그는 그것을 재정비하는 일을 훌륭하게 해냈다. 그는 또한 아프가니스탄 최초의 점자 약자 시스템을 만들어 카불대학교에서 교육 석사 학위를 취득했다. 그는 국가 장애인 교육 교장으로서 공산당 정권 하에서 관료였기 때문에 당에 가입하라는 압력을 받았다. 하지만 그는 거절했다. 한 관리는 그에게 참여하지 않으면 살해당할 수도 있다고 말했다. 그는 항상 준비가 되어 있었기 때문에 그것을 두려워하지 않는다고 대답했다. 그리고 나서 그는 공산주의자에게 당신은 죽을 준비가 되었는지 물었다.

결국 오메가는 무고한 혐의로 체포되어 수만 명이 처형된 카불 외곽의 풀 차르키 정치범 수용소에 수감되었다. 추운 겨울 날씨로부터 죄수들을 보호하기 위한 난방 시설은 감옥 안에 없었다. 그는 외투만 걸친 채 얼어 붙는 진흙 바닥에 몸을 구부려야 했다. 옆에 있던 죄수는 재킷도 없어 추위에 떨고 있었다. 오메가는 세례자 요한이 "외투가 두 개인 사람은 없는 사람과 나눠야 한다"고 말한 것을 알았다. 하지만 그는 하나뿐인 코트를 벗어서 이웃에게 주었다. 그때부터 주님은 기적적으로 매일 밤 그를 따뜻하게 안아 주셨다. 그는 이불을 뒤집어쓴 것처럼 잠을 잤다.

감옥에서 공산주의자들은 오메가에게 쇼크 치료를 해주며 세뇌를 시도했다. 그는 머리에 남은 흉터 때문에 전기 화상을 입었다. 하지만 그들은 그를 무너뜨릴 수 없었다. 그 후 그는 감옥에서 러시아어를 공부할 기회를 제공받았다. 그는 그곳에서 이 언어 또한 마스터를 했다. 공산당 당국은 1985년 12월 마침내 그를 석방했다.

출소 후, 오메가는 그의 영어 점자 성경에서 창세기 12:1-3을 읽었다.

여호와께서 아브람에게 이르시되 너는 너의 고향과 친척과 아버지의 집을 떠나 내가 네게 보여 줄 땅으로 가라 내가 너로 큰 민족을 이루고 네게 복을 주어 네 이름을 창대하게 하리니 너는 복이 될지라 너를 축복하는 자에게는 내가 복을 내리고 너를 저주하는 자에게는 니가 저주하리니 땅의 모든 족속이 너로 말미암아 복을 얻을 것이라 하신지라(창 12:1-3).

그는 하나님이 자신을 아프가니스탄을 떠나 파키스탄 선교사로 가라고 부르신다고 느꼈다. 그래서 그는 시각 장애인 거지인 친구와 연락을 하게 되었다. 그리고 나서 그는 누더기를 걸쳤다. 그들이 국외로 나가는 길에, 그는 그의 친구가 모든 이야기를 하도록 내버려 두었다. 따라서 그들은 카불에서 주요 고속 도로를 따라 소련 검문소를 통과할 수 있었다. 그들은 카이버 고개까지 150마일을 이동한 후 파키스탄으로 가는 데 12일이 걸렸다.

오메가가 페샤와르에 도착한 후, 그는 그곳에 무사히 도착했다는 아름다운 편지를 타이핑해 주었다. 나는 그에게 답장하고 그가 구약성경을 다리어로 번역하는 일을 하고 있었기 때문에 고든콘웰신학대학교에서 히브리어를 공부할 수 있도록 그를 초대했다.

그러나 그는 말했다.

오고 싶었지만 아프간인과 파키스탄인 사이에서 할 일이 많아 떠날 수 없었다.

그는 난민 캠프에서 시각 장애인을 위한 학교를 시작했다. 그는 또한 우르두를 배웠고 파키스탄의 교회에서 이 언어로 설교했다. 그는 또한 다리(Dari)어 어린이 성경을 완성했다. 세 딸을 둔 그의 아내도 파키스탄에서 그와 합류할 수 있었다.

오메가는 캐나다 기독교인 친구에게 히스베 이슬라미(이슬람당)라는 광신적인 이슬람 단체의 지도자 굴부딘 히크마티아르가 자신을 붙잡으면 자신은 살해될 것이라고 예언했다. 그는 굴부딘이 카불 대학에서 공학을 공부하고 있을 때 법학을 전공하고 있었다. 그래서 그들은 서로를 알게 되었다. 굴부딘이 오메가가 기독교인이라는 것을 알게 된 것은 아마도 그때였을 것이다.

1988년 3월 23일, 오메가는 이 단체에 의해 납치되었고 그는 영어를 알았고, CIA(미국 중앙정보국), KGB(러시아 국가보안위원회)와 KHAD(아프가니스탄 국가정보원) 스파이를 알았고, 러시아어를 알았기 때문에 그리고 기독교인이었기 때문에 이슬람에서 온 배교자로 기소되었다.

그는 막대기로 몇 시간 동안 얻어맞았다. 시력이 있는 사람은 충격이 왔을 때 버틸 수 있고 움찔할 수가 있다. 그러나 시각 장애인은 곤봉이 오는 것을 보지 못하여 주 예수 그리스도를 눈을 가리고 때린 고문처럼 모든 힘을 얻을 수 있었다(눅 22:64).

체포 소식을 듣고 1988년 여름에 파키스탄으로 가서 석방될 수 있는지 알아보았다. 그곳 관리들과 이야기했지만, 그를 석방하려는 그들의 시도는 모두 실패했다. 그는 파키스탄에서 구출되어 아프가니스탄 내부의 감옥에 수감된 것으로 보인다. 나는 그의 아내와 그들의 세 딸을 만났다. 오메가가 체포된 지 4개월 후, 그의 아내에게는 아버지를 닮은 잘생긴 아들이 태어났다. 오메가가 아들이 어디에 있다는 소식을 들었는지는 아무도 모른다.

최근 소식은 히스베 이슬람당이 그를 잔인하게 살해했다는 것이다. 이 단체는 가난한 아프간인들에게 구호품을 가져다 주던 파키스탄 기독교인 2명을 붙잡아 고문했다.

그들을 석방하기 전, 그들의 납치범들은 말했다.

> 우리는 오메가처럼 당신을 죽이지 않을 것이다. 하지만 다시는 이런 일로 적발되지 마라.

게다가, 페샤와르의 아프가니스탄 뉴스 기자는 히스베 이슬라미가 매우 고통스러운 방법으로 오메가를 살해했다는 증거를 가지고 있다고 주장한다. 또한, 북서부 프린티어 주의 난민 문제를 담당하는 파키스탄 정부 관리는 아프가니스탄인 한 명이 기독교인이 되었다는 이유로 살해되었다고 시인했다.

1991년 봄에 베티와 내가 카불에 3주 동안 있을 때 아프간 친구가 이런 이야기를 해주었다. 그 역시 신앙 때문에 붙잡혀 감옥에 갇혔다. 그러나 라이벌 파벌들 간의 싸움에서 로켓탄이 그를 억류하고 있던 건물을 파괴했다. 그의 경호원들이 숨으려고 달려갔다. 그리고 그는 무사히 교도소를 나왔다. 이는 사도행전 4:12-16에 나오는 사도들의 기적적인 구원의 재연처럼 보인다. 그 후 아프간 기독교인은 그가 신앙인인 줄 모르는 친구들이 오메가가 예수 그리스도에 대한 믿음 때문에 살해되었다고 털어놓았다고 한다.

다음은 사랑의 에너지 전문인 선교사의 품성에 대한 십자가상의 진단이다.

> 아버지 저들을 사하여 주옵소서 자기들이 하는 것을 알지 못하나이다 (눅 23:34)

우리는 예수님의 배려의 품성을 배우게 된다. 언젠가 회개하고 돌아올 유대 민족을 배려하시는 예수님의 품성이다.

> 내가 진실로 네게 이르노니 오늘 네가 나와 함께 낙원에 있으리라 (눅 23:43)

우리는 예수님의 믿음을 보게 된다. 예수님을 믿기만 하면 구원을 받고 하나님의 나라에 갈 수 있다고 하는 믿음이다. 회개하고 예수님을 믿으면 구원을 받는다는 예수님의 믿음에 대한 성품이다.

> 여자여 보소서 아들이니이다 … 보라 네 어머니이니라 (요 19:26-7)

예수님은 경청에 대한 품성을 우리에게 가르쳐주시고 있다. 요한에게 자신의 어머니를 부탁하시는 예수님은 아버지의 천명을 순종하는 경청의 품성을 우리에게 보여 주셨는데, 이제 육신의 어머니를 선대하라고 부탁하시는 경청하심을 보여 준다.

나의 하나님 나의 하나님 어찌하여 나를 버리셨나이까 (마 27:46; 막 15:34)

　예수님은 우리에게 물과 피와 온갖 배설물을 다 쏟으시고 치욕을 강하시면서도 끝까지 아버지의 뜻에 순종하는 품성을 보여 주시고 있다.

내가 목마르다 (요 19:28)

　예수님은 우리에게 정직의 품성을 보여 주신다. 인간이시며 하나님이신 200퍼센트 선교사이신 예수님은 세상이라는 타문화권에 오셔서 그분의 삶이 정직 그 자체임을 우리에게 보여 주신 것이다.

다 이루었다 (요 19:30)

　예수님은 우리에게 책임에 대한 품성을 보여 주신다. 인류에 대한 책임감을 실천하기 위해 이 땅에 오신 예수님은 구약의 모세 오경과 메시아 예언의 성취를 십자가에서 죽으심으로 율법 완성을 하시고 부활하심으로 율법 폐기를 하시고 이제는 십자가의 법, 은혜의 법, 생명 성령의 법안에서 우리에게 성령의 열매를 맺는 품성을 요구하신다.

아버지 내 영혼을 아버지 손에 부탁하나이다 (눅 23:46)

　예수님은 존경의 품성을 우리에게 보여 주고 있다. 아버지로부터 소명을 가지고 사명을 감당하러 성육신하여 오셨기에 창조시에 첫 사람 아담이 하나님의 손을 잡는 미켈란젤로의 천지창조의 그림과 같이, 이제 둘째 아담으로 오신 예수님은 아버지의 손을 기대하는 것이다.
　필자는 성서에 나타난 요셉, 다니엘, 바울 그리고 에스더의 품성을 살펴보고 선교사로서의 준비를 품성에 기초하여 점검해 보고자 한다.

2. 에너지 전문인 선교사로서의 품성: 정직성(Integrity)

조용기 목사는 4차원 영성에서 꿈, 생각, 믿음, 말을 제시하고 있다. 요셉, 다니엘, 바울 그리고 에스더의 삶을 4차원 영성에 투영하여 품성을 설명해 보고자 한다. 꿈은 비전이며, 생각은 삶이며, 믿음은 강제적(비강제적) 이민이며, 말은 성취이다. 위의 4가지를 전문인 선교의 4차원인 언어의 전문성, 지역의 전문성, 직업의 전문성, 사역의 전문성에 대입해 보고자 한다.

요셉의 언어의 전문성은 아버지의 사랑과 노예로 팔려가는 그의 마음을 표현해 주는 채색옷이며 작은 신음이다. 지역의 전문성은 오늘날의 이집트인 애굽이다. 직업의 전문성은 하나님 앞에서의 그의(HIS) 겸손성(humility), 정직성(integrity), 검약성(simplicity)이다. 그리고 사역의 전문성은 화해의 종인 세계의 국무 총리이다.

다니엘의 언어의 전문성은 꿈의 해석이다(예측신학). 지역의 전문성은 디아스포라이다. 직업의 전문성은 기도, 순결, 지혜이며 21일 기도와 영적 전쟁의 용사이다. 이는 견고한 진을 파하는 능력이다. 화냄, 분노, 원망, 원한, 갈등, 미움, 교만, 참소, 자책감, 원망, 옹고집, 음란, 불순종, 자랑, 거짓말, 나쁜 습관, 탐심, 자기 합리화, 자기 멸시 등 사탄이 주는 쓴 뿌리를 이기는 강력한 힘을 가진 사역의 전문성은 하나님의 나라의 국무 총리라는 직업이다.

바울의 언어의 전문성은 히브리어(아람어), 헬라어이다. 지역의 전문성은 소아시아의 여러 나라를 3차에 걸쳐서 선교한 것이다. 직업의 전문성은 텐트 메이커(자비량)로서 천막을 깁는 자였으며 이는 육신의 장막 그리고 오늘날의 해비타트운동과도 연관이 된다. 사역의 전문성은 십자가에서 죽으신 예수의 율법 완성 후 율법 폐기, 은혜 복음(not under the law but under the grace)으로서 생명의 성령의 법을 전한 것이다.

에스더의 언어의 전문성은 부림절(Celebration)이며 지역의 전문성은 오늘날의 분쟁 지역인 이란, 즉 페르시아다. 직업의 전문성은 여성 CEO 리더인 왕비이다. 사역의 전문성은 "죽으면 죽으리다"라는 십자가의 길, 순교자의 삶이다.

3. 에너지 전문인 선교란 무엇인가

전문인 선교는 바울의 자비량 선교(행 18:1-4)에 그 효시를 두고 있다.

피터 드러커 (Peter Drucker)의 전문인(professional)의 개념을 자비량 선교(Tent making mission)에 융합한 것이다. '선교바로하기운동'의 일환에서 볼 때 올바른 품성에 바탕을 둔 전문인 선교가 요구되는 시대이다. 올바른 인격과 올바른 품성 그리고 올바른 리더십을 갖춘 전문인은 디아스포라를 향해서 나아가야 한다. 유대인 디아스포라와 같이 한국인 디아스포라는 역사적으로 신학적, 선교적으로 상관성을 가지고 있다.

전문인 선교를 바로 하기 위해서는 디아스포라에 대한 올바른 인식이 선행되어야 한다. 그리고 품성 교육원과 같은 교육기관을 통한 교육 선교사도 전문인 선교의 미래지향적인 대안이 될 수 있다.

전문인 품성 공동체 실천의 4단계는 다음과 같다.

첫째, 품성(Character)
둘째, 리더십(Leadership)
셋째, 전문인주의(Professionalism)
넷째, 디아스포라(Diaspora)

이를 실천하기 위해서는 선교사로 나가려고 하는 자들을 위해서 품성 교육을 시행해야 하며 특별히 21일 공동체 합숙 훈련 중에 품성에 대한 교육을 21일 다니엘 품성 교육을 실천하여 전도와 선교 영역에서 성령의 열매를 맺게 해야 한다.

4. 결론

여기서 우리는 품성과 선교는 성령의 역사로 인한 선한 열매로 나타난다고 하는 것으로 결론을 맺고자 한다. 품성 교육에서 순종(Obedience)의 반대말이 옹고집(Stubbornness)이라고 배웠다. 순종은 나를 책임진 사람들의 지시와 소원을 즉시 기쁜 태도로 완수하는 것이다.

정리하면 다음과 같다.

첫째, 부모님과 권위자의 말에 즉시 따르는 자가 된다. 그리스도 안에서 순종할 수 있다
둘째, 불평 대신에 유쾌한 태도를 보이겠다. 성령이 함께 하시니 가능하다.
셋째, 나에게 지시된 모든 일을 끝맺겠다. 하나님이 주신 사명이기 때문이다.
넷째, 다른 사람을 가르치기 전에 내가 먼저 모범을 보이겠다. 모범을 보인다는 것은 지키는 것이다. 내 힘으로는 안 되고 내주하시는 성령이 힘을 주시기 때문에 가능한 것이다. 가르쳐 지키게 하는 것이 예수님의 지상대명령의 유언이다.
다섯째, 지시받지 않은 여분의 일을 하겠다. 하나님의 주권과 하나님의 의지를 알기 때문이요 성령이 죄에 대하여 의에 대하여 심판에 대하여 깨닫게 하여 주시기 때문이다.

고린도후서 3:17-18을 보게 되면 이스라엘의 마음이 완고해졌다는 것은 그들이 성령을 가지지 않았다는 것을 의미한다. 옹고집이고 완고한 사람은 율법에 여전히 메여있는 자이다. 그러나 성령은 마음(가슴)에 할례를 시킴으로서 참 자유를 얻게 하시는 것이다. 수건을 벗음은 성령의 능력 있는 사역을 통하여 일어난다고 말하고 있다.

다시 말해 품성 교육을 통하여 성령의 능력을 체험하고 품성이 신의 성품을 닮을 때 전도의 열매가 있고 선교를 통한 복음의 확산이 이루어지고 오순절 마가의 다락방에 성령 강림을 체험한 자들과 같이 초대 교회와 같은 나눔의 역사가 이루어지게 되는 것이다.

육체는 타락한 사람이 옛 본성을 좇아 행하는 죄악된 삶이고 성령은 거듭난 새사람이 하나님의 뜻을 좇아 행하는 거룩한 삶이기 때문에 선교 사역에 있어서 새사람의 품성이 소중하다. 따라서 육체를 좇아 사는 삶의 열매와 성령을 좇아 사는 삶의 열매는 확연이 다르다. 이는 품성 칭찬 덕목에서도 제시된 바가 있다.

성령의 열매는 성령이 믿는 자들의 삶 속에서 산출해 내는 선한 것들이다. 이는 율법 완성(십자가의 죽으심), 율법 폐기(부활), 은혜 복음으로 나아가는 자들에게 성령 세례를 통해 주신 생명의 성령의 법에 지배를 받는 자들에게 주신 하나님의 품성이다.

말하자면 그것은 우리가 그리스도를 구주로서 영접할 때, 우리 속에 내주하신 성령에 의해 주어지는 은사들이다. 동시에 우리가 우리 속에 내주하시는 성령의 뜻에 순종하며 살 때 우리의 삶 속에서 아래와 같은 열매들이 자라나고 풍성한 열매들을 맺게 되는 것이다.

> 오직 성령의 열매는 사랑과 희락과 화평과 오래 참음과 자비와 양선과 충성과 온유와 절제니 이 같은 것을 금지할 법이 없느니라(갈 5:22-23).

성령 세례를 받은 자들이 하나님의 말씀 안에서 품성 훈련으로 성령 충만이 이루어지게 될 때 온전히 성령의 주관에 사로잡히고 성령의 뜻을 따라 성숙한 품성을 지닌 지도자가 되는 것이다.

따라서 성령 충만은 기도, 찬송, 말씀, 생활 전도를 통해서 이루어지게 되며 신앙의 삶 속에서 반복적으로 이루어지게 되는 것이다. 이것이 교회를 올바르게 세우는 원동력이 되는 것이다. 그렇기에 사도 바울은 기회가 있을 때마다 서신을 통해서 성령 충만을 받으라고 권면했던 것이다(엡 5:18).

오늘날의 한국 교회의 품성 교육이 시급한 것은 올바른 품성에 기초한 성결한 마음과 사랑의 삶 때문이다. 권위보다 섬기는 종으로 오신 예수 그리스도의 겸손한 순종의 지도자상이 요구된다. 그리고 성령 충만의 삶은 하나님과 현재에서의 인격적 관계에서 재충전되는 것으로 이해되어야 하며, 신자의 삶에 활기 있게 적용하기 위해서는 성령이 현재 여기에서 역동적인 전도의 열매를 나타내는 증거가 있어야 한다고 생각한다. 그리고 선교지에서 자주 일어나는 성령의 역사가 국내의 선교 현장에서도 때때로 성령의 은사와 능력이 나타남을 인정하여야 한다.

기상 예측관과 같이 때를 따라 도우시는 삼위일체 하나님의 품성을 기억할 때, 한국 교회는 품성 교육을 통하여 더욱 새로워질 것이며, 통일 선교를 기대하게 될 것이고 실천하게 됨으로 일어나 빛을 발하는 에너지 전문인 선교사로서 '라이즈 업 코리아'(Rise Up Korea) 선교를 코리안 디아스포라를 통해 전 세계에 펼쳐나가게 될 것이다.

전문인 선교사의 국가적 모델인 정근모 박사는 예수를 본받아 축복의 통로(channel of blessings)가 되고자 한다. 정직한 도덕 사회로 초일류 대한민국이 될 수 있는 유일한 길은 피를 흘려(bleed) 얻은 예수의 축복(blessing)을 산상 수훈으로 실천하며 사는 것이다. 값없이 거져주는 것이며, 진정한 비핵화만 한다면 보상을 해 준다는 하나님 앞에서의 약속이다. 예수 십자가의 스티그마를 가져야지 이제는 70세가 된 노인들이 전쟁의 상흔을 가져서는 안 된다.

그러나 진정한 축복은 그럼에도 불구하고 축복의 통로(contriwise channel of blessings)로 사는 것이다. 물질이 풍부한 선진국처럼 허비하는 삶이 아니라 6.25 전쟁의 참전국(볼리비아, 이디오피아 포함)에 빚을 갚고 제3세계의 여러 나라(아시아, 아프리카, 남아메리카)를 돕는 나라가 되는 것이 대한민국의 기본 자세가 되어야 한다. 이것을 축복의 통로(contriwise channel of blessings)라고 부른다(합 3:17)

'11' 전문인 실천신학-7 축복의 통로

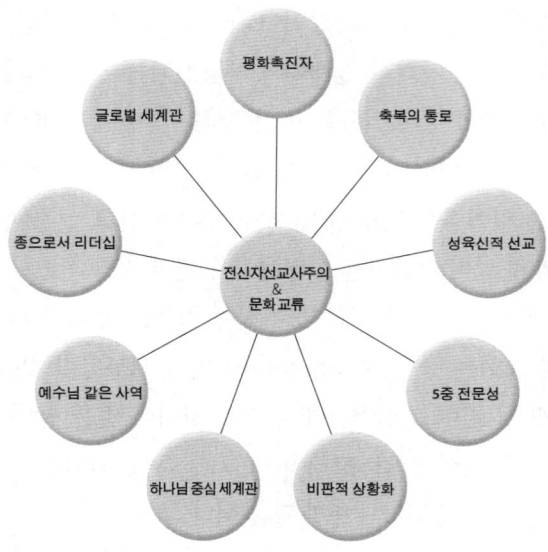

제8장

에너지 선교 실천 20:20

에너지 전문인 선교사의 역할 모델로 아랍에미리트의 아브다비에 한국형 원자력 SMART를 수출한 주역인 정근모 박사를 들 수 있다. 그는 에너지 전문인 선교사의 비전을 도산 안창호의 이상촌에서 도전을 받아 도산의 정신을 그대로 준행할 것으로 보인다. 도산이 공화국의 꿈을 안고 조국으로 돌아온 것처럼 정근모 박사는 에너지 공화국의 비전을 받고 남한으로 돌아왔다.

도산의 사상을 에너지 선교사와 비교하면 아래와 같다.

첫째, 신사상 : 전군인주의
둘째, 신교육 : 에너지 전문인 선교
셋째, 신유양 : 에너지 전문인 선교 훈련
넷째, 신윤리 : 전문인의 품성(신자의 비세속성의 원리)
다섯째, 신학술 : 스마트 원자력 에너지 신도시 건설
여섯째, 신모범 : 해비타트운동
일곱째, 신개혁 : 전사원선교사주의('전신자선교사주의')[1]

전문인에너지선교사자원운동(Professional Energy Volunteer Movement)은 자발적인 의지로 미래의 삶을 개척하는 에너지 근로자들이 하나님 중심의 세

---

1 김태연, 『비즈니스 전문인 선교학』 (수하프로패셔널, 2008), 6.

계관을 가지고 변혁이 되어서 일과 영성에서 복음의 확산을 이룰 수 있는 움직이는 몸으로서의 교회 공동체를 하나님의 나라가 도래할 때까지 이루는 것인데 정직성이 핵심이다.

신자의 비세속성의 원리에 의거하여 단 한 번도 거짓말을 하지 말라는 도산 안창호의 어록대로 이 운동에 참여하는 전문인들을 통해서도 모든 교회 배가 운동에 나타난 아래와 같은 성서적 특징들이 나타나야 한다.

① 열정적 기도
② 풍성한 전도
③ 재생산 교회의 의도적 개척
④ 하나님의 말씀 권위
⑤ 현지 지도력
⑥ 평신도 지도력
⑦ 가정 교회들
⑧ 교회들을 개척하는 교회들
⑨ 급속한 재생산
⑩ 건강한 교회들[2]

6번의 평신도 지도력은 전문인 지도력으로 나가야 하는 이유는 다음과 같다. 목사와 평신도를 계급의 개념으로 보면 최고의 평등주의의 개념이 깨진다. '전신자제사장주의'를 예수님의 본을 따라 선교지와 연관하여 '전신자선교사주의'로 나가는 것이 평등을 유지하는 데 옳다.

8번의 교회들의 특징은 사도행전 20:20의 20:20 비전이다.

---

[2] 데이비드 게리슨(David Garrison), 『하나님의 교회개척 배가운동』 (Church Planting Movements How god is Redeeming a Lost World), 이명준 역 (요단, 2005), 198.

유익한 것은 무엇이든지 공중 앞에서나 각 집에서 거리낌이 없이 여러분에게 전하여 가르치고(행 20:20).

이 말씀에 기초한 교회들을 'POUCH'로 표시할 수 있다. 'POUCH'란 다음과 같다.

첫째, 참여(Participative): 참여적 성경 공부와 예배
둘째, 순종(Obedience): 개인이나 교회의 성공에 대한 유익한 기준이 되는 하나님의 말씀에 대한 순종
셋째, 무보수(Unpaid): 각 교회 안에 무보수의 여러 지도자
넷째, 셀 그룹(Cell Group): 10, 20명 신자의 셀 모임
다섯째, 가정(Home): 가정과 직장[3]

이 원리를 실천할 수 있는 전문인 리더들에 의한 성경 공부를 통해서 율법 폐기 은혜 복음 생명의 성령 법으로 나갈 수 있으며, 포도나무와 그 가지의 비유처럼 관계성이 유지가 될 수 있기 때문이다. 더구나 선교지의 열악한 재정 형편상 에너지 선교사로서 자신의 직업을 가지면서 자비량으로 선교를 하고자 할 때 급속한 재생산이 가능하며 충분히 관리할 수 있고 평생 교육을 받는 제자로서의 삶을 살 수 있다.

이러한 전문인들이 나와야 100만 명의 선교사 시대를 준비시킬 수 있다. 필자는 실제로 『QA 성경』(2008, 성서원 刊)만을 가지고 커피숍에서 그리스도의 몸으로서 유기체적인 윈처치(WinChurch)교회를 개척하여 국내외 미국 LA 등 해외 몇 군데에서 하나님의 백성으로서 교회 성장을 넘어선 하나님의 요구에 충실한 예수 복음의 확산을 통한 교회 개척 팀으로 참여하고 있다.

향후 한국전문인선교원(GPI) 전문인 성경 연구소 기능으로 성촌미래학회와 함께 발전해 나갈 것은 자명하다.

---

[3] 데이비드 게리슨, 『하나님의 교회개척 배가운동』, 72.

데릴 구더(Darrell Guder)는 하나님의 백성을 선교로 구비시키는 선교적 리더십을 다음과 같이 소개한다.

> 회중들이 과격한 변혁, 교단들 그리고 신학교들을 직면하게 될 때 사도적인 정체성을 돌파해 나가는 과정을 경험하게 될 것이다. 현대에 형성된 많은 조직과 마찬가지로 이러한 단체들과 그들의 사고의 틀은 미국의 회중들을 선교하는 회중들로 창조하고 참여하게 하기 위해서 근본적으로 달라져야 한다. 이러한 것은 신학 교육의 디자인을 새롭게 해야 한다는 것을 의미한다.[4]

이재환 선교사는 이렇게 조언하고 있다.

> 삶의 선교보다 더 귀한 선교는 없다. 많은 교회가 선교지에 무조건적으로 많은 교회당을 지어주었다. 선교사 중에는 선교 사업의 주된 사역이 건축인 이들도 있다. 물론 교회당을 지어주는 것이 무조건 도움이 안 된다는 말은 아니다. 대부분이 조심해야 한다는 것이다. 바울의 선교를 보면 단 한 번도 교회당에 대해서 말한 적이 없다. 교회당이 아닌 교회를 세우는 선교가 바른 선교임을 깨달아야 한다. 눈에 보이는 가시적인 건물을 선교의 열매로 평가했던 한국 교회는 이제는 의식을 전환해야 한다.[5]

그러므로 하나님의 때가 찬 축복인 K-Star 에너지 신도시 건설을 통한 'HOT CROSS 문화 교류 센터'를 개척할 전문인 선교사들은 그 자체가 그리스도의 몸으로서 '전신자선교사주의'에 입각하여 실천해 나가는 초일류 대한민국 새마을운동이며, 국제적인 해비타트운동이요, 하나님을 기쁘시게 하는 새마음전문인선교운동이다.

---

4 Darrell, L. Guder, 『*Missional Church*』 (Wm. B. Eerdmans Pub. Co, 1998), 216.
5 신현수, 『선교적 교회론』 (CLC, 2011), 254-55.

이 운동은 하나님의 에너지 관문 도시 개척 운동으로서 가시적인 교회의 건물을 세우는 것이 아니라, 전 세계 가정, 직장 교회를 세우는 개념과 같이 전 세계 분쟁 지역에 복음의 확산으로서의 십자가 사랑 공동체인 'HOT CROSS 샬롬 센터'를 세우는 것이다.

이 일을 위해 먼저 국내에서 선진 한국을 위한 인재 양성, 새생명 살리기 운동, 이웃 사랑 실천, 나눔 운동, 봉사, 공익 활동 지원과 각종 집회를 통한 부흥, 선교, 민족 화합을 목적으로 하는 '(사)라이즈업코리아운동본부'(박지태 이사장)에 의해서 토배롭고 지극히 큰 약속으로 '바, 사, 나, 섬 운동'(바로 믿고 사랑하고 나누고 섬기는 운동)을 통해 신의 성품에 참여한다(벧후 1:4).

이 운동은 복음과 실천 운동으로서의 품성 교육을 통해 6가지의 목표를 정하고 대한민국을 개조하는 인격적인 민족 품성 개혁 운동의 역할을 하고 있다.

첫째, 인재 양성을 위한 품성 강의(품성 교육원)
둘째, 올바른 청소년 가치관 및 문화 정립
셋째, 나눔 세상 만들기(이웃 사랑 실천 운동)
넷째, 선행 및 사회적 기업 활동 전파 사업
다섯째, 자원 봉사 국민 참여 및 친환경 운동
여섯째, 인력 개발 센터 건립[6]

라이즈 업 코리아 운동의 밑바탕에는 품성 교육에 기초하여 어떤 대가를 치르더라도 올바른 일을 하고자 하는 내적 동기를 강화하기 위해서 49가지 품성 덕목(감사, 검약, 겸손, 경각심, 경청, 공경, 과단성, 근면, 긍휼, 기쁨, 끈기, 담대함, 덕성, 만족, 민감성, 믿음, 분별력, 자선, 설득, 솔선, 순종, 시간 엄수, 믿음직함, 성실성, 신중함, 안정, 열심, 온유, 온순, 용서, 유연성, 유용성, 결단력, 인내, 자원력, 절제, 정돈, 정의, 조심성, 경의심, 지혜, 진실성, 창의성, 책임감, 철저함, 충성,

---

[6] 박지태, 『십자가 사랑 HOT CROSS』(상상나무, 2012), 105.

포용력, 환대, 후함)을 강화한 후에 이런 사역을 펼치고자 노력을 하고 있다. 그 가운데 18개 핵심 품성은 아래와 같다.

① 경청: 상대방이나 그의 말을 존중하여 온 마음과 힘을 다해 듣는 것
② 순종: 지시한 분의 권위와 인격을 존중하여 그의 말과 의견에 따르는 것
③ 감사: 받은 은혜나 도움에 관해 고마운 마음을 담아 말이나 물질로 표현하는 것
④ 정직: 마음과 행동이 거짓이 없이 바르고 곧은 것
⑤ 긍휼: 타인의 상황에 마음으로 공감하며 불쌍히 여기고 도와주려는 마음
⑥ 충성: 일을 맡긴 분을 신뢰하고 그것을 온 마음과 힘을 다해 끝까지 수행하는 것
⑦ 평안: 마음에 염려와 근심이 없이 평온하고 안정된 상태
⑧ 인내: 내부나 외부에서 오는 괴로움이나 어려움 등을 참고 견디는 것
⑨ 신실: 주어진 일이나 역할에 대해 믿음직하고 성의있게 행하는 마음
⑩ 공의: 법과 질서를 위해 옳고 바른 도리를 행하는 것
⑪ 청결: 몸과 마음과 주변 환경을 말끔하고 깨끗하게 만드는 것
⑫ 지혜: 세상일의 이치와 상황을 옳게 분별하고 바르게 대처하는 것
⑬ 겸손: 남을 존중하고 자신의 몸과 마음을 낮추는 태도
⑭ 용기: 두려움이 없이 굳세고 담대한 마음가짐
⑮ 기쁨: 마음에 만족함으로 느껴지는 즐겁고 흥거운 감정
⑯ 존중: 상대방의 인격과 말을 귀하고 높이 여기는 것
⑰ 절제: 마음속에서 나오는 욕망이나 소원을 선한 일을 위해 제어하는 것
⑱ 사랑: 온 정성과 뜻을 다하여 좋아하며 품어주는 마음[7]

민족 화합을 위해서 기도하는 예수 중심 운동으로 기도, 말씀, 교제, 나눔과 섬김의 균형을 이루기 위해서 2-15명의 작은 모임으로 확산하고 전

---

[7] 박지태외, 『Character』 (라이즈업코리아, 2014), 16-88 요약.

국의 교회와 단체를 연합하여 하나님과 인간의 화해에 기초한 남북 간의 나뉘인 자들과 동서 간의 차별화된 자들 간의 민족 화합(National Reconciliation)의 날을 제정하도록 중간 목표로 삼고, 이것이 기폭제가 되어 국내외적으로 공익 활동을 지원하는 것이다.

이 일을 위해서 협력하는 국내 기관들은 아래와 같다.

첫째, 한국해비타트
둘째, 라이즈 업 코리아 운동 본부
셋째, 성촌미래학회
넷째, 한국전문인선교원(GPI)[8]
다섯째, 한-케냐 경제 포럼 및 일본 나라 과학기술연구소(NAIST)
여섯째, 세계 직장 선교 신우회
일곱째, 극제원자력대학원대학교

이러한 도임들은 모임을 위해서 미리 기도로 준비하며 사회자를 바꾸며 지도력을 기르고 떡을 떼며 나눔을 실천하고 교회 직분을 사용하지 않음으로써 전 세계에서 복음의 확산을 위한 운동으로 섬기고 있다. 한국해비타트는 에너지 공동체를 이룰 수 있는 전방 부대와 같은 역할을 하는 가장 중요한 야전 사령부이며 이 일을 진두 지휘하는 본부는 라이즈 업 코리아

---

[8] 한국전문인선교원(GPI)는 필자가 한국전문인선교훈련원(GPTI) 원장 사역을 마친 후 개척기를 거쳐서 명지대학교 문화교류선교학과 교수를 하면서 구체적으로 전문인 선교사의 훈련을 명지대학교 국제대학원과 연합하여 초교파 차원에서 훈련을 하고 예수전도단(YWAM)과도 협력을 하고 훈련과 파송을 동시에 하는 선교 단체로 발전을 했으며 전문인 리더십에 대한 연장 교을 사랑의 교회에서 지속했고 2021년 현재는 GPI의 개념으로 'Global Platform Internet'이라는 생각을 하고 아프가니스탄이 탈레반에 넘어간 상황에서 다시 한번 현대의 자비량 선교의 아버지인 전 아프가니스탄 선교사이시며 고든 칸웰신학교의 선교학 교수로서 국제로잔위원회에서 자비량 선교 위원회에서 발표를 하셨던 크리스티 윌슨 주니어의 정신을 가지고 미국의 워싱턴과 연계하여 4차 산업 혁명 시대에 부합되는 언텍트 시대에 온텍트 선교를 하는 과학 전문인 선교 교육과 파송을 4/14 윈도우 운동과 융섭하여 차세대를 의해서 하고자 노력을 하고 있다.

운동 본부이며 품성 교육원으로 시작한 사업이 결국은 '한국 Global Zero 운동'으로까지 완수가 될 것이다.

평화의 하나님만 바라볼 수 있는 향후 싱크탱크의 역할에 예수전도단(YWAM)을 비롯한 여러 단체 가운데 한국전문인선교원(GPI)도 에너지 전문인 선교사 양성을 위해서 중요하다. 에너지 전문인 선교사는 세상이 변화하기 전에 변화하는 선교사가 되어야지, 세상 변화의 통찰에 실패한 각개 전투형 평신도 선교사로 실패하거나, 통찰로 다시 일어난 자비량 전문인 선교사의 길을 계속 가서는 안된다고 생각한다.

성촌미래학회의 발족 이유는 전문인의 정체성을 가지고 목사와 평신도로 이분화된 사회에서 세월호 사건과 같은 구원파의 선교로 인해 건전한 비즈니스 선교의 걸림돌을 영적으로 돌파하기 위함이다.

성촌미래학회의 주요 사업은 다음과 같다.

첫째, 미래 전략과 리더십 훈련
둘째, 성경 공부식 예배를 통한 선교 공동체
셋째, 관련 전문인들과 CEO 교육(에너지를 중심으로 분화)
넷째, 친화적인 전문인 교육 (전문인 CEO 독서 클럽 3.0 과정)
다섯째, 중국과 북한 비즈니스 선교 컨설팅으로 한중 전략 네트워킹을 한다.
여섯째, 전문인 선교사 성공 스토리 도서를 발간하여 차세대의 귀감이 된다.
일곱째, 연구소 조직에 대한 실행 이사회 및 후원 이사회 구성으로 사단법인을 구성한다

성촌미래학회의 사명은 지난 20년 동안 한국의 평신도 직장인들을 전문인 선교사로 양성을 해 온 경험을 살려서 2012년부터는 리더 훈련을 위한 저술 작업으로 전환하였으며 『전문인신학』(2006, 예영커뮤니케이션 刊)을 비롯한 40여 권의 저서를 중심으로 한국의 많은 지역 교회에서 전문인 선교

교육을 실시하고 있으며 심화 과정까지 하고 있다.

전체 방향을 이러한 지역 교회의 선교 교육을 지원하는 도서 발간, 강사 파송 등을 하는 연구소로 하는 것이 시의적절하다고 판단하고 특히 차세대를 위한 교육으로 전환하여 전문인들을 리더로 세우기에 적합하다.

이를 실천하기 위해서는 준비 위원을 구성하고 연구소의 기능을 제대로 하기 위해서 매주 적절한 요일에 기도 모임을 하고 독서 모임을 중심으로 비영리 사회적 기업 교육 서비스 사업을 단계별로 발전해 나갈 것이다.

GPI는 향후 성촌미래학회를 통하여 아래와 같이 초일류 대한민국에 기여하고자 한다.

첫째, 남북 통일의 주역인 전문인을 양성한다.
둘째, 동서와 남북으로 분열된 민족 화해의 역할을 감당한다.
셋째, 스마트 도시 개발을 강조함으로써 안내자 역할을 한다.
넷째, 100만 전문인 봉사단을 직능별로 일으키는 견인차 역할을 한다.
다섯째, 전문인 선교 공동체인 수하 마을을 세워서 저마다 직업을 가지게 한다.

로마서 1장에 나타난 악인의 모습대로 품성이 갖추어지지 않은 완고한, 심판적, 숨기는, 주제넘는, 우유부단, 너무 이기는, 흥분을 잘하는, 까다로운, 끼가 있는, 주제넘게 나서는, 교묘히 조종하는, 성미 까다로운, 폐쇄적인, 일방적인 생각, 지나치게 소심한, 지각을 잘 하는, 다른 사람이 다 하지 못한 책임을 떠맡는, 완고한, 완전주의적, 분별없는, 소유욕이 강한, 말이 많은, 퉁명한, 지나치게 세심한, 밀어붙이는, 거짓된 경건한, 속기 쉬운, 패배나 부족함을 나누기 원치 않는, 타협적인, 무모한, 지나치게 양심적인, 소유욕이 강한, 자신과 타인의 건강을 무시하는, 힘 빠지게 할 정도로 비굴한, 무관심한, 광신적인, 줏대가 없는, 함부로 쓰는, 알랑거리는, 자학적인, 들뜬, 표리부동한 자들이 벌이는 분쟁자들이 날뛰는 분쟁 지역에서 평화를 심는 분쟁 조정자로서의 전문인 선교사의 6가지 핵심 품성은 무엇일까?

최윤식은 이렇게 예측한다.

첫째, 적마저 감동시키는 신뢰이다.
둘째, 적마저 감동시키는 존경이다.
셋째, 적마저 감동시키는 관심이다.
넷째, 신뢰를 얻으면 글로벌 표준을 얻는다.
다섯째, 관심을 통찰하면 사랑과 행복을 얻는다.
여섯째, 신뢰에 재미가 결부되면 호감과 소통을 얻는다.[9]

여기서 가상의 적을 북한이나 러시아라고 한다면, 남한의 이런 나라들을 무시하는 교만한 자세는 신뢰 회복이 100퍼센트 불가능하다. 자존감과 자존심은 다르다. 남한도 이제는 성숙한 자존감을 가지는 신뢰할 수 있는 한국인이라는 이미지를 가져야 한다. 저들도 다 자존심이 있는 나라들이다. 남북이 이순신, 유관순, 김일성, 이승만, 박정희 등을 민족의 지도자라고 한다면(남북이 공히 이들의 역사성을 분석하고 리더로 배려한다면), 국민 스스로가 존경할 자와 민족의 반역자를 선택하게 될 것이다. 김일성에게 강요된 존경은 공산 독재주의에서나 가능할 뿐이다.

자문화 우월주의에서 벗어나 축복의 통로가 되는 자세를 가지고 상대방에게 관심을 가지면, 축복의 통로가 되는 인간의 한계령을 넘어서는 순간에 나는 죽고 그리스도만의 평화를 심는 전문인 선교사의 품성이 될 것이다. 상대를 감동시키면 신뢰를 얻고, 신뢰를 얻으면 세계적 표준을 얻을 수 있다. 상대방의 관심인 마음과 필요를 통찰하면 사랑과 행복을 얻을 수 있고 남북 간의 신뢰에 재미가 결부되면 호감과 소통을 마침내 얻는다. 이러한 품성 실천의 덕목은 행동하는 하나님의 성품으로 영적 전쟁에서 출범하는 적들을 졸도시키게 될 것이다.

---

[9] 최윤식, 『미래학자의 통찰법』 (김영사, 2014), 190-222 요약.

평화의 하나님을 바라보며 에너지 전문인 선교사가 되는 선교 전략을 요약하면 아래와 같다.

① 하나님 중심의 세계관
② 예수님 같은 사역
③ 종으로서의 리더십
④ 글로벌 그린 에너지
⑤ '전신자선교사주의'
⑥ 그럼에도 불구하고 축복의 통로
⑦ 성육신적인 선교
⑧ 5중 전문성(직업, 사역, 언어, 지역, 성령의 기름 부으심)
⑨ 비판적 상황화
⑩ 문화 교류 리더십 [10]

우리는 분쟁 지역에 십자군이 아닌 십자가의 용사로 나가는 것이다. 유대인이 박해를 많이 받는 이유를 분석하여 한민족은 분쟁 지역에 가서 복음을 전하고 버림을 받는 것을 방지해야 할 지혜가 필요하다.

한민족이 유대인이 되어서는 안 되는 이유는 무엇인가?

> 기독교인은 대부업을 금지하는 반면에 유대인은 중세 사회에서 멸시하는 직업인 고금리의 이자를 요구했으며 유대인은 정보 교환으로 많은 부를 일구었고 돈을 상품으로 본 민족이었다. 뱅커의 출현으로 환시세에 정통하고 문맹 사회에서 글을 아는 독보적인 존재였다. 더구나 유대인은 이슬람권과의 무역을 독점했으며 자신들만이 지혜와 정보를 나누는 오랜 습관을 지니고 있었다. 도움이 필요한 형제를 돕는 유대인 계율이 있었으며 유대인들은 예수를 죽인 민족

---

10 김태연, 『전문인선교 전략』(보이스사, 2010), 315-316.

이고 예수를 구세주로 인정하지 않는 것이 가장 큰 문제였다.[11]

따라서 한민족은 분쟁 지역에서 가난한 자들을 위한 한류 은행을 세우고 정보 교환소를 세워서 분쟁 지역에 골고루 혜택을 받게 해 주어야 할 것이다. 세계에서 가장 머리가 좋은 지식에만 뛰어난 한민족이라는 비난을 당하지 않도록 헌신 동기로 한민족을 넘어선 봉사와 헌신을 해야 할 것이다. 다시 말해서 의리를 지키는 신뢰할 수 있고 사랑의 동기로 나눌 수 있는 내면 세계의 질서를 소통할 수 있는 민족이 되어야 한다.

복음의 확산을 위한 한국과 미국에서의 작은 교회 운동으로 진행되는 QA성경연구원의 역할이 중요하다. 해외에서는 에너지와 연관된 다양한 전진 기지를 세워나가는 한-케냐 경제 포럼 및 NAIST 등과 같은 사역들을 통해 분쟁 지역인 아프리카에 복음이 증거되는 역할을 해야 한다. 분쟁 해결 전문인 선교사들이 한국에서도 양성이 되어야 한다. 초일류 대한민국의 역할 모델을 정립하고 코리안 디아스포라를 향해서 에너지 전문인 선교사운동으로 구체적으로 전 세계로 뻗어나가게 될 것이다.

---

11 홍익희, 『세 종교 이야기』 (행성B잎새, 2014), 423-433 요약.

'11' 전문인 실천신학-8 성육신적인 선교

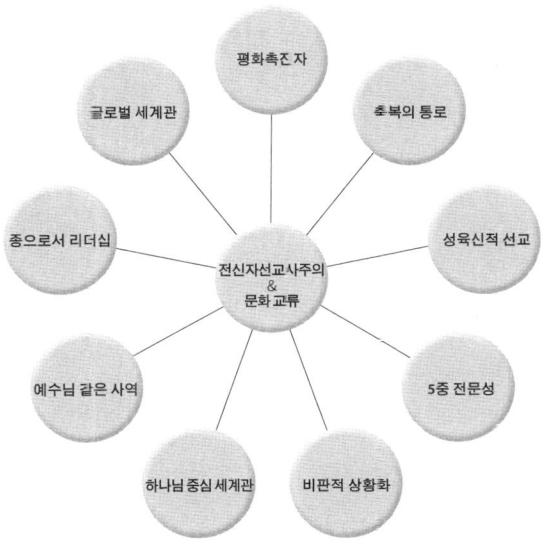

전문인 선교사의 국가적 모델인 정근모 박사는 예수를 본받아 성육신적인 선교를 실천하고자 한다. 예수님의 설교 사역의 70퍼센트 이상이 장터에서의 설고였다. 먼저 직장 선교를 하고자 한다. 한국전력 신우회를 비롯하여 가장 강력한 신우회의 모델을 통해서 세계 직장 선교를 하고자 한다.

아는 국제원자력대학원대학교(KINGS)에 온 국제 학생들에게 복음을 증거하는 일을 통해서도 이루어지고 있다. 자기의 의를 위해서 한국에 와서 한국의 신학교와 기독교 대학교를 이용하고자 하는 자들(주로 이슬람교도)을 하나님이 다메섹 도상에서 사울을 변화시켜서 이방인의 사도를 삼는 것처럼 하나님이 역사하실 것을 믿기 때문이다.

제9장

전문인 선교 공동체와 도산 안창호

1. 들어가며

칸느 영화제에서 여우 주연상을 받은 전도연의 영화 <밀양(密陽)>을 보면서 경부 운하가 아니라 대한민국 사람들의 마음의 길과 물길에 왕의 대로(King's Highway)와 같이 시온의 대로가 있는 예수 중심의 운동이 일어나야 함을 다시 한번 느끼게 되었다.

우리가 대상으로 하는 농촌과 어촌의 중소 도시는 경남 밀양이라는 도시인의 영적인 상태를 통해서도 진단이 될 수 있다. 이 영화에는 현실의 기독교와 불신자가 보는 현대의 교회와 크게 6가지의 차이가 나타나 있다.

1) 인종의 격차이다

서울에서 내려온 인종과 경남 밀양의 인종이 다르다고 하는 것을 문명과 물질의 약자인 밀양인들을 느끼고 그렇게 대해고 있는 것이다. 복층식 아파트 구조와 같이 우리는 다른 인간들의 자화상을 감지하고 선교를 해야 할 것이다.

2) 종교의 격차이다

미국에서는 종교라고 하면 기독교를 말하는 것이지만 우리나라에서는 종교라고 하면 불교와 샤머니즘 그리고 이슬람교를 말하는 것이다. 샤머니즘을 믿고 있는 사람들은 95퍼센트가 자신의 물질과 건강을 위한 신앙을 위해서 교회를 다니고 절에 다니고 사원에 다니고 있다. 기본이 되는 복을 받고자 하는 단순한 마음과 체계적으로 복 받는 삶을 가르치고 있는 교회는 서로 눈높이가 다른 것을 보여 준다.

전도연은 남편을 교통 사고로 잃고 밀양에 내려와서 아들이 웅변 학원 원장으로서 같은 선생된 입장에서 자기 아들의 교육을 부탁했으나 그는 돈에 눈이 멀어서 유괴범이 된 것이다. 전도연이 교회에 찾아가게 된 동기는 살해당하고 종교에 위로를 받기 위해서 가게 된 것이다. 장로 약사 부부의 모습을 통해서 직장의 사도나 자비량 선교사라는 개념보다는 그냥 생활 가운데 좋은 전도자로 살려는 모습이 좋아 보인다.

그러나 기계적으로 교회가 다인 것처럼 미래를 내다보는 혜안이 없는 병신도인 것이 안타까울 뿐이다. 인격이 존경을 받아야 하는데 자리를 보고 존경을 해야 하는 것이 교회 안에도 그대로 재현이 되고 있는 만연한 단편을 볼 수 있었다.

3) 사역의 격차이다

피아노 학원 선생이라는 아이들을 가르치는 자리와 교도소 선교라고 하는 차원은 다른 것임을 여실히 보여 주고 있다. 익숙지 않은 용서를 하려고 하는 것은 훌륭하나 연약한 믿음을 가지고 있을 때는 누군가의 멘토가 있어서 믿음이 자라기까지는 절제시켜 주어야 함을 느끼게 한다. 용서해 주려고 갔다가 살인범을 먼저 용서하신 하나님을 등지고 마는 연약한 양과 같은 전도연의 마음은 이해가 가나 그녀가 정말 거듭난 신자라고 한다면 그 순간에 주님을 부르며 울었어야 할 것이다.

4) 성의 격차이다

여성으로서의 제2의 인생을 살려고 한다는 것이 얼마나 어려운 것인지를 보여 준다. 한국에 와있는 한국인과 결혼한 아시아인인 코시안들의 비애를 다시 한번 오버래핑(Overlapping)되면서 느낀다. 결과적으로 유교적인 바탕을 가지고 아직도 차별을 하는 것이다. 물론 예외적으로 박근혜 후보는 제2의 박정희로서의 남성형 역할을 하고 있으니 예외일 것이나 대부분의 65퍼센트 이상의 많은 여성은 단지 여성이라는 이유만으로 안되는 것이 우리의 현실이다. 거기다 과부라고 하면 더욱 어려운 것이다.

필자가 인도와 파키스탄을 의료 선교차 방문했을 때의 경험을 살펴보면 인도의 힌두교 가정은 거의 영등포의 판자촌 수준이었으며 공간은 공공영역과 민간 영역으로 나뉘며 부부 관계는 위계적이라고 느껴졌으며 여자가 35세인데 손녀가 있을 정도였고 이미 17세에 결혼을 하여 살고 있다고 해서 놀란 적이 있다. 환자로 온 남자는 피부병 환자가 많았으며 여자는 종속적이어서 순서를 얻지 못하고 치료 순서상 뒤로 밀려나곤 했다.

남성은 조선 시대에 도적이 들끓던 인덕원 지역의 산적처럼 생겼고 여성보다 존재론적으로 우월하다고 착각을 하는 것 같다. 진료 시간이 지났는데, 이미 저녁 8시나 되어서 일터에서 소식을 듣고 달려온 자들도 여럿이 있었다. 이 나라가 인도이고 6.25 전쟁 당시에 세계에서 가장 가난한 나라이고 우리나라가 바로 그 위였다는 사실이 참으로 놀라운 기적이 아닐 수 없다. 우리는 기적을 이룬 나라의 과학자들 덕분에 오늘날 G-7의 국가가 된 것을 기억해야 한다.

여성 선교사팀 인솔자인 한국전문인선교원의 김원희 교수님이 파키스탄의 압다바드 지역 수니파 마을을 방문했는데 이 종족의 남편은 아내를 남자의 방식으로 기계적으로 주로 구타를 통해서 돌보는 것 같았고 사촌 이상은 만나지 못하게 했고 대문을 몇 개를 거쳐야 여자를 만날 수 있었고 단원들이 조심스럽게 <구원으로 인도하는 문>이란 찬양을 부르는데 남자들이 쏘아 보아서 일부 겁에 질린 경험을 하며 기도하는 마음으로 찬양을 했다고 하며 그 지역이 오사마 빈라덴이 사살된 지역이라고 했다.

여성은 공공 장소에서 제한적으로 접근하고 공공 장소에 남녀가 같이 있을 때 자기 의견을 발표하거나 옆의 남자를 돕는 행위를 하지 못하는 등 자제력을 보여야 하는데 여기서 문제가 생기면 일방적인 부부 싸움이 있게 된다. 여성은 공공의 영역에서 얼굴 가리개를 사용한다. 필자가 예루살렘에서 본 브루카를 쓴 아프리카에서 온 눈이 큰 무슬림 여인이 얼굴을 가린 브루카 안에 금으로 장식한 화려한 내복을 자랑하는 것을 보고 놀란 적이 있었다.

이들의 결혼은 일방적인 신부의 아버지와 신랑 측과의 합의된 계약이며 지참금을 가져오지 않으면 얼굴에 빙초산을 뿌려서 화상을 입고 사는 여인도 사진으로 본 적이 있기에 더욱 실망스러운 일이지만 돈이 많은 자는 일부다처제가 허용된다. 아내는 애 낳는 기계이고 특히 주된 기대 중의 하나가 그녀가 아들을 낳을 것이라는 것이기에 아들을 낳지 못하면 석녀(石女)로 불리고 종족 망신이라며 이혼이 상식화된 세상이다.

가족은 모두가 열심히 일하며 남편의 어머니(시어머니)가 집안의 대소사를 돌보며 가정을 꾸리며 며느리는 여종과 같은 역할에서 벗어날 수 없다. 그리고 시댁 식구들이 세상을 떠난 후에나 아내가 집안을 관리한다는 것을 알게 되었을 때, 우리나라의 조선 시대의 신분 차별의 연장선이라고 여겨진다.

우리나라는 미국이 도와줘서 오늘날 남녀 평등의 현대 사회가 될 수 있었다는 것이 얼마나 다행한 일인가!

우리는 아프가니스탄 탈레반의 남성 우월주의에 입각한 남성들이 열등감으로 부족 종족 살인의 대상으로 학식 있는 여성을 증오하기 때문에 고등 교육을 받은 여성들이 서둘러 학위를 감추는 현상도 나타나고 있다. 뉴욕 타임즈에 따르면, 탈레반은 17일 아프가니스탄 국영 방송의 유명 앵커인 카디자 아민을 비롯한 여성 직원들에 대해 무기한 정직 처분을 내렸다. 서부 헤라트 지방에서는 무장 탈레반 전사들이 대학 정문을 지키며 여학생들의 캠퍼스 출입을 막고 있다.

5) 세대의 격차이다

최근의 신세대들은 목사는 너무 물질을 추구하고 있고 성도는 축복과 건강의 신앙에만 95퍼센트 이상이 매달려 있고 이 틈을 이단이 활개 치고 있는 속 빈 강정과 같은 것이 한국 교회의 현주소라고 한다. 예수의 피가 흐르는 것을 방해하는 자들이 교회에 여전히 많이 있다는 평가이다. 한마디로 교회가 최신의 복음 성가를 부르며 "매일 스치는 사람들 무엇 원하나, 공허한 그 눈빛은 무엇으로 채우나"를 외치지만 실제적으로는 저들의 진정한 필요인 사회적, 영적 욕구의 충족에 있다고 하는 것을 애써 외면하고 있다고 하는 것이다.

6) 시장의 격차이다

이제 전도연은 피아노 학원은 접고 피아노 과외를 하게 된다. 그리고 정신적인 질환을 겪으며 영적인 전쟁을 벌이고 있다. 그리고 그녀가 깨달은 것은 자신 스스로가 미래의 삶을 개척해 나가는 것이지, 미신과 같이 교회 생활을 하는 것을 부정하는 것으로 끝이 난다. 끝내 마음에 상처를 치유받지 못한 것이다.

소망이 없는 사회에 무슨 소망을 줄 수가 있을까?

2. 도산 안창호의 리더십

본론은 이태복 선생이 쓰신 『도산 안창호 평전』을 중심으로 내가 도산의 심정이 되어 도산의 생애에 비친 리더십을 풀어내는 방법으로 기술하고자 한다.

1) 먹장 구름 속에서 싹 튼 새싹

2007년은 도산 안창호가 1907년 미국에서 한국으로 귀국한지 100주년이 되는 해였다. 도산의 얼을 간직한 조선의 일꾼들이 도산의 정신을 이어받아 175개국에 코리안 디아스포라로 흩어진 715만 명의 재외 교포에까지 '크리스천 피스메이커 코리아나'(Christian Peacemaker Koreana)를 네트워킹할 수 있는 터닝 포인트를 라이즈 업 코리아에 주게 될 것이다.

이미 그 당시에 대한 제국의 분위기를 보면 오늘날 연예인 비를 선호하는 일본의 내심이 정한론이라는 것을 알 때, 한류 열풍의 허와 실을 볼 수 있고 청국과 일본에 통상권을 내주고 광산, 철도 등을 빼앗기는 모습은 오늘의 북한의 모습을 연상케 한다. 이때야말로 한국이 떠오를 때가 도래한 것이다.

1884년 김옥균, 박영효 등이 갑신 정변을 일으켜 청국을 의지하고 있는 명성 왕후를 살해한 사건을 보면서 그리고 일본의 배신으로 청국의 공격을 받아 3일 만에 실패한 사건을 보면서 이제 우리에게 필요한 것은 급진적인 개혁으로 인격적인 인간 혁명을 이루는 나라로 바꾸는 일이다. 우리의 정치도 인격적인 세계관의 변혁이 이루어진 분들로 재구성이 되어야 저주의 통로(channel of curse)에서 축복의 통로(channel of blessing)로 바뀌게 될 것이다.

1866년의 셔먼호 사건은 오늘날 FTA에 살아서 꿈틀거리는 것이고 다시 한번 제2의 안창호의 눈으로 본다면 이는 분명히 유교 문화라고 하는 공리 공론에 빠진 지역화의 민족은 실용주의를 앞세우는 제국주의, 식민주의의 미국인에게는 당할 수 없는 형국인 것을 다시 한번 느끼게 한다.

1907년에 미국에 귀국한 도산 안창호는 자신(自新)을 강조했는데 이것은 유교의 수기치인(修己治人)에서 발전한 개념이지만 도산은 무실을 강조했다. 이것은 1907년 나라의 주권을 잃고 망연자실한 백성들이 평양대회개운동에 주저 앉아서 실천이 없이 자신의 구복만을 구하는 자세도 일차적으로 인정을 하나 그보다는 동적이고 다이나믹한 자세가 우리 민족에게 필요한 것임을 제시한 것이다.

100년 전 역사의 현장에서 "한반도의 오순절을 재현합시다"라는 구호를 내걸고 2007 평양 대부흥 국제 대성회를 개최하며 한국 교회의 회개와 부흥을, 북녘 땅에 그리스도의 복음을 외치는 「국민일보」의 광고에 난 초대형 집회를 도산이 살아오신다면 어떻게 보실까!

동학 농민 봉기와 청일 전쟁에서도 느끼는 것은 외세의 침입 앞에 순교자로 죽어가는 전봉준 등 녹두 씨들을 볼 때마다 힘이 없는 민족은 망하는 것이고 전략이 없는 민중은 망한다는 것이다. 도산 안창호가 과거 시험을 본다든지 그러한 기록이 없는 것을 보면 장인(匠人) 정신으로 대별되는 전문인(professional) 정신이 그에게 있었다고 하는 것을 가늠해 볼 수 있다.

그에게도 필대은이라는 멘토를 만난 것이 중요한 전환의 계기가 된 것이다. 그는 선교사들의 내세 기원 사상에 불만을 느꼈고 교육과 과학 보급을 강조한 것이 도산에게도 영향을 미쳤으리라고 본다. 한마디로 실용주의를 걷는 것이 스스로 신분을 포기하는 것이 아니라 국가를 위해서는 실용주의의 노선을 걷는 사람들이 주역임을 깨닫기 때문이다.

요즘으로 말하면 근로자로서 무시를 당하는 민중이 이제는 자기 자신의 입찰만 할 것이 아니라 사회를 걱정하고 국가를 세우는 일에 앞장을 서는 전문인이 되어야 한다는 것이다. 그래서 그는 신(新)지식과 과학을 배우기 위해서 한양으로 올라오게 된 것이다.

2) 한양에서 신(新)학문을 배우다

수중에 돈이 없던 안창호는 기독교를 받아들이고 무료로 숙식을 제공하는 구세 학당에 들어가게 된다. 그가 배재 학당이 외국어 학교에 들어가지 못하고 자비량으로 고아 학당이라고 불리는 이곳에서 시작을 한 것은 여러 가지로 자비량 전문인 선교사의 삶을 사는 이들에게는 시사하는 바가 크다 하겠다. 특별히 그가 고향 집에 교회를 세우고 인근 지역까지 전도하는 열성을 보였다고 하는 것은 요즘 셀 그룹 목회의 운영을 보여 주는 것이고 수시로 기도를 드리고 사랑을 선포하는 도산은 신앙 그 자체보다는 외세에서 먹잇

감이 되어 신음하는 백성이었다.

> 내가 옥에 갇혔을 때 찾아와 주었고, 배고팠을 때 먹을 것을 주었다(마 25:35).

이 말씀을 읽으시는 그 모습이 선명하게 눈에 떠오른다. 한마디로 민족 신앙가로 부를 수 있겠다. 명성 왕후 시해 사건이 났을 때와 단발령이 떨어졌을 때 그 당시 우리나라는 친일파, 친청파, 친러파 그리고 친미파로 분당이 되어있었다. 오늘날 한나라당의 모습도 흥선 대원군과 명성 왕후가 연상이 되기도 하고 민주주의가 사분오열된 모습을 연상하게 한다. 이때 과학 기술과 서양 문명 과학 기술을 배우는 원산 학사가 세워진 것이다. 이 학교는 기독교만을 가르치는 학교가 아니라 외세의 국권 침탈에 대응하는 인재 육성을 위해서 세워진 학교라는 점에서 기억할 만하다.

배재 학당의 학생 서클에서 도산은 준회원으로 활동을 하였다. 그리고 할아버지가 짝지어준 이혜련과 약혼을 한 것은 도산의 인격이 순종하는 마음이 있다는 것을 알게 되고 그 당시에 평양 선교의 대부인 사무엘 마펫(Samuel Moffett) 선교사와 기본적인 교류를 했다고 하는 것은 마펫 선교사의 영향을 입은 것을 볼 수 있다. 그 당시에 안창호는 선교사들에게는 고분고분하게 순종하는 학생으로 비치지는 않은 것 같다.

3) 구국 운동에 뛰어들다

서재필의 연설을 듣고 도산은 나라를 위해 구국 운동에 뛰어들 것을 결심한다. 정치적으로는 외세에 놀아나지 말고 자주 독립을 해야 하며 경제적으로 이권을 넘겨줄 것이 아니라 문명 개화를 통해 산업을 일으켜 조선에서 상품을 생산하는 신(新)산업을 일으키자는 말을 듣고 도산을 나라를 위한 구국 운동에 뛰어들게 되었다. 그 일은 하루 아침에 이루어지지 않는다. 내 인생을 다 바쳐서 노력을 해야만 한다.

이 시기에 도산에게 영향을 준 것은 유길준의 서유견문이었다. 한마디로 세계화(Globalization) 시대에 대한 것이다. 유길준은 개화한 자를 정의하기를 '국민이 그 마음을 하나로 합하여 여러 가지 개화를 함께 힘쓰는 자'라고 했는데 오늘날 우리가 말하는 전문인(professional)이 여기에 해당한다고 볼 수 있다. 아마 도산의 심정은 "거친 파도 다가와도 주와 함께 날아오르리"라는 심정으로 벼랑 끝에서 날개를 펴는 용기를 가지고 민족을 위해 비상하게 될 때 그의 생애는 점진적으로 한반도 하늘 위를 날아오르게 된 것이다.

만민 공동회를 통하여 입헌군주제적 의회 설립 운동이 일어나게 되었는데, 이 운동을 통하여 대중적인 독립 자주와 민권 자강 운동에 신진 정예 그룹들이 새롭게 대두가 되었는데 이들은 양반 사대부가 아닌 소장 상한(常漢)들이다. 이들도 2021년 현재 전문인들이라고 말할 수 있다. 반상의 차별이 없이 백정 출신이 사회를 보는 만민 공동 회의는 혁신(transformation)을 말하는 한국 사회에 엄청난 활력을 주는 사건이다.

이러한 그룹에 속하여 활동한 것을 보면 안창호도 구국 운동에 때를 만난 열정적인 웅변가였던 것 같다. 1898년에 상주 쾌재정에서 열린 도산의 연설은 청중들을 심금을 울리고 가락지를 빼서 헌납하게 하는 등 그를 일약 조선 최고의 웅변가로 자리 잡게 했다.

그러나 만민 공동회가 보부상의 습격으로 와해가 되었으나 문제는 위기 관리 능력이 있는 리더가 없었다는 것이다. 부패하고 무능한 고종의 세력과 리더십 부재의 소장파 사이에서 우리는 오늘날 국민의 힘과 더불어민주당을 바라보게 되고 제2의 안창호와 같은 투명하고 유능한 국제적인 리더로서의 오실 이를 기다리고 있는 형국이다.

2021년 9월 현재 정부에서 SLBM을 장착한 도산 안창호 잠수함과 함께 한국이 바라는 도산은 이런 분이시다.

첫째, 내부 공감대: 국제 감각이 있는 리더, 포럼, 연대, 정당
둘째, 대안: 제2의 도산 안창호
셋째, 리더십 부재: 섬기는 리더&카리스마 리더십 보완

세속주의와 자문화 열등주의에 빠져 있는 조선을 깨우는 힘은 교육에서 나와야 하고 농촌에 문명 개화와 독립 자주, 민권 자유의 토대를 만드는 일을 위해 도산은 스스로 학교를 세우는 일을 한 신지식인이다. 이 일을 위해서 그가 비밀 결사와 신식 학교, 산업 진흥을 위한 회사, 인민의 의식을 바꿀 수 있는 출판사를 세운 것은 자비량 전문인 선교사의 원형(prototype)을 보여 주는 것이다.
　특별히 도산은 점진(漸進)의 개념을 나날이 조금씩 나가자, 꾸준히 쉬지 말고 나가자는 다이나믹한 행동주의를 주창했다는 것이 우리에게 꼭 필요한 교훈이 되고 있다. 자신의 집에 난포리교회를 세운 것은 교회 개척의 원조임을 보여 주는 것이다. 더구나 안창호는 구국 운동의 열매를 맺기 위해서 교육과 산업이 중요한 것을 아는 '비정부 기구'(Non Governmental Organization)의 선구자였다고 할 수 있다. 도산은 한마디로 직접 실천하는 것이 중요한 것임을 아는 지도자였다. 드디어 구국 운동에 나서기 위해서 미국으로 가기로 결심하게 된 것이다.

4) 미국에서 한인 노동자를 조직하다

　도산이 유학의 꿈을 접고 동포 조직 사업에 착수한 것은 그가 평범한 가운데 비범한 인간의 진면목을 보여 준다. 그가 시장의 사도(marketplace apostle)의 원형인 것은 낮에는 LA 지역의 오렌지 농장에서 열심히 일하고 밤에는 신학을 공부하고 영어를 공부한 것이 명백한 증거이다. 초대 교회 당시에 천막을 기우면서 사역한 사도 바울의 모습을 보는 것 같다. 그는 조직을 만들고 운영하고 공동체의 지도자로서의 역량을 유감없이 발휘한 것이다.
　일본의 조선 지배를 사실상 인정하는 상황에서 조선의 선각자와 민중에게 달려있다는 것이다. 이들은 이론과 실천을 함께 아우르는 행동하는 전문인이 있어야 조선이 독립할 수 있다는 생각에 노동자를 조직하고 교육하고 훈련하는 과정을 중시한 점에서 그는 이 민족의 등불과 같은 교육자임을 보여 주고 있다.

5) 공화국의 꿈을 안고 조국으로 돌아오다

구국 운동의 중심에서 신민회 깃발을 들고 귀국길에 오른 도산은 공립협회 동지들은 통일연합의 조직 노선에서 7가지의 노선책(신[新]사상, 신[新]교육, 신[新]유양, 신[新]윤리, 신[新]학술, 신[新]모범, 신[新]개혁)을 제시하였다. 도산은 자신(自新)을 가장 중요시 여겼는데, 이는 스스로를 새롭게 한다는 의미로서 이미 한민족으로서의 정체성(identity)과 자존감(self-esteem)이 무엇인지를 안 큰 스승이셨다.

도산의 실천 목표는 여전히 자신(自新)에서 출발하여 독립운동임을 분명히 한 것이다. 2021년 현재 독립운동은 인격적인 독립운동이요 통전적인 세계관 변혁 운동이 되어야 한다. 무엇보다도 도산의 인격이 크게 느껴지는 것은 이토 히로부미와의 대담으로 도산을 중심으로 하는 청년 내각을 요청받았을 때 단호히 거절한 것은 일진회의 전철을 받지 않기 위함이었다.

이때 두 분의 대화는 이렇다.

> 도산: 그대가 조선을 가장 잘 도울 수 있는 방법을 아는가?
> 이토: 그 방법이 무엇인가?
> 도산: 일본을 잘 만든 것이 일본인인 그대였던 것처럼 조선은 조선인으로 하여금 혁신하게 하라. 만일 메이지 유신을 미국이 와서 시켰다면 그대는 가만히 있었겠는가?

도산은 이토가 던진 미끼를 물지 않고 신민회 운동과 연해주에 기반을 구축하였다. 도산이 신민회의 조직을 위해서 프리메이슨의 조직을 연구했다고 하는 것을 포함하여 도산은 조직을 만들고 섬기는 귀재였음에 틀림이 없다. 신민회는 개화, 자강 노선에 기초하되 독립 전쟁을 위한 실력 양성과 자신(自新)을 강조하는 것이다. 또한, 신민회 결성과 더불어 만주와 시베리아에 독립군 근거지를 건설하기 위한 작업이 구체적으로 모색이 되었다고 하는 것은 이미 그가 세계를 품은 그리스도인이라는 것을 전제로

하여 가장 민족주의자라고 하는 것을 입증하는 것이다.

도산은 청년 학우회의 면접에서도 무실역행(務實力行)의 의지가 있는지를 질문하였다. 신민회 사건으로 큰 화를 치르고 결국 도산은 망명하게 되었다. 그때 도산은 옌타이로 가는 배 속에서 한말 청년의 가슴을 울렸던 <거국가>를 불렀다.

4절의 내용에는 이런 구절이 있다.

지금 이별할 때에는 빈 주먹을 들고 가나
후일 상봉할 때에는 기를 들고 올 터니.

6) 해외 독립운동 기지

도산은 블라디보스토크를 거점으로 독립군 기지를 개척하며 앞으로 부딪칠 고난을 이겨나가려면 멀리 보고 긴 호흡을 해야 한다고 보았고 여기서도 자기 의(self-righteousness)를 앞세운 지역 계파 갈등을 일으키는 조선인들을 데리고 분열과 배신을 경험하며 철저하게 희생의 삶을 살게 된 것이다. 지방색 문제와 러시아 한인 사회의 귀화 문제 등 도산은 어려운 문제들을 자기 몫의 십자가로 여기고 조선의 독립만을 바라보며 나아갔다. 그 이후에 자금 문제로 다시 미국으로 돌아와서 대한인국민회 중앙회를 조직하여 최대의 해외 동포 자치 기관을 설립하게 된다.

다시 블라디보스토크에 돌아와서 배신과 분열의 충격을 이겨나가며 조직을 수습하는 일을 한 것을 보면 마치 사도 바울이 제1, 2 3차 선교 여행과 로마로의 여행을 하는 과정에서 발생하는 위협들을 묵상하게 한다. 이태복 선생은 힘없는 나라와 고생하는 백성들, 평생을 구국 운동에 몸 바치기로 한 자신의 인생이 너무나 불쌍해서 그저 눈물이 흘러나왔을 것이라고 기술하고 있다. 그러나 도산은 흥사단 창설이라는 5단계 구조를 가지고 점진적으로 민족의 독립과 복된 사회의 번영을 위한 준비를 갖추어 나갔다.

그 이후 윌슨의 민족 자결주의에 힘입어 조선 독립을 위해서 점진적으로 준비해 나갔다. 그 과정 가운데 기미년 3.1운동이 일어나게 된 것이다.

7) 통합 임시 정부의 틀을 세우다

통합 임시 정부를 세운 시점에 이승만 박사가 걸림돌이 되었으나 도산은 그가 지도자로서 더 적합하다는 판단을 하고 지역 갈등을 풀 수 있는 인물로 이승만을 최종 지도자로 지지하게 된 것이다. 임시 대통령에 이승만이 선출되고 도산은 노동 총판에 앉았으나 "나의 희열은 극에 달하여 미칠 듯 싶도다"라고 소감을 밝힌 것은 예수님의 섬기는 리더십에서 비롯된 자기 비하의 교리를 보여 주고 있다. 일제는 상해 임시 정부가 출범한 직후 청년회 간부에 자신의 밀정을 심고 적극적인 활동으로 내부 정보를 취합할 수 있도록 공작을 벌였다. 임시정부 안에 함북파, 서북파, 기호파, 무단파, 문치파 같은 분열적인 용어들이 횡행하고 있었으나 도산은 사명을 완수하기까지 위기를 잘 모면해 나갔다.

이 당시 통합 임시 정부는 형식적으로 모여있었을 뿐 심각한 주도권 싸움으로 쉴 날이 없었다. 이런 와중에서도 미국에서 온 의원단을 만나러 상해로 가는 등 국제통의 역할을 한 것을 보면서 제2의 안창호와 같이 되기를 꿈꾸는 자들은 반드시 국제적인 감각이 있는 자가 되어야 한다는 것을 보여 주고 있다. 안창호는 이승만 세력으로부터 견제를 받아가면서도 그를 지지한 것을 보면 이 민족의 사상가임에 틀림이 없다. 2인자의 자리를 지킨 것이다. 마치 요셉과 같이 바로 왕을 모시는 실질적인 역할을 하고자 했다.

그분의 인격이라면 3인자를 마다했을까?

도산은 이제까지의 운동은 만세운동, 시위운동, 전투적 운동, 선전운동이었으나 앞으로는 통일부의 기능을 강화하여 동아시아 시대를 준비하여 경제 통일을 연구하고 그 결과로 동아시아 삼국의 정치 통일, 외교 통일을 겨냥할 수 있음을 이미 100년 전에 간파하고 있는 국제적인 정치 선교사였다고 비평한다면 과한 평가일까?

문화 선교 학자의 처지에서 보면, 한마디로 그는 순회 정치 선교사요, 한국에 온 바울 사도였다고 본다. 1948년 남북한 정부 수립 후 70년이 지난 2018-2021년 남북 연합을 향한 중도 통합론도 임시 정부를 환골탈태할 의사가 없는 상태에서 도산이 개조파, 창조파, 고수파를 어떻게 해서든지 분열을 막고 통일된 지도 기관으로 출범해야 한다는 일념으로 노력했으나 도산의 이야기를 듣지 아니하고 주도권 쟁탈을 벌이다가 독립운동이 망하게 되는 기초를 제공하게 되었다. 이에 도산은 좌우파가 함께 모이는 정당인 대독립당을 생각하게 된 것이다.

8) 흥사단 원동 위안부와 독립운동 근거지 건설 사업

3.1운동 이후에 도산은 인재 부족을 심각하게 생각하게 되었으며 무엇보다도 지역에 편 가르기와 일제의 분열 공작에 대처하기 위해 흥사단주의로 무장된 인재들을 더욱 많이 키우려고 했다. 내부의 적(세속주의)과 외부의 적(물질 만능주의)을 무찌를 수만 있다면 우리는 영적 전쟁에서 승리할 수 있을 것이다. 도산도 평안도당을 만든다고 하는 비판을 받았으나 개의치 않고 흥사단 원동 본부의 조직을 세워나갔다. 전면적인 전쟁보다는 게릴라전을 선호한 것은 현실 파악을 잘하고 있었기 때문이다.

그가 임시 정부에서 물러나서 국민운동 본부에 들어갈 때 이런 말을 남겼다.

> 이때가 어름어름할 때가 아니외다. 이때가 득심을 품고, 기어이 불쌍한 대한 사람을 건지기 위해서 비상한 노력을 다할 때외다.

그가 창가와 흑인영가 그리고 찌개를 수준급으로 끓인다고 하는 것과 여성 문제와 돈 문제에 깨끗했다는 것은 우리에게 감탄을 불러일으키는 대목이다. 이것이 대 국가 최고위 지도자의 자질이다.

결국은 조직 싸움이다. 온 마음으로 혁명에 뛰어들기 위해서는 인격 수양과 단결이라는 준비 단계를 거쳐서 농민운동, 노동 조합, 협동 조합 등 전 사회적 운동에 뛰어들고 조직운동, 파괴운동, 민중운동, 민족 연합의 4대 방향을 제시한 것이다. 이 당시 흥사단 단우는 장사를 하면서 독립운동을 하면서 처지가 어려운 것을 보면 오늘날 자비량 선교의 어려움을 실감하게 한다. 단순한 인재 양성을 넘어서 유일당과 모범촌 건설 운동을 흥사단의 기본 방침으로 정해 단우들의 참여를 끌어내고자 했던 것은 좌우세력 규합을 노력한 도산의 의지가 있었기 때문이고 이는 오늘 2021년 현재의 정치에서도 필요한 리더십인 것이다.

9) 민족 유일당, 좌우통일운동

도산의 확실한 좌우파 통일 독립운동은 이승만 세력으로부터 사회주의라는 비난을 받게 되었다. 도산은 민족 혁명이라는 공통 분모로 대혁명 조직체로 합치자는 호소를 했으며 도산의 이러한 판단은 국내에서 6.10 만세운동을 다시 개시하게 했으며 그 근거지 구축을 미주에서 가져온 자금으로 했다. 이 말은 창당 작업을 위해서는 자금이 절대적으로 필요하고 조직과 자금 싸움이라는 것을 보여 준다. 도산은 베이징에서 유일당운동을 시작했다. 그러나 모든 노력에도 불구하고 유일당 운동의 좌절 후 한국독립당 창당과 그 노선으로 대공(大公)주의를 호소했다. 민족 평등, 정치 평등, 경제 평등, 교육 평등 등 4대 평등을 주장했다.

대일 전선, 통일 동맹 구축 시에 유일당 조직이 어렵다면 좌우익 단체의 연합 전선 구축을 목표로 한 것은 2021년에서도 비슷한 상황에서의 적용에 대한 힌트가 될 수 있다. 그러나 도산은 윤봉길 의사의 거사 후에 체포가 되고 만다. 비록 실패로 끝이 난 후학들이 다시 연구하여 성공시킬 기회를 준 것이기 때문에 도산의 실패는 절반의 성공이라고 평가한다.

10) 낙심마오

도산은 일선융화론자가 될 수 없었기에 일본의 식민지 재편성의 실태를 고발하며 조선인의 마음을 끝까지 가지기를 원했던 것이다. 형무소에서도 종이 노끈을 모아 수공품을 만들거나 칠 기술을 배우는 자세는 간디와 같은 무저항주의가 생각이 나고 또한 자비량 선교의 그림자로 여겨진다. 그리운 금강산의 지도를 보면서 "믿음은 바라는 것들의 실상이요 보지 못하는 것들의 산 증거"임을 하나님의 나라 차원에서 증거하고 있다.

필자는 『도산 안창호 평전』(2019, 동녘 刊)을 읽으며 "이제 남은 인생은 조국이고 정치이고 경제이다"라고 고백하며 조국을 위한 영적 투사가 되어야 한다고 본다. 특히 그가 모범촌 건설을 생각한 것은 해방 후를 미리 내다보는 식견이 있는 리더였기에 진정 가능한 것이었다. 우리 민족의 개조는 영성이고 새사람이 되고 새 행동을 하는 것임을 도산 안창호가 지금도 민족의 숨결을 따라 전달하고 있다. 그가 강조한 두 키워드는 무실역행(務實力行)이요 충의용감(忠義勇敢)이다.

3. 이상촌과 전문인자원운동

우리 한민족은 글로벌 네트워크에 의해서만 21세기 한반도 신냉전의 시대에 생존할 수 있고 하나님의 나라를 위해서 선교적으로 기여할 수 있다.

> 우리는 국내뿐 아니라 해외에서 21세기 지도자 양성을 하기 위해서는 전 세계에 흩어져 있는 한민족 공동체를 생각해야 한다. 구약성경에 보면, 하나님이 이스라엘 백성을 바벨론과 앗수르에 포로로 잡혀가게 하신 것과 마찬가지로 우리가 하나님을 섬기고 이웃을 섬기는 일을 하지 않으면 우리도 비자발적으로 흩어질 수 있다는 것이다. 자발적으로 복음을 가지고 축복의 통로가 되어서 전 세계를 다니며 살 수 있는 길은 주님의 지상대명령을 순종하는 민족이 되어야 한다.

구약 선교학의 입장에서 선교성을 아래와 같이 기술하고자 한다. 성경은 처음부터 세계적이요, 우주적이요, 선교적이라는 말은 의미가 있는 말이다. 하박국 선지자는 하박국 2:14에서 "대저 물이 바다를 덮음같이 여호와의 영광을 인정하는 것이 세상에 가득하리라"는 예언적 말씀을 선포하였다. 유다가 멸망하는 시점에서 기도 속에서 멀리 수평선 뒤를 바라보며 같은 비전 가운데 제3의 눈을 떠서 하나님을 체험하고 그의 입술로 고백하는 말씀이다.

비록 현실은 유다의 멸망을 예고하지만, 고통 가운데 희망을 보는 것이다. 이미 고통은 임했지만, 아직 희망이 도래하지 않은 상태에서(already, not yet) 긴장을 느끼고 있기 때문에 구약에 나타난 광대하고 계속적인 거룩한 하나님을 체험하고 하나님의 비전을 제시하는 것이다.[1]

이 일은 한민족을 하나로 묶는 '라이즈 업 코리아' 운동을 통하여 할 수 있다.

한국이여, 깨어나라!
한국이여, 일어나라!
한국이여 전 세계에 빛을 발하라!

구체적으로 '라이즈 업 코리아' 운동이 일어나기 위해서는 한민족 네트워크를 위해서는 인적 문화 자원을 효과적으로 활용을 해야 한다.

재외 동포와의 네트워크가 전 세계적으로 우수한 인력을 활용함은 물론 민족의 문화적 자산을 확산시키는 데 중요한 역할을 한다는 것은 인교(인도의 교포)나 화교(중국의 교포)디아스포라의 예에서 쉽게 찾아볼 수 있다. 유대인들이 5000년이 넘는 역사 속에서 자신이 정착한 곳의 문명에서 또 다른 문명으로 그들의 유대적 전통과 제도를 이식하는데 성공하였음에도 주목해야 한다. 실리콘 밸

---

1 김태연, 『전문인선교학 총론』(전문인선교연구소, 2001), 35.

리의 고급 두뇌를 모국으로 환류시켜 인도의 IT 강국화를 실현시킨 풍부한 네트워크도 마찬가지이다.

각국에서 다양한 문화와 언어 및 지식 기반을 갖추고 있는 재외 동포의 인적, 문화적 자원을 어떻게 활용하는가 하는 것은 한국의 국제 경쟁력을 강화하는데 긴요한 문제일 것이다. 특히 지식 정보화 시대 재외 한인들이 지닌 풍부한 인적, 문화적 자원은 한민족 문화 브랜드 창출과 한국 문화의 세계화에 중요한 역할을 하고 있다. 이들의 모국에 대한 높은 긍지와 정체성은 세계 속에서 한국의 이미지를 강화하고 글로벌 한민족 공동체 통합 발전 전략에 구심점 역할을 할 것으로 기대된다.[2]

이처럼, 전 세계에 흩어진 코리안 디아스포라들을 네트워킹하고 있는 것이 최근의 스포츠와 영화 등에 나타난 한류 열풍이다. 무언가 발표하지 않으면 폭발할 것 같은 위기 의식에서 하나님의 나라를 갈구하는 전문인 예언자가 아직도 있다고 하는 것이다. 필자는 이들을 전문인이라고 부른다. 장인이라고 하는 전문인들은 아직도 양극화로 인한 기득권자들에 의해서 힘의 중심이 되지 못하고 분산을 당하고 있는 현실이다.

이러한 나라에 사는 한국의 1500만 직장인들은 자신들이 전문인이라는 개념을 가지지 못하고 있다. 그러나 미국 등 코리안 디아스포라로 흩어진 한민족들은 85퍼센트 이상이 조국을 떠난 전문인이라는 인식을 하고 있다.

이제민 교수는 이렇게 말한다.

> 수도자가 수도자의 길에 들어선 것은 완덕(完德)의 길로 나아가기 위해서이다. 완덕이 수동의 길을 통해 익혀진다는 사실을 간파하지 못했다면 그는 진정한 수도자의 길이 아닌 다른 길을 가고 있는 것이다. 자기 스스로 모든 것을 변화시키고자 하는 욕구로부터 자유로울 때, 온존히 내맡기는 삶을 살 때, 자기 자

---

2 임채완, 『재외 한인과 글로벌 네트워크』 (한울 아카데미, 2006), 405.

신이 바뀌어 있음을 느끼게 될 것이다.³

자신의 경험과 적성이 글로벌 시대에 과연 통할 수 있는지를 궁금하게 여기던 중 한국의 야구가 일본과 미국을 연파하고 나니 우리도 할 수 있다고 하는 내부적 인종주의가 발동하기 시작하는 것이다. 결국, 이들이 "자발적인 의지에 의해서 스스로가 미래의 삶을 개척하는 지식 근로자가 전문인"(professional)이라는 피터 드러커 박사의 정의에 기초한 전문인(professional)이라는 인식이 이루어지도록 해야 한다. 그리고 전문인으로서의 삶이 구비가 될 때 우리는 비로소 네트워킹을 통하여 전문인이라는 일체감을 가지게 될 것이고, 이러한 힘이 연합이 되어서 전 세계에서 하나님의 백성들이 일으키는 전문인자원운동(professional volunteer movement)이 활발하게 일어나게 될 것이다.

그리고 직업의 전문성을 비롯한 4중 전문성인 언어의 전문성, 지역의 전문성 그리고 사역의 전문성에 기초하여 복음을 증거하는 글로칼(Glocal) 전문인 선교사가 될 것이다. 그때 비로소 목회자와 평신도로 양분이 된 양극화가 다양한 가운데 조화(unity in diversity)를 이루는 일체감으로 회복이 될 것이 분명하다. 이것은 모든 성도가 선교사라고 하는 정체성에 기초하여 모두가 자신의 문화 가운데서 생활 가운데 전도자가 되라고 하는 '전신자선교사주의'(every believer's missionaryhood)에 입각하여 선교사가 되어야 한다는 것이다.

이는 하나님 중심의 세계관을 가지고 해 위의 사고를 할 때 가능한 것이다. 민족을 부여잡고 제2의 안창호와 같은 지도자를 달라고 기도하는 상록수 운동이 일어나야 한다. 우리의 분단된 조국의 현실을 관통(breakthrough)할 수 있는 영적인 내공과 힘이 우리에게 충만할 때 성령은 우리 민족에게 해결자가 되어 주신다. 6.10 항쟁에 대한 기념 행사를 보면서 아직도 군부 독재와 투쟁하는 식으로 구도가 짜여져 있는 것이 안타깝고 모두가 자신의 장점이 있고 나와서 이 민족의 중흥 앞에 새사람이 되는 가치관 운동, 새로운 헌신

---

3   이제민, 『제3의 인생』 (바오로딸, 2005), 35.

을 다짐하는 세계관 운동이 될 때 3.1운동의 맥을 잇는 운동으로 기억이 될 것이라는 생각을 하게 되었다.

남을 탓하지 말고 우리가 모두 새사람운동, 새비전운동 그리고 새소명 운동으로 나가야 한다. 필자는 이것이 창조적 전문인주의(creative professionalism)라고 주장한다.

> 새사람운동 = 4중 전문성을 지닌 새사람(언어, 지역, 직업, 사역의 전문성)
> 새비전운동 = Christian Peacemaker Koreans
> 새소명 운동 = 전문인주의

빌 게이츠는 이를 창조적 자본주의(creative capitalism)라고 했고 삼성 경제연구소에서는 창조적 리더십(creative leadership)이라는 용어로 말하고 있다. 이를 도해로 설명하면 아래와 같다.

storage of belongings	⇒	storage of blessings	⇒	the channel of blessings
자본주의		사회주의		전문인주의

우리가 축복의 통로의 삶을 살기 위해서는 유연성(flexibility)을 갖고 자신의 정체성(identity) 가운데 상관성(relevancy)을 이루어 내는 초일류 대한민국 자본주의 전략을 가져야 한다. 우리는 자꾸 북한을 동족이라고 하는데 한민족이라고 해야지, 동족이라는 말은 조심하는 것이 좋겠다. 북한의 지하교회 성도들은 동존이라고 할 수 있을 것이다. 예수의 피가 흘려야 동족이고 세계관이 변혁되어야 진정한 의미의 동족인 것이다. 저들은 지금 마귀의 유혹 앞에 저주의 통로가 되고 있다.

이제 라이즈 업 크리아 운동을 통하여 구체적으로 이루어지는 제2의 상록수 운동은 유산 계급의 농지를 무산 계급에 나누어주는 19세기 말에서 20세기 중엽의 계급 투쟁의 산물이 아니라 폴 틸티히(Paul Tillich)가 주장한 것처럼 진정 초대 교회의 사회주의로 돌아가서 축복의 창고에 머물러 있는 보고를 꺼내어 하나님 나라를 위해서 축복의 통로가 되는 마을로 바꾸는 일이다.

우리는 이 일을 통하여 하나님의 나라와 하나님의 의가 굳게 서는 푸르디푸른 그리스도의 가슴에 강낭콩보다도 더 붉은 그리스도의 계절이 돌아오게 하는 운동으로 발전시켜야 할 것이다. 21세기 사회와 국가 지도자로서 갖추어야 할 제2의 상록수 운동의 지도자 영성에 대해서 열거하고자 한다.

안창호의 생애를 볼 것 같으면, 감옥에서도 기본 되는 수공업을 하는 모습은 무저항주의자 간디가 생각나는 철저한 민족주의자요, 평화주의자임을 보여 준다. 세계화 수준에서 정책을 다루는 글로벌 정부가 되어야 한다. 너무 현안에만 매달려서 세계 속의 한국에까지 생각이 미치지 못해서 동북아시아 지역의 동북 공정에 속한 유명무실한 정부가 되고 마는 것이다.

    세상을 통찰할 수 있는 지혜가 누구에게 있는가?
    세계인으로부터 인정받을 수 있는 경력을 가진 자가 누구인가?
    상식과 경우가 통하는 리더십을 가진 자가 누구인가?

존경할 수 있는 경험과 덕성은 인성, 지성, 영성을 갖추고 야성있는 다이나믹한 지도자가 나올 때 이 민족은 소망이 있는 것이다. 제2의 도산 안창호가 와야 이 민족이 산다.

유교 사회의 잔재를 지니고 있고 아직도 서열 문화를 중시하는 한국 사회에서 환골탈퇴를 하는 길은 건강한 과학 국방 그리고 농업의 전문인들이 기능적으로 양 날개를 펴고 사역하는 것이다. 한국 문화의 역기능적인 요소에 사로잡혀 나라를 IMF가 오게 한 이론만 있고 힘이 없는 국가 지도자들은 소명을 받았는지 진정 알고 싶다. 무능한 선배들은 더 큰 내부의 적이라고 하는 자성도 들은 적이 있다.

다시 한번 도산 안창호의 감옥에서 출옥한 후에 강연하신 말씀을 소개하고 싶다.

26년 단에 고향 땅을 밟고 여러분을 대하니 감개가 무량합니다. 이룬 일이 없고 보잘것 없는 이 사람을 보아 주시려고 이처럼 여러분이 나와주셨으니 황공할 뿐입니다. 바라건대 여러분은 무슨 일이든 낙심하지 말고 후일의 성공과 행복을 얻으시기 바랍니다.

이제 우리는 민족 결단 대변환의 전문인이 되어서 속사람이 강건하여지고 새사람을 입어서 성령의 능력으로 초일류 대한민국을 건설하는 하나님의 뜻을 실현하는 주인공이 되자. 먼저 제2의 상록수 운동을 통하여 우리 마음부터 푸른 상록수가 되어 라이즈 업 코리아의 옥토가 되어 보자.

4. 결론

필자는 라이즈 업 코리아를 구체적으로 실천하는 제2의 상록수 운동을 이루는 창조적 전문인(creative professional)의 자세 10가지를 제시하고자 한다.

① 세속적 인본주의를 극복하자: 우리의 고향은 천국이고 그곳은 하나님이 다스리는 곳이다. 그러므로 우리는 신본주의로 가야 한다.
② 축복과 건강의 신학을 극복하자: 하나님은 건강과 축복만 주시는 것이 아니다. 성전 미문의 앉은뱅이와 같이 은과 금 같은 건강과 축복을 두고 "일어나 걸으라"고 하는 말씀을 기억해야 한다.
③ 성취 동기에서 헌신 동기로 전환하자: 자기를 위한 성취 동기의 무거운 소유의 창고를 내려놓고 하늘 나라의 곡식 창고에 드릴 축복의 창고를 들고 축복을 나눠주는 축복의 통로가 되어야 한다.
④ 철저한 민족주의자요 철저한 그리스도인이 되자: 바울과 같이 자기 민족을 구원하려는 마음이 바탕이 되어야 세계 시민이 될 수 있다.

⑤ 축복의 통로가 되자: 축복의 통로가 될 때 우리 몸의 콜리에스톨과 같은 불안, 단절, 무관심, 몰인정, 무자비의 사슬은 끊어지고 하나님의 생수가 공급되는 것이다.
⑥ 내 혈관에 예수 피가 흐르게 하자: 예수의 피가 흘러넘쳐서 피의 강이 되도록 해야 한다.
⑦ 모든 사람은 선교사로 살아야 한다: 거듭난 성도는 자신의 생애 가운데 생활 가운데 전도자의 삶을 살아야 한다.
⑧ 우리는 이 세상에 속한 자가 아님을 기억하자: 우리는 천손 민족이고 하늘에 속한 백성이다. 그러므로 이 세상의 가치관을 벗어나서 하나님 중심의 세계관을 정립하고 실천하고 살아야 한다.
⑨ 생활 가운데 전도자가 되자: 그 길은 생활 가운데 전도자가 되고 타문화권에서 문화 교류를 통한 선교 사역을 할 때 4중 전문성(언어, 지역, 직업, 사역의 전문성)을 통하여 영혼을 구령하며 교회 개척자가 되는 것이다.
⑩ 하나님의 소명을 확인하자

이 모든 일은 성령이 하시는 일이다. 성령이 물 붓듯이 우리에게 하나님 나라의 모형인 이상촌을 건설하려고 했던 도산 안창호의 마음과 같이 제2의 상록수운동을 통하여 우리 민족의 제2의 새사람운동, 새비전운동, 새소명운동이 라이즈 업 코리아로 실천되어야 할 것이다.

전문인 선교사의 국가적 모델인 정근모 박사는 예수를 본받아 직업의 전문성, 사역의 전문성, 언어의 전문성, 지역의 전문성 그리고 성령의 기름 부으심을 구비했다. 성화인, 청결인, 성결인, 전문인의 성육신적인 자세를 가지고 5중 전문성을 가지고 5대양 6대주로 나가는 것이다.

5중 전문성은 다음과 같다.

첫째, 직업의 전문성: 한국과학기술원(KAIST) 설립자
둘째, 사역의 전문성: 한전 원자력 수출 APR-1400을 통한 사랑의 원자탄 복음의 전파

셋째, 언어의 전문성: 영어, 스페인어, 중국어, 독일어, 한글의 우수성을 바탕으로 기적을 닫든 나라의 과학자를 만든 이가 하나님이심을 증거하고 있다

넷째, 지역의 전문성: 미국 국가 조찬 기도회를 중심으로 어둠의 땅에 사는 백성들에게 열방의 하나님 대사가 되어서 전기를 공급하고 있다.

다섯째, 성령의 기름 부으심: 성촌미래학회를 통하여 영적인 기도하며 서번트 리더십으로 실천하고 있다.

'11' 전문인 실천신학-9, 5중 전문성

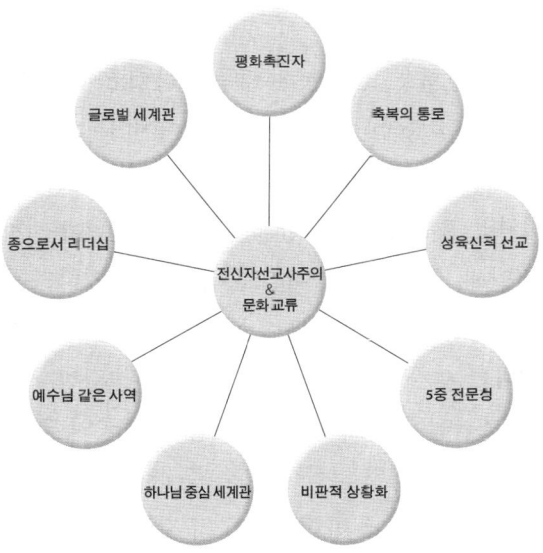

제10장

에너지 전문인 선교사 모델

1. 들어가며

　미국이 우리나라를 돕고 있는 것은 너무나 다행스러운 일이지만 한국전쟁에 북한을 지원했던 중국이 골리앗처럼 어마어마한 위세로 동아시아의 맹주로 자리를 잡았다. 모든 주변의 나라들은 갑자기 시가 행진을 하는데 뛰어든 코끼리처럼 불편하게 생각을 하고 있다. 한국이 전자, 조선, 자동차 등이 세계적인데, 조만간 중국이 모든 면에서 우리나라를 추월하게 될 것이고 북한의 광산물을 다 선매하고 어느 누구도 이 국제 깡패를 막을 사람이 없어 보인다.

　특히, 한국이 조선업이 세계 1위라고 하지만 중국의 추격이 만만치 않다. 한국의 IT에서 해고당한 자들이 모두 중국에 가서 기술 전수를 하고 있다는 이야기를 들으면 우리 민족이 중국의 정변 시에 피난 온 민족이 아닐까 하는 의구심마저 들지만, 중국은 남한이 에너지 선교를 통해 돌보아야 할 나라이다.

　이러한 동아시아의 변혁 시기에 우리에게 필요한 에너지 선교사는 다윗과 마찬가지로 하나님이 함께 하는 사람이 되어야 한다는 것이다. 지금은 우왕좌왕하며 그래도 잘 먹고 있지만 2017년 뒤를 내다보면 물론 다시 복원되겠지만 삼성의 몰락이 예고되고 있다. 에너지 평화 대사는 잠시 경제적인 위기를 해결하는 정도가 아닌 국제적인 감각을 지닌 영적인 리더가 아니면 안 된다는 자괴심을 모두가 가지고 있다. 하나님이 함께 하셔야 경제도, 주변 강국의 위협 앞에서도 백년대계를 이룰 수가 있다.

2. 본론

이제 에너지 선교사로서 전문인 선교의 모델인 정근모의 '섬기는 리더십'을 소개하기로 한다.

1) 소년 교수

다윗이 국민의 영웅으로 떠오르기 전, 다윗은 상대방의 예상을 초월한 전략과 전술을 사용하였는데 그것은 물맷돌을 사용한 것이다.
정근모 리더의 생애에도 이런 놀라운 부활의 역사가 있었다.

> 미시간주립대학교에서는 자격 시험에서 A학점을 받았기 때문에 석사 과정을 거치지 않고 곧바로 박사 과정으로 들어갔다. 박사 과정 직전에 또 한 번의 시험이 있었지만, 이 또한 큰 장벽이 될 수 없었다. 그해 여름 방학 때에는 박사 학위 논문이 통과되었다. 모든 것이 속성으로 이루어진 셈이었다. … 박사 과정은 6개월 만에 마치게 되었다. "분자의 구조를 양자 역학으로 풀어내는 것에 관한 연구"라는 박사 학위 논문은 10년 뒤인 1970년대 우주 탐사 시대에 "외계에 굴이 존재할 수 있는가?"에 관한 이론적 베이스를 제공한 것이었다. 박사 학위를 받고 나는 플로리다대학교의 조교수로 임명되었다. 플로리다 언론에 나의 교수 임용을 일제히 보도했다.
> "boy professor"(소년 교수).

소년 교수가 플로리다대학교에서 탄생했다는 내용이었다. 스물 넷의 나이에 조교수가 되었으니 빨라도 보통 빠른 것이 아니었다.[1]

정근모 리더는 한국의 어느 지도자보다도 가장 학문적인 성취를 한 천재형 리더십을 가진 분이다. 필자도 박사 학위를 미국에서 했으나 정근모 리더와 같이 그 천재성으로 인해서 학문의 통로가 열리는 체험을 하는 것은 마치 고넬료의 집의 환상과 마찬가지로 글로벌 통합 정치 선교를 위해서 하나님이 정근모 리더를 예비하신 것을 알 수 있다. 그러나 그분은 자만한 것이 아니라 계속해서 학문의 길에 정진한 소년 교수였고 한국의 수많은 청소년이 미국에서 박사 학위를 하는데 기폭제와 같은 역할을 하고 있다.

2) 조국에 봉사할 기회

진정한 리더는 아군과 적군에서 모두 존경을 받는 것이다. 그래서 그를 큰 바위 얼굴과 같이 사모하고 기대하고 존경을 하고 어느 때인가 그가 최종 지도자가 되기를 바라는 것이다. 다윗의 여름과 같이 어두운 터널을 통과하는 시절 그에게는 인내와 용기와 굴종과 그 모든 용광로 속에서 찌꺼기가 걸러져 나가는 시간이었다. 하나님은 그에게 토기장이가 되셔서 풀무불을 계속 돌리시면서 언제 하나님의 사람이 될지를 주문하고 계신다.

우리 정근모 리더에게도 한국의 국적을 가지고 미국 사람이 성취하지 못하는 가장 높은 학문적인 성취를 하게 하신 데에는 젖가슴 어머니의 나라 조국이 있었음을 그가 항상 인식하고 있었기 때문이리라. 하나님의 때에 전문인 선교사로 하나님의 대사가 된 것이다.

---

[1] 정근모, "나는 위대한 과학자보다 신실한 크리스천이 되고 싶다", 「국민일보」, 2004, 42-43.

1969년 초 공화당 정부가 들어설 무렵, 한나 총장은 미시간주립대학교를 그만두고 닉슨 대통령의 요청을 받아 국무성의 국제 개발처 책임자로 취임했다. 어느 날, 한나 총장은 조용히 나를 불렀다. 아이젠하워 행정부에서 차관보를 역임한 한나 총장은 60년대 초 인권 분쟁으로 미국이 어려웠던 시기에 연방 정부 인권 위원장으로 탁월한 정치 역량을 발휘했던 미국 공화당 내의 실력자였다. 나는 즉석에서 한국에 과학원을 창설하여 과학 한국의 미래를 열어 주었으면 좋겠다고 제의했다. 한나 박사는 이 대학원 설립을 위한 조사단을 파견하였고 6백만 달러의 자금 지원을 지시했으며, 미국 학계 중진들의 자문을 주선하였다. 한국 정부로부터 내게 연락이 왔다.

"빨리 귀국하여 자세한 경위를 보고해 주기 바란다."

1970년 3월 24일 나는 일시 귀국했다. 과학원 설립에 대한 자세한 상황을 설명하기 위해서였다. 이때가 고국을 떠난 지 만 10년이 되는 날이었다. 그 전에도 한국의 친구들로부터 만나자는 제의가 여러 번 있었지만, 그때마다 나는 "10년 정도는 모든 것을 잊고 미국에서 공부만 하겠다"고 말해 왔었다. 그런데 공교롭게도 1960년 3월 24일 출국하여 1970년 3월 24일 귀국하게 되었으니 10년이라는 나의 말이 딱 들어맞은 셈이었다.[2]

조국의 부름을 받는다는 것은 소명이다. 하나님이 부르시는 것과 마찬가지로 우리는 조국의 부름 앞에 선뜻 그 모든 특권을 버리고 고국으로 달려온 정근모 리더의 모습 속에서 자신이 하나님이시지만 하나님의 권리를 일부 양도하고 인간으로 오신 예수의 성육신 하신 옷자락을 발견하게 한다.

글로벌 시대에 통합적인 전문인 에너지 선교를 펼칠 라이즈 업 코리아의 주역인 것이다. 농축된 우라늄과 마찬가지로 초기 10년 동안을 미국에서 학문만으로 농축된 정근모 리더의 에너지는 북한의 핵무기와 같이 핵분열이 아니라 핵융합을 이뤄내는 따뜻한 리더십이다.

---

2 정근모, "나는 위대한 과학자보다 신실한 크리스천이 되고 싶다", 48.

3) 조국의 두 번째 부름

아기스 앞에서 미친 척하는 다윗의 얼굴은 자신의 얼굴이 아니라 고난받는 종의 모습으로 일그러진 십자가 위의 예수의 얼굴을 예표하고 있다고 필자는 생각한다. 거짓이 판을 치고 말로 형용할 수 없는 온갖 유언비어가 난무하는 정치판에서 순수한 청년 다윗이 그 굵은 피눈물을 흘리면서 다윗이 가을과 같은 성숙한 시기로 넘어가는 것을 우리는 그냥 앉아서 볼 수가 없다.

자신의 무릎을 치며 이 세대 가운데 다윗과 같은 모습으로 오신 정근모 선교사의 성육신적인 리더십을 소개하고자 한다.

> "정 집사님, 조국의 부름에 응해야 합니다."
> "옛날처럼 일만 하는 사람이 아니지 않습니까?"
> "그리스도의 사도라는 사명감을 갖고 조국으로 돌아가십시오."
> 나는 결정을 내리지 못했다. 마음속 깊은 곳으로부터는 계속 돌아가야 한다는 외침이 있었지만, 그 외침에 귀를 막았다. 아무리 귀를 막아도 계속되는 아우성에 대하여 나는 '3불가론'으로 맞섰다. 요나의 고백은 나의 고백이었다. 하나님의 '제2의 전략'에 완전히 굴복한 채 한국행을 결심했다.[3]

이미 워싱턴과 주변의 신앙인들은 정근모 리더가 시키는 일만 하는 노동자가 아닌 노동 사목이었던 사도 바울과 같이 하나님의 나라를 위해서 일하는 하나님의 사람(godly man)으로 비쳤다고 하는 점을 주목할 필요가 있다. 장년의 열매를 맺는 중후한 시기로 향하던 그에게 얼마든지 미국의 오크 츄리와 같이 하늘을 향해 뻗어 나가며 세계적인 명성을 가지고 편안하게 살 수 있는 정근모 리더였으나 하나님은 요나의 고백을 나의 고백으로 바꾸사 정근모 리더를 사랑의 원자탄이 되어 한국으로 보내시는 것이다.

---

[3] 정근모, "나는 위대한 과학자보다 신실한 크리스천이 되고 싶다", 88-95 요약.

보내시는 하나님, 마치 야성이 준비되지 않은 모세를 미디안 광야에서 양 치는 훈련을 시키신 후에 이스라엘 백성의 출애굽을 위해서 부르신 것과 같이 호렙산 정상에서 "나는 스스로 있는 자"라고 하시는 여호와 하나님의 굵은 음성을 들으시고 그분은 산 아래인 한국으로 자발적인 의지로 한국인의 미래의 삶을 그리스도 안에서 풍요롭게 하시기 위해서 내려오신 것이다.

4) 미국 국가 조찬 기도회에서

지도자가 자신을 따르는 자들과 함께 탈취물을 나누는 것은 전형적인 고대의 전쟁의 역사이다. 다윗도 자신을 따르는 백성들과 그 고향에 전리품을 나눈 것은 지극히 아름다운 것으로 보인다. 남에게 보여 주기 위한 인생을 사는 사람은 이 일을 하지 못할 것이다.

그러므로 대통령 재직 시 가장 피를 많이 본다고 하지 않는가!

하나님 나라 차원에서 하나님을 위해서 하는 모든 일인데 무슨 사심이 있으며 두려움이 있을 수 있다는 말인가!

축복의 통로가 되어 홍익인간으로 우리 민족만이 아니라 집이 없는 자, 가난한 자 그리고 모든 소외된 자들을 섬기는 사랑의 원자탄으로 나눔의 길이 정근모 리더에게도 열리게 된 결정적인 계기가 있었다고 한다.

> 1983년 2월 미국에서 있었던 대통령 초청 연례 국가 조찬 기도회는 잊을 수 없다. 그 모임에는 미국의 레이건 대통령을 비롯해서 미국의 주요 인사들이 모두 참여했다. 나도 딘 오버먼 변호사의 초청으로 자리를 함께 하게 되었다. 다수의 한국의 국회 의원들도 초청되었다. 한국 측은 나석호 장로가 중심이 되어있었다. 국가 조찬 기도회 전날 아세아 지역 만찬 때 나라별 리더가 한 사람, 한 사람을 소개하는 순서가 있었다. 나석호 장로와 한국 대표단은 우리 부부가 참석하고 있다는 사실을 전혀 몰랐다. 왜냐하면, 우리는 국회 의원도 아니었고 그렇다고 경제인은 더욱 아니었으니 그럴 법도 했다. 조찬 후에는 리더십 세미나가 열렸다. 아침에는 3천여 명, 점심에는 세계 각국에서 온 1천 5백여 명

의 인사가 모이는 중요한 자리였다. 우리 부부는 단상에 앉게 되었다. 기도하기 위해서 기도한다는 것, 이것이 바로 신앙 생활이었다. 사회자가 한국에서 온 과학자라고 소개를 했다. 아내는 기도를 마치고 자리에 앉는 내게 속삭였다.
"여보, 당신이 그렇게 영어를 잘 하는 줄 미처몰랐어요. 아주 훌륭한 기도였어요. 얼마나 은혜로왔는지 몰라요."
내가 대표 기도를 마친 다음에야 한국에서 온 국회 의원들과 인사를 나누게 되었다. 이런 모임을 통해 교제의 폭을 넓히며 깊은 은혜를 체험할 수 있었다.[4]

충남 대천의 보령 앞바다에서 비가 내리는 안개 속에 새벽 미명에 바닷가에 나가서 기도를 마친 후 한국의 가곡을 들으며 민족을 위한 기도를 드린 적이 있다. 하나님의 사람을 이 민족 가운데 보내주셔서 이 민족이 앞으로 닥칠 환난을 대비할 수 있는 이순신 장군과 같은 영적인 지도자를 보내달라고 기도를 하곤 했었다. 그곳이 머드 축제로 유명한 보령이고 그곳에서 가까운 죽도라는 섬이 정근모 리더의 고향이다.

하나님의 사람을 미국의 대통령 국가 조찬 기도회에서 높이신 것은 죽으시고 부활하신 주님의 승귀(昇貴)와 마찬가지로 우리가 하나님을 높이기만 하면 하나님은 우리를 더블로 높이신다는 것을 입증하는 것이다. 이미 한국과 미국의 국가 조찬 기도회를 통하여 수천 명이 모이는 국가 지도자들의 순회 선교사로 정근모 리더가 사역하고 있다.

5) 민족 화합을 위해

우리는 하나님의 능하신 손 아래서 가장 존경을 받는 기독교 지도자로 새롭게 등장한 정근모 리더가 민족을 위한 에너지 전문인 선교사로 쓰임받는 것을 주목할 필요가 있다.

---

4 정근모, "나는 위대한 과학자보다 신실한 크리스천이 되고 싶다", 115-16.

저는 장관 재직 시 가장 보람 있었던 일이 있었습니다. 그것은 「국민일보」에 신앙 간증을 연재함으로써 과학자가 어떻게 크리스천이 되었는가를 알리는 전도의 기회를 알리는 것입니다. 또 하나는 제가 장관직을 사임함으로써 단 한 명의 사망자도 없이 안면도 사건이 마무리가 됐다는 것입니다. 저는 이 두 가지 사실을 떠올리면서 항상 하나님께 감사의 기도를 드리고 있습니다. 집회마다 강조하는 또 하나의 것은 민족 화합의 기도이다.
"학교 직장 거리에서 하루에 1분씩 민족 화합을 위해 기도합시다. 개년 3월 1일에는 전국 교회가 앞장서서 민족 화합의 집회를 하기 바랍니다."
내 간증은 언제나 민족 화합의 기도를 당부하고 끝을 맺는다. 나는 하나님의 존재를 분명히 믿는다.[5]

이미 장관을 두 번이나 역임하고 그분의 입에서 나온 것은 장관은 부직이고 내 직업은 그리스도를 전파하는 것이라고 하였다. 그분은 에너지 전문인 선교사라고 하는 놀라운 변혁을 우리에게 보여 주는 것이다. 민족 화합의 기도를 하는 전혀 질적으로 다른 삶을 사는 글로벌 에너지 전문인 리더가 있다면 그는 에너지 전문인 선교사의 모델로서 가장 적합하다.

6) 국제원자력기구(IAEA) 사무 총장 선거

선거에 참여하지 않겠다는 연설을 마치고 회의장을 빠져나오면서 나는 마음이 한없이 평안했다. 등에 지고 있던 무거운 짐을 훌훌 털어버린 느낌이었다. 미국 대표단의 일원으로 회의에 참석한 한 원자력 전문가는 내 손을 잡으며 격려해 주었다. "당신은 정말 예수를 믿는 사람이군요. 올바른 말을 할 수 있는 것은 하나님을 믿는 용기가 있기 때문일 것입니다." 그러나 IAEA(국제원자력기구)는 나의 제안을 무시하고 불법 후보인 이집트 출신 IAEA 관리를 후임 사무총장으로 선출하였다.

---

5   정근모, "나는 위대한 과학자보다 신실한 크리스천이 되고 싶다", 216.

이집트 정부의 공식 후보는 무시하고 강대국의 입김에 약한 유엔 관리를 대신 선출함으로써 이집트와의 관계를 무마하려 했다.[6]

미국과 북한이 핵 문제로 첨예하게 대립하는 것을 사전에 방지하기 위해서 진정한 의미의 흥사단원이고 크리스천이었던 도산 안창호를 흠모하는 한류 민족주의자인 정근모 리더를 누른 것이라는 평가이다. 그러나 하나님은 오히려 악을 선으로 바꾸사, 정근모 리더는 '크리스천 평화 촉진자 코리아나'(Christian Peace Facilitator Koreana)의 해결자로 여러분들 가운데 존경을 받는 계기가 된 것이다. 새옹지마(塞翁之馬)라고 할 것이다. 이제 핵융합의 의미로 북핵 문제와 분단된 조국의 현실을 그리고 북한의 개성 공단 문제를 따듯한 섬기는 리더십으로 해결하며 전 세계 12대 분쟁 지역에 선교를 할 수 선교사의 모델이 정근모 리더라고 본다.

7) 워싱턴 국립한림원의 태극기

1998년 10월 4일.
이날은 백악관 근처의 미국 한림원 회의장에 처음으로 태극기가 게양된 날이다. 1864년 미국 링컨 대통령이 만든 한림원은 학자들의 최고 권위의 상징이다. … 한림원 원장은 청중을 향해 말했다.
"오늘은 참 역사적인 날입니다. 이제 27번째로 새로운 국기를 게양하는 날입니다. 정근모 박사가 한국 국적을 가진 학자로서는 처음 한림원의 회원이 됐습니다. 이제 27번째로 태극기를 게양합니다."
나는 놀랐다. 이미 한국인으로서 5명의 회원이 있었는데, 그분들은 미국 시민권을 가진 분들이었다. 그러니 한국 시민으로서는 내가 처음이다. 그 순간 눈에서 눈물이 흘러내렸다. 한국인 그것은 나의 자존심이며 경외의 대상이다. 내 조국 코리아. 그것은 내 존재의 확인이었다. 태극기가 게양된 것을 바라보며

---

6 정근모, "나는 위대한 과학자보다 신실한 크리스천이 되고 싶다", 255.

아내도 울고 있었다. 내가 한국인으로서는 처음 영광스러운 미국 한림원의 회원이 될 것에 감격했다. "하나님, 감사합니다. 하나님께 이 모든 영광을 돌립니다. 이 일을 통해 더 많은 영광을 받으시옵소서."[7]

이미 국제적인 리더가 된 미국 국가 조찬 기도회의 맴버이신 정근모 박사가 케냐 대통령 고문으로서 그리고 20여 개국이 한국에서 K-Star 원자로에 이어서 새로 개발한 스마트 원자로 수입을 원하는 이때 이 기술에 대한 원조로서 쓰임 받는 모습이 확연히 보이는 것이다.

정근모 에너지 전문인 선교사는 세계의 정부라고 할 수 있는 미국에서 원자 핵공학을 배웠다. 앞으로 에너지 문제, 환경 문제, 글로벌 식량 문제, 물 문제 등 산적한 문제를 하나님의 지혜로 해결해 나갈 세계적인 차별화된 리더로, 에너지 전문인 선교사의 모델로서 하나님이 여호와 이레로 구비시키신 것이다.

하나님의 사람, 하나님이 준비시킨 사람, 제2의 안창호 선생과 같이 존경을 받는 정근모 리더가 워싱턴 국립한림원에 서듯이 이 혼돈의 시대에 예수 복음을 전하는 에너지 전문인 선교사와 같이 빛나게 될 것이다.

3. 결론

하나님을 위한 샬롬의 비전에 있어서 에너지를 통한 전문인 선교사로 살려면 하나님을 위한 샬롬의 차원을 알고 실천을 해야 한다.

성경에는 세 가지 샬롬의 차원이 나온다.

첫째, 우주적인 차원으로 이 비전은 창조 의지론의 신비와 위엄 가운데 표현된 모든 실재를 포괄하는 비전이다. 창세기 1:2에 샬롬이 존재하지 않

---

[7] 정근모, "나는 위대한 과학자보다 신실한 크리스천이 되고 싶다", 121.

을 때, 땅은 아직 모양을 갖추지 않고 아무것도 생기지 않았는데, 어둠이 깊은 물 위에 덮혀져 있었다.

둘째, 역사적, 정치적 공동체이다. 샬롬의 부재의 조화의 결여는 사회적 무질서 가운데 표현된다. 이러한 무질서는 경제적 불평등과 사법상의 타락과 정치적 억압과 배타주의를 통해 입증된다. 구약의 예언자들은 샬롬이 부재한 공동체 타락에 대해서 고발한다.

셋째, 공동체 안에서 서로 돌보고, 서로 나누고 기뻐하는 사람들의 진정한 하늘 나라의 평안이다.[8]

결론적으로 창조는 혼돈의 세력을 부수고 질서의 결실을 향하신 하나님의 강한 의지요, 변혁이요, 화학 반응이요, 에너지 혁명이다. 결국은 하나님을 위한 샬롬이요, 종말의 완성이다. 전문인 선교사는 이러한 에너지 창을 열고 예수 복음, 바울 선교를 위해서 아래와 같은 영역 주권에서 이순신의 거북선을 초일류 대한민국이 분쟁 지역마다 관통하며 에너지를 나누어주는 원전선으로 그리고 그 배를 탄 순교자로서 마치 거북선을 탄 바울과 이순신의 융섭인이 되어 헌신하는 성령 충만한 자질을 갖추어야 한다.

정리하면 다음과 같다.

첫째, 성육신적인 제3의 시야를 갖추어야 한다
둘째, 세계내화의 관점을 이해하는 훈련을 해야 한다.
셋째, 복합적 인식을 할 줄 알아야 한다
넷째, 유연한 자세를 갖추어야 한다(5중 전문성: 언어, 지역, 사역, 직업, 성령의 기름 부으심)
다섯째, 개인적 주체성이 확보되어야 한다(전신자선교사주의)
여섯째, 정확한 인식능력을 갖추어야 한다(전문인 선지자)
일곱째, 안정된 정서를 유지해야 한다(하나님의 음성에 응답하는 삶)

---

8   박신배,『평화학』(프라미스키퍼스, 2011), 108-111.

여덟째, 문화 교류 시 초문화를 염두에 두어야 한다(디아스포라 하늘 문화의 삶)
아홉째, 위기 관리를 위한 겸허한 결정 내리기를 해야 한다.
열째, 전문인 입장에서 본 성경 공부 팀 워크를 형성해야 한다.

이를 한마디로 1퍼센트 SMART 전문인 선교사라고 볼 수 있다.

첫째, S(Sanctification) : 스마트 선교사는 성화되고 하나님의 음성을 듣는 삶을 살아야 한다.
둘째, M(Media) : 자신의 직업의 전문성, 사역의 전문성, 언어의 전문성, 지역의 전문성에 성령의 기름 부으심이 있다.
셋째, A(Available) : 동일시 회개의 메시지를 증거한다.
넷째, R(Repentance) : 하나님의 뜻을 준행한다.
다섯째, T(Toward God) : 하나님의 나라를 향한다.

이를 스토리텔링으로 정근모 에너지 전문인 선교사에게 정리하면 아래와 같다.

정근모 선교사는 자녀의 신장암으로 인한 천국 이민이란 역경 앞에 오히려 하나님의 은총으로 성령 세례를 체험하는 것을 통해 성화되고(Sanctification) 아들의 치유를 위하여 찾은 하와이 코나에서 예수전도단(YWAM)의 로렌 커닝햄을 만나서 하나님의 음성을 듣는 삶을 사는 가운데(Media) 핵무기 전문가의 자리가 아닌 원자로 에너지 전문가로서의 자신의 직업의 전문성, 사역의 전문성, 언어의 전문성, 지역의 전문성에 성령의 기름 부으심을 통한 한국전력의 수장으로서의 직장 선교를 통하여 평신도 전문인 선교로 발전시켰으며 결국은 에너지 전문인 선교사의 대명사가 되어 제1회 전문인 선교사 대상을 수여하였고(Available) 지난 20년을 하루 같이 민족 화합 기도회를 통하여 2014년 9월 20일 현재 1397회 민족 화합 기도회를 이끌고 있으며 동일시 회개의 메시지를 증거하는(Repentance) 초일류 대한민국의 비전을 실현하기 위해서 정직한 도덕 사회, 인격 함양 교육, 과학 기술 경제, 서민 경제 안정, 지속 가능 산전국, 아태조약기구(PATO), 세계화 문화 시민이라는 한민족을 향한 에너지촌을 세우는 하나님의 뜻(성화인+청결인+성결인=전문인)을 준행하는 하나님 나라를 향한(Toward God) 선교사이다.

그러므로 에너지 전문인들이여, 일어나 빛을 발하라 스마트 에너지촌을 세워라. 이는 네 빛이 이르렀기 때문이다(이사야 60:1).

조선의 아들 선교

남한의 크리스천이 자신 있게 행동치 못함은
세계를 향한 영적인 힘이 없고
세상적인 지식이 가득 차서
지역 신에 사로잡혀
불안해하고 기웃거리기 때문이다

아버지가 천국에 가시고
어머니가 천국에 가시고
나를 묶던 인생의 길에서 벗어나
이제 내가 스스로 내 길을 가는 거다

예수님과 같이 가는 것이고
북핵의 위협 앞에서도
가는 데까지 가면 그 길은
천국의 도상이다

겁을 먹거나 당황하거나
위축된 내가 아니라

말달리는 선구자처럼
신랑이 신부 방에 들어가듯
태연하게 선교사의 정체성을 가지자

이 땅에서 하나님의 나라를 실천하자
도산의 정신 대로 이상촌을 건설하자
한류 열풍을 따라 문화의 변혁 자가 되고
예배에 성공하여 거룩한 산 제물이 되고
하나님의 아들로 전신 갑주를 입자

우리가 이 세상에 살지만, 이 세상이
끝이 아니라는 말씀은 허리띠요
하나님의 의를 위한 사역 동기는 흉배요
언어, 지역, 직업, 사역의 전문성은 복음의 신이요
모든 사람이 선교사로 살아야 한다는 말은 구원의 투구이며
구약의 예표요 신약의 완성인 성경을 전함은 성령의 검이다

선교사를 위한 중보 기도는 표적 기도이고
이 중보 기도를 통하여 우리는
하나님의 나라를 위한 목표를 향해
나아가게 될 것이다
그러면 그 큰 영광을 바라보며
제2의 상록수운동을 통하여
세상을 이기는 하나님의 넉넉한 백성이 될 것이다.

'11' 전문인 실천신학-10 비판적 상황화

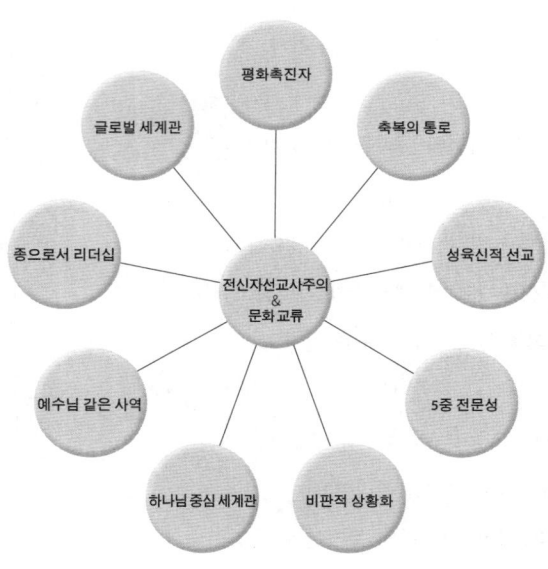

전문인 선교사의 국가적 모델인 정근모 박사는 예수를 본받아 탈원전의 기조에도 인내와 절제로 돌파했다. 비판적 상황화신학과 마찬가지로 비판적 상황화 원전으로 나가는 것이다.

초강대국 사이에 끼어서 용미, 용중을 외치지만 힘이 없으면 결국은 북한처럼 농락당하는 것이다. 여기서 힘은 정직한 도덕 사회로 온 세상이 초일류 대한민국을 부러워하는 수준으로 자유 민주주의, 시장 경제를 통하여 G-5 국가로 나가는 것이다.

마침 코로나19로 인하여 한국의 높은 의료 수준 덕분에 방역과 예방 접종 분야까지를 네트워킹할 수 있는 지정학적인 위치를 이용하여 코리아 빅토리의 길이 열렸다. 겸손한 자세로 섬기기를 다하면 이는 하나님의 뜻을 대신하는 것이다.

예수처럼 뱀처럼 지혜롭고 비둘기처럼 순결해야 한다. 여기서 뱀은 손자병법의 솔연(率然)을 말한다. 비둘기는 노아의 방주의 비둘기(dove)다.

제11장

원자력 산업의 현재와 미래
(원자력 스마트 도시 개발이 가능한가?)

1. 서론

       고대도 (GOD愛도)로 떠나는 배
       낡은 전선처럼 이어진
       선을 본다
       예수의 피가 묻었는지
       붉게 산화되었다
       전기도 흐르는지
       선에 손을 대니 가슴이 뛴다

       요나가 뛰던 큰 물고기 뱃속의 기억들
       이제는 더 낡은 기억 속에 사라지네
       한사람 두 사람 정거장으로
       떠나는 시간

       누군가 낡은 전선을 적폐라 해도
       낡은 배가 출항을 할 수 있으니 어이구 좋구나

> 난 귀츨라프 고대도 섬을 가며
> 낡은 전선 같은
> 선한 사마리아인들처럼
> 선교하며 춤을 추는
> 고대도 멸치처럼 그리워하네.

전문인 직장인들을 최종 선교사로 양성하는 한국전문인선교원은 초일류 대한민국의 실현을 위하여 정근모 박사의 성촌학회의 산파 역할을 자처하고 있다. 몇 해 전에 충남 보령시의 고대도를 방문하면서 한국에 온 최초의 전문인 선교사인 칼 귀츨라프(Karl Gützlaff) 선교사의 생애[1]를 재발견하고 사도 바울의 선교 모형임을 재발견[2]하게 되었다.

케냐의 몸바샤 항구에 원전선이 정박하여 아프리카 전역에 전기가 부족한 나라들에 전기를 공급하는 사역을 할 수 있다면 이는 분명 하나님이 기뻐하실 일이다. 이 일을 위해서 사도 바울의 14개의 팀 사역과 같이 케냐 전문인 선교의 현장에 팀이 필요하다.

하나님은 봉쇄된 어항과 같은 한국의 영적 현실에서 영적 돌파를 케냐를 통하여 시작하시는 것이다.

---

1 칼 귀츨라프는 프로이센 출신의 목사이자 의사로서 1832년 영국 동인도 회사의 무장 상선 로드 앰허스트호의 통역관으로 충남 홍성군 고대도에 25일 동안 정박해 있으며 선교 활동을 하였다. 조선에 나타난 최초의 개신교 선교사이다. 독일과 폴란드의 접경 지역인 포메라니아(Pomerania)의 피리츠(Prytz)에서 태어났다. 1821년 베를린의 야니케선교학교(dieMissioons Schule Janiches)에 입학하였고, 1823년부터 네덜란드선교회(NetherlandMissionary Society)에서 공부하였다.
2 1826년 루터교 목사가 되었고, 1827년부터 동남아시아에서 선교 활동을 하였다. 1828년부터 런던 선교회(London Missionary Society)의 지원을 받아 타이(Thailand)에서 선교 활동을 하였으며, 1830년 신구약 성서를 타이어로 번역하였다. 1831년 6월 중국 텐진(天津)을 거쳐 마카오(澳門)로 갔다. 이 때부터 1833년까지 세 차례에 걸쳐 중국 연안을 따라 선교 여행을 했는데, 이 때의 여행기를 『voyages alongthe coast of China in 1831, 1832 and 1833』라는 책으로 남겼다. 특히 1832년의 두 번째의 선교 여행에서 그는 로드 암허스트(LordAmherst)호를 타고 조선 서해안의 고대도에 25일 동안 머물렀는데, 이는 본격적인 선교 활동을 위한 것은 아니었지만, 조선에 나타난 최초의 개신교 선교사로서의 의의를 지닌다.

첫째, 필자는 이 글을 총결론으로 마감하는 것은 대한민국 정부가 국민의 80퍼센트가 동의를 하는 원전 사업을 탈원전 정책을 통해서 에너지 사업을 역행하고 있기 때문이다.

둘째, 미극 중심의 기독교 선교의 역사를 마게도니아의 환상으로서의 유럽 선교를 부각함으로써 한반도 문제 해결에 EU의 역할이 필요함에 당위성을 주기 위함이다.

셋째, 그 말미암아, 사도 바울의 소아시아 섬 선교가 귀츨라프에 의해서 어떻게 동북아 섬 선교로 이어지고 예수전도단의 섬 선교가 하와이 코나에서 한국의 제주도 대만의 까오슝 등으로 진행되고 있는지의 연속성을 발견하는 것도 큰 도움이 될 것이기 때문이다. 한국과학기술원(KAIST)의 이광형 교수는 이렇게 비핵화에 대해 미래 예측을 한다.

비핵화에 대해 5단계로 예측을 하고 있는데, 다음과 같다.

① 1단계: 9개의 미래를 도출하는 것
② 2단계: 희망 미래는 미래별로 목표를 설정하는 것
③ 3단계: 9개 전략을 수립하는 것
④ 4단계: 전략 검토 및 계획은 전략 비교와 실행 계획을 수립하는 것
⑤ 5단계: 유지 보수는 상황 변화에 따른 전략 업데이트이다.[3]

1) 1단계에 대한 미래 예측

1단계에서는 세 가지 선택을 해야 한다.

첫째, 진정으로 과감하게 핵을 폐기하고 평화 협정 합의,
둘째, 엄청나게 많은 경제적인 대가를 받아낸 후 핵 폐기 여부 결정,

---

3   이광형 『세상의 미래』(MID, 2018), 310-13.

셋째, 핵 폐기 없이 시간을 지연하며 현재의 유엔 제재를 회피하는 것이고 이러한 상황에 대해서 미국의 태도는 1안은 유화적인 입장으로 북한 회유 노력을 하는 것이고, 2안은 경제 제재와 무력 시위를 동원하여 압박을 지속하는 것, 3안은 무력을 사용하여 북한을 공격하는 것으로 '3×3=9가지'의 미래가 나올 수 있다.[4]

2) 2단계에 대한 미래 예측

북한의 과감한 핵 폐기와 미국의 유화적 태도가 되면 우리는 1년 이내에 완전한 핵 폐기와 평화 협정을 목표로 할 수 있다. 마찬가지로, 북한이 달러를 요구하며 핵 폐기에 소극적이고 미국은 유화적으로 설득에 대해서는 우리는 3년 이내에 트럼프의 임기 내에 점진적인 핵 폐기를 목표로 세울 수 있을 것이다. 또는 어떠한 미래에도 무조건 2년 이내에 핵 폐기와 평화 협정이라는 공동 목표를 정할 수도 있을 것이다.[5]

3) 3단계에 대한 미래 예측

1안은 문제인 정부와 마찬가지로 우리가 주도적으로 상황을 이끌어가면서 핵 폐기를 도와주고 평화 협정을 추진하는 전략이다. 2안은 돈을 미국과 절반씩 분담하여 북한과 미국을 설득하는 전략이다. 그러나 긍정적인 미래만 세워서는 안 된다. 부정적인 미래를 포함하여 발생 가능한 미래에 대한 전략을 준비해야 한다.[6]

---

4 이광형, 『세상의 미래』, 310-11.
5 이광형, 『세상의 미래』, 312.
6 이광형, 『세상의 미래』, 312.

4) 4단계에 대한 미래 예측

과감한 핵 폐기 전략은 1안에만 효과가 있을 수 있다. 그러나 경제적인 지원 전략은 2안과 모든 전략에 다 효과가 있을 것이다. 처음에는 1안으로 가다가 2안으로 바뀌게 될 수도 있고 실행 과정에서는 많은 변화가 올 수 있다.[7]

5) 5단계에 대한 미래 예측

진행 중에 새로운 변수가 나타나게 되면 다시 상황의 변화에 따라서 업데이트가 되어야 한다. 처음부터 다시 검토해야 할 일이 생길 수 있다. 장기적으로 피드백을 받아서 유지 보수를 해야 살아있는 미래 전략이 된다.[8]

6) 5단계에 대한 평가

1단계에서 9개의 미래 도출은 일어날 가능성을 보여 준 것으로서 선택하고 집중할 수 있는 지혜를 줄 수 있다고 보았으며 2단계에서는 각각의 경우의 수에 대한 미래 목표를 설정할 수가 있으니 과녁을 맞힐 수 있게 되는 것이다. 3단계에서는 9개의 전략을 수립하고 그 외에 부정적인 미래를 포함하여 발생할 수 있는 모든 경우의 수를 생각해야 하므로 다양한 가운데 무질서해질 수 있음을 발견하게 된다.

그러므로 우리는 예수님이시라면 어떻게 하셨을까?

"가이사의 것은 가이사에게 하나님의 것은 하나님에게 바치라"는 말씀대로라면 핵무기는 가이사의 것이니 가이사에게 주고 원자력 발전소는 하나님의 선물이니 하나님의 백성에게 주라고 하시지 않겠는가!

---

7 이광형, 『세상의 미래』, 313.
8 이광형, 『세상의 미래』, 313.

4단계에서는 과감한 핵 폐기와 과감한 경제 지원이 각 미래의 비교 전략을 가지고 주변 강대국과의 미래 전략으로까지 네트워킹이 되는 것으로 첨예한 결정을 하고 실행을 하는 것이며, 대부분 여기서 결렬될 것으로 보인다만 트럼프의 노림수가 무엇인지를 파악하고 중국, 러시아, 북한, 남한이 모두 사회주의 뇌 혁명을 일으킨다면 AI 인공 지능보다 탁월하신 하나님이 역사하실 것이다. 5단계에서는 협상이 성공한 경우에도 지속적인 유지 보수 그리고 R&DB의 자세로 EU와 인도 그리고 오스트레일리아도 관여하면서 결국 살아있는 미래 전략으로 이번에는 북핵의 문제가 해결되도록 할 수 있다고 본다.

피터 드러커가 말하는 4중 전문성인 창조성, 효율성, 효과성, 융통성이 모두 북핵 문제를 해결하는 지혜라고 본다. 창조성은 이분법을 버리고 제3의 길로서 창조적 중용을 찾아내는 것이며 효율성은 많은 시간을 보내며 협상하는 경비로 인권 문제 등을 포함한 하나님의 마음을 시원하게 할 수 있는 전략적 협상을 추가로 받아낼 수 있느냐는 것이다. 그리고 효과성은 비핵화가 된 후에 북한은 정말 국제 사회에서 인정을 받을 수 있는 문화 교류를 통한 남북 문제의 개선을 통해서 2045년경에는 통일이 될 수 있겠는가이다.

그러므로 우리는 2030년 초일류 대한민국을 꿈꾸면서 2045년까지 가지 않고 통일될 것을 바라며, 신의 한 수를 통해서 한류가 겪을 수 있는 분단된 조국의 현실을 융섭할 수 있는 제4차 산업혁명 시대를 살고 있기에 우리는 모두 낙관하고 있다.

패러다임의 전환을 맞이하고 있는 대한민국은 북한의 비핵화 문제로 인해서 진위를 가릴 수가 없기에 싱가포르에서의 미북 정상 회담에 이어서 2차로 미북 간 정상 회담이 오는 2월 27일 베트남 하노이에서 철수한 상황이다.

필자가 보기에는 양 정상의 관상만 보아도 속임수를 알 수가 있는데 발설을 할 수가 없으나 하나님이 죄에 대해서, 의에 대해서, 심판에 대해서 시상하시리라고 본다. 결국은 하나님의 시간에 영적 돌파를 통하여 2030년까지는 초일류 대한민국을 통하여 통일된 대한민국이 갖춰진 100만 명의 인터넷 선교사, 10만 명의 전문인 선교사, 100만 명의 품성 교육 선교사를 통해서 지상대명령을 준행하는 나라가 될 수 있느냐는 것이 중요한 과제이다. 지상대명령을 지속으로 준행하기 위해서는 전문가 전문인들을 선교사로 양성하는 일이 중요하다.

특별히 1970년대 한국의 경제 발전을 위해 헌신한 직장인들과 과학자들이 이제 은퇴하는 시기를 맞이하고 있다. 천민(賤民) 자본주의가 판을 치고 문(文), 사(史), 철(哲)은 제4차 산업혁명 시대의 과학 만능 사회에 능력이 없고, 여전히 이공계는 정치 사회에서 무시당하고 박사 과정은 미달인 시대이기에 석사, 박사 통합 과정을 뽑는 시대이다.

더구나, 핵무기의 위협과 공격을 당하지 않으려면 무장해야 하는 부담과 공격을 받는다면 조기에 퇴치해야 하는 위력이 핵무기에 있다고 핵 없는 세상을 위해 노후된 원전의 중단시킨 이때 문제를 해결할 수 있는 원전선 사고(思考)는 문제를 해결할 수 있는 융합적 사고(思考)를 우리에게 제시해 주고 있다.

> 42년 만에 한미 원자력 협정에서 23기에 대한 핵 폐기물 재처리가 한미 간에 허락되고 저 우라늄으로 보존할 수 있게 되어서 향후 원자력 에너지 수출이 탄력을 받게 되었으며 실질적 국익이 최대한 반영이 되었다.

사용 후 핵연료 관리 한국의 자율을 대폭 보장한다는 것인데, SWOT 분석을 하면 아래와 같다.

첫째, 장점은 미원전서 나온 사용 후 핵연토 우리도 권한 행사가 가능해졌다는 것이다.
둘째, 단점은 포괄적 사전 동의를 확보하지 못했으며 주요 부분은 미국과 협력을 거쳐야 하고 일본에 비교하면 차별적이라는 것이다.
셋째, 핵 주권이 진일보하고 암(癌) 진단용 방사성 동위원소, 저농축 우라늄 생산 길이 열렸다는 것이 앞으로의 기회이다.

넷째, 위협은 협정 유효 기간 20년으로 단축하고 1년 전 사전 통보로 협상 종료가 가능하다는 것이다.

그러나 현 정부의 탈(脫)원전 정책으로 인해서 에너지를 역으로 수입하고 정상적인 원자력 발전소를 가동 중지시키면서 수조 원의 손실을 내게 하고 북한의 핵무기의 우산 아래 대한민국이 놓이는 것을 계속 내버려 두고 있다면 고리를 비롯한 20여 개의 대한민국 원자력 발전소가 6개월이면 핵무기를 개발하는 거점이 된다고 하는 것을 우리가 원자력 에너지 전문인 선교사가 될 수도 있는 것을 잊고 있는 것이 아닌지를 재무장해야 한다. 그리고 깨우쳐야 할 백성들에게 이 시점에 우리는 현실을 직시하고 미래를 예견하고 살았던 우리의 바울이나 귀플라프와 같은 여러 선배의 모델을 소개하는 것이 중요하다.

"사람을 낚는 어부가 되게 하리라"고 하신 예수의 제자 가운데 4명이 어부 출신인 것과 바울이 해양 선교를 중시한 것은 무엇을 시사하고 있는가?

이제 에너지 전문인 선교의 실천을 위해서 거북선의 지혜는 우리의 고단한 한국 사회에 힘이 된다고 고백한다. 2019년 현재 AIIB 가입과 사드 배치 등 중국과 미국 사이의 자국 이익주의에 끼어서 울돌목에 갇혀 있는 동북아시아의 섬이 된 이 나라가 사랑의 원전선(소형 원자력 발전소를 배에 싣고 전력이 필요한 나라마다 방문하여 전기 발전을 시켜주는 사업이다)을 통해서 초일류 대한민국으로 가는 길목에서 영적 관통을 하는 전문인 선교 사업임을 인식해야 한다. 또한, 이동식 원자력 병원선을 추가로 갖춘다면 예수님이 가르치고, 고치고, 선포하신 복음을 실천하는 것이 된다. 이러한 모델은 성결 교단의 순교자인 문준경 선교사가 우리에게 주었다고 본다.

현재 중국은 대한민국의 기술력의 50퍼센트 정도의 수준으로 서해 연안 도시에 집중적으로 28기의 원자력 발전소를 2020년 올해까지 완공을 목표로 추진을 하고 있고 일본은 이미 후쿠시마 원전 사태로 신용을 잃은 상태지만 생존을 위해서 폐수를 다 바다에 쏟아내기로 했고 원자력을 100퍼센트 다 가동하고 있으며 한국은 고리 원자력 발전소를 패쇄하고 간헐적으로 가동이 중단되는 사태를 유도하고 있고 2020년 국정 감사에서도 감사원의 최종 보고를 미루고 있는 형편이다.

영국의 유력 매체인 「파이낸셜 타임즈」(Financial Times)는 신고리 4호 시가 유휴 상태로 방치되고 하루에 15억에 달하는 손실이 발생하고 있다고 추산하며 정치적 압력이 원자력 발전을 저해하고 있으며 한국전력이 상반기에만 1조 2,000억 원의 손실을 입은 것도 원자력 에너지보다 2배나 비싼 액화 천연 가스(LNG)로 급속히 전환했기 때문이라고 꼬집었다.

원전 수출의 장애는 곧 중국으로의 인재 유출로 이어지게 된다. 언제든지 원자력 발전소의 위기 상황이 발생할 수 있다는 것이기에 먼저 위기 관리 능력을 배양한 원전선을 통하여 동북아시아 시대 화해의 조정자 역할을 감당할 수가 있는 리더가 되게 눈을 뜨게 해 주어야 한다.

하나님의 카이로스 시간이 소중하다. 2030 미래 예측의 관점에서 볼 때 거북선에서 비롯된 그리고 한국전쟁 당시에 미군 함대가 부산에 정박하여 배 안에서 이동식 발전소 시설을 갖추고 발전을 하고, 예수전도단(YWAM) 출신의 이돈희 박사가 세계 무역선을 만들어 세계 무역 센터를 전 세계에 홍보하겠다는 비전을 '사랑 1.0 버전'이라고 본다면 온 세상을 다니며 어둠에 갇힌 제3세계의 가난한 나라에 빛을 제공하여 주고 병자를 고쳐주는 원전선은 서로 '사랑 2.0' 버전이다. 한마디로 하나님 사랑의 대사가 되는 것이다.

더구나, 현대판 해상 실크 로드를 따라서 동북아시아 시대의 해양 리더로서 대한민국(Lead up Korea)이 일어나는 결정적인 일을 감당하게 하는 비즈니스 전문인 선교의 현장을 보여 주게 될 것이다. 라이즈 업 코리아는 칭의(Justification)에 의한 1차적 구원을 보여 준 한국 교회의 목사 중심의 선교이다. 라이즈 업 네이션즈(Rise Up Nations)는 성화(Sanctification)에 의한 2차적 구원을 보여 주는 한국 교회의 복음의 확산을 위한 평신도 중심의 선교이다. 리드 업 네이션즈(Lead Up Nations)는 비로소 애화(Lovification)에 의한 3차적 구원의 완성인 영화(Glorification)을 향한 천국선과 같은 한국 교회의 선교 완성을 위한 전문인 중심의 선교의 역할 모델이다. 이를 실천하기 위해서는 헌신 즉, 희생이 필요하다.

원전선이 이 시대에 현대판 거북선이 되어서 영적 전쟁으로 승리하며 무궁화 꽃으로 삼천리에서 발원하여 물이 바다 덮음같이 온 지구상에 하나님의 사랑을 증거하는 선교선이 되는 것이 빈딧불과 같이 온 세상이 캄캄하여 참 빛이 사라지는 듯한 코로나19의 현실에서 온누리에 빛을 비추는 성촌(聖村) 정근모 박사의 사랑의 원전선의 갈 길이다.

2. 본론

영적 전쟁이요, 경제 전쟁에서 하나님의 지혜로 승리해야 한다. 이념 전쟁에서 하나님 중심의 세계관을 가지고 승리해야 한다. 사랑의 원자탄 신학은 실천적으로 하나님의 의의 품성을 닮은 사랑의 원전선이라는 선교 현장이 있기에 글로벌 상황화신학이 될 수 있다.

예수 품성 21가지 가운데 첫 번째로 정직을 말하고자 한다. 하나님의 의가 제공하는 의의 7가지 품성들은 다음과 같다.

첫째, 의는 율법의 제도와 상관이 있다(롬 3:21)
둘째, 의는 하나님의 계시를 배움으로 발견되어진다(롬 3:21)
셋째, 의는 오직 믿음으로만 얻어지는 것이다(롬 3:22)
넷째, 의는 모든 사람에게 차별없이 주어지는 것이다(롬 3:22-23)
다섯째, 의는 하나님의 은혜로 인해 자유롭게 주어지는 것이다(롬 3:24)
여섯째, 의는 예수님의 구속 사역을 인해 완성되었다(롬 3:24)
일곱째, 의는 속죄 제물로 인해 값을 치루었다(롬 3:25)

2030 미래 예측을 하는 입장에서 보니, 한국은 계속 세속화하고 사람들은 '참 믿음'을 떠나는 것이 분명하다. 이러한 난세에 '참 우리'는 이 풍진 세상을 만나게 되었다.

이 민족과 국가가 주변의 강대국 사이에 근본이 잘못된 세력에 의해서 잘못되지 않고 바울과 같이 이순신과 같이 자신을 비울 때 하나님이 채우심의 법칙을 알고 거북선에서 배운 지혜가 원전선으로 승화되는 전문인 리더십인 '종의 도'(servantship), '청지기의 도'(stewardship) 그리고 '희생의 도'(sacrificeship)에 기초하여 원전선 선고 사업을 통하여 'Global Zero Peace 운동'(핵무기 철폐, 인종 학살 중단, 환경 오염 금지)을 펼치는 축복의 통로로서의 전문인 선고 한국의 사명을 다 감당해야 한다.

2017년 대한민국을 찾았던 중국인 요우커의 숫자가 다시 회복되어 600만 명이라고 한다. 향후 2년 안에 2천만 명에 이르게 된다고 한다.

물질을 가장한 공산주의의 인해 전술을 무찌를 수 있는 것은 예수 사랑의 원자탄을 우리가 먼저 쏘는 것밖에 더 있겠는가!

최근에 「중앙일보」에 82회 연재로 원전의 중요성을 설파하셨던 글로벌 원자력의 아버지인 정근모 박사의 저서가 한국과학기술원(KAIST) 설립 50주년을 기념하여 2020년 12월에 발간이 되는 시점에 이제는 기독교 밖에는 한반도의 위기를 구할 조직이 없다고 생각한다.

바울의 선교 전략을 해상 선교 전략으로 치환하여 본다면 칼 귀츨라프(Karl Gützlaff)의 충남 보령시의 고대도를 중심으로 했던 선교 전략인 방문 선교, 문서 선교, 번역 선교, 돌봄의 선교 그리고 전략적 선교를 통한 조선 선교에 대한 재구상과 호소[9]를 피터 드러커 박사의 말대로 자발적인 의지에 의해서 스스로가 미래의 삶을 개척하는 지식 근로자인 전문인된 우리가 먼저 '일의 선교학'을 가지고 바르 이해하고 예수전도단의 디전도 종족 선교를 위해서 항구 도시에 지부를 세워나가는 것과 상관성을 가지고 한반도에서 2030년까지 원전선 기지나 핵 폐기물 처리장을 세울 수 있다는 전략을 수립할 수 있다.

사도행전에 나타난 바울의 선교적 특징과 전략을 바울이 머물다간 지중해 섬들과 칼 귀츨라프의 행적을 살펴보면 원전선을 통한 전문인 선교의 모델이 우리를 통해서 재창조될 것을 기대해본다.

---

9 오현기, 『굿모닝, 귀츨라프』 (북코리아, 2014), 355-69.

첫째, 사도 바울은 성령의 인도하심에 따라 당시로서 가장 인구가 많고 번성한 지역 몇 군데를 거점으로 삼아 집중적으로 선교하였지만, 도서(섬들)에 대한 선교를 감행하였다. 이 지역들은 모두 청정 지역들로서 원전선을 정박하여도 주민과의 마찰을 줄일 수 있는 창조적인 선교 방법이다.

귀츨라프는 조선의 선교 전략을 수립하고 태풍을 피해서 고대도를 방문한 것이다. 마치 사도행전 28장의 바울의 유라굴로 광풍 앞에서 소아시아에서 살아난 것과 마찬가지로 동북아시아에서도 같은 체험을 한 것으로 볼 수 있다.

> 귀츨라프에게 있어서 이 여행은 동인도 회사의 목적처럼, 통상로의 개척을 위해서가 아니었다. 그의 목적은 선교사로서 선교 그 자체에 있었다. 그래서 그는 조선에서의 사역을 선교 사역들로 이해했고, 자신 같은 선교사를 '그리스도의 사자'라고 표현하며 '소망의 경작지'를 얻게 하실 것을 확신하고 있었다. 그는 이 선교 여행 중에 목숨까지 잃을 뻔했다. 조선을 비롯한 동아시아를 방문한 것은 바로 선교 사역을 위해서였다. 실제로 1843년에서 20만 명의 개신교인이 중국에 존재한 데에는 이와 같은 귀츨라프의 선교 사역이 기여한 바가 컸다.[10]

둘째, 사도 바울은 혼자서 모든 일을 처리하는 슈퍼맨과 같은 선교사가 아니었다. 그는 언제나 그의 동역자들과 함께 팀(team)으로 사역을 진행해서 수십 차례에 걸쳐서 선교팀을 구성하고 특별히 외진 도서(섬들) 지역에 대한 선교에 에바브로디도와 같은 오피니언 리더들을 그레데에 남겨두었기에 효율적인 선교 방법이다.

사도 바울과 마찬가지로, 귀츨라프도 3차에 걸친 선교 여행을 했으며 홍콩에서 소천했다.

---

[10] 오현기, 『굿모닝, 귀츨라프』, 356.

귀츨라프는 1831년의 1차선교 항해를 중국 광동성 출신의 린정의 돛단배를 타고 방콕, 천진, 마카오의 여정을 6개월에 걸쳐서 실시하였으며 1832년 2차선교 여행을 영국 동인도회사 소속의 에머스트호를 승선하여 마카오, 타이완, 닝보, 상하이, 충밍다오, 웨이하이, 조선, 일본을 실시했고 1832년 7월 26일에 고대도 안항에 도착했다. 1832-33년에는 3차 선교 여행으로 실프호를 타고 마카오를 출발하여 타이완, 푸센성의 남안, 저장성의 피관, 타이완, 유구, 닝보, 보타, 저우산 등을 선교 여행을 하며 선교 전략을 수립했다.[11]

셋째, 사드 바울은 환경에 따라 그리고 선교의 대상에 따라 매우 다양한 방법의 효과적인 선교를 시도했는데, 여기서 우리는 발상의 전환으로 동서 문화의 교류로서의 육상 실크 로드와 해상 실크 로드에 착안하여 동서 안보를 위한 원전선을 고려해 볼 수 있기에 효과적인 선교 방법이다.

그러한 해상 실크 로드로의 발상의 전환을 우리는 칼 귀츨라프를 통해서 발견할 수가 있어서 다행이다.

귀츨라프는 에머스트호의 선의(船醫)로서 베를린 선교 학교의 토룩(Tholuck) 교수로부터 의술을 전수받았으며 수마트라섬의 빈탄 인근에서 아편 중독인 환자를 돌보는 작은 병원을 운영했으며 태국에서 마약 환자와 눈병 환자를 돌보며 조선에

---

11 오현기, 『굿모닝, 귀츨라프』, 407-09 요약. 로드 암허스트(Lord Amherst)호는 500톤급 영국 동인도 회사 소속의 무장(武裝) 상선으로 조선에 정식으로 문호를 개방하고 교역할 것을 요구한 최초의 서양선이다. 이 배는 영국 동인도 회사 재청(在淸) 상관(商館)의 요청으로 동아시아 지역에서 새로운 통상지를 탐사하고 통상 무역의 자료를 수집하기 위해 타이완(Taiwan)과 조선 서해안과 제주도 그리고 일본 오키나와(Okinawa)에 이르는 항해를 계획하였다. 중국어에 능통했던 귀츨라프는 이 배에 통역관이자 선의(船醫)로 참가하였다. 로드 암허스트호는 1832년 2월 중국 광둥(廣東)을 출발하여 순조 32년인 1832년 7월 18일(음력 6월 21일) 황해도 몽금포 앞바다에 나타나 그 곳 아전들과 필담을 진행한 뒤, 남하하여 7월 23일(음 6월 26일)에 충청도 홍주(洪州) 고대도(古代島, 지금의 충청남도 보령시 오천면) 안항(安港)에 정박하였다. 충청 관찰사 홍희근(洪羲瑾)은 곧바로 홍주(洪州) 목사(牧使) 이민회(李敏會)를 보내 경위를 알아보게 했는데, 항해의 책임자였던 휴 해밀턴 린제이(Hugh Hamilton Lindsay)는 조선 국왕 순조에게 서한을 보내고 여러 필의 모직천과 천리경, 유리 그릇, 금단추, 서적 등을 예물로 바치면서 무역 협정의 체결을 요청하였다.

서 감기 환자 100여 명에게 인술을 베풀었다. 중요한 점은 고대도에 머무는 동안 조선 환자들에게 꾸준히 약을 공급해 주었고 감자를 심는 법과 포도를 가지고 포도주 담는 법을 전수했다는 것이다. 의술을 가진 선교사 파송을 역설을 했고 불신자의 생존까지도 돌보는 선한 사마이아인의 모델을 제시해 준 것이다.[12]

당시의 상황에 대해 <조선왕조실록>에는 다음과 같이 기록되어 있다.

> 7월 12일에 모양이 이상한 작은 배 한 척이 서산(瑞山)의 간월도(看月島) 앞 바다로부터 태안(泰安)의 주사창리(舟師倉里) 앞 포구(浦口)에 와서 이 마을 백성들을 향하여 지껄이듯 말을 하면서 물가에 책자(冊子)를 던지고는 바로 배를 돌려 가버렸는데, 던진 책자는 도합 4권 중에서 2권은 갑(匣)까지 합하여 각각 7장이고 또 한 권은 갑까지 합하여 12장이었으며 또 한 권은 갑도 없이 겨우 4장뿐이었다 하기에, 고대도(古代島)의 문정관(問情官)이 이 일로 저들 배에 다시 물으니, 답하기를 "금월 12일 묘시(卯時)에 종선(從船)을 타고 북쪽으로 갔다가 바다 가운데에서 밤을 새우고 13일 미명(未明)에 돌아왔는데 같이 간 사람은 7인이고 책자 4권을 주었으나 받은 사람의 이름을 알지 못한다"고 하였습니다.[13]

넷째, 바울의 선교 전략 가운데 가장 두드러진 전략은 역시 융통성 있는 선교 전략이었다. '여러 사람에게 여러 모양'(All things to all men)이 되어 다가갔다는 것이 바로 이 시대에 융섭적인 선교 방법으로 사랑의 원자탄 격인 원전선이 융통성 있는 선교 전략이다.

---

12 오현기,『굿모닝, 귀츨라프』. 361-63 요약. 귀츨라프가 싣고 온 서양천과 유리 그릇, 달력 등을 조선의 금, 은, 동 및 대황(大黃) 등의 약재와 교역할 것과 자신들을 서울로 보내줄 것을 요구하였다. 당시 조선 정부는 영국과 거리가 멀어 교역이 어렵고, 번국(藩國)의 처지에서 중국 황제의 허락 없이 사사로이 교역할 수 없는데 청(淸)의 근거할 만한 문빙(文憑)도 없이 지금까지 없었던 교역을 강제로 요청하는 것은 매우 부당하다며 이들의 요구를 거부하였다. 이들 가운데 일부는 8월 7일(음 7월 12일) 서산(瑞山) 간월도(看月島) 앞 바다에 나타나 태안(泰安) 주사창리(舟師倉里) 주민들에게 책 등을 나눠주며 대화를 시도 하였다.

13 『조선왕조실록』순조 32년 7월 21일에 기록되어 있다.

귀츨라프에게 있어서 이것은 문서 선교와 번역 선교로 볼 수 있다.

> 귀츨라프는 항해 책임자 린지의 요청으로 중국어 성경 21권인 『신천 성서』 세트와 기독교 전도 책자들을 조선의 국왕 순조어 기증하였으며 특히 그가 각처에서 단난 배포한 성경과 전도 서적은 중국어로 되어 있어서 조선인도 읽을 수 있었다는 것이다
> 조정판이 데리고 온 양이에게 한글 자모 일체를 쓰게 해서 중국어로 주기도문을 서주면서 이틀 읽고 한글로 번역하게 했다는 것이 1834년 베를린에서 발간된 외국인을 위한 잡지에 소개된 것은 얼마나 소중한 것인가!
> 이것이 추후에 홍콩의 모리슨에게도 영향을 미친 것이다. 최초의 한류 전도사라고 갈할 수 있다.[14]

다섯째, 그의 전도 전략의 최종 목적은 교회의 설립이었다. 바울이 거쳐 간 곳에는 언제나 교회가 설립되었으며, 그 교회들은 또다시 선교하는 교회로 성장하였기에 원전선은 노아 방주와 같이 움직이는 훌륭한 강대상이요, 복음이 전파되는 현대판 회당과 같은 역할을 할 수가 있는 우라굴로의 광풍과 같은 영적 전쟁의 비, 바람 그리고 눈보라가 난무하는 포스트 모던 사회에서 가장 전문성을 지닌 선교 전략이다.

귀츨라프는 교회 개척지로 지리상 이점, 선교 거점으로 제주도를 본 것이다.

> 귀츨라프는 조선에서 한 달간 선교하면서 제주도가 지리적 특성 때문에 일본, 조선, 만주 그리고 중국을 잇는 선교 기지로 적합할 것이라고 보았다. 제주도에 선교 기지가 세워진다면 인구가 많은 조선, 일본, 만주, 중국에 복음의 전파가 이루어 질 수 있다고 생각한 것은 사도 바울의 교회 개척 성장에 대한 비전

---

14 오현기, 『굿모닝, 귀츨라프』, 377-60 오약. 로드 암허스트호는 현지 관리들의 완강한 거부로 목적을 이루지 못하자 조선 정부에게 필요한 물품을 지급받고 8월 15일(음력 7월 20일) 조선 국왕에게 보내는 주문(奏文)과 예물을 남겨둔 채 물러났다.

과 일치하는 것이다. 구체적으로 실천된 증거는 발견되지 못했으나 동아시아 개신교 선교 계획이 문서화된 최초의 언급이다.[15]

귀츨라프는 1834년부터 마카오에 정착하여 주중 영국 대사의 비서이자 통역관으로 있으면서 자신의 선교 활동에 관한 기사와 책들을 사도 바울과 같은 자세로 썼다. 1837년에는 마카오에 표류한 일본인에게 일본어를 배워 요한복음을 일본어로 번역하였다는 것은 섬 선교의 전략이 문서 번역 선교임을 보여 주는 것이다. 1840년 제1차 중영 전쟁(아편 전쟁) 때에는 영국 정부의 통역관으로 활동했고, 난징 조약(南京 條約) 체결 이후에는 1851년 죽을 때까지 홍콩 총독부에 근무하면서 선교사 양성 학교를 운영하였다. 그는 동북아시아 지역의 전문인 선교 훈련원의 효시이기도 하다.

3. 결론

여기서 우리가 교훈을 얻게 되는 것은 2030년 미래 예측의 입장에서 보면 백령도, 연평도 등 북한과 지속적인 마찰이 있는 섬들에서도 원전 바지선의 모델을 찾을 수 있다는 것이다.

내용을 정리하면 다음과 같다.

첫째, 무슬림은 대부분의 교회를 사원으로 바꾸었다는 것이다.
둘째, 원자력 병원을 위한 소형 원전선을 개발하는 것도 중국의 요우커들을 고급 환자로 유치하는 원자력 병원 선교 전략이다.
셋째, 해양에서 해적들을 차단하는 방어로서의 핵무기를 장착한 원전선과 미사일 부대도 같이 필요하다.
넷째, 원전선과 함께하는 한류 관광 사업을 개발해야 한다.

---

[15] 오현기, 『굿모닝, 귀츨라프』, 364-66.

다섯째, 7개의 거점에 온라인 신학 교육의 오프라인 교육을 보완할 수 있는 다중 위성 임무 센터(multi-campus satellite mission center)인 원전선 O2O 플랫폼 대학교를 세울 수 있다.

우리가 방문한 충남 보령시의 고대도를 비롯한 10개의 섬을 브면서 고린도에서 천막을 수선하는 텐트 메이커였던 사도 바울이 브리스길라와 아굴라와 함께 실천한 자비량 선교의 시역과 함께 종합적으로 소아시아 7개의 섬에 팀으로 한 사역과 마찬가지로 독일에서 가죽 허리띠를 만드는 기술자였던 귀츨라프의 전문인으로서의 직장 선교 정신인 자치(self-governing), 자립(self-supporting), 자전(self-propagating), 자신학(self-theologizing), 자경영(self-managing), 자선교(self-missiologizing)의 전문인신학의 주춧돌을 재발견을 해야 한다.

2030년까지 한반도가 초일류 대한민국으로 가는 순례자의 길에서 '레이즈 업 코리아'(Raise Up Korea)로 나라를 세워주셨으니 '라이즈 업 네이션즈'(Rise Up Nations)로 초일류 대한민국의 기틀을 다지고 '리드 업 코리아'(Lead Up Korea)로 하나님이 쓰시는 초일류 대한민국으로 나가는 대업을 완수하는데, 섬김의 도(servantship), 청지기의 도(stewardship), 희생의 도(sacrificeship)가 필요함은 두말할 것도 없다.

초대 교회 당시에 사도 바울이 예수행전, 성령행전으로 여러 섬에 복음을 증거한 것과 마찬가지로 1832년에 칼 귀츠라프가 주기도(主祈禱)를 중국어로 전달한 것이 고대도에서 처음 시작이 되었다고 한다면 그 후에 예수전도단이 하와이 코나를 비롯하여 홍콩과 대만의 까오슝, 한국의 제주도 등 전 세계의 모든 섬에 지부를 세우고 선교하는 것과 마찬가지로 오늘 귀츨라프 선교사의 꿈이었던 조선에 빛을 던지려고 중국어 성경과 중국어 주기도문을 가지고 온 2019년에는 전문인의 입장에서 주기도를 해석함으로써 한글을 통한 세계 선교를 실천하는 것이 옳다고 본다. 이에 전문인의 입장에서 주기도를 해석한 글을 소개하고자 한다.

주기도를 10단계로 이해할 수가 있다.

첫째, 기도 대상: 하늘에 계신 우리 아버지(Rethink, Remember)

이름을 외치는 순간에 강력한 피로 회복이 된다. 살아계신 하나님을 기억하라. 하나님의 주권이 우선이다. 인간의 기도는 하나님과의 소통이다. 하나님의 품성은 공의의 하나님이 우선이다. 공의 이후에 화해이다.

둘째, 첫째 간구: 이름이 거룩히 여김을 받으시오며(Repentance)

거룩하심을 인정하는 순간에 우리의 영혼은 노화 방지, 당뇨 예방이 된다. 지상대명령을 우선시 못함을 대회개(the Great Repentance) 해야 한다. 하나님의 속성이 거룩하심이다. 신자의 비세속성의 원리가 여기서 나오는 것이다. 구원 확신법의 회개가 왜 필요한지를 탐구하라. 유사 그리스도인(Almost Christian)은 거듭난 성도가 아니다.

셋째, 둘째 간구: 하나님의 나라가 임하옵시며(Revival)

세속주의에 대한 면역력 향상, 염증 증상 완화로 천국 시민이 된다. 새 피조물로 재창조하시는 것이다. 바이오(bio)와 죠에(life)의 차이는 바이오는 육신의 건강이고 죠에는 영생이다. 하나님의 나라와 하늘 나라의 연속성이 이 땅에서 우리 가운데 이루어지는 것이다.

넷째, 셋째 간구: 뜻이 하늘에서 이루어진 것같이 땅에서도 이루어지이다 (Reformation)

예수의 피가 흘러서 혈액 순환 개선, 치매 예방으로 성령이 함께 하는 삶을 산다. 기도할 때 기쁨이 유지되는 이유는 십자가에서 이루었기 때문에 기쁨(애신-애타-애기)이 유지되어야 하기 때문이다. 이 땅에서 하나님의 뜻이 이루어진다고 하는 것은 마귀의 견고한 진을 파해야 한다는 의미이다. 이는 기독교 세계관으로서 그리스도 안에서 그리스도의 마음을 품고 하나님의 뜻을 준행하는 삶이다. 이는 율법 폐기, 은혜 복음의 삶이다. 그리스도의 법, 생명의 성령의 법, 성령의 열매를 맺는 삶으로 이어진다. 십자가의 사랑으로 "서로 사랑하라"는 계명이다.

다섯째, 넷째 간구: 오늘날 우리에게 일용할 양식을 주옵시고(Reconciliation)

일용할 양식만 먹어야지 뷔페(Buffet)로 먹기 때문에 문제인데 말씀의 양식을 공급받으면 체중 감량 선교 에너지로 생성이 된다. 기쁨은 감사로 이어져야 한다. 작은 신음에도 감사해야 한다. 헌금의 문제와 연관하여 보여주기 위한 외식적인 구약의 제사의 개념인 십일조와 헌물이 아니라 고아와 과부와 가난한 자를 돕는 풍성한 연보가 맞다.

『QA 성경』 공부에 의한 제자 훈련을 통하여 기본적으로 복음을 다 증거할 수 있는 사역자로 키워야 한다.

여섯째, 다섯째 간구: 우리가 우리에게 죄지은 자를 사하여 준 것 같이 우리의 죄를 사하여 주옵시고(Restructure)

사면해 주게 되면 구조가 바뀌는 것이다. 죄의 바이러스는 각기 몸살, 천식 편두통을 우리에게 일으키게 된다. 그러나 예수의 피로 이미 극복한 것이다. 기도할 때 죄악이 관영해도 감사하는 기도를 하라. 하나님은 어렵지만 전능하신 하나님이 그늘 아래 거하게(언더우드 선교사의 간증) 하시지, 사망의 음침한 골짜기에 내버려 두지 않는다.

'선 회개+후 믿음=구원'의 공식이 맞다. 회개가 없거나 순서를 바꿔서 믿음으로 구원을 받는다고 하는 것은 어불성설이고 인본주의적인 믿음이다. 용서는 주는 것이고 망각은 미움이라고 하는 잔상이 남은 것이다. 거룩한 산 제물의 의미를 생각해야 한다(롬 12:1-2). 나는 죽고 그리스도만의 의미를 알고(갈 2:20; 5:24) 내 안에서 성령이 역사하시도록 축복의 통로가 되어야 한다.

하나님의 공의가 인본주의적인 사랑에 우선한다.

일곱째, 여섯째 간구: 우리를 시험에 들게 하지 마옵시고(Remission)

인간은 인격이라는 가면을 쓰고 사는 것인데 피부 및 기미 개선 미인을 자랑하지만, 영적인 삶은 내면의 기쁨으로 영육 간에 강건하게 된다. 성령 충만한 헌신을 하는 새 피조물이 되어야 한다. 나는 이것을 전문인이라고 부른다. 피터 드러커는 전문인이란 자발적인 의지로 스스로가 미래의 삶을 개척하는 지식 근로자를 전문인이라고 했다.

'시험 vs 시련'은 차이가 있다. 겟세마네 동산의 예수님의 기도처럼 시련도 시험의 모습으로 올 수도 있다.

'이신득의 vs 3S+ 3S'다. 즉, 구원(Salvation), 성화(Sanctification), 봉사(Service), 종의 도(Servantship), 청지기의 도(Stwardship), 희생의 도(Sacrificeship)으로 생활 가운데 구원을 이루는 두려움과 떨림이 있어야(성화의 여러 단계도 생각할 수 있는데 애화, 고화가 그것이다) 성도이다. 영원한 복음이라고 요한계시록에는 1회 언급이 되어있다(요 14:6; 계 14:6). 수익이 나는 한에서 선교를 한다고 해도 기독교 세계관에 기초하여 선교를 해야 한다.

여덟째, 일곱째 간구: 다만 악에서 구하옵소서(Rise Up)

저주의 권세라는 악에서부터 보호를 받는 것은 각종 암 예방이며 병에 걸렸을지라도 치료를 통하여 영생을 체험하게 하신다. 주기도의 삶은 헌신이다. 자비량 선교로 헌신하는 것이 가장 건강하다. 영혼 구령이라는 총체적인 헌신의 삶을 사는 것이다.

우리는 악에서부터 벗어난 것이지 라인홀트 니버의 말씀처럼 더 큰 악과 더 작은 악 사이에서 선택하며 사는 것이 아니다. 우리는 율법을 졸업하고 은혜 아래 사는 것이기 때문이다. 죄악에서 완전히 떠나는 것이다. 교회(에클레시아=ek+kaleo)라는 개념 자체가 세상과 분리되어진 무리라는 의미이기 때문이다. 신자의 비세속성의 원리는 요한복음 17장에 다시 한번 모범 기도로 나타나 있다.

율법은 죄만 지적하나 성령은 죄에 대해서, 의에 대해서, 심판에 대해서 증언한다. 그러므로 우리는 성령 시대에 생명과 성령의 법의 지배를 받으며 성령 안에서 거하며 성령의 열매 맺는 삶을 살아야 한다.

로마서 8:30-31에서 예지, 예정, 부르시고, 의롭다 하시고, 영화롭게 하실 주님은 로마서 8:28에서 삼위일체 하나님이 합력하여 선을 이루시며 하시는 구속사임을 밝히고 있다.

아홉째, 송영: 대개 나라와 권세와 영광이 아버지께 영원히 있사옵나이다(Return).

천국에서 영원히 사는 삶은 오염된 이 땅에서의 뇌출혈, 뇌경색을 예방하는 삶이다. 그러므로 하나님의 나라를 위해서 진심으로 즉각적으로 신실하게 헌신해야 한다.

열째, 아멘(Reward, Rapture).

주기도의 10가지 흐능 만점은 주기도를 암기하고, 음미하고, 실천할 때 주의 권능이 나타나게 된다. 가시 면류관이 없으면 영광의 면류관이 없다(No Cross, No Crown[Old Gospel]). 천국의 베마 시상대 앞에 서는 것이다. 죽임 당하신 어린양에게 우리의 면류관을 벗어 드리며 경의를 표하는 것이다.

4. 적용: 원전선 선교사의 영적 전쟁

아프리카 선교의 문을 열었던 문화 교류 영성가인 샤를 드 푸코(Charles Eugene de Foucauld)의 '의탁의 기도'(charles de foucauld prayer of abandonment)를 음미해 보고 있다.

> 하나님 아버지
> 이 몸을 당신께 맡겨 드리오니
> 당신 좋으실 대로 하십시오
>
> 저를 어떻게 하시든지 감사드릴 뿐
> 저는 무엇이나 준비되어있고
> 무엇이나 받아들이겠습니다
> 아버지의 뜻이 제 안에서 이루어진다면
> 이 밖에 다른 것은 아무것도 바라지 않습니다

또한, 아버지께서 더욱 큰 행복과 선으로
앞으로의 제 삶을 이끌어 주시리라는 것을 믿습니다

하나님 아버지
아버지를 온전히 신뢰하는 은혜를 베풀어주십시오

당신은 저의 아버지시기에
끝없이 믿으며 남김없이 이 몸을 드리고
당신 손에 맡기는 것이 어쩔 수 없는
저의 사랑입니다 아멘.

나이로비의 환상을 보며 아프리카 전문인 선교의 문을 열어야 하는 필자로서는 문화교류선교학자의 입장에서 샤를 드 푸코를 소개하는 것이다. 프랑스의 귀족 출신인 그는 1897년 팔레스티나의 나자렛으로 가서 클라라회 수녀원의 문지기로 살며 1900년까지 밤낮으로 묵상과 기도에 전념하였다. 그의 생활은 가장 비천한 노동, 경건한 독서, 성경 공부, 기도로 이어졌으며 푸코는 수많은 사람이 영적인 가난 속에서 살아가는 아프리카의 모로코에 이끌려 모로코와 알제리 국경 근처 베니수도원(Beni-Abbes)의 은수처로 유대인 시종을 가장하고 들어갔다.

그는 사막의 무슬림 부족들에게 복음을 전하고자 했는데, 그 방법은 설교가 아니라 모범을 보이는 것이었다. 그는 영성 기도과 사랑의 삶을 통해서 자신 스스로 '보편적인 형제'인 하나님의 사람임을 보여 주고자 했다. 이 과정은 후에 선교사들이 활동할 수 있는 터전을 준비하는 것이기도 했다.

1905년 그는 사하라 사막의 더 깊은 곳으로 들어가 알제리 남부의 도시인 타만라세트(Tamanrasset) 근처 아하가르(Ahaggar) 산에 은신처를 마련한 후, 그곳에서 11년 동안 생활하면서 선교사들이 올 때를 대비하였다. 그는 투아레그족(Tuareg)으로부터 존경을 받았으며 그들의 관습과 언어에 대해 배웠다. 또한, 그는 자신의 모든 능력과 정성을 다해 사람들을 섬기며 평화를 이루기 위해 끊임없이 노력했다. 그는 1916년 프랑스에 반대하는 봉기가 일어났을 때 그 여파로 12월 1일 타만라세트에서 사누시파(Sanusiyah) 무슬림들에 의해 프랑스인이기에 암살을 당했다. 오늘날의 EU의 혼란과 아프리카의 병진 앞에서 서구 제국주의에 반성을 촉구하고 한국인에게는 문화 교류의 귀감이 된다고 본다.

핵무기와 원자력 발전의 차이점을 잘 모르는 그러나 무조건 핵 없는 사회 운동을 하는 시민 단체들을 볼 때 이것이 원자력 에너지를 생산하는 원전선에 대한 소개를 제대로 해야 하는 이유라고 본다. 영적 전쟁에서 승리하는 성경적인 삶의 기본 원리는 모든 사람에게 적용되는 것으로 선택 사항이 아니다. 따라서 인간은 누구나 이 원리를 따르지 않으면 하나님의 뜻을 위반하는 결과를 초래하게 된다.

사도행전 27-28장은 유라굴로 광풍 앞에서의 항해는 영적 전쟁의 교과서와 같다. 이 본문에는 영적 전쟁을 일으키는 돈, 권력, 섹스에서 제외된 지중해 유라굴로 광풍 즉 저들이 말하는 해신 앞에서의 사건이기 때문이다. 이 본문에서 평안, 감사, 청결, 기쁨, 찬양, 축복을 발견할 수 있기 때문이다.

흔들리는 바다에서 승리했다면 메마른 땅에서도 승리할 수 있기 때문이다. 스올(Sheol)의 바다 귀신을 이겼으니 여기서 끝이 나는 것이 아니라 이제 육지 귀신인 로마의 제우스 신에게로 나가는 것이다. 귀신을 축사하는 것이 최종 목표가 아니고 그다음에 온전한 복음인 그리스도의 새 계명을 전해서 복음이 확산하도록 하는데까지 나가야 한다. 이것이 영적 전쟁의 마지막 시상대 앞에 서는 일이다.

그러므로 영적 전쟁에서 승리하는 비결은 견고한 진을 파하고 얻은 칭의의 삶에서 날마다 지속해서 성화를 유지하는 것이다. 성화를 유지하는 것은 십자가의 사랑을 실천하는 것이니 날마다 하나님의 말씀을 붙잡고 예수님 중심의 해석을 하며 무장하는 것이다. 주 안에서 거하는 삶을 살아야 하는데, 이는 그리스도 안에서 그리스도와 교제하는 기도, 찬송, 말씀, 생활 전도의 삶을 사는 것이다. 그리고 자기 자신을 쳐서 복종하는 절제의 삶을 살아야 한다. 그리고 말씀으로 채울 때 마귀와의 싸움에서 능력이 나타나는 것이다. 그리고 매일 말씀 연구를 통한 성령 충만을 통해 죄에 대하여, 의에 대하여, 심판에 대하여 깨닫게 하시는 성령의 음성에 민감하게 반응하고 실천해야 한다.

이미 십자가에 못 박힌 우리가(갈 2:20) 나는 죽고 그리스도만의 자세로 날마다 정과 욕심을 십자가에 못 박는 삶을 살아야 한다(갈 5:24). 그리고 선교지에 나가면 혼자 있게 되는 때가 많기 때문에 항상 자기를 살피고 영적으로 각성하고 항상 깨어서 일어나 이방의 빛을 발하는 삶을 살아야 하늘의 평안, 날마다 감사, 마음의 청결, 샘솟는 기쁨, 영혼의 찬양, 강 같은 축복이 물밀듯이 채워져서 주의 은혜로 주님이 내 안에 사셔서 승리하게 하신다.

흔들리는 바다 위에서 이순신 장군이 임진년, 정유년 해전에서 23전 23승을 하신 것처럼 원전선이 성공을 한다면 고리, 월성 원자력 발전소도 승리할 수밖에 없다.

'핵 없는 세상을 위한 한국 그리스도인 연대'에서는 '핵 없는 생명 세상을 위한 총회'에서 수명이 다한 노후 원전을 주장하고 있다.[16] 이 문제의 해결은 목사 선교도 아니고 평신도 선교도 아니다. 제3의 길로서의 연합인 전문인 선교가 그 정답이다. 그 전문인 선교의 역할 모델로서 원자력 에너지 선교의 가능성을 소개했다.

세계교회협의회(WCC)에서는 오늘날 핵 에너지를 판단하는데 있는 에너지 윤리 원칙을 세 가지로 지적하고 있는데 이를 평가하면 아래와 같다.

첫째, 창조 세계의 지속 가능성을 촉진하기 위해서 미래 세대에 대한 책임의 원칙을 원전선을 통한 에너지 선교로 가능하다.

둘째, 인간의 생존과 성취를 가능하게 하는 정의의 원칙을 원전선을 통하여 GZP(핵무기 철폐, 종족 학살 금지, 환경 오염 중단) 운동으로 가능하다.

---

16 그 이후로 고리 원자력 발전소는 폐쇄가 되었다. 대한민국의 탈원전 정부에 의해서 교묘하게 북한의 김정은의 비핵화를 시간을 끌고 국제 사회의 제제를 무력화시키도록 돕는 것이 아니냐는 오해를 불러일으키고 있다.

셋째, 삶에 직접적인 영향을 미치는 에너지 선택에 사람들이 참여하게 하는 원칙을 통하여 원전선에서 사역하는 전문인 선교사들을 통하여 '전신자선교사주의'가 실현 가능하다.

한마디로 이러한 세 가지 원칙을 모두 충족시키는 현대판 피타고라스의 원칙의 적용이 원전선이라고 평가하고자 한다.

전문인 선교 전략의 입장에서 문제 해결을 위한 협상의 원리에 기초하여 원전선을 통한 전문인 선교를 평가하도록 한다.

첫째, 무슨 일이 일어나야 하는지를 이해하라.
둘째, 다른 사람들의 경험으로부터 배워라.
셋째, 종합적인 전략이나 접근을 개발하라.
넷째, 문제를 해결하기 위한 계획을 개발하라.
다섯째, 계획을 실행하기 위한 지원을 확보하라.
여섯째, 계획을 실행하라.
일곱째, 결과를 활용하라.[17]

---

17 J. 마크 테리(J. Mark Terry) 외, 『선교 전략 총론』(Developing a Strategy for Missions), 임주연 역 (CLC, 2015), 425-27. 이에 대한 전문인 선교 전략적 평가를 하면 아래와 같다. 전통적인 선교 전략이 아니라 전문인 선교 전략이며 단순한 비즈니스 선교 전략이 아닌 에너지 선교 전략 가운데서도 원자력 에너지를 생산하는 배라는 개념이다. 이동식 미소 밥차라든지 최근의 문화 선교에서 사용되는 사역에서도 운전선이라는 개념이 가능하지만 무엇보다도 이순신 장군의 4대 대첩 가운데 특히 옥포 대첩과 사도 바울의 3차 선교 사역지에서 얻은 경험을 사용한 것이기에 글로벌한 선교 전략으로 발전할 수 있다. 원전선을 건조하고 로고스호나 둘로스호와 같이 병원 선교선과 같은 개념으로 응용하여 사역을 할 수 있다. 여기에 원자력 병원선과 이동식 밥차와 같은 한류 음식과 문화 사역도 가능한 한강의 새빛 둥둥섬과 같은 거지를 피선교지의 거점을 만들어서 사역을 할 수도 있다. 실제로 사도 바울이 1-3차 선교 사역과 로마로의 여행에 이르기까지 14개의 선교틈을 구성한 것과 마찬가지로 다양한 원전선을 활용한 에너지 전문인 선교팀을 구상할 수 있으며 기독교 역사의 사례에서 다양한 특징적인 섬들로부터 얻은 정보를 2030년까지 남한의 서해 여러 섬을 개발하는데 활용할 수 있다. 원전선이 필요한 것은 일본의 후쿠시마 원전의 사고와 함께 문제 의식을 가지고 비롯되었으며 향후 우리나라의 서해안 방면으로 중국이 2020년 까지 28기의 원자력 발전소가 건설 완료된다는 가정하에 일어날 안보적인 측면에서 볼 때 움직이는 원자력 발전소인 원전선은

이러한 문제 해결의 원리대로 진행이 되면서 초일류 대한민국을 이루어 가며 구원선으로서의 노아 방주요 선교선으로서의 갈대 상자의 역할을 다 할 수 있도록 다시 우선 순위에 집중하는 것이 원자력 에너지를 생산하는 원전선을 통한 전문인 선교의 길이며, 초일류 대한민국으로 나갈 수 있는 첩경을 여는 길이기도 하다. 세계 무역 센터의 무역 전시선의 비즈니스 선교적인 기능을 할 수 있다. 이제 장보고가 꿈을 꾸었던 해양 국가의 의미가 우리 남한에 무엇을 의미하는지 알게 되었으며, 칼 귀츨라프의 고대도 선교를 통해서 이미 하나님이 조선 반도를 축복의 땅으로 점지하셨던 것을 확인할 수 있었다.

로렌 커닝햄이 말한 전 세계의 항구 도시마다 예수전도단(YWAM) 지부를 세우는 전략이 무엇이었는지 비로소 깨닫게 되자 장자의 호접몽이 바로 이것이었다고 생각을 하게 되며, 도산 안창호 선생님의 호가 왜 도산(島山)이었는지 그분의 마음을 알고 옷깃을 여미게 되며 이를 융섭한 정근모 박사님의 나라 사랑을 생각하게 된다.

구약의 니느웨성의 회개를 외치던 정신없는 선교사 요나(비둘기)가 신약에 오면 물고기를 잡는 바요나(요나의 아들) 시몬이 된다. 그 율법에 매여있던 바요나 시몬이 고넬료의 집의 환상을 보며 하나님의 은혜를 체험하고 이방인 선교의 문을 연 가이사라 빌립보의 바닷가를 상상해 보라. 성도의 연합으로서의 교회의 머리 되신 그리스도의 몸으로서의 교회를 완성케 하신 하나님의 비밀 경륜을 하와이 코나와 충남 보령의 고대도에서 다시 한번 깨닫게 된다. 그리고 그것이 이 시대에는 우리에게 전문인 선교로서 원자력 발전을 통해서 하나님의 사랑을 실천하는 원전선임을 다시 한번 거듭 깨닫게 된다. 하나님은 살아계신 참 하나님이시다.

이 시대의 거북선과 같은 역할을 반드시 할 것으로 보인다. 원전선을 통해서 전문인 선교를 하기 위해서는 먼저 옥포에 원전선 건립이 발주될 수 있도록 해야 할 것이다. 이를 국민에게 설득할 수 있는 가장 좋은 무기는 원자력 발전소의 잦은 고장을 침소봉대하는 '핵 없는 세상을 위한 한국 그리스도인 연대'와 같은 NGO 등 반대자의 입을 봉쇄할 수 있는 무기가 되기 때문이다. 그것은 다양한 유형의 원전선을 만들어서 위기 관리 안보적인 측면에 까지 능력을 보여 주는 종합 전략을 구축하는 것이 중요하다.

우리는 대한민국의 시장 경제 민주주의 사회에 살고 있다. 2018년 8월 15일을 기해서 라이즈 업 네이션즈(Rise Up Nations)는 예수전도단(YWAM)과 함께 초일류 대한민국 선포식을 했다. 라이즈 업 코리아(Rise Up Korea), 라이즈 업 네이션즈(Rise Up Nations), 리드 업 코리아(Lead Up Korea)에 이어서, 마지막으로 2030 립 업 네이션즈(Leap Up Nations)는 비로소 영화(Glorification)에 의한 3차적 구원의 완성인 천국선과 같은 마지막 한반도에서의 지상 대(大)과업인 원전선 사업이 이루어지게 될 때, 가능하게 될 것이다.

여기서 나눈 토론들을 필자의 통찰력을 더해서 스토리텔링으로 재구성하면 아래와 같다.

6자 희담의 결렬로 그리고 비핵화의 지체로 동북아시아에서 긴장이 여전히 쓰나미로 고조되는 가운데서 자연스럽게 PATO(Pacific Asia Treaty Organization)가 형성이 되어야 결국 가장 많은 핵무기를 가지고 있는 러시아와 미국의 앞잡이들인 중국과 일본의 국지적인 전쟁의 위협이 사라지게 될 것이다. 2017년 대선이 끝나고 새로운 문민 정부가 들어서게 되어서 하나님의 시간표 안에서 비핵화를 통해서 초일류 대한민국이 이루어지게 하기 위해서, 준비된 건강한 과학기술 중심의 전문인들이 주축이 되어서 북한 전 지역을 거성, 해주, 인천과 원산, 금강산 그리고 해주, 평양을 엮고 서울의 강남에 해당하는 평양 서남 지구를 스마트 도시로 개발하는 북한식 새마을 운동인 천리마 운동의 2.0 버전으로서의 과기마운동(과학기술마을운동)이 일어나게 된다.

국가 단위의 대규모 디자인인 원자력 발전소가 신포에서의 한반도에너지개발기구(KEDO)를 경험한 것을 바탕으로 남포항이나 원산항에 세계적인 두뇌와 세계적인 자본을 동원하여 불기둥으로 세계적인 규모의 원자력 발전소를 세울 수가 있으며 구름 기둥으로 이동하는 다양한 유형의 종합적인 원전선(화력선, 풍력선 포함)을 제작하며 공동체를 형성하여 현지인을 고용하여 여기서 나오는 수익금을 재투자하여 그 마을을 부강하게 하고 전기는 무료로 공급하는 방식으로 북한의 재건을 앞당길 수 있다. 이와 함께 이 일이 미국과 중국 사이의 화폐 전쟁으로 인한 원수가 독목교에서 만나는 것과 같은 지구상의 비극인 제3

차 대전이 발발하는 것을 사전에 막을 수 있는 비책일 수 있다고 본다.

미국과 중국은 미중 무역 전쟁을 시작으로 해서 제3차 전쟁을 일으키려고 하지 말고 사랑의 원전선을 타고 지구상의 마지막 과업을 'win-win partner'로 이룰 수 있다면 이것은 하나님이 경영하시는 우주적인 하나님의 대작으로서의 금강산 원전 유람선이다. 따라서 2018년 현재 비핵화를 둘러싼 삿바 싸움을 하는 트럼프(야곱-1)와 김정은(야곱-2)은 둘 다 하나님이 최종 승자이심을 고백하게 될 것이다. 아니 통일된 한국(영적 이스라엘)이 최종 승자이다. 전 세계의 12대 분쟁 지역에 나가서 KINGS 전문인 선교사들이 중심이 되어서 빈곤을 해결하고 복구 사역을 하는 것이 중요하다. 예수전도단(YWAM)이 남한의 각 도를 특성화 도시로 양 날개로 개발하는 것은 2030 미래 예측 전문인 선교를 한반도에 실천하는 과정으로서의 준비 작업이다.

에너지 전문인 선교는 한국 교회의 선교 완성을 위한 전문인 중심의 선교의 역할 모델이다.

특별히, 사도 바울이 선교한 로도스 섬에 있는 페탈루데스(나비 계곡)는 그리스어로 '날다'라는 뜻에서 파생한 페탈루다(나비)가 떼를 지어 다니는 것으로 유명하다. 우리나라의 전남 함평도 나비 축제가 있는데 여기에는 로마서 8:1-2의 애벌레가 나방이 되는 것과 같은 영적인 차원에서의 변혁(transformation)을 묵상하게 해 준다. 남북이 분단된 2019년 코리아가 향후 핵 문제를 지혜롭게 해결하고 라이즈 업 코리아(Rise Up Korea)에서 라이즈 업 네이션스(Rise Up Nations)로 그리고 리드 업 코리아(Lead Up Korea), 리드 업 네이션스(Lead Up Nations)로 발전하듯이 변혁(transformation)은 변의(trans-meaning), 변설(transpreaching), 변선(transmission)으로 완성이 되는 것이다.

다시 말해서 원자력 발전의 유용성과 핵무기의 안보성을 융합한 역할이 위기 관리 리더십에 여전히 요청되는 것이다. 핵폐기물 저장 장소 선정 등 문제가 많은 한국의 경우에는 원전선의 유익성과 함께 충남 보령시를 비롯한 여러 많은 도서 섬들과 원자력 발전소 폐기물 처리장이 동시에 머드 축제와 같이 가는 축제성을 부각해야 해양 시대에 해양 강국이 된다.

현재 아프리카 케냐에 설립이 추진되는 NAIST(성풍현 단장)는 한국의 한국과학기술원(KAIST)과 국제원자력대학원대학교(KINGS)의 기능을 융섭한 대학교가 되면 어떨까?

그렇다면 원자력 병원도 설립이 되어 AIDS로 죽어가는 많은 아프리카의 하나님의 백성들을 구원할 수 있을지도 모른다. 이것이 진정한 한류에 의한 성촌 사랑의 원전선 이야기의 별미이다. 필자는 1832년 귀츨라프 선교사가 충남 보령의 고대도에 오셔서 25일 머무는 동안에 주기도문을 한글로 번역한 것을 기억하며 주기도문에 기초하여 직장 선교의 비전을 단계별로 구체적으로 6R(회개, 부흥, 개혁, 화해, 구조 조정, 빚의 탕감), 6S(구원, 성화, 봉사, 종의 도, 청지기의 도, 희생의 도)에 기초하여 주의 도(Lordship)를 실천해 나가는 2017-2030년까지의 원전선 전문인 선교 로드맵을 설정해 보았다.

단기 예측은 1-5년 후를 말하는 것이고 중기 예측은 5-20년 후를 말하는 것이고 장기 예측은 20년 후를 말하는 것이며 또한 미래를 바라볼 때 1-10년을 '가깝게 보이는 미래'라고 하고, 11-20년을 '중간 미래'라 하고, 21-30년을 '멀리 보이는 미래'라고 한다.[18]

따라서 2017-2030은 이제 중기 예측이고 중간 미래이기 때문에 더욱 현실을 직시하고 미래를 내다보는 방식으로 선지자적으로 예의 주시해야 한다.

① 2017: 원자력 에너지에 대한 국민 인식
예수님의 주기도를 이해하며 6R 운동을 통하여 진정한 의미에서의 회개(Repentance) 운동을 하라고 하나님이 말씀하셨다.

② 2018: 탈원전에 대한 비판 인식
기도의 대상 되신 "하늘에 계신 우리 아버지"(마 6:9)로 인해 부흥(Revival)을 체험하며 LPGA를 하라는 어명을 듣고 현재 실천하고 있다.

③ 2019: 사랑의 원전선 운동 기미 혁명일에 제시

---

[18] 이광형, 『세상의 미래』(MID, 2018), 20.

"이름이 거룩히 여김을 받으시오며"(마 6:10)에 기초하여 영적인 품성 개혁(Reformation)운동을 통하여 제4차 산업혁명 시대에 스마트 폰에 의한 선교 4.0 시대니 '나도 선교사 운동'('전신자선교사주의')을 하라고 하나님이 강권하고 계신다. 세직선은 구체적으로 직장 선교의 싱크 탱크의 역할을 해야 한다.

④ 2020: 사랑의 원전선 한전에서 발주(탈원전으로 지연)

"나라가 임하옵시며"(마 6:10)는 먼저 하나님과의 화해(Reconciliation)에 기초하여 남북 간의 화해를 통해서 이 일을 이루는 데 하나님은 전라북도 군산에서 하라고 명하신다.

⑤ 2021: 사랑의 원전선 국민 투자 유치(탈원전에서 서행 중)

"뜻이 하늘에서 이루어진 것같이 땅에서도 이루어지이다"(마 6:10)에 기초하여 하늘의 생각과 땅의 생각의 막힌 담을 여는 구조 조정(Restructure)을 통하여 미중 무역 전쟁의 틈새를 공략하여 전 세계 영적으로 가난한 자들을 위한 축복의 통로로 요셉의 영적 풍년 운동을 시작하라고 하신다.

⑥ 2022: 사랑의 원전선 '성촌호'로 명명 - 2022 대선 이후 비판적 상황화 원전

"오늘 우리에게 일용할 양식을 주옵시고"(마 6:11)은 빚의 탕감(Remission)의 자세를 가지고 쓰레기 더미에서 장미꽃을 피운 한강의 기적을 일군 대한민국이 열방과 우주를 향해서 요셉의 '영적 가뭄 해갈 운동'을 실천하라고 하신다.

⑦ 2023: 사랑의 원전선 1호 '정근모 선(船)' 파송

"우리가 우리에게 죄지은 자를 사하여 준 것 같이 우리 죄를 사하여 주시옵고"(마 6:12)라는 말씀을 통하여 구원(Salvation)을 베풀되 동일시 회개(Identification Repentance)운동을 통하여 동남아시아의 '비라카미'(베트남, 라오스, 캄보디아, 미얀마) 선교를 남북의 에너지 전쟁을 시작으로 한 영적 전쟁에서 만일의 사태를 대비하여 코리안 디아스포라 차원에서 교두보를 마련하라고 하신다.

⑧ 2024: 사랑의 원전선 설비, 정비선 '정약용 선' 완성 및 수출

"우리를 시험에 들게 하지 마옵시고"(마 6:13) 라는 말씀을 통하여 성화(Sanctification)된 삶을 추구하되 서울, 평양을 거점으로 경주, 원산을 거점으로 서울, 신의주를 거점으로 동북아 선교를 통하여 서울에서부터 유라시아를 거쳐 런던까지 이르는 대륙 횡단 KTX 철로를 통하여 '동일시 부흥(Identification Revival) 운

동'을 하라고 하신다.

⑨ 2025: 사랑의 원전 병원선 '장기려 선'으로 명명

"다만 악에서 구하시옵소서"(마 6:13)라는 말씀을 통해서 악에서 구원받는 길은 봉사(Service)하는 것임을 깨닫게 하시며 '라이즈 업 네이션즈(Rise Up Nations) 협의회'를 통해서 세계 평화를 위한 GZP(핵무기 철폐, 종족 학살 금지, 환경 오염 중단) 운동을 실천하는 동일시 개혁(Identification Reformation)운동을 하라고 말씀하신다.

⑩ 2026: 사랑의 원전 문화 교류 노아 방주선 발주

"대개 나라와 권세와 영광이 아버지께 영원히 있사옵나이다"(마 6:13)라고 선포하되 종의 도(Servantship)의 자세로 사도 바울의 마케도니아의 환상과 같이 라이즈 업 코리아(Rise Up Nations) 1.0을 통한 동일시 화해(Identification Reconciliation) 운동을 하라고 하신다.

⑪ 2027: 사랑의 원전 2호선 발주 및 제3세계 수출

권세를 통하여 청지기의 도(Stwardship)의 자세로 중국에도 라이즈 업 네이션즈(Rise Up Nations) 2.0을 통하여 천안문 광장에서 동일시 구조 조정(Identification Restructure) 즉 중국 공정을 하라고 하신다.

⑫ 2028: 사랑의 원전 로봇 시술 '나이팅게일 선' 발주

하나님께 영광돌리기 위하여 희생의 도(Sacrificeship)의 자세로 리드 업 네이션즈(Lead Up Nations)를 통하여 미국 워싱턴 백악관 국가조찬기도회에도 동일시 빚의 탕감(Identification Remission)을 하라고 하신다.

⑬ 2029: 사랑의 원전 3호선 발주 '도산 안창호 이상촌 선'으로 명명

성령 안에서 주의 도(Lordship)를 가지고 열방이 모두 주기도를 드리며 휴거(Rapture Up)되는 천국 기도를 드린다.

⑭ 2030: 사랑의 원전 '초일류 대한민국 통일 이순신 선' 완성

"예수님의 이름으로 기도합니다"라는 고백을 통하여 각 나라와 족속과 허다한 방언 가운데 하나님을 고백하는 스마트 서번트(Smart Servant)의 삶으로 베이징, 서울, 도쿄의 '베세토 선교'를 완수하는 것이 천손 민족인 우리가 홍익인간 정신을 아시아에서 완수하는 지상대명령의 세계선의 미래학이다.

이제는 원자력 산업의 현재와 미래 통찰력을 2019 NURE-CONFERENCE에서 살펴보고자 한다.

첫째, 탈원전이지만 원자력은 피할 수 없는 선택인가?
신재생 에너지에 대한 지나친 기대, 원자력 기반 상업 붕괴, 원전 수출 봉쇄 우려, 국내 산업 경쟁력 상실 우려, 국가 에너지 안전 확보 어려움, 온실 가스 감축 목표 미달성, 원자력 기술 쇠퇴 및 인력 상실

둘째, 수출 외엔 다른 길은 안 보이는가?
원전 프로젝트 사업은 국가 사업이다. 원전 건설 중 해외 원전의 반이상(65퍼센트)은 러시아, 중국이 수주한다(러시아 18기[베트남, 인도, 이란], 중국 13기 차지[사우디, 영국, 이란]). 향후 건설될 원전 프로젝트들도 러시아와 중국이 주도하게 될 것이다. 수출도 넘어야 할 장애 요인이 너무 많은데, 전망은 밝지 않다.

셋째, 신한울 3, 4호기 중단 시 영향 및 문제점은 무엇인가?
편입 예정 부지 매수 불가에 따른 토지 개발 기회 요인이 있다(고시 완료 및 매입부지: 총 467,380 m^2, 미고시: 고목리[147,601 m^2], 후정리[289,512m^2]). 원전 주변 지역 도시 공동화 및 경기 침체, 원자력 마이스터고 존립 위기의 문제도 있다(원전 현장 전문 인력 양성 고등학교[학년별 80명], 선발 경쟁률 저하-3:1[2017], 1:1[2018])

넷째, 세계 원자력 산업의 현장의 구조 변화와 우리는 어디로 가는가?
프랑스는 원전 비중을 현재 75퍼센트에서 2035년까지 50퍼센트 수준으로 감축한다. 독일은 재생 에너지 등으로 사업 구조를 전환했고 해체 산업 생태계를 성장시킨다. 이탈리아, 스위스는 원전 제로화 선언을 했다. 벨기에, 스웨덴, 한국은 추가 건설 계획을 폐지했다.
기타로 융복합 기술 개발(우주, 해양, 극지, 핵융합 등 미래형 발전 분야)이 있다. 우주는 장기간 우주 탐사 작업을 위해 연료 부피가 작고 장기간 지속 가능한 원자력을 활용한다. 해양, 극지는 북극 항로를 개척하고 해양 플랜트 등 극한 환경에서 동력원으로 활용한다. 핵융합은 국제 핵융합 실험

로(ITER) 등 세계적으로 연구를 활성화하고 있고 2050년까지 상용화가 기대된다.

다섯째, 원전 해체 시장에서 산업 육성 주요 과제는 무엇인가?

원전 해체 시장의 산업 육성 주요 과제는 다음과 같다.

① 초기 시장 창출 및 인프라 구축
- 고리1호기, 월성1호기 해체 초기시장 창출 및 핵심 역량 확충
- 원전 해체 기술 역량 최고 고도화, 개발된 기술의 사용화 실증 연구 추진

② 원전 해체 전문 강소 기업 육성
- 원전 해체 전문 기업 육성을 위해 원전 기업이 해체 분야로 사업 전환, 역량 강화
- 원전 해체 기술 역량 고도화, 개발된 기술의 사용화 실증 연구 추진

③ 우리 기업의 단계적 글로벌 시장 진출 지원
- 원전 해체 실적을 중요시하는 해체 시장 특성상 고리 1호기 해체 실적을 토대로 3단계에 걸친 해외 진출
- 단계별 글로벌 시장을 추진하기 위해 해외 선진 기관과 해체 관련 정보, 인력 교류 및 공동 연구 추진

④ 울전 해체 관리 제도 기반 구축
- 원전 해체 산업 저변의 기초 체력 향상을 위한 제도적 지원 기관 조성, 해체 과정의 방사선 안전 및 국민 안전과 신뢰 확보
- 해체 비용, 해체 기간, 폐기물 발생량 및 작업자 방사선량 저감 등 4가지 분야에서 우선 차지

여섯째, 탈원전 국가 선언 2년 후 아랍에미리트의 상황은 어떤가?

조만간 연료 장전 돌입, 시운 전 거쳐 상업 운전 돌입, 차세대 원전인 APR1400 우수성 확인, 2009년 원자로 4기 공급하는 계약 체결

일곱째, 지속적인 해외 수출 추진과 신규 건설 재개 필요한가?

지속적인 해외 수출 추진과 신규 원전 건설 재개 필요, 원자력 산업의 해외 진출로 지속 가능한 생태계 기여, 원전 수출은 국가 간 거래로써 국가의 에너지 정책이 수출에 지대한 영향을 미친다. 따라서 수출 수주의 한계 에너지 정책 변화로 국가의 정책적 지원 필요(미국, 프랑스, 일본, 중국, 러시아 참조)하다. 가동 원전의 조기 폐쇄 정책 변화와 운영 허가 기간을 연장한다. 가동 원전은 안전성을 최우선으로 하고 가동 중 지속적으로 업그레이드하여 안전성이 보장된 운영 허가 기간을 연장하는 것이며 노후된 수명을 연장하는 것이 아니다.

여덟째, 원전 해체 방폐물 관리 전략은 무엇인가?

원자로의 안전성에 대한 성서적 기초는 다음과 같다.

① 구원의 안전성과 원자로의 안전성을 비교해야 한다.
② 원자로 율법을 지키지 않았기 때문에 사고가 발생한 것이다.
③ 여기에는 인간의 자범죄, 고범죄가 문제가 된다.
④ 3번의 원전 사고와 죄의 문제는 죄 자체가 과녁을 빗나가는 데서 온다.[19]
⑤ 명목적인 구원을 구원이라고 착각하는 자기의 의를 구하려는 나라들 가운데서 사고가 난다.
⑥ 실질적인 구원은 원자로의 100퍼센트 안전성 그 자체이다.[20]

---

19 1) 쓰리마일 섬의 사고는 과녁에 못 미침, 2) 체르노빌 사고는 과녁을 빗나감(부실), 3) 후쿠시마 사고는 과녁을 넘어감(교만).
20 GE의 식스 시그마에 기초한 6R의 원리(회개, 부흥, 개혁, 화해, 구조 조정, 빚의 탕감)대로 구원의 완전성을 100퍼센트 추구하는 거듭난 크리스천 원자력 전문가의 자세에서 나온다.

원자로의 안전성에 대한 문제는 칼빈주의[21]와 알미니안주의[22]의 교리의 융섭에서 다루어질 수밖에 없다. 영(spirit)의 문제에 중점을 두는 칼빈주의와 혼(soul)의 문제에 적용하기를 원하는 알미니안주의는 마치 복음과 실천의 문제에서 비판적 상황화를 해야 하는 입장이다. 따라서 필자는 양자의 상관성[23]을 살펴본 후에, 융섭을 통하여 문제를 해결하고자 한다.

필자가 교리적으로 분석한 원자로 구원의 5가지 요소(전문인과학주의)는 다음과 같다.

첫째, 자유 의지(알미니안): 그리스도 안에서의 자유 의지는 자율 의지이다. 원자력 에너지는 인간의 자유 의지를 통해서 개발한 것이 아니라 창조주 하나님의 창조성을 인간이 축복의 통로를 통하여 받은 것이기에 인간은 자율 의지를 가지고 문화 명령과 같이 번성시켜야 할 책무가 있으며 지상대명령과 같이 가르쳐 지키게 할 책무(KINGS) 또한 있다.

둘째, 조건적 선택(알미니안): 거듭나고 헌신한 자만 소명, 사명을 수행 원자력 전문가로 부름을 받았지만 헌신하지 않은 단계에서의 돈을 목적으로 한 직장에서의 삶은 많은 암적인 요소를 유발한다(원전 마피아 의혹). 그러므로 직장 선교를 통하여 정화 작업을 하고 원전 관련 20여개 단체는 성결한 도덕 직장이 되도록 해야 한다. 그렇지 않은 경우 인류에 대한 재앙이 되고 성결한 도덕 직장 사회를 구현하면 축복의 통로가 되어서 어둠

---

21 칼빈주의 1) 전적 타락, 2) 무조건적 선택, 3) 제한된 속죄, 4) 불가항력적 은혜, 5) 성도의 견인
22 알미니안주의1) 자유 의지, 2) 조건적 선택, 3) 우주적 (보편적) 속죄, 4) 저항할 수 있는 은혜, 5) 은혜의 상실
23 1) 칼빈주의는 인간의 영에 관하여 적용된다. 알미니안주의는 인간의 혼에 관하여 적용된다. 2) 칼빈주의는 인간의 영에 관하여 적용된다. 알미니안주의는 하나님의 자유 의지로 부터 분리되어진 행위의 구원이다. 여기에 자신의 혼을 구원할 수도 있고 잃을 수도 있다. 3) 칼빈주의는 인생이 다한 후에 나의 영혼은 영원히 구원을 받았다고 말할 수 있다. 알미니안주의는 인생이 다한 후에 자신의 혼의 구원을 위해서 일해야 한다. 우리는 지속적으로 우리의 혼의 구원을 위해서 살아야 한다. 혼의 영역에 속한 사회적 국가적 안전성의 예는 원전 사고를 들 수 있다. 그리스도는 마지막 심판대 앞에서 불로 태워 성결하게 한다.

에 갇힌 나라와 백성들에게도 혜택을 줄 수가 있다.

셋째, 우주적(보편적) 속죄(알미니안): 개인 구원만이 아닌 사회적 구원, 국가적 구원이 동시에 중요하다. 핵무기 폐기, 종족 학살 중단, 환경 오염 철폐를 이루는 원자력 에너지 사업이다. 개인 구원을 중시하는 칼빈주의와 차이가 나는 것은 개인 구원은 사유화가 되면 축복의 통로가 아닌 소유의 창고로 전락을 한다는 것이다. 개인만 구원받게 하려고 예수가 오신 것이 아니다. 가난한 자, 병든 자, 못 배운 민중들에게 전력의 혜택이 갈 수 있도록 성령의 도구로 쓰임을 받는 것이다

넷째, 불가항력적 은혜(칼빈): 총체적인 입장에서 위기 관리 리더십은 하나님의 섭리요, 은혜 위의 은혜이다.

"왜 주님이 나를 사랑하는가?"

이것은 미스터리다. 하나님의 은혜를 거절 하지 말고 하나님의 값없이 거저 주시는 그 은혜 안에 잠기게 되면 성령이 임하고 성령이 사람이 되어서 원자력 기업도 사회적 기업, 과학적 기업 더 나가서 영적인 기업으로 일굴 수가 있다. 이는 불가항력적 은혜이며 동시에 은혜 위의 은혜이다.

다섯째, 성도의 견인(칼빈): 동질성의 원리, 집단 개종, 다양한 가운데 조화를 통한 구원의 품질 공정이 중요하다. '6R+1'의 원리대로 완성이 된다.

APR-1400의 7중 안전 장치를 통해서 예지, 예정, 부르시고, 의롭다 하시고 영화롭게 하실 주님이 베푸신 은총이 바로 '전지(omniscience)-과학(science)-양심(conscience)'의 삼위일체 사역인 것이다.

전문인 과학주의 철학에 기초하여 기독교 세계관으로 하나님을 안다고 하는 동질성에서 출발하여 개인적인 결정으로 직정 선교 교회와 같은 원전 사업체에서 자연스럽게 집단 개종이 이루어지고 국내와 해외에서 원전 사업을 통하여 하나님의 나라가 확충이 된다.

가압경수로 APR-1400 (출처: 정근모)

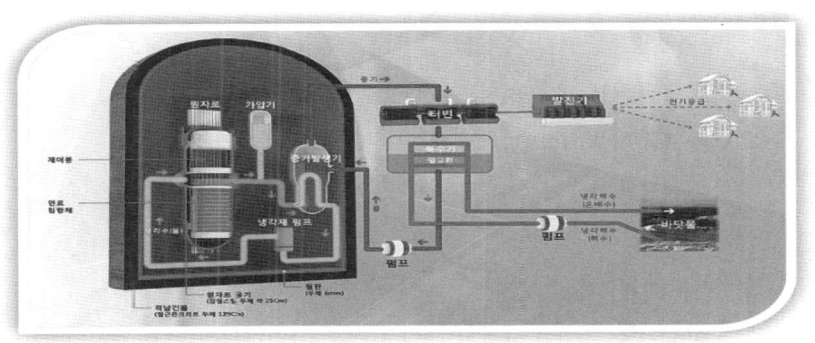

원자력의 안전성을 성경적으로 정리하면 아래와 같다.

첫째, 핵 연료 분열시 생성되는 방사능 물질의 방출 차단 심층 방어 다단계 차단벽 장치: 방사능 물질의 방출 차단은 예수의 보혈로 모든 죄를 다 씻음(원죄, 자범죄, 고범죄).

둘째, 핵분열 에너지를 제거하는 냉각수 순환 7단계 보장: 생수의 말씀 순환 7R의 원리(회개 부흥, 개혁, 화해, 조정, 탕감 굽기).

셋째, 핵분열 과정의 가속화 방지(제어봉 작동): 제어봉은 성령과 같이 죄, 의, 심판을 깨닫게 해 준다.

넷째, 기(既)사용 핵연료의 냉각 및 안전 보관 관리: 핵연료의 안전성은 구원의 5중 안전성(예지, 예정, 부르시고, 의롭다 하시고 영화롭게 하심).

한마디로, 통전적 '구원론=인간의 (영+혼)의 구원'에 적용이 되므로 이를 원자로에 적용하면 아래와 같다.

첫째, 중준위 방폐물과 저준위 방폐물 그리고 극저준위 방폐물은 모두 3차에 걸친 1단계 동굴 처분 시설, 2단계 표층 처분 시설, 3단계 매립형 처분 시설을 중복 반복해야 한다.

중준위 방폐물 - 고범죄의 산물
저준위 방폐물 - 자범죄의 산물
극저준위 방폐물 - 원죄의 산물
1단계 동굴 처분 시설 - 지워주소서 (시 51:1)
2단계 표층 처분 시설 - 말갛게 씻으시며 (시 51:2)
3단계 매립형 처분 시설 - 깨끗이 제하소서 (시 51:2)

둘째, 규제 해제: 자체 처분
나를 주 앞에서 쫓아내지 마시며 주의 성령을 내게서 거두지 마소서(시 51:11)
셋째, 고준위 방폐물: 심층 처분
주의 구원의 즐거움을 내게 회복시켜 주시고 자원하는 심령을 주사 나를 붙드소서(시 51:12)

원전 해체 방폐물 관리 전략은 다음과 같다.

첫째, 방폐물 처분 시설 확보: 무저갱(눅 8:31; 계 9:11), 스올, 지옥
단계별 처분 시설 개발 추진, 저장 공간 추가 확보 추진
둘째, 해체 폐기물 관리 체계 구축: 무저갱에 갇힘
해체 폐기물 인수 기준 수립, 처분 사업자는 발생자 상호 협력을 통해 관리 방안 정립
셋째, 방폐물 전량 처분: 지옥에 던져짐, 인류의 도전 의식이 멈출 때를 모르면 스스로 무저갱에 들어간다는 것을 상징한다. 해체 폐기물 관리 핵심 기술 개발과 기술 개발 역량 확보가 필요하다.

그렇다면, 해체 방폐물 관리 전략은 무엇인가?

첫째, 해체 방폐물의 본격적인 인수가 예상되는 2027년 이전 매립형 처분 시설 확보

둘째, 대형(다량)의 해체 방폐물 특성을 고려한 인수 기준 수립 및 검사 절차 개선: 폐기물 인증 시스템(WCP) 도입을 통해 발생 시점부터 전 과정에 대한 처분 적합성 확보 추진
셋째, 처분 사업자: 발생자 간 상호 협력 체제 구축 및 해체 방폐물 관리 방안 정립
넷째, 처분 관점에서의 해체 방폐물 관리 핵심 기술 적기 확보 및 전문 역량 확보

한국 원전 수출의 강점과 단점은 무엇일까?

첫째, 한국 원전 수출의 강점

① 원전을 수출할 수 있는 경쟁력 있는 원전의 기술 및 운영 기술 보유
② 외국에 이전할 수 있는 표준 원전 기술 보유
③ 원전의 신규 수입에서 기술 자립까지 단계적인 경험 보유
④ 원전 수입국과 전략적인 동반자 관계가 가능한 독보적인 경제, 기술 개발의 경험 보유

둘째, 한국 원전 수출의 애로

① 원전 건설에 소요되는 대규모 재원을 조달한 경험이 부족
② 핵연료 공급을 위한 관련국과의 협력이 필요
③ 사용 후 핵연료 처리 방향 미확정으로 사용 후 핵연료 처리, 처분 기술 제공 어려움
④ 주요 원전 수출국 중 국력이 가장 작음

한국 원전 수출의 대형 원자로 수출 전략과 중소형 원자로 수출 전략의 차이점은 무엇인가?

첫째, 대형 원자로

① 한국형 원전의 강점 강화: 가격 경쟁력이 세계 최고, 아랍에미리트에서 가동 중, 중동 환경에서도 건설 납기를 준수. 후쿠시마 조치로 일본과 다른 기종의 한국 수출노형에 대한 안전성을 미국에서 공인받았다.
② 부가서비스 제공

둘째, 중소형 원자로

① 지속적 R&D 및 기술 개발로 경쟁력 우위 확보
② 인허가 체계 개선: 해외 원전 수출을 위하여 중소형 원자로 인허가 체계의 개선, 개편이 필요하다. 장기적으로 지역 허브 구축, 권역별 수출기지화가 필요하다. 부품 공급을 감당할 수 있는 허브 구축

성촌의 원전 바지선 관찰 일기(6S)

첫째, 원전 바지선은 중일을 넘는 대한민국의 구원선(Salvation)이다.
둘째, 원전 바지선은 그을음이 없는 성화(Sanctification)선이다.
셋째, 원전 바지선은 이웃 선박을 돕는 봉사(Service)선이다.
넷째, 원전 바지선은 이산화탄소가 없는 보관 운송의 종(Servantship)의 선이다.
다섯째, 원전 바지선은 선박을 상용화할 수 있는 청지기(Stewardship) 선이다.
여섯째, 원전 바지선은 조선사 믹스(Mix)를 할 줄 아는 희생(Sacrificeship) 선이다.

Bandi-60 관찰 일기(6S)는 다음과 같다.

첫째, Bandi-60은 표식(Sign)이 있다
둘째, Bandi-60은 안정성(Sanctification)이 있다
셋째, Bandi-60은 설계 특성(Safty)이 있다
넷째, Bandi-60은 경쟁력(Speed)이 있다
다섯째, Bandi-60은 봉사선(Service)이다
여섯째, Bandi-60은 강점(Strength)이 있다

원전 바지선 수출 전략도 구축해야 하고 금융 지원 체제와 대외 경쟁력 확보가 필요하다. 이를 위해서 다음과 같은 미국과의 한미 원자력 동맹을 강화할 필요가 늘 제기되어왔다.
아래는 한미 원자력 에너지 협약의 초안이다.

전 국가 안보 고문&현재 IP3 주식 회사 회장인 버드 맥파래인과 전 한국과학기술처 장관과 국제 원자력 기관 그리고 현재의 글로벌 임파워 시스템 회장인 글로벌 협력 원자력 파트너십(GANF)을 통해 한미 원자력 얼라이언스가 지난 1년 반 동안 진행되었다.
미국 조지아주 S. 캐롤라이나&Vogtle 프로젝트에서 진행한 VC 여름 프로젝트에서 웨스팅 하우스는 사우디아라비아 예비 평가에서 가장 낮은 성능 수행 평가를 받았고, 최고 점수는 한국 팀이 받았다. 미국 대통령 트럼프는 세계 원자력 시장에서 미국 팀에 대한 실행 가능한 옵션으로서 미국 원자력 산업 및 유틸리티의 최고 지도자를 촉구했다.
미국의 가장 큰 원자력 유틸리티를 이끄는 IP3의 맥팔레인(Mcfarlane)과 엑셀론(Exelon)은, 한국을 방문했고 한국 원자력 산업의 선두가 되기를 촉구했다. 한국수력원자력, 한국전력 엔지니어링 및 건설 회사, 두산중공업, 글로벌 임파워 시스템은 세계의 원자력 시장에서 기업간의 상호 이해와 교환 각서를 작성하여 러시아와 중국의 원자력 시장의 확산을 극복하고자 한다.

한국 팀은 최고의 제3 세대 원자력 발전 플랜트 설계를 개발했다. OPR 100 and APR 1400은 개발하였고, 한국과 아랍에미리트(UAE)에서 운영 중에 있다. 한국에서는 12개의 OPR과 2개의 APR 이 운용 중에 있으며, UAE의 4개의 APR 은 예산 범위내에서, 정해진 일정을 준수하고, 품질 보증을 지켜냈다. 대한민국의 원자력 산업을 위하여 미국 원자력 산업과의 협조와 지원을 개발하여 세계에서 원자력 산업을 리딩(leading)하는 나라가 되고자 한다.

미국 원자력 규제 위원회는 2018년 9월 28일에 디자인 증명서를 발행하고, 차세대 원자력 발전소를 이끄는 원자력 모델로서 NRC의 승인을 만장일치로 받았다. APR 1400은 또한 유럽연합의 산업 표준으로 승인받았다. 세계 정치, 경제 지도자와 함께 미국과 대한민국이 글로벌 시장에서 APR 1400 수출하려면, 한미 협약을 통해 러시아와 중국의 기술적 경제적 측면에서의 입찰에서 이기기 위함이다. 그러한 한미 파트너십은 세계의 평화, 보안 및 번영을 자유롭게 보증할 수 있다.

우리는 미국의 조 바이든 대통령과 문재인 대통령이 한미 원자력 에너지 협약에 대해서는 6월 29일 한국에서의 한미 정상 회담에서 공공연히 하여 주기를 요구하며, 이러한 인증은 한국의 공공 기관과 민간기업의 CEO들이 움직이는 데 매우 본질적인 요소가 된다. 많은 사람이 문재인 대통령의 탈원전 정책은 좋아하지 않는다. 한미 정상 회담은 매우 시의적절하며, 적당한 때의 만남으로서 유용한 시간이 될 것이다.

우리는 원자력 발전에 한미 동맹에 대한 지원을 촉구합니다. 트럼프 대통령과 문재인 대통령이 원자력 전력 발전에 대해 한미 동맹에 대한 공개 지지를 하도록 설득한다면, 우리는 미국 리더십을 통해 세계 평화와 번영에 대한 확신을 만들 수 있다.

원전 바지선 에너지에 관한 사업을 구체화하는 단계에서 원전 바지선에 관한 법적인 연구를 성촌미래학회를 통하여 아래와 같이 준비하고 있다.

① 원전 바지선에 관한 정책의 목표와 기본 방향
② 원전 바지선 에너지 연구 개발의 추진 체계와 전략
③ 원전 바지선 에너지 연구 개발의 추진 계획
④ 원전 바지선 에너지 연구 개발의 기반 확충
⑤ 원전 바지선 에너지 연구 개발에 필요한 투자 계획과 소요 재원의 조달
⑥ 원전 바지선 에너지 연구 개발에 필요한 전문 인력의 양성과 활용
⑦ 원전 바지선 에너지 연구 개발을 위한 국제 협력
⑧ 원전 바지선 에너지의 생산 및 이용을 위한 기반 조성
⑨ 원전 바지선 에너지와 관련된 안전 관리 및 안전 연구
⑩ 원전 바지선 에너지 관련 산업의 육성
⑪ 그 밖에 원전 바지선 에너지 연구 개발을 촉진하기 위하여 필요한 사항

원자력 산업의 현재와 미래 통찰력을 원전선의 입장에서 Q/A하고자 한다.

첫째, 어떻게 원자력은 한국을 정복했는가?

지구 온난화로 인해서 화석 에너지의 문제가 대두된 세상이다. 오일 달러로 세계에서 가장 잘 사는 나라들인 아랍에미리트와 사우디아라비아가 원자력을 보고 경탄을 금하지 못한다. 그런 원자력 에너지를 APR 1400기술을 가지고 있는 한국이 세계 1위의 원자력 기술을 가지고 원자력 르네상스를 누리지 못한 채 급락하는데는 중국이 도사리고 있다. 안전하고 값싼 에너지원을 확보하지 못한 중국의 G-2 국가의 위상은 G-2가 아니다

둘째, 어떻게 남한은 탈원전이 되었는가?

체르노빌 사건으로 독일은 편서풍의 영향으로 불어온 낙진으로 인해서 피부병 환자 수가 증가하였기에 탈원전 정책을 쓰게 되었다. 녹색 혁명도 여기서 나온 NGO 운동이다. 그러나 한반도는 체르노빌의 편서풍의 영향을 받는 곳이 아니다. 프랑스는 독일 국경 지역에 원자력 발전소를 세우고 세계 1위의 원자력 대국을 꿈꾸고 있었다.

탈원전이 된 배경에는 중국의 정치적인 노림수가 있으며 현 정부 체제에서 일어나지도 않을 체르노빌 원전 파괴나 후쿠시마 원전 고장 등을 우리의 월성 고리 원전과 비교도 하지 않은 채 가상 현실로 탈원전을 한 데 기인한다.

북한의 핵무기는 20개에 불과하고 미국은 5000개인 현실에서 남한은 핵 억제력을 유지하며 충분한 에너지를 확보하여 한반도가 세상의 중심이라는 자문화 중심주의 사고가 필요하다. 중국이 아니라 해양 문화를 열 수 있는 극동의 용머리인 한반도의 원산(고성)과 부산이 중심이다. 자문화 열등주의에서 벗어나야 한다.

셋째, 무엇이 원자력의 역사를 이어지게 하는가?

한국의 원자력 발전 기술로 아랍에미리트에 1호기, 2호기, 3호기가 작동이 되고 있고 이후에 전북 군산의 원전 바지선에도 아랍에미리트와 미국이 투자를 약속한 상황이다.

BANDI-60은 안전한 해상 원자력 개발 시스템이다. 고정식 대단위의 비용이 많이 드는 탈원전과 상관없는 이동식 해상 플랜트 사업이다. 핵 폐기물은 경상북도 경주에서 가서 하면 된다. 이 전기로 새만금의 사업을 하게 된다면 그 재정적인 규모상 단군 이래로 가장 큰 사업과 단군 이래로 가장 큰 황금알을 낳는 원자력 사업으로 천지 개벽이 이루어지게 될 것이다.

중국의 앞바다에서 미국과 원자력 동맹국인 아랍에미리트를 앞세워 이 일이 진행이 되기에 한반도의 긴장 완충제의 역할을 해야 할 것이다. 군산의 현대 조선 도크에서 원전 바지선이 가동을 하면 군산이 동남아시아 무역의 교두보가 되고 고성이 유라시아 무역의 교두보가 될 수 있다.

넷째, 누가 성촌 정근모 다음의 역사를 쓸 것인가?

전쟁은 인간의 본능이기에 전쟁을 억제할 수 있는 신포의 한반도에너지개발기구(KEDO) 경험을 가지고 아랍에미리트에 원자력 수출을 한 것이 신의 한수이다. 이제 그 신이 군산을 동력화하여 강원도 고성에서 원전 바지선이 가동이 된다면 남북 통일에도 크게 기여할 것으로 보인다.

초일류 대한민국의 린치핀이 군산, 고성에서의 원전 바지선 사업이다. 북고성, 원산, 신포로 이어지는 북한의 전력 사업의 해결책이기도 하다.

홍산 문화권의 우리 겨레의 반만년을 넘어선 구석기 시대의 유산이 강원도 고성에서 발견되었다고 한다. 이는 중국의 황하 문화보다 훨씬 앞선 것이나 정설로 인정을 받지 못하는 현실이지만 신앙 고백적인 차원에서는 사실이다.

그러나 '아리랑의 기원'에 대한 연구를 보면 고성, 군산을 연결하여 사고하는 것은 좀 더 흥미롭다. 아리랑은 신을 브르는 소리고 그 의미는 김용운과 김상일에 의하면, 하나님과 함께(along with God)라는 뜻이라고 하는데 한은 '하늘님'이고 이랑은 "함께 하는"이라는 의미이다.[24]

창조사학회에서는 아리랑을 부르는 한국인의 조상으로 욕단(창 10:25)이라고 하는 인물을 단군과 동시대의 인물로 주장하고 있다. 신약에서는 오순절 마가의 다락방 사건에 참여한 스구디아인(골 3:11)은 스카타이인으로서 이미 철기 문명을 가진 민족으로 실크 로드를 통하여 신라까지 자유 왕래한 것으로 알고 있는데, 우리는 신라 문무왕 비문에도 김알지는 흉노족(스키타이족)의 후손임을 밝히고 있으며, A.D. 682년 문무왕 사후 세워진 비석이 경주 선덕 여왕릉 앞 사천왕사 터에서 발견되었는데 경주박물관에도 신라의 조상이 흉노족이라고 기록되어 있으며 중앙아시아 아시아에서 서진한 스키타이족이 유럽인들과 피를 섞어 동진해 왔음을 알 수 있는데 그 대표적인 인물이 가야의 김수로왕은 흑해 옆에 있는 스키타이 출신의 왕자이며 우태계 스키타이인이었다고 한다.

이들(한반도인)이 쓰던 토기가 발견이 된 것이다. 이들은 고성을 수도로 삼고 태백산맥을 백두대간으로 여기고 내륙 수로를 따라서 전라북도 군산항을 통해서 NEWS로 이동한 것이다.

---

24 안경전, 『환단고기』(상생출판, 2012), 453.

군산에서도 토기가 발견이 되었다는 것은 무엇을 의미하는 것인가?

한반도는 반도요, 다리이기에 흩어진 백성의 무리가 지구촌 곳곳에서 아리랑을 부르고 있다.

전 세계 1위 애창곡이 아리랑이 된 것은 무엇을 의미하고 있는가?

DMZ에 있는 고성에 UN대학교가 세워지고 초일류 대한민국이 전 세계를 초청하는 대한민국의 의미라고 한다면 중국을 견제하는 군산과 통일을 사수하는 고성의 타원의 두 초점과 같은 인식이 하나님의 때를 만난 것이다. 통일 실험 도시로서의 의미가 충분히 있다고 본다.

군산항에서 내금강에 이르는 내부 뱃길을 통하여 원전 바지선이 전력을 이동시켜서 남한의 남고성을 통하여 북한의 북고성에 전력을 공급하는 것이 역사적인 의미가 있는 것이다.

2022년 대통령 선거에도 이에 관계된 대통령 후보와 국무 총리 팀이 대선의 당락에 크게 판세를 좌우할 것으로 보인다. 지난 총선을 분석하면 2022년 대선도 100만 표 이내의 에너지 싸움이며 소외된 전라북도와 강원도의 표심이 승패를 가를 나침반이다.

대한의 참주인 선교

대한민국의 크리스천이 자신 있게 행동치 못함은
세계를 향한 영적인 힘이 없고
세상적인 지식이 가득 차서
지역 신에 사로잡혀
불안해하고 기웃거리기 때문이다

아버지가 천국에 가시고
어머니가 천국에 가시고
나를 묶던 인생의 길에서 벗어나
이제 내가 스스로 내 길을 가는 거다

예수님과 같이 가는 것이고
한반도의 비핵화의 여정 앞에서도
가는 데까지 가면 그 길은
천국의 도상이다

겁을 먹거나 당황하거나
위축된 내가 아니라
말달리는 선구자처럼
신랑이 신부 방에 들어가듯
태연하게 선교사의 정체성을 가지자

이 땅에서 하나님의 나라를 실천하자
도산의 정신 대로 이상촌을 건설하자
한류 열풍을 따라 문화의 변혁자가 되고
예배에 성공하여 거룩한 산 제물이 되고
하나님의 아들로 전신 갑주를 입자

우리가 이 세상에 살지만, 이 세상이
끝이 아니라는 말씀은 허리띠요
하나님의 의를 위한 사역 동기는 흉배요
언어, 지역, 직업, 사역의 전문성은 복음의 신이요
모든 사람이 선교사로 살아야 한다는 말은 구원의 투구이며
구약의 예표요 신약의 완성인 성경을 전함은 성령의 검이다

선교사를 위한 중보 기도는 표적 기도이고
이 중보 기도를 통하여 우리는
하나님의 나라를 위한 목표를 향해
나아가게 될 것이다

그러면 그 큰 영광을
바라보며 제2의 도산(島山) 운동을 통하여
세상을 이기는 하나님의 넉넉한
백성이 될 것이다.

'11' 전문인 실천신학-11 문화 교류

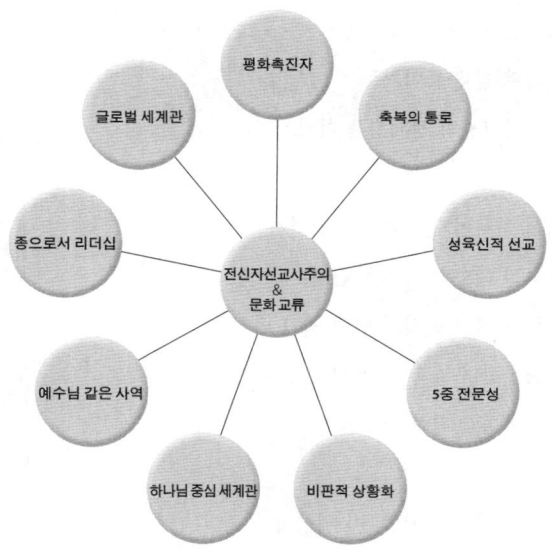

　세계전문인선교대회(TIE)를 제주도에서 할 때 정근모 박사가 영어로 자신의 경력을 오랫동안 이야기하자 옆에 있던 지구촌교회의 이동원 목사님이 "저러시면 안되는데"라고 생각했는데, 시간이 20년이 지나고 보니 저러셔야 한다는 것이다. 입으로만 복음을 전하는 황금의 입 크리소스돔이 중요한 것이 아니라 과학적 행함과 신앙적 진실함으로 자신의 직업의 전문성을 가지고 누구든지 제2, 제3의 정근모 박사가 되어서 하늘의 문화를 땅의 문화로 전달하는 축복의 통로가 되어야 한다(사 60:1).
　이 일이 다음 세대의 청소년들에게 문화유산으로 넘겨줄 과학 전문인 선교사의 길이다.

결론 1

전문인 원자력 예측신학을 향하여

1. 서론

　우리가 사는 사회는 지난 30년 동안 빠른 속도로 친족 사회에서 농촌 사회로 그리고 산업 사회에서 후기 산업 사회로 변혁을 맞이하고 있다. 코로나19 사태로 가치관의 혼란으로 괴롭다고 하는데 이 문제를 해결하는 방법은 하나님 중심의 세계관을 가지면 된다. 가치관을 결정하는 것이 세계관이기 때문이다.
　이를 정리하면 다음과 같다.

첫째, 친족 공동 사회는 공동체가 관계를 중심으로 하나가 된 사회이다. 관계 중심의 거미줄 사회라고 볼 수 있다. 운명 공동체이다.
둘째, 그런데 농촌 사회로 넘어가면서 촌장이 생기고 촌장의 능력 여하에 따라서 잘 되는 공동체와 잘 안되는 공동체로 나누어지게 되었다.
셋째, 산업 사회로 전환이 되면서 돈이 촌장보다 우위를 점하게 되었다. 소가족 제도로 전환이 되고 부모나 형제보다는 부부가 최종적인 가치를 형성하고 있다. 그러니 이익 공동체가 되어버리고 만 것이다
넷째, 후기 산업 사회로 넘어가게 되면 이제는 지식 기반 사회가 되어서 얼마나 많은 정보를 가지고 있느냐에 따라서 최종적인 리더가 될 수가 있고 그렇지 못할 수도 있다. 그런데 감사하게도 이 사회는 몰인정하고

무자비하고 무가치한 사회로 보여도 관계가 중요한 사회로 회귀하고 있다는 사실이다. 이것이 내부자적 시각으로 보는 평화의 요체이다. 후기 산업 사회의 최종 지도자는 '성촌'의 마음을 표출하는 사랑으로 승화된 삶을 살 때 가능하게 되는 것이다.

1517년 마틴 루터가 종교개혁 시 마음이 흔들릴 때마다 시편 46:1-3을 읽었다고 한다.

> 하나님은 우리의 피난처이시며 우리의 힘이시며 어려운 고비마다 우리 곁에 계시는 우리의 구원자이시니(Gott ist unsre Zuversicht und Starke, eine Hilfe in den grossen Noten, die uns getroffen haben) 땅이 흔들리고 산이 무너져 바다속으로 빠져들어도 우리는 두려워하지 않는다. 물이 소리를 내면서 거품을 내뿜고 산들이 노하여서 뒤흔들려도, 우리는 두려워하지 않는다(시 46:1-3).

1517년 종교개혁의 시간적으로 490년이 지난 오늘 2007년 하나님의 시간에 우리를 다시 한번 참주인으로 부르사 이 민족을 살려주시고 '천손 민족'이요, '천선 민족'인 이 민족을 통하여 해가 뜨는 동토에서 해지는 서토까지 하나님의 이름을 존귀하게 여기는 한민족이 흩어져 있는 모든 곳을 축복의 통로로 연결할 수 있는 무지개와 같은 성촌들이 역할을 할 수 있는 글로벌 지도자가 세워져야 할 시점에 와 있다. 이에 성촌학회를 통해 가장 중요한 세계관 정립의 요체를 제시할 필요가 있는 것이다.

이에 필자는 성촌 주민이 된 전문인의 정체성(identity)이 무엇이고 성촌은 어떤 사상적인 요체(要諦)를 가지고 역사 앞에서 민족 앞에서 참주인 행세를 할 수 있는지를 밝힘으로써 7000만 겨레의 지도자인 성촌 주민들의 훈련에 지침이 되고자 한다.

2. 본론: 참주인 = 성촌인 = 기독교 세계관

성촌인은 기독교 세계관을 가진 자신이 참주인의 삶을 미래지향적으로 살고자 하는 모든 참주인을 주체로 하는 자들을 위한 포괄적인 도덕성을 구비하고 있어야 한다. 이에 각 종교의 요체를 성촌인화를 하여 제시하고자 한다.

1) 도산 안창호의 모형과 참주인 그리고 원전인의 길

도산 안창호가 오늘의 한국 정치 현실과 백성들이 참주인으로 살지 못하고 거짓의 종으로 사는 참담한 모습을 보면 어떻게 교훈하실 것인가?

우리는 참주인의 모형으로서 이 땅에 작은 예수로 오신 분 가운데 한 분인 도산 안창호 선생을 본받지 않을 수가 없다. 2022년은 도산 안창호가 1907년 미국에서 한국으로 귀국한 지 115주년이 되는 해이다. 2022년 대선에서 도산의 얼을 간직한 참주인들이 도산의 정신을 이어받아 7000만 동포와 175 개국에 코리안 디아스포라로 흩어진 715만 명에까지 참주인의 길이 무엇인지를 제시하는 원년이 될 것이다.

이미 그 당시에 대한 제국의 분위기를 보면 오늘날 연예인 BTS를 선호하는 일본의 내심이 정한론이라는 것을 알 때, 한류 열풍의 허와 실을 볼 수 있고 청국과 일본에 통상권을 내주고 광산, 철도 등을 빼앗기는 모습은 오늘의 북한의 모습을 연상케 한다.

이때야말로 참주인을 통한 라이즈 업 코리아(Rise Up Korea)의 때가 도래한 것이다. 1884년 김옥균, 박영효 등이 갑신정변을 일으켜 청국을 의지하고 있는 명성 왕후를 살해한 사건을 보면서 그리고 일본의 배신으로 청국의 공격을 받아 3일 만에 실패한 사건을 보면서 이제 우리에게 필요한 것은 급진 개혁에서 인격적인 인간 혁명을 이루는 나라르 바꾸는 일이다. 우리의 정치도 인격적인 세계관의 변혁이 이루어진 분들로 재구성이 되어야 저주의 통로(channel of curse)에서 축복의 통로(channel of blessing)로 바뀌게 될 것이다.

1866년의 셔먼호 사건은 오늘날 FTA에 살아서 꿈틀거리는 것이고 다시 한번 제2의 안창호의 눈으로 본다면 이는 분명히 유교 문화라고 하는 공리, 공론에 빠진 지역화의 민족은 실용주의를 앞세우는 제국주의, 식민주의 미국인에게는 당할 수 없는 형국인 것을 다시 한번 느끼게 한다.

1907년에 미국에서 귀국한 도산 안창호는 자신(自新)을 강조했는데 이것은 유교의 수기치인(修己治人)에서 발전한 개념이지만 도산이 무실(務實)을 강조했다는 것은 1907년 나라의 주권을 잃고 망연자실한 백성들이 평양대회개운동에 주저앉아서 실천이 없이 자신의 축복(祝福)만을 구하는 자세도 일차적으로 인정은 하나 그보다는 동적이고 다이나믹한 자세가 참주인된 우리 민족에게 필요한 것임을 제시한 것이다. 이는 도산의 애기, 애타 리더십으로 자기 성찰과 자아 발견, 꿈과 목표 설정, 무실, 수양과 훈련, 또한 타인 사랑 부분에서 역행, 주인 의식, 정의돈수(情誼敦修) 그리고 조국 또는 조직 사랑 부분에서 변화, 협동, 통합이 그 내용이다.[1]

112년 전 역사의 현장에서 '한반도의 오순절'을 재현합시다라는 구호를 내걸고 2007 평양대부흥 평양국제대성회를 개최하며 "한국 교회의 회개와 부흥을, 북녘 땅에 그리스도의 복음을" 외치는 「국민일보」의 광고 난에 난 초대형 집회를 도산이 살아오신다면 어떻게 보실지 생각해 본 적이 있다.

동학 농민 봉기와 청일 전쟁에서도 느끼는 것은 외세의 침입 앞에 순교자로 죽어가는 전봉준 등 참주인의 종자 씨들을 볼 때마다 힘이 없는 참주인은 망하는 것이고 전략이 없는 참주인은 망한다는 것이다. 도산 안창호가 과거 시험을 본다든지 그러한 기록이 없는 것을 보면 거짓 주인이 판을 치는 세상에서 참주인의 정신이 그에게 있었다고 하는 것을 가늠해 볼 수 있다. 한마디로 실용주의를 걷는 것이 스스로 신분을 포기하는 것이 아니라 국가를 위해서는 실용주의의 노선을 걷는 사람들이 참주인임을 깨닫기 때문이다.

요즘으로 말하면 이랜드 사태에서 보듯이 비정규직 근로자로서 무시를 당하는 민중이 이제는 자기 자신의 입에 풀칠만 할 것이 아니라 사회를 격

---

[1] 서상목외, 『사랑 그리고 나눔』(북 코리아, 2010). 71.

정하고 국가를 세우는 일에 앞장을 서는 참주인이 되어야 한다는 것이다.

도산 안창호 선생의 국가 재건 전략(7대 무지개 전략)은 다음과 같다.[2]

첫째, 신사상(참주인주의)

자본주의와 사회주의의 장점을 살린 제3의 길로의 연합이다. 자발적인 의지에 의해서 스스로가 미래의 삶을 개척하는 참주인들이 기능적으로 주체가 되는 것이다.

둘째, 신교육(참주인 교육)

참주인들은 글로벌 차원에서 언어의 전문성, 지역의 전문성, 사역의 전문성, 직업의 전문성을 배양받아 미래를 예견할 능력이 있는 리더가 된다.

셋째, 신유양(참주인 리더 훈련)

참주인이 되고자 하는 자들은 공식적 훈련, 비공식적 훈련, 비형식적 훈련을 국내외적으로 이수하여 총체적인 리더십을 형성한다.

넷째, 신윤리(참주인의 성결의 원리)

참주인으로서 진정한 회개를 통한 부흥을 체험한 참주인의 전사(戰士)가 되기 위해서는 이 세상에 살지만 욕망을 극복한 성결을 유지해야 한다.

다섯째, 신학술(참주인의 다양한 가운데 조화[IT 등 9대 직업군])

정치, 경제, 사회, 과학을 융합해서 세계화 시대에 맞는 참주인 학술 연구가 되도록 해야 한다. 한반도의 5년 후, 10년 후를 예측할 수 있는 종합적인 분석, 종학, 문화, 예술, 스포츠, 철학, 서비스 등 9대 직업군에 대한 연구합, 평가가 이루어져야 한다.

여섯째, 신모범(참주인 평화 봉사단)

우리에게는 자신의 의를 위하는 지도자는 많이 있으나 자신을 섬기는 종으로 드려지는 겨자씨와 같은 모범적인 리더인 참주인이 없는 현실이다. 그러나 참주인 평화봉사단은 예수님의 고난과 부활의 능력에 동참하는 성육신적인 선교사이다. 우리는 이러한 예를 도산 안창호와 성촌 정근모에게서 발

---

2   김태연, 『파파 서번트 리더십』(엘피지에이, 2019), 50.

견하고 대학, 청년들에게 알리는 참주인 리더십 학교를 열어야 한다.

일곱째, 신개혁(전국민 참주인주의)

개혁의 의미는 가죽을 벗기는 것이라는 의미와 마찬가지로 1517년 마틴 루터의 종교개혁의 주요 사상인 소명론과 만인제사장주의를 융합해서 진정한 의미의 개혁을 가늠할 수 있는 사상이 '전신자선교사주의'이다. 이를 실천적인 차원에서 우리 참주인들은 전국민참주인주의로 변혁하고자 한다. 전국민참주인주의는 자본주의와 사회주의의 장점을 지닌 천손 민족이요, 천선 민족인 대한민국의 온 겨레를 사랑하는 창조적인 하나님 중심의 세계관이고 이를 위해서는 5중 전문성(언어, 지역, 직업, 사역, 성령 세례)을 갖추어야 한다.

도산은 자신(自新)을 가장 중요시했는데 이는 자신을 새롭게 한다는 의미로서 이미 한민족으로서의 정체성(identity)과 자존감(self-esteem)이 무엇인지를 안 큰 스승이셨다. 도산의 실천 목표는 여전히 자신(自新)에서 출발하여 독립운동임을 분명히 한 것이다.

우리의 조상들은 도덕 정치를 주장했고 오늘의 마귀들의 하수인들인 정치인들은 도둑 정치를 하는 것은 아닌가?

하나님의 섬기는 종의 리더십을 가진 자가 대통령 후보가 되어야 한다. 선거에서 이기기 위해서는 유권자의 정서를 공략하고 민심을 숭배하고 우리의 편을 최대한 동원해야 한다. 그런데 중요한 것은 먹고사니즘이고 승리하려면 여야 대선 후보 모두 부동층을 확보해야 한다는 것이다.[3]

무능, 부패, 내분, 지도력의 상실이 있는 보수와 진보가 혐오의 대상이 되었다면 우리는 유능, 청결, 관용, 공조하는 전문인 지도자를 세워야 한다.

---

[3] 최광웅, 『이기는 선거』(아카넷, 2020), 11-13.

2) 코로나 바이러스에 대한 빌 게이츠의 이해

① 코로나19는 모든 사람이 평등하다는 것을 가르치고 있다.
② 코로나19는 우리 모두가 서로 연결되어 있다는 것을 가르치고 있다.
③ 코로나19는 건강이 얼마나 소중한 것인지를 가르치고 있다.
④ 코로나19는 인생이 짧다는 것과 우리가 해야 할 더 중요한 것이 무엇인지를 가르치고 있다.
⑤ 코로나19는 우리 사회가 얼마나 물질 위주로 변했는지를 가르치고 있다.
⑥ 코로나19는 가족과 가족 생활이 얼마나 중요한지를 그리고 우리가 얼마나 무시하고 있는지를 가르치고 있다.
⑦ 코로나19는 진짜 우리 일이 무엇인지를 가르치고 있다.
⑧ 코로나19는 우리 자화상을 계속 점검하라고 가르치고 있다.
⑨ 코로나19는 자유 의지가 우리 손에 달려있다고 가르치고 있다.
⑩ 코로나19는 우리가 인내할 수도 있고 공황 장애에 빠질 수도 있다고 가르치고 있다.
⑪ 코로나19는 이 시간이 종말이 될 수도 있고 새로운 시작이 될 수도 있다고 가르치고 있다.
⑫ 코로나19는 이 지구가 병들었다는 것을 가르쳐 주고 있다.
⑬ 코로나19는 모든 난관이 지난 후에는 평온이 있다는 것을 가르쳐 주고 있다.
⑭ 코로나19는 거대한 재앙으로 보지만 위대한 교정자로 보고 싶다.

나는 위와 같은 빌 게이츠의 이해에 대해 다음과 같이 평가한다.
코로나19는 전 세계의 크리스천들에 이번 기회를 통하여 도전과 응전으로 극복을 하고 더 나아가서 인류의 평화를 위해서 서로 돌아보는 동안에 자원하는 종의 의지가 하나님의 뜻을 행하는 계기가 되었다.

3) 코로나19에 대한 생물학 이해

바이러스는 기존의 바이러스를 묶는 방식으로 접촉을 시작한다. 이는 마치 마귀가 유혹을 하는 것과 마찬가지이다. 유혹에 넘어가게 되면 바이러스는 바로 주도적으로 강요를 하고 증식을 한다. 그리고 침투한 바이러스가 기존의 바이러스를 포장해 버린다. 안목의 정욕에 빠지게 되는 것이다. 이제는 바이러스가 당연한 것으로 여겨지고 무질서하게 증식을 시작하게 된다. 이제 감염이 된 세포는 무장 해제가 된 채 강간을 당하게 된다. 그리고 옆의 세포도 공격을 하게 된다. 그리하여 바이러스는 팬데믹 현상을 일으키는 것이다. 이것이 우리가 경험하고 있는 코로나19가 영적으로 대각성을 요구하는 비참한 현실인 것이다.

4) 코로나19의 정체는 무엇인가?

코로나19는 동물 및 사람에서 호흡기 질환이나 소화기 질환(설사)를 일으키는 바이러스의 한 종류로 그중 사람에게 전파 가능한 코로나 바이러스는 현재 6종이 알려져 있다. 이중 4종은 감기와 같은 질병을 일으키는 바이러스이며 나머지 2종은 각각 메르스 코로나 바이러스와 사스 코로나 바이러스로 알려져 있다. 코로나19의 공개된 염기 서열 분석을 통해 코로나19가 사스 유사 박쥐 바이러스와 유전자 일치도가 가장 높아(89.1퍼센트) 박쥐에서 유래된 것으로 주장한다.[4]

나는 70년 전쟁을 넘어서 통일 코리아로 가는 한국에게 코로나19 위기는 곧 기회가 되려면 먼저 회개해야 한다고 생각한다.

---

[4] 최강석, 『바이러스 쇼크』 (매일경제신문사, 2020), 6.

5) 어떻게 전염되나, 사람 간 전염은?

공기 감염 가능성은 매우 낮으며 메르스 등과 같은 비말 감염으로 보인다. 기침 등을 통해 튀어나오는 침방울 등이 매개가 된다. 참고로 공기 감염은 바이러스가 포함된 아주 작은 입자(에어로졸)가 공기 중에 떠다니다 감염되는 방식으로 매우 전염력이 강하다. 이러한 공기 감염과 구분 지어야 할 부분은 비말 입자는 큰 침 방울 입자로 공기 중에 오래 떠 있지 못해 일반적으로 2미터 이내에 바닥으로 금방 떨어진다는 것이다

이러한 공기 감염과 구분 지어야 할 부분은 비말 입자는 큰 침방울 입자로 공기 중에 오래 떠있지 못해 일반적으로 2미터 이내에 바닥으로 금방 떨어진다는 것이다. 이러한 비말 입자가 떨어진 표면을 만진 손으로 점막 부분을 비비거나 가까운 거리에서 침방울에 직접 접촉될 경우 전염된다. 마스크 착용과 손 씻기가 중요한 이유이다.[5]

나는 마스크는 양심에 화인 맞았다는 표지요, 손 씻기는 빌라도의 손 씻기와 같은 것이 되지 않으려면 먼저 요단강에 7번 잠기는 침례를 받는 나아만 장군처럼 하나님으로부터 오는 영적 각성을 통한 부흥을 체험해야 한다고 생각한다.

6) 무증상 감염자가 바이러스를 옮길 가능성이 있나?

잠복기 동안 특히 증상이 나타나기 직전 바이러스가 충분히 증식된 상태에서 세계 보건 기구는 코로나19 감염증과 관련해 무증상 감염자도 바이러스를 옮길 가능성이 있다고 발표한 바 있다. 무증상 감염이란, 증상이 나타나기 전 잠복기에도 전염되는 경우이다. 주변 사람을 감염시킬 가능성이 있는 상태라고 할 수 있다. 다만 감염자가 어느 정도 수준의 증상을 보여야 코로나19를 전파할 수 있는지는 계속 연구 중이다. 2020년 2월 3

---

[5] 최강석, 『바이러스 쇼크』, 6.

일 기준 국내에서는 아직 무증상 감염 사례가 없는 것으로 파악되고 있다.[6]

나는 양심(Conscience)에 호소를 하는 개혁이 필요하다고 생각한다. 그래야 과학(science)에 기초하여 전지(omniscience)하신 하나님과 동행할 수 있다. 비과학(antiscience)적인 미신에 속지 말고 먼저 영이 잘 되어야 육도 산다.

7) 반드시 KF 94 마스크를 써야 하나?

KF 94이상 써야 한다는 소문이 온라인에서 나돌기도 했으나 이는 사실과 다르다. KF는 식품 의약품 안전처에서 정하는 보건용 마스크 등급으로 코리아 필터(Korea Filter)의 약자이다. 80, 94, 99 등 3가지 등급이 있다. 숫자가 클수록 더 미세한 먼지까지 차단해 주지만 산소 투과율도 같이 낮아져 숨쉬기 어렵다. 어린이나 노약자 임산부가 장시간 착용하는 건 오히려 건강에 안 좋다고 한다. 전문가는 KF 80만 되도 예방 효과가 충분하다고 한다.[7]

나는 먼저 하나님과 화해를 해야 한다고 생각한다. 그 코에 생기를 불어 넣으시니 생령이 되었다. 마스크를 하니 생기의 의미가 성령이 함께 하시는 것이라는 확신이 들어서 감사하다.

8) 메르스나 사스보다도 치사율이 낮다고 하는데?

메르스의 치사율은 30퍼센트 사스 치사율은 10퍼센트 정도로 우한 코로나19는 이에 비해 낮은 편이었다. 그러나 4월 2일 현재 중국은 물론이고 이란과 이탈리아 그리고 신앙이 리버럴(liberal)한 보스톤과 뉴욕을 시점으로 한 미국과 가난한 남미 천민 자본주의에까지 팬데믹 현상을 보이고 있다. 코로나19는 치사하고 지능적이다. 아직 결과가 나오지 않았기에 치사

6 　최강석, 『바이러스 쇼크』, 6.
7 　최강석, 『바이러스 쇼크』, 7.

율과 경제적 파급 효과는 IMF보다 더 큰 고통을 줄 수도 있다.[8]

지난 한 달 동안 무료한 사회적 거리 두기를 하고 나니 하나님과의 거리 두기도 같이 한 것이 아닌가 송구할 뿐이다. 오리의 헤엄치기처럼 코로나19가 지나가면 세상은 대변동을 가져올 것이 분명하다. 가슴의 할례로 영적 구조 조정을 먼저 실천하라.

9) 코로나19도 박쥐가 원인?

우한발 코로나19는 박쥐 중에서도 중국 박쥐가 잠정적인 원인으로 알려져 있다. 박쥐는 다른 포유류보다도 체온이 2-3도 높다. 고온에선 바이러스 활동성이 떨어지고 백혈구 등은 활성화된다. 또한, 인간을 비롯한 포유류는 바이러스가 체내로 침투하면 인터페론이라는 항바이러스 단백질이 만들어진다. 박쥐는 이 인터페론이 항상 활성화되어 있다는 것이 밝혀졌다.[9]

또한, 한탄강에서의 들쥐로 인한 바이러스에 관한 재미 한인 의사이신 정유석 박사의 글이 페이스북과 「조선일보」에 올라와서 소개한다.[10]

---

8 최강석, 『바이러스 쇼크』, 7.
9 최강석, 『바이러스 쇼크』, 7.
10 한국전쟁이 끝나고도 중부전선 일대에서는 원인은 모르지만 그 증세에 따라 이름을 붙인 '유행성 출혈 열'(Epidemic Hemorrhagic Fever)이 매년 천여 병씩 발병되어 왔다. 육군군의관으로 전방 의무대나 후송병원에 근무하다보면 가끔씩 보던 질환인데 1976년이나 되어 이 병의 정체가 한국인 의학자에 의해 밝혀졌다. 필자의 스승이기도 한 미생물의 대가 이호왕 박사가 들쥐의 일종인 등줄 쥐의 혈액에서 유행성 출혈 열을 일으키는 바이러스를 분리하는데 성공했고 전자 현미경으로 촬영하여 세계 학계에 보고했다. 학계에서는 상식적인 이야기지만 바이러스는 너무 작아 전자 현미경 아니고는 볼 수도 없고 더군다나 사진을 찍을 수도 없다. 우리는 이제 코로나 바이러스 사진에 익숙하지만 보통 실험실에서 사용하는 현미경으로는 어림없는 일이다. 역시 상식적인 사실인데 생물학계에서는 병원체를 제일 먼저 발견한 사람이 그 이름을 지을 권리와 명예를 가지고 있다. 이 박사는 유행성 출혈 열이 가장 많이 발생하던 중부 전선의 한탄강 지명을 따라 이 바이러스를 한탄 바이러스라고 명명했고 영어로 '한탄 바이러스'(Hantan virus)로 표기했다. 당시 이곳에 배치되었던 동료 육군 군의관들은 험지라서 울며 넘는다는 한탄강이라고 했다. 이호왕 박사는 겸손하게 자기 연구의 절반은 연구비를 지원한 미국 정부의 몫이라고 했지만 이것은 한국 의학이 세계 의학에 끼친 뚜렷한 업적들 중의 하나다. 미국의 한탄 바이러스는 감기 기운으로 시작돼 고열 오한과 함께 급성 폐출혈을

우리가 부르던 황금 박쥐가 이런 재앙을 가져다 줄지 누가 알았을까?

병리학적인 질병은 다 인본주의적인 사고이다. 천재인 동시에 인재이다. 진정한 빚의 탕감은 먼저 하나님의 사랑을 이웃에게 갚는 것이다. 신본주의가 우선이다.

10) 전염병이 우리 경제에 끼치는 영향은?

코로나19 역시 여행과 외식 등 야외 활동 중단과 소비 위축을 불러오고 제조업 금융 등 경제 전반에 영향을 미치고 있다. 사스 당시 중국과의 교역이 중단되고 증시는 급락했고 원달러 환율이 급등하는 후폭풍이 컸다. 현 정부도 전 세계 모든 나라와 마찬가지로 경제 실정을 코로나19의 적극 대처로 인해서 WHO 등을 등에 업고 어부바 효과를 보려고 하고 있다.

나는 정직한 도덕성이 현금보다 먼저 입금되어야 한다고 생각한다. 영이 살아나야 한다. 소유의 창고에 돈을 주는 것이 아니라 축복의 통로(contrarywise channel of blessings)가 되고자 하는 자세로 물질을 나누어야 한다.

일으키고 한국의 한탄 바이러스는 감기 기운으로 시작해 고열 오한과 함께 급성 신장 출혈을 일으키는 차이가 있다. 필자가 1960년대 공군 군의관으로 항공 의료원에 근무하면서 유행성 출혈 열 환자를 다룬 적이 한 번 있다. 지금도 그렇겠지만 그때는 이름만 공군이지 날지도 못하고 산간 벽촌이나 산꼭대기에서 레이더만 지키며 묵묵히 근무하는 장병들이 많았다. 고열과 신부전증으로 레이더 기지에서 후송되어온 한 사병의 병명을 내과 군의관이 유행성 출혈 열로 용케도 진단을 내렸는데 이 환자가 망상과 환각 증세를 자주 보이니 혹시 무슨 정신병이 아니냐고 옆방에 있는 정신과 군의관인 나에게 의견을 구했다. 자세히 진찰한 후 이 환자는 출혈 열로 인한 일시적인 섬망(Delirium) 상태에 있을 뿐 다른 정신병은 아니라는 소견을 밝혔다. 병명은 '출혈 열로 인한 급성 뇌 증후군'. 당시에는 그런 진단명이 있었다. 신체적인 원인에 의해 급격하게 정신병 증상들이 나타낼 때 그런 상태를 'Acute Brain Syndrome'이란 이름을 붙였었다. 그래서 당시 의사 면허를 받은지 몇 년 되지 않은 위관급 장교에 불과한 풋내기 의사의 신분으로 겁도 없이 주치의였던 내과 군의관과 함께 의학협회지에 '유행성 출혈 열에서 보이는 섬망 상태'라는 보고를 발표했다. 이것이 그 무렵 한국에서 우리말로 처음 저술되어 발간된 정신과 교과서인 『정신의학』(한동세 저)에 언급된 기억이 있다.

11) 세계 경제에는 어떤 영향을 미칠까?

말 그대로 팬더믹이다. 『바이러스 쇼크』라는 책이 한달 전에 예측한 것은 빙산의 일각일 뿐이다. 세계 경제 대공황이 온 것이다. 미중 간의 화폐 전쟁이 본격화될 것이다.

제국주의를 꿈꾸며 중국에 아첨하던 이란과 그리스에서 가장 먼저 창궐했다는 점을 지켜보자. 미국에서도 뉴욕과 같은 멜팅 팟에서 만연하고 세계 1위라고 자만하더니 제2의 그리스가 되었다. 일단 코로 숨 쉬고 살아나야 한다. 이 세상에서 환란을 당하는 가시 면투관으로 인하여 예수님의 고통을 알게 되고 코로나의 배후에 있는 영적 전쟁의 실체를 밝혀내야 한다. 진정한 상급을 구해야 한다.

12) 역대 한국의 대통령을 12 고개로 이야기하면 아래와 같다

역대 대통령들의 통치술을 살펴보면 다 코로나19와 같이 권모술수가 능하고 고범죄를 지었기에 마지막에는 감옥은 기본이고 자살을 하는 비운을 맞이하는 것은 안타까운 것이다. 다 정직의 문제에서 하나님의 기준에 못 미쳤다는 것이다.

성서 이야기를 보면 사무엘 선지자가 사울 왕에게 실망하고 다윗을 찾는 장면이 생각이 난다. 12번째 아리랑 고개에서는 다윗 왕과 같은 하나님의 마음에 합한 자를 세워야 한다.

이어령 박사는 이렇게 기대한다.

> 한국에 필요한 생존 방식은 양쪽 모두를 품는 창조성 대 대륙이냐 해양이냐'는 양자-택일(either or)을 탈코드화하여 '양자병합'(both and)으로 가는 창조적 해법을 구축하는 것이다. 미중 밀월 '차이 아메리카 시대'는 끝나고, 새로운 지정학적 도전에 직면하였다.
>
> 100년 운수는 사주가 아닌 지도에 있다. 중국과 일본 사이 통일된 한반도는 대

류·해양의 균형을 이룰 수 있다. 만주 중심의 새로운 장이 열릴 것이다."

그는 한국인 이야기에서 12 고개로 한국의 문화 융섭을 이야기하고 있다. 이를 한국의 역대 대통령에게 치환해서 설명해 보고자 한다.[11]

(1) 태명 고개-이승만(기독교인) 현실을 직시하여 실리를 취하는 리더이다

이승만 대통령의 정읍 발언의 요지는 아래와 같다.

> 미소공위(미소공동위원회의 약칭)가 재개될 기색도 없고 통일 정부도 뜻대로 되지 않으니 남쪽만이라도 임시정부 또는 위원회 같은 것을 조직해 38선 이북에서 소련이 철수하도록 세계 여론에 호소하여야 할 것이다. 민족의 대표적인 통일 기관을 즉시 설치하도록 하겠으니 각 지방에서도 중앙의 지시에 순응해서 조직적으로 활동해 주기 바란다.[12]

이승만 대통령의 성격은 다음과 같다.

이승만 대통령의 성격 유형은 한마디로 외향형이다. 외향형은 감정이 풍부하고 대중 앞에 나서기를 좋아하며 자존심이 강하다. 친화력과 대중성, 순발력, 독창성 그리고 위기 관리 능력이 뛰어난 반면, 즉흥적이고 충동적이며 자기중심적인 경향이 강하다.

---

[11] 이어령, 『한국인 이야기』 (파람북, 2020), 4-7. 1) 태명(胎名) 고개-생명의 문을 여는 암호, 2) 배내 고개-어머니의 몸 안에 바다가 있었네, 3) 출산 고개-이 황홀한 고통, 4) 삼신 고개-생명의 손도장을 찍은 여신, 5) 기저귀 고개-하나의 천이 만들어낸 두 문명, 6) 어부바 고개-업고 업히는 세상 이야기, 7) 옹알이 고개-배냇말을 하는 우주인, 8) 돌잡이 고개-돌잡이는 꿈잡이, 9) 세 살 고개-공자님의 삼년 이야기, 10) 나들이 고개-집을 나가야 크는 아이, 11) 호미 고개-호미냐 도끼냐 어디로 가나, 12) 이야기 고개-호랑이 담배 먹던 시절, 13) 꼬부랑 고개-넘어가는 이야기.

[12] 신동준, 『대통령의 승부수』 (올림, 2009), 29.

이러한 성격은 훗날 이 대통령이 라스웰(Lasswell)의 선동가형 그리고 플러스형 리더십을 발휘하도록 심리적으로 영향을 미쳤다.[13]

이승만 대통령의 정치 역정을 분석하면 아래와 같다.

> 대세를 거스려 초강수를 두다.
> 이승만은 급진개화파였다.
> 좌우 합작은 공산화로 가는 길이다.
> 그는 미국이 원한 인물이 아니었다.
> 미소 공동 위원회의 결렬과 이승만의 구국결단
> 천하 대세는 이승만 쪽으로 70퍼센트 이상 지지
> 제1공화국 출범과 대통령 당선
> 철저히 계산된 이승만의 반공 포로 석방: 거제도
> 8.15는 광복절인가(1945), 건국절인가(1948)?

이승만 초대 대통령을 성공한 리더십, 실패한 정치인으로 평가하고자 한다. 구한말 위정척사파는 대륙 문명권에의 잔류를, 개화파는 해양 문화권에의 편입을 주장하는 세력이었다고 본다면 해양 문화권에의 편입을 완성시킨 문화 교류 리더가 이승만 대통령이었다. 지금 한국은 다시 한번 축복의 통로가 되어 줄 글로벌 문화권의 리더를 요구하고 있다.[14]

(2) 배내 고개 - 윤보선(가톨릭)

전환기의 시대의 희생양 대통령 후보로 결국 박정희의 시대를 열게 해준 최고의 지성적인 대통령이다.

---

13 최진, 『대통령 리더십총론』(법문사, 2007), 263.
14 강원택외, 『한국의 대통령 리더십과 국가 발전』(인간사랑, 2007), 48.

(3) 출산 고개-박정희(거의 크리스천[almost christian])

치밀하게 계획하고 과감하게 실행한 군인 박정희 대통령의 성격 유형은 전형적인 내향형이다. 내향형은 이성적, 체계적, 논리적, 합리적인 특징을 보이고, 인내심과 지적 활동이 뛰어난 특징이 있다. 내향적 사고형(introverted thinking type)인 박 대통령은 냉정하고 치밀하고 용의주도하고 계획적인 특징이 두드러진다. 장녀 박근혜 씨는 외모와 성격, 정치 스타일 등 여러 가지 면에서 어머니 육영수 여사를 닮았다.[15] 박정희 대통령의 정치 역정은 근대화로 가는 출산 고개 그 자체였다.

박정희 대통령의 정치 역정을 분석하면 아래와 같다.

> 5.16. 군사 정변을 꾀하다.
> 이승만을 제거하라.
> 현대판 인조 반정이다.
> 정치인에게 나라를 맡길 수 없다.
> 자존심 대신 밥을 택한 한일 국교 정상화와 월남 파병
> 10월 유신은 부국 강병을 위한 고육지책

박정희 대통령 그는 혁명가, 군인, 행정가였다.

그의 경제 개발이라는 업적과 유신 독재를 통한 민주 발전의 저해를 어떻게 균형 있게 평가할 것인지가 주요 문제이다. 고도 성장의 폐해가 드러난 1978년 이후 레임덕 현상으로 정책 전환을 어렵게 하는 난관에 봉착한 것이다.

(4) 삼신 고개-전두환(일반적인 기독교인)-위기가 닥치기 전에 선수를 친다

전두환 대통령의 스승은 있는가?

---

[15] 최진, 『대통령 리더십총론』, 292.

전두환이 김재익을 스승으로 모시고 경제 공부에 전념하고 있을 때 전 세계는 이란의 이슬람 혁명에 따른 OPEC의 석유 감산 조치로 인해 심한 몸살을 앓고 있었다. 이른바 '제2차 오일 쇼크'였다. 유가가 50퍼센트 이상 급등한 결과 1980년의 경제 성장률은 마이너스 4퍼센트로 떨어져 전년에 비해 10퍼센트 후퇴했다. 물가 상승률도 40퍼센트를 넘어서고 있었다. 그가 박정희 이래 지속되어 온 고성장 정책을 포기하고 물가 안정을 바탕으로 한 안정 정책으로 기조를 바꾼 이유가 여기에 있다.[16]

전두환 대통령의 성격은 어떨까?

전두환 대통령은 강한 외향형의 성격이었다. 어렸을 때부터 억세고 패기만만했으며, 언젠가 기회가 오면 모든 열세를 일거에 만회하리라고 벼르는 공격적인 성격이었다. 외향형의 특징인 추진력과 대중성, 순발력, 충동적 좌충우돌, 절제력 결여 현상을 전두환 대통령에게서 고스란히 찾아볼 수 있다.[17] 전두환 대통령의 정치 역정은 백담사였다.

전두환 대통령의 정치 역정을 분석하면 아래와 같다.

    다변과 무단의 통치자
    타고난 정치 군인: 하나회를 조직하다
    12.12 발단은 정승화의 자충수?
    5.18 광주민주화운동: 걸림돌을 제거하라
    안정론과 성장론을 잠재운 예산 동결
    양위 결단과 두산된 상왕 정치
    노태우의 배신과 5공 청문회 그리고 백담사

전두환 대통령 리더십은 다음과 같다. 10.26 사태와 12.12 쿠데타 이후 한국적 민주주의 이념을 가진 국가 질서를 회복해야 한다는 대전제에 직

---

16 신동준,『대통령의 승부수』, 119.
17 최진,『대통령 리더십총론』, 324.

면하여 취약한 태생적 정통성의 위기를 극복하면서 경제 성장을 달성한 최소한의 목표를 달성한 지도자이다.

(5) 기저귀 고개-노태우(일반적인 기독교인)-때가 올 때까지는 대세에 순응한다

박철언은 『바른 역사를 위한 증언』에서 다음과 같이 증언했다.

> 대통령이 대통령 직선제를 하자고 해서 처음에는 반대했다. 그러나 워낙 뜻이 강해 이를 받아들일 수밖에 없었다. 그 대신 나는 김대중 씨를 사면하여 복권할 것을 건의했다.

이는 전두환이 난관을 타개하기 위한 궁리 끝에 대통령 직선제 수용 방안을 노태우에게 제의했고, 노태우는 일단 반대 의사를 밝혔으나 전두환의 설명을 듣고 이를 받아들이면서 김대중 사면 방안을 제시했음을 의미한다.[18]

노태우 대통령의 성격 유형은 다음과 같다.

노 대통령은 장남답게 모나지 않는 유년기를 보내면서 내향형 가운데 감정적인 요인이 많은 내향적 감정형(introverted feeling type)의 성격을 갖게 되었다. 주변 상황을 예의주시하면서 돌다리를 열두 번씩 두드린 뒤에 건너듯 조심스레 행동하는 그의 성격과 리더십 스타일의 뿌리는 어린 시절의 성장 과정에서 찾아볼 수 있다.[19] 노태우 대통령의 정치 역정은 지뢰밭 같았다.

노태우 대통령의 정치 역정을 분석하면 아래와 같다.

> 탈권위는 노태우가 원조
> 기획 전두환 각색 노태우= 6.29 선언

---

18 신동준, 『대통령의 승부수』, 135.
19 최진, 『대통령 리더십총론』, 356.

노태우 승리의 일등 공신은 전두환?
5공 청문회와 노태우
김일성도 놀란 한소 수교와 북방 외교
물태우라 비웃지 마라

그래도 87년 7월 중수로용 핵연료 국산화에 성공했다. 단절의 정치에서 재건의 정치로 전환시키는데는 역부족인 개인적인 한계와 성격을 지닌 대통령이었다.

(6) 어부바 고개-김영삼(기독교인 장로)-마음먹은 일은 무슨 일이든지 해치운다

김영삼 대통령의 성격 유형은?

김영삼 대통령은 부유하고 자기중심적인 환경 속에서 자란 탓에 감각기능이 발달한 전형적인 외향형이다. 일찍이 김 대통령만큼 감성이 풍부하고 감각기능이 뛰어나며 판단력이 빠른 국가 지도자도 드물다. 덕분에 그는 온갖 역경을 물리치고 대통령이 되었지만 동시에 국정 운영의 난맥으로 인하여 실패한 지도자라는 비판도 받게 되었다.

3당 통합에 대한 김영삼 대통령의 생각은 옳은가?

> 당시 내 생각은 오직 군정 종식뿐이었습니다. 그러려면 노태우 정권을 종식해야 합니다.
> 군사 정권과 통합해 안에서 싸우면 내가 안에서 대통령 후보가 될 수 있다고 확신을 했지요. 당시 노태우 쪽에는 사람이 없었어요. 노태우는 통합 당시 말로는 "누가 더 있습니까? 김영삼 총재밖에 없습니다"라고 이야기했지만, 막상 통합하고 나서는 나를 죽이려고 했습니다. 그는 내심 김복동 등을 염두에 두고 있었던 것입니다.[20]

---

20 신동준, 『대통령의 승부수』, 160-61.

김영삼 대통령의 정치 역정은 다음과 같다.

    열세를 우세로 3당 통합의 내막
    호랑이 굴에 들어 가다
    일괄 해임, 일괄 임명으로 하나회를 척결하다.
    금융 실명제 전격 실시
    IMF 환난과 세계화
    칼국수 정치의 허실
    득국과 치국은 엄연히 다르다

김영삼 대통령의 칼국수 리더십은?

95년 4월 국내 기술로 설계 건설한 다목적 연구형 원자로 '하나로' 준공 98년 8월 최초 한국형 표준 원전 울진 3호기 상업 운전 시작(정근모 박사 과기처장관)

(7) 옹알이 고개-김대중(민중신학 가톨릭)-명분을 앞세워 뜻을 실현한다

김대중과 김종필의 연합은 단기적인 차원에서 이루어진 것이 아니었다. 기본적으로 여야대소 정국 이후 김대중과 김종필이 장기간에 걸쳐 의정 활동을 함께 펼치면서 협력 가능성을 충분히 인정했기 때문에 가능했다고 볼 수 있다. 그러나 무엇보다도 가장 큰 요인은 김대중의 절박함이었다. 그는 이미 세 차례에 걸친 대선에서 지역 대립 구도와 레드 컴플렉스(Red Complex)의 벽을 넘지 못하고 눈물을 삼켜야 했다. 그에게 1997년 대선은 생애 마지막 도전이 될 것이었다.[21]

지역 요건의 영향을 유달리 많이 받은 정치 지도자는 김대중 대통령이다. 그의 출신 지역은 어릴 적 성격 형성뿐만 아니라 성장한 이후 50여 년의 정치 역정과 대통령이 된 뒤 국정 운영 과정에서 역대 어떤 대통령보다도 강한 영향을 미쳤다. 특히 사면이 거친 파도로 둘러싸인 하의도 외딴

---

21 신동준, 『대통령의 승부수』, 188.

섬이 갖는 지리적 특수성과 조상 대대로 저항 정신이 뿌리 박힌 섬 주민들의 의식 세계, 근현대사에서 호남 지역이 갖는 정치적 특수성은 국정 운영 스타일에 커다란 영향을 주었다.[22]

김대중 대통령의 정치 역정을 분석하면 아래와 같다.

> 반대를 무릅쓰고 DJP 연합을 결행하다
> IMF 환난 극복은 했다.
> 햇볕 정책과 분단 후 최초의 남북 정상 회담
> 고난의 연속 인동초의 삶
> 역사의 라이벌 김대중 VS 김영삼
> 3김 시대 종언을 고하다
> 김대중 대통령의 리더십은 어떤가?
> 북한의 한반도에너지개발기구(KEDO) 경수로 사업 실패

따라서 김대중 대통령은 지역적 기반에 의존하고 전근대적인 정당 통제 등에 기초하여 정당과 정치인의 거래를 조정하는 거래적 리더십에 머물렀다.

(8) 돌잡이 고개-노무현(일반적인 가톨릭)-고졸이라는 현실을 뛰어넘어 강수를 두다

정조와 노무현은 각각 경기 화성과 충남 공주 일대에 제2의 수도에 해당하는 행정 도시를 건설하려고 했다. 이는 기본적으로 집권 초기의 열세를 극복하고, 장차 대세를 장악해 자신이 원하는 방향으로 정국을 이끌어 나아가려는 취지에서 나온 것으로 볼 수 있다.

---

22 최진, 『대통령 리더십총론』, 412.

긍정적인 측면보다 부정적인 측면에서 더 많이 발견되는 점이기는 하나 정조와 노무현의 리더십이 닮았다고 하는 지적은 결코 틀린 말이 아니다.[23]

노무현 대통령의 성격 유형은 멧돼지형이다.

노무현 대통령의 가족사를 보면, 가히 수난사라고 할 만큼 내외적으로 혹독한 시련이 많았다. 해방 직후 전근대적인 시대상황 속에서 많은 가족이 가난과 천대의 고통을 겪었지만 노 대통령은 스스로 느꼈던 고통의 체감도가 유난히 높았고 우여곡절 또한 많았다. 투박한 원석처럼 거친 행보를 계속하고 있는 노무현 대통령, 난해하기 짝이 없는 그의 정치 행보는 심리적 접근이 아니고서는 이해가 되지 않는다.[24]

노무현 대통령의 정치 역정은 드라마였다.

> 정치 인생 내내 올인 승부수를 던지다
> 기적의 드라마 국민 경선제와 후보 단일화
> 탄핵 정국을 정면으로 돌파 하다.
> 한미 FTA를 강하게 밀어붙인 이유?
> 봉하 마을에서 맞은 시련과 죽음의 선택
> 노무현은 21세기 정조 대왕
> 주류와 비주류의 길항 작용

(9) 세 살 고개-이명박(기독교인 장로)-이슈를 선점하여 끝까지 고수한다

한국지방발전연구원 원장 윤여준은 이렇게 증언한다.

경제가 국민 생활의 기반이긴 하지만 전부는 아니다. 이미 세계적 흐름은 경제 제일주의로부터 삶의 질 쪽으로 옮겨가고 있다. 촛불 정국 당시 그는 맛있는 고기를 싸게 먹으면 좋을 것이라고 했다. 국민의 관심은 그런 게 아니었다. 건강과 불평등 조약의 문제에 주목했다. 국민 의식과 대통령

---

23 신동준, 『대통령의 승부수』, 240-41.
24 최진, 『대통령 리더십총론』, 439.

의식 사이에 커다란 괴리가 있었다.²⁵

이명박 대통령 정치 역정은 다음과 같다.

   샐러리맨 신화에서 청계천 신화로
   승리를 부른 경선 룰 변경
   촛불 정국의 현대 건설 CEO적 관리
   두차례 조문 정극이 남긴 하나님의 뜻
   이명박과 노무현의 닮은 점
   난국 타개의 길 : 아부다비 원자력 수출

이명박 대통령은 성취 동기의 리더십으로 일류 대한민국의 대통령 리더십을 추구했다.

(10) 나들이 고개 - 박근혜(종교 다원주의)

독재자의 딸과 선격 여왕 이야기가 상관성이 있어 보인다.

개인적인 소견은 얼음 공주라는 것이며 적어도 5개 국어를 구사하는 언어에 전문성을 가진 여성 리더로서 박정희 대통령의 장녀이자 육영수 여사를 대신한 대처 여사같은 리더십으로 광폭 정치를 하다가 여자이기 때문에(?) 옥고를 치르고 있다.

(11) 호미 고개 - 문재인(민중신학 가톨릭교)

현직 대통령이지간 평가한다면 노무현 대통령의 연장선에서 보아야 한다는 것이며 70년 전쟁을 넘어 통일의 시대를 열기 위해서 애를 쓰고 있으며 코로나19를 당하면서 열심히 의료진들과 함께 노력하고 있다. 오히려 위기가 기회가 된 것으로 일부 평가하기도 한다.

---

25 신동준, 『대통령의 승부수』, 261.

(12) 아리랑 고개 - 2022 대통령

이제 총선이 끝나자마자 2년 남은 차기 대통령 선거에 대한 관심이 높다. 대통령의 지략가인 김종인 박사는 박정희부터 문재인까지 여당과 야당을 넘나들며 대한민국의 벽돌을 쌓은 노력을 했고 느헤미아의 성벽 재건과 같은 경제 대통령의 역할을 한 것은 헌법 제119조 2항 '경제민주화' 조항의 장본인으로 보수 진보를 막론하고 총리 후보로 거론되는 정치인이기에 문화 대통령 이어령 박사와 과학 대통령 정근모 박사와 함께 자랑스러운 한국인으로 평가하고 있다.

김종인은 이렇게 말한다.

> 대통령을 잘 뽑으면 된다는 책임과 안목도 중요하지만, 이제는 근본적인 문제를 고민할 때가 되지 않았을까. 국민의 의식과 판단에도 창조적 파괴가 필요하고 각성의 대전환이 요구되는 시점이다. 우리나라의 정치 더 이상 이대로는 안 된다. 현실에서 나의 노력은 실패했고 중단되었지만 현명한 국민의 힘으로 언젠가 근본이 바뀌는 날이 있을 것이라 믿는다. 뼈아픈 역사의 기회 비용은 이제 그만 치르고 변혁의 그 날이 빨리 오게 되기를 두 손 모아 기도한다.[26]

2022년 차기 대통령은 누가 되든지 코로나19를 코리아 빅토리로 이기는 여호와 라파의 한민족을 치유하는 불에 대한 이해자가 되어야 한다. 현재 문재인 대통령은 촛불 집회로 표출된 정권 심판이다.[27]

고로에서 쇠가 녹는 것처럼 정치, 경제, 사회, 문화, 예술, 스포츠, 과학, 서비스의 산이 코로나로 인해서 녹아내리고 있다. 이를 이길 수 있는 힘은 여호와의 불이다.

불은 따듯한 열을 전달해 주는 것이다. 엠마오로 가는 두 제자들에게 예수님이 나타나셔서 그 마음을 뜨겁게 해 주시는 것처럼 회개하는 마음에

---

[26] 김종인, 『영원한 권력은 없다』 (시공사, 2020), 391.
[27] 김태연, 『일어나라 초일류 대한민국』 (글마당, 2020), 126.

동행하시는 것이다. 동행하는 동반자가 되면 열정이 생기고 모두에게 부흥이 일어나게 되는 것이다. 그래서 빌리그래함전도대회와 같은 여의도 영적 부흥회가 소중한 것이다. 그 불이 마음의 할례를 받게 하니 양심의 고백을 하게 하는 거룩한 개혁이 양심이 있는 인간이라면 이루어지게 되는 것이다. 불이 녹아내리면서 서로 서로의 얼음과 같은 마음을 먼저 하나님이 따듯하게 하신 힘을 의지하여 서로가 여야가 화해를 이루게 한다.

인본주의에서 신본주의로 변혁을 이루게 하며 승리의 길이 하나님에게 있다고 하는 것을 알게 한다. 그 불은 삼천리 반도 금수 강산에 관통하듯 흘러서 무너진 국격을 회복하기 위해서 사랑의 빛으로 전 세계에 깊게 한다. 그리하여 "일어나 빛을 발하는" 굴기가 이루어지는 초일류 대한민국이 되는 것이다.

13) 코로나 바이러스를 이기는 코리아 빅토리 정치학

이에 필자는 대통령의 10대 덕목을 인용하고 '전국민참주인주의'를 구체적으로 실천하는 참주인의 10대 덕목을 제시하고자 한다.[28]

(1) 대통령의 10대 덕목에 대한 해설[29]

2007년 3월 1일에 종교교회에서 3.1절 기념 행사에서 정근모 총장이 제시한 '대통령의 10대 덕목'을 인용하고자 한다.

① 국정 운영 이해 능력이다

한국의 대통령은 어떤 면에서 보면 미국의 대통령보다도 더 권한이 크다고 할 수 있다. 따라서 국가 지도자는 국가 역할에 대한 고민과 이해가

---

28 여기서 참주인은 거듭난 성촌인으로서 그리스도 안에서 그리스도의 마음을 품고 하나님의 뜻을 준행하는 기독교 세계관을 가진 전문인으로 본다면 참주인은 성촌인과 동일시 될 수 있다.
29 김태연, 『파파 서번트 리더십』 (엘피지에이, 2019), 110-116.

있어야 한다. 한눈은 2개월 뒤를 한 눈은 2년 뒤를 내다보라는 피터 드러커 박사의 말과 같이 영안이 열려야 한다.

국가지도자는 정부의 역할과 시스템에 대한 이해가 있어야 한다. 만일 주무 장관이 그 일을 파악하지 못하면 차관 행세를 할 것이고 차관이 못하면 국장이 할 것이고 국장이 못하면 서기관이 할 것이다. 국가 지도자는 국정 운영의 경험이 있어야 한다.

크게 2-3가지는 주력해서 하고 나머지를 나누어 주는 방식으로 총체적인 일을 할 수 있는 경험을 나는 과학기술처 장관을 하면서 경험을 했다. 따라서 세계화 시대의 국가 지도자는 국정 운영자의 소양과 역할에 대한 거의 완벽한 이해가 있어야 한다.

② 국제 외교 실무 수행 능력이 있어야 한다

  국가 지도자는 국제 정세에 대한 건강한 이해가 있어야 한다.
  국가 지도자는 외교의 기본과 원칙에 대한 이해가 있어야 한다.
  국가 지도자는 국제관계와 네트워크 활용에 대한 이해가 있어야 한다.
  국가 지도자는 외교에 대한 경험과 전문성이 있어야 한다.

우리나라는 유엔사무총장을 배출한 나라이다. 국가 지도자가 되려고 한 번은 대사를 해보아야 한다. 나는 원자력 대사를 2번이나 역임하였다. 유엔 회원국이 아니던 시절에 원자력을 모르는 각국의 대표들 앞에서 원자력의 전문가의 신분으로 참석을 시작하여 저들을 섬기는 대사로서의 경험을 쌓게 하신 것은 마치 에스더의 고백과 같이 하나님의 때에 준비시킨 것임을 나는 안다.

③ 과학 기술력의 전문성이 있어야 한다

국가 지도자는 과학 기술에 대한 이해가 있어야 한다.
국가 지도자는 과학 기술 개발과 연구 시스템에 대한 이해가 있어야 한다.
국가 지도자는 과학 기술과 사회에 대한 통합적 이해가 있어야 한다.
국가 지도자는 과학 기술 전문성과 합성 능력이 있어야 한다.

우리나라는 지난 반세기 동안의 교육열 세계 1위의 신화를 쌓으며 젊은 이들이 세계적인 과학자로 교육을 받았다. 미래에 대한 준비를 철저히 했기 때문에 이제는 우리가 21세기를 주도하는 시기가 되었다. 나는 이 시기에 모든 것을 경험하고 섬기며 이제 하나님의 타이밍을 기다리는 국가 지도자로 서 있는 것이다. 이제는 더불어 잘되는 합성과 융합의 시대이다.

물리학자가 미학도 알고 역사도 알아야 한다. 나는 위대한 과학자보다 신실한 크리스천이 되고 싶다는 나의 자서전을 통하여 이러한 과학 한국을 통한 라이즈 업 코리아(Rise Up Korea)의 큰 바위 얼굴과 같은 비전을 성취해 온 것이다.

④ 국방 시스템 개발 지휘 이해 능력이 있어야 한다

국방의 의미에 대한 이해가 기본적으로 되어 있어야 한다.
국방 시스템에 대한 이해가 각별히 있어야 한다.
과학 기술과 국방과의 관계에 대한 이해가 융합적으로 연결되는 사고를 해야 한다.
국방 시스템 개발 및 운영 경험이 있어야 한다.

현재 북한의 핵무기로 조금은 떨어야 하지만 북한의 핵무기가 남한에 올 시간도 없이 빛의 속도로 레이저가 가서 핵을 파괴하고 전자빔(electronic-beam)을 발사하여 그 지역의 통신이 마비가 되면 암흑 지대로 바뀌어 전쟁이 한순간에 멈추고 마는 것이다. 국가의 위기 관리 능력 차원에서 국방 과학 분야에 수고하는 분들을 귀하게 여기는 풍토가 조성이 되어야 한다.

⑤ 글로벌 시장 경제에 대한 판단 능력이 있어야 한다.

> 세계화에 대한 개념적 이해가 필요하다.
> 시장 경제 시스템에 대한 이해가 절실하다.
> 세계화와 시장 경제의 역학 관계에 대한 이해를 전국민이 해야 한다.
> 글로벌 시장 경제를 주도할 수 있는 방향 제시 능력할 수 있어야 한다.

예를 들면 스타벅스 같은 기업은 아프리카 콩고에서 농부와 직거래를 통하여 저들을 살찌우게 해 주고 이익금으로 현지의 발전을 위해서 기여를 하고 있다. 이와 같은 방식으로 글로벌 경제에 본격적으로 투입되기 위해서는 국가 지도자는 세계를 품은 마음을 가지고 글로벌에 나눠주는 것을 기쁨으로 자원해서 하는 나라로 발전시켜야 한다.

⑥ 에너지, 환경 해결책 제시 능력이 있어야 한다

> 에너지에 대한 통합적 이해가 필요하다.
> 환경과 생명 망에 대한 이해가 있어야 한다.
> 친환경 에너지 과학 기술에 대한 이해가 시급하다.

에너지, 환경 관련 과학 기술 정책에 대한 전문성을 속히 갖추어야 한다. 전 세계 환경 문제와 지구 온난화 등으로 인한 재해 등을 미리 예견하고 예측 가능한 수급을 갖추어야 한다.

⑦ 인재 교육 경험과 능력이 있어야 한다

인재의 중요성에 대한 이해가 선결되어야 한다.
21세기 교육의 특성에 대한 이해가 있어야 한다.
교육을 통한 21세기 인재육성에 대한 철학이 분명해야 한다.
교육 및 교육 행정에 대한 경험과 전문성이 있어야 한다.

나는 호서대 총장과 명지대 총장으로서 인개 교육을 통하여 글로벌 리더를 키우고 있으며 문화 교류 차원에서 세계의 축복의 통로(the channel of blessing)를 선도하는 글로벌 빌리지의 주역이 되도록 하는데 나의 정성과 시간을 보내고 있다.

⑧ 깊은 사회 봉사 경험이 있어야 한다

사회 봉사에 대한 근본적 헌신이 섬김이다.
사회 봉사자들에 대한 충분한 가치 부여가 자연주의이다.
머리와 몸과 마음을 다한 사회 봉사 실천 경험이 필요하다.

사회 봉사 네트워크 구축 경험을 발전시켜서 우리나라 시골 곳곳까지 인터넷과 함께 가야 한다. 나는 어느 역대 대선 후보보다도 꾸준히 해비타드 운동 등 많은 영역에서 대(對)사회, 대(對)국가적인 봉사를 했다.

우리나라가 10:90의 사회로 가고 있다. 빈부의 차이가 너무 벌어졌다. 상당수는 패배 의식을 가지고 있고 일부는 빼앗기지 않으려고 검소한 척 한다. 가진 자, 높은 자 그리고 존경받는 자가 희생의 동기로 열정적으로 희생을 할 때 대한민국은 라이즈 업 코리아(Rise Up Korea)로 솟아오르게 될 것이다.

⑨ 대한민국 장래의 확고한 비전과 아시아 공동 번영책 제시 능력이 있어야 한다

　　대한민국 장래에 대한 청사진 제시 능력이 있어야 한다.
　　대한민국과 대한민국 국민에 대한 사랑과 헌신이 있어야 한다.
　　아시아 공동체에 대한 확고한 인식과 비전이 있어야 한다.
　　비전과 실천 방안에 대한 축적된 지식과 실천 능력이 있어야 한다.

지미 카터는 원자력 석사 학위 소지자이고 나는 원자력 박사 학위 소지자이다. 나는 대한민국이 세계 5대 강국 안에 들어가고 북, 남미 공동체, 유럽 공동체와 함께 아시아 공동체가 세계 3대 공동체가 되어서 그 다리의 역할을 하는 한민족이 크리스쳔 피스메이커 코리아나(Christian Peacemaker Koreana)의 실천으로 천손 민족의 사명을 다할 것을 의심하지 않는다.

⑩ 존경할 수 있는 경험과 덕성을 갖추어야 한다

　　도덕성과 실천력을 갖춘 인품이 누구인가?
　　세상을 통찰할 수 있는 지혜가 누구에게 있는가?
　　세계인으로부터 인정받을 수 있는 경력을 가진 자가 누구인가?
　　상식과 경우가 통하는 리더십을 가진 자가 누구인가?

존경할 수 있는 경험과 덕성은 인성, 지성, 영성을 갖추고 야성있는 다이나믹한 지도자가 나올 때 이 민족은 소망이 있는 것이다.
　유교 사회의 잔재를 가지고 있고 아직도 서열 문화를 중시하는 한국 사회에서 환골탈퇴를 하는 길은 건강한 과학 국방 그리고 농업의 전문인들이 기능적으로 양 날개를 펴고 사역하는 그 때에 소망으로 날아오를 수가 있다. 한국 문화의 역기능적인 요소에 사로잡혀 나라를 IMF가 오게 한 이론만 있고 힘이 없는 국가 지도자와 같은 유형의 국가 지도자들은 소명을

받았는지 진정 알고 싶다.

무능한 선배들은 더 큰 내부의 적이라고 하는 자성을 들은 적이 있다. 우리는 국가의 힘을 기능적으로 키울 수 있는 인격자를 우리가 소망하는 국가 지도자로 2022년 12월 대선에서 모셔야 한다. 이제 우리가 2022년을 민족 결단 대변환의 해로 삼아서 속사람이 강건하여 지고 새사람을 입어서 성령의 능력으로 2023년 1월부터는 초일류 대한민국을 건설하는 하나님의 뜻을 실현하는 주인공이 되자.

14) 청년 참주인(전문인)의 10대 덕목[30]

내일의 참주인이 될 여러분들에게 몇 가지 중요한 진리를 전달하고자 한다. 여러분이 차세대 국가 지도자의 비전을 가지고 있다면 여러분도 아래와 같이 변혁이 되어야 한다.

(1) 영안을 가져라(Spiritual Leadership)

나는 영안이 열리고 앞으로 대한민국이 어떻게 되어질 지를 하나님과 기도하면서 나아가고 있다.

(2) 꿈을 가져라(Visionary Leadership)

나는 하나님이 주신 꿈을 받았으며 믿음 가운데 묵묵히 그 길을 걸어왔다.

(3) 소명을 기다려라(Called Leadership)

나는 국가 지도자로서 소명을 가지고 과학기술처 장관을 두 번 역임했고 한국과학기술원(KAIST)를 설립했다.

---

30   김태연, 『파파 서번트 리더십』, 107-08.

(4) 봉사하라(Servant Leadership)

나는 사랑의 집짓기운동과 도산 안창호 기념 사업회 등 여러 믿음의 선배들과 함께 대사회적인 봉사를 꾸준히 해오고 있다.

(5) 뜨겁게 이웃 사랑을 하라(Compassionate Leadership)

나는 애신 애기 애타 정신에 의거하여 하나님이 내게 허락하신 이웃을 참맘과 진정으로 사랑하며 몇 해 전에는 버지니아공과대학교에 가서 조군의 총기 사고로 죽은 영혼들과 가족들을 속속들이 위로하고 왔다.

(6) 화합하라(Reconciliatory Leadership)

나는 예수님이라면 이럴 때 어떻게 하셨을까 하는 심정을 가지고 영남과 호남인 남한의 동서가 화합하는 일을 해오고 있다.

(7) 지혜를 가져라(Wisdom Leadership)

나는 전 국민이 과학자가 되어야 한다는 마음으로 끊임없이 선진강국으로 가는 길을 예비하고 있다.

(8) 의로워라(Righteous Leadership)

나는 무흠하신 예수님을 본받아 투명한 마음으로 대한민국을 위한 국가 지도자로 살고 있다.

(9) 창조력을 발휘하라(Creative Leadership)

나는 계속해서 핵융합 발전 전문가로서 뿐 아니라 9대 직업군 전반에 걸친 다양한 경험을 통하여 국가 지도자로 구비되었다.

(10) 감사하라(Thankful Leadership)

영어에 "생각하고 감사하라"(Think & Thank)라는 말이 있는데, 나의 좋은 친구인 미국의 지미 카터 전 대통령도 한국인으로서 국제원자력기구의장인 나에게 경의를 표하는 것을 보고 하나님께 감사하는 마음을 가지고 있다.

그러므로 리더는 영안을 가져야 한다. 그러던 구체적으로 영안을 가진 결과로 이루어진 과학 발전과 경제 발전, 정치 발전 그리고 문화 발전을 기대할 수가 있게 된다.

지금 대선에 나온 후보가 소명을 가지고 나온 자가 누가 있는가!

리더는 부모의 사랑을 베풀 수 있어야 하고 순종(順從)의 미덕(美德)을 보여 주어야 한다. 무엇보다도 리더는 하나님이 부르신 종이어야 한다.

구국 운동의 중심에서 신민회 깃발을 들고 귀국길에 오른 도산은 공립 협회 동지들은 통일 연합의 조직 노선에서 7가지의 노선을 제시하였다. 이를 '전국민참주인주의'와 연관하여 10대 덕목으로 요약하면 아래와 같다.

15) 참주인의 10대 덕목

이러한 10대 덕목을 갖춘 대통령을 선별할 수 있는 참주인의 10대 덕목을 필자는 아래와 같이 제시하는 바이다

(1) 세속적 인본주의를 극복하자.

참주인 된 우리의 고향은 천국이고 그곳은 하나님이 다스리는 곳이다, 그러므로 우리는 신본주의로 가야 한다. 코로나19로 인해서 세속적 인본주의에서 성공(Success)이라고 말하는 섹스(Sex), 스포츠(Sports), 스크린(Screen) 가운데서 스크린만 가정에서 보고 있다. 구원(Salvation), 성화(Sanctification), 봉사(Service)로 나가야 한다.

(2) 축복과 건강의 신학을 극복하자.

참주인 된 우리에게 하나님은 건강과 축복만 주시는 것이 아니다. 성전 미문의 앉은뱅이와 같이 은과 금 같은 건강과 축복을 가지고 일어나 걸으라고 하는 말씀을 기억해야 한다. 미국에서는 한국 교회의 축복과 건강의 신학을 포스트모던 샤머니즘 신학으로 본다. 십일조를 내기 위해서 주일 성수

하는 것이 코로나19로 인해서 인터넷 예배로 바뀌면서 계좌 이체를 통해서 헌금하고 있다. 은과 금을 주님이 원하시는 것이 아니라 제도화된 교회의 목사가 원하는 것이고 주님이 원하시는 것은 통회하고 상한 심령이다.

(3) 성취 동기에서 헌신 동기로 전환하자.

참주인 된 우리는 자기를 위한 성취 동기의 무거운 소유의 창고를 내려놓고 하늘 나라의 곡식 창고에 드리울 축복의 창고를 들고 축복을 나누어 주는 축복의 통로가 되어야 한다.

성취 동기로 섬기는 것은 자기의 의를 위한 것이고 대통령 후보나 국무총리 후보 장로가 주차장 관리를 하는 것과 같은 것은 천국과는 상관이 없을 수가 있고 하나님의 공의와 사랑을 위해서 영혼 구령을 위하여 헌신하는 것만이 하늘의 별과 같이 빛날 것이다.

(4) 철저한 민족주의자요 철저한 그리스도인이 되자.

참주인 된 우리는 바울과 같이 자기 민족을 구원하려는 마음이 바탕이 되어야 세계 시민이 될 수 있다. 철저한 민족주의자는 세상의 민족주의자를 넘어선 천국 시민권자를 의미하는 것이다. 철저한 그리스도인은 새언약인 생명의 성령의 법 안에서 진정으로 성령의 열매를 맺는 삶을 사는 것을 말한다.

(5) 축복의 통로가 되자

참주인 된 우리는 축복의 통로가 될 때 우리 몸의 콜리에스톨과 같은 불안, 단절, 무관심, 몰인정, 무자비의 사슬은 끊어지고 하나님의 생수가 공급이 되는 것이다. 소유의 창고가 무너진 소유의 종말의 시대가 왔고 이제는 코로나19의 후유증으로 인해서 있어서 나누는 것이 아니라 없는 가운데서 서로 나누는 그럼에도 불구하고 축복의 통로(Contrarywise channel of blessings)가 되는 시대가 도래한 것이다.

(6) 내 혈관에 예수 피가 흐르게 하자

참주인 된 우리의 피 속에 예수의 피가 흘러넘쳐서 은혜의 강이 되도록 해야 한다.

(7) 모든 사람은 참주인으로 살아야 한다

참주인 된 우리는 자신의 생애 가운데 생활 가운데 참주인의 삶을 살아야 한다. 전신자 선교사요 나도 선교사의 삶을 사는 움직이는 그리스도의 몸으로서의 교회의 삶을 말한다.

(8) 우리는 이 세상에 속한 자가 아님을 기억하자

참주인 된 우리는 천손 민족이고 천선 민족이고 하늘에 속한 백성이다. 하나님의 백성이다. 그러므로 이 세상의 가치관을 벗어나서 하나님 중심의 세계관을 정립하고 실천하고 살아야 한다. 나는 죽고 그리스도만의 의미는 이 땅에서부터 천국의 삶을 경험하며 천국을 향해서 나아가는 삶을 동시에 사는 것이다.

(9) 생활 가운데 참주인의 본이 되자

참주인의 길은 생활 가운데 참주인이 되고 한류를 통하여 참주인의 구비되어진 5중 전문성(언어, 지역, 직업, 사역의 전문성, 성령의 기름 부으심)을 통하여 참주인의 나라가 흥왕해 가는 것이다.

(10) 하나님의 소명을 확인하자

참주인의 길을 가게 하는 것은 성령이 하시는 일이다. 성령이 물 붓듯이 우리에게 하나님 나라의 모형인 이상촌을 건설하려고 했던 도산 안창호의 마음과 같이 참주인된 우리를 통하여 제2의 새사람운동, 새비전운동, 새소명 운동이 라이즈 업 코리아(Rise Up Korea), 성시화 운동, 효시화 운동, 성촌학회로 실천되어야 할 것이다.

3. 결론

우리는 참주인의 사상적 요체(要諦)를 2021년 현재 한국 기독교의 포스트모던 사회라는 문화적 토양에서 변혁이라는 잣대를 가지고 비판적 상황화로 우리의 것으로 소화시킨 '전국민참주인주의'에 기초하여 우리는 참주인(True Owener)이라고 말할 수가 있다. 참주인(True Owner)이라는 동질성의 원리(Homogeneous Unit Principle)를 바탕으로 우리는 참주인들의 집단 개종(People Movement)을 이루어서 다양한 가운데 연합(Unity in Diversity)을 이루는 참주인을 제시할 수 있기 때문이다. 참주인은 다음과 같은 7가지의 새마음(New Heart)을 가지고 살아야 한다.

위기의 한국을 구원할 주체인 참주인(전문인)의 세계관 정립의 요체가 되는 마음결은 아래와 같다.

1) 우리가 회복해야 할 마음은 '기쁨'이다.

한반도의 참주인으로서 지정학적으로는 약소 민족이지만 약한 자가 강한 자를 이긴 민족의 역사를 지니고 있는 나라임을 자각하고 화룡점정(畵龍點睛)을 실천하는 군계일학(群鷄一鶴)의 참주인이 되어야 한다.

2) 우리가 유지해야 할 마음은 '성화'이다

한반도는 일본과 함께 현재 세속적 인본주의에 기초한 물질 만능주의로 인하여 더러움을 전달한 서구의 어떤 나라보다도 더 타락했다. 참주인된 우리가 성시화 운동을 통하여 구원해야 한다. 성경을 비롯한 동서양의 고전(古典)을 읽음으로서 성화될 수 있다.

3) 우리가 선포해야 할 마음은 '진리'이다

우리의 참주인이신 하나님이 기뻐하시는 것은 공의, 인자, 겸손임을 알고 실천하는 삶을 사는 것이므로 모든 인류가 참주인의 삶을 살 수 있도록 해야 한다.

4) 우리가 긴급하게 해야 할 것은 '회개'이다.

우리가 거룩하게 되는 속도보다 타락하는 속도가 더 빠르기 때문에 우리는 다니엘과 같이 하루에 3번 이상씩 시간을 정해놓고 기도함으로써 참주인으로서 이 세상을 경영할 수 있다.

5) 우리의 목표로 해야 할 것은 '연합'이다.

우리는 사분오열(四分五裂)된 조국의 현실을 바라보며 속사람이 모두가 참주인이 됨으로서 부국강병(富國强兵)이라는 같은 마음을 품고 다양한 가운데 조화를 이루는 참주인 공동체를 이룰 수가 있다.

6) 우리가 나타내야 할 것은 '사랑'이다.

우리를 통해서 세상 사람들은 하나님이 살아계심을 보이라고 한다. 우리가 사랑을 실천하는 참주인이 되어서 동방예의지국에서 온 참주인의 마음결을 온 세상에 선포하는 참주인 평화 봉사단이 되어 세계 속의 한국을 실천해야 한다.

7) 우리가 강조해야 할 것은 '종의 지도력'이다.

우리는 참주인으로서 각자가 최종적인 섬기는 지도자가 되어 이 나라와 이 백성의 눈물을 씻어주고 다시는 눈물이 없고 곡하는 것이 없는 그리고 병이 없는 천국의 모형과 같은 강성 대국이 되는 주체가 되어야 한다.

우리 민족을 몽골에서는 솔롱고스의 나라, 즉 무지개의 나라라고 말한다. 노아 시대에 하늘에 무지개를 만드신 하나님의 뜻을 바로 알고 준행하는 하늘의 민족이 터키의 파미르 고원을 지나서 가는 곳마다 무궁화 꽃을 심으며 극동의 금수강산에 이전하여 사는 천손 민족이요, 천선 민족이라는 자부심을 가져야 한다. 이것이 참주인(전문인)의 마음이다. 하늘의 참주인(전문인)이 우리에게 주신 것인데 세상의 거짓 주인으로 말미암아 빼앗긴 것을 이제 다시 우리가 되찾고 그 얼을 가지고 참주인(전문인)으로 연합되어 나아가야 한다.

임진왜란 당시에 거북선을 발명하고 왜적을 무찌른 이순신 장군은 참주인(전문인)의 표상이었다. 일제에 나라를 빼앗겼을 때 가냘픈 여성의 몸으로 기미 만세를 외친 유관순 여사도 참주인(전문인)의 표상이었다.

아, 우리가 어찌 다 선열의 존함을 불러가며 거짓 주인의 자리에 머물고 있겠는가!

이제 속사람이 변화되어 진정한 참주인(전문인)이 되어 우리 앞에 오신 제2의 안창호와 같은 정근모 박사와 함께 자손만대(子孫萬代)의 번영의 길을 여는 참주인(전문인)의 표상의 길을 가자.

이제 우리는 하나님 마음에 합한 지도자를 모시고 어리석은 이 백성들이 성령의 감동으로 참주인 된 본분을 깨달아서 이순신 장군, 다산 정약용, 서산 대사, 남명 조식, 유관순 여사, 이승만 대통령, 김구 선생, 도산 안창호 선생, 이휘소 박사 등과 같은 참주인의 모델을 본받아 이 민족을 살리는 정근모 박사를 전문인 CIO(Chief Influence Officer)로 영접할 수 있는 축복의 통로가 되어야 하는 사명을 가지고 있다.

우리 참주인(전문인)은 하나님의 나라 차원에서 보면 하나님 나라의 완성을 향해서 나아가는 천손 민족이요 하늘 나라의 시민들이다.

성촌 정근모 박사의 국제적인 전문인 사역의 모멘텀을 3가지만 소개하면 다음과 같다.

첫째, '한국 표준형 원자로' 첫 상업 운전, 정근모 장관 두 번 한 보람을 느꼈다.

APR-1400은 2018년 9월 28일 미국 원자력규제위원회(NRC)로부터 표준 설계 승인서 본심사를 통과해 개가를 올렸다. 본심사 통과는 표준 설계가 안전 규제 요건을 만족했음을 확인받았다는 의미가 있다. 프랑스 국영 원자력 발전 설비 업체인 아레바(AREVA)와 일본의 미쓰비시가 2007년 12월 이를 신청했지만, 아레바는 심사가 중단됐고 미쓰비시는 심사가 지지부진한 상태다. APR-1400의 안전성과 기술력이 얼마나 뛰어난지를 생생하게 보여 준 사례다. 본심사 통과는 과학 기술과 엔지니어링 그리고 에너지 분야에서 국가적 경사인데도 너무도 조용하게 지나가서 유감이다.

OPR-1000과 APR-1400에 이어 1500만 킬로와트급 차세대 신형 원자력 발전소인 APR+도 2007년 8월 개발을 시작해 2014년 8월 정부의 표준 설계 인가를 얻으면서 개발을 마쳤다. 후쿠시마 제1원자력 발전소 사고의 원인이 된 전원 상실은 물론 항공기 충돌이나 화재 등 극단적인 돌발 상황에도 원자력 발전소를 안전하게 보호할 수 있도록 격리 설계를 적용하고 안전 설비를 4중화했다. 국내 기술로 독자 개발한 수출 선도형 고성능 고유 연료(HIPER)를 사용하는 등 완전히 한국 고유 기술로 개발했다. 전 세계에 수출할 수 있는 세계 최고 수준의 원자력 발전소 기술을 한국이 독자적으로 확보한 셈이다.[31]

우리나라와 같은 기술 후발국이 원전 같은 고등 기술을 안전하게 사용하고 기술 자립화를 이루려면 설계 표준화가 절대적으로 유리함을 주장한

---

31 정근모, 『기적을 만든 나라의 과학자』(코리아닷컴, 2020), 269-70.

바 있다. APR-1400과 같은 국제 공인을 지속적으로 얻기 위해서는 GE사의 젝 월치의 식스 시그마의 원리와 같이 완벽한 리더십이 필요한데, 이에 대한 전문인 철학의 대가인 피터 드러커의 '일의 철학'에 대해서 아는 바가 있으면 서로 논하기로 하자.

한번은 성촌 선생이 미국을 다녀오시더니 "김 교수님, 한국이 살 방법은 본 어게인(Born again) 밖에는 없다"고 하신 말씀을 충격적으로 들은 적이 있다. 늘 상대방에게 존댓말을 하시는 모습을 보며 필자는 위아래로 윤리가 무너진 한국 사회에서 한없이 많은 자존감을 느꼈다. 모택동의 모순론을 배웠는지 무조건 이기면 다라고 생각하고 수단 방법을 가리지 않고 중우 정치를 하는 현 정권들을 바라보면 마음이 아프다.

백성들도 약아서 받아먹을 것은 다 받아먹고 딴 짓을 하는 백성이 되어 버리는 것은 아닌지?

그러나 APR-1400 한국 표준형 원자로가 미국 원자력규제위원회(NRC)에서 공인을 받았다고 하는 것은 성촌의 생애에 있어서 가장 큰 하늘이 내리신 훈장이다. 여의도의 성촌의 사무실에 가면 그 훈장이 벽에 걸려 있는 모습을 보면서 우리는 큰 자부심을 느끼고 저절로 애국가를 속으로 부르곤 한다. 응용, 융섭의 천재인 성촌은 다양한 가운데 무질서하게 나오는 여러 가지 소형 원자로 등이 중요한 것이 아니라 APR-1400을 기초로 하여 일부의 반대에도 불구하고 원전 바지선 등 수출 선도형 고유 원자로를 다양한 유형으로 응용하기를 원하는 것을 알 수 있다.

필자는 여기서 레위기의 번제의 의미를 관찰 일기로 발견했고 성촌이 말씀하신 원자로의 5중 안전성에 기초한 원자로 설계에서 구원의 5중 안전성을 구속적 유비(redemptive analogy)로 찾아낼 수 있었던 것을 계기로 성촌에게 빠지기 시작했다. 이것이 내 인생이 새롭게 태어난 것이기도 하다.

국제원자력대학원대학교(KINGS)의 총장을 역임한 오세기 교수는 이렇게 말한다.

UAE 원전 수출, IT 강국, LNG/LPG 추진 선박, 고급 승용차 등처럼 고전적 의미에서 세계화 문턱까지 왔지만, 여기서 지속 가능한 발전이라는 까다로운 복병을 만났다. 더구나 지속 가능한 발전이라는 복병은 단지 환경 친화적으로만 해결되지 않는 문제일 가능성이 크다. 저개발 또는 개발도상국들이 환경 오염과 사회 불안 문제를 해결하기 위해 어떤 비대칭 요구 조건을 내길 것인지, 또 이들과 강대국이 서로 밀고 당기는 가운데 우리가 감당해야 할 한계 부담이 얼마나 될지를 예측하기는 힘들다. 어떻든 간에 국제화와 세계화 사이에는 틀림없이 지금까지 경험하지 못한 불연속성이 존재할 것이다.[32]

기적을 만든 나라의 헌신시

본 어거인 코리아[33]
한강 옆에 기차 소리는 지나가고
내 영혼에 파도처럼 메아리쳐 온다
상하행선 기차가 소통하며
내 안의 성령이 고통하신다

한강에 노을이 지면
노들강변에
기도의 손이 보이고
노아의 방주가 드디어

---

[32] 정근모, 『기적을 만든 나라의 과학자』, 342–43.
[33] 김태연, 『일어나라 초일류 대한민국』 (명동출판사, 2021), 25. 필자의 아내인 김연화 사모가 암에 걸려서 국립암센터에 입원을 하고 우리는 일산으로 옮겨서 1년을 산 적이 있었다. 미국의 좋은 직장을 버리고 한국에 나와서 살던 아내는 필자를 원망도 할만 했는데, 자신이 건강을 조심하지 않았다고 하면서 주님을 찬양하던 일이 있었다. 그 때 필자가 원장으로 있던 한국전문인선교훈련원 출신의 간호 과장이 모든 경비를 대주었다. 물론 완치되어 주님을 영광스럽게 했다 이것 또한 선교사 가정의 본 어게인(Born again)이다.

사랑의 원전 바지선이 되어서
전문인 선교사들에게 떠올라라

새터민에 믿음을 주고
다민족에 소망을 주고
이주민에 사랑을 주자
그렇게 우리가 다시 시작하면
우리를 위해 항의해 줄 자가 많아지며
우리는 세계문화시민으로 존경받게 되리니
초일류 대한민국이 될 수 있다

하나님이 부르신 선민 코리아
예수님이 성별하신 코리아 교회
여름이 온 길목에 성령의 물결을 타고
온 세상에 다니며 복음을 전하는
복음 통일을 이루자

그 날이 오면 성령의 기류를 타고
손에 손잡고 애미쉬 마을의 마부가 되어
천국으로 입성하여
주님을 뵙는 영광에 참예하리라
그대 대한민국이여!
복음만 전하라!
본 어게인 코리아가
오늘의 고난 속에서
유일한 해답이다.

둘째, 섭씨 1억의 '인공 태양' 만들어, 7개국 연합 프로젝트 이끌다.

플라스마 온도를 섭씨 1억도까지 올리는 한국형 차세대 핵융합 실험로인 케이스타(K-Star)가 같은 시기 완공됐다. '인공 태양' 케이스타의 건설과 실험 결과는 한국, 미국, 러시아, 중국, 인도, 일본, 유럽연합(EU) 등 7개국이 공동으로 30년간 진행하는 국제 핵융합 실험로(ITER) 프로젝트의 모델로 자리 잡았다.

이처럼 국제 협력은 과학 기술 발전에 필수적이다. 영국의 왕립 학회, 스웨덴의 과학 아카데미, 전미과학공학의학한림원(NASEM)은 모두 이에 주력한다. 한국은 한미 간 군사 동맹으로 국가 안보를, 경제·과학 기술 협력으로 발전의 기틀을 각각 다졌다. 한국은 20세기 과학 기술 문명의 기수인 미국과 협력해 전문가를 양성하고 수준 높은 공동 연구를 할 수 있었다.[34]

평화를 위한 원자력(Atoms for Peace)에 대한 국제적인 공감대가 이루어 지면서 원자력 발전소의 설계, 건설, 운전, 보수, 운영 기술의 급속한 개발과 다양화에 따른 원자력 에너지 안전공학의 발전을 선진국 중심으로 촉진시켰던 것이라는 이야기를 통해서 우리가 취할 우선적인 태도가 평화 중재자(peace maker) 이전에 평화 촉진자(peace facilitator)로서의 역할이라고 보는 데 이에 대한 우리의 자세는 섬기는 종(servant)으로서의 자세인지에 대해서 토론하자.

"한국 원전 산업의 성공은 열심히 공부하고 성실하게 일한 한국 원전기술진의 공로가 절대적이지만 올바른 기술 자립 정책과 슬기로운 기술 선택을 한 정책 결정자들의 지혜로운 선택이 있었기에 가능했다"는 정근모 박사의 국가 차원의 전략적 리더십이 한국과학기술원(KAIST), 국제원자력대학원대학교(KINGS), 한전대학원대학교, 케냐 한국과학기술원(KAIST)등을 통하여 지속될 수 있는 방안에 대해서 논의하자.

케냐 한국과학기술원(KAIST) 책임자인 성풍현 교수는 이렇게 성촌의 주요 업적을 말하고 있다. 정근모 박사님의 경우는 5개의 특별 회원사의 추천으로 입후보하셨고 10개의 주요 업적 내용을 추천서에 포함하였다.

---

34 정근모, 『기적을 만든 나라의 과학자』, 272-73.

10개의 주요 업적 내용을 여기 다시 기록하면 다음과 같다.

첫째, 원전 설계 표준화를 통한 원전 안전성, 경제성 제고 전략을 연구, 제안하여 한국형 표준 원전 개발의 발판 마련.
둘째, 원전 설계 및 사업관리 전산화 등을 통해 원전 엔지니어링 자립 기반 구축.
셋째, 아랍에미리트 원전 사업 수주 과정에서 전략적 우위 확보에 기여.
넷째, K-Star 프로젝트를 기획하고 정부 지원을 이끌어내 핵융합 연구를 국제화.
다섯째, 국제원자력대학원 설립, 국내 최초 대학원 에너지학 전공과정 설치, 사내 계속 교육 프로그램 운영 등으로 원전 인력 양성에 기여.
여섯째, 한국전력 기술 주식 회사 사장으로 재임(1982-1986)하면서 원전 설계 요원 및 한국형 표준 원전 사업 기획
일곱째, 아주대학교 석좌교수로 재임(1987-2000)하면서 에너지(원자력 포함) 분야 전문 인력 양성
여덟째, 국제 원자력 기구 한국 대표, 이사 및 총회의장을 역임하면서 국가 원자력 위상 제고에 기여
아홉째, 과학기술처 장관을 역임(12대, 15대)하면서 원자력 장기 개발 계획 및 핵융합(K-Star)을 기획하고 시행
열째, 아랍에미리트 원전 사업의 타당성 조사 및 본 사업 수행에 있어서 한국전력공사 고문(2008~현재)으로서 사업 기획 당연히 정근모 박사님은 3인(단체)의 후보 중에서 가장 우수한 점수로 최종 수상 후보자로 선정되어 이사회에서 별다른 큰 이견 없이 심의 확정되었습니다. 1단계 포장 위원회 심사에서 벌써 다른 후보와 16점 이상의 큰 점수 차이가 있었고, 선정 위원회의 무기명 투표에서는 참석자 11인 중에서 9인의 표를 얻어 (1인 기권, 1인 다른 후보 투표) 최종 후보자로 결정되었습니다.[35]

---

[35] 정근모, 『기적을 만든 나라의 과학자』, 362-63.

하나님의 사랑은 섭씨 1억도의 인공 태양보다 더 따듯하다고 생각한다. 미국에 많은 침례교 교단이 있지만 나는 남침례교단이라서 가장 하나님의 따듯한 손길을 느끼고 산다. 인공 태양의 의미를 이해하지 못하는 내가 성촌의 자서전을 읽고 참으로 대단한 하늘의 별자리 가운데 은하계의 헬리 혜성과 같은 감등을 받은 적이 있다. 이름하여 'K-Star'이다. 플라즈마 온도를 섭씨 1억도까지 올리는 한국형 차세대 핵융합 실험로인 케이스타(K-Star)가 같은 시기에 완성이 된 것이다.

모두가 협동 프로그램(cooperation)으로 핵무기 개발보다는 원자력 발전으로 널리 백성을 이롭게 하는 홍익인간의 정신으로 인공 태양인 K-Star의 건설과 실험 결과는 한국, 미국, 러시아, 중국, 인도, 일본, 유럽연합(EU)등 7개국이 공동으로 30년간 진행하는 국제 핵융합 실험로(ITER) 프로젝트의 모델로 자리 잡았다.[36]

성촌이 짓는 이름들을 보면 그분의 깊은 철학이 담긴 것이 많다. 국제원자력대학원대학교도 영어로 'KINGS'이다. 세종대왕의 이미지와 정영실의 이미지가 합성적으로 반영된 이름이라고 사료된다. 그리고 원전 바지선의 Bandi-60이란 이름도 반디란 용어 자체가 반딧불이라고 생각이 들기도 하지만 반딧불잇과의 딱정 벌레를 통틀어 일컫는 말이기 때문이다. 어린 시절 반딧불을 따라 다니며 놀던 아버님이 상무가 되어 운영하시던 영등포 구강 노트 공장 시절이 그립기도 하다.

---

36 정근모, 『기적을 만든 나라의 과학자』, 272-73.

기적을 만든 나라의 헌신시

(핵무기 철폐 CVID 주기도문[37])

하늘에 계신 우리 아버지
남과 북 모두 당신의 이름을 초대형 교회에서도
지하토굴에서도 거룩하게 부릅니다

남한 서울 어항에도 계신 하나님
북한 평양 어항에서도 계시옵소서
하나님의 한반도를 향하신 뜻과
이스라엘을 중동에 두신 뜻이
우리로 화해자가 되라 하심을 믿습니다

남한의 쉐라톤 호텔의 고급 뷔페를
그들에게 먹게 하시는 하나님
북한의 어린아이들에게도 일용할
우유와 빵을 여전히 주옵소서

우리가 우리에게 죄지은 공산주의자를
결국 하나님을 통해 용서하는 것같이
우리가 자유 민주주의 시장 경제를 지키지
못하고 있는 것을 용서하여 주옵소서
우리를 한반도의 핵무기의 위협에서
핵 폐기 지연으로 시험에 들게 하지 마옵시고
한국전쟁 21개 참전 국가들도 한반도에

---

[37] 김태연, 『일어나라 초일류 대한민국』, 72. 복잡한 국제 사회와 애틋한 조국에 살지만 국제적인 통찰력을 가지신 성촌 선생님과 매일 교류하면서 살기에 내적 확신이 생기는 것이다. 같이 비전을 나누는 전문인들이 많이 나올 것을 기도해 본다.

책임과 권리가 있으니 저들이 한반도에 관심을 가지고

나서서 악에서 구하는 지원병이 되게 사랑을 입게하여 주옵소서.

대개 불가능성의 하나님을 가능성의 PATO를 통해서

하나님으로 체험을 하는 놀라운 은총을 통해

대한민국의 나라와 권세와 영광이

우리 한민족에게 영원히 있게 하옵소서

이젠

이 나라에 놀라운(amazing) 은혜를 주옵소서

하늘의 권세에 불가항력적인(irresistible) 은혜를 주옵소서

하늘의 영광의 부동의(immutable) 은혜를 주옵소서

영원히 만족한(satisfied) 은혜를 남과 북에 오늘 주옵소서.

최근 조사에서는 '원전 필요 65퍼센트, 필요 없다 15퍼센트'로 여론 조사가 나타났으니 현 정부 출범 이후에 매년 늘어나서 정부 정책과 민심은 정반대로 가고 있다는 것이 입증이 되었다. 더구나 북 원전 에너지 사업에 대한 문건이 나와서 남한에는 탈원전을 하면서 북한에는 원자력 발전소를 지어준다는 현 정권의 구상이 폭로됨으로써 국론이 분열이 되는 분위기이다.

그러나 APR-1400 이후의 소형 원자로인 현대판 이순신의 거북선의 응용과 같은 '원전 바지선'을 생각한다면 해결책이 나올 수가 있다.

아랍에미리트(UAE) 원전 수주 계약 소식 전해진 순간, 한국전력 지하 상황실에서 환호의 눈물 2009년 12월 27일 아랍에미리트 원전 수주 계약 소식이 전해진 순간, 그동안 애썼던 엔지니어들은 한전 지하 상황실에서 환호의 눈물을 흘렸다. 평생 잊을 수 없는 장면이다. 2000명이 넘는 한국의 원전 엔지니어는 2만명 이상의 외국인을 지휘해 "제 시간에, 예산 범위 안에서, 완벽한 품질로' 바라카 원전 1호기를 완공했다. 전 세계 원전 건설에서 드문 퍼펙트 게임이다. 대한민국이 21세기 초일류 국가가 될 수 있다

는 확신을 준 업적이다.[38]

성춘 선생에게서 들은 이야기인데, UAE 원전 수주 계약 소식은 청와대에서 발표하기 전에는 대외비로 발설을 하면 안 되는 일인데 그만 한국전력 크리스마스 행사에서 그 당시 전무였던 명근식 교수가 발표해서 그만 남산에 소환이 되는 것이 아닌가 하는 일이 있었다는 것이다. 얼마나 환호와 눈물이 터져 나왔으면 소환이 되든 말든 알려야겠다는 마음이었을 것이라고 짐작이 간다. 이것이 복음 전파자의 자세이다.

모두가 견제하고 경쟁이 심한 한전의 생태계지만 함께 팀 스피릿으로 세계 1등을 따냈으니 얼마나 자랑스러운 것인가!

나폴레옹의 나라 프랑스의 사르코지도 한국이 원자력의 종속국으로 알았지 주도국으로 우뚝 서리라는 것을 모르고 코가 납작해졌다는 것이다. 하나님이 하신 일들이다. 세계적인 원자력 전문가인 성춘 선생이 있었기에 가능한 일이었다. 그다음에 복잡 다면체로 응용하는 정치와 국제 정치는 차치하고라도 이 일은 성령을 통해서 성춘이 한 것이다.

지금도 나는 종종 여의도 국제원자력대학원대학교(KINGS) 사무실에 찾아가 정근모 박사님을 뵙고 말씀을 듣는 기회를 갖는데, 박사님의 한마디 한마디가 나에게는 엄청난 자산이 되고 있다.

한국과학기술원(KAIST)의 명예 교수인 이수영 교수는 성춘의 완벽성을 이렇게 평가한다.

> 그분이 하시는 일에 대강이란 없고, 언제나 완벽을 추구하십니다.
> 1980년대 초반으로 기억됩니다. 한 선배가 어려운 결정을 내리지 못하고 고민에 고민을 계속하는 것을 보고, "논리적으로 생각해서 결론이 안 나면, 마음 가시는 대로 하십시오."라고 조언을 한 적이 있습니다.
> 제 생각에는 논리적으로 정리되지는 못했더라도 마음속에 이미 답이 있다고 생각한 것입니다. 옆에서 이를 들은 정 박사님은 "그래도 더 깊게 생각해서 결정

---

38 정근모, 『기적을 만든 나라의 과학자』, 312.

을 해야지"라고 하셨습니다.

다음은, 미래에 대한 '비전'입니다. 사회에 기여하려는 열정과 사명감이 있어도 미래 사회에 무엇이 필요한지 파악하지 못하면 올바른 방향으로 이끌지 못합니다. 정 박사님의 미래 비전은 대부분 탁월한 통찰력과 창의성에 기반하였습니다. 한국과학원의 설립을 포함하여 정박사님이 하신 많은 일에는 대부분 동시대 일반 사람들이 생각하지 못했던 '기발함'이 있습니다. 물론, 후에 생각하면 너무도 당연하여 필연적으로 느껴지지만, 이렇게 생각하는 것은 '콜럼버스의 달걀'과 같은것입니다. 선진국의 유사한 사례에서 아이디어를 얻으셨을 수도 있습니다. 그러나 여러 사례의 장점을 파악하고 단점을 보완하며 여건의 차이를 극복하여 '한국화'에 성공할 수 있었던 데에는 번뜩이는 통찰력과 창의성이 필요했습니다.[39]

우리나라가 불안과 불황을 동시에 겪고 있는 지금, 일찍이 과학 기술 문명이 앞선 나라에서 공부하고 연구하여 익힌 선진 과학 기술과 글로벌 사고를 가난한 조국의 발전을 위해 아낌없이 쏟아부었던 정근모 박사님의 나라 사랑의 정신을 계승하여 세종 시대의 집현전과 같이, 정조 시대의 규장각과 같이 차세대들에게 전해줄 수 있는 학회를 만드는 일은 무엇보다 중요하고도 필요한 일이다.

우리는 이제 먼저 배운 자들로서 대한민국을 '국민 모두가 사람답게 살고, 전문가들이 마음껏 능력을 발휘하며, 세계를 무대로 희망의 사업을 전개하는 '초일류 국가'(Premier Nation)로 만들어야 한다. 우리 민족은 한반도뿐만 아니라 전 세계에서 삶의 참 진리를 전파하며 '21세기 희망 한국의 비전'을 내세우고 실천해야 한다. 세계에서 가장 가난한 나라들에게 대한민국의 정신을 전하고 빈곤과 고통 속에서도 실망하지 않도록 한국의 젊은이들이 희망의 전도사로 나서야 한다. 그리고 코리안 디아스포라에게도 진정한 이웃이 되어 사랑을 나누어야 한다.

---

39 정근모, 『기적을 만든 나라의 과학자』, 370-71.

전문가로서 봉사하고 실천하며 아름다운 하나님의 세계를 만들자는 관용과 화합의 정신이 담긴 희망의 메시지를 전하는 것이 정근모 박사님의 파파 서번트 리더십이라 생각한다.

기적을 이룬 나라의 시

한전 신우회에서 드리는 주기도[40]
한국에 예수 혁명 바울 선교가 일어나
하늘에 계신 우리 아버지를 기쁘시게 하소서

한반도와 주변국에 핵무기가 원자력 에너지 발전소가 되고
비핵화가 되어 전지하신 하나님의 이름이 거룩다
여김을 받으사오며 나라에 임하옵소서

한류 열풍이 품성 교육, 에너지 수출, 우주개발로
차원을 달리하여 더욱 견고해져서 하나님의 뜻이
하늘에서 이룸같이 땅에서도 기독교 세계관으로
이루어지게 하소서

남이나 북이나 코리안 디아스포라나 한민족 모두
안보 걱정 없이 영적 전쟁에 매진하고
오늘날 우리에게 일용할 양식을 나누게 하옵소서
복음으로 대한민국, 코리안 디아스포라,

---

[40] 미간행물에 실린 시이다. 성촌 선생이 상근 고문으로 있던 한국전력 신우회에 두 번 이상 설교를 갔었다. 모두가 바쁜 시간을 내어서 최고의 강사진을 모시고 예배를 드리는 직장교회의 모습이었던 것으로 기억이 난다. 1980년대 한국 교회 성장의 시기에 한국에 나오신 성촌 선생이 예수 복음이 선포되는 중소형 교회의 원로 장로라는 사실도 큰 감동을 준다. 필자의 대부분의 지인은 소망교회나 명성교회에 다니고 사랑의교회에 있다가 옥한흠 목사님 소천 후에 있다가 혹독한 시련기를 경험하고 일부는 흩어졌었다.

북한이 하나가 되어 우리를 시험에 들게 마시고
다만 자기의 의를 구하는 악에서 구하소서

은혜의 복음을 증거하는 전문인 선교하는 민족이 되어서
2030년에 초일류 대한민국이 되는
나라와 권세와 영광이 아버지께 영원히 있게 하옵소서.

4. 성서적 적용: 바울과 이순신의 거북선과 원전 바지선의 구속적 유비

1) 바울과 이순신의 전략적 사고의 준비

(1) 바울의 전략적 사고의 준비[41]

바울은 소아시아의 길리기아 평원에 위치한 다소 출신이었다. 바울 당시의 다소는 매우 번성한 도시였으며, 특별히 교육의 중심지였다(행 9:11; 21:39; 22:3). 바울의 가족들은 B.C. 4년경에 갈릴리의 기살라에서 다소로 이주해온 것으로 추정된다. 바울은 로마 공화정 후기에 많은 사람에게 부여해 주었던 로마 시민권을 상속받았으며(행 22:25-28), 또한 다소의 시민권도 가지고 있었다(행 21:39). 그는 사울(여호와께 간구하다)과 바울(헬라어 '파울로스'에서 파생된 '작은 자')이란 두 이름을 가지고 있었다. 이러한 이유는 유대인 디아스포라들의 특징인 헬라 문화와 유대 문화에 대한 병용의 결과였던 것 같다.

바울은 예루살렘에서 랍비 교육을 받았다. 그러나 그가 얼마나 일찍부터 이 교육을 받았는지에 대해서 정확하게 알 수 없다(행 22:3의 '이 성'이 다소인지 혹은 예루살렘인지 알 수 없기 때문). 또한, 바울은 '장막을 만드는 직업'을 가졌는데(행 18:3), 이는 추정해 보건대 그의 가문이 아마도 장막과 관련

---

41 김태연, 『전문인선교 전략』(보이스사, 2010), 27-29.

된 무역업을 경영했기 때문인 것 같다.

　바울의 선생이었던 가말리엘이 약간 자유주의적이었음에도, 바울 자신의 말에 의하면 그는 바리새인들 가운데서도 매우 철저한 엄격주의자였다고 한다(갈 1:14; 빌 3:5-6). 이렇게 철저한 그의 열심히 바울은 주님의 교회들을 철저하게 파괴하려고 했던 것이다(행 8:3; 9:1, 2; 고전 15:9; 갈 1:13, 23). 그래서 바울은 자신의 신앙과 사도직에 대한 회고록에서, 이전에 그가 '율법으로는 흠이 없는 자'라고 말할 수 있었다(빌 3:6).

　하지만 바울이 율법준수에 대한 실패 때문에 기독교로 개종한 것은 전혀 아니었다. 로마서 7:7-25은 바울의 과거를 반영해 준다기보다는, 율법 아래 매여서는 도저히 그리스도를 통한 자유를 경험할 수 없는 일반적인 경우를 언급하고 있는 것임을 알아야 한다. 이상에서도 알 수 있듯이 바울은 당대 최고의 학문과 실력을 지니고 있었던 실력자였다.

　하나님은 바울의 이러한 학문적 경지를 이용하셔서 여러 가지 다각적인 전도 접근법을 바울로 하여금 실행하도록 인도하셨으며, 바울은 이러한 자신의 능력을 십분 발휘하여 각양의 지식 계층과 지도층, 여러 부류의 이방인들에게 성령의 도우심과 인도하심을 따라 효과적으로 복음을 증거하고 그리스도의 사역을 진행시킬 수가 있었다. 그뿐만 아니라 그의 깊은 학문과 신앙을 통하여 하나님은 신약 성서 27권 중 13권이라는 방대한 분량을 체계적으로 저술하도록 인도하셨다. 사도 바울은 하나님이 예비하신 사도였고, 복음을 세계적으로 확산시킬 수 있었던 가장 탁월한 사람 중 한 사람이었다.

(2) 이순신의 전략적 사고의 준비[42]

　이순신 장군은 거북선을 준비함을 통해서 일본 수군과의 전투를 준비하는 전략적 사고를 했다고 본다. 불멸의 이순신이라는 KBS의 사극에서 보니 처음 거북선을 건조하고 실패하여 수십 명의 수군이 물에 수장되는 장

---

[42] 김태연, 『전문인선교 전략』, 32-34.

결론 1 전문연 원자력 예측신학을 향하여   495

면이 방영되었다. 그 이후에 임진왜란 1주일 전에 완공된 거북선에 대한 설명을 일단 하면 다음과 같다.

갑판 위를 판자로 덮은 다음 그 위에 창칼을 꽂은 것이 특징이다.
적군들이 배에 기어오르거나 뛰어내리면 창칼에 찔려 죽게 된다. 배의 앞에는 용두(龍頭)를 달고 그 용의 입을 통하여 대포알을 쏘았다. 뒤에는 거북꼬리를 달고 총구를 냈다. 배의 좌우에는 각각 6개의 대포 구멍을 냈다 거북 배에는 돌격장이 타고 함대의 선봉이 되어나갔다. 적이 에워싸고 덮치려고 하면 일시에 대포를 쏘아 가는 곳마다 휩쓸어 임진왜란에서 크게 공을 세웠다.
거북선에는 이물 돛대와 한판 돛대가 있다. 행선하고자 하는 방향으로 바람이 불면 돛을 올리고 출격을 하는데 도중에 바람이 적거나 행군을 서두르는 때는 노를 들고서 노질을 재촉하여 행선한다. 거북선에는 약 90명의 노 젖는 군사가 있었다고 한다. 조선식 큰 노 한 척에 4명이 둘씩 마주 서서 젖고 우두머리 한 명이 더 붙어서 모두 5명이 젖게 된다.
전라좌수영 거북선에는 한쪽 뱃전에 8척의 노가 달려 있다 1592년 임진왜란 초기에는 전라 좌수영에 영(營) 거북선, 순천 거북선, 방답 거북선 등 3척이 있었으나 정유재란에는 추가로 지은 거북선을 포함하여 5척이 되었다. 거북선의 전략에 대해서 좀 더 자세하게 살펴보기로 한다.

전선의 윗갑판을 떼어 내고 대신 둥근 개판을 설치하는 것이 특징이다. 적군이 배 위에 올라가면 개판 위에 과선처럼 칼과 송곳을 꽂아두었다. 배 앞과 좌우 방패는 개판에 총포 구멍을 내고 대포를 장착하여 강력한 화력을 지니고 있었으며 좌우에는 16개의 노와 2개의 돛이 있어서 기동력(약 11노트)을 발휘할 수 있었다. 총인원은 최대 150명이고 내부가 2층으로 되어있고 아래에는 노를 젓고 충무 김밥을 실었으며 위에서는 총포를 쏠 수 있게 하였다. 또한, 앞뒤 2개의 출입문과 지붕에 4개의 비상문이 있고 앞의 용머리에서는 유황과 염초를 태워 연기를 퍼트려 적을 교란한다.

구조와 특징 8가지는 아래와 같다.

① 배 밑의 10쪽을 이어 붙였는데 길이는 60자 8치이고 머리 쪽(이물) 너비는 12자, 허리의 너비(한판)는 14자 5치, 꼬리 쪽 너비 고물)는 10자 6치이다.

② 좌우 삼판은 각각 7폭을 이어 쌓아 올렸는데 두께는 다 같이 4치이다.

③ 이물 배우는 가로다 지로 4쪽을 이어 붙였는데 여섯째 판 한가운데 직경 1자 2치가 되는 구멍을 뚫어서 키(치)를 꽂았다.

④ 좌우 뱃전 밖으로 멍에 땔목 위에 신방(도리)를 걸고 신방 머리 쪽에 멍에(가룡)를 가로로 걸었는데 바로 이물(뱃머리) 앞에 달게 되어 마치 소나 말의 가슴에 멍에를 맨 것과 같다.

⑤ 연방(패랑)의 좌우 안쪽으로 각각 11장의 거북선 잔등판을 겹쳐서 올려 덮었다.

⑥ 뱃머리에 거북 머리를 달았는데 길이는 4자 3치, 너비는 3자가 된다. 안에서 유황과 염초를 태워 입을 벌려서 마치 안개처럼 연기를 토함으로써 적을 교란했다.

⑦ 조우에 노가 각각 10척씩 있고 방패가 4대 있다. 그 방패에는 대포 구멍이 뚫려 있다. 뱃머리의 거북 머리 위쪽에 2대의 대포 구멍이 있고 거북 머리(용머

리) 아래에 2개의 문을 냈다. 문 옆에 각각 1개씩의 대포 구멍이 있다. 거북 잔등판 좌우에 각각 12개의 대포 구멍을 뚫었다. 그리고 거북(龜)자를 꽂았다.

⑧ 배의 좌우 결집(포판) 아래에 방이 각각 12칸씩 있는데, 2칸은 철물을 쌓아 두고 3칸은 대포와 활, 화살, 창, 검 등을 쌓아두고 나머지 19칸은 병사들이 충무김밥을 먹으며 휴식하는 곳으로 활용한다.

배위 왼쪽 포판 위에 있는 방 1칸에는 선장이 생활하고 오른쪽 포판 위에 있는 방 1칸에는 장교들이 생활했다.

6가지 거북선의 구속적 유비는 다음과 같다.

첫째, 자기 도취의 감옥을 벗어난 충효의 거북선의 융통성이다.
자기만 아는 고슴도치 왕자병에 걸리신 불행한 분은 다시 한번 임전무퇴의 화랑 정신을 생각해 보라.
둘째, 비판의 감옥을 벗어난 창조성의 거북선이다.
무에서 유를 창조하다 보니 창조의 하나님이 동행하신다.
셋째, 절망의 감옥을 벗어난 효과성이다
항상 '지피지기면 백전백승'이라고 했는데 나는 적을 알고 적은 나를 모르니 무색무취 최고의 거북선이다.
넷째, 과거 지향의 감옥을 벗어난 효율성이다. 거북이 뚜껑하나 덮었는데 보호를 받고 선봉장으로 돌파를 하는 거북선이다.
다섯째, 선망의 감옥을 벗어난 독특성이다.
거북선은 구원의 상징선이고 노아의 방주선이고 정근모의 원전 바지선이고 SLBM 원자핵 잠수함의 근거이다.
여섯째, 거북선은 오늘도 일본 상선들이 진해 앞바다를 지나며 5분 동안 묵념하게 하는 해신 이순신의 감추어진 돌파성이다.

한국인이 이 6가지 거북선의 지혜의 강에서 헤엄을 친다면 한반도를 둘러싼 치매에 걸린 돌고래들의 자기 도취에 빠진 되놈과 질투의 코쟁이와 물에 불은 우동같은 게다들의 한반도를 먹으려는 땅따먹기 싸움에서 독도섬의 강치처럼 싸우고 또 싸워 23전 23승을 2030년에 초일류 대한민국으로 이룰 수 있는 제2의 거북선이 될 수 있다.
　108년 전에 대서양에 침몰된 영국 최대의 타이타닉호처럼 한민족은 신사 참배를 비롯한 6.25 참전국들을 여전히 홀대한 일, 양화진의 외국인 묘역의 외국인을 위한 유니온교회를 100주년기념교회로 세운다는 명목으로 내보낸 일 등 많은 탁류를 씻어내지 못한 채 코로나19로 자라목처럼 움츠리고 있다. 욕망이란 이름의 세월호라는 한국호에서 108년전 타이타닉의 6가지 죄를 한미 수교 140주년을 맞이하는 이 시점에서 씻어야 한다.
　정리하면 다음과 같다.

　첫째, 선주가 자기 도취에 빠져 마지막 구명 병에 어린이와 여자를 제치고 탄 것이나, 세월호의 이준석 선장과 '국민의힘'의 신임 당 대표인 이준석은 동명이인이다.
　둘째, 근처에 빙하가 있으니 멈추라고 무전을 친 빅토리안호에게 입닥치라는 비판이 있었다.
　셋째, 빙하에 부딪쳤을 때 수문을 닫고 일단 멈춤(stop)을 무시하고 저속으로 운전하다가 결국 배가 반으로 뽀개지는 데 절망에 빠진 채 8명의 악단이 부른 <내 주를 가까이 하게 함은>이란 찬양과 함께 물에 수장된 1500여명의 죽음이다.
　넷째, 과거지향적인 사고에 매달려 그래도 살아보려고 불량품 구명 보트에 매달린 채 영하 2도의 물속에서 죽어간 영혼들이 있었다.
　다섯째, 20개의 구명 보트 가운데 다시 돌아와 구조에 참여한 2개의 배와 1등석에 탄 승객이 구명 보트의 선원에게 뇌물을 주고 그만 구하고 돌아가자는 무관심이 있었다.

여섯째, 그리고 책임 회피와 질투가 판을 치는 세상에서 미국의 눈치를 보지 않고 영국 신사가 이 사건을 공정하게 재판한 행동이 있었다.

108년이 지난 오늘에도 세속주의의 여섯 가지 지옥, 곧옥(지중해의 빙하 하데스)에 들어가지 않도록 세상의 탁류에서 익투스, 즉 사람 낚는 어부 배이신 그리스도 예수 안에서 정직하게 살아야 한다. 스스로 거북선이 되어 여호와의 불방망이 같은 융통성, 창조성, 효과성, 효율성, 독특성, 돌파성 6발의 영적인 SLBM을 발포합시다.

5. 바울과 이순신의 거북선의 구속적 유비

1) 바울의 전략적 사고의 실제

"바울에게 과연 선교 전략이 있었는가?"

전략이라는 말이 인간의 관찰과 경험을 기초로 한 의도적이며 공식화된 인위적인 활동 계획을 의미하는 것으로 이해할 경우 바울에게는 거의 혹은 전혀 없었다고 하겠으나, 성령의 지시와 통제를 철저히 따르는 융통성 있는 선교의 운용 방식을 따랐던 것으로 미루어보아 바울은 분명히 일정한 전략이 있었다고 생각된다. 사도행전에 나타난 바울의 선교 방법에는 대략 다음의 9가지 특징이 발견된다.

① 선교 기지와 긴밀한 관계를 유지하였다.
② 집중적인 노력을 4개 지역에 국한시켰다.
③ 대도시 중심의 전도 활동을 전개하였다.
④ 회당을 이용하여 복음 전파의 본거지로 삼았다.
⑤ 공감대를 형성하는 청중들에게 주력하였다.
⑥ 신앙 고백에 즉시 세례를 베풀었다.

⑦ 새로운 교회를 세울 때까지 충분한 기간에 한곳에 머물러 있었다.
⑧ 동역자들을 충분히 활용하였다.
⑨ 융통성 있는 전도 활동을 하였다.

또한, 바울의 선교 전략을 자세히 살펴보면 다음의 4가지 특징들을 발견해 낼 수 있다.

첫째, 선교 본부와의 긴밀한 접촉 유지
둘째, 4개 지역을 중심 하여 노력을 국한 한 점
셋째, 대도시 중심의 선교
넷째, 조직 교회가 자치, 자립, 자력 전도하는 교회가 되게 하였던 점

동시에 바울의 접근 방법은 상대에 따라 다양한 모습으로 대하는 융통성 있는 선교 방법이었다. 그러나 메시지 자체는 어떤 경우에도 타협하지 않는 철두철미한 신념으로 융통성을 허용하지 않았다는 점을 우리는 또한 깊이 깨달을 수 있다.

앞서 살펴본 바와 같이 그의 선교 전략을 여러 가지 입장에서 기술할 수 있겠지만 사도행전에 나타난 바울의 선교적 특징과 전략은 다음과 같은 몇 가지로 요약될 수 있다.

첫째, 그는 성령의 인도하심에 따라 당시로서 가장 인구가 많고 번성한 지역 몇 군데를 거점으로 삼아 집중적으로 선교하였다.
둘째, 그는 혼자서 모든 일을 처리하는 슈퍼맨과 같은 선교사가 아니었다. 그는 언제나 그의 동역자들과 함께 팀(team)으로 사역했다.
셋째, 그는 환경에 따라 그리고 선교의 대상에 따라 매우 다양한 방법의 효과적인 선교를 시도했다.
넷째, 바울의 선교 전략 가운데 가장 두드러진 전략은 역시 융통성 있는 선교 전략이었다. '여러 사람에게 여러 모양'(All things to all men)이 되어

다가갔다.

다섯째, 그의 전도 전략의 최종 목적은 교회의 설립이었다. 바울이 거쳐 간 곳에는 언제나 교회가 설립되었으며, 그 교회들은 또다시 선교하는 교회로 성장하였다.

2) 이순신의 전략적 사고의 실제

바울에게 있어서의 전략은 미리 계획하였다는 의미에서의 전략이 아니라 그의 선교 활동을 통해서 보여 준 실례들을 기준으로 다음 4가지의 선교 전략들로 나열해 볼 수 있다. 여기에 이순신을 전략적으로 대입하는 방식을 위하고자 한다.

(1) 기도의 전략 : 바울은 기도의 사람이었다.

그는 기도를 통해 환상을 보았으며, 그 환상이 성령의 인도하심인 줄 믿고 순종하였다.

바울은 늘 혼자 민족을 위하여 기도했다. 때로는 이순신 장군이 코피를 흘려가며 난중일기를 적으면서 위기 관리의 능력이 있는 지도자로서의 모습을 보여 준 것은 정신일도하사불성(精神一到何事不成)의 자세를 보여 준 것이다. 이것이 전쟁에 임하는 임전무퇴의 신앙이요, 기도라고 할 수가 있다.

(2) 동역자들과 협력: 그는 혼자서 선교 사역을 담당하려 하지 않았다.

그는 다양한 동역자들과 긴밀히 협력함으로서 맡겨진 사역을 감당하였다. 수많은 인물이 이순신의 자서전에 언급이 되어있으나 6명만 언급하면 아래와 같다.

첫째, 권준: 이순신의 오른팔로서 제갈공명과 같은 인물이다.
둘째, 어영담: 물길을 잘 알아서 전쟁 시에 가장 좋은 위치에서 전쟁의 배수진을 칠 수 있게 하는 전략가이다.
셋째, 김완: 재치가 있고 속이 깊은 지장으로서 신기전을 개발하고 분위기 메이커이다.
넷째, 정운:돌격 대장으로서 우직하고 겁 없는 전사이다.
다섯째, 이순신:부하 다루기를 잘하고 장창을 잘 다룬 자이다.
여섯째, 송희립:곰처럼 우직하게 이순신을 잘 보필한 자이다.
이순신은 이들에게 해군 사령관으로서의 면모를 보여 주고 있다.

(3) 적응이라는 전략 : 복음의 진리는 철저히 고수하였으나 그는 복음을 전하기 위해서는 어떤 상황에서라도 적응해 나가는 융통성이 있었다.
이순신에게는 백성과 수군을 위해서는 융통성이 없어 보이나 창조적인 머리를 가진 나대용을 활용한 것을 보면 양반과 상놈을 나누는 이분법적인 사고를 하는 장군은 분명이 아니다. 그리고 끝까지 인재를 놓치지 않으려는 자세가 돋보인다.

(4) 도시 중심의 교회 설립 : 그는 대도시들을 선교의 거점으로 가는 곳마다 교회를 설립하였다. 기존의 세워진 교회는 언제나 선교 기지가 되었다.
남해의 바닷가의 전략적인 거점을 물샐틈없이 척후병을 보내서 교두보를 만들고 비거주 순회 선교사의 방식으로 나아가게 하는 것은 다캠퍼스 인공위성 교회(multi-campus satellite mission church)와 같은 타문화권 셀 그룹을 잘 이용한 선교 전략이라고 본다.
이순신의 거북선 철언에는 애국적 유비도 나타나 있다.

첫째, 나 이순신은 임금의 신하가 아니라 백성의 신하다. 사대부의 나라에서 백성의 나라로의 발상의 전환 회개(repentance)다.

둘째, 거북선, 조선 수군을 이기는 돌격장으로 이끈 것은 부활이요 부흥(revival)이다.

셋째, 이순신 장군의 연전연승에 의병들이 충의로 일어난 것은 살기 위해서 싸우는 것이 아니라 승리한 후 현장에서 죽기 위해서 싸우는 충효의 개혁(reformation)이다.

넷째, 바다에는 이순신이 있었고 육지에는 의병군들과 행주 치마가 있었던 것은 전술의 조화요, 바다와 땅의 화해(reconciliation)이다

다섯째, 이순신, 암근 선조에게 죄주기를 청하는 것은 자원하는 종의 자세로 구조 조정(restructure)을 한 융통성이다. 일본식으로 표현하면 아버지가 도래인(渡來人: 또라이)이라도 체면을 세워주며 희생의 도를 발휘하는 것이다.

여섯째, 이순신, 닥쳐오는 운명을 예감한 것은 사즉생의 자세로 조선 전란을 끝내는 빚의 탕감(remission)에 희생 제물이 되는 것을 직감한 성웅의 길이다.

일곱째, 이순신, 왜적을 23전 23승으로 물리치고 원수의 목전에서 상을 베푸실 군자의 길을 완수하다. 백성이 500년 동안 기억하는 상급(reward)이다.

3) 바울과 이순신의 거북선과 성촌의 원전선의 구속적 유비

(1) 바울의 전략적인 삶

우리는 디모데후서 4:5 말씀을 통해서 사도 바울의 선교 전략적인 삶을 엿볼 수 있다.

① 모든 일에 근신하라는 것이다

> 그러나 너는 모든 일에 근신하여 (딤후 4:5 상)

나는 사도 바울에게 선교 전략을 주신 것은 근신하는 마음에 부어주시는 하나님의 은혜라고 주장한다. 영어 성경에는 근신한다라는 말이 'watch'라

고 번역되어 있다. 우리 말로 자중자애가 적당한 번역이 되어야 한다. 근신한다고 하니 무슨 희대의 살인자인 범법자 유영철 같은 생각이 잠시 든다.

근신하는 마음은 우리가 살아계신 하나님 아버지 앞에 나아올 때 인격적으로 형성이 된다. 자중자애하는 마음 가운데 우리는 높아진 인간의 마음이 이 땅에 오신 예수님과 같이 낮아지게 된다. 자기의 의를 위한 삶에서 벗어나서 하나님의 의를 위한 삶으로 전환되는 것이다.

② 고난을 받으라는 것이다

> 고난을 받으며(딤후 4:5 상)

이 시대 가운데 더 이상 복 받으라고 하는 것은 상대방의 입장을 고려한 인사가 아니다. 복받으라고 하는 것은 이미 죽어버린 샤머니즘의 언어가 되어 버렸다. 차라리 고난을 받으라고 하는 것이 복음이 된 세상이다. 고난은 성도의 특권이다. 우리가 고난을 당하는 순간 우리가 그리스도의 고난에 동참하게 되는 것이다.

그러므로 고난받기를 두려워해서는 안 된다. 우리가 진정으로 고난을 받는 것은 남에게 보여 주기 위한 일로 고난을 받아서는 안 된다. 생활 가운데 산 순교자로서의 고난을 우리는 배워야 한다. 하나님의 전신갑주를 입고 사는 것은 고난을 받는 삶을 구체적으로 사는 것을 의미한다(엡 6:10-20).

첫째, 진리(허리띠)
둘째, 의(흉패)
셋째, 평안의 복음(예비한 신)
넷째, 믿음(방패)
다섯째, 구원(투구)
여섯째, 성령의 검(말씀)
일곱째, 사신=선교사(담대한 선교)

③ 전도인의 일을 하라는 것이다

전도인의 일을 하며(딤후 4:5 중)

사도 바울은 영혼을 구령하기 위해서 유대인이 속한 지역(local)을 떠나서 이방인을 향한 사도로 떠나가게 되었습니다. 안디옥교회는 그를 이방인을 위한 선교사로 파송을 했습니다.

바울의 선교 전략을 자세히 살펴보면 다음의 4가지 특징들을 발견해 낼 수 있다.

첫째, 선교 본부(안디옥교회)와의 긴밀한 접촉 유지
둘째, 4개 지역을 중심 하여 노력을 국한 한 점(관문 도시 선교)
셋째, 대도시 중심의 선교(우선 순위)
넷째, 조직된 교회가 자치, 자립, 자력 전도하는 교회가 되게 하였던 점이다(가정 교회)

동시에 바울의 접근 방법은 상대에 따라 다양한 모습으로 대하는 융통성(flexibility) 있는 선교 방법이었다. 그러나 메세지 자체는 어떤 경우에도 타협하지 않는 철두철미한 견고함(sturdiness)으로 융통성을 허용하지 않았다는 점을 또한 우리는 깊이 깨달을 수 있다.

앞서 살펴본 바와 같이 그의 선교 전략을 여러 가지 입장에서 기술할 수 있겠지만 사도행전에 나타난 바울의 선교적 특징과 전략은 다음과 같은 몇 가지로 요약될 수 있다.

첫째, 그는 성령의 인도하심에 따라 당시로서는 가장 인구가 많고 번성한 지역 몇 군데를 거점으로 삼아 집중적으로 선교하였다.
둘째, 그는 혼자서 모든 일을 처리하는 슈퍼맨과 같은 선교사가 아니었다. 그는 언제나 그의 동역자들과 함께 팀(team)으로 사역을 진행해 나갔다.

셋째, 그는 환경에 따라 그리고 선교의 대상에 따라 매우 다양한 방법의 효과적인 선교를 시도했다.

넷째, 바울의 선교 전략 가운데 가장 두드러진 전략은 역시 융통성 있는 선교 전략이었다. '여러 사람에게 여러 모양'(All things to all men)이 되어 다가갔다.

다섯째, 그의 전도 전략의 최종 목적은 교회의 설립이었다. 바울이 거쳐 간 곳에는 언제나 교회가 설립되었으며, 그 교회들은 또다시 선교하는 교회로 성장하였다.

④ 네 직무를 다하라

네 직무를 다하며(딤후 4:5 하)

사도 바울의 선교 방법은 지역을 중심으로 하는 거점 선교였습니다.
바울은 안디옥 교회에서 파송된 선교사로서 그의 선교의 본부는 분명히 안디옥 교회였다. 지금까지 예루살렘교회는 의문의 여지가 없이 그리스도 세계 전체의 어머니 교회로 지내 왔으며, 예수님의 형제 야고보가 이 교회를 관장해 왔으나 이제 안디옥 교회가 이방 교회의 어머니로서 최초로 선교사를 파송한 교회가 되고, 바울 선교의 출발지인 동시에 종착점이 되었으며 모든 선교 지원의 보급지가 됨으로서 분명한 선교 본부가 되어지기에 이른 것이다.

그래서 예루살렘 중심의 사고 방식과 행동이 전체적으로 수정될 수밖에 없었던 세 가지의 급격한 변화의 발생 가운데 하나로 '교회 동향'이 이제는 주위로부터 예루살렘에 이르는 것이 아니라 예루살렘에서부터 주위 세계로 번져 나가는 형태가 되었던 것이다. 바울의 선교 전략은 철저하리만큼 거점을 중심으로 한 선교 전략이다.

11개의 선교팀을 형성했고 6번째 팀에 이르러서는 팀 다이나믹스가 이루어지기 시작했습니다. 작게는 회당을 중심으로 크게는 지역을 중심으로 하는 선교 전략이었다. 회당을 그 도시의 선교 거점으로, 또 그 지역의 수도나 인구가 많고 번성한 도시를 선교의 거점으로 삼았다.

로마의 속주였던 빌립보, 아시아 선교의 전진 기지로서의 에베소에는 바울이 무려 3년간이나 체류하였으며, 로마로 향한 집념과 일루리곤(알바니아)까지 나아가려는 그의 계획 속에는 한 선고사가 효과적으로 맡을 수 있는 선교지의 한계를 극복하기 위한 노력으로서의 '집중적 선고의 효율성'이라는 전략을 생각하지 않을 수 없었을 것이다. 그래서 그는 성령의 인도하심을 따라 가장 인구가 많고 번성한 지역 네 군데를 집중 전도 하기로 결심한 것 같다. 그것은 곧 갈라디아, 아시아, 마게도니아, 아가야 등의 네 지역이었다.

바울은 이 지역을 거점으로 하여 자신의 책무(accountability)를 다했다.

> 관제와 같이 내가 벌써 부음이 되고 나의 떠날 기약이 가까웠도다. 내가 선한 싸움을 싸우고 나의 달려갈 길을 마치고 믿음을 지켰으니 이제 후로는 나를 위하여 의의 면류관이 예비되었으므로 주 곧 의로우신 재판장이 그 날에 내게 주실 것이니 내게만 아니라. 주의 나타나심을 사모하는 모든 자에게니라 (딤후 4:6-8).

바울은 유라굴라의 광풍 가운데서도 배가 다 파산이 되었으나 사람들은 상하지 않으리라고 예언을 했다.

> 두 물이 합하여 흐르는 곳을 당하여 배를 걸매 이물은 부딪혀 움직일 수 없이 붙고 고물은 큰 물결에 깨어져 가니 (행 27:41).

6. 이순신의 전략적인 삶[43]

1) 자중자애하라

이순신이 쓴 시조 '무제-1'의 내용이다.

> 병서도 못 읽고서 반생을 지냈기로
> 위대한 때 연마는 충성 바칠 길이 없네
> 지난 날엔 큰 갓 쓰고 글 읽기 글씨 쓰기
> 오늘은 큰 칼 들고 싸움터로 달리노니
> 마음엔 저녁 연기 눈물이 어리우고
> 진중엔 새벽 호각 마음이 상하누나
> 개선가 부르는 날 산으로 가기 바쁘려든
> 어찌타 연연산에 이름을 새기오리.

자기 자신보다 조국을 생각하고 개선가를 부르는 날에 서로 자신의 공덕을 내세우기 위해서 물에 떠 있는 아군의 죽은 시체의 목을 베어 왜군의 목이라고 하는 자들 속에서도 이순신은 자신의 명예보다는 조국을 인해서 울고 있는 것은 근신하는 마음의 자세가 된 삶의 모습을 보여 주는 것이다.

2) 고난을 받으라는 것이다

이순신 장군도 순신이라는 이름이 순(舜)임금의 신하라는 의미이고 선조대왕까지도 그를 죽이려고 하는 가운데서도 민족만을 위해서 희생을 하고 죽어가는 고난의 길을 자초했다. 왕과 그를 모함하고 자신을 죽이려고 하는 무리들을 원망한 일이 없고 자신이 애지중지 일궈온 수백 척의 군함을 일어

---

[43] 김태연, 『전문인선교 전략』 (보이스사, 2010), 91-103 요약.

버리고도 겨우 12척의 배가 남아도 그는 죽음의 길이었지만 민족을 살리는 길이었고 자신은 이 작은 나라만을 도모하는 자가 아님을 선포했다.

일자진(一字陣)이란 일자로 늘어선 전형으로 요즈음 횡렬진에 해당한다. 『이충무공전서』 10권 부록 22에는 "공(이순신)에는 조금도 동요하지 않고 일자진으로 진을 치고 대포와 화살을 사방으로 쏘아대니 적병은 쓰러졌습니다"라는 내용이 있는데, 이는 1597년 9월 16일 명량해전 때 사용했던 전투진이다. 이 때 조선 수군은 13척의 전선으로 131척의 왜군을 격침시켰으나 아군은 1척도 손실이 없었다. 일자진은 육상에서는 학익진으로 볼 수 있다. 학익진은 횡렬로 형성되기 때문이다.

3) 무인의 일을 하라

이순신 당시 삼도 수군 훈련 전도를 보면 수군을 조련하는데 얼마나 치밀하게 전법을 구상하고 실시했는지 머리가 숙여진다. 각 영마다 그 아래에 다섯 사파총(전,좌,중,우,후)이 편성이 되어 있었으며 또 그 아래에 다섯 총관(전,좌,중,우,후)이 편성이 되었다. 통제사가 삼군의 수군을 점호하고 조련하기 위해 5방위로 진을 벌리고 훈련을 하는 모습은 장관이다. 학익진의 다양한 모습은 예술이다. 2가지 유형으로 학이 날개를 펼친 형태와 날개를 접는 형태로 군선이 행군하는 모습은 이순신의 철학이 그 안에 들어가 있다.

먼저, 한산도 대첩에서 거북선으로 왜선 47척을 격침하고 12척을 나포한 후에 도요토미 히테요시가 훈령을 보내서 조선 수군을 만나면 무조건 도망가서 내륙에 토성을 짓고 방어하라고 하는 말을 했다는 것을 볼 때 엄청난 타격을 일본 수군에게 준 것이 틀림이 없다.

그러나 무인으로 태어났기에 선조로부터 장권을 탈취할 인물로 오인을 받아서 백의 종군하는 사이 300척의 배는 원균이 일본놈과 같이 라면을 삶아 먹었고 이제 이순신은 죽음 앞에선 순교자의 길을 결심하게 된다. 공을 세워도 죽고 공을 못 세워도 죽는 사지에서 이 민족의 앞길을 열어 주고 순교자의 길을 가는 것이다.

이순신이 12척의 배를 가지고 명량 해전에서 와선 수백 척을 격파시킨 장면에는 눈물이 나온다. 불가능을 가능케 하는 장소 울돌목(돌도 울고 가는 곳)이라는 장소는 물살이 세고 물의 방향이 시간대마다 바뀌는 곳이기 때문에 1척의 배나 300척의 배나 이곳에 걸려들면 오히려 몸집이 작은 1척의 배가 유리한 입장이다.

아무리 노를 지어도 배가 뒤로 밀리는 형국이니 배를 짓는 수군의 힘은 얼마나 쇠진했을까?

이순신이 대장선 한 척으로 한 시간이 넘도록 적의 수십 척 함대를 막아내느라 고군분투를 하는 사이에 여러 장수의 배는 슬금슬금 먼 바다로 물러나 있었다. 저들의 목을 베려고 지휘선을 돌리자니 적들이 더 대들 것이라 나가지도 물러가지도 못할 형편이었다.

이순신은 그들에게 파도 속에서 외쳤다.

> 응함아, 너는 중군으로서 멀리 피하여 대장을 구하지 않으니 그 죄를 어찌 면할 것이냐, 당장 처형할 것이지만 정세가 급함으로 우선 공을 세우게 둔다.

견고하나 융통성이 있는 모습은 진정한 지도자의 모습이다. 그 결과 이 두 배가 적진을 향해서 나아갔고 13척의 배로 133척의 배를 수장시킨 대첩을 이룬 것을 보고 언덕 위에서 이순신이 과연 살 수 있을까를 걱정하며 통곡하던 백성들은 조선의 13척의 배가 둥실 둥실 떠 있고 왜선은 전부 수장된 것을 보고 환호성을 질렀다. 그 환호성이 진도 우수영의 천지를 뒤흔들었다. 이순신은 심한 몸살로 열흘 동안 몸을 움직일 수가 없었다.

4) 네 직무를 다하라

이순신 장군에게는 거북선이 있었고 왜놈에게는 부산항이 있었다.

> 꽃피는 동백섬에 봄이 왔건만 형제 떠난 부산항엔 갈매기만 슬피운다.

오륙도 돌아가는 왜선마다 목메어 불러본다.
이름 없는 쪽바리야!
돌아왔다 그냥 가는 물에 부르튼 우동들아!

이순신 장군의 노량 해전의 최후의 모습은 너무나 충성스럽습니다.
노량 해전 시 적의 대규모 군단 500여 척이 고립된 소서형정을 구하러 온 임진왜란 7년 대환란의 마지막 전투이다. 일본의 수군 6만여 명의 생사가 걸려 있는 다급한 상황에서 일본의 수군은 명나라의 진율 장군에게 뇌물을 주고 퇴로를 열어달라고 했으나 이순신은 이에 거부하고 끝까지 최후의 일인까지 추격을 했다. 그 결과 "적선 10척이 나포되고 200척을 불태웠으며 참수 500급, 생포 180여 명. 익사자는 아직 물 위에 떠오르지 않아서 알 수 없으며 이총병(순신)은 죽었다"고 기록이 되어 있다.
난중 일기에는 이렇게 기록되어 있다.

11월 13일 밤이 어둡기를 기다려 밤 12시가 되자 문득 손을 씻고 혼자 갑판 위로 올라가서 두 무릎을 꿇고 간절한 마음으로 하늘에 그 마지막 소원을 빌었다.
"이 원수를 무찌른다면 지금 죽어도 여한이 없겠습니다."
천추에 만인의 가슴을 찌르는 피맺힌 기도였다.
그리고 11월 19일 이른 아침!
우리 연합군의 맹렬한 공격하에 이순신의 지휘하에 200여척의 적선을 부수고 적선 1척도 그냥 내보내지 않으려는 이순신은 스스로 앞장을 서서 달아나는 적의 뒤를 추격하기 시작했다.
어둠이 걷히고 어느덧 검붉은 태양이 노량바다 동쪽에 떠오르는 때, 어디선가 적의 탄환이 날아와서 이순신의 겨드랑이를 뚫고 지나갔다. 심장 언저리에 치명상을 입었다. 이순신은 숨을 거두며 이 한마디를 했다.
"지금 싸움이 한창 급하니 내가 죽었단 말을 내지마라."
그의 나이 54세였다.

결론 2

요한계시록이 현실이 된 세상에서의 전문인이 본 새하늘과 새땅으로 가는 길

1. 서론

　핵무기의 나라 파키스탄의 인접국인 아프가니스탄에서 다시 한번 탈레반이 집권을 하는 사건이 터졌다. 핵무기신학과 연관해 보니 또 얼마나 많은 여성과 어린이가 희생을 당할까 하는 걱정이 생기면서 이를 막는 길은 정직한 도덕 사회에 걸맞는 예수 품성 신학에 기초한 신학을 제시해야 한다는 것이다. 이에 전문인신학의 신학적 과제에서 다루어져야 할 중요한 것이 여성전문인신학에 대한 선교적 정립을 이 책의 결론 부분에 양심적으로 삽입할 수밖에 없었다.

　특히 아프가니스탄의 고통당하는 여성들을 바라볼 때 자비량 선교의 아버지셨던 고(故) 크리스티 윌슨 박사의 필자를 향한 유언과 같은 사명이 되살아났다. 원자력 전문인 신학을 마친 다음에는 누군가의 노력으로 우주 항공전문인신학으로 나가야 하는데, 그 과정에서 해결해야 할 추진체가 바로 전문인여성신학이다. 여성을 성의 도구로 보는 탈레반식의 남성 중심의 사고에서 저항하는 페미니스트신학을 다시 한번 넘어선 패러다임을 전환한 직장 선교의 사명자로서의 여성을 해석한 전문인 교회 이론이다.

　그제서야 우리는 새 하늘과 새 땅의 시민으로 참여할 세계적, 우주적 자격이 있는 것이다. 서세동점의 미국 제국주의의 힘이 아직도 동세서점을 꿈꾸는 시진핑의 중국보다 3배나 힘이 세고 인구 비례로 보면 10배나 힘이 센 것으로 서울대 허영선 교수는 분석하고 있다. 그런데 온정적 민족주의에 경시되어서 나라를 중국에 다시 기댄다면 청일 전쟁 당시에 미국에 진 것과 같이 이제는 미중 무역 전쟁에서 중국이 지는 편을 들다가 망하게 될 것이고, 마지막 3차 대전을 조정하려고 하는 러시아에 기웃거리다가 미러 전쟁에서 고종처럼 아관 파천을 하려다가 미국의 보복을 받을 수가 있다.

이미 한국인의 DNA 샘플은 미국과 전 세계에 넘치고 있기 때문이라고 한다. 세상에서 웃음거리가 되는 민족이 된 것은 사상적 지축이 뒤틀리는 4차 산업의 혁명 시대에 과학(Science)을 이길 수 있는 전지하신(Omniscience) 하나님의 존재를 모르기 때문이다.

2020년 크로나 바이러스로 인해 망가진 글로벌 정부의 국정 운영으로 갈등의 정글이 된 한국이란 율법 사회에서 신군이 다시 한번 와해되고 그리스도의 은혜 아래서 전문인이 대두가 되는 시기가 되어야 소망이 있다. 과거의 대한 제국이 아니라 미래 지향적인 하나님의 나라 차원에서의 가정과 교회가 바로 세워지는 초일류 대한민국이 남한과 북한 그리고 코리안 디아스포라로 네트워킹이 될 때 진정한 초일류 대한민국이 될 수 있다.

새들백교회의 이야기와 마찬가지로 전문인은 왕이요, 선지자요 제사장으로서 융섭된 기능을 가지고 하나님의 나라를 구현하는 말안장에 올라타는 자유 민주주의 시장 경제의 주체로서의 사명을 다해야 한다. 이것이 광야에서 외치는 선지자의 메시지가 되어야 한다.

성령 세례를 받고 하나님의 나라의 의미와 그리스도의 신부의 의미를 아는 전문인이라면 중국의 공산당 사회주의의 6퍼센트 성장이 대단한 것으로 여기고 사대주의를 하는 나라가 되도록 방치하면 안 되고 인구 비례로 볼 때 중국의 국력은 3분의 1밖에 되지 않는 소중국일 뿐이고 대한 민국이 중대국인 것이다. 그리고 상업 자본주의의 꽃인 창조적 자본주의의 시대에서 한걸음 더 나가서 선교적 자본주의 또는 문화 교류 자본주의로까지 나가야 세계 속의 한국, 한국 속의 세계를 실천하는 글로컬 센터의 만인 제사장의 나라요, 전신자 선교사의 나라가 될 수 있다.

2021년 8월 23일 현재 아프가니스탄의 탈레반이 카불시에 입성하고 탈레반 정권이 들어서게 되면서, 전문인신학의 효시인 크리스티 윌슨 주니어 선교사를 기억해야 한다. 탈레반과 도망간 가니 전 대통령은 모두 파슈툰 종족으로서 이들은 1989년 이래로 돌아가면서 군사 비즈니스로 미국을 착취하는 정권들이며 여성을 노예로 취급하는 자들이다.

파슈툰 종족의 여성은 신랑 예수의 혼인 잔치에 참여하는 그리스도의 신부로서의 성도의 모습과는 전혀 다른 것이다. 크리스티 윌슨 주니어 박사는 현대 자비량 선교의 아버지로 보스톤의 고든칸웰신학교의 선교학 교수로 사역을 한 분이다. 그는 1989년 소련이 아프가니스탄을 침공하게 되자 미군들에게 영어를 가르치던 교수 사역을 접고 미국으로 돌아온 자비량 선교의 아버지이다.

그가 말하는 바울의 자비량 선교는 필자에 의해서 전문인선교로 발전이 되었다. 그는 학교 수업 시간에도 학생들의 기도 제목을 일일이 기도해 주는 성화된 신적인 사람이었다. 그는 학교에도 목공실을 두어서 한 가지 기술을 배워서 선교지로 나가라고 하는 생활 가운데 전도자를 양성하고자 했다. 그는 하나님 중심의 세계관을 가진 미국의 한경직 목사로 알려진 분이셨다.

그의 가르침에 기반한 필자의 원자력 전문인 신학의 요체는 다음과 같다.[1]

첫째, 선교관: 원자력 전문인 선교
둘째, 윤리관: 직장 내에서 신자의 비세속성의 원리
셋째, 가치관: 해외 원자력 수출시에 생활 가운데 전도자
넷째, 세계관: 북핵의 위협 앞에 하나님 중심의 세계관

우리는 요한계시록이 현실이 된 코로나19와 테러와 전쟁과 홍수의 세상을 살고 있다.

---

1 김태연, 『전문인신학』(예영커뮤니케이션, 2006), 489.

2. 본론

이사야 65장은 하나님이 인류 역사를 어떻게 운행하실 것인가 하는 역사의 운행 계획을 기록한 참으로 위대한 장(Chapter)이다. 우리 인류는 하나님의 계명을 어긴 타락하고 부패한 존재들이다. 그런데 우리가 이 수문, 워터 게이트를 관통하기만 한다면 하나님의 나라로 들어갈 수가 있다. 이사야 65장 후반 말씀은 이 새로운 인류가 어디에서 영원히 살 것이냐는 문제를 다루고 있다.

본문 이사야 65:17에 "보라 내가 새 하늘과 새 땅을 창조하나니 이전 것은 기억되거나 마음에 생각나지 아니할 것이라"고 기록되었다. 하나님이 새로운 인류에게 주실 '새로운 거주지'를 '새 하늘과 새 땅'이라고 말씀하신 것이다. 새 하늘과 새 땅은 아직 이루어지지 않았고 미래에 이루어질 것이다.

현재는 하나님이 새로운 인류를 만들어 가시는 과정에 있고 새로운 인류는 미래에 새 하늘과 새 땅에서 영원토록 살게 될 것이다.

> 코로나19가 팬데믹 상황이며 300만 명 이상이 사망한 상황이지만 제3세계는 물론이고 온 세계가 이제 한국이 방역 및 의료 산업에 진입할 수 있는 위대한 기회를 잡은 시기로 알고 기대하고 있다.

전 세계는 한국의 기도의 힘을 기대하고 있다. 한미 동맹인 미국은 무역전쟁에서 이겼지만 중국의 공산주의와의 바이러스 전쟁으로 힘을 잠시 잃고 있으며 이제 마지막 시대, 마지막 주자로서의 선교의 역할을 하기 위해서는 한국이 한미 원자력 동맹으로 나서야 하는데 그것은 우리의 기도의 힘이라는 것이다. 그 결과로 하나님의 나라가 확장이 되고 우리가 하나님 앞에 서게 될 때 우리가 산 이 시대에 결실이 있을 것이다.

우리가 산 시대는 암울한 시대였는데 우리가 성촌운동을 통하여 하나님의 나라의 거룩한 길을 다녔었노라고 선교 보고를 할 날이 오기를 원한다.

> 우리가 이제는 거울로 보는것 같이 희미하나 그 때에는 얼굴과 얼굴을 대하여 볼 것이요 이제는 내가 부분적으로 아나 그 때에는 주께서 나를 아신 것 같이 내가 온전히 알리라(고전 13:12).

이 말씀은 우리가 지금 이생에 살면서 가지고 있는 새 하늘과 새 땅에 관한 지식은 불완전하고 희미하며 부분적인 것밖에는 없다는 말씀이다. 그러나 우리는 오늘 본문 이사야 65장 말씀과 신약의 문서 계시를 통해서 새 하늘과 새 땅이 어떤 곳이냐 하는 큰 그림은 그릴 수 있는데 우리는 현재의 기독교가 변혁이 되어야 한다는 결론으로 기독교 세계관의 11대 전문인 영역 가운데서 신학은 삼위일체론으로, 철학은 초자연주의로, 윤리학은 절대적 도덕으로, 심리학은 창세기 3장의 타락 인정설로, 역사학은 창조, 타락, 구속, 완성의 전통적 기독교 세계관을 유지하되, 4차 산업혁명 시대의 도전에 생물학, 사회학, 법학, 정치학, 경제학에서 세속주의적 세계관을 제거하는 방식으로 변혁되어야 할 새로운 전문인 기독교 세계관을 아래와 같이 그려 본다.

첫째, 창조론, 네오 다윈주의=전문인 생물학(과학)
전지하신 하나님을 200퍼센트 이상 인정해야 한다.
둘째, 전통적 가족, 교회,국가+초월적 가족, 교회, 국가=전문인 사회학
지역 사회가 아닌 글로벌 시대의 글로칼로 나가야한다.
셋째, 신법, 자연법, 행태론적 근본주의+생명의 성령의 법=전문인 법
실정법 준수 강요 율법 사회에 생명의 성령의 법을 존중해야 한다.
넷째, 정의, 자유,질서, 이기주의=전문인 정치학
이기주의를 버리고 애기 애타 애신의 우주적 차원의 서로 사랑으로 까지 나가야 한다.

다섯째, 축복의 통로의 청지기 의식, 소유의 청지기 의식=전문인 경제학 중산층 전문인을 키우고 그럼에도 불구하고 축복의 통로로 나누어야 한다.[2]

1) 새 하늘과 새 땅에 대한 신약의 명제

새로운 인류가 영원히 살게 될 새 거주지에 관해 신약성서는 다섯 가지 분명한 명제를 선포하고 있다. 그리고 이사야 65장에서도 새 하늘과 새 땅의 분명한 특징을 말씀하고 있다.

먼저 신약이 선포하고 있는 세 가지 진리는 무엇인지를 제시하고자 한다.

첫째, '새 하늘과 새 땅'은 하나님의 자녀들이 살 새로운 거주지이다.

다시 말해 새 하늘과 새 땅에 살 거민은 바로 하나님이 택하여 부르시고 믿게 하셔서 하나님의 자녀가 된 새로운 인류라는 것입니다. 로가서 8:19에 "피조물의 고대하는 바는 하나님의 아들들의 나타나는 것이니"라고 기록되었다.

요한계시록 21-22장은 새 하늘과 새 땅에 대한 참으로 놀라운 계시이다. 요한계시록 21:1에 "또 내가 새 하늘과 새 땅을 보니 처음 하늘과 처음 땅이 없어졌고 바다도 다시 있지 않더라"고 기록되었다. 이 말씀은 처음 하늘과 땅이 없어졌고 요동, 세상, 고통을 상징하는 흉흉한 검붉은 바다도 더 이상 존재하지 않는다는 것이다. 요한계시록 21:27에는 "무엇이든지 속된 것이나 가증한 일 또는 거짓말 하는 자는 결코 그리로 들어오지 못하되 오직 어린양의 생명책에 기록된 자들뿐이라"고 기록되었다. 어린양의 생명 책에 창세 전부터 기록된 그 이름들, 즉 유대인 가운데 남은 자(the remnant)와 이방인 가운데 택하심을 입은 자들(chosen people)만이 예수님

---

[2] 데이빗 A. 노에벨(David A. Noebel), 『충돌하는 세계관』(*Understanding the times. 2nd abridged and rev. ed*), 류현진 외 역 (디씨티와이북스, 2014), 17.

을 믿고 구원받아 이곳에 살게 될 것이라는 말씀이다.

그러나 요한계시록 22:15에는 "개들과 술객들과 행음자들과 살인자들과 우상 숭배자들과 및 거짓말을 좋아하며 지어내는 자마다 성밖에 있으리라"고 기록되었다. 여기서 말하는 개, 술객, 행음자, 살인자, 우상 숭배자, 거짓말을 좋아하며 지어내는 자는 모두 '믿지 않는 자'를 말하는 것이다. 하나님을 거역하고 진리를 거역하는 이러한 자들은 새 예루살렘 성으로 상징되고 있는 새 하늘과 새 땅에 결코 들어갈 수 없고 "성 밖에 쫓겨나 울며 이를 갊이 있으리라"고 했다.

둘째, 이 사건은 '예수 그리스도의 재림'으로 이루어진다.

오늘날 예수 그리스도의 재림에 대해서 조롱하고 비웃는 사람들이 있다. 그리고 베드로 시대에도 그런 사람들이 있었다. 그러나 베드로후서 3:10 전반에 "주의 날이 도적 같이 오리니"라고 기록되었다. 도적은 시간을 예고하지 않고 쳐들어온다. 이처럼 주님의 재림도 예기치 않은 때 온다는 것이다.

최근에 서브프라임 모기지 사태 이후에 비트코인 사태로 금융 위기가 오게 되자 미국의 어느 예언가가 2021년 몇 월, 몇 일, 몇 시에 재림 하신다는 예언을 하는데 공개하지 않으면서도 그 날을 안다고 하는 그들은 거짓말을 하는 이단이다. 베드로후서 3:12 전반에는 "하나님의 날이 임하기를 바라보고 간절히 사모하라"고 기록되었다. 우리도 주기철 목사님처럼 감옥 안에서 해방의 날을 바라보며 이러한 찬양을 성촌화의 고개고개마다 써야 한다.

셋째, '새 하늘과 새 땅'은 영원한 곳이다.

천국은 영원한 나라이다. 요한계시록 21:3-4에는 다음과 같이 말하고 있다.

> 내가 들으니 보좌에서 큰 음성이 나서 가로되 보라 하나님의 장막이 사람들과 함께 있으매 하나님이 저희와 함께 거하시리니 저희는 하나님의 백성이 되고 하나님은 친히 저희와 함께 계셔서 모든 눈물을 그 눈에서 씻기시매 다시 사망이 없고 애통하는 것이나 곡하는 것이나 아픈 것이 다시 있지 아니하리니 처음 것들이 다 지나갔음이러라 (계 21:3-4).

사람은 누구나 한번은 죽는다. 히브리서 9:27 전반에 "한번 죽는 것은 사람에게 정하신 것이요"라고 기록되었다. 그러나 우리는 부활하여 다시는 사망이 없는 새 하늘과 새 땅에서 영원토록 살게 될 줄로 믿는다. 요한계시록 21:5에 "이 말은 신실하고 참되니 기록하라"고 되어있다. 그래서 사도 요한이 요한계시록으로 기록해 놓은 것이다. 장엄하고도 명백한 계시인 살아계신 하나님의 말씀이다. 이 세상은 불로 멸망하고 새 하늘과 새 땅이 예수님의 재림 때 올 것이다. 거기에는 믿음을 지킨 하나님의 백성들이 영원한 지복을 누리고 살게 될 것이다.

골고다의 높은 고개 너머 부활의 언덕에 까지 이르게 되면 비로소 천국이 보인다. 그날을 바라보는 4차원의 성촌 영성의 삶을 살아야 할 것이다.

성촌운동은 1907년 평양대회개운동과 같은 2020년 영적대회개운동에서 시작이 된다.

무엇을 회개해야 하나님이 우리에게 저주를 멈추시고 정직성을 회복시켜 주실까?

8대 회개는 본 어게인(Born again)의 시작이다.

    교파 의식을 회개해야 한다.
    파벌 의식을 회개해야 한다.
    권위 의식을 회개해야 한다.
    차별 의식을 회개해야 한다.
    지방색을 회개해야 한다.
    외국인을 왕따하는 것을 회개해야 한다.
    한마디로, 제대로 거듭나지 못한 것을 회개해야 한다.
    예수의 재림을 안 믿는 것을 회개해야 한다.

예수님께서 오시는 주의 날은 헬라어로 언제나 단수 때(ὥρα)로 기록되어 있다. 그러므로 주의 초림이 한 번 있듯이 재림도 한 번 있다.

예수님의 재림 때에 예수님께서 창세로부터 예비된 나라를 상속하라고 말씀하실 것이다.

> 그 때에 임금이 그 오른편에 있는 자들에게 이르시되 내 아버지께 복 받을 자들이여 나아와 창세로부터 너희를 위하여 예비된 나라를 상속하라(마 25:34).

그리고 마태복음 25:46에 "의인들은 영생에 들어가리라"고 기록되었다. 재림 시에 하나님의 백성들이 상속할 나라는 천년 왕국이 아니라 영생할 나라이다. 예수님 재림의 날이 언제 인지는 모르지만 그날은 새 하늘과 새 땅을 하나님이 창조하시는 날이다.

우리는 그 길을 예비하기 위해서 죄악으로 물든 도시를 천국의 속성으로 바꾸는 천국 연습을 하는 것이다. 도시의 문명을 기독교 세계관에 의거하여 그리스도의 문화로 변혁시키는 일을 하는 것이다. 왜 도시가 중요하냐 하면 한국 인구의 58퍼센트가 수도권에 살고 82억 인구 가운데 58퍼센트가 도시에 살고 있기 때문이다.

현재 미국과 일본 그리고 한국의 힘의 지수(power index)를 보면 아래와 같다.

> 미국:일본:중국:한국:북한 = 20:6:5.8:1:0.01(서울대학교 하영선 교수)

우리가 일본에 비해 6배나 힘이 약한 현실이다. 1945년 패주한 일본이 100년이 되기 전에 다시 한반도로 기어 올라온다고 하니 언젠가 독도도 빼앗길 것처럼 보인다. 그러나 천국의 힘의 지수를 조사해 보면, 일본은 아예 계산이 안되는 가미사마를 믿는 나라이다. 우리가 일본보다 최소한 40배는 선교적인 힘이 큰 나라이다. 그리고 기독교 동맹의 입장에서 보면 우리에게는 미국이 우방으로 든든히 있다. 우리가 일본을 이길 수가 있다는 것이다.[3]

---

[3] 한국을 키워주고 통일을 시켜준 다음 미국의 기대 이익을 살펴보자. 2016년 박근혜 정

최근에 아프가니스탄의 탈레반 사태를 보면서 미국의 입장에 대한 「워싱턴 포스트」의 내용을 정리해 본다면 다음과 같다.

첫째, 기축 통화 달러의 권위에 도전하지 말라.
둘째, 무기 체계의 결속력은 인종과 언어보다 더 강하다.
셋째, 물보다 진한 게 피라면, 피보다 진한 것은 석유이다.
넷째, 무역 루트가 지나가는 길목에는 뗏목(탐망선)도 띄우지 말라.

오늘날 전 세계 패권을 장악하고 전 세계 무기 체계의 50퍼센트를 장악하고 있는 군사 강국인 미국의 주요 먹거리가 결국 이 네 가지 분야에서 나오기 때문이다. 그리고 이렇게 자신들의 밥그릇 주변을 기웃거리는 불량 국가(여기에 희토류가 있는 아프가니스탄도 우라늄이 있는 북한도 다 포함된다)가 나타나면, 다양한 방법을 동원하여 이를 저지했다.

부 때 미국은 아시아 국가 중 최초로 한국과 한미 우주 협정을 맺었다. 한국항공우주연구원은 성명을 통해 NASA와의 협력을 통해 우주 로켓을 만들어 유인 우주선을 발사하고 달 탐사도 계획한다고 발표했다. 미국이 달에 탐사선을 보내는 건 미국이니까 언제든지 할 수 있는 일이지만 중국보다 늦게 우주 개발에 뛰어든 한국이 달에 우주선을 보낸다는 건 중국의 체면이 구겨지는 일이다. 동시에 한국이 중국을 견제할 수 있는 우주기술을 가지면 미국이 손 안대고 코풀수 있게 된다. 킬러 위성 같은 걸 만들고 있는 중국에게는 걸대 위협이 아닐 수 없다. 미국데게는 한 물 간 기술이지만 중극과 일본은 목말라하는 기술을 한국에 준다고 했다. 한국의 KAI에서 미국의 지원을 낞아 제작한 T-50 고등 훈련기를 기 공군이 구입하려고도 했다. 막판에 불발되었지만 최대 50조 원에 달하는 규모이다. 미국이 왜 이럴까? 중국에 대한 전략적 압박 때문이다. 중국은 러시아제 짝퉁 저가 항공기를 만들어 세계 무기 시장을 잠식 중이다. 미국의 철지난 기술을 넘기고 저가의 항공기를 만들어 한국이 그 시장을 먹으면 중국의 군수 산업은 죽고 미국은 간접 판매하는 것이 된다. 우주 산업 역시 미국에서 발사하는 상업용 로켓은 경제성이 떨어져 프랑스, 인도, 중국, 러시아가 그 시장을 놓고 각축 중이다. 인공 위성 하나를 궤도에 올리는데 150억에서 500억 쯤 든다. 이 시장을 미국의 기술로 한국이 로켓을 만들어 한국이 장사하고 미국은 커미션 먹겠다는 거다. 한국형 최신 이지스함의 건조 비용이 1조 3천억인데 미국의 줌왈트급 이지스함은 5조 원 가량든다. 그리고 F-22 랩터처럼 대외 판매하는 무기가 아니다. 그렇다고 미국이 자체 사용하는 무기가 아닌 것을 만들어 팔기에는 러시아나 중국과 가격 경쟁이 안된다. 그럼 그런 관련 산업과 기술이 있는 나라(동맹국)에 라이선스 생산을 주어 판매하고 수익을 나누는 방식이 맞다. 그게 한국이다.

2) 이사야에 나타난 새 하늘과 새 땅의 특징

한국은 세계에서 가장 영토가 작은 나라 중에 하나라고 한다. 그러나 복층식으로 산이 높고 골이 깊고 물이 맑아서 금수강산(금강산)이라고 한다. 그러므로 평지로 땅이 넓고 쓸모가 없는 혜초의 <왕오천축국전>에 나오는 승냥이가 울부짖는 파키스탄과 같은 나라들과는 비교가 안 된다. 그런데 한국의 산의 묘미는 서로 겹쳐 보이며 산이 산을 부르고 명암이 다르게 비춘다는 것이다.

우리가 구약의 예언의 말씀을 읽을 때 예언이란 한 가지 의미만 있는 것이 아니라 다중적인 의미를 갖는다는 것을 생각하며 읽어야 한다.

평지에서 산맥을 바라볼 때 앞에 있는 산도 보이고 그 뒤에 있는 산봉우리도 보이고 멀리 있는 산봉우리도 보인다. 이렇게 산봉우리 두, 세 개가 한꺼번에 보이는 것처럼 구약의 예언자들은 당시 사회, 신약 시대 그리고 예수님 재림 이후의 세상, 이 세 가지 봉우리를 한꺼번에 보면서 예언하고 있다. 이처럼 예언은 다중적인 의미가 있는 것이다.

그러므로 본문 말씀은 바벨론의 포로 된 백성들이 예루살렘으로 돌아오면 어떻게 될 것인가가 일차적인 의미이고, 또 예수님께서 초림하셔서 메시아 왕국이 이루어지고 하나님 나라가 이루어지면 신약 시대는 어떻게 될 것인가가 이차적인 의미이며, 예수님께서 재림하셔서 새 하늘과 새 땅이 되면 어떤 세상이 될 것인가가 삼차적인 의미이다.

그러므로 이 예언의 말씀에는 일차적, 이차적, 삼차적인 의미가 한꺼번에 포함되어 예언되고 있는 것이다.

> 거기는 날 수가 많지 못하여 죽는 유아와 수한이 차지 못한 노인이 다시는 없을 것이라 곧 백세에 죽는 자가 아이겠고 백세 못되어 죽는 자는 저주 받은 것이리라
> (사 65:20).

이 말씀을 읽고 "새 하늘과 새 땅에도 죽는 일, 저주받는 일이 있는가"라는 의문을 가질 수 있다. 그런데 이것은 일차적으로 바벨론에 포로 된 유다 백성들이 예루살렘에 돌아온 경우를 말하는 것이다. 그들이 바벨론에 포로되어 있을 때 아이를 낳으면 여러 가지 열악한 환경으로 인하여 아이들이 일찍 죽었다. 또한, 고된 노예 생활로 보통 마흔 살도 못 살고 쉰 살을 살면 장수했다고 할 정도로 수명이 짧았다. 이런 백성들이 이제 자유와 평화가 있는 예루살렘으로 돌아와 100세에 죽으면 아이라고 불릴 정도로 장수할 것이란 말이다. 그러니 그것이 그들의 입장에서 보면 영생이나 마찬가지인 것이다.

그러므로 이사야 65:20 말씀은 일차적으로 유다 백성들이 귀환해서 장수할 것을 의미하되, 궁극적인 삼차적 의미로는 영생할 것이라는 것을 구약의 용어로 표현한 것이다.

본격적으로 코리아 빅토리로서의 초일류 대한민국에 대한 관심은 새 하늘과 새 땅에 관한 장래의 삼차적인 의미에 초점을 맞추어 그 특징 5가지를 살펴보자.

첫째, 기쁨의 장소(place of rejoice)다(사 65:18-19).
사람은 고통스러울 때 울고 괴로울 때 부르짖는다. 그러므로 우는 소리와 부르짖는 소리가 들리지 아니할 것이란 말은 고통과 괴로움이 없고 영원한 기쁨과 즐거움만 있는 땅이 될 것이라는 말이다. 성촌운동을 통하여 슬픔과 사망의 그늘에 앉아 있는 백성이 기쁨을 누릴 수가 있다고 하면 우리는 천국이 기쁨의 장소임을 먼저 이 땅에서 체험하는 기쁨을 누리는 것이다.

둘째, 평화의 장소(place of peace)다(사 65:25). 이사야 65:25에서 말하는 의미는 새 하늘과 새 땅에는 오직 평화(peace)와 안전(safety)이 있을 것이라는 의미다. 다시 말해 사자와 어린아이가 함께 공을 차고 놀고 뱀도 흙을 먹고 다니며 어린 양과 모든 짐승이 함께 어울려 지내도 서로 해하지도 않고 상하지도 않는 너무나 안전하고 평화스러운 곳이라는 의미다.

이 세상은 안전한 곳이 없고 평화도 없다. 우리는 9.11 테러 이후에 해외여행을 가보면 많은 주의가 필요함을 느끼게 된다. 그러나 코로나19로 인해 여행이 금지당한 현실에서 보니 더욱 우주 여행 시대가 빨리 와야 하고 결국은 천국이 그리워진다. 내가 인도에 갔더니 얼마나 소매치기가 극성인지 지갑을 늘 바라보고 있음을 느꼈다. 성촌운동을 통하여 먼저 우리가 은혜를 입어야 평화가 임하게 될 것이다. "은혜와 평강이 있을지어다"라고 말씀하시는 사도 바울의 말씀을 기억하기 바란다.

셋째, 만족의 장소(place of satisfaction)다(사 65:21).

사람이 집을 짓고 거기에 들어가 살 때, 포도원 농사를 짓고 자기가 포도를 따먹을 때 얼마나 만족스러운지 모른다. 그런데 새 하늘과 새 땅은 이러한 만족이 있는 곳이다. 이 세상에서는 아무리 많이 먹고 많은 재물을 가지며 지위가 높아져도 만족이 없다. 그러나 새 하늘과 새 땅에는 만족만이 있을 것이다. 왜냐하면, 예수님께서 우리를 위하여 맨션을 예비하고 있기 때문이다(요 14:2-3).

넷째, 하나님과 친밀한 교제의 장소(place of intimacy with God)다(사 56:24).

그 때가 되면 주님을 얼굴과 얼굴을 대하여 볼 것이고 우리가 뭘 달라고 하기도 전에 주님께서 먼저 주신다는 것이다. 그리고 우리가 주님의 못 박히신 손과 창에 찔리신 옆구리도 만져볼 수 있을 정도로 친밀감이 있는 곳이 새 하늘과 새 땅인 것이다. 이 세상은 무감동, 무자비, 몰인정인 세상인데 이 세상에 살면서 사랑만 잃지 않고 실천할 수 있다면 우리는 그 친밀감을 천국에서 온전히 누리게 될 것이다.

다섯째, 공의의 장소(place of justice)다(사 65:22).

전 세계의 모든 인종이 다 모여서 살게 되는데 얼마나 다양한 문화가 공존하고 조화를 이루겠는가?

모든 것이 풍성한 아버지의 집에 돌아온 것이다. 모두가 축복의 통로가 되기를 원하는 삶을 사는 것이다. 예수님이 다 이루었다고 하신 그 구원의 선물이고 성령의 열매다.

제가 오래 전에 은퇴하신 장인을 뵈러 하와이 마우이 섬에 있는 세계에서 최고의 호텔을 방문한 적이 있었다. 하루에 숙박비가 1만 5천 달러의 방이 있다고 하는 것을 보았다. 사우디아라비아 왕세자가 9000달러의 그

아랫방을 쓰고 있다는 이야기를 들었다. 우리를 위해 예비한 천국의 집이 얼마나 귀할지 궁금해진다.

저는 2022년 차기 대선을 위해서는 정치와 과학을 융섭한 제2, 제3의 욕단의 후예와 같은 지도자가 필요하다고 생각한다.

> 이스라엘 자손이 그 본성에 거하였더니 칠월에 이르러는 모든 백성이 일제히 수문 앞 광장에 모여 학사 에스라에게 여호와께서 이스라엘에게 명하신 모세의 율법책을 가지고 오기를 청하매 (느헤미야 8:1)

율법을 느헤미아가 예루살렘을 돌아가서 성벽을 중수하고 그 백성들이 모인 가운데 에스라가 율법 책을 낭독하며 여호와께 돌아오는 계기기를 만든 것처럼 우리는 성촌운동을 통하여 무너진 성벽을 막아서는 그리스도의 군사가 되고 예루살렘을 회복시키는 파숫꾼의 경성함을 회복해야 할 것이다.

그러므로 사도 베드로도 '의에 거하는 바 새 하늘과 새 땅'이라고 말한 것이다. 따라서 서울뿐만 아니라 세종시를 비롯하여 한국의 모든 도시마다 예수 그리스도의 붉은 피를 심어 푸르디 푸른 성촌의 계절이 오게 해야 할 것이다.

3. 결론

이런 새 하늘과 새 땅에 우리가 영원토록 살게 될 것이고 이것은 정말로 감사하고 영광스러운 사실입니다. 우리가 가진 구원과 복음은 이처럼 위대한 것이다. 지금 전 세계의 경제가 대공황을 향해 가고 어렵다. 코로나19 시대에 서울역과 종로3가에 넘쳐나는 노숙자들의 모습과 갈 곳이 없는 노인들의 모습을 보면서 앞으로 20년 뒤의 한국의 미래를 내다보면 걱정이 앞서게 된다.

그러나 그 사이에 북한이 열리고 재건축이 되어지고 동방의 예루살렘이라고 하는 평양이 회복이 되어지고 북한을 통하여 자전거를 타고 중국과 중앙아시아를 거쳐서 유럽까지 갈 수 있는 그 날이 멀지 않았다. 북한은 200만 평양 안과 1800만 평양 밖으로 구별이 된다는 정근모 박사님의 말씀이 새롭게 다가온다.

넘쳐나는 걱정이 우리의 열정과 기도로 행하는 모든 영역에서의 성촌운동으로 이어지게 된다면 하나님의 나라가 한국 땅에서 이루어지는 것을 보고 우리는 천국으로 이사를 가게 될 것이다. 너희가 그렇게 신앙이 좋으니 이제는 다문화 사회에서 기독교인답게 베푸는 삶을 살라는 숙제를 우리에게 주고 있다. 이제 코로나19 사태가 진정이 되면 이슬람교가 물밀듯이 들어오고 있는데 그러함에도 불구하고 예의를 갖추어서 저들의 평화와 테러를 이길 수 있는 사랑의 촉진자로 살라고 명하시는 것이다.

이제 선진국을 자처하며 아프가니스탄 사태가 터졌으니 난민을 가장한 테러리스트들의 국내 유입을 100퍼센트 막을 수 없다는 것이 국제 사회의 시각이며 우리의 당면한 문제이다. 여기에서 자연스럽게 종말론에 대한 입장을 원자력 전문인 신학의 입장에서 표현하는 것이 옳겠다. 이제까지 20세기의 조직신학(systematic theology)은 형용사였다면 21세기의 우주적 글로벌 조직신학(system theology)은 명사이다. 개교 50주년을 맞은 한국과학기술원(KAIST)의 미래 혁신 전략은 3C로 도전(Change) 창조(Creativity) 돌봄(Caring)에 기초한 교육 혁신, 연구 혁신, 기술 사업화 혁신, 국제화 혁신이라고 한다. 우리 신학교의 조직신학도 기독교 세계관의 입장에서 4C, 즉 창조(Creation), 타락(Corruption), 새창조(New Creation), 완성(Completion)이라는 과학 조직신학의 입장을 구비해야 한다. 과학에 없는 완성의 개념인 종말론도 그런 입장에서 창세기와 계시록을 융섭한 새 종말론을 제시해야 할 것이다. 추상적인 형용사(systematic)의 불연속성의 신학을 넘어서는 구체적인 명사(System)의 연속성의 신학으로 나가야 하는 4차 산업혁명의 시대이다.

『원자력 전문인 신학 개론』을 쓰면서 핵무기신학이란 무거운 주제부터 다루었는데 총결론에서 새 하늘과 새 땅으로 맺고자 하니 워낙 시대가 시대이니 만큼 종말론에 대한 이야기를 하고 지나가야 할 것 같다. 필자가 속한 미국 남침례교단의 E.Y. 멀린스(E. Y. Mullinds)나 장로교단의 칼빈(Calvin)도 무천년설을 주장하고 상당수의 과학자들이 무천년설에 동조하는 것이 사실이다.

그런데 대부분의 경우는 개인적인 죽음을 통하여 종말을 체험한다는 것이다. 날마다 찬송하며 사는 가운데 소위 말하는 휴거를 의인 에녹처럼 경험하며 산다는 것이다. 전지하신 하나님이 선한 양심을 주신 과학자들에게 성령을 통해서 그 시에 옳게 처신하게 할 것이라고 본다. 필자의 주장은 굳이 말하자면 통합천년설이라고 할 수 있다. 왜냐하면 문화 혹 잡계에 처한 인간의 실존이 다 다르기 때문이다. 나무만 보고 숲을 보지 못하는 종말론 연구보다는 조직신학의 여러 바퀴 가운데 하나인 린치핀으로 보는 것이 건강하다.

최근의 탈레반 사건을 보면 집행부는 고범죄를 짓고 베드 캅(bad cop), 굿 캅(good cop)을 반복하며 미국에 돈을 뜯고 난민으로 내몰린 250만 명은 종말론적인 상황을 경험하고 있다. 난민이 된 파슈툰 종족에게는 종말론의 시대이다. 코로나 바이러스 세균 전쟁이 현실화된 상황에서 보면 지구 온난화와 지구 화상화로 시카고 대학의 본관 앞에 있는 종말의 시계가 100초 전이라는 것을 느낀다만 남태평양의 사모아 종족의 섬에서는 그곳이 이미 천국론이다.

그러므로 다미 선교회처럼 다 미칠 것이 아니라 이 코로나 바이러스로 인한 고난의 세월에 종말에 대한 하나님의 뜻을 바로 알고 처신해야 할 것이다. 정말 예수를 믿고 가진 자들이 가난한 자들을 위해 베풀어 이곳에서 먼저 종말론적인 천국을 경험하다가 천국으로 이사를 가야 한다. 너무 과학을 모르는 자들이 일방적으로 교리로 편을 가르고 정죄하는 시기는 20세기로 끝이 났다. 이제는 그리스도 안에서, 과학 안에서 축복의 통로로 쓰임받는 전문인이 되어야 한다.

이 세상에서 사망과 그늘에 앉아서 고통과 신음하는 자들을 위해서 성촌운동을 통하여 축복의 통로가 될 수 있다면 우리는 올바른 길을 가고 있는 것이다. 대한민국의 강원남도의 기운을 받아서 북한 강원북도에서 비롯하여 먼저 성촌운동이 일어날 날이 속히 임하기를 기도한다. 성촌운동을 하는 동안에 고난이 있다면 하나님의 훈련으로 받아들이시길 바란다. 참 하나님의 자녀는 어렵고 힘든 순간이 와도 기죽지 않고 절망하지 않으며 예수 이름의 권세를 부르며 승리해야 한다. 할렐루야교회 여러 중창단원이 연습을 마치고 마지막 곡으로 <하나님의 나팔소리>를 부르던 모습들이 눈에 선하다. 이들에게는 먼저 가족이 있는 집으로 귀가하고 천국을 소망한다는 의미일 것이다.

먼저 원자력 르네상스와 우주 항공 산업에 대한 연구를 통해서 로켓포의 우주 페어링 3단계에서 구원의 3단계를 생각하고 지구의 자전과 같은 속도의 정지 궤도 위성을 통해서 동일 시간의 방송 위성으로 "나는 죽고 그리스도만 사는" 동일시 십자가의 원리를 발견하고 한미 미사일 제한 협정을 해지한 것을 통하여 유도탄, 미사일을 개발할 수 있게 되어서 북한의 비핵화에 대한 대처를 하게 되고 한국의 공군이 미국의 우주군과 협상을 하는 것을 통하여 한반도의 안보를 공고히 하고 있다.

또한, 위성의 궤도가 저궤도, 중궤도, 고궤도 그 이상의 궤도로 구별하는 것을 보면서 성령의 기류타는 법에 대한 생각을 자동 항법 장치인 GPS를 통해서 우주항공전문인신학을 시도해 볼 수 있다. 더구나, 우주 태양광 발전소를 통해서 지구보다 10배나 더 효율이 있는 에너지인 인공 태양열의 세상을 경험하고 싶다.

이처럼 우주항공전문인신학을 연구하며 우리가 상속할 세상인 새 하늘과 새 땅을 믿으며 본다. 그리고 하나님의 모든 것을, 그리스도 예수님과 함께 상속할 위대한 상속자이다. 그리고 예수전도단과 CCC 그리고 평화한국의 청소년 교육을 통하여 Y-성촌운동을 통하여 우리의 열정과 사랑과 겸손한 섬김을 전해야 할 것이다. 성촌미래학회 회원들을 중심으로 아주대학교에 있는 성촌제에서 이 일이 진행되기를 원한다.

그러므로 에스라가 '워터 게이트'(수문) 앞에서 이스라엘 백성을 향하여 여호와의 율법을 낭독하는 것을 통하여 마음에 할례를 받고 여호와 앞에 돌아오기를 선포한 것과 같이 한국형 워터 게이트 사건과 같이 진실이 왜곡되는 사건이 지속적으로 일어나는 후기 기독교 사회에 소망을 주는 성촌운동이 되어야 한다.

2030 미래 선교의 비전은 신의 품성을 닮은 한민족으로서 남을 끝까지 존중하고 배려하는 전문인이 되어서 그리스도 예수를 대신해서 온 세상 가운데 빛과 소금의 역할을 다하라고 하는 것이다.

여기서 에스라의 수문을 워싱턴 D.C의 워터 게이트라고 입력을 하면 원자력 발전의 냉각수 처리 문제를 포함한 안전성의 문제를 상상하게 하는 것이라고 AI가 더 인간적으로 생각하게 하고 AR이 더 현실적으로 적용하게 한다면 다음과 같은 원자력법이 나온다.

첫째, 원자력법 1단계

> 만일 죽은 자들이 도무지 다시 살지 못하면(안전성의 100퍼센트 보장) 죽은 자들을 위하여 침례받는 자들이 무엇을 하겠느냐 어찌하여 저희를 위하여 (침례)를 받느뇨(원자력의 안전성 문제 제기, 고전 15:29).

이에 대한 평가는 다음과 같다. 선한 양심(conscience), 즉 정직한 영을 가지고 원자력법을 율법을 넘어선 예수의 생명의 성령의 법으로 하면 안전성 문제 제기를 해결할 수 있다. AI 인공 지능으로 증강 현실과 가상 현실을 융섭한 것이 빌 게이츠의 테라 파워 SMR이라면 이를 그리스도 안에서 한다면 한국형 화룡점정도 가능하다.

둘째, 원자력법 2단계

> 내가 그리스도와 함께 십자가에 못 박혔나니 그런즉 이제는 내가 산 것이 아니요 오직 내 안에 그리스도께서 사신 것이라 이제 내가 육체 가운데 사는 것은 나를 사랑하사 나를 위하여 자기 몸을 버리신 하나님의 아들을 믿는 믿음 안에서 사는 것이라(안전성의 전략, 갈 2:20)

이에 대한 평가는 다음과 같다. 전지하신 하나님의 전략은 십자가에 죽으심과 부활에 있는 것이다. 물에 들어 감은 죽음이고 물에서 나옴은 부활 생명인 데 이는 SMR이 원자력 핵잠수함의 원리에서 응용된 것이기에 해군장교 출신의 원자력 석사이신 지미 카터 전 대통령이나 정근모 박사는 구원의 안전성의 전략을 인정할 것이라고 본다. SLBM도 마찬가지로 노아의 방주와 이순신의 거북선 사고와 융섭하면 된다.

셋째, 원자력법 3단계

> 예수를 죽은 자 가운데서 살리신 이의 영이 너희 안에 거하시면 그리스도 예수를 죽은 자 가운데서 살리신 이가 너희 안에 거하시는 그의 영으로 말미암아 너희 죽을 몸도 살리시리라(롬 8:11).

이에 대한 평가는 다음과 같다. 격납고, 가압기, 증기 발생기, 노심 등 모든 것이 일체형으로 갈라디아 2:20의 원리대로 물에 잠기는 것이기에 생명의 성령의 법에 100퍼센트 지배를 받게 되는 것이다. 우리가 침례를 받을 때 우리의 지갑도 침례를 받아야 한다는 논리처럼 아니 홍해를 건넌 것처럼 정과 욕심까지 침례를 받으면 완전히 성령의 사람(성화인, 청결인, 성결인)이 되는 것이기에 하나님이 반드시 청결에너지를 구현하는 일에 역사하실 수밖에 없다.

넷째, 원자력법 4단계

> 그리스도 예수의 사람들은 육체와 함께 그 정과 욕심을 십자가에 못 박았느니라(어게인 게임 체인저의 조세, 갈 5:24)

이에 대한 평가는 다음과 같다. 1인칭, 현재진행형 능동태의 문장이다. 그리스도 예수의 사람들은 육체와 함께 그 정과 욕심을 날마다 십자가에 못박는다. 따라서 기독교 세계관(창조성, 효율성, 효과성, 융통성)을 가지지 못한 나라들(중국, 러시아, 프랑스)에서 만드는 일체형의 율법적인 사고(기계적인 세속 구원)가 만에 하나 사고가 우려되지 미국과 한국에서 창조론을 믿는 과학(science)에 입각하여 만든 SMR은 식스 시그마의 품질 공정의 원리대로 원자로의 제작 과정에서 구속사의 6R의 원리(회개, 부흥, 개혁, 화해, 구조조정, 빛의 탕감) 안에서 안전하고 다양하게 나온다고 본다

앞에서도 밝혔듯이 피터 드러커(Peter Drucker)가 말한 전문인(Professional)은 자발적인 의지에 의해서 스스로가 미래의 삶을 개척하는 지식 근로자이다. 전문인과 생명에 대한 인식은 바이오(bio)로서의 육생과 죠에(zoe)로서의 영생의 차이점을 분명히 인식하고 있음을 밝히고자 한다. 이에 대한 분명한 인식이 없기 때문에 통일교나 영생교나 신천지 등 이단이 나오고 기독교를 무비판적으로 토착화하는 것을 볼 수 있다.

이러한 주장을 펼치는 근본에는 세계관(World view)이 다르기 때문이다. 다시 말해서 진정으로 본 어게인(Born again)을 하지 못했기 때문에 성경과 다른 주장을 하는 것이다. 육생은 영벌에 처하고 영생은 천국으로 들어간다는 것이 요한복음 3:16의 진리이다. 예수님이 니고데모 한 사람에게 이 진리를 선포하셨다면 이 책을 읽는 독자 한 사람에게 이 달을 전하는 것이 얼마나 즐거운 SNS 시대를 사는 하나님의 축복인가를 생각하게 된다.

좌파와 우파로 나뉜 세상에서 제3의 길로의 연합을 보는 전문인의 시각을 지닌 전문인 선교사는 균형 잡힌 사고를 해야 한다는 것이다. 다시 말

해서 나무도 보고 숲도 보아야지 숲만 보고 허송 세월을 하다가 민둥 산이 되지 말고 나무만 보고 숲을 보지 못해서 강이 다 썩어가는 우를 범하면 안 된다는 것이다. 본 어게인(Born again) 코리아를 외쳐야 한다.

미국도 아메리카 퍼스트(America First), 일본도 어게인 제펜(Again Japan)이라고 하지 않는가?

왜 우리만 가만히 속이 타들어가며 로렌 커닝햄이 말한 대로 "It's your time"의 시대가 왔는데, 카이로스의 시간을 통찰하고 있지 못하는지 자문자답을 하고 있다. 중국이 에너지 사업에 있어서 미국이나 러시아도 주무르고 있는데 만만치 않은 나라가 대한민국이다. 중국이 한국전력을 먹으려고 해도 쉽지 않아 보인다. 수력 원자력을 넘어선 해양 원전선이 있기 때문이다. 마치 이순신 장군에게 판옥선이 11척 밖에 없어도 300척의 일본선을 무찌를 수 있었던 것도 그 이전의 전쟁에서 판옥선에 탑재된 거북선에 대한 비장의 무기가 있었기 때문이다.

본 어게인 코리아가 되기 위해서는 근친 증오와 같은 동서 간의 갈등과 남북 간의 갈등을 해결해야 하는데 이는 전 세계적으로 확산하는 성촌운동(Holy Village Movement)을 통해서 전 국민 기도 운동을 통해서 가능하다. 왜냐하면, 한반도는 하나님으로부터 1차로 1907년 평양 대부흥을 허락받은 나라이기 때문에 다시 한번 2차로 가능하다고 본다. 코로나19 진단 시약이 24시간 안에 결과가 나오는 것이라며 빌 게이츠가 감탄을 하고 여러 나라에서 주문이 쇄도하고 주목을 받고 있다.

지난 2020년 6. 25 남북 기도회를 통하여 남북이 분단된 70년 만에 우리는 받는 나라에서 주는 나라로 공식적으로 전환을 하는 계기를 만들게 된다. 일단 살고 보아야 한다는 실속 챙기기에 급급한 억압받았던 한을 푸는 차원이 아니라 세계 속의 한국, 한국 속의 세계로서의 하나님의 나라 측면에서 자발적인 의지로 스스로가 미래의 삶을 개척하고 하나님과 같이 경영하는 전문인의 사고가 초일류 대한민국을 꿈꾸는 우리에게는 통일 한국 시대의 전문인이 되기 위해서는 반드시 필요하다는 것이다.

하나님의 법, 생명의 성령 법을 모르는 자들인 이번 코로나 사태의 진원지 우한을 가진 시진핑과 일본의 군국주의자의 아이돌인 아베와 영구 집권에 성공한 독재자 러시아의 푸틴과 북한의 김정은에게 정치 충돌과 군사 충돌로 빚어지는 육체적인 전쟁을 하지 말고 사랑의 원자탄을 같이 쏘고 핵무기 철폐, 종족 학살 금지, 환경 오염 중단을 실천하는 친구들이 되는 길은 하나님의 나라와 의를 구하는 전문인 세계관 혁명 밖에는 없다.

우리는 지난 70년 동안 혼돈으로 부터의 질서를 유지하며 푸에블로호 사건과 김신조 사건, 미루나무 사건, 5.18 사건, 연평 해전, 천안함 사건 그리고 세월호 사건 등 가지 많은 나무에 바람 잘 날이 없었지만 그럼에도 불구하고 나무 끝에 걸린 까치밥 홍시와 같이 인정이 있는 나라로 전쟁이 없는 한반도에서 살게 하신 하나님의 은총에 감사하며 이후에도 전쟁이 아닌 평화의 왕이 다시 오시는 것을 눈으로 보기를 원하며 날마다 휴거되는 마음으로 탄소 제로 운동을 하며 살기를 원한다.

우리는 선 긋기의 원한이 세워진 곳마다 그리스도의 십자가를 다시 세워야 한다. 우리 대한민국의 전문인은 더욱 피와 땀과 눈물을 흘려서 대한민국의 빚을 갚는 것은 물론이고 남과 북이 하나님의 시간에 하나가 되고 열방에 빚진 것을 그리스도의 사랑 안에서 대속 재물로, 구속 재물로 만족적 재물로 화목적 재물로 갚아주는 일에 유엔과 국제 사회와 함께 나아가기를 원한다.

지금은 재물의 용어를 쓰지만 나중에는 하나님께 거룩한 산 제물로 드려질 것을 서원한다. 이를 통해서 한반도의 창조적 전문인화가 이루어지고 우리는 세계 문화 시민으로서 인정을 받으며 하나님의 택함 받은 선민이요 하나님의 백성으로서 초일류 대한민국으로 나아가는 길에서 국격의 승화를 체험하게 될 것이다.

한 명의 작은 전문인이 모여서 두 명의 작은 전문인이 되고 예수를 닮은 작은 예수인 이들을 통하여 성촌이라는 이름으로 전문인 소그룹의 집단 개종이 이루어지고 다양한 가운데서 조화를 이루게 될 것이다. 조선말기의 중립화의 실패를 본 대한 제국을 반면교사로 이제 2021-2031년의 대한민국은 전문인에 의한 서구 기독교 문화를 우리의 것으로 소화시킨 창조적 융섭 국가가 될 때 작지만 강한 하나님이 보실 때는 G-1국가가 되어 인도의 시성 타고르가 예언한 대로 동방의 등불이 될 수가 있다.

우리가 골든 타임을 놓치게 될 것 같으면 중국이 나서서 G-1 국가가 되고 동북아시아 사회주의 연합 국가에 남한은 막내로서 경제적 종속 소국으로 전락시키려 할 것이다. 호주 같은 중립국의 나라도 중국의 조공국이 되는 것을 거부하고 소송을 벌이는 이 때 영토 분쟁이 아니라 디지털 영토인 경제와 문화 그리고 정신을 지배하려고 하는 것이 분명한 것이 입증이 되어오고 있다.

이때 '신의 한 수'로 우리를 준비시킨 것이 성화 차세대 한국인, 원전을 기반으로 하는 청결 에너지, 성결 복지 사회 실현을 하는 성촌미래학회 운동이다. 이 책을 발간하는 목적이 초일류 대한민국이 되는 그 구체적인 방법인 창조적 중용의 길인 '전신자선교사주의'에 기초한 전문인신학을 기초로 성육신적인 하나님 선교의 행동을 결정하는 하나님의 나라와 의를 구하는 성촌운동에 헌신하여 우리 모두가 하나님 나라의 헌신자가 되고자 함이다.

4. 각 장 연구 과제

① 서론: 핵 시대의 신학과 전문인 원자력 예측신학의 차이점을 설명하라.
② 제1장: 에너지 전문인 선교의 정체성에 대해서 전문인 선교의 글로벌 동향의 지정학적 입장에서 설명하라.
③ 제2장: 창세기와 에너지창의 과학적 입장에서 'E=mc²'에 대한 5단계 적용 내용을 보고 융섭하는 자세로 환경과 에너지의 영성에 대해서 자신의 견해를 제시하라.
④ 제3장: 원자력 핵무기 안보의 창이란 군사적 입장에서 중국의 진주목걸이 전략을 이길 수 있는 한국전쟁 참전 용사 탄피 목걸이 전략으

로서의 프랑스, 독일 전략을 제3의 길의 입장에서 비평하라.

⑤ 제4장: 2030 대한민국 시나리오 예측을 영적인 기업 CEO의 입장에서 예측해 보라. 2020년과 2040년 사이의 스펙트럼에서 중장기적으로 서술하라.

⑥ 제5장: 초일류 한반도 비핵 통일 비전의 핵심가치인 'Syn-Korea' 전략으로서의 초일류 대한민국 변혁 전략을 소개하라.

⑦ 제6장: 에너지 발전을 통한 스마트 도시 개발 사역으로서의 CEE 전략을 구체적으로 디자인하라.

⑧ 제7장: 미래 한국 선교 변혁 6R 운동을 바로보기 위한 일본 재건 이니셔티브의 일본 최악의 시나리오를 분석하며 저자만이 아닌 독자 자신만의 창의적 선교 개념도 세워라.

⑨ 제8장: 요한계시록과 한반도 시나리오를 통계신학의 입장에서 비평하라.

⑩ 제9장: 에너지 선교 활성화를 위한 북한과 중국 도시 개발의 우선 순위에 대해서 설명하라.

⑪ 제10장: 원자력 에너지 전문인 선교 전략으로서의 분쟁 지역 화해 사역을 다양한 출처를 찾아서 소개하라.

⑫ 제11장: 12분쟁 지역 지정학적 연구를 요약 기술하고 1개 지역은 심화하여 기술하라.

⑬ 제12장: 12분쟁 지역 자신학 연구의 3가지 핵심 리서치 영역은 무엇인가?

⑭ 제13장: 12분쟁 지역과 구원론의 정립을 글로벌 종말론적 구원론의 입장에서 정리하라.

⑮ 제14장: 에너지 전문인 선교사를 정의하라.

⑯ 제15장: 에너지 선교 실천 20:20에서 에너지 전문인 선교의 원리를 실천하는 방법을 평가하고 에너지 전문인 선교 전략을 요약하라.

⑰ 제16장: 도산 안창호의 이상촌과 전문인 선교 공동체의 융섭에 대해서 통찰하라.

⑱ 제17장: 사회적 국가적인 융섭을 통한 글로벌 디자인을 하는 국내외 전문인 선교사 모델들을 소개하라.

⑲ 제18장: 원자력 산업의 현재와 미래에서 노후 원전 관리 및 해체에 대해서 원자로를 중심으로 구속사의 입장에서 평가하라, 전문인 원자력 예측신학을 현대 글로벌 신학의 입장에서 평가하라.

에필로그

최근에 소형 모듈 원전(SMR)은 허용해야 한다는 진언을 청와대에서 송영길 더불어민주당 대표가 드린 것으로 알려진 것은 만시지탄이지만 다행이다. 이제 2022년 대선에서부터 2030 초일류 대한민국까지의 마지막 고지에 희망의 깃발을 휘날릴 때까지 최후 승리를 얻기까지 험한 십자가를 붙들고 새마음을 회복하고 승리하는 참 주인이 되자. 성촌인이 도자.

필자가 『원자력 전문인 신학 개론』을 쓰면서 결론으로 생각한 것은 원자력 에너지를 가동하는 사람이 중요하다는 것이었다. 철밥통으로 밥을 먹기 위한 직업으로 일하는 사람들이 공무원이 되어서도 안되고 원자력 계통에서 일해서도 안된다고 하는 원자력 묵시록에 동의하는 바이다. 잘못되면 흑인 가룟 유다가 메시아라고 주장하는 미국의 현주소와 같은 일이 벌어질 것으로 보인다. 서로 사랑인이 되는 것이 중요하다. 모든 직업은 성직이며 소명이다.

빌 게이츠 마이크로소프트(MS) 전 회장과 '투자의 귀재' 워런 버핏 버크셔해서웨이 회장이 나트륨을 활용한 소형 원자력 발전소 건설에 나서겠다고 밝혔다. 바이든 정부의 주요 국정 과제이기도 한 기후 변화 대응을 위한 안정적인 친환경 에너지 발굴·투자를 이끌어온 게이츠와 버핏은 이 차세대 원전 구상을 '에너지 산업의 게임 체인저'(game changer·기존 판도를 바꿀 혁신적 사건)라고 불렀다.

게이츠는 2일(현지 시각) 마크 고든 와이오밍주 주지사가 주재한 화상 회의에서 자신이 설립한 원전 기업 '테라 파워'와 버핏 소유의 전력 회사 '퍼시피코프'가 서부 와이오밍주의 한 폐쇄 석탄 공장 부지에 약 10억 달러(1조1000억 원)를 투입해 나트륨을 이용한 핵 발전소를 건설하겠다고 밝혔다. 게이츠 전 회장은 "와이오밍은 기존 에너지 분야에서 한 세기 넘게 선두 주자였다. 우리는 나트륨 투자가 에너지 산업의 게임 체인저가 될 것으로 생각한다"고 말했다. 고든 주지사도 "이것은 탄소를 배출하지 않는 가장 빠르고 명확한 길"이라고 했다.

이들이 건설할 차세대 원자로는 345메가와트 규모이고, 소듐 냉각 고속로(SFR) 방식이다. 소듐 냉각 고속로는 기존 경수·중수를 냉각재로 이용하는 기존 원자로와 달리 액체 나트륨인 소듐(Na)을 냉각재로 쓴다. 원전에서 나온 폐 연료봉을 다시 연료로 쓸 수 있어 핵연료 활용률을 60배나 높이고 폐기물의 양과 독성은 획기적으로 줄이는 '꿈의 원전', '4세대 원전'으로 불린다.

게이츠 전 회장은 이전부터 '유일하게 탄소를 발생시키지 않는 에너지원은 원자력뿐'이라고 말해왔다. 그는 "원자력이 자동차나 화석 연료보다 훨씬 적은 숫자의 사람을 죽인다"고 말하기도 했다.

1. 나트륨(Natrium) 원자로

빌 게이츠가 설립한 테라 파워의 소형 모듈 원전(SMR). 모든 장비가 원자로에 다 들어간 상태로 수조 안에서 작동한다. 사고가 나도 주변 물로 열을 식힐 수 있다. 특히 액체 나트륨을 냉각재로 쓴다. 물보다 무거운 나트륨을 냉각재로 쓰면 천연 우라늄의 대부분을 차지하는 '우라늄 238'을 연료로 쓸 수 있다.

미국 마이크로소프트(MS) 창업자인 빌 게이츠가 2일(현지 시각) '투자의 귀재' 워런 버핏 버크셔해서웨이 회장과 함께 차세대 소형 모듈 원자로(SMR) 건설 계획을 밝히면서 세계 각국의 개발 경쟁이 더욱 치열해질 전망이다. SMR이 안전하고 경제적인 차세대 에너지 개발원으로 주목받으면서 미국, 중국, 일본, 프랑스, 러시아 등 강대국들은 앞다퉈 개발 경쟁에 나서고 있다. 업계에 따르면 현재 한국뿐만 아니라 주요국에서 SMR 70여 종을 개발 중이다. 미국 17종, 러시아 17종, 중국 8종, 일본 7종, 한국 2종 등이다.

소형 원전(SMR) 특징 (출처: 정근모)

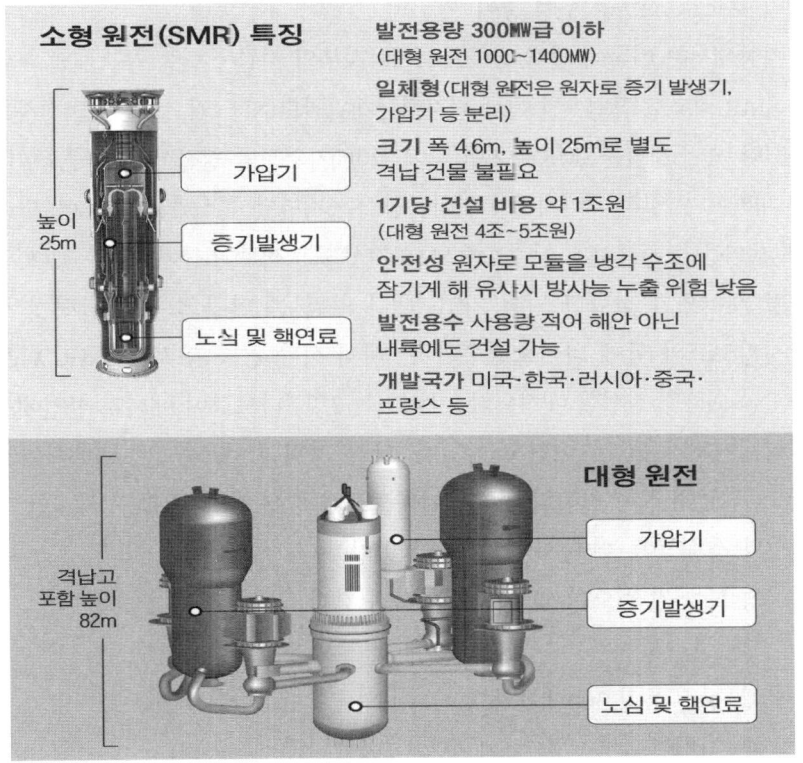

미국 에너지부는 지난해 10월 소형 모듈 원전(SMR)과 차세대 원자로 지원에 7년간 32억달러(약 3조 6000억원)를 투자하겠다는 계획을 밝혔다. 대선 당시 초소형 원전 육성 정책을 공약으로 제시한 조 바이든 미국 대통령도 신재생 에너지와 더불어 SMR을 탄소 중립을 실현하는 핵심 기술로 보고 있다.

영국 국립원자력연구소는 2035년까지 전 세계에서 SMR 650~850기 건설이 추진돼 시장 규모가 2400억~4000억파운드(약 379조~632조원)로 확대할 것이라고 전망했다.

SMR은 과거 핵잠수함과 핵항공모함에 쓰이던 기술을 민간 발전용으로 전용한 것이다. 군사 강대국일수록 SMR 기술력이 뛰어나다. 러시아는

2019년부터 선박에 SMR을 적용한 세계 최초의 부유(浮游)식 원전 '아카데믹 로모소노프'를 운영 중이다.

지상에서는 미국이 앞서 있다. 미 에너지부의 지원을 받는 누스케일 파워는 SMR 최초로 작년 9월 미국 원자력규제위원회(NRC)의 설계 인증 심사를 마쳤다. 누스케일은 SMR 12기를 묶어 720메가와트급 원전 단지를 구축한다는 계획이다. 일본 에너지기업 닛키홀딩스는 지난달 누스케일에 4000만달러(약 450억원)를 출자해 아이다호주 SMR 건설 프로젝트에 참여하기로 했다.

빌 게이츠가 설립한 원전 기업 '테라 파워'는 버핏 소유의 전력 회사 퍼시피코프와 함께 와이오밍주의 한 폐쇄 석탄 공장 부지에 SMR '나트륨'(Natrium)을 건설할 예정이다. 게이츠는 2일 "나트륨이 에너지 산업에서 게임체인저가 될 것"이라고 밝혔다. 테라 파워의 나트륨은 345메가와트 규모다. 국내 신형 원전의 1400메가와트보다 훨씬 작은 규모다. 하지만 안전성과 경제성이 높다는 평가를 받고 있다.

소형 모듈 원전(SMR)의 특징은 다음과 같다.

첫째, 발전 용량 300메가와트 이하(대형 원전 1000-1400메가와트)
둘째, 일체형(대형 원전은 원자로 증기 발생기, 가압기 등 분리)
셋째, 크기 폭 4.6미터 높이 25미터로 별도 격납 건물 불필요
넷째, 1기당 건설 비용 약 1조원(대형 원전 4-5조원)
다섯째, 안전성 원자로 모듈을 냉각 수조에 잠기게 해 유사시 방사능 유출 위험 낮음
여섯째, 발전 용수 사용량 적어 해안 아닌 내륙에도 건설 가능
일곱째, 개발 국가는 미국, 한국, 러시아, 중국, 프랑스 등

먼저 소형 모듈 원전(SMR)은 모든 장비가 원자로 안에 다 들어가는 일체형이어서 공장에서 사전 제작이 가능하다. 원자로 자체는 수조 안에서 작동한다. 만에 하나 사고가 나도 원자로 주변의 물로 바로 식힐 수 있다는 장점이 있다. 또 기존 원전은 냉각수를 얻을 수 있는 바다가 넓은 부지

에만 세울 수 있었지만 SMR은 산이든 바다든 전력이 필요한 곳이라면 어디든 세울 수 있다.

2. 폐연료까지 다시 원료로 재활용

특히 테라 파워의 소형 모듈 원전(SMR)은 핵연료도 자유롭게 쓸 수 있다. 황일순 울산과학기술원(UNIST) 석좌교수는 "테라 파워의 원자로는 냉각재로 물 대신 액체 금속인 나트륨을 이용하는 고속 증식로"라고 말했다.

국내외 대형 원전에서는 핵분열을 유발하는 중성자의 속도를 줄일 때 보통 물을 사용한다. 이를 통해 나오는 저속 중성자는 우라늄 235만 핵분열시킬 수 있다. 우라늄 235는 천연 우라늄의 0.7퍼센트에 불과하다.

반면 물보다 훨씬 무거운 나트륨 냉각재를 쓰면 중성자 속도가 줄지 않는다. 이런 고속 중성자는 천연 우라늄의 대부분을 차지하는 우라늄 238을 연료로 쓸 수 있다. 또 폐연료에 포함된 우라늄과 플루토늄도 태울 수 있다. 방사능 폐기물도 그만큼 줄어든다.

테라 파워는 작년 8월 GE 히타치 핵 에너지(미국 GE와 일본 히타치 제작소의 합작사)와 나트륨 설계에 착수한다고 발표했다. 원전 산업의 강자였던 미국 GE와 일본 히타치의 노하우가 가세해 성공 가능성이 그만큼 커졌다는 평가를 받았다. 정용훈 한국과학기술원(KAIST) 교수는 "미국은 한동안 대형 원전을 건설하지 않아 원전 산업에서 뒤처졌다"며 "소형 모듈 원전(SMR)이라는 새로운 제품을 내세워 경쟁력을 회복하고 다시 세계 원전 시장의 패권을 노리고 있다"고 말했다.

최고이던 국내 소형 원전, 다 추월당했다. 9년 전 세계 첫 설계인가 스마트 사우디 수출, 수년째 지지부진 미래 등 경쟁국들이 기술 역전인 상황이 도래했다. 우리 정부가 한국원자력연구원이 세계 최초로 개발한 소형 원전을 수출하기로 했지만, 수년째 지지부진한 상황으로 알려졌다. 3일 원전 업계에 따르면 정부는 2015년부터 한국형 소형 원자로 스마트(SMART)의 수출을 추진 중이지만 구체적인 성과는 나오지 않았다. 사우디아라비아 내 소형 원전건설을 위한 합작사 설립도 1년째 멈춰서 있다. 그러는 사이에 미국등 경쟁국들에 전세가 역전되었다는 평가다. 스마트는 한국원자력연구원이 1997년 개발을 시작해 2012년 소형 원자로로는 세계 최초로 표준 설계 인가를 받았다.

대형 원전의 약 10분의 1 규모로 소형화하고 안전성을 높였다는 특징이 있다. 전기 생산과 해수 담수화, 지역 난방등 다목적으로 활용할 수 있어 수출에 유리하다. 정부는 사우디아라비아와 2015년 현지 스마트 건설을 위한 설계 협약을 체결했다. 양국은 2018년까지 1억 3000만 달러를 투자해 건설 전 설계를 완료했다.

하지만 올해 들어서야 개선된 스마트 설계에 대한 표준 설계인가 심사가 시작될 예정이다. 이와 별도로 정부는 작년 1월 사우디아라비아에 원전 건설을 추진하기 위한 현지 법인을 설립한다고 밝혔지만, 현재 진척이 없다. 법인 설립은 사우디 내부 사정으로 지연되고 있는 것으로 알려졌다. 원자력연구원 관계자는 "내부 정치 상황과 국제 유가 하락, 코로나 확산 등이 사업 진행에 영향을 미친 것으로 보인다"고 말했다.

스마트는 미국 러시아 등 중국보다 먼저 표준 설계 인가를 받아 출발선에서 앞선 것으로 평가되었지만, 사우디 수출이 지지부진한 사이에 경쟁국들에 전세가 역전됐다. 미국 누스케일 원전이 가장 앞서 있는 것으로 평가된다. 스마트를 국내에선 짓지 않았고 상업 운전 경험이 없다는 점도 약점으로 지적받고 있다. 한미 정상이 지난달 21일 해외 원전 시장에서 협력을 강화하기로 한 이후, 더불어민주당 등 여권에서 소형 모듈 원전(SMR) 개발을 추진하자는 주장이 나오고 있다.

민주당 송영길 대표는 지난달 22일 자신의 페이스북에서 이렇게 말했다.

> 2050 탄소 중립화 달성을 위해 이미 한국수력원자력 등에서 개발하고 있고, 두산중공업과 미국 뉴스케일사가 진행하고 있는 SMR 기술 개발이 가속화될 수 있게 됐다.

앞서 송 대표는 지난달 14일 청와대에서 열린 민주당 지도부 초청간담회에서도 "원전 시장에서 소형 모듈 원자로 분야 등 한미 간 전략적 협력을 해야 한다"고 했었다.

민주당 차원에서도 원전 산업 추진에 힘을 싣고 있다. 당 K-뉴딜 본부장인 이광재 의원은 지난달 24일 경남 창원 두산중공업에서 열린 'SMR 기술 개발 설명회'에 참석해 "기술 개발과 사업화 지원, 수출 전략 등 다양한 지원을 하겠다"고 했다. 소형 모듈 원전(SMR) 추진을 위해 지난 4월 국회에서는 과학기술정보방송통신위원회 위원들을 중심으로 'SMR 국회 포럼'도 출범했다. 과방위원장인 민주당 이원욱 의원이 공동위원장을 맡았고, 김병욱·편재일·이용빈·조승래 의원 등 민주당 의원이 다수 참여했다.

여권 대선 주자들도 원전 산업에 적극적으로 목소리를 내고 있다. 정세균 전 국무 총리는 지난달 "SMR은 원전 시장을 중심으로, 한미 양국이 협력하여 수출하기로 합의한 것은 매우 역사적인 사건"이라며 "대규모 원전이 아니고 스량화 경량화가 추세다. 이에 맞는 에너지 전환 정책이 필요하다"고 했다. 이낙연 전 민주당 대표는 지난달 26일 한국신문방송인협회 토론회에서 "탈원전은 원전이 없어지는 과격한 정책이 아니다"라고 했다.

하지만 이 같은 움직임이 문재인 정부의 '탈원전' 정책 기조와 상반된다는 내부 비판도 있다. 환경 운동가 출신 민주당 양이원영 의원은 3일 문재인 대통령과 초선 의원 간담회에서 "재생 에너지 사업 분야를 더욱 확대달라"며 원전에 공개 반대했다. 양이 의원은 이날 라디오에서 "소형 모듈 원전(SMR) 또한 원전"이라며 "핵폐기물이 나오고, 원전 사고 위험이 있는 것을 도심지 여기저기에 설치하는 것이 과연 가능하냐"고 했다.

그리고 역시 미국의 빌게이츠와 워렌 버펫이 원전 결의를 통하여 소형 원전 건설을 의기 투합을 하고 에너지 산업의 게임 체인저의 역할을 한다는 경천동지할 뉴스를 접하면서 다시 한번 탄소 없는 에너지원은 원자력뿐임을 실감한다. 빌 게이츠의 나트륨 원자로 건설에 동행하여 미국의 낙후된 원자로의 체인지에도 역할을 하고 국제 시장에 진출하는 어게인 게임 체인저(Agair Game Changer)의 역할만이라도 해야 역전승을 가져올 수 있다.

3. 어게인 게임 체인저가 되자

그 12가지 아리랑 고개에 비평이라는 지팡이를 제시하면 다음과 같다.
'한미원전동맹'은 회생 불가능한 절체절명의 한국 원전 산업이 기사회생할 수 있는 천재일우 구원의 손길이다.

첫째, 문재인 대통령과 조 바이든 미국 대통령이 한미 정상 회담을 통해 원자력 발전 시장 진출을 위한 '한미 원전 동맹'을 강화하기로 했다. 탈원전을 정책 기조로 삼아온 문재인 정부로선 속 쓰린 합의였을 것이다.

이에 대한 나의 평가는 다음과 같다. 미국도 중국의 반도체, 원자력, 전기차, 디지털 화폐 등에서 추격을 당하는 현실에서 친 중공 사회주의자이지만 더불어민주당인 문재인을 임기 1년을 남긴 상황에서 무시할 수는 없었다.

둘째, 미국이 공동 진출을 원하는 것은 독자 진출이 안 되기 때문이다. 도널드 트럼프 전 대통령은 자국의 웨스팅하우스 원전을 사우디아라비아에 팔기 위해 많은 노력을 했지만 결국 실패했다. 웨스팅하우스는 신규 원전 건설에 적극적일 수가 없었다. 기술이 없어서가 아니다. 1979년 스리마일섬(TMI) 원전 사고 후 30년간 신규 원전 건설을 중단하는 탈원전 정책으로 인한 원전 산업 생태계 붕괴가 이런 결과를 가져왔고 이와 같이 한번 붕괴되면 복구가 불가능하다.

이에 대한 나의 평가는 다음과 같다. 그 당시에는 이미 미국이 재정과 고객을 대고 한국의 기술력으로 국제적 공조를 하기로 되었었으나 아메리칸 퍼스트(American First)의 트럼프와 좌충우돌의 문재인은 서로 상극이었다.

셋째, 한국은 140만 킬로와트 제3세대 신형 원전인 아랍에미리트 바라카 원전 1호기를 금년 4월에 상업 운전을 성공적으로 시작했고 또한 그 이전에 신고리 3, 4호기를 2016년, 2019년에 각각 이미 상업 운전을 시작해 세계 최초로 제3세대 원전 시대를 열었다. 그러나 원전 최강국인 프랑스는 자국의 세계 최대 원전 기업인 아레바가 2005년에 착공한 핀란드 올킬

루오토 원전을 당초 준공 기일인 2009년을 10년이나 지연시키며 2019년에야 준공하므로 결국 파산하고 프랑스전력공사에 인수되었다.

이에 대한 나의 평가는 다음과 같다. 정해진 시간에 정해진 예산으로 최고의 기술력을 가지고 공사하는 아랍에미리트 APR-1400이 한국인의 자랑이다. 한편 1958년 100만 킬로와트 가압 경수로 원전으로 세계 최초 상운전을 시작한 원전 시조 국가인 미국은 세계 원전의 절반을 지은 130년 전통의 미국의 웨스팅하우스가 자국의 사우스캐롤라이나주 서머 원전과 조지아주 보글 원전 건설을 5년이나 지연시키며 고초를 겪다가 결국 2019년에 파산 신청을 했다. 그리고 프랑스, 미국에 이어 세 번째로 원전 강국이었던 일본은 후쿠시마 원전 사고로 원전이 중단된 상태고 명실상부 지금은 최고의 수출 경쟁력을 갖춘 세계 제일의 원전 강국이된 한국은 문재인 정부의 탈원전 정책으로 제동이 걸려있는 상황이다.

그 결과 최근 신규 원전 건설은 중국과 러시아가 싹쓸이하고 있다. 정말 답답한 일이 아닐 수 없다. 이것은 미국의 통제를 받지 않는 원자력 시설이 확대되는 상황이며, 핵 억지력을 중시하는 미국의 노선을 역행하는 것이며 핵 안보 차원에서 미국이 도저히 용납할 수 없는 일이다. 이에 대한 대처로 한국 원자력 기술의 역할이 절실히 필요했다.

넷째, 세계적으로 자국의 독자 모델을 가지고 원자력을 수출할 수 있는 나라는 한국, 프랑스, 미국, 일본, 러시아, 중국 등 6개국인데 이중 자유 진영에서 한국이 탈 원전 정책으로 원전 산업이 소멸되면 공산 국가인 중국과 러시아를 견제할 나라가 없다. 한국의 탈원전 정책이 한국만의 문제가 아니라 자유 진영 전체의 문제가 될 수 있으므로 이런 측면에서도 미국이 문재인의 탈원전 정책으로 한국의 원전 산업이 소멸되는 것을 원치 않고 있으며 자유 진영인 한국의 원자력을 살리는 문제가 절실할 수도 있다고 생각된다.

이에 대한 나의 평가는 다음과 같다. 중국이 미국을 누르고 G-1국가가 되려고 하고 한국은 중국의 소중국화가 다시 되는 가운데 있던 것은 인조가 청 태종에게 4번 절하고 9번 머리를 찧는 삼전도의 굴욕의 상황에 비견할 수 있다. 이미 코로나19 이전에 2만 5천 명의 한전 직원이 해직되고 중국으로 넘어가고 APR-1300 도면까지 넘어간 것으로 알려져 있었다.

다섯째, 그뿐만 아니라 미국도 소멸된 자국의 원자력 산업을 시급히 살려야 한다는 자국 내 필요성도 한몫했을 것으로 사료 된다. 미국은 99기의 원전을 보유해 원전 최다 보유 국가이다. 그러나 전부 1,2 세대 구형 원전으로 노후가 됐다. 그러나 99기의 원전 대부분을 40년에서 60년까지 가동을 연장했고 이미 6기는 80년까지 연장 가동하고 있다.

이와 같이 미국 원전이 노화되고 경쟁력이 없어지고 있는 실정이지만, 탄소 중립(탄소 순배출량 제로) 때문에 가동 기간을 최대한으로 80년까지 계속 운전 허가를 승인해 주고 일부 노후되어 경제성이 없는 원전도 보조금을 주면서 최대한 가동 기간을 늘리고 있다.

따라서 노후된 원전을 대량으로 교체하기 위한 신규 원전 건설을 눈앞에 두고 있는 절박한 상황인 것이다.

이에 대한 나의 평가는 다음과 같다. 신규 원전 건설의 50퍼센트만 한국이 수주하기만 해도 상황은 달라진다, 아니 하나만 수주한다고 해도 한국의 탈원전의 시각은 끝이 나는 것이다.

여섯째, 게다가 바이든 대통령은 기후 변화 대응을 자신의 4대 정책의 하나로 내세운 상황이다. 트럼프가 탈퇴한 파리 협약도 재가입하고 미국의 리더십을 갖추겠다고 강조하고 있다. 기후 온난화에 대처하기 위한 방안의 하나로, 원전을 청정 에너지로 규정하고 적극적인 원전 건설 등으로 원전 산업을 부흥시켜 이산화탄소를 줄이려는 바이든 대통령의 강력한 요구에 문 대통령이 어쩔 수 없이 합의를 안할 수 없었을 것으로 생각된다. 문재인 정부 입장에서도 바이든 대통령이 내놓은 의제를 거절하기 어려웠을 것이다.

이에 대한 나의 평가는 다음과 같다. 문재인이 탄소 제로를 한다며 그린 뉴딜 정책을 한다고 하는 플랫폼에서 공화당의 트럼프와는 헤어지고 종착점에서 민주당의 바이든이 기다리고 있다.

결론적으로 문재인의 탈원전 정책으로 인해(고범죄냐, 자범죄냐) 한국은 황우석 사건에 이어서 미국을 마지막에는 넘을 수 없는 것을 또다시 보여준 것이다.

그래서 필자의 판단은 중국 제국주의는 공산주의라서 나쁘고 미국도 마지막 승자가 되려는 한국의 입장에서 보면 미국은 우리를 마이너리그 수준으로 누르려고 하는 것을 알 수 있다.

일곱째, 미국은 설계 등의 분야에서 원천 기술이 있고, 우리는 시공이나 기자재 제작분야에서 강점이 있으므로 양국의 강점을 토대로 협력하는 모델이 가능할 뿐만 아니라 윈윈 전략으로 매우 바람직한 전략이라 생각된다.

이에 대한 나의 평가는 다음과 같다. 일단 전 세계에서 미국의 표준 인증서를 받은 나라가 한국뿐이라고 하는 것은 이 일을 누구에게 맡기려고 하는지 모든 것을 말해 주는 것이다.

여덟째, 바이든은 탄소 중립 실현 방안으로 '소형 모듈 원자로' 시장 가능성을 언급했다. 대형 원전 이외에 차세대 원전으로 꼽히는 '소형 모듈 원자로'(SMR) 분야에서도 양국 간 협력 가능성을 제기했다. SMR은 '소형 모듈 원자로'(Small Modular Reactor)의 약칭이다. 용량이 기존 대형 원전 대비 10분의 1 수준인 10킬로와트에서 30만 킬로와트로 새로운 설계 개념을 적용해 안전성과 활용성을 대폭 높인 원전이다.

이에 대한 나의 평가는 다음과 같다. 이미 몇 해 전부터 미국에서는 정권이 바뀌기만 기다리고 있었던 것으로 알고 있고 향후 해양 플랜트 사업과 원전 바지선 사업을 할 수 있을 것 같다. 심지어는 북극 항로에까지 진출하는 원전 바지선의 역할을 북극 항로에 후발 주자인 대한민국이 할 수 있다.

아홉째, 소형 모듈 원전(SMR)은 10년 후 세계 원자력 시장을 주도할 것으로 전망되는 발전 방식이다. 마이크로소프트(MS) 창업자 빌 게이츠도 탄소 배출을 줄이기 위해 주목한 기술이기도 하다. 이와 같이 세계는 기후 변화 대응책으로 원전을 다시 주목하고 있다. 그중 소형 원전 개발 경쟁이 뜨겁다. 과학 선진국들이 기술 개발과 시장 선점에 뛰어들며 각축전이 치열하다.

이에 대한 나의 평가는 다음과 같다. 원전 바지선으로 근산의 새만금 개발에 전력을 공급하고 중국의 청도의 원전 바지선 사업이 본격화되기 전에 한반도에 영향을 미치는 것을 차단한다면 이것이 중공군의 원자력 전술을 막고 대한민국을 세계 5대 강국으로 이끄는 제2의 인천 상륙 작전과 같은 것이 될 것이다. 이 일을 추진할 줄 아는 자가 2022, 2027년 대선의 주인공이 될 것이다. 그리고 2030년에 통일이 되는 강력한 힘을 발휘하는 복원력과 같은 것이 될 것이다.

열째, 한편으로 한국은 2012년 세계 최초로 다용도 소형 경수로인 SMART 원자로 표준 설계 인가를 획득했다. 사우디아라비아에 수출하기로 협약도 되어있다. 이번 문재인 정부 들어서면서 탈원전 정책 기조로 이와 같은 원전 연구 개발이 주춤하고 있는 실정이다. 하지만 기후 변화 협약 실행으로 탄소 배출이 높은 우리나라는 당장 해결책이 필요한 시점이다. 문 대통령도 불가피하게 탄소 중립(탄소 순배출량 제로)을 선언했다.

전문가들은 원전을 제외한 에너지 정책으로는 탄소 중립을 실현하기 어렵다는 진단을 내놨다. 그래서 정부는 지난 12월 말 원자력진흥위원회를 열고 원자력 신(新)시장 개척 안으로 소형 원자로 기술 개발에 중점을 뒀다. 기존 SMART 원전 수출과 소형 모듈 원전(SMR) 시장을 창출하는 것은 물론 한국형 '혁신 소형 모듈 원자로'를 개발하겠다고 발표했다.

이에 대한 나의 평가는 다음과 같다. 아무리 원전의 ABC도 모르는 문재인이지만 이제는 판도라 상자도 닫아야 하고 임기 말이고 자신의 재산권도 보장을 받고 임기 후에도 보장을 받을 수 있는 길이 있는데 못 이기는 척하고 국민의 탈원전을 반대하는 공감대가 80퍼센트 이상이니 소형 모듈 원전(SMR)을 허용할 수 있게 된 것이다. 민주당에서 이 일로 대권을 이어받기를 당연히 바랄 것이다.

열한째, 지금 문재인의 탈원전 정책으로 국내 대학 원자력 관련학과 지원생이 전무하다시피 해 원전 기술의 맥이 끊어질 실정이고 일자리를 잃은 많은 고급 원전 기술자들이 경쟁국으로 이미 갔고 계속해서 뿔뿔이 흩어지고 있는 중이다.

그리고 무엇보다 산업 생태계가 급격히 무너져 가고 있는 절박한 상황이 안타까울 뿐이다. 이제 문 정부 남은 1년 안에 한국의 원전 산업은 완전히 붕괴될 수밖에 없는 절박한 상황이다. 이러한 회생 불가능한 절체절명의 순간에 '한미 원전 동맹'이라는 한국 원전 산업이 기사회생할 수 있는 천재일우의 구원의 손길이 뻗쳤다.

이에 대한 나의 평가는 다음과 같다. 이번 기회에 미사일 사정 거리도 폐지가 되었고 APR-1400를 필두로 하여 소형 원자력 국제 수출 공조로 미국과 함께 등유럽의 루마니아와 남미의 페루로 나간다고 하면 대한민국은 자문화 방사주의(ethn.oradiantism)에 입각하여 온 열방을 향해 빛의 사자가 될 수 있다(사 60:1).

열둘째, 온 국민들 특히 2030 젊은 세대들에게 이러한 원전 산업의 절박한 실상을 알려 원전 산업이 현재 젊은 세대와 미래 세대의 일자리 창출 산업이며 먹거리 산업으로 앞으로 한국이 5만 불, 10만 불 시대로 갈 성장 동력이라는 것을 일깨워야 한다.

이에 대한 나의 평가는 다음과 같다. 제2의 중동 특수가 오는 것은 분명하고 우리만 아니라 하나님의 마지막 시간에 김정은도 한계 효용 체감의 법칙에 지배를 받지 말고 미국이 아버지의 심정으로 나올 때 충분한 보상을 받을 수 있을 때 우선 비핵화에 합의만 한다면 북한도 김정은의 핵 가방을 던져버리고 대한민국의 원자력 에너지 가방을 들고 같이 중동 사우디에서 오일 달러를 걸어들일 수가 있다고 본다. 그날 2031년에 남북의 통일이 온다.

현재 영국, 네덜란드, 덴마크 등 주요국은 수소의 생산과 저장, 운송 등 전 과정을 도시에 접목하는 이 '대형 인프라 프로젝트'에서 성공 사례를 만들어가고 있다. 국내에서도 지난 2019년 말부터 전주, 완산, 안산, 울산 총 네 곳이 수소 도시로 조성되고 있다. 제프리 로스웰 터너 해리스 수석 경제 연구원은 10일 '서울 포럼 2021' 세션 강연 3곳 가운데 울산의 성공 가능성을 가장 높다고 봤다.

왜 그럴까?

로스웰 수석은 "울산과 인근 지역에 원자력 발전소가 밀집해 있기 때문"이라고 이유를 밝혔다. 현재 청정 수소인 그린 수소 생산을 위해 가장 주목받는 기술이 수전해(물 분해) 방식이다. "얼마나 전기를 청정하고 저렴하게 얻느냐"가 그린 수소 생산의 관건인데 이 가운데 원전은 단일 발전원 가운데 탄소 배출량이 가장 적고 발전 단가도 저렴하다. 원전이 그린 수소 생산에 적격이라는 얘기다. 로스웰 수석은 "울산 반경 40 km 이내에 총 12기의 원전이 모여 있다"며 "이들 원전의 발전량만 1만 1,300기가와트가 넘는다"고 설명했다. 특히 울산 신고리 3·4·5·6 호기를 비롯해 울산과 인접한 울진의 신한울 1·2 호기는 한국형 원자로인 APR 1400 방식으로 건설됐다.

APR 1400은 2019년 외국 기술로는 최초로 미국 원자력규제위원회(NRC)의 설계 인증을 따냈을 정도로 세계적으로 우수성을 인정받았다. 로스웰 수석은 "APR 1400은 한국 수소 대량 생산의 가장 효과적인 대안"이라고 했다. 울산 수소 도시가 원전을 활용할 수 있는 만큼 충분한 수소 공급이 가능할 것이라는 게 그의 진단이다. 로스웰 수석은 "대량 생산이 뒷받침되면 운송과 사용 측면에서도 훨씬 유리하다"며 "울산이 대규모 수소 도시가 될 수 있을 것으로 확신한다"고 말했다.

경제성 측면에서도 원전은 화석연료, 재생 에너지보다 훨씬 낫다. 로스웰 수석은 "원전, 특히 APR1400의 표준화 발전 단가(LCOE)는 해상 풍력의 3분의 1 수준이고 천연 가스와 비교해도 절반가량 낮다"며 "한국은 수소 생산 단가를 현재 킬로그램당 6000원에서 3000원으로 절반가량 낮춰야 하는데, 결국 답은 원전에 있다"고 강조했다. 이 같은 맥락에서 로스웰 수석은 재생 에너지, 액화 천연 가스(LNG) 확대를 중심으로 하는 정부 에너지 전환이 수소 육성 기조와 '엇박자'를 낼 수 있다고 우려했다.

필자의 국가적 총평은 다음과 같다.

첫째, 탄소 중립 실현을 해야 한다.
둘째, 바이오 기반으로 바꾸어야 한다.
셋째, 5G, 6G로 나가야 우주 전쟁에서 소외되지 않는다
넷째, 지구 온난화(Global Warming)가 지나면 지구의 경고(Global Warning)가 된다.
다섯째, 탈원전에서 비판적 상황화 원전(비상원)으로 나가야 한다.

여섯째, 장기적으로 남과 북이 북극해 진출을 위해서 역할 분담을 하여 대륙 문화와 해양 문화에 함께 도전과 응전을 해야 한다.
일곱째, 김정은이나 문재인이 한계효용체감의 법칙을 아는 정치인이라면 이분법적인 이념 전쟁에서 벗어나서 하나님의 심판, 보상의 음성을 들어야 한다.

성촌 정근모는 이렇게 말한다.

> 시를 쓰게 되면 사랑의 힘이 생기게 됩니다. 저도 국제적인 원자력 에너지 사업을 하면서도 때때로 시편을 묵상하며 힘을 얻고 있습니다. 시를 쓰게 되면 사랑의 에너지가 축적됩니다. 저도 80성상이 될 때까지 끝없이 일을 하고 있지만, 그 힘은 시를 사랑하고 시를 읽고 시를 묵상하고 왔기 때문입니다. 시를 쓰게 되면 사랑의 성품을 가지게 됩니다. 이 땅 위에 사랑이 없기 때문에 모두가 어려워하지만, 사랑을 실천하기만 하면 세상 사람들이 사랑이 되어 우리를 만나기를 원할 것입니다. 시를 쓰게 되면 사랑의 사도가 됩니다. 사무사(思無邪)의 마음을 가진 분들이 나라를 사랑했기에 우리는 한강의 기적을 이룰 수가 있었습니다. 시를 쓰게 되면 사랑의 전기가 흐르게 됩니다. 저는 사랑의 원자력 에너지를 온 세상에 공급하기 위해서 오늘도 전기를 만드는 전문인 디자이너로 살고 있습니다. 시를 쓰게 되면 사랑의 원전 바지선을 움직일 수 있습니다.
> 움직이면서 섬과 고립된 마을과 어둠에 갇혀 울고 있는 자녀들에게 전기를 공급하게 되는 것입니다. 시를 쓰게 되면 전 세계로 사랑의 원전선을 수출하게 됩니다. 아랍에미리트와 아프리카 케냐와 동유럽의 루마니아와 말레지아와 남미의 페루에 원전선을 수출하는 일을 계속할 것입니다. 이제 사랑이 밥이라고 하는 것을 알고 시를 쓰는 우리 모두가 시는 정신적인 밥을 전달하는 우리 님입니다. 사무사(思無邪)의 정신이 내가 꿈꾸고 있는 2030 초일류 대한민국의 비전이 액션 플랜이 되어 다시 일어나서 걸을 수 있는 그 날을 앞당길 수 있습니다.[1]

---

[1] 김태연, 『일어나라 초일류 대한민국』(명동출판사, 2021), 6.

원전 바지선의 성서적 기초는 노아의 방주이다. 노아의 방주에 나타난 하나님의 약속은 물로 심판하지 않고 이제는 불로 심판하신다는 뜻으로 공중에 무지개를 걸어주셨다. 무지개의 7가지 색깔에는 다양한 가운데 우리 성촌인이 지켜야 할 원자력 산업의 현재와 미래의 자화상을 보여 준다고 확신한다.

4. 7가지 무지개(Rainbow) 솔롱 코스 사랑-구속적 유비

한국과학기술원(KAIST) 50주년의 역사를 기록한 정근모 박사의 글을 보면서 분석해 보기로 한다.

첫째, 내부자적 사랑-한미 원자력 동맹(정근모 박사)
원자력의 내부자적인 사랑이 한국과학기술원(KAIST)에서 국제원자력대학원대학교(KINGS)로까지 발전한 것을 발견할 수 있다.
나는 영문 이름으로 한국과학기술원(KAIST, Korea Advanced Institute of Science and Technology)를 제안했다. 대학원 과정을 운영하는 과학 기술 교육 기관이라는 사명을 분명히 하고 1966년 발족한 산업 기술 연구소인 한국과학기술연구소(KIST)와 구분도 하기 위해 고등(Advanced)이란 단어를 넣고자 한 것이다.[2]

둘째, 외부자적 사랑-한미 군사 동맹(이승만 박사)
정근모 박사가 물리학도로서 미래에 대한 비전을 분명하게 한 것은 이승만 대통령이 있었기 때문이다. 국제정치학자인 이승만 대통령은 군사무기 즉 핵무기의 중요성을 분명히 알고 있었기 때문이다.
내 사무실에는 역사적인 흑백 사진이 한 장 걸려 있다. 60여 년 전인 1959년 7월 14일에 있었던 한국 최초의 연구용 원자로 기공식 장면이다.

---

2 정근모, 『기적을 만든 나라의 과학자』 (코리아닷컴, 2020). 148

사진 오른쪽에는 첫 삽을 뜨는 이승만 대통령, 그 옆으로는 원자력원 초대 원장인 김법린 박사의 모습이 각각 보인다.[3]

셋째, 공시적 사랑 - APR 1400

모두에게 보여 줄 수 있는 것이 세계적인 원자로의 건설이다. 정근모 박사는 '한국 표준형 원자로'(KSNP)를 상업 운전한 것이 생애의 큰 기쁨이라고 말한다. 1994년 12월에서 96년 9월까지 두 번째 과학기술처 장관에 재임하면서 큰 보람을 느낀 일이 있다. 한국전력기술(KEPCO) 사장 시절인 1984년 시작한 '한국 표준형 원자로 사업이 본 궤도에 오른 일이다.

OPR-1000을 바탕으로 2002년 성능과 안전성이 더욱 강화된 1,400만 킬로와트급 3세대 가압 경수로 원자로 APR-1400을 설계해 국내는 물론 아랍에미리트(UAE)의 바라카 원자력 발전소에 4기를 한국 최초로 수출하기에 이르렀다.[4]

넷째, 통시적 사랑 - 한미 & 아랍에미리트

자유 민주주의 시장 경제를 유지하는 미국과 UN의 도움으로 세워진 대한민국은 이제는 장성한 나라가 되어서 미국과 함께 세계를 경영하는 나라에 동반자가 되어야 한다. 중국에 기대야 한다는 사람에게 한마디 하고자 한다. 미합중국이라는 것이다. 미국 안에 중국도 용해되어있다는 것이다. 그리고 아랍 진영에 관문 국가인 아랍에미리트와 함께 세계 국가 경영에 나서는 것이 하나님의 뜻이라고 본다. 물론 다른 라인은 러시아, 중국, 프랑스이다. 우리가 성촌미래학회를 통하여 통찰력을 제시하고자 하는 것은 이러한 이유이다.

다섯째, 더 큰 사랑 - 새만금 개발과 제2의 중국 선교

필자는 중국 선교 전문가의 입장에서 볼때 오늘 트럼프를 제치고 조 바이든이 대통령으로 취임하는 장면을 보면서 앞으로 10년은 중국 시진핑의 활황기로 본다.

---

3 정근모, 『기적을 만든 나라의 과학자』, 18.
4 정근모, 『기적을 만든 나라의 과학자』, 268-69.

중국은 원전 300기로 화력 발전소 3000곳을 대체하려고 하고 있고 현재는 전력의 68퍼센트 화력 발전 의존하고 세계 이산화탄소의 29퍼센트를 배출하고 원전 발전 비율은 5퍼센트 미만이지만 5년 뒤 미국, 프랑스를 넘어 세계 1위의 원전 대국을 중국 원자력몽으로 꿈을 꾸고 있으니 소형 모듈형 원자로도 추진하고 30년 뒤에는 풍력 원전 등 70퍼센트 이상으로 끌어올리고 특히 신규 원전으로 낡은 화력 발전을 대체하고 화력 발전 비중을 10퍼센트 선에서 유지하고자 마스터 플랜을 제시하고 있다.

탄소 중립은 해안선이 긴 중국 이익에도 부합이 된다. 길거리 탄소 배출은 전기차로 잡고 시진핑은 올해만 200만 대 판매를 예상하고 있다. 그리고 G-1 국가가 되는 것도 시간 문제인 것으로 주장하나 조 바이든은 포드 차를 방문해 중이 전기차 분야에서 이기도록 안 놔둘 것이라고 하며 전기 트럭을 시운전하고 미래산업 주도권 경쟁에서 전기차의 추월을 절대로 용납을 안 한다는 분위기이자 중국은 러시아와 원자력 협력을 강화하여 4개의 원자로를 미국의 첨단 신기술 대신에 러시아산 기술로 하기로 했다.

우리나라의 입장에서 본다면 이제는 목사 중심의 선교적으로 삽을 뜨는 선교에서 기중기로 선교를 할 수 있는 일이 원자력 전문인 선교라고 보며 그 처음 현장이 해지는 서해안 새만금에 태양광으로 전기를 공급하는 것이 아니라 원전 바지선을 통해서 전기를 전달해 주는 것이다. 중국의 입장에서 보면 새만금이 해뜨는 동해일 것이지만 우리는 속아서는 안 된다. 한미-아랍에미리트가 이 일에 삼위일체로 참여하면 하나님의 시간에 중국 공산당도 무너지고 새로운 기독교 정부가 다시 설 수 있을 것을 기대해 본다.

여섯째, 더 작은 사랑-군산 원전 바지선

위에서 잠시 원전 바지선에 대해서 언급했으나 특허권자의 미래의 사업상의 비밀이기에 여기서는 생략하고자 한다. 다만 이 모든 일은 노아의 방주의 안전성의 정신과 이순신 장군의 보국안민을 위한 거북선의 정신이 녹아있다는 것만은 참조하기를 바란다.

일곱째, 잘못된 사랑-노벨 평화상

가난한 나라의 과학자로 한 알의 밀알이 되기로 한 것이기에 노벨 물리학상과 같은 영광은 주어지지 않았지만, 대한민국 국민 최초로 전미 과학공학의학한림원(NASEM) 회원이 되어 한림원에 첫 게양된 태극기 앞에서 정근모 박사는 이렇게 한반도의 청년 세대가 장차 여기서 더욱 나아가 희망과 사랑을 주는 21세기 초일류 국가 대한민국 시대를 열고 전 세계를 이끌 것을 믿으며 이렇게 제안하고 있다.

> 도산 안창호 선생의 가르침대로 꿈속에서도 정직한 도덕 사회를 이루자.
> 지식 전수를 넘어 서로 협업하고 인정하며 함께 하도록 인격 함양 교육을 하자.
> 과학 기술에 계속 도전하고 개척해 무한 가치 창출의 과학 기술 경제를 건설하자.
> 지구촌 환경 오염을 최소화하며 전력을 공급하는 산전국이 되자.
> 핵무기 같은 대량 파괴 무기를 근절하고 국민이 공포에서 벗어나도록 6자 회담을 확대한 지역.
> 안보 기구인 아시아, 태평양조약기구(PATO)를 창설하자.
> 모든 국민이 노후에도 편히 지내도록 사회 안전망을 강화하고 능력 있는 시민들은 나눔과 봉사의 이타 정신을 발휘하자.
> 한류를 확대, 확산해 대한민국을 희망의 브랜드와 메시지로 전 세계에 알리자.
> 지도자들은 사랑과 봉사의 일꾼이 되고, 대한민국은 국제 사회의 헌신적인 친구가 되자.

스웨덴 한림원의 공학 정회원인 정근모 박사의 생애를 다룬 『기적을 만든 나라의 과학자』(코리아닷컴, 2020)의 영문판을 비롯한 원전 수주 대상 5개 국어 번역으로 노벨 문학상을 목표로 하고 있다.

2050 탄소 중립을 향해 누가 대한민국을 움직이는가?

성촌인이 된 우리가 노벨 문학상에 도전한다

거짓 주인의 종된 우리가 자신 있게 행동치 못함은
세계를 향한 영적인 힘이 없고
세상적인 지식이 가득 차서
지역 신에 사로잡혀
불안해하고 기웃거리기 때문이다

성촌인의 의미를 알고 난 우리는
거짓 주인의 위협 앞에서도
겁을 먹거나 당황하거나
위축된 거짓 주인이 아니라
거짓 인생의 길에서 벗어나
이제 성촌인의 길을 가는 거다

이 땅에서 하나님의 나라를 실천하자
도산 안창호의 정신대로 참주인의 나라를 건설하자
한류 열풍을 따라 문화의 변혁 자가 되고
제2의 참주인인 성촌인에 명하신
하나님 나라의 완성을 온 세상에 심는
성촌인 평화 봉사단으로 나아가자

이제 우리는 성촌인이 되었으니
천손 민족이요 천선 민족이 다스리는
하나님의 나라를 위한 최종 목표를 향해
나아가게 될 것이다

그러면 그 큰 영광을
바라보며 '성촌인'을 통하여
세상을 이기는 하나님의 넉넉한
백성이 될 것이다.

문재인 정부도 국가 온실 가스 감축 목표에서 올해 안에 더 상향하고 탈원전 정책을 유지하는 상태에서 2050 탄소 중립을 선언하여 선진국은 40-60년 안에 하는 탄소 배출량 0을 30년 안에 해야 하는 입장이 되었다고 하니 탈원전 정책부터 폐기하여 탈탄소를 향한 가능성 있는 방안을 찾아야 한다. 이는 향후 대선과 연계하여 신의 한 수가 될 것이다. 주한규 교수가 김영훈 전 과기처 장관이 말한 것을 다시 한번 상기코자 한다.

첫째, 우리는 2050년까지 기후 변화 온실 가스를 줄이고 탄소 제로를 달성해야 한다.
둘째, 세계가 수소에너지 특히 그린 수소를 얻기 위한 전쟁에 돌입되어 있다.
셋째, 고준위 핵폐기물 처리에 획기적인 처리 방식인 파일 프로세싱 기술에 대한 큰 진전이 있다
넷째, 우리 원자력 발전에 가장 큰 난관인 핵폐기물 처리가 제거되고 핵 주기가 비로소 완성이 된다.
다섯째, 폐기물이 리사이클링됨으로써 지금 원자력 발전소의 지하 수조에 거의 포화 상태에 있는 2000만 개의 폐 핵 연료봉이 자원으로 활용되는 전화위복의 계기가 될 것이다.
여섯째, 건식으로 처리되는 파일 포르세싱 기술로 최소한 폐기물의 분량을 20분의 1로 줄일 수 있고 따라서 폐기 비용을 절감할 수 있다.

마지막으로 실제로 현장에서 강원도의 에너지 연관된 수고를 하신 최기련 교수의 이야기를 나누는 것이 좋겠다.

강원도의 인구와 GDP는 대략 전국의 3퍼센트쯤이다. 이에 반해 온실 가스 배출량은 전국의 7퍼센트가 넘는다. 청정 지역 특유의 위기 의식 부족 때문이다. 따져보면 지역 온실 가스 배출의 3분의 2는 에너지 부문에서 나온다. 가동이 주춤한 화력 발전 이외에 대부분이 난방, 수송 등 민생 에너지 사용에서 나온다. 민생 복지 수요라서 금방 바꿀 수 없다. 그 대신 나머지 3분의 1 중 산업 공정 배출은 철저히 따져봐야 한다.

한 예로 강원도 산업 공정 온실 가스 배출의 90 퍼센트 이상이 시멘트산업에서 나온다. 그런데 지금은 최신 기술 개발과 자원 순환 산업 출현으로 시멘트 산업 청정화가 쉽다. 이산화탄소 포집, 저장, 재활용과 시멘트 제조 공정을 활용해 플라스틱 청정 소각과 수소 에너지 제조 등도 가능하다. 시멘트 공장당 300억 원 수준의 이산화탄소 200톤 포집 설비 투자는 공공 녹색 투자와 민간 ESG(환경-사회-지배 구조) 투자로 충당이 가능할 것이다.

이럴 경우 그간 채산성 부족으로 지연된 시멘트 산업 청정화는 가속화될 수 있다. 도내 온실 가스 배출 증가세의 감축세 전환 계기가 되는 것은 당연하다. 결국 강원도가 산림의 큰 탄소 흡수 능력과 시멘트, 화력 발전에 국한된 단순한 공해 배출 구조를 창의적으로 활용한다면 지속적 복지 창출의 기반이 될 수 있다. 중앙 정부 지원 획득을 위해 여타 지자체 등과의 기존 경쟁은 필요 없다. 이게 바로 천혜(天惠) 청정 강원의 힘이다.

여기서 우리는 또한 새로운 세계 질서로 등장한 '탄소 중립'에 주목할 필요가 있다. 이는 2050년까지 탄소 배출과 흡수량을 동일하게 하는 개념으로 UN과 선진 G7 정상 회의 등에서 강력 추진하고 있다. 특히 미국 바이든 정부 출범으로 가속화되고 있다. 그러나 현실은 미국 경제 우선주의(Buy America) 극대화를 위한 선진국 동맹 체제 강화로 귀결되는 것 같다. 우리나라는 선진국 체제 일원으로 행동하는 가운데 탄소 중립 선도 역할을 선택한 것 같다. 물론 현임 정부 취임 한 달 만에 공표한 '탈(脫)원전' 정책 그리고 연이은 녹색 대체 에너지, 뉴딜 정책의 후과(後果)이기도 하다.

따라서 지금도 큰 부담인 우리나라 온실 가스 배출을 지금보다 35퍼센트쯤 더 줄여야 할 것 같다. 어느 국책 연구원 추산에 의하면 철강, 석유

화학, 시멘트 3개 업종에서만 최소 400조원 이상의 전환 비용이 필요하단다. 궁극적 탄소 중립 달성에는 추산하기조차 힘든 수천조 원대의 비용이 요구될 것이다. 이와 관련, 비용절감이 가능한 대안 추출이 국가적 우선 과제가 될 것이다. 나아가 강원도의 청정 잠재력 최대 활용이 가장 효율적인 비용 절감 수단일 것이다. 중앙 정부나 여타 지자체들이 강원도 청정 잠재력 활용 대가를 지불하는 경우는 더욱 활성화될 수 있다. 이럴 경우 지금도 2030년까지 전국 평균의 17 퍼센트에 비해 크게 낮은 7퍼센트대 지역 온실 가스 배출을 완전 종식시켜 우리나라 탄소 중립 달성의 기반을 제공할 수 있다. 강원도 탄소 중립 체제는 시멘트 산업과 석탄 화력 청정화, 청정 수송(e-Mobility) 도입 그리고 산림 흡수 능력 제고 사업 등으로 조기 달성이 쉽게 가능하다.

결국, 우리나라 국가 차원에서 강원도 청정 능력을 적극 개발, 활용하는 것이 우선적 국가 과제로 등장하는 탄소 중립 달성의 첩경이다. 이 과정에서 강원도 기여를 계량적으로 평가하고 정부로부터 보상받는 방법론 개발은 쉽다. 그런 의미로 탄소 중립 실현을 위한 강원도의 노력과 선전을 기대한다.

이에 대한 평가는 다음과 같다.

첫째, 강원도는 느림의 철학이다. 아날로그 과학이다. 그러나 이제는 디지털로 전환이 되면 선두 주자가 될 수 있고 북방 선교의 전진 기지가 될 수 있다.

둘째, 환경에서 청정화가 이루어진다고 하면 공공 녹색 투자와 대성 에너지를 비롯하여 민간 ESG 투자가 일어날 것이다.

셋째, 개혁은 껍질을 벗겨서 피를 내는 것인데 강원도는 탄소와 화력 등의 구조를 원자력 기반으로 선회한다면 최적의 북방 선교의 기지가 될 수 있다.

넷째, 탈원전-재원전-비판적 상황화 원전의 구조(부록 도표 참조)로 새로 초일류 대한민국을 시작한다는 자세로 한국형 'New World Order'가 이루어질 곳은 강원도이다.

다섯째, 온실 가스 배출을 줄이려면 강원도를 제주도처럼 한국의 중국몽을 실현하는 전진 기지로 내주는 종합 서비스업에 심도있게 진행하되 치중하지 말고 원자력 스마트 도시 개발로 금강산 일대에 원자력 병원을 건설하여 중국, 러시아, 중동의 갑부가 오게 하자.

여섯째, 강원도 고성, 연천, 철원, 인제를 중심으로 한 이 사업이 활성화되어 오히려 강원북도 고성에게도 기회를 줄 수 있다면 구체적인 북방 선교의 결실을 볼 수 있다고 본다. 비핵화를 염상섭의 표본실의 청개구리처럼 핀셋으로 꽂아논 상태에서 북한에 원전 바지선을 통한 전력 개발을 시작하면 그다음은 창조적 중용을 지닌 전문인들에 의해서 아리랑의 신학대로 술술 풀리게 될 것이다.

일곱째, 이 일(남과 북이 국제 사회의 인정을 받으며 점진적으로 하나되어 원자력 스마트 도시 개발을 위해 역할 분담을 하고 자본 기술 노동력을 컨소시움하여 국제 시장에 동시에 진출하는 행위)을 매개하는 NGO와 이 일을 완수하는 자는 남과 북 모두가 동시에 노벨 평화상을 공동 수상하게 될 것이다.

이제, 2021년 현재 중공의 원자력 혁명에 대한 현실을 다시 한번 통찰해야 한다. 문재인 정부 들어 한국이 월성 원자로 1호기를 조기 폐쇄하며 탈원전의 길로 나가는 동안 중국 곳곳에선 '원전 혁명'이 일어나고 있다. 지난달 중국 남부 하이난성 창장(昌江)에서는 세계 최초의 상업용 육상 소형 모듈 원전(SMR)인 링룽 1호 건설 공사가 시작됐다.

중국이 자체 개발한 ACP100 원자로가 적용됐다. 중국 과학원이 서부 간쑤성 우웨이(武威)에 짓고 있는 토륨 용융염 원자로(TMSR)도 다음 달 가동될 것으로 알려졌다. 물 없이 원자로를 냉각할 수 있는 게 특징이다. 아직은 연구용(2메가와트급)이지만 상업화될 경우 사막 등 물이 귀한 내륙 지역에도 원전을 지을 수 있게 된다.

이제 이 책의 서론에서 이야기한 핵무기의 위협과 원자력 에너지의 상관성을 바로 이해하고 이제 바이오로서의 인생인 핵무기 철폐, 종족 학살 금지, 환경 오염 중단, 바이러스 차단을 실현하며 그 이상의 APR-1400을 통한 원자력 에너지 수출에 대한 업적이 한미 간에 이루어진 오늘의 현실에서 죠에(zoe)로서의 영생을 추구하는 우리는 균형 잡힌 원자력 전문인 신학 개론을 정립하게 된 것으로 보고 마지막 핵과 원자력에 대한 총정리를 하고 성서적 결론을 도출하고자 한다.

기독교 신학에서 율법과 은혜에 대한 관점에서 여러 학설이 있지만 필자가 주장하는 것은 구약의 율법이 폐기가 되었고 신약의 은혜가 완성되었다고 보는 입장이다. 다시 말하면 유대교의 율법 준수론이나 개신교의 율법 불폐기론의 입장을 넘어선 것이다.

이를 핵두기와 원자력 에너지에 대입을 하면 아래와 같다.

    율법 폐기 = 핵두기 폐기(현재 남한의 실정)
    은혜 복음 = 원자력 에너지 (현재 남한의 실정)
    율법 불폐기 = 핵무기 보유와 원자력 에너지 보유(5대 강국: 미국, 영국, 중국, 러시아, 인도, 파키스탄 이스라엘)
    율법 준수론자 = 핵무기만 보유국(현재 북한과 이란)

이에 대한 나의 평가는 다음과 같다.

첫째, 현재의 NPT 조약이나 UN의 안전 보장 이사회는 율법 불폐기론자의 입장이 있으면서 보유국 자체가 전쟁을 담보로 핵을 폐기하지 않으면서 핵 개발을 하는 나라들을 억제하려고 하는데서 문제가 발생을 하고 있는 것이니 25기의 핵무기를 가지고 있는 것으로 추정되는 북한은 조선반도의 핵두기 폐기를 주장하고 러시아에 이어 두 번째로 많은 핵무기 숫자인 1900기를 가진 미국은 북한의 핵 폐기만을 주장하는데 이 문제를 해결하지 못하는 이유가 있는 것은 사실이다.

핵 균형 전략(상호 확증 파괴 전략: Mutually Assured Destruction)을 통해서 레이건 당시에는 핵무기 3만 개를 확보하고 냉전 시대에 소련을 제압한 미국과 동맹으로서의 한국판 MAD를 수립한다면 핵을 쓰면 그들도 소련처럼 나라가 해체(파괴)된다는 공포를 북한에 안겨 북한이 백기 투항을 하도록 역전승하여 냉전을 끝내야 한다.

핵폐기물 처리로 인해서 일본의 후쿠시마 오염수(처리수)문제가 대두가 된 상황에서 아무 문제가 없더라도 전문가들은 애국자의 심정으로 데이터를 보여 주며 아무 문제가 없다고 나설 이유는 없다고 본다. 빌 게이츠의 말대로 수년 안에 AI를 활용한 테라 원자로가 개발이 되면 원자로는 100 퍼센트 안전성이 보장이 된다고 한다. 세계 시민이라는 우선 순위와 신뢰가 있기만 한다면 ICBM, SLBM도 AI 인공 지능의 통제에 맡겨두고 더 이상의 핵개발은 하지 않는 상태로 동결하는데 합의를 한다면 북핵 문제도 해결의 실마리를 또 하나 풀 수가 있는 단초가 될 수 있다. 아인슈타인의 $E=mc^2$이 기독교적으로 적용하면 $E=mc^2$이 $M=ec^2$이 가능한 것은 본 어게인(Born again)한 기독교인만이다.[5]

히로시마, 나가사키에 원자 폭탄이 터진 것은 전쟁의 신을 섬기는 군신 국가에 대한 하나님의 진노의 날로 이해하는 것이 바람직하다고 본다. 좀 더 구체적으로 말하면 전범 합사를 한 신사 참배에 대한 징벌이다. 일본도 조상을 돌보는 데만 우선 순위를 두는 것이 중요한 것이 아니라 신사 참배라는 귀신 숭배를 하나님이 싫어하신다고 하는 것을 알아야 한다. 후쿠시마 원전 사고도 그런 정신적 측면으로 까지 연결할 수 있다고 보는 것은 정신이 바로 되지 않은 인간이 원자력을 제대로 관리하지 못하고 사고가 나고 또 방류하고자 하는 것은 문제임을 다시 입증하는 것이다.

히로시마 원자 폭탄 자료관을 여러 곳에 세우고 싶다면 위안부 소녀상도 같이 세워라. 그리하면 하나님의 진노의 날이 연장될 것이다.

인류가 공존하며 전쟁을 일으키지 않고 사는 삶은 산상 수훈의 법을 지키는 삶이다. 그런데 산상 수훈은 천국의 법이라고 하면서 불신자들은 지

---

5 이 경우 M=Mission이고, E=Evangelism이며, C1=Cultural Mandate, C2=the Great Commission이다. Evangelism(eu-angelion; HE is alive!)은 부활의 기쁜 소식이며 여기에는 국내 선교(Home Mission: Marketplace Mission)와 해외 선교(Foreign Mission:Cross-cultural Mission)가 포함되기 때문에 E와 M은 치환(置換)이 가능하다.

키지 않는다. 데스크탑 컴퓨터가 노트북으로 바뀌고 스마트폰으로 바뀌듯이 인간의 이기가 이동식으로 소형화하며 계속 발전하는 것처럼 로봇이 서빙을 하는 등 인류의 역사가 발전을 거듭하고 있지만 여전히 인간의 마음의 근본이 바뀌지 않으면 핵무기가 비트 코인이고 부동산인데 이를 버리지는 않을 것이고 결국 제3차 대전이라는 전쟁의 화마를 이길 수가 없다.

핵무기나 핵시설을 폐기하지 않는다고 하면 미국 쓰리 마일 섬, 러시아의 체르노빌, 일본의 후쿠시마에 이어서 중국의 장쑤성에서 원자력 발전소 사고가 날 차례인 듯한데 남한은 중국의 미세 먼지로 인해서 계절풍으로 고생을 하는데, 이는 독일이 우크라이나의 체르노빌에서 불어온 편서풍의 영향으로 피부암 환자가 늘자 탈원전을 선언한 것과 같이 남한은 중국에 원전 기술을 다 빼앗기고 중국의 원전 사고를 대신 당해야 하는 입장을 맞이할 수가 있다는 것이다.

그러므로 소중국화하면 안 되고 한미 원자력 동맹으로 결속하여 군산 앞의 새만금을 재개발하는데 원전 바지선을 통하여 실천하게 되고 아랍에미리트를 비롯한 국제적 펀드가 들어오고 나면 탈원전의 오류에서 벗어나게 되고 대한민국이 중국으로 넘어가는 것을 늦출 수가 있으며 더 많은 다양한 유형의 원자력 발전소와 해양 플랜트 사업의 판로가 열리게 될 것이다.

서론에서 본 대로 미국의 맨해튼 프로젝트는 소련의 핵무장을 막기 위한 것이었는데, 이는 독일이 핵무기를 먼저 개발하는 것을 막는 입장에서 그 당시 제2차 세계대전의 우방국이었던 독일과 일본을 미국에서 한 방에 가게 만든 조치인 것이다. 미국이 주요 모순인 독일을 꺾기 위해 차요 모순인 소련을 제압하려는 의도로 핵무기를 개발한 것으로 볼 수 있다. 이는 전쟁이 나면 우선 이기는 것이 장땡이기에 이기기 위한 전술, 전략이라고 볼 수 있으며 손자병법대로 위장 교란술이라고 볼 수 있다. 그 이후에 노르망디 상륙 작전으로 독일의 손에 떨어진 프랑스를 회복한 것을 볼 때 이 두 가지를 합산하여 보면 꼭 핵무기를 사용하지 않았어도 제2차 대전은 막을 내릴 수가 있었는데, 미국이 하나님이 진노의 막대기로 사용하시는 G-1 국가가 된 것이다.

하나님의 역사를 움직이는 긍극적인 무기는 끊임없는 대화를 통한 서로 사랑이다. 요즘 샤이(shy) 보수니 쉐임(shame) 보수니 하는 말이 유행하기에 핵무기와 원자력을 대입해 보고자 한다. 샤이 핵무기는 남아공이나 전두환 정권 당시의 남한의 케이스를 들 수가 있으며 이란도 여기에 해당하기를 바라는 바이다. 샤이 원자력 발전소는 탈원전에 동조하며 원자력 발전소를 해외에 수출해야 하는 소신이 없는 원자력 관계자들이라고 말할 수 있다.

그러면 쉐임 핵무기는 북한의 김정은과 같이 온 세상이 눈살을 찌푸리게 하는 처사이고 핵과 경제 발전을 병진시키려고 하는 일을 계속 하고 있으니 쉐임 원자력 발전소는 비핵화를 실천하지도 않는 북한에 먼저 제2의 경수로 발전소에 해당하는 중수로 원자력 발전소를 지어주려고 하는 것이라든지 월성, 고리는 더 이상 원자력 발전소를 짓는 일을 중단하고 소형 원전 바지선으로 일단은 탈핵화를 넘어서는 작업에 나선 원자력 전문가의 자세이다.

과학은 창조적 중용으로 하나님의 무에서 유를 창조한 창조를 입증하는 것으로 과학은 세상의 정치를 넘어선 하나님의 정치와 연관이 있는 것은 전지하신 하나님(omniscience of God)과 과학(science)과 선한 양심(conscience)이 같은 어근을 가지고 있기 때문이다. 그러므로 파스칼과 같은 천국을 소유한 진정한 과학자라면 영안이 열려서 하나님의 나라의 완성을 위해서 헌신을 해야 한다. 빌 게이츠가 테라 파워 소형 모듈 원전(SMR)을 통해서 우리에게 도전을 주고 있다. 원자력의 100퍼센트 안전성을 제공하는 것으로 알고 있다.

원자력 전문인 신학의 입장에서 본 안전성은 다음과 같다.

첫째, 원자력법 1단계

> 만일 죽은 자들이 도무지 다시 살지 못하면(안전성의 100퍼센트 보장) 죽은 자들을 위하여 침례받는 자들이 무엇을 하겠느냐 어찌하여 저희를 위하여 침례를 받느뇨(원자력의 안전성 문제 제기, 고전 15:29)

이에 대한 나의 평가는 다음과 같다. 선한 양심(conscience), 즉 정직한 영을 가지고 원자력법을 율법을 넘어선 예수의 생명의 성령의 법으로 하면 안전성 문제 제기를 해결할 수 있다. AI 인공 지능으로 증강 현실과 가상 현실을 융섭한 것이 빌 게이츠의 테라 파워 소형 모듈 원전(SMR)이라면 이를 그리스도 안에서 한다면 한국형 화룡점정도 가능하다.

둘째, 원자력법 2단계

> 내가 그리스도와 함께 십자가에 못 박혔나니 그런즉 이제는 내가 산 것이 아니요 오직 내 안에 그리스도께서 사신 것이라 이제 내가 육체 가운데 사는 것은 나를 사랑하사 나를 위하여 자기 몸을 버리신 하나님의 아들을 믿는 믿음 안에서 사는 것이라
> (안전성의 전략, 갈 2:20)

이에 대한 나의 평가는 다음과 같다. 전지하신 하나님의 전략은 십자가에 죽으심과 부활에 있는 것이다. 물에 들어감은 죽음이고 물에서 나옴은 부활 생명인데 이는 소형 모듈 원전(SMR)이 원자력 핵잠수함의 원리에서 응용된 것이기에 해군 장교 출신의 원자력 석사이신 지미 카터 전 대통령이나 정근모 박사는 구원의 안전성의 전략을 인정할 것이라고 본다. SLBM도 마찬가지로 노아의 방주와 이순신의 거북선 사고와 융섭하면 된다.

셋째, 원자력법 3단계

> 예수를 죽은 자 가운데서 살리신 이의 영이 너희 안에 거하시면 그리스도 예수를 죽은 자 가운데서 살리신 이가 너희 안에 거하시는 그의 영으로 말미암아 너희 죽을 몸도 살리시리라(롬 8:11).

이에 대한 나의 평가는 다음과 같다. 격납고, 가압기, 증기발생기, 노심 등 모든 것이 일체형으로 갈라디아서 2:20의 원리대로 물에 잠기는 것이기에 생명의 성령의 법에 100퍼센트 지배를 받게 되는 것이다. 우리가 침

례를 받을 때 우리의 지갑도 침례를 받아야 한다는 논리처럼 아니 홍해를 건넌 것처럼 정과 욕심까지 침례를 받으면 완전히 성령의 사람(성화인, 청결인, 성결인)이 되는 것이기에 하나님이 반드시 청결 에너지를 구현하는 일에 역사하실 수밖에 없다.

넷째, 원자력법 4단계

> 그리스도 예수의 사람들은 육체와 함께 그 정과 욕심을 십자가에 못 박았느니라(어게인 게임체인저의 자세, 갈 5:24)

이에 대한 나의 평가는 다음과 같다. 1인칭, 현재진행형 능동태의 문장이다. 그리스도 예수의 사람들은 육체와 함께 그 정과 욕심을 날마다 십자가에 못박는다. 따라서 기독교 세계관(창조성, 효율성, 효과성, 융통성)을 가지지 못한 나라들(중국, 러시아, 프랑스)에서 만드는 일체형의 율법적인 사고(기계적인 세속 구원)가 만에 하나 사고가 우려되면 미국과 한국에서 창조론을 믿는 과학(science)에 입각하여 만든 소형 모듈 원전(SMR)은 식스 시그마의 품질 공정의 원리대로 원자로의 제작과정에서 구속사의 6R의 원리(회개, 부흥, 개혁, 화해, 구조 조정, 빚의 탕감) 안에서 안전하고 다양하게 나온다고 본다.

오늘날에도 지구상에 3만 발의 핵무기가 존재하고 있는데 그 중 전략핵만 1만 2000발이라고 한다.[6] 우리는 상호 확증 파괴(Mutual Assured Destruction)하는 미친 자(Mad) 자가 아니라 상호 확증 제자도(Mutual Assured Discipleship)가 되어야 한다.

제자도의 입장에서 핵무기를 보유한 것을 SWOT 분석을 하면 아래와 같다.

---

[6] 아케다 다이사쿠외, 『지구 평화를 향한 탐구』(중앙북스, 2020), 179.

S: 자국의 안전 보장
W: 인류의 파괴
O: 원자력 에너지나 핵폐기물 처리장으로 변혁
T: 핵무기 보유를 전제로 하며 원자력 에너지로 사용(중수로)하려는 북한의 김정은의 태도와 이를 지원하려 했던 문재인 정부

이에 대한 나의 평가는 다음과 같다. 핵 전쟁을 스마트 원자력 도시 개발(강원도 UN 평화 프로젝트)할 수 있다면 이는 GZP에서 말하는 핵무기 철폐, 남북간 종족 학살 금지, 환경 오염 중단 이 세 가지를 모두 실천할 수 있는 것으로 긍극적으로는 남북의 평화는 물론이고 노벨 평화상 프로젝트가 될 수 있다고 본 것이다. 군산의 새만금 개발과 연계하면 시너지 효과를 가져올 수가 있으며 군산에서 내륙 수로를 따라 내금강으로 이동하여 원전 바지선에서 남한의 고성을 기반으로 북한의 고성에 송전선만 연결하면 북한의 전역에 필요한 만큼의 전력을 공급할 수가 있다.

국제 테러의 온상이 핵 테러가 되고 있는데, 이를 해결하기 위해서는 전문성을 가지고 접근을 해야 한다.

① 핵 폐기의 창조성: 우주 화성에서 발사하는 광속 무기
② 핵 폐기의 효율성: 핵전력의 경계 태세 해체와 발사 장치에서 핵탄두 제거 아니면 ICBM 발사 전에 선제 공격하여 발사대를 폭파시키면 손자병법의 자보이전승(自保而全勝)을 실현하게 되는 것이다.
③ 핵 폐기의 효과성: 수소 원자탄 발명, SLBM
④ 핵 폐기의 융통성: 생물학탄, 세균탄, 화학탄

핵무기를 보유하는 것은 합법이지만 도덕법에 위배가 된다고 하며 더 큰 악과 더 작은 악 사이에서 선택하는 필요 악이라고 말하는 것은 율법 불폐기론자의 입장이며 십자가에서 예수를 죽인 자들의 후손이 이제는 핵무기로 아나니아와 삽비라 같이 세속주의 배금 사상에 물든 인류를 죽이려

는 가룟 유다의 길을 가는 것이다.

전쟁 대신 평화를 가져오기 위해서는 평화가 수직적인 평화, 즉 하나님과의 평화에 우선한다고 하는 인식을 해야 한다. 그제야 균형이 생기게 된다. 이사야 60장에 대한 최종 결론을 이야기하기 전에 지구 평화를 향한 탐구를 나누는 것이 합리적이다. 칸트의 이신론(Deism)에서는 전쟁은 근원적으로 불법이라고 보지만 기독교의 유신론(Theism)의 입장에서 보면 영적 전쟁으로 보며 이 전쟁에서 예수 그리스도의 승리에 의한 새 하늘과 새 땅 즉, 천년 왕국에 참여하는 것이 천국 시민의 통과 의례이다.

평화를 이루기 원한다면 먼저 하나님과 평화를 이루는 즐거운 평화(Joyful Peace)를 실천해야 한다.[7] 평화의 문화 교류를 실천하는 것이 중요한데, 이는 하늘의 문화를 버리시고 이 땅에 오신 성육신하신 예수의 자기 비하의 교리와 동일시의 원리를 서번트 리더십으로 실천하는 것이 그 해법이다. 평화의 문화는 인간이 서로 창조적으로 차이에 대처하고 그것들의 자질을 나누는 데 있다. 여기서 JOY는 'Jesus first, Others second, You third'이다.

아인슈타인 박사는 다음과 같이 말했다.

> 종교 없는 과학은 불구이고 과학 없는 종교는 맹인이다.[8]

우리는 스피노자와 같은 불가지론자의 입장이나 도덕을 맹신한다며 기독교를 비판하며 자신은 도덕의 가치를 인정한다는 식으로 기독교인이 사실의 중요성을 인정하지 않으며 실제하는 삼위일체의 하나님이시며 성육신하신 신을 부정하는 니체의 입장이 아니라 성령 체험을 하고 하나님이 아시고(GOK: God Only Know) 하나님이 행하신다(GOD: God Only Do)는 신(神) 존재 증명의 "다 이루었다"(QED)는 입장에서 파스칼의 입장을 봐야 한다.

---

7 아케다 다이사쿠 외, 『지구 평화를 향한 탐구』, 226.
8 아케다 다이사쿠 외, 『지구 평화를 향한 탐구』, 247.

천국이 있을 확률이 50퍼센트이고 없을 확률이 50퍼센트라고 하면 나는 가능하다고 생각하기에 천국을 택하겠다는 확률의 법칙을 바로 우리는 실천해야 한다. 천국이 없으면 투자상 손해 본 것이 없지만 만일 지옥이 있다고 하면 영벌의 장소에 처해야 하기 때문이다.

우리는 지금 인류사적 전환기인 전문인 시대를 살고 있다. 진리와 비진리가 난무를 하고 서로의 꼬리를 먹고 먹히는 뱀의 전쟁과 같이 혼돈 가운데 자신의 의에 기초한 주장이 인간 관계를 파괴하고 있다. 그러나 하나님의 영역 주권의 원리대로 2021년 현재 한반도와 국제 사회는 창조적 파괴를 경험하는 전환기의 시대에 와 있다는 사실을 우리는 알아야 한다.

필자는 코로나19가 전 세계적으로 발생을 하고 100만 명 이상이 확진자가 된 상황에서 총선에 그치는 것이 아니라 총선 이후의 대선까지의 정치공학이 중요하다고 본다. 이 일을 함께 협력, 추진하기 위하여 나에게는 하나님이 미리 예비하신 지난 15년을 주셨다. 그 중의 하나가 성촌 정근모 박사님의 민족사적 사역을 위한 성촌미래학회이다. 이 학회는 미래학회로 2030년까지 차세대 젊은이들을 국가의 동량지재로 키우고자 하는 마음으로 시작을 하는 것이다.

초일류 대한민국으로 가는 길목에서는 반드시 목사 평신도에서 전문인으로 패러다임의 전환이 필요하다.

나는 1995년 미국에서 한국으로 귀국할 때 전문인 선교라고 하는 길을 고생하며 2030 초일류 대한민국의 실현을 위해서 자비량 전문인 선교사로 살아오고 있다. 내가 보는 '교회 일생론'은 교회는 은사적인 측면에서 그리스도의 몸으로서 전문인 선교형 교회가 되어야 한다는 것이다. 다시 말해서 전문인의 5대 자격인 직업, 사역, 언어, 지역의 전문성 그리고 성령의 기름 부으심을 갖춘 전문인 크리스천들에 의해서 죽으시고 부활하심을 증거하는 참 복음인 지상대명령을 가르쳐 지키게 하는 역할을 하는 참주인 교회인 전문인 교회가 되어야 한다는 것이다.

내가 볼 때 채권 투자론과 같은 단순계의 사고법 1.0과 비트코인으로 발전한 복잡계의 사고법 2.0을 모두 아우르는 사고법이 전문인 시대의 SNS

사고법 3.0이라고 본다. 온 세계는 모두 SNS 문명권에 들어가 있고 이제는 블록체인이라는 공중에 권세 잡은 영의 문명권으로 진입해 들어가고 있다. 비트코인의 1개 가격이 7000만 원을 넘어선 지가 오래이다. 오늘은 조정이 되어 2021년 4월 22일 5000만 원대로 다시 10퍼센트나 급락을 했지만, 북핵 문제 해결이라는 한반도의 지정학적 운명과 전문인의 지혜를 생각할 때 '그럼에도 불구하고 축복의 통로'가 되고자 하는 손정도 목사나 손양원 목사의 사랑의 원자탄과 같은 사고를 해야 한다. 대한민국의 크리스천의 신앙도 축복과 건강의 신앙을 넘어선 나눔과 구제의 신앙으로 넘어갈 때, 진정한 의미에서의 축복(blessing)이라는 의미가 "피를 흘리다"(bleed)라는 동사에서 나온 명사임을 알게 될 것이고 이를 실천하는 것이다.

한반도에서 한국전쟁으로 인한 UN참전 17개국 그리고 북한측에 참전한 나라들에 대한 빚 잔치를 하고 나서야 비로소 초일류 대한민국으로 나갈 수 있기에 저출산 저고용 저생산 저소득 고령화로 인한 남한의 경제를 향후 2030년까지 바라본다고 하면 경제의 복잡성을 성령의 인도하심을 통해서 하나님이 2030년 까지 초일류 대한민국을 허락받아야 한다. 골드만 삭스의 분석에 의하면 2040년에는 G-1국가가 된다고 하는데 그 힘을 가지고 무엇을 위해서 사용하겠는지를 하나님이 기울어진 끓는 가마와 같은 전 세계의 코로나19의 사태와 그 안에서 살아남고 헌신하고자 하는 남북의 상황에 대해서 질문하고 계시는 것이다.

한반도를 달궜던 미북 정상 회담의 후속 조치로 북한의 핵무기를 미국으로 다 옮기고 기술자들도 미국으로 다 이주시킨다고 하는 기사와 미국의 최신 킬러 드론을 연내에 주한 미군에 추가로 총 12대가 배치한다는 기사를 보면서 이렇게 자세하게 북핵의 문제를 해결하려는 미국의 시각을 북한이 견디기 어려울 것이라고 본다.

이를 이해하려면 만유의 주시고 만군의 여호와이신 하나님께로 나아오는 길 밖에는 없다. 그 답은 정직한 도덕 사회를 만드는 품성 교육이다. 작은 원자의 정직한 습관이 세상을 변화시키는 미동이 필요한 때이다. 나비의 날갯짓이 필요한 때이다. 비트코인이 중요한 것이 아니라 초월자의 비트코인

암호인 성경을 바로 알 때 세상의 율법인 블록체인을 넘어갈 수 있다. 일반 계시 속에서 특별 계시를 보아야 한다. 세계 속의 한국인이라면 능히 할 수가 있다. 그래서 우리는 성촌기독교세계관운동을 하고자 하는 것이다.

부록 1: 요나서에 나타난 7-11 신학

  7가지 구속사의 원리인 R(Redemption, 구원)과 전문인신학 11가지 T(Theology, 신학) 요소를 융섭하여 한국 교회의 모델을 원전선을 탄 요나 선교학으로 제시해 보고자 한다. 원자력 전문인 신학은 과학적 유비를 통하여 코로나19가 만연한 언텍트의 선교 시대에 바다와 해양 플랜트 사업을 통한 선교는 소중한 것이다. 이를 교회 밖의 교회운동이라고 하지만 이것은 교회의 흩어지는 교회로서의 선교형 교회란 정체성을 지속하고자 하는 타문화권에서의 교회 운동 신학이다.

  명칭을 7R, 11T로 하는 것도 위드 코로나 시대에 코리아 빅토리 선교 성공 모델을 흡수하는 좋은 선례가 될 것이며 이는 향후에 '우주 항공 전문인 기도학'의 기초가 될 것이다. 코로나19로 인해서 한국 교회도 대형 교회와 중형 교회의 회원 교류가 중지된 지도 오래다. 교회 개척의 산실이 되는 개척 교회의 독특성이 없다. 교회 밖의 교회 운동은 외부의 압력과 세속화라는 대세로 무너져 내리고 있다.

  제도권 교회가 율법에 사로 잡혀서 자기 방어에만 급급하니 누가 예수를 믿겠는가?

  뉴욕의 팀 켈리는 십자가와 은혜로만 해결된다. 그런데 되는 선교사가 있다.

  7R(Redemption, 구원)에 대해서 살펴보기로 한다.

  첫째, 회개(Repentance)해야 실수가 없으신 하나님을 만난다.

  좋은 일이든, 나쁜 일이든, 기쁜 일이든, 비극적인 일이든, 어떤 일이든 우리는 하나님이 하시는 일의 이유를 이해할 수는 없다. 우리가 이해할 수가 없으므로 하나님을 사랑할 수도 있고 같은 이유로 하나님을 미워할 수도 있다. 쉽게 말하자면 하나님이 세상을 운영하고 계신다.

둘째, 부흥(Revival)의 자유가 울려 퍼지게 하라.

만일 사람들이 자유 선택으로 때때로 무엇이 선한 것이며 때때로 무엇이 악한 것인지를 더 좋아하는 사람으로 하나님이 만드셨다면 왜 사람들이 항상 자유롭게 선을 택하는 사람으로 하나님은 만들 수 없었을까?

만일 한 경우 혹은 여러 경우에 있어 사람이 선을 자유롭게 선택하는데 있어 논리적인 불가능성은 없게 된다. 자유롭게 행동하나 항상 바르게 행동할 피조물을 만드는 가능성은 열려 있다. 분명히 이런 가능성을 이용하는 데 있어 하나님의 실패는 전능하시며 전적으로 선하신 하나님과는 일치하지 않는다.

셋째, 고난이 없으면 개혁(Reformation)해도 얻는 것이 없다.

스포츠 책은 항상 이기는 것에 관한 것이다. 왜냐하면 승리가 패배보다 훨씬 즐겁고 신나기 때문이다. 패배는 인생이 쉽게 통과하는 게임이기보다는 많은 시련이 있는 우여곡절의 장이라는 것을 이해하는 차가운 심장과 통찰력이 있는 눈을 가진 더 치열하며 타협하기를 완강히 거부하는 선생이다. 패배에 대한 경험이 폭풍우를 지나던 내 삶의 여정을 지탱시켜 주었다. 졸업하던 그 해에 우리가 승리했던 그 경기를 통해서 어떤 것을 배울 수 있었음에도 불구하고 나는 항상 더 많은 것을 패배로부터 배우게 되었다.

실패를 하는 영혼의 뒤뜰도 하나님의 형성대로 지음받은 내면 세계의 질서가 있을 것이다. 실패는 병과지상사라고 하여 전투(battle)에서는 지더라도 마지막 전쟁(war)에서 이기면 이기는 것이다. 우리는 이미 승리한 싸움을 끝내는 이미와 아직(alread, not yet) 사이의 시간에 머물고 있다. 그러하니 실패를 두려워하지 말아야 한다. 어차피 패배할 것이지만 밥그릇을 지키기 위한 새끼 진돗개와 같이 동네 누렁이의 목을 물고 흔들면 누렁이도 두려워서 물러가게 된다는 것이다.

그 날이 오기 까지 계속 칠전팔기로 십자가의 고개길을 올라가게 되면 부활의 아첨을 맞이하게 될 것이다. 인내와 절제의 성령의 열매가 요구되는 대목이다. 나는 실패를 두려워하지 않는다. 나는 예수 군대로 이적을 했기 때문이다. 예수의 깃발이 나부끼는 곳에 있으면 패배도 역전승이 되는 것이다.

넷째, 화해(Reconciliation)는 원수까지도 관용과 화합을 시도하는 것이다.

시험되어지고 증명된 창조는 하나님에 대한 충성으로부터 다시는 돌아서지 않게 될 것이며 하나님의 속성을 한이 없는 사랑과 무한한 지혜로 이들 앞에 완전히 드러날 것이다.

하나님은 무한하신 하나님이시며 무에서 유를 창조하신 하나님이시기 때문에 그 잘난 피조물인 사탄도 하나님을 대적할 수가 없다. 더구나 사탄은 도덕성이 결여가 된 것이다. 사탄의 아킬레스건을 쥐고 있는 하나님의 군대는 더 이상 불신자들이 지옥에 떨어지지 않도록 사탄을 무저갱에 가두고 관용과 화합으로 다스려 스스로가 지중해의 에게해로 물러가게 하는 것이다.

우리에게 선한 양심을 주신 전지하신 하나님이 과학적으로 조금도 빈틈이 없으신 근본적인 변혁을 요구하는 것이다. 그것이 하나님의 나라의 복음화를 위해서라면 원수까지도 사랑하는 것이다. 내가 하는 것이 아니라 성령 하나님이 하시는 것이고 나는 축복의 통로로 쓰임을 받는 것이다. 죄인도, 원수도 친구로 변하는 것은 내 안에 선교하며 춤을 추게 하시는 성령 하나님으로 가득 차 있기 때문이다.

다섯째, 그 사랑으로 구조 조정(Restructure)을 해야 세상을 움직인다.

스스로 결정하는 대리인의 미래 결정은 대리인들이 자유롭게 미래 결정을 구체화하기 전까지는 단지 실현 가능한 일일 뿐이라고 확인하고 있다. 이 견해에는 미래는 부분적으로 실현 가능한 일로 구성되어 있는 것이다. 그래서 하나님이 모든 것을 완벽하게 알고 있기 때문에 하나님은 실현 가능한 일이 부분적으로 구성되어 있는 것으로서의 미래를 알고 계신 것이다.

하나님은 과거, 현재, 미래를 동시에 보고 계시기 때문에 하나님 중심의 세계관으로 우리가 구조 조정하기 위해서는 성경을 먼저 읽고 기도해야 한다. GOK(God Only Know)와 GOD(God Only Do)의 단어에는 이런 하나님의 속성이 나타나 있다. 법정에서 전관 예우 변호사를 사서 무조건 승리했던 유전무죄, 무전유죄 세상에 속한 것보다도 마지막 시상대 앞에서 우리는 하늘에 속한 신령한 사랑과 희락과 화평의 신관 예우를 받게 될 것이다.

여섯째, 빚 탕감(Remission)은 하나님이 아니라 하나님의 종이 하는 것이다.

만일 하나님이 고난을 느끼지 않는다면 하나님의 사랑은 사랑이라는 가장 심오한 인간 경험으로부터 완전히 분리되어 있고 하나님의 인간에 대한 사랑의 의사 소통으로서의 예수의 고난은 인식할 수 없는 것이 된다.

노아가 술에 취했을 때, 그 아들 가운데 함이라는 아들은 아버지의 하체를 보고 웃었다. 웃을 일이 아니지만 아버지를 보호해 드려야 하는데 그렇지 못한 것이다. 한국전쟁 당시에 낙동강 전투면 끝이 나리라고 생각했는데, 인천상륙작전으로 인해서 북한 괴뢰군은 결국 보급로가 차단이 되고 북으로 북으로 도주하고 중공군의 인해 전술로 다시 밀고 내려 왔지만 미군은 압록강에 탄저균을 뿌리고 퇴주했다고 하니 맥아더 원수(元帥)가 원수(怨讐)가 되고만 것이다. 그 용서의 빚을 우리 남한의 선교사들이 대신 갚아주는 것이다. 미군이 실수한 흔적을 우리가 지워주는 것이다. 하나님의 시간에 교만한 북한이 더 이상 버틸 수 없는 시간이 온다면 그들을 용서해주고 십자가의 사랑으로 변화시키고 받아주는 것이다.

일곱째, 거룩한 분노로 영적전쟁에서 굴기(Rise Up)하라

악에 대한 주장만이 정말 심각하게 다룰 만한 가치가 있는 것이다. 그러나, 아주 모순되어보이지만 악으로부터 근원하는 신정론적인 주장이 있다는 것을 저는 또한 믿는다. 순수한 자연적 시각은 끔찍한 사악함으로 분류되는데 대한 자리를 가지고 있지 않다. 피조물이 살아가야 되는 살 의무가 있는 한 방법이 단지 있다고 한다면 (그리스도 예수 안에서) 그러한 한 가지가 있을 수 있다.

악은 더 큰 악과 더 작은 악(more evil, less evil) 사이에 있는 것이 아니라 악한 것이다. 성령 세례를 받지 못한 자들은 선을 행한다고 하면서 결국 보니 악이었다고 어리석은 고백을 하는 것이다. 그리고 핑계로 토마서 7장을 든다. 잘못하는 것이다. 그리스도 안에서는 더 큰 선과 더 작은 선(more good, better good) 사이에서의 선택만 있을 뿐이지 악으로 내려가지는 않는

것이다. 우리의 작은 헌신이 결국 하나님이 축복하시면 오병이어의 기적이 되는 것이기 때문이다. 그리하지 아니하실지라도 천국의 문지기가 되는 것이 지옥의 풀장에서 불꽃 춤을 추는 것보다 더 나은 것이다. 헷갈리는 세상에 살지만, 헷 사람 우리아와 같이 그리스도 예수의 정병이 되자.

다음으로 11T(Theology, 신학)에 대해서 알아보자.

첫째, 하나님 중심의 세계관(God centered Worldview)
기독교 세계관이라고 하면 삼성 기독교인지 현대 기독교인지 묻는 베트남 사람을 보면서 하나님 중심의 세계관은 창조의 하나님의 역사를 말하는 것이다. 창조의 역사는 창조(creation), 타락(corruption), 재창조(New creation), 완성(completion)으로 이어지는 것이며 그 핵심은 속죄론이다.

① 대속적 속죄(vicarious atonement)
② 구속적 속죄(redemptive atonement)
③ 만족적 속죄(saticified atonememnt)
④ 화목적 속죄(reconciled atonement)

둘째, 예수님 같은 사역(Jesus like Ministry)
예수 그리스도를 증거하는 예수님이 하신대로 가르치고, 고치고, 선포하는 사역이다. 장요나 선교사의 사역은 귀신 축사, 치유 사역을 통하여 예수 복음을 증거하는 것이다. 십자가의 흔적(STIGMA)을 지닌 신학이다.

셋째, 종으로서의 리더십(Servant leadership)
섬기는 종으로서의 사역은 요셉이나 사도 바울과 같은 bond slave의 사역이다. 자원하는 종이 되어서 섬기는 공산권에서의 선교 사역은 아파트와 자동차 그리고 월급이 보장된 남한의 목사들에게는 자원하는 종으로서의 자세와는 차이가 많이 난다.

종으로서의 극치는 순교이다. 산 순교자가 되면 죽는 것도 할 수 있다. 바이오(bio)가 끝나도 영생이란 죠에(zoe)로 계속 이어지기 때문이다.

넷째, 범세계적 기독교 세계관 입장(Global Christian Worldview Perspective)
리더십은 4단계로 섬기는 종의 리더십으로 나가고 있다. 개척자(pioneer), 부모(parent), 동업자(partnership), 참여자(participation)가 그것이다.

다섯째, 코리아 크리스천 평화 촉진자(Christian Peace facilitator Koreana)
국가의 힘의 지수를 바로 알아야 평화를 가져올 수 있다.

미: 중: 일: 남한: 북한 = 20: 6: 5.8: 1: 0.025(서울대학교 하영선 교수)

우리가 동북아시아 공정(동북공정)의 일환으로 중국에 넘어가는 것이 고려 공정, 조선 공정의 순으로 진행이 되고 있지만 하나님이 역사하시면 우리는 영적으로 바로 중국 공정을 실천할 수 있게 된다. 그날을 위해서 종합적인 힘을 비축해야 한다.

여섯째, '전신자선교사주의'(Every Believer's Missionaryhood, 비라카미 선교회장 요나 선교사 사례 소개)

① Salvation: 사역 내용은 선포와 교육과 치유이다
② Sanctification: 전략은 지역별, 팀 전략, 현지 지도자 양성, 교회 설립이다.
③ Service: 윤리적 차원은 현지인 중심, 지역 사항의 요구와 필요에 따라 도덕적인 규범과 관습의 중요성 그리고 투명한 재정 관리와 선교사의 복지 증진이다.
④ Servantship: 통전적 선교는 복음 전도, 문화 사역, 삶을 위한 총체적인 사역 평가, 교육 사역 평가이다.
⑤ Stewardship: 직능별 평가는 교회 사역 평가, 병원 및 토지 사역 평가, 교육 사역 평가다.
⑥ Sacrificeship: 신학적인 근거로서의 사용 내용 분석은 요나서외 성경적인 배경, 역사를 통한 잣대로 확인된 선교 사역, 현지인의 실태 분석과 실제적인

사역이다.

⑦ Satisfactionship: 선교사 양성의 입장에서 장요나 선교사의 인격과 사역, 30년의 선교 역사 평가, 공산권 선교에 대한 제언이다.

일곱째, "그럼에도 불구하고" 축복의 통로(Contrariwise Channel of Blessing)
에클레시아는 수단이고 바실레이아가 목적이다. 그럼에도 불구하고 오늘날의 제도권 교회들은 에클레시아가 목적이 된 느낌이 있다. 천로역정으로 본다면 정거장에 해당하는 것이고 천국의 지점이라는 것을 명심해야 한다. 그리스도 안에서(in), 세상에서 벗어나서(out of) 왕국 안으로 들어가는(into) 축복을 증거하기 위해서는 목숨을 내놓고 소유의 창고에 머무는 것이 아니라 축복의 통로가 되어야 하고 공산권에서는 나는 죽고 그리스도만의 자세로 "그럼에도 불구하고 축복의 통로"(합 3:17)가 되어야 한다.

> 장요나 선교사는 경직성 척수염을 앓고 있다.
> 나는 죽고 그리스도만을 실천하고 있다(갈 2:20; 5:24)
> 교회 건축은 그리스도의 몸으로서의 교회를 세우는 것이다.
> 하나님의 형상대로 지워진 새 피조물인 현지인을 차세대 리더로 영육한다.
> 궁극적으로 물이 바다 덮음같이 하나님 나라의 완성이다.
> 다캠퍼스 인공 위성 선교(multi-campus satellite mission)를 완성한 것이다.
> 실제로 캄보디아 방송국이 그러하다.

여덟째, 성육신적인 선교(Incarnational mission, 장요나 선교사 사례)
선포하고 가르치고 치유하는 사역에서 문제가 되는 것은 가르치는 사역은 많으나 지키게까지 하는 사역이 이루어지지 않고 있다는 것이다.

① S(장점): 교회와 병원 건축의 유래없는 성령의 열매를 맺고 있다
② W(단점): 가르쳐 지키게 해야 속빈 강정과 같은 제도권 교회로 멈추지 않게 된다.

③ O(기회): 비라카미 지역은 성령의 역사가 이루어지는 피의 발자취의 지역이다.
④ T(위협): 공산당의 총과 칼 앞에서 영적 전쟁으로 성경과 기도르 제압을 해야 한다.

아홉째, 5중 전문성(Five Fold Professionalism, 언어, 지역, 직업, 사역, 성령의 기름 부으심)

장요나 선교사는 5중 전문성을 갖춘 전문인 선교사이기에 하나님이 은혜를 베푸시고 있다. 이러한 선교의 열매를 가득 가지고 한반도의 영적 회복에 요긴한 감추인 검이 될 것을 기대한다.

① 한글과 영어 베트남어 그리고 방언을 한다
② 비라카미 지역에 대한 천국 사업의 전문가이다.
③ 전문 건축가이며 CEO이다.
④ 영적 설교를 하는 부흥사이다.
⑤ 도시에 축사와 치유의 기적이 일어나고 있다.

열째, 비판적 상황화신학(Critical Contextual Theology)

"이처럼 사랑하사"의 1-3권과 최근의 사역에 나타난 자료를 통하여 볼 때, 사도행전 29장고 자비량 선교 전략으로 볼 수 있다. 이는 비라카미 토착화신학이기에 비판적 상황화를 하게 되고 글로벌 선교신학의 선한 영향력으로 소개될 것이다. 교회 개척을 통하여 도날드 맥가브런의 교회 성장의 원리대로 진행이 되어가고 있다.

맥가브런의 교회 성장 원리는 다음과 같다.

① 동질성의 원리
② 집단 개종
③ 다양한 가운데 조화

열한째, 문화 교류 리더십(Intercultural Leadership)

자문화 열등주의에 빠진 조선에 복음이 증거되어 자문화 우월주의(ethnocentrism)의 서구 선교사로 인한 문화적 충격이 오늘의 한국 교회가 성장 위주로 나가게 했으나 이제 비라카미 지역의 교회 성장을 기대하며 우리가 역으로 준비해야 하는 것은 미션(mission)이 아니라 관용과 화합의 정신으로 문화를 서로 배우는 것이다. 이를 문화 교류(interculture)라고 한다. 향후의 신학은 문화 교류이지 서구 제국주의의 미션(mission)이 아니다.

물질에 구애받지 않고 말씀을 가르치고, 선포하고, 치유하기 위해서는 "은과 금은 내게 없거니와 내게 있는 것으로 네게 주노니 곧 나사렛 예수 이름으로 일어나 걸어라"는 말씀을 선포해야 한다. 그 결과로 예루살렘과 유다와 사마리아와 땅 끝이라는 자문화 방사주의(ethnoradiantism)가 실천이 되는 것이다. 그리고 문화 교류이기 때문에 문화 명령과 선교 지상대명령을 동시에 상관성, 창조성, 효율성, 효과성, 융통성을 가지고 진행하는 것이다.

# 부록 2 : 한미 공동 선언문 (2020. 5. 23)

문재인 대통령과 조 바이든 미국 대통령이 21일(현지 시각) 한미 정상 회담을 진행한 뒤 공동 성명을 채택했다.
다음은 공동 성명의 전문(全文)이다.

대한민국과 미합중국 간의 동맹은 70여 년 전 전장에서 어깨를 맞대고 함께 싸우면서 다져졌다. 공동의 희생으로 뭉쳐진 우리의 파트너십은 이후 수십 년 동안 평화 유지에 기여함으로써 양국 및 양국 국민들의 번영을 가능하게 하였다. 안정과 번영의 핵심축인 한미 동맹은 양국을 둘러싼 국제 정세 변화에 따라 꾸준히 진화하였다. 인도, 태평양 지역 안보 환경이 더욱 복잡해지고, 코로나19 대유행으로부터 기후 변화 위협에 이르는 생존을 위협하는 문제들로 인해 세계가 재편되고 있는 지금 우리는 철통같은 동맹에 대한 공약을 재확인한다.
한국과 미국은 국내외에서 민주적 규범, 인권과 법치의 원칙이 지배하는 지역에 대한 비전을 공유하고 있다. 우리는 지역 및 세계 질서의 핵심축이자, 양국 국민들에게 평화와 번영이 지속되도록 하는 파트너십을 추구하고 있다. 무엇보다도 우리는 새로운 시대에 우리의 관계에 활력을 불어넣고 시대에 발맞춰나가겠다는 결의를 함께하고 있다. 바이든 대통령은 양국 간 파트너십의 새로운 장을 열어나가기 위해 대한민국의 문재인 대통령을 워싱턴에서 맞이하게 된 것을 영광으로 생각한다.

한미 동맹의 새로운 장을 열며

문재인 대통령과 바이든 대통령은 '한미상호방위조약'에 따른 한국 방어와 한미 연합 방위 태세에 대한 상호 공약을 재확인하고, 바이든 대통령은 미국이 가용한 모든 역량을 사용하여 확장 억제를 제공한다는 공약을 확인하였다. 우리는 동맹의 억제 태세 강화를 약속하고, 합동 군사 준비 태세 유지의 중요성을 공유하며, 조건에 기초한 전작권 전환에 대한 확고한 의지를 다시 한번 강조하였다. 우리는 또한 새로운 위협에 대한 효과적인 공동 대응을 확보하기 위해 사이버, 우주 등 여타 영역에서 협력을 심화하기로 하였다. 우리는 연합 방위 태세를 향상시키고 동맹에 대한 우리의 헌신을 보여 주는 다년도 '방위비분담특별협정' 서명을 환영하였다.

양측은 전 세계적 비확산과 원자력 안전, 핵 안보, 안전조치가 보장된 원자력 기술 사용과 관련된 제반 사안에 대해 긴밀히 협력하는 것이 동맹의 핵심적 징표임을 재확인하였다. 미국은 비확산 노력을 증진하는데 있어 한국의 국제적 역할을 평가하였다. 한국은 미국과의 협의를 거쳐 개정 미사일 지침 종료를 발표하고, 양 정상은 이러한 결정을 인정하였다.

문재인 대통령과 바이든 대통령은 한반도의 완전한 비핵화에 대한 공동의 약속과 북한의 핵탄도 미사일 프로그램을 다루어 나가고자 하는 양측의 의지를 강조하였다. 우리는 북한을 포함한 국제 사회가 유엔 안보리 관련 결의를 완전히 이행할 것을 촉구하였다. 문재인 대통령은 한국과 미국의 안보를 향상시키는 실질적 진전을 위해 북한과의 외교에 열려 있고, 이를 모색한다는, 정교하고 실용적인 접근법을 취하는 미국의 대북 정책 검토가 완료된 것을 환영하였다. 우리는 또한 2018년 판문점 선언과 싱가포르 공동 성명 등 기존의 남북 간, 북미 간 약속에 기초한 외교와 대화가 한반도의 완전한 비핵화와 항구적 평화 정착을 이루는 데 필수적이라는 공동의 믿음을 재확인하였다.

바이든 대통령은 또한 남북 대화와 관여, 협력에 대한 지지를 표명하였다. 우리는 북한의 인권 상황을 개선하기 위해 협력한다는 데 동의하고, 가장 도움을 필요로 하는 북한 주민들에 대한 인도적 지원 제공을 계속 촉진하기로 약속하였다. 우리는 또한 남북 이산 가족 상봉 촉진을 지원한다는 양측의 의지를 공유하였다. 우리는 또한 우리의 대북 접근법이 완전히 일치되도록 조율해 나가기로 합의하였다. 우리는 북한 문제를 다루어 나가고, 우리의 공동 안보와 번영을 수호하며, 공동의 가치를 지지하고, 규범에 기반한 질서를 강화하기 위한 한, 미, 일 3국 협력의 근본적인 중요성을 강조하였다.

한미 관계의 중요성은 한반도를 훨씬 넘어서는 것으로서, 우리의 공동 가치에 기초하고 있고 인도, 태평양 지역에 대한 우리 각자의 접근법에 기반을 두고 있다. 우리는 한국의 신남방 정책과 미국의 자유롭고 개방적인 인도, 태평양 구상을 연계하기 위해 협력하고, 양국이 안전하고 번영하며 역동적인 지역을 조성하기 위해 협력하기로 하였다. 한국과 미국은 아세안 중심성과 아세안 주도 지역 구조에 대한 지지를 재확인하였다. 우리는 법 집행, 사이버 안보, 공중 보건, 녹색 회복 증진과 관련한 역내 공조를 확대하기로 하였다.

우리는 한국, 미국 및 동남아 지역 국민 간 더욱 심화된 인적 유대를 발전시키는 한편, 아세안 내 연계성 증진과 디지털 혁신을 촉진하기 위해 긴밀히 협력하기로 하였다. 우리는 또한 메콩 지역의 지속 가능한 개발, 에너지 안보 및 책임 있는 수자원 관리를 증진하기 위해 함께 노력해 나갈 수 있는 방안을 모색할 것이다. 한국과 미국은 또한 태평양 도서국들과의 협력 강화에 대한 지지를 재확인하고, 쿼드 등 개방적이고, 투명하며, 포용적인 지역 다자주의의 중요성을 인식하였다.

한국과 미국은 규범에 기반한 국제 질서를 저해, 불안정 또는 위협하는 모든 행위를 반대하며, 포용적이고 자유롭고 개방적인 인도, 태평양 지역을 유지할 것을 약속하였다. 우리는 남중국해 및 여타 지역에서 평화와 안정, 합법적이고 방해받지 않는 상업 및 항행, 상공 비행의 자유를 포함한 국제법 존중을 유지하기로 약속하였다. 바이든 대통령과 문재인 대통령은 대만 해협에서의 평화와 안정 유지의 중요성을 강조하였다. 다원주의와 개인의 자유를 중시하는 민주주의 국가로서, 우리는 국내외에서 인권 및 법치를 증진할 의지를 공유하였다. 우리는 미얀마 군경의 민간인들에 대한 폭력을 결연히 규탄하고, 폭력의 즉각적 중단, 구금자 석방 및 민주주의로의 조속한 복귀를 위해 계속 압박하기로 약속하였다. 우리는 모든 국가가 미얀마 국민에게 안전한 피난처를 제공하고 미얀마로의 무기 판매를 금지하는데 동참할 것을 요구하였다.

더 나은 미래를 향한 포괄적 협력

문재인 대통령과 바이든 대통령은 현 시대의 위협과 도전 과제로 인해 새로운 분야에서의 양국간 파트너십 강화가 필요하다는 점을 인식하였다. 우리는 기후, 글로벌 보건, 5G 및 6G 기술과 반도체를 포함한 신흥 기술, 공급망 회복력, 이주 및 개발, 우리의 인적 교류에 있어서 새로운 유대를 형성할 것을 약속하였다. 문재인 대통령은 2021년 4월 22일 기후 정상 회의 주최를 통해 글로벌 기후 목표를 상향시키고자 한 미국의 리더십을 환영하였다. 바이든 대통령은 한국이 5월 30일~31일 P4G 서울 정상 회의를 주최함으로써 포용적이고 국제적인 녹색 회복 및 온실 가스 순배출 제로 달성에 기여하기를 기대하였다. 미국은 상향된 국별 온실 가스 감축 목표(NDC)를 제출하였고, 한국이 지구 평균기온 상승 1.5도 제한을 위한 노력과 글로벌 2050 온실 가스 순배출 제로 달성 목표에도 부합하는 상향된 잠정 2030 NDC를 10월 초순경에 발표하고 상향된 최종 NDC를 COP26까지 발표한다는 계획을 환영하였다. 우리는 2030 NDC 및 장기 전략 등 2050 탄소 중립 목표 달성을 위해 협력하고, 탄소 배출을 감축하는데 있어 세계 지도자들 사이에서 모범 사례를 제시하는 한편, 해양, 산림 등 천연 탄소 흡수원을 보존·강화하며, 양국의 장기 목표 달성에 기여할 수 있도록 기술·혁신 분야에서 무엇보다 필수적인 협력을 확대할 것이다.

문재인 대통령의 해외 석탄 발전 신규 공적 금융 지원 중단 선언과 바이든 대통령의 기후 위기 대응 행정 명령을 바탕으로, 한국과 미국은 저감되지 않은 해외 석탄 발전소에 대한 모든 형태의 신규 공적 금융 지원을 중단하기 위해 경제협력개발기구(OECD) 및 여타 국제 논의 계기에 협력할 것이다.

한미 양국은 2050년 이내 글로벌 온실 가스 순배출 제로 달성 및 2020년대 내 온실 가스 배출량 대폭 감축 달성을 위해 국제 공적 금융 지원을 이에 부합시켜나갈 것이다. 한국은 파리 협정 하에 신규 post-2025 동원 목표를 위한 기후 재원 공여 관련 미국 및 여타국들의 노력에 동참할 것을 기대한다.

한국과 미국은 그간 코로나19 대유행과 오랜 글로벌 보건 도전 과제에 있어 핵심적인 동맹국이었다. 바이든 대통령은 미국이 핵심 의료 물자를 다급히 필요로 했던 당시에 한국이 이를 기부한 것에 대해 사의를 표하였다. 이러한 배경에서, 우리는 과학·기술 협력, 생산 및 관련 자료의 글로벌 확대 등 중점 부문을 포함한 국제 백신 협력을 통해 전염병 공동 대응 역량을 강화하기 위하여, 포괄적인 한미 글로벌 백신 파트너십을 구축하기로 합의하였다.

한국과 미국은 각국의 강점을 발휘하여 국제적 이익을 위해 엄격한 규제 당국 또는 세계보건기구(WHO)에 의해 평가를 받고, 안전하고 효과적인 것으로 입증받은 백신 생산 확대를 위해 협력할 것이다. 한국과 미국은 안전하고 효과적인 코로나19 백신의 수요 증가를 적시에 충족시키기 위한 파트너가 될 것이다. 동 파트너십을 기반으로, 우리는 가까운 미래에 전염병 대유행을 종식하고 향후의 생물학적 위협에 대비하기 위해, 코백스(COVAX) 및 감염병혁신연합(CEPI)과의 조율 등을 포함하여 전 세계 국가들에 대한 글로벌 코로나19 백신 공급을 대폭 확대하는데 적극 협력해 나갈 것이다.

이를 위해, 우리는 파트너십 이행 목적으로 과학자, 전문가 및 양국 정부 공무원으로 구성된 고위급 전문가 그룹인 한미 글로벌 백신 파트너십 전문가 그룹을 발족할 것이다. 양국은 코백스의 성공을 보장하기 위해 적극 협력할 것이며, 한국은 금년 40억 불을 기여한 미국의 대담한 결정을 평가하였다. 이를 위해 그리고 한미 양국이 코로나 대응을 함께 선도함에 비추어, 한국은 코백스 AMC에 대한 기여 약속을 금년 중 상당 수준 상향할 것이다.

우리는 세계보건기구(WHO)의 잠재적 보건 위기에 대한 조기의 효과적인 예방, 진단, 대응을 통한 팬데믹 방지 능력을 강화하고, 투명성을 증진하며, 독립성을 보장함으로써 세계보건기구를 강화하고 개혁하는데 협력하기로 하였다. 우리는 또한 코로나19 발병의 기원에 대한 투명하고 독립적인 평가, 분석 및 미래에 발병할 기원 불명의 유행병에 대한 조사를 지원할 것이다. 우리는 인도-태평양 지역 내 전염병 대유행 준비태세 개선을 지원하기 위해 과감한 조치를 취할 것을 결의하고, 모든 국가가 전염병 예방, 진단, 대응 역량을 구축해 나가도록 함께 그리고 다자적으로 협력할 것이다.

이러한 목표를 향해 나아가기 위해, 한국은 글로벌 보건 안보 구상 선도 그룹(GHSA Steering Committee) 및 행동 계획 워킹 그룹(Action Package Working Groups)에 대한 관여를 확대하고, GHSA 목표를 지지하고 협력국 간 격차 해소를 지원하기 위해 2021-2025년 기간 동안 2억불 신규 공약을 약속한다. 또한, 한국과 미국은 지속 가능하며 촉매 역할을 할 새로운 보건 안보 파이낸싱 메커니즘 창설을 위해 유사 입장국들과 협력할 것이다.

한국과 미국은 상호 최대 무역, 투자 파트너 국가 중 하나이며, 특히 한미 자유 무역 협정(KORUS FTA) 등 강력한 경제적 유대는 굳건한 기반이 되고 있다. 양 정상은 세계무역기구(WTO) 개혁을 위해 긴밀히 협력해 나가기로 했으며, 불공정 무역 관행에 반대한다는 공동의 결의를 표명하였다.

기술 환경의 급속한 변화에 따라, 우리는 공동의 안보, 번영 증진을 위해 핵심, 신흥 기술 분야에서 파트너십을 강화하기로 합의하였다. 우리는 해외 투자에 대한 면밀한 심사와 핵심 기술 수출 통제 관련 협력의 중요성에 동의하였다. 문재인 대통령과 바이든 대통령은 이동 통신 보안과 공급업체 다양성이 중요함을 인식하고, Open-RAN 기술을 활용하여 개방적이고 투명하고 효율적이며 개방된 5G, 6G 네트워크 구조를 개발하기 위해 협력하기로 약속하였다. 이를 위해, 우리는 반도체, 친환경 EV 배터리, 전략, 핵심 원료, 의약품 등과 같은 우선 순위 부문을 포함하여, 우리의 공급망 내 회복력 향상을 위해 협력하기로 하였다.

또한, 우리는 상호 투자 증대 촉진 및 연구 개발 협력을 통해 자동차용 레거시 반도체 칩의 글로벌 공급을 확대하고, 양국 내 최첨단 반도체 제조를 지원하기 위해 협력하기로 합의하였다. 문재인 대통령과 바이든 대통령은 차세대 배터리, 수소에너지, 탄소포집·저장(CCS) 등과 같은 청정 에너지 분야 및 인공지능(AI), 5G, 차세대 이동 통신(6G), Open-RAN 기술, 양자기술, 바이오 기술 등 신흥 기술 분야에서 혁신을 주도함으로써 미래 지향적 파트너십을 발전시켜 나가기 위해 협력할 것을 약속하였다.

또한, 문재인 대통령과 바이든 대통령은 민간 우주 탐사, 과학, 항공 연구 분야에서 파트너십을 강화하기로 약속하고, 한국의 아르테미스 약정(Artemis Accords) 서명을 위해 협력할 것이다. 아울러, 우리는 국제 원자력 안전, 핵안보, 비확산에 대한 가장 높은 기준을 보장하는 가운데, 원전 사업 공동 참여를 포함한 해외 원전 시장 내 협력을 발전시켜 나가기로 약속하였다.

문재인 대통령과 바이든 대통령은 한미 간 개발 협력 관계를 강화할 수 있는 기회를 환영한다. 우리는 미국 국제 개발처와 한국 국제 협력단 간 보다 긴밀한 협력 촉진을 위해 우리의 파트너십을 확대하게 된 점을 기쁘게 생각한다. 우리는 또한 미중 북부 삼각지대 국가들로부터 미국으로의 이주 문제의 근본 원인을 해결하는 것의 중요함을 인식하였다. 이를 위해, 한국은 2021~2024년간 중미 북부 삼각지대 국가와의 개발 협력에 대한 재정적 기여를 2.2억 불로 증가시킬 것을 약속하였다. 또한, 미국은 라틴아메리카, 카리브해 지역 내 국가들과 디지털·녹색 협력 등 협력을 확대한다는 한국의 이니셔티브를 환영하였다. 한미 양국의 지속적인 우정은 양국 간 활발한 인적 유대를 통해 더욱 강화되고 있다. 1955년 이후 170만 명 이상의 한국 학생들이 미국 교육 기관에 입학하였다. 200만 명 이상의 한국 시민들이 미국을 방문하거나, 미국에 근무 또는 거주하고 있으며, 20만 명 이상의 미국 시민들이 한국에 거주하고 있다. 한국의 정치 지도자들을 포함하여 1만 명 이상의 한미 양국 시민들이 후원 교환 프로그램에 참여해왔다. 우리는 제1기 한미 풀브라이트 장학생들의 상대국 방문이 60주년을 맞이한 데 대해 큰 자부심을 느낀다.

이는 한미 양국 국민들 간 오랜 유대의 깊이와 힘을 보여 준다. 한미 간 폭넓은 교환 프로그램은 양국 공동의 목표 달성을 촉진한다. 우리는 환경 등 핵심 분야에서 양국 간 협력 역량을 강화하기 위해 청년 환경 지도자들 간 쌍방향 교류를 확대하기로 합의하였다. 나아가, 우리는 한미 양국에 안정적이고 지속 가능한 혁신과 경제적 회복력의 견고한 기반을 구축하기 위해 과학, 기술, 공학, 수학 분야에서 전문가 간 교류 확대를 지원하고 여성의 역량을 증진하는데 특별한 중요성을 부여한다.

문재인 대통령과 바이든 대통령은 또한 국내외에서 민주적 가치와 인권 증진을 위한 노력을 배가하기로 하였다. 우리 민주국가들의 힘은 여성들의 최대 참여에 기반한다. 우리는 가정 폭력과 온라인 착취 등을 포함한 여성과 소녀들에 대한 학대를 종식시키고, 양국 모두에서 문제가 되고 있는 성별 임금 격차를 좁혀나가기 위한 모범 사례들을 교환하기 위해 노력할 것이다. 우리는 부패 척결, 표현, 종교, 신념의 자유 보장을 위한 협력을 확대하기로 하였다. 끝으로 우리는 아시아계 미국인 및 태평양 도서국 공동체에 대한 폭력 규탄에 동참하고, 한국계 미국인을 포함한 모든 미국인이 존엄성 있고 존중받는 대우를 받을 수 있도록 협력해 나가기로 약속한다.

국제적 난제와 급변하는 글로벌 환경에서 문재인 대통령과 바이든 대통령은 한국, 미국 및 세계가 직면한 저해 요인들을 인식하고 있다. 우리는 한미간 협력을 통해 한미 동맹이 국제적 역할을 확대함으로써 중대한 도전에 대처할 수 있도록 할 것임을 인식한다. 우리의 동맹은 호혜성과 역동성을 바탕으로 70년 넘게 변함없는 국력의 원천이 되어 왔다. 우리는 한미 동맹이 향후 수십 년 동안에도 이를 유지할 수 있도록 긴밀히 협력해 나가기를 기대한다. 문재인 대통령은 바이든 대통령의 따뜻한 환대에 사의를 표하고, 바이든 대통령을 방한 초청하였다.

사거리 2000-3000킬로미터면 일본 전역은 물론 웬만한 중국 내륙의 전략 목표물도 타격할 수 있다. 이 경우 미국은 중거리 미사일을 한반도에 배치하지 않고도 중국을 견제할 수 있는 효과를 거둘 수 있다. 우리나라와 미국 모두 명분과 실리를 각각 챙긴 '윈-윈(Win-Win)' 카드인 셈이다. 1979년 한미 간에 합의된 미사일 지침 해제는 역대 정부의 오랜 숙원 사업이었다. 청와대 고위 관계자는 정상 회담에 앞서 기자들과 만나 지침 해제 추진 배경에 대해 "(1979년) 당시 우리가 미사일 기술을 얻기 위해 '미국 통제 하에 미사일을 들여오겠다'고 했는데, 오히려 족쇄가 됐다"며 "따라서 문재인 정부 출범부터 미사일 주권을 어떻게 확보할 수 있을지 숙제로 갖고 있었다"고 말했다.

당시 북한을 타격할 탄도 미사일 개발이 급해 미국 기술 지원을 받다 보니 평양까지만 사정권에 넣는 '사거리 180킬로미터 제한'에 묶이게 됐다는 것이다. 미사일 지침은 양국 간 조약이나 협정은 아니지만 우리 탄도 미사일 개발을 크게 제한해 지금까지 4차례에 걸쳐 개정이 이뤄졌다.

이번에 미사일 지침이 완전히 해제되면 한국 군은 제주도에서 북한 전역을 타격할 수 있는 사거리 1000킬로미터 미사일을 빠른 시일 내 개발할 것으로 예상된다. 또 공식적으로 사거리 2000~3000킬로미터 이상의 탄도 미사일을 보유할 수 있게 된다.

일각에선 우리 군이 이미 이 정도의 사거리를 갖는 탄도 미사일 개발 능력을 갖고 있다고 보고 있다. 현무-4의 탄두 중량을 500킬로그램 이하로 줄이면 당장 사거리 2000킬로미터급 미사일 개발도 가능한 것으로 분석되기 때문이다. 우리나라에서 1000여 킬로미터면 중국 베이징과 일본 도쿄 등을 사정권에 넣을 수 있고, 2000킬로미터면 중국 내륙의 ICBM 기지 등 전략 목표물들을 타격할 수 있다.

박원곤 이화여자대학교 교수는 "미국이 이번에 미사일 지침 완전 해제에 동의한다면 동맹국의 능력을 강화해 연동해서 쓰는 게 유리하다고 판단했기 때문일 것"이라며 "미국도 중거리 미사일의 한반도 배치가 현실적으로 매우 어렵다는 것을 잘 알고 있었다"고 말했다. 전문가들은 이에 대해 중국이 반발할 가능성이 크다고 보고 있다. 그러면 중국과 북한과 러시아는 왜 ICBM을 보유하고 있느냐고 역지사지로 반문하면 된다.

다음은 한미 공동 선언문을 요약한 것이다.

첫째, 한미 양국 간의 미래 기술 공유를 위해 한국 기업들이 400억 달러 (44조)를 미국에 투자할 것
둘째, 그중 삼성은 파운드리 구축에 20조를 투자할 것
셋째, LG는 140억 달러 수준의 전기 밧데리 사업에 투자
넷째, 현대는 전기 자동차 생산 충전 인프라 구축에 70억달러
다섯째, SK는 인공지능 낸드 솔루션 연구 개발 센터 설립
여섯째, 한미 동맹으로 대만의 평화 안정을 지킬 것
일곱째, 미얀마 민주화 운동 지원할 것
여덟째, 한미 미사일 지침 전면 해제
아홉째, 해외 원자력 발전소 건설 수주 협력
열째, 백신 등 의약품 공급에 협력할 것

이에 대한 나의 평가는 다음과 같다. 대한민국은 미사일 문제도 해결을 받게 되고 원자력 에너지 수출도 공조를 하게 되는 계기가 마련되었다면 더불어민주당에게 대선 국면에서 유리하게 작용하게 된 것이다. 다만 북한은 미국의 조치에 움찔하게 될 것이고 중국은 싸드 문제처럼 억지를 벌일 공산이 있으며 역지사지로 더 큰 선물을 남한에 안기며 우군으로 만들려고 공작을 할 것이다.

북한의 김정은이 원하는 것은 UN 경제 제재 해지이지 문제인의 종전 선언은 페이퍼 정부로 보는 것이다.

그렇다면 다음과 같은 질문이 들 수 있다.

병에 백신을 담는 일만 시키는 것이 백신 주권인가?

백신을 개발하는 기술을 윈-윈(Win-Win)으로 나누는 것이 백신 주권 공유인가?

성명에 담긴 과제 가운데 가장 중요한 것은 원자력 발전에 대한 비판적 상황화이다.

한미 정상 회담 공동 성명에는 "(양국 정상은) 원전 사업 공동 참여를 포함한 해외 원전 시장 내 협력을 발전시켜 나가기로 약속했다"는 내용이 담겼다. 막대한 부가가치뿐 아니라 핵 안보와 직결된 중요한 원전 시장을 적국인 중국·러시아가 싹쓸이하는 것을 못마땅하게 여겨온 미국이 원전 강국인 한국을 강력 설득한 것으로 알려졌다. 미국은 원전 원천 기술 보유국이고, 한국은 미국의 우방국 중 국내외 원전 설계·건설 경험이 가장 풍부하다.

하지만 현 정부는 경제성 평가를 왜곡해 월성 1호기를 폐로시키고, 7000억 원 이상이 투입된 신한울 3·4호기 건설을 중단시키는 등 출범 이후 줄곧 탈원전 노선을 걷고 있다. 한미 정상 회담 결과를 이행할 경우 '국내에선 탈원전, 해외에선 원전 건설'이란 모순이 발생하는 것이다.

외교부 2차관을 지낸 김성한 고려대 교수는 "문 대통령의 남은 임기 1년 안에 국내 탈원전 정책을 대폭 수정하는 방향으로 입장 정리가 필요해진 상황"이라고 말했다.

이에 대한 나의 평가는 다음과 같다.

외부자적 시각에서 탈원전을 해체해야 한다. 내부자적 시각에서 SMR 부터 허용해야 한다. 공시적 시각에서 탄소 제로형 원자력 발전 인정해야 한다.

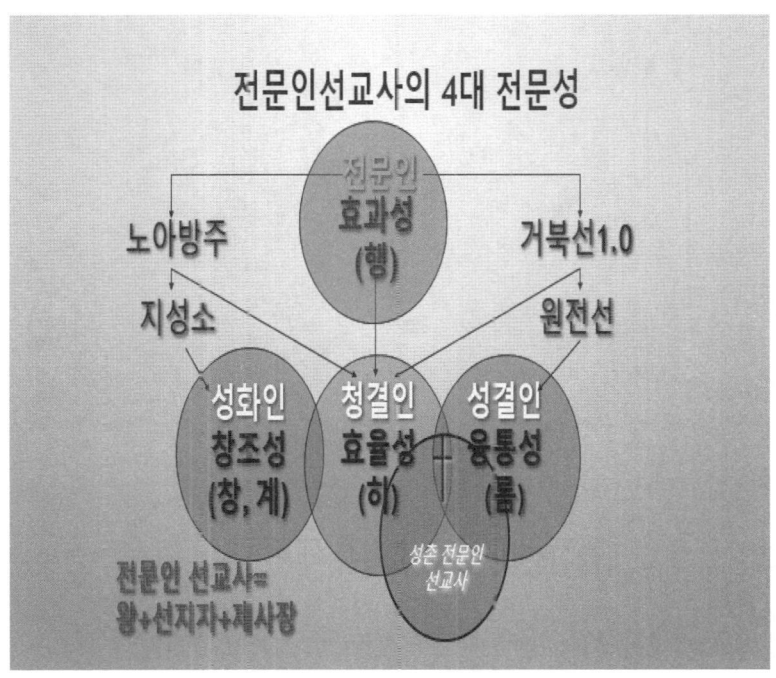

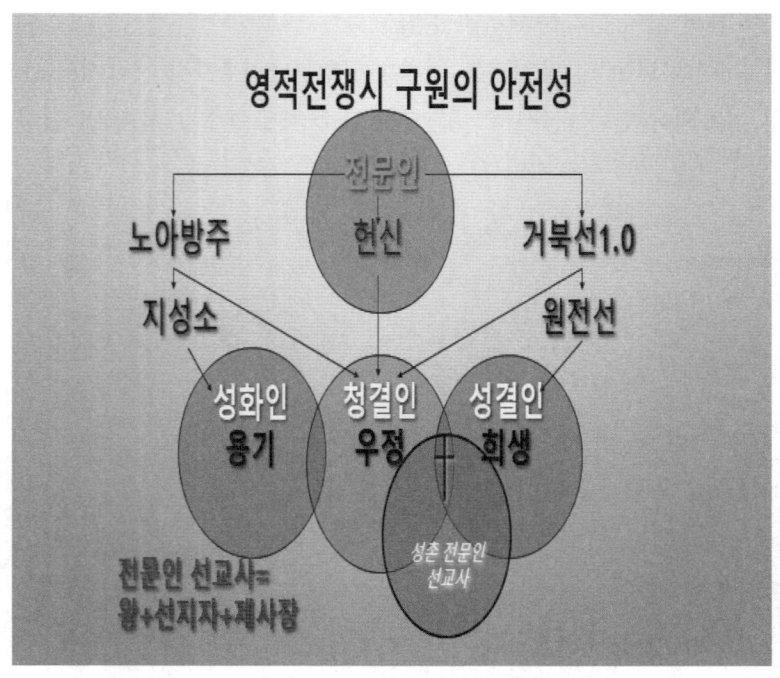

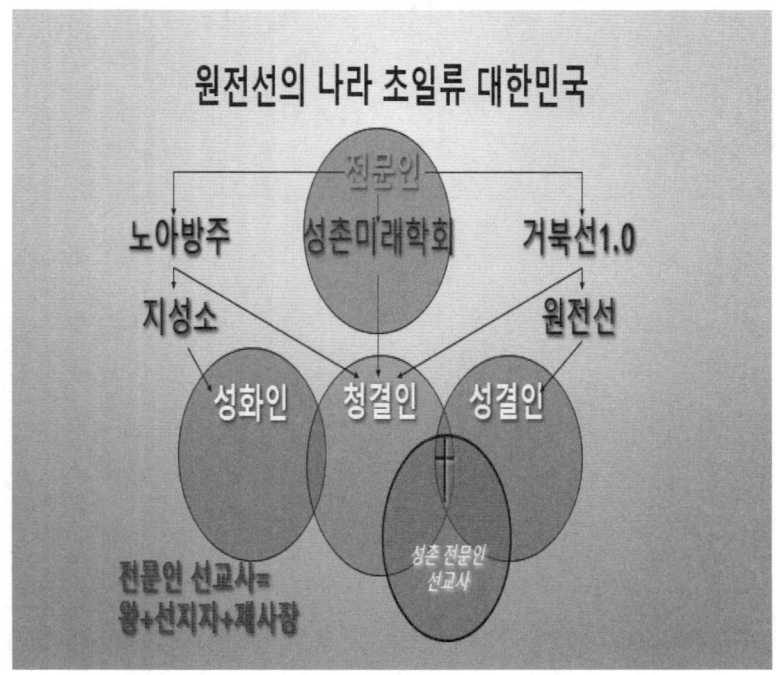

부록 2 : 한미 공동 선언문(2020. 5. 23)

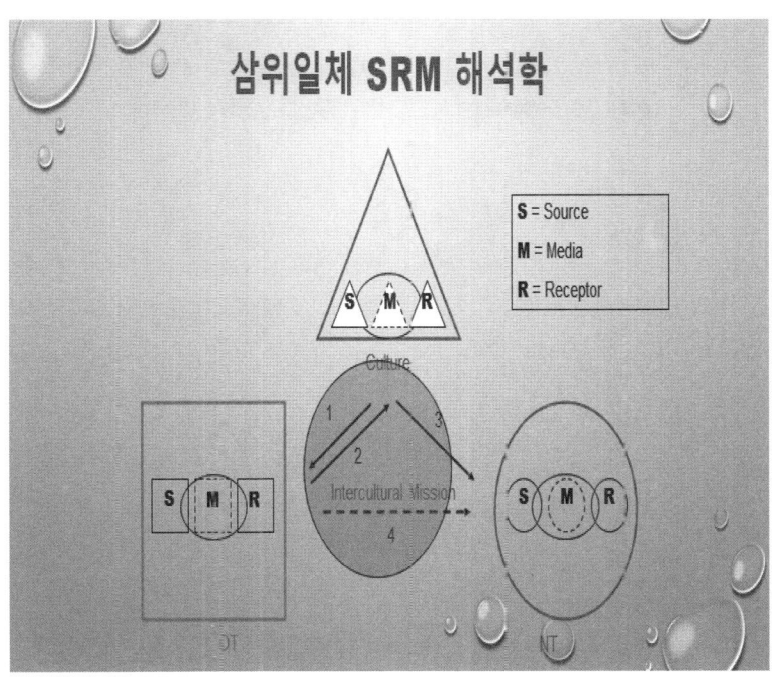

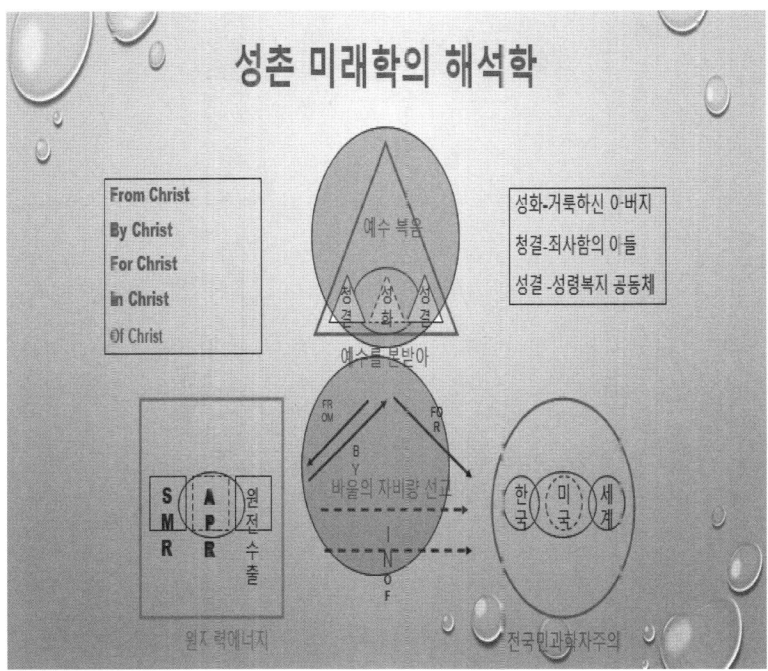

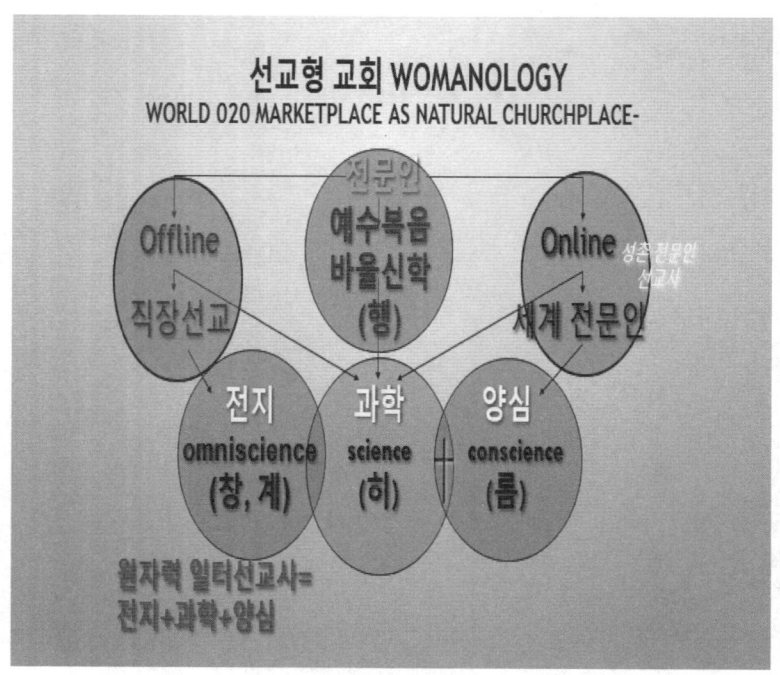

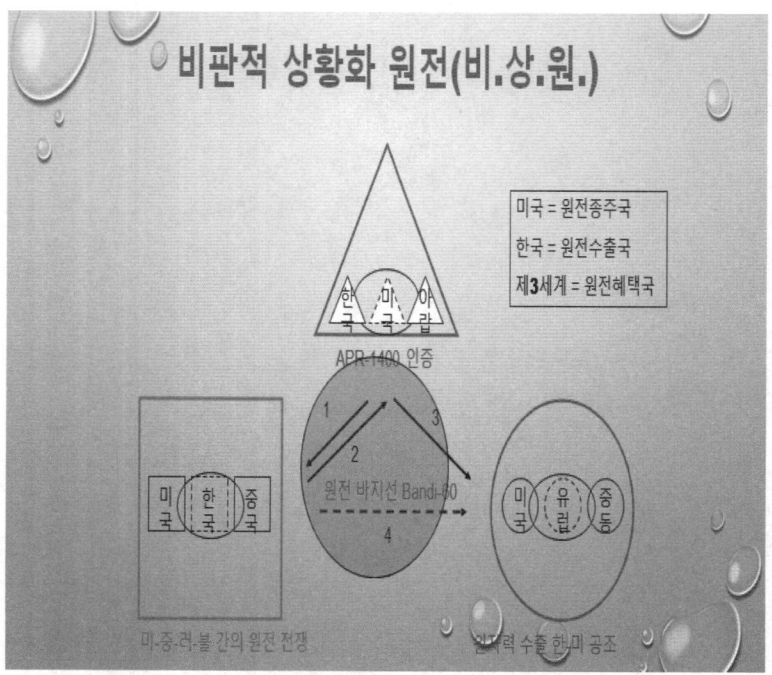

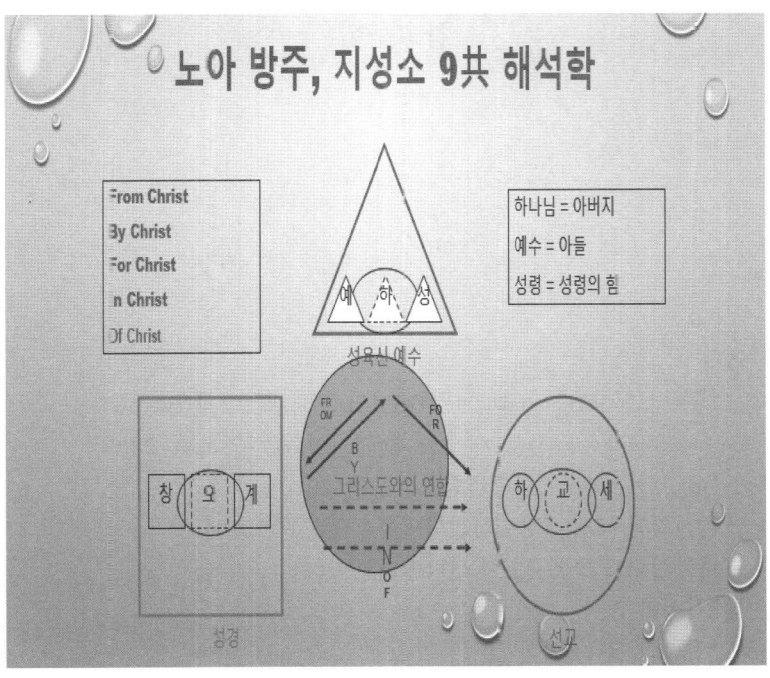

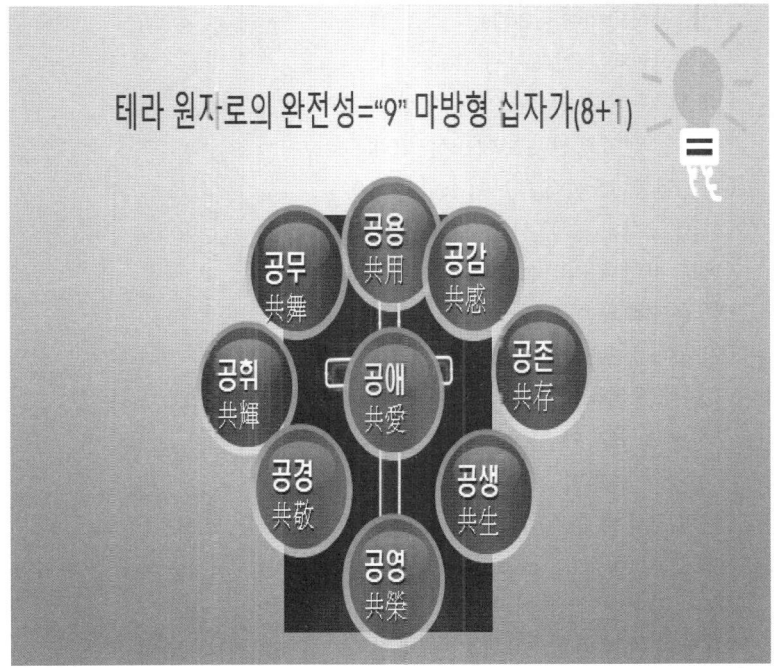

참고문헌

간행물

한서/역서

게리슨, 데이비드(Garrison, David). 『하나님의 교회개척배가운동』(Church planting movements : how God is redeeming a lost world), 이명준 역, 요단, 2005.

김명용. 『온신학』, 장로회신학대학교출판부, 2016.

_____. 『온신학의 세계』, 장로회신학대학교출판부, 2020.

_____. 『과학시대의 창조론』, 온신학출판부, 2020.

김유진. 『삼성과 중국』, 동양문고, 2005.

김종성. 『통합의 길, 지식과 감성』, 2020.

김태연. 『전문인선교학총론』, Midwest Press/전문인선교연구소, 2001.

_____. 『전문인신학서설』, 2004.

_____. 『전문인신학』, 이래서원, 2006.

_____. 『비즈니스 전문인 선교학』, 수하 프로패셔날, 2008.

_____. 『전문인 선교행전』, 보이스사, 2008.

_____. 『전문인 선교 전략』, 보이스사, 2010.

_____. 『한국 교회와 중국 선교』, CLC, 2017.

_____. 『파파 서번트 리더십』, LPGA, 2018.

_____. 『한국 교회와 아프리카선교』, CLC, 2019.

_____. 『일어나라 초일류 대한민국』, 글마당, 2020.

김태유, 김연배. 『한국의 시간』, 샘앤파커스, 2021.

김혼중. 『성서의 역사와 지리』, 엘맨, 2013.

노병천. 『성경적 승리학』, 양서각, 2006.

드위트, 리처드. 『세계관』(Worldviews), 김희주 역, 세종, 2020.

디플로마티크, 르몽드(Le monde diplomatique). 『르몽드 세계사 1』(L'Atlas du Monde diplomatique), 권지현역, 휴머니스트, 2014.

_____. 『르몽드 세계사 2』, 최서현, 이주영 역, 휴머니스트, 2014.

_____. 『르몽드 세계사 3』, 김계영 역, 휴머니스트, 2014.
_____. 『르몽드 인문학』, 휴머니스트, 2014.
랜닉, 도그(Lennick, Doug). 『이제는 도덕이다』(Moral). 북스넛, 2010.
머투데이 특별취재팀. 『앞으로 5년 결정적 미래』. 비즈니스북스, 2014.
맥그래스, 앨리스터 E(McGrath, Alister E). 『과학신학탐구』(The order of things), CLC, 2010.
문성태. 『하나님의 우주론』, BRDI, 2010.
뮬러, 리처드(Muller, Richard). 『대통령을 위한 에너지 강의』(Energy for Future Presidents), 장종훈 역, 살림. 2014.
민경태. 『서울 평양 메가시티』, 미래의 창, 2014.
박신배. 『평화학』, 2011, 프라미스 키퍼스, 2011.
박영환. 『한국 교회 교단별 선교 정책과 전략』, b-울, 2005.
박지태. 『십자가 사랑 HOT CROSS』, 상상나무, 2012.
박지태, 안영로. 『Character, Rise Up Korea』, 2014.
박호용. 『요한계시록』, 쿰란출판사, 2020.
베이커, 마크(Baker, Mark) 외. 『십자가와 구원의 문화적 이해』(Recovering the Scandal of the Cross: Atonement in New Testament & Contemporary Contexts), 죠이선교회, 2014.
블레이, 하름 데(Blij, Harm de). 『공간의 힘』(The Power of Place: Geography, Destiny, and Globalization's Rough Land), 천지인, 2010.
_____. 『분노의 지리학』(Why geography matters : three challenges facing America : climate cha), 천지인, 2007.
성서원 편. 『QA 성경』, 성서원, 2009.
손희영. 『세속화와 복음』, 복있는 사람, 2010.
송영목. 『요한계시록과 구약의 대화』, CLC, 2020.
샌델, 마이클(Sandel, Michael). 『왜 도덕인가?』(Public philosophy), 안진환, 이수경 공역, 한국경제신문, 2010.
신광은. 『천하무적 아르뱅주의』, 포이에마, 2014.
신현수. 『선고적 교회론』, CLC, 2011.
아이젠버그, 다니엘(Isenberg, Daniel). 『하버드 창업가 바이블』(WORTHLESS, IMPOSSIBLE, AND STUPID). 다산북스, 2014.
안점식. 『세계관과 영적전쟁』, 죠이선교회, 2002.
오 마이클. 『NOTHING 나는 아무 것도 아닙니다』, 2014.
오영호. 『미래 중국과 통하라』, 메디치, 2013.
유석근. 『또 하나의 선민 알이랑 민족』, 예루살렘, 2005.

_____.『알이랑 고개를 넘어 예루살렘으로』, 예루살렘, 2009.
유시민.『나의 현국현대사』, 돌베개, 2014.
에더스하임, 알프레드(Edersheim, Alfred).『메시아 4권』(*The life and times of Jesus the Messiah*), 황영철, 김태곤 공역, 생명의말씀사, 2012.
엘드레드, 캔(Eldred, Ken).『비즈니스 미션: 창의적 접근 지역을 여는 마지막 대안』(*God is at Work*), 안정임 역, 예수전도단, 2005.
이광재.『대한민국 어디로 가야하는가?』, 휴머니스트, 2014.
이광수.『도산 안창호』, 흥사단, 2013.
이무성외.『유럽연합의 정체성 III』, 높이깊이, 2012.
이 순.『해비타트 이야기』, 토기장이, 2011.
이종성외.『통전적 신학』, 장로회신학대학교출판부, 2004.
이종윤.『원자력 묵시록』, 신경e뉴스신문사, 2020.
이종서.『EU DISCOVERY』, 높이깊이, 2012.
이제민.『제3의 인생, 바오로 딸』, 2005.
이케아 다이사쿠, 로트블렛,『지구 평화를 향한 탐구』, 중앙북스, 2020.
일본 재건이니셔티브.『일본 최악의 시나리오』(日本最惡のシナリオ9つの死角), 조진구 역, 2014.
임번삼.『창세기 1-11장 창세기의 원역사 과학으로 말하다』, 크리스천서적, 2014.
임원빈.『이순신 승리의 리더십』, 한국경제신문, 2008.
임채완, 전형권.『재외한인과 글로벌 네트워크』, 한울 아카데미, 2006,
전병서.『한국의 신국부론 중국에 있다』, 참돌, 2014
정근모.『나는 위대한 과학자보가 신실한 크리스천이 되고 싶다』,「국민일보」, 2004.
_____.『하나님이 쓰시는 초일류 대한민국』, 라이즈 업코리아운동협의회, 2013.
_____.『헌신, 코리아비전포럼』, 2007.
_____.『소명 앞에 무릎 꿇은 신실한 크리스천들』,「국민일보」, 2013.
_____.『기적을 만든 나라의 과학자』, 코리아닷컴, 2020.
정기화.『다가올 종말을 대비하라』, 생명의 말씀사, 2007.
정동섭.『이단 구원파와 정통 기독교는 어떻게 다른가?』, 침례신학대학출판부, 1993.
정일화.『휴전회담과 이승만』, 선한 약속, 2014.

_____. 『카이로 선언』, 선한 약속, 2010.
조병호. 『성경과 5대제국』, 통독원, 2011
조성렬. 『뉴한반도 비전』, 백산서당, 2013.
조종남. 『로잔운동의 역사와 신학』, 선교횃불, 2013.
제장명. 『이순신 파워인맥』, 행복한 나무, 2008.
최윤식. 『2030 대담한 미래』, 지식 노마드, 2013.
_____. 『미래학자의 통찰법』, 김영사, 2014.
_____. 『2030 대담한 미래 2』, 지식 노마드, 2014.
_____. 『2020 2040 한국 교회 미래지도』, 생명의 갈씀사, 2014.
페스트라이쉬, 『임마누엘, 세계의 석학들』, 한국의 미래를 말하다, 2012.
플린트, 콜린(Flint, Colin). 『지정학이란 무엇인가』(introduction to geopolitics), 길, 2009.
크레이빌, J. 넬슨(Kraybill, J. Nelson). 『요한계시록의 비전』(Apocalypse and allegiance : worship, politics, and devotion in the book of Revelation), 박노식 역, CLC, 2012.
허순길. 『구속사적 구약설교』, SFC, 2006.
_____. 『구속사적 신약설교』, SFC, 2005.
홍익희. 『세 종교 이야기』, 행성B잎새, 2014.

영서

Carter, Jimmy. *Palestine Peace Not Apartheid*, Simon & Schuster Paperbacks, 2007.

Erickson, Millard J. *Christian Theology*, Grand Rapids: Baker Book House, 1985.

Guder, Darrell, L. *Missional Church*, Wm. B. Eerdmans Pub. Co., 1998.

Johnson, Lauren Keller & Richard Luecke, *The Essentials of Negotiation*, Harvard Business School Press, Boston, Mass.: 2005.

Rauschenbusch. The New Evangelism; R. T. Handy, ed., *The Social Gospel in America* (New York: Oxford University Press, 1966), 326; W.S.Hudson, ed., *Walter Rauschenbusch: Selected Writings* (New York: Paulist Press, 1984), 139; W.S.Hudson, Walter Rauschenbusch and the New Evangelism, *Religion in Life* (Vol.30, 1961).

미간행물

정동섭, "미국남침례교단과 구원파의 비교연구" MRE 논문, 침례신학대학원, 1984.

성기호, "세대주의 신학이 한국 교회에 미치는 영향은", 「목회와 신학」, 1995. 2.

참고 사이트

www.armscontrol.org

www.gzp.org

www.iaea.org

www.upg.kr.

www.mit.edu/nuclarpower

www.sortirdunucleaire.org

www.obsarm.org

www.fas.org/nuke

www.wise-paris.org

www.riseupkorea.or.kr

www.cns.miis.edu

www.worldenergy.org

www.obsac.com

www.irinnews.org

www.ccchina.gov.cn/en/index.asp

www.worldwatch.org/taxonomy/term/53

www.yellowriversource.org